RRB

Group D Level 1

2018 परीक्षा

20 सॉल्वड पेपर

- **Corporate Office :** 45, 2nd Floor, Maharishi Dayanand Marg, Corner Market, Malviya Nagar, New Delhi-110017
  Tel. : 011-49842349 / 49842350

Typeset by Disha DTP Team

DISHA PUBLICATION

For further information about books from DISHA,

Log on to www.dishapublication.com or email to info@dishapublication.com

विषय-सूची

1. RRB ग्रुप D 2018 सॉल्वड पेपर-1 1-12

2. RRB ग्रुप D 2018 सॉल्वड पेपर-2 13-24

3. RRB ग्रुप D 2018 सॉल्वड पेपर-3 25-36

4. RRB ग्रुप D 2018 सॉल्वड पेपर-4 37-51

5. RRB ग्रुप D 2018 सॉल्वड पेपर-5 52-64

6. RRB ग्रुप D 2018 सॉल्वड पेपर-6 65-81

7. RRB ग्रुप D 2018 सॉल्वड पेपर-7 82-94

8. RRB ग्रुप D 2018 सॉल्वड पेपर-8 95-109

9. RRB ग्रुप D 2018 सॉल्वड पेपर-9 110-125

10. RRB ग्रुप D 2018 सॉल्वड पेपर-10 126-139

11. RRB ग्रुप D 2018 सॉल्वड पेपर-11 140-155

12. RRB ग्रुप D 2018 सॉल्वड पेपर-12 156-168

13. RRB ग्रुप D 2018 सॉल्वड पेपर-13 169-179

14. RRB ग्रुप D 2018 सॉल्वड पेपर-14 180-190

15. RRB ग्रुप D 2018 सॉल्वड पेपर-15 191-201

16. RRB ग्रुप D 2018 सॉल्वड पेपर-16 202-213

17. RRB ग्रुप D 2018 सॉल्वड पेपर-17 214-224

18. RRB ग्रुप D 2018 सॉल्वड पेपर-18 225-236

19. RRB ग्रुप D 2018 सॉल्वड पेपर-19 237-248

20. RRB ग्रुप D 2018 सॉल्वड पेपर-20 249-260

RRB ग्रुप D 2018 सॉल्वड पेपर-1
दिनांक : 20 सितंबर 2018

1. अली कुली सलीम और अबू तालिब कलीम ______ के शासनकाल के दौरान महत्वपूर्ण कवि थे।
   (a) औरंगजेब (b) अकबर
   (c) जहाँगीर (d) शाहजहाँ

2. एक कोड में MEAK को 135111 लिखा जाता है, उसी कोड में OAK को कैसे लिखा जाएगा?
   (a) 16111 (b) 15111
   (c) 13111 (d) 17111

3. नीचे दिए गए प्रश्न और उसके बाद के दो कथनों का अध्ययन करें।
   नीतू 3 समान आकार के थैलों के साथ बाजार जाती है। तीनों थैले मिलकर कुल कितना वजन उठा सकती है?
   कथनः
   1. प्रत्येक थैले का आधा 1 किलोग्राम होता है
   2. पहला और दूसरा थैला हरा है जबकि तीसरा काला है

   कौन सा कथन प्रश्न का उत्तर देने के लिए पर्याप्त है?
   (a) या तो कथन 1 या कथन 2 पर्याप्त है
   (b) कथन 1 और 2 एक साथ पर्याप्त नहीं हैं
   (c) अकेले कथन 1 पर्याप्त है
   (d) अकेले कथन 2 पर्याप्त है

4. नीचे दी गई श्रृंखला की अगली संख्या क्या होगी?
   2, 14, 98, ____
   (a) 588 (b) 548
   (c) 666 (d) 686

5. निम्नलिखित में से किस प्रकार के प्रजनन से अधिक विविधता की उत्पत्ति होती है?
   (a) द्विखण्डन (b) अलैंगिक
   (c) पुनर्जनन (d) लैंगिक

6. चार अंकों को आरोही क्रम में रखने पर उनका क्रम w, x, y और z है। सबसे छोटे तीन अंकों का औसत 25.5 है जबकि सबसे बड़े तीन अंकों का औसत 29.5 है। आँकड़ों का परास ज्ञात कीजिए।
   (a) 12 (b) 10
   (c) 13 (d) 11

7. नीचे एक कथन और कुछ निष्कर्ष दिए गए है। आपको दिए गए कथन को सही मान कर चलना है चाहे वह सामान्य ज्ञात तथ्यों से भिन्न प्रतीत होता हो।
   कथन :
   मुम्बई और गोवा के बीच सड़क मार्ग से 609 किलोमीटर की दूरी, समुद्र मार्ग से यात्रा करने पर 214 कि.मी. हो जाएगी। इससे ईंधन पर प्रतिवर्ष 6.75 करोड़ रुपये तक की बचत होगी।
   निष्कर्ष :
   I. समुद्र मार्ग से यात्रा करना सड़क मार्ग की तुलना से सस्ता है।
   II. ईंधन को जहां तक संभव हो, बचाना चाहिए।
   निर्णय कीजिए कि दिया गया कौन सा (से) निष्कर्ष ऊपर दी गई जानकारी का तार्किक रूप से अनुसरण करता (करते) है (हैं)।
   (a) केवल निष्कर्ष I अनुसारण करता है।
   (b) केवल निष्कर्ष II अनुसरण करता है।
   (c) I और II दोनों अनुसरण करता है।
   (d) दोनों में से कोई भी अनुसरण नही करता है।

8. 520 ग्राम पानी में 45 ग्राम नमक को मिलाकर एक विलयन तैयार किया जाता है। द्रव्यमान सांद्रता के संदर्भ में द्रव्यमान प्रतिशत की गणना कीजिए।
   (a) 6.96% (b) 7.96%
   (c) 8.1% (d) 8.86%

9. यदि कार्य का मान धनात्मक हो तो जिस निकाय पर कार्य हो रहा है, ________।
   (a) वह नियत रहेगा
   (b) उसकी ऊर्जा में वृद्धि होगी
   (c) उसका मान शून्य होगा
   (d) उसकी ऊर्जा का ह्रास होगा

10. उत्तराखंड स्वच्छ भारत मिशन (SBM) के ब्रांड एंबेसडर के रूप में बॉलीवुड के किस व्यक्तित्व को नियुक्त किया गया है?
    (a) अक्षय कुमार (b) ऐश्वर्या राय
    (c) अमिताभ बच्चन (d) काजोल

11. ऐसे तत्व जिनके रासायनिक गुण समान होते हैं, लेकिन परमाणु द्रव्यमान भिन्न-भिन्न होते हैं, को __________ कहा जाता है।
(a) समभारिक (b) हैलोजन
(c) समावयव (d) समस्थानिक

12. 26 जनवरी, 2018 के गणतंत्र दिवस समारोह में कितने आसियान (ASEAN) राष्ट्र के नेता मुख्य अतिथि थे?
(a) 11 (b) 10
(c) 20 (d) 8

13. नीलांजन, भारती से 11 वर्ष छोटा है। पंद्रह साल बाद भारती नीलांजन की आयु की 1.2 गुनी हो जाएगी। नीलांजन की वर्तमान आयु कितनी है?
(a) 42 वर्ष (b) 43 वर्ष
(c) 38 वर्ष (d) 40 वर्ष

14. एक तस्वीर को इंगित करते हुए जॉन कहता है कि वह मेरे बेटे की माँ की बहन है। तस्वीर के व्यक्ति का जॉन से क्या संबंध है?
(a) ससुर (b) साली
(c) दामाद (d) माँ

15. दी गयी तालिका में कौन शेष से भिन्न है?

A	B	C	D
1696	1426	1726	1326
AFIF	ADBF	AGBF	ACBF

(a) D (b) B
(c) A (d) C

16. निम्नलिखित में से कौन सी भारतीय फिल्म, हरियाणा की फोगाट बहनों के जीवन पर आधारित है?
(a) नीरजा (b) दंगल
(c) सुल्तान (d) सरबजीत कौर

17. भ्रूण के लिए भोजन संग्रहीत करने वाली जनन कोशिकाओं को __________ कहा जाता है।
(a) मादा युग्मक (b) नर युग्मक
(c) समयुग्मक (d) जूगेमेट

18. निम्नलिखित में से कौन सा अन्य से भिन्न है?
A. कुल्हाड़ी B. ब्लेड
C. चाकू D. पाना/स्पैनेर
(a) C (b) D
(c) B (d) A

19. हाइड्रोकार्बन के पूर्ण दहन के परिणामस्वरूप निम्नलिखित में से क्या प्राप्त होता है?
(a) $CO + H_2O$ (b) $CO + OH$
(c) $CO_2 + H_2O$ (d) $CO_2 + OH$

20. डोनाल्ड ट्रम्प निम्नलिखित में से किस देश के राष्ट्रपति हैं?
(a) फ्रांस (b) यू. एस. ए.
(c) यू. के. (d) रूस

21. भारत में, खादी और ग्रामोद्योग सहकारी उत्पादक संघ लिमिटेड की स्थापना __________ में की गई थी।
(a) 1947 (b) 1954
(c) 1948 (d) 1950

22. मेंडेलीव की आवर्त सारणी में, क्षैतिज स्तंभ को __________ कहा जाता है।
(a) समूह (b) आवर्त
(c) इकाई (d) वर्ग

23. यदि "<" को "×" और "÷" को "+" माना जाय, तो $(5 < 7) \div 2$ का मान क्या होगा?
(a) 37 (b) 35
(c) 65 (d) 70

24. निम्नलिखित में से किस हस्ती को वर्ष 2017 में कांग्रेस का राष्ट्रीय अध्यक्ष निर्वाचित किया गया था?
(a) रॉबर्ट वाड्रा (b) राहुल गांधी
(c) प्रियंका वाड्रा (d) मनमोहन सिंह

25. वकार और नसीमा की आयु में 8 वर्ष का अंतर है। जब 30 साल पहले उनका विवाह हुआ था, तो वकार की आयु का 4 गुना नसीमा की आयु के 5 गुने के बराबर था। उनकी वर्तमान आयु का योग कितना है?
(a) 130 वर्ष (b) 135 वर्ष
(c) 134 वर्ष (d) 132 वर्ष

26. A और B साथ मिलकर किसी काम को 35 दिन में पूरा कर सकती हैं। यदि A अकेली काम करती है और उस काम के $\frac{4}{7}$ भाग को पूरा कर शेष काम B के लिए छोड़कर चली जाती है, इस प्रकार यदि काम को पूरा करने में 114 दिन लगते हैं। तो A, जो दोनों में अधिक दक्ष है, को अकेले सारा काम पूरा करने में कितने दिन का समय लगेगा?
(a) 42 (b) 40
(c) 48 (d) 45

27. पौधों में फ्लोएम __________ के परिवहन के लिए उत्तरदायी है।
(a) भोजन (b) खनिज
(c) पानी (d) आक्सीजन

28. निम्नलिखित भिन्नों में से किसका मान आवर्ती दशमलव में नहीं आएगा?
(a) $\frac{10}{56}$ (b) $\frac{20}{56}$
(c) $\frac{21}{56}$ (d) $\frac{15}{56}$

29. ध्वनि-संचरण के समय माध्यम में कणों के उच्च घनत्व का क्षेत्र कहलाता है:
(a) अपवर्तन (b) संपीडन
(c) प्रतिध्वनि (d) कम्पन

30. $30 \div (20 - 15 \div 3 \times 8) = ?$
(a) – 3 (b) – 1.5
(c) 3 (d) 2

31. पुस्तक का पृष्ठों से वही संबंध है जो मशीन का ________ से है।
(a) प्लग पॉइंट (b) प्लास्टिक
(c) पार्ट्स (d) विद्युत

32. नीचे दी गई पदों की शृंखला में अगला पद क्या होगा?
2I, 9L, 16O, _____
(a) 22 R (b) 23 S
(c) 20 R (d) 23 R

33. नीचे दिए गए प्रश्न और उसके बाद के दो कथनों का अध्ययन करें।
एक लैब में 3 जार हैं। सभी का भार समान है। उनका कुल वजन कितना है?
कथन:
1. जार के वजन का एक चौथाई 40 gm है।
2. जार प्रयोग किये जाने वाले अलग-अलग द्रवों से भरा है

कौन सा कथन प्रश्न का उत्तर देने के लिए पर्याप्त है?
(a) या तो 1 अथवा 2 पर्याप्त है
(b) अकेले कथन 1 पर्याप्त है
(c) अकेले कथन 2 पर्याप्त है
(d) कथन 1 और 2 एक साथ पर्याप्त नहीं है

34. 28 अक्टूबर 2017 को कोलकाता के साल्ट लेक स्टेडियम में स्पेन को हराकर फीफा U-17 विश्व कप किसने जीता?
(a) चीन (b) इंग्लैंड
(c) ब्राजील (d) अर्जेंटीना

35. तुलिप और देवांश के पास जो कंचे थे उनकी संख्या का अनुपात 7 : 9 था जबकि शीतल और देवांश के पास कंचों की संख्या का अनुपात 7 : 15 था। तुलिप और शीतल के पास उपलब्ध कंचों की संख्या का अनुपात बताएं।
(a) 2 : 3 (b) 5 : 7
(c) 5 : 3 (d) 7 : 5

36. निम्न अक्षरांकीय श्रृंखला का अगला पद क्या होगा?
5A, 7B, 9D, 11G, ?
(a) 11K (b) 13K
(c) 10G (d) 14G

37. ________ मिश्र-धातु में टिन होता है।
(a) पीतल (b) सोल्डर
(c) एल्युमीनियम (d) स्टील

38. जुलाई 2018 तक की जानकारी के अनुसार भारतीय स्टेट बैंक (SBI) के/की सी. ई. ओ. कौन हैं?
(a) के. वी. कामत
(b) उर्जित पटेल
(c) चंदा कोचर
(d) अरुंधती भट्टाचार्य

39. समीकरण $x^2 - 24x + k = 0$ के मूलों में से एक, $x = 2$ है। अन्य मूल होगा:
(a) $x = -12$ (b) $x = 22$
(c) $x = -22$ (d) $x = 12$

40. स्थितिज ऊर्जा = ?
(a) $\frac{1}{2}mv^2$ (b) $\frac{1}{2}mu^2$
(c) Fs (d) Mgh

41 नीचे दिए गए कथनों और निष्कर्षों का अध्ययन करें।
कथन:
- सभी कीट सजीव हैं।
- सभी तितलियाँ कीट हैं।

निष्कर्ष:
1. सभी तितलियाँ सजीव हैं।
2. सभी कीट तितलियाँ हैं।

उपरोक्त निष्कर्षों में से कौन कथनों के अनुरूप सही है?
(a) केवल निष्कर्ष 1 कथनों के अनुरूप सही है
(b) दोनों निष्कर्ष कथनों के अनुरूप सही हैं
(c) केवल निष्कर्ष 2 कथनों के अनुरूप सही है
(d) दोनों ही निष्कर्ष कथनों के अनुरूप सही नहीं हैं

42. निम्नलिखित में से कौन सा एक तत्व नहीं है?
(a) कॉपर (b) हीलियम
(c) ऑक्सीजन (d) पानी

43. नीचे दर्शायी गई चित्रों की शृंखला में '?' के स्थान पर कौन सा विकल्प उपयुक्त होगा?

ⓇⓇ ▲ Ⓡ	ⓇⓇ ▼	Ⓡ ◀ Ⓡ	?

A	B	C	D
ⓇⓇ ◀	Ⓡ ▶ Ⓡ	ⓇⓇ ▶	Ⓡ ▶ Ⓡ

(a) B (b) D
(c) C (d) A

44. $75 \div [\{63 \div (-35 \div (-5))$ का $(-1)+(-6)\}] = ?$
(a) 10 (b) 8
(c) – 4 (d) – 5

45. यदि $\frac{0.7}{1-6c} = -0.2$ है, तो c = ?
(a) 0.5 (b) 0.075
(c) 0.8 (d) 0.75

46. _____ ई. में कुतुब-उद्-दीन ने खुद को दिल्ली का सुल्तान घोषित कर दास राजवंश के शासन की शुरुआत की?
(a) 1207 (b) 1206
(c) 1208 (d) 1205

47. यदि ब्याज की दर 7.25% वार्षिक हो तो ₹1600 की राशि पर 10 वर्षों में कितना साधारण ब्याज प्राप्त होगा?
(a) ₹1160 (b) ₹1220
(c) ₹1180 (d) ₹1240

48. फरवरी 2018 के अनुसार भारत के कैबिनेट मंत्री रविशंकर प्रसाद के पास किन मंत्रालयों का प्रभार है?
(a) नागरिक विमानन
(b) रसायन एवं ऊर्वरक तथा संसदीय कार्य
(c) स्वास्थ्य एवं परिवार कल्याण
(d) कानून एवं न्याय, इलेक्ट्रॉनिक्स एवं सूचना प्रौद्योगिकी

49. अकादमिक विद्वानों और समान डोमेन में काम करने वाले स्टार्ट-अप के बीच एक अद्वितीय मेंटरशिप अवसर, "स्टार्टअप अकादमिक गठबंधन कार्यक्रम" किसने लॉन्च किया?
(a) स्टार्टअप इंडिया (b) स्टार्ट-अप विलेज
(c) टी. सी. एस. (d) गूगल

50. यदि एक कार 2000 J ऊर्जा का उपयोग करती है और इसका उत्पादन 500 J है, तो कार की दक्षता _____ है।
(a) 30% (b) 50%
(c) 40% (d) 25%

51. 4.5 cm की भुजा वाले एक वर्ग के प्रत्येक कोने से 1 cm की भुजा वाले शीर्ष काटे जाते हैं। इस प्रकार बने अष्टभुज की परिधि और क्षेत्रफल ज्ञात करें।
(a) $5\sqrt{2}$ cm; 18.25 cm^2
(b) $(5+4\sqrt{2})$ cm; 18.25 cm^2
(c) $(10+4\sqrt{2})$ cm; 18.25cm^2
(d) 16 cm, 16 cm^2

52. नीचे के कथन और उसके बाद दिए गए निष्कर्षों का अध्ययन करें।
कथन:
श्याम ने कौशिक से कहा "कल्याण का प्रदर्शन अच्छा है और उसे प्रोन्नत किया गया है।"
निष्कर्ष:
I. कल्याण को छोड़कर किसी भी अन्य ने अच्छा प्रदर्शन नहीं किया
II. प्रदर्शन से प्रोन्नति मिलती है।
तय करें कि कौन सा निष्कर्ष तर्कसंगत रूप से कथन का अनुसरण करता है?
(a) केवल निष्कर्ष II ही अनुसरण करता है
(b) दोनों ही निष्कर्ष I और II ही अनुसरण करते हैं
(c) केवल निष्कर्ष I ही अनुसरण करता है
(d) ना तो निष्कर्ष I और ना ही निष्कर्ष II अनुसरण करता है

53. 2A विद्युत धारा को 5Ω के प्रतिरोध में रखा जाता है। प्रतिरोध से एक मिनट में प्रवाहित होने वाले आवेश की मात्रा होगी:
(a) 2 C (b) 60 C
(c) 10 C (d) 120 C

54. महिला फिल्म फेस्टिवल 2018 के 9वें संस्करण की थीम क्या है?
(a) नेतृत्व बदलना (b) यात्री महिलाएं
(c) खुद को खोजें (d) जियो और जीने दो

55. एक वस्तु 20 मीटर की त्रिज्या वाले एक वृत्ताकार पथ पर 4.0m/s की समान गति से चल रही है। इसके द्वारा एक चक्कर पूरा करने के लिए लिया गया समय _________ होगा।
(a) 10 πs (b) 5 πs
(c) 10 s (d) 5 s

56. निम्न में से कौन सी संख्या भाज्य है?
(a) 719 (b) 739
(c) 729 (d) 709

57. बच्चों के एक समूह में, 10 केक पसंद करते हैं, 15 पेस्ट्री पसंद करते हैं, 20 बिस्किट पसंद करते हैं। 2 इन तीनों को और इनमें से कम से कम 3 बच्चे 2 को पसंद करते हैं। वास्तव में कितने बच्चे केवल एक को पसंद करते हैं?
(a) 40 (b) 45
(c) 25 (d) 37

58. निम्नलिखित में से कौन सा अम्ल हमारे पेट में उत्पन्न नहीं होता है?
(a) हाइड्रोक्लोरिक अम्ल (b) लैक्टिक अम्ल
(c) एसिटिक अम्ल (d) सल्फ्यूरिक अम्ल

59. यदि EAT को 7322 के रूप में लिखा जाता है, तो URN के लिए कोड क्या होगा?
(a) 232116 (b) 232016
(c) 232014 (d) 222016

60. निम्नलिखित में से कौन सी गुरुत्वीय स्थिरांक G की एक इकाई है?
(a) sm^2/kg^2 (b) Nm^2/kg^2
(c) Nm/kg (d) Nkg^2/m^2

61. नीचे दिए गए प्रश्न और उसके बाद के दो कथनों का अध्ययन करें।
आज मेगुल और श्यामल की कुल आयु क्या होगी?
कथन:
1. मेगुल आज 15 वर्ष की है
2. श्यामल मेगुल से 3 वर्ष छोटा है
कौन सा कथन प्रश्न का उत्तर देने में सक्षम है?
(a) कथन 1 और 2 एक साथ सक्षम नहीं हैं
(b) कथन 1 और 2 एक साथ सक्षम हैं
(c) अकेला कथन 1 सक्षम है
(d) अकेला कथन 2 सक्षम है

62. विकल्पों में से कौन दिए गए चित्र का निकटस्थ सदृश है?

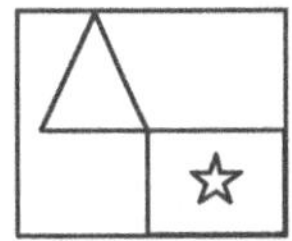

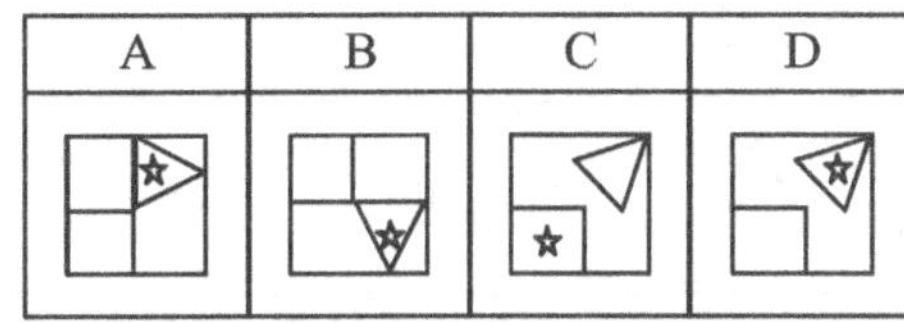

(a) A (b) B
(c) C (d) D

63. ABC एक समकोण त्रिभुज है, जिसका कोण A समकोण है। दो अन्य समकोण त्रिभुज की रचना करने के लिए किस भुजा को समद्विभाजित करने की आवश्यकता है?
(a) केन्द्र को (b) CA
(c) BC (d) AB

64. इस प्रश्न में एक कथन और उसके बाद दो तर्क दिए गए हैं। आपको निर्णय लेना है कि कौन सा तर्क कथन के संदर्भ में सशक्त है?
कथन:
खुले में शौच करना एक अपराध है। क्या लोगों को इसके लिए सजा दी जानी चाहिए?
तर्क:
I. हाँ, सजा से नागरिकों में सख्त अनुशासन लागू होगा
II. नहीं, एक विविधतापूर्ण राष्ट्र में हम ऐसे कड़े कानूनों को लागू नहीं कर सकते हैं
(a) सिर्फ तर्क II ही सशक्त है
(b) I और II दोनों ही तर्क सशक्त हैं
(c) ना तो I और ना ही II सशक्त हैं
(d) सिर्फ तर्क I ही सशक्त है

65. एक लड़की को 400 km की दूरी को 5 घंटे में तय करना है। उसने कुछ समय 85 km/hr की गति से और शेष समय 55 km/hr की गति से यात्रा की। उसने अधिक गति से कितनी देर तक यात्रा की?
(a) 4 घंटे 10 मिनट (b) 4 घंटे 25 मिनट
(c) 4 घंटे 35 मिनट (d) 4 घंटे 15 मिनट

66. $\frac{10}{11}$ में क्या जोड़ा जाए कि योग $\frac{11}{10}$ प्राप्त हो?
(a) $\frac{2}{11}$ (b) $\frac{21}{110}$
(c) $\frac{1}{-1}$ (d) $\frac{1}{55}$

67. ________ तरल अवस्था में पायी जाने वाली अधातु है।
(a) कैल्शियम (b) ब्रोमीन
(c) पारा (d) हीलियम

68. अप्रैल, 2017 में सिंगापुर में अपना पहला सुपर सीरीज खिताब जीतने वाले बैडमिंटन खिलाड़ी का नाम क्या है?
(a) प्रनॉय कुमार (b) साई प्रणीत
(c) पारुपल्ली कश्यप (d) श्रीकांत किदंबी

69. मन्नू और पिंकी घर से बाजार के लिए निकलते हैं। दोनों पहले पूर्व दिशा में 500 मीटर की यात्रा करते हैं और फिर दाहिने मुड़कर 200 मीटर चलने के बाद लांड्री पर पहुँचने हैं। उनके घर से किस दिशा में लांड्री स्थित है?
(a) पश्चिम (b) उत्तर-पश्चिम
(c) दक्षिण-पूर्व (d) दक्षिण-पश्चिम

70. मुक्त रूप से गिरने के दौरान, पिण्ड किस स्थिति में होता है?
(a) कृत कार्य (b) आराम
(c) गतिक (d) भारहीनता

71. 1 kg की एक वस्तु को 10m की ऊँचाई तक उठाया जाता है। गुरुत्व बल द्वारा किया गया कार्य ______ होगा। (मान लीजिए $g = 9.8\ m/s^2$ है)
(a) 9.8 J (b) 98 J
(c) −9.8 J (d) −98 J

72. जंगलों के संरक्षण और नए पेड़ों के रोपण हेतु लोगों में जागरूकता पैदा करने के लिए वर्ष 1950 में __________ द्वारा वन महोत्सव की शुरुआत की गई थी।
(a) सरदार वल्लभ भाई पटेल
(b) के. एम. मुंशी
(c) जवाहर लाल नेहरू
(d) नरहर विष्णु गाडगिल

73. 8% साधारण वार्षिक ब्याज की दर से कोई राशि 3 वर्ष 3 माह में ₹819 हो जाती है। मूल राशि कितनी थी?
(a) ₹675 (b) ₹650
(c) ₹276 (d) ₹700

74. 11 सितंबर 2023 को शाम 5:58 बजे से लेकर 13 सितंबर 2024 को शाम 5:49 बजे तक की अवधि का समय है:
(a) 368 दिन 9 मिनट
(b) 366 दिन 23 घंटे 51 मिनट
(c) 367 दिन 9 मिनट
(d) 367 दिन 23 घंटे 51 मिनट

75. पेटीएम के संस्थापक का नाम बताइए, जिनको 2017 की टाइम मैगजीन सूची में सर्वाधिक प्रभावशाली लोगों में प्रधान मंत्री नरेंद्र मोदी के साथ सम्मिलित किया गया?
(a) विजय शेखर शर्मा (b) विजय माल्या
(c) विजय भास्कर (d) नरेंद्र कुमार

76. निम्नलिखित में से कौन माइक्रोसॉफ्ट का सी.ई.ओ. है जिसने वर्ष 2016 में भारत दौरे के दौरान भारत के प्रधानमंत्री नरेंद्र मोदी से मुलाकात की थी?
(a) सत्या नाडेला (b) बिल गेट्स
(c) इमैन्युअल मैक्रॉन (d) मार्क जुकरबर्ग

77. 25°C पर हवा में ध्वनि की गति ______ होती है।
(a) 360 m/s (b) 346 m/s
(c) 330 m/s (d) 300 m/s

78. अप्रैल, 2017 में लॉस वेगास में आयोजित यू. एस. ओपन कराटे चैंपियनशिप में भारत ने कितने पदक जीते थे?
(a) 17 (b) 16
(c) 15 (d) 12

79. यदि किसी कूटभाषा में DIP को KPW लिखा जाता है, तो उसी कूटभाषा में SWIM को किस प्रकार से लिखा जायेगा?
(a) PTZD (b) ZDPT
(c) ZTDP (d) ZPDT

80. एक 43.5 m लम्बे टावर से भूतल पर खड़ी महिला की प्रारंभिक स्थिति से शीर्ष का उन्नयन कोण 60° था। वह टावर की स्थिति से सीधी रेखा में इस प्रकार बढ़ती है कि उसकी अंतिम स्थिति से टावर का उन्नयन कोण 30° हो जाता है। वह अपनी प्रारंभिक स्थिति से कितनी दूर चली गई थी?
(a) 29 मीटर (b) $\frac{29}{2}\sqrt{3}$ मीटर
(c) $29\sqrt{3}$ मीटर (d) $\frac{29}{3}\sqrt{3}$ मीटर

81. 19 फरवरी 2018 को सोमवार है। 19 अप्रैल 2019 को कौन सा दिन होगा?
(a) बुधवार (b) शुक्रवार
(c) गुरुवार (d) शनिवार

82. एक ही जन्मतिथि वाले सात बच्चों का जन्म सात क्रमिक वर्षों में हुआ था। सबसे बड़े तीन बच्चों की आयु का योग 78 वर्ष है। सबसे छोटे तीन बच्चों की आयु का योग कितने वर्ष है?
(a) 63 (b) 69
(c) 72 (d) 66

83. निम्नलिखित में से कौन सी विकल्प आकृति प्रश्न आकृति से निकटतम समानता दर्शाती है?

प्रश्न आकृतिः

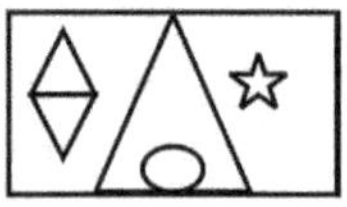

विकल्प आकृतियां:

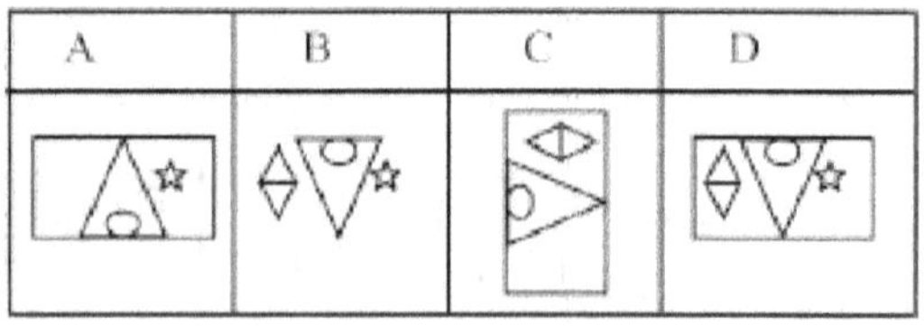

A	B	C	D

(a) C (b) B
(c) D (d) A

84. {143 – (9 – 2)} ÷ [2 + {3 × (–5) × (–1)}] = ?
(a) – 5 (b) 17
(c) – 8 (d) 8

85. निम्न में से किसने दिल्ली महिला आयोग (DCW) द्वारा दिया जाने वाला पुरस्कार महिला एचीवमेंट पुरस्कार – 2017 प्राप्त किया? वह व्हीलचेयर बाध्य विकलांगता अधिकार कार्यकर्ता और प्रेरक वक्ता भी हैं।
(a) नीनू केवलानी (b) डॉ. राजलक्ष्मी
(c) गोपिका आनंद (d) विराली मोदी

86. निम्न में से कौन सा कथन गलत है?
सभी रज्जुकी (कॉर्डेटा) _________ ।
(a) डिप्लोब्लास्टिक होते हैं
(b) कोलोमेट होते हैं
(c) में पृष्ठीय तंत्रिका नाल होती है
(d) में मेरुदण्ड होता है

87. लिटमस विलयन _________ से निष्कर्षित किया जाता है।
(a) लाइकेन (b) हाइड्रेंजिया
(c) जिरेनियम (d) पेटुनिया

88. नीचे दी गई पदों की श्रृंखला में अगला पद क्या होगा?
E2, I12, M72, ____
(a) Q432 (b) R434
(c) Q434 (d) R432

89. सम-सप्तभुज तथा समद्वादशभुज के आंतरिक कोणों की माप का अनुपात होगा:
(a) 6 : 7 (b) 7 : 12
(c) 2 : 3 (d) 4 : 5

90. रबी फसलों की कृषि पर आधारित राष्ट्रीय सम्मेलन के अभियान 2017- की मेजबानी किस शहर ने की?
(a) नई दिल्ली (b) मुंबई
(c) पंतनगर (d) पटना

91. दिए गए विकल्प चित्रों में से उस विकल्प का चयन करें जो PEN शब्द का पार्श्व दर्पण प्रतिबिम्ब है।

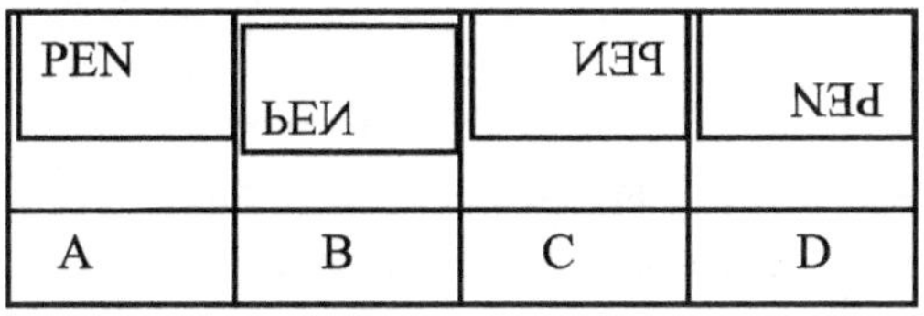

PEN	ꟼEИ	ИƎꟼ	ИƎꟼ
A	B	C	D

(a) B (b) A
(c) C (d) D

92. नीचे दर्शाती गई चित्रों की श्रृंखला में '?' के स्थान पर कौन सा विकल्प उपयुक्त होगा?

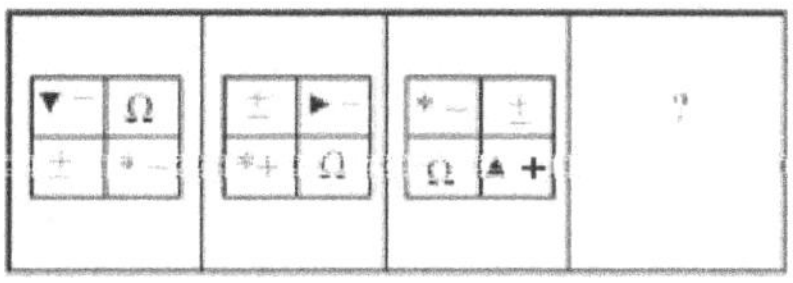

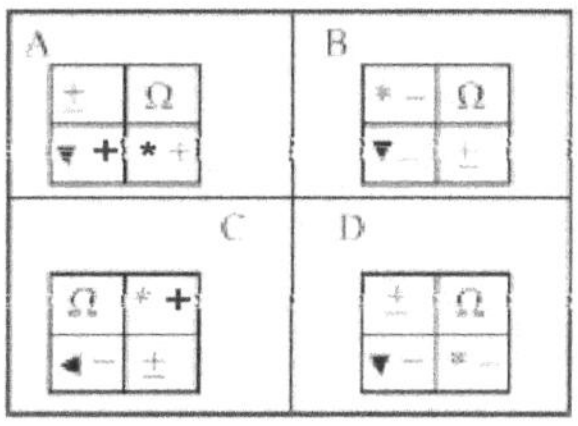

(a) C (b) D
(c) A (d) B

93. निम्नलिखित में से कौन सा विद्युत के तापीय प्रभाव के व्यावहारिक अनुप्रयोगों पर आधारित नहीं है?
(a) इलेक्ट्रिक टोस्टर (b) इलेक्ट्रिक केतली
(c) इलेक्ट्रिक फ्लैट आयरन (d) इलेक्ट्रिक घंटी

94. निम्न कथन और निष्कर्षों को ध्यानपूर्वक पढ़िए और उनके आधार पर तय कीजिए कि कौन से निष्कर्ष कथन का तर्कसंगत रूप से अनुसरण करते हैं।
कथन:
मयंक की पेंटिंग थीम को सही से प्रेषित करती है।
निष्कर्ष:
I. मयंक एक कलाकार है।
II. मयंक को उसके क्षेत्र का गहन ज्ञान है।
(a) दोनों निष्कर्ष अनुसरण करते हैं
(b) केवल निष्कर्ष I अनुसरण करता है
(c) केवल निष्कर्ष II अनुसरण करता है
(d) न तो I न ही II अनुसरण करता है

95. साई किसी काम को 17 दिन में कर सकता है, जबकि बिंदु इसे 51 दिन में कर सकता है। साई पहले दिन काम करता है, बिंदु दूसरे दिन काम करता है और काम के समाप्त होने तक यह क्रम जारी रहता है। काम को पूरा करने में कुल कितने दिन लगेंगे?
(a) 25 (b) 24.5
(c) 25.5 (d) 26

96. ₹3680 पर 4% वार्षिक साधारण ब्याज की दर से 2.5 साल में कितना ब्याज प्राप्त होगा?
(a) ₹184 (b) ₹92
(c) ₹276 (d) ₹368

97. कौन सा वेन आरेख निम्नलिखित के बीच के संबंध को व्यक्त करता है?

A. हाथी

B. शेर

C. जानवर

(a) 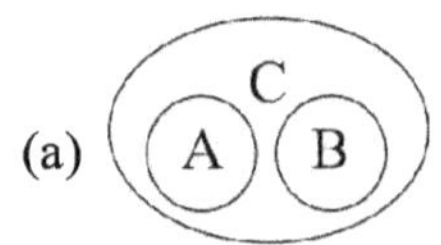

(b) 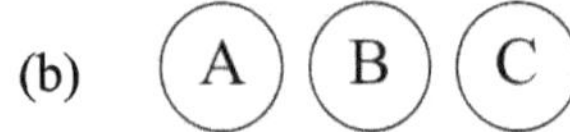

(c) 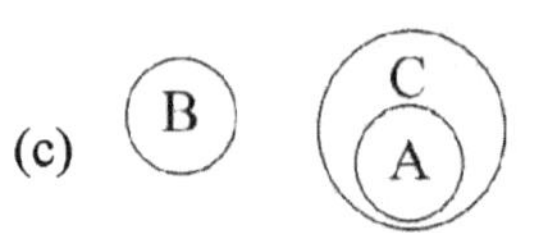

(d) 

98. स्क्लेरेनकाइमा में, कोशिका भित्ति __________ के कारण मोटी होती है।

(a) सेल्यूलोज (b) वसा

(c) लिग्निन (d) क्यूटिन

99. विकल्पों में से कौन दिए गए चित्र का निकटस्थ सदृश है?

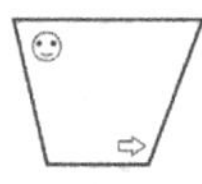

A	B	C	D

(a) C (b) A

(c) B (d) D

100. 306, 204 और 136 का महत्तम समापवर्तक ज्ञात करें।

(a) 51 (b) 68

(c) 34 (d) 17

उत्तरमाला

1	(d)	11	(*)	21	(b)	31	(c)	41	(a)	51	(c)	61	(b)	71	(d)	81	(b)	91	(c)
2	(b)	12	(b)	22	(b)	32	(d)	42	(d)	52	(a)	62	(b)	72	(b)	82	(d)	92	(a)
3	(c)	13	(d)	23	(a)	33	(b)	43	(c)	53	(d)	63	(c)	73	(b)	83	(c)	93	(d)
4	(d)	14	(b)	24	(b)	34	(b)	44	(d)	54	(b)	64	(d)	74	(d)	84	(d)	94	(b)
5	(d)	15	(c)	25	(d)	35	(c)	45	(d)	55	(a)	65	(a)	75	(a)	85	(d)	95	(a)
6	(a)	16	(b)	26	(a)	36	(b)	46	(b)	56	(c)	66	(b)	76	(a)	86	(a)	96	(d)
7	(c)	17	(a)	27	(a)	37	(b)	47	(a)	57	(*)	67	(b)	77	(b)	87	(a)	97	(a)
8	(b)	18	(b)	28	(c)	38	(*)	48	(d)	58	(*)	68	(b)	78	(b)	88	(a)	98	(*)
9	(b)	19	(c)	29	(b)	39	(b)	49	(a)	59	(b)	69	(c)	79	(b)	89	(a)	99	(a)
10	(a)	20	(b)	30	(b)	40	(d)	50	(d)	60	(b)	70	(d)	80	(c)	90	(a)	100	(c)

संकेत एवं हल

1. (d) शाहजहाँ मुगल वंश का पाँचवाँ मुगल शासक था। इसके बचपन का नाम खुर्रम था। शाहजहाँ के दरबार के राजकवि पंडित जगन्नाथ थे। इसी के शासन काल के समय दो प्रसिद्ध कवि अली कुली सलीम और अबू तालिब कलीम हुए।

2. (b) M E A K ⟶ 13 5 1 11

∴ 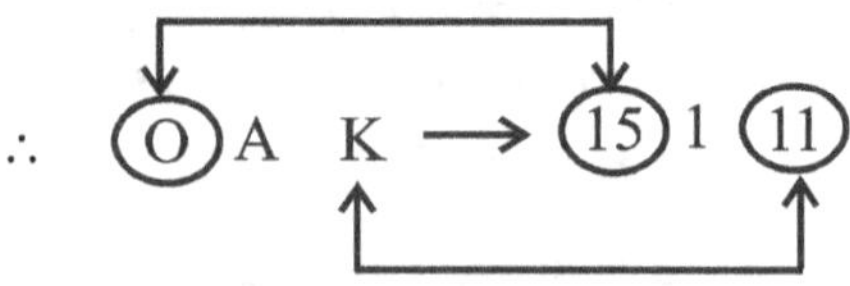

3. (c) कथन 1 में थैले का भार दिया गया है। अत: कथन 1 पर्याप्त है।

4. (d) $2 \xrightarrow{\times 7} 14 \xrightarrow{\times 7} 98 \xrightarrow{\times 7} 686$

5. (d) लैंगिक प्रजनन एक ऐसी क्रिया है जिसमें अधिक विविधता की उत्पत्ति होती है। इसमें दो युग्मकों के मिलने से बनी रचना युग्मज (जाइगॉट) द्वारा एक नये जीव का निर्माण होता है। यह क्रिया दो चरणों में संपन्न होती है–अर्धसूत्री विभाजन तथा निषेचन।

6. (a) $w + x + y = 25.5 \times 3 = 76.5$
$x + y + z = 29.5 \times 3 = 88.5$
अत: परास $= 88.5 - 76.5 = 12$

9. (b) जब किसी वस्तु पर बल लगाया जाता है जिसके परिणामस्वरूप बल की दिशा में वस्तु का विस्थापन हो जाता है तो इसे बल द्वारा किया गया कार्य कहते हैं। कार्य करने की दर शक्ति कहलाती है। कार्य का मात्रक जूल (J) है।

13. (d) माना नीलांजन की आयु x वर्ष है।
भारती की आयु $= x + 11$
$1.2\,(x + 15) = (x + 11 + 15)$
$\Rightarrow\ 1.2x + 18 = x + 26$
$\Rightarrow\ 0.2x = 8 \ \Rightarrow\ x = 40$ वर्ष

14. (b) मेरे बेटे की मां $\rightarrow$ पत्नी
पत्नी की बहन $\rightarrow$ साली

15. (c) A $\rightarrow$ 1696 $\rightarrow$ AFIF में F दो बार प्रयोग किया गया है।

17. (a) मादा जननांगों में अंडाशय मादा युग्मक उत्पन्न करते हैं जिसे अंडाणु (डिंब) कहा जाता है। मादा युग्मक गर्भाशय में भ्रूण के लिए भोजन संग्रहित करने वाली जनन कोशिकाएँ हैं। गर्भाशय वह भाग होता है जहाँ पर शिशु का विकास होता है।

18. (b) कुल्हाड़ी, ब्लेड और चाकू काटने के लिए प्रयोग किया जाता है।

21. (b) भारत में खादी और ग्रामोद्योग सहकारी उत्पादक संघ लिमिटेड की स्थापना 29 मार्च, 1954 ई. को की गई थी। इसे प्रारंभ में मात्र 500 रु. की पूँजी के साथ शुरू किया गया था। इसमें 11 सदस्य और 1 कर्मचारी थे।

23. (a) $(5 < 7) \div 2 = (5 \times 7) + 2 = 37$

25. (d) माना नसीमा की आयु x वर्ष है और वकार की आयु y वर्ष है।
$\Rightarrow\ x - y = \pm 8$
30 वर्ष पहले,
$5\,(x - 30) = 4\,(y - 30)$
$\Rightarrow\ 5x - 4y = 30$
$\Rightarrow\ 4\,(x - y) + x = 30$
$\Rightarrow\ 4\,(-8) + x = 30$
$\Rightarrow\ x = 62 \Rightarrow y = 70$
अत: आयु का योग $= 62 + 70 = 132$ वर्ष

26. (a) माना A अकेले कार्य को x दिन में और B अकेले उस कार्य को y दिनों में पूरा करती है।
अत: $\frac{1}{x} + \frac{1}{y} = \frac{1}{35}$
और $\frac{4}{7}x + \frac{3}{7}y = 114$
दोनों समीकरण को हल करने पर,
$x = 42$ तथा $y = 210$

28. (c) $\frac{21}{56} = \frac{3}{8} = 0.375$

30. (b) $30 \div (20 - 5 \times 8) = 30 \div (-20) = \frac{-3}{2} = -1.5$

32. (d) 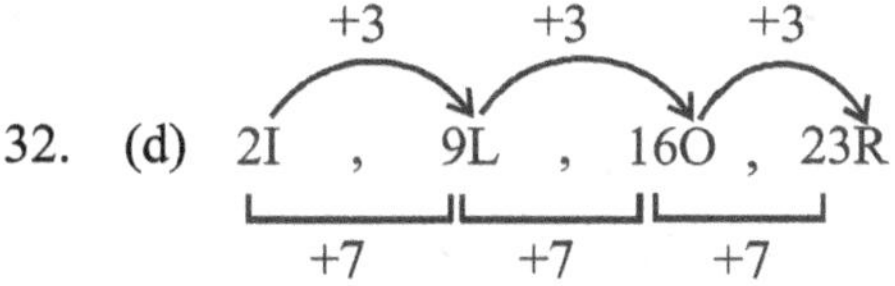

33. (b) कथन (1) में जार का वजन दिया गया है। अत: कथन (1) अकेले ही पर्याप्त है।

35. (c) माना तुलिप के पास x, देवांश के पास y तथा शीतल के पास z कंचे थे।
$\Rightarrow\ \frac{x}{y} = \frac{7}{9}$ और $\frac{z}{y} = \frac{7}{15}$
$\frac{x}{y} \div \frac{z}{y} = \frac{7}{9} \div \frac{7}{15} \Rightarrow \frac{x}{z} = \frac{15}{9} = 5 : 3$

36. (b) 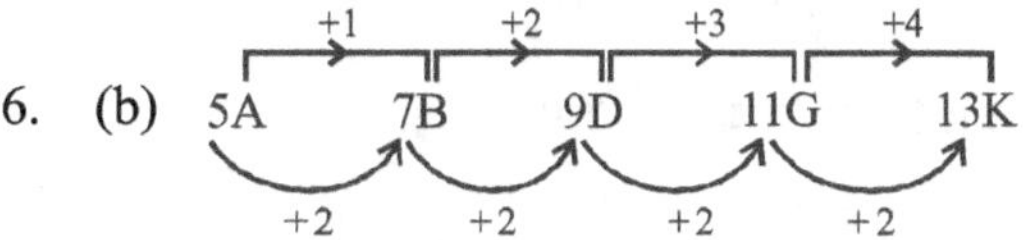

39. (b) $x^2 - 24x + k = 0$ में $x = 2$ रखने पर,
$(2)^2 - 24 \times 2 + k = 0$
$\Rightarrow\ k = 44 \ \Rightarrow\ x^2 - 24x + 44 = 0$
$\Rightarrow\ (x - 2)\,(x - 22) = 0$
$\Rightarrow\ x = 2$ तथा $x = 22$

40. (d) जब किसी वस्तु में उसकी स्थिति और अवस्था के कारण ऊर्जा उत्पन्न होती है, तो इस ऊर्जा को स्थितिज ऊर्जा कहते हैं। इसका एस. आई. मात्रक जूल (J) है।

स्थितिज ऊर्जा = द्रव्यमान × गुरुत्वीय त्वरण × ऊँचाई

41. (a)

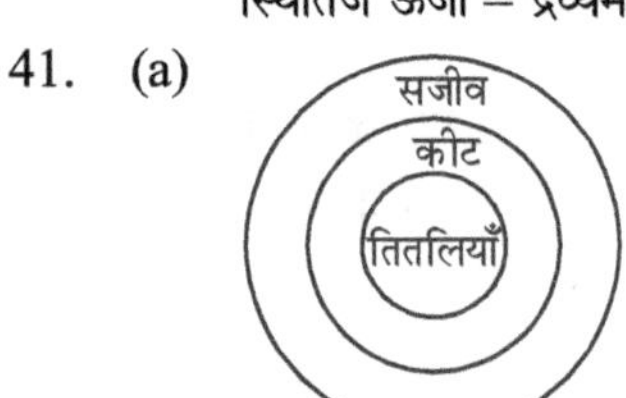

43. (c)

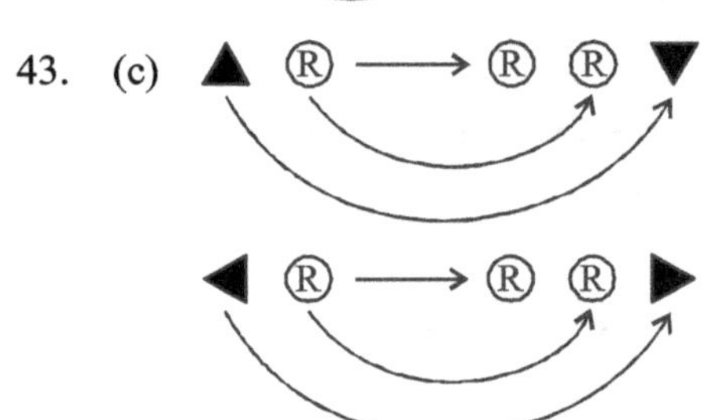

44. (d) $75 \div [\{63 \div 7 \text{ का } (-1) + (-6)\}]$

$= 75 \div [63 \div (-7) + (-6)] = 75 \div (-15) = -5$

45. (d) $\frac{0.7}{1-6c} = -0.2$

$\Rightarrow \quad 0.7 = -0.2 + 1.2c$

$\Rightarrow \quad c = \frac{0.9}{1.2} = \frac{9}{12} = \frac{3}{4} = 0.75$

46. (b) सन् 1206 ई. में गुलाम वंश का प्रथम शासक कुतुब-उद्दीन ऐबक बना। गुलाम वंश का शासनकाल 1206 से 1290 ई. तक रहा। इस वंश की पहली राजधानी लाहौर थी बाद में दिल्ली को राजधानी बनाया। ऐबक दिल्ली का पहला सुल्तान या तुर्की शासक था।

47. (a) ब्याज $= \frac{1600 \times 10 \times 7.25}{100} =$ ₹ 1160

51. (c) अष्टभुज की परिधि $= 2.5 \times 4 + 4 \times \sqrt{2}$

$= (10 + 4\sqrt{2})$ cm

क्षेत्रफल $= (4.5 \times 4.5) - 4 \times \frac{1}{2} \times 1 \times 1$

$= (20.25 - 2) = 18.25 \text{ cm}^2$

55. (a) वृत्त की परिधि $= 2 \times \pi \times 20$

समय $= \frac{2 \times \pi \times 20}{4} = 10\pi$ सेकेण्ड

56. (c) $729 = 9 \times 9 \times 9$

59. (b)

E	A	T
5+2 ↓	1+2 ↓	↓ 20+2
7	3	22

U	R	N
21+2 ↓	18+2 ↓	↓ 14+2
23	20	16

61. (b) कथन (1) और (2) दोनों एक साथ सक्षम है।

63. (c) दो अन्य समकोण त्रिभुज की रचना के लिए समकोण वाले कोण की विपरीत भुजा को समद्विभाजित करना जरूरी है।

65. (a) माना लड़की ने 85 km/hr से x समय यात्रा की।

$85 \times x + 55(5 - x) = 400$

$85x + 275 - 55x = 400$

$x = \frac{125}{30}$

$\Rightarrow \quad 4\frac{5}{30} = 4 + \frac{5}{30} \times 60 = 4$ घंटे 10 मिनट

66. (b) $\frac{10}{11} + x = \frac{11}{10}$

$\Rightarrow \quad x = \frac{11}{10} - \frac{10}{11} = \frac{21}{110}$

67. (b) ब्रोमीन एक अधातु है जो तरल अवस्था में रहती है। ब्रोमीन की खोज फ्रांस के वैज्ञानिक बैलार्ड ने सन् 1826 ई. में की थी। इसके मुख्य यौगिक सोडियम, पोटैशियम और मैग्नीशियम के ब्रोमाइड हैं।

69. (c) लांड्री दक्षिण-पूर्व में स्थित है।

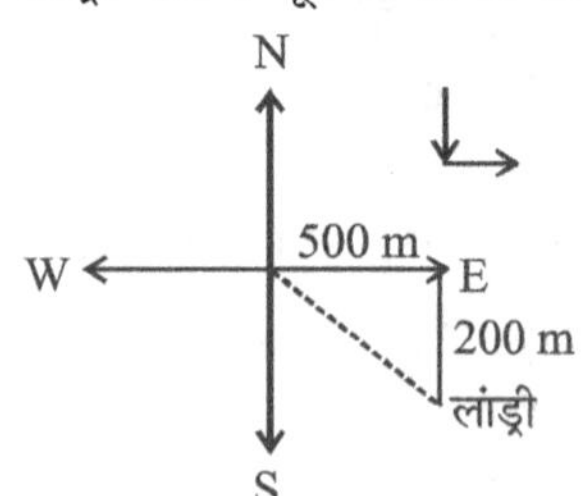

72. (b) कन्हैयालाल माणिकलाल मुंशी ने वर्ष 1950 में जंगलों के संरक्षण और नए पेड़ों के रोपण हेतु लोगों में जागरूकता लाने के लिए 'वन महोत्सव' की शुरूआत की थी। इन्होंने 1938 ई. में 'भारतीय विद्या भवन' की स्थापना की थी।

73. (b) माना, मूलधन $= x$,

समय = 3 वर्ष 3 माह $= 3\frac{3}{12} = 3\frac{1}{4} = \frac{13}{4}$

ब्याज $= \frac{x \times 13 \times 8}{4 \times 100} = \frac{26x}{100}$

$x + \frac{26x}{100} = 819$

$\Rightarrow \quad x = \frac{819 \times 100}{126} = ₹\ 650$

74. (d) 11 सितंबर 2023 से 11 सितंबर 2024 $\rightarrow$ 366 दिन [$\because$ 2024 लीप वर्ष है]

11 सितंबर 2024 से 12 सितंबर 2024 $\rightarrow$ 1 दिन

12 सितंबर 2024 से 13 सितंबर शाम 5 : 49 बजे तक $\rightarrow$ 23 घंटे 51 मिनट

कुल समय = 367 दिन 23 घंटे 51 मिनट

79. (b)

$$\begin{matrix} D & I & P \\ \downarrow +7 & \downarrow +7 & \downarrow +7 \\ K & P & W \end{matrix}$$

$$\begin{matrix} S & W & I & M \\ \downarrow +7 & \downarrow +7 & \downarrow +7 & \downarrow +7 \\ Z & D & P & T \end{matrix}$$

80. (c) $\frac{43.5}{d} = \tan 60°$

$\Rightarrow \quad \frac{43.5}{d} = \sqrt{3} \quad \Rightarrow \quad d = \frac{43.5}{\sqrt{3}}$

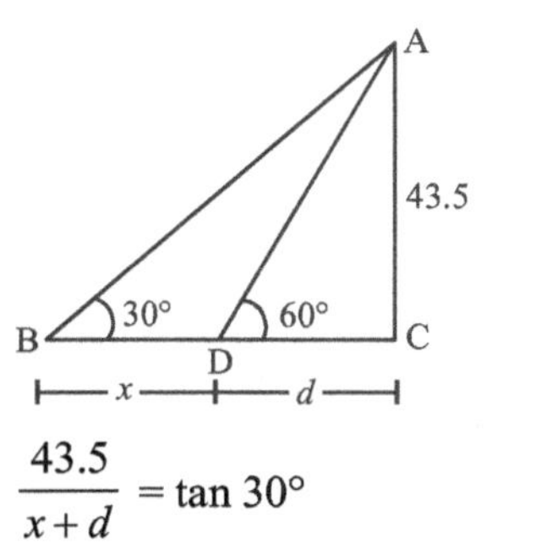

$\frac{43.5}{x+d} = \tan 30°$

$\Rightarrow \quad \frac{43.5}{x+d} = \frac{1}{\sqrt{3}}$

$\Rightarrow \quad 43.5\sqrt{3} = x + \frac{43.5}{\sqrt{3}}$

$\Rightarrow \quad x = 43.5\left(\sqrt{3} - \frac{1}{\sqrt{3}}\right)$

$\Rightarrow \quad x = 43.5 \times \frac{2}{\sqrt{3}}$

$\Rightarrow \frac{87}{\sqrt{3}} = 29\sqrt{3}$ m

81. (b) 19 अप्रैल 2019 को शुक्रवार होगा।

82. (d) माना सात बच्चों की आयु क्रमशः $x, x+1, x+2, x+3, x+4, x+5, x+6$ है।

तो, $x + 4 + x + 5 + x + 6 = 78$

$\Rightarrow \quad x = 21$

सबसे छोटे तीन बच्चों की आयु का योग

$= x + x + 1 + x + 2 = 3x + 3 = 66$ वर्ष

84. (d) $\{143 - 7\} \div \{2 + 15\} = 136 \div 17 = 8$

88. (a) E 2 $\longrightarrow$ I 12 $\longrightarrow$ M 72 $\longrightarrow$ Q 432

(अक्षर: +4, +4, +4; संख्या: ×6, ×6, ×6)

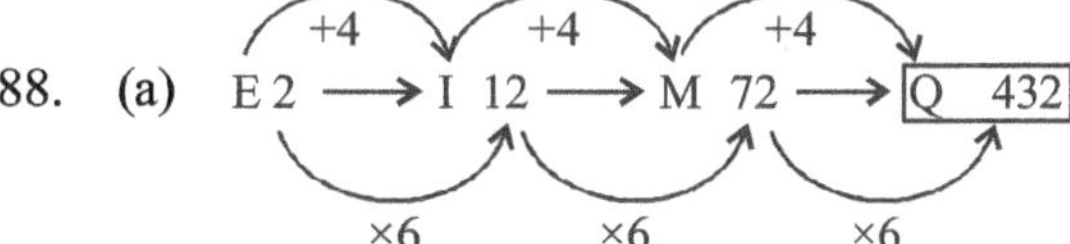

89. (a) समसप्तभुज का आंतरिक कोण

$= \frac{(n-2) \times 180}{n} = \frac{5 \times 180}{7}$

सम-द्वादशभुज का आंतरिक कोण

$= \frac{(n-2) \times 180}{n} = \frac{10 \times 180}{12}$

अनुपात $= \frac{5 \times 12}{7 \times 10} = 6 : 7$

92. (a) Ω का चिह्न एक वर्ग घड़ी की सुई की दिशा में आगे बढ़ रहा है।

93. (d) विद्युत घंटी विद्युत चुम्बकीय सिद्धांत पर कार्य करती है। जब इसकी कुण्डली में धारा प्रवाहित की जाती है तो यह ध्वनि उत्पन्न करती है।

95. (a) 2 दिनों में क्रमशः साई तथा बिंदु द्वारा किया गया कार्य $= \frac{1}{17} + \frac{1}{51} = \frac{4}{51}$

24 दिनों में किया गया कार्य $= \frac{4 \times 12}{51} = \frac{48}{51}$

शेष कार्य $= 1 - \frac{48}{51} = \frac{3}{51} = \frac{1}{17}$

जो कि साई द्वारा किया जाएगा।

अतः कुल समय $= 24 + 1 = 25$ दिन

96. (d) ब्याज $= \frac{3680 \times 4 \times 25}{100 \times 10} =$ ₹ 368

97. (a)

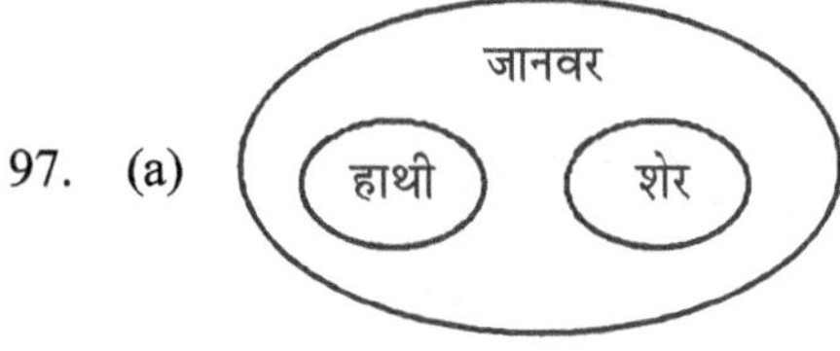

98. (c) स्क्लेरेनकाइमा में, कोशिका भित्ति लिग्निन के कारण मोटी होती है। लिग्निन भित्ति को कठोर और पानी के लिए अपारगम्य बनाता है।

100. (c) $306 = 2 \times 3 \times 3 \times 17$
$204 = 2 \times 2 \times 3 \times 17$
$136 = 2 \times 2 \times 2 \times 17$
$\therefore$ महत्तम समापवर्तक $= 2 \times 17 = 34$

RRB ग्रुप D 2018 सॉल्वड पेपर-2

दिनांक : 22 सितंबर 2018

1. 11236 का वर्गमूल कितना होता है?
   (a) 106 (b) 114
   (c) 104 (d) 96
2. लिटमस विलयन .... से निष्काषित किया जाता है।
   (a) हाइड्रेंजिया (b) जिरेनियम
   (c) पेटुनिया (d) लाइकेन
3. एक समकोण त्रिभुज, जिसकी भुजाएं 2 cm, $2\sqrt{3}$ cm और 4 cm दी गई हैं उसके परिवृत्त का क्षेत्रफल .... होता है।
   (a) 16π cm^2 (b) 12π cm^2
   (c) 6π cm^2 (d) 4π cm^2
4. आद्यइतिहास .... और इतिहास के बीच की अवधि है, जिसके लिए हमारे पास बहुत कम लिखित रिकॉर्ड हैं।
   (a) मध्यकालीन इतिहास (b) आधुनिक इतिहास
   (c) प्रागैतिहास (d) पोस्ट-इतिहास
5. दिए गए कथनों व निष्कर्षों को ध्यानपूर्वक पढ़ें और चुनें कि कौन से निष्कर्ष तार्किक रूप से कथन का अनुसरण करते हैं।
   कथन :
   फोटोग्राफर अपने सहायक की सराहना करते हुए कहता है, ''यह तस्वीरें अद्‌भुत हैं।''
   निष्कर्ष :
   I. सहायक ने अच्छा काम किया है।
   II. फोटोग्राफर अपने सहायक के काम से बहुत खुश है।
   (a) निष्कर्ष I व II दोनों अनुसरण नहीं करते हैं।
   (b) केवल निष्कर्ष I अनुसरण करता है।
   (c) दोनों निष्कर्ष अनुसरण करते हैं।
   (d) केवल निष्कर्ष II अनुसरण करता है।
6. एक छोटे व्यवसाय में निम्नलिखित व्यय शामिल हैं: क्रय (25%), कर्मचारियों का वेतन (25%) और रखरखाव के लिए (50%)। यदि कंपनी कुल ₹2,00,000 के वेतन का भुगतान करती है तो उसका रख-रखाव पर व्यय कितना है?
   (a) ₹2,50,000 (b) ₹3,00,000
   (c) ₹4,00,000 (d) ₹2,00,000
7. हमीदा बानो बेगम .... की माँ थी।
   (a) सम्राट हुमायूँ (b) सम्राट बाबर
   (c) सम्राट अकबर (d) सम्राट जहांगीर
8. निम्नलिखित में से कौन सा समूह से संबंधित नहीं है?
   (a) कटोरा (b) टोकरी
   (c) बाल्टी (d) चाकू
9. अधिकांश सरीसृपों में एक .... होता है।
   (a) चार-कक्षीय हृदय
   (b) अपूर्ण तीनकक्षीय हृदय
   (c) तीन-कक्षीय हृदय
   (d) द्विकक्षीय हृदय
10. भारत सरकार ने नोटबंदी की घोषणा कब की?
   (a) 31 दिसंबर, 2016 (b) 8 नवंबर, 2016
   (c) 8 सितंबर, 2017 (d) 15 अक्टूबर, 2017
11. निम्नलिखित प्रश्न और उसके बाद के कथनों पर विचार करें और निर्णय लें कि प्रश्न का उत्तर देने के लिए कौन से कथन पर्याप्त हैं? विभिन्न आकार व रंगों की सात गेंदें हैं: हरी, पीली, नीली, नारंगी, लाल, गुलाबी और काली। गेंदों का सबसे बड़ी से छोटी में आकार के अनुसार क्रम क्या है?
   कथन :
   I. लाल गेंद हरे रंग की गेंद से बड़ी है।
   II. गुलाबी गेंद सबसे छोटी है।
   III. नीली गेंद सबसे बड़ी है।
   IV. हरी गेंद पीले रंग की गेंद से बड़ी है।
   V. पीले रंग की गेंद नारंगी और काली गेंदों से बड़ी है।
   (a) I, III और V कथन पर्याप्त हैं।
   (b) कोई कथन पर्याप्त नहीं है।
   (c) I, II और V कथन पर्याप्त हैं।
   (d) I, IV और V कथन पर्याप्त हैं।
12. अफरोज का जन्म 2 फरवरी, 2015 को हुआ था, जबकि आवेश का जन्म 555 दिन बाद हुआ था। आवेश का जन्म किस तारीख को हुआ था?
   (a) 8 अगस्त 2016 (b) 11 अगस्त 2016
   (c) 9 अगस्त 2016 (d) 10 अगस्त 2016

13. किस टीम ने सैयद मुश्ताक अली टी-20 ट्रॉफी-2018 जीती?
(a) कर्नाटक (b) मुंबई
(c) लाहौर (d) दिल्ली

14. फीफा यू - 17 विश्वकप जीतने के लिए 28 अक्टूबर, 2017 को कोलकाता के साल्ट लेक स्टेडियम में स्पेन को किसने हराया?
(a) इंग्लैंड (b) ब्राजील
(c) अर्जेंटीना (d) चीन

15. कौन सा वेन आरेख निम्नलिखित के बीच संबंध को सही ढंग से दर्शाता है?
A. टेलीफोन B. वायुयान
C. मकड़ी

(a) B C A (b) C A

(c) A B C (d) C A B

16. मेंडलीफ की आवर्त सारणी में, ऊर्ध्वाधर कॉलम को .... कहा जाता है।
(a) वर्ग (b) समूह
(c) इकाई (d) आवर्त

17. .... धातु पृथ्वी पर सबसे प्रचुर मात्रा में पायी जाती है।
(a) तांबा (b) जस्ता
(c) लेड (d) एल्युमीनियम

18. लता प्रत्येक वैकल्पिक दिन सैर पर जाने का फैसला करती है। किसी महीने में वह शुक्रवार को शुरू करती है। निम्नलिखित में से किन दिनों में वह अगले सप्ताह सैर पर जाएगी?
(a) सोमवार, बुधवार, शुक्रवार
(b) बृहस्पतिवार, शनिवार, रविवार
(c) बुधवार, शुक्रवार, रविवार
(d) मंगलवार, बृहस्पतिवार, शनिवार

19. एक मिश्रण में रेत और रोड़ी का अनुपात 17 : 9 है, जबकि रोड़ी और सीमेंट का अनुपात 6 : 17 है। मिश्रण में रेत और सीमेंट का अनुपात क्या है?
(a) 2 : 3 (b) 17 : 17
(c) 9 : 6 (d) 289 : 54

20. $\{39 - (19 - 44)\} \div \{-4 \times 3 - (-4)\} = ?$
(a) –5 (b) –4
(c) –8 (d) –6

21. गति का द्वितीय नियम दर्शाता है-
(a) वस्तु की गति में परिवर्तन की दर लागू शुद्ध बल के साथ बदल जाएगी।
(b) जब शुद्ध बल लागू होता है तो प्रत्येक वस्तु एक समान गति में गतिमान होगी।
(c) प्रत्येक वस्तु स्थिर या एक समान गति की अवस्था में रहेगी, जब तक कि शुद्ध बल की क्रिया से इस अवस्था को बदलने के लिए मजबूर नहीं किया जाता।
(d) किसी वस्तु की गति के परिवर्तन की दर शुद्ध बल की दिशा में वस्तु पर लागू शुद्ध बल के आनुपातिक होती है।

22. वायुमंडलीय अपवर्तन के कारण, सूर्योदय और सूर्यास्त में लगभग .... तक की देरी हो सकती है।
(a) 1 मिनट (b) 4 मिनट
(c) 2 मिनट (d) 3 मिनट

23. भारत की पहली फीचर फिल्म 'राजा हरिश्चन्द्र' की सार्वजनिक स्क्रीनिंग .... को की गई थी।
(a) 21 अप्रैल, 1913 (b) 12 अप्रैल, 1920
(c) 16 जुलाई, 1818 (d) 20 मार्च, 1918

24. उस शब्द का चयन करें जो तीसरे शब्द से ठीक उसी तरह संबंधित है जिस प्रकार दूसरा शब्द पहले शब्द से संबंधित है।
गायक : गीत : : बढ़ई : ?
(a) फर्नीचर (b) पोछा (मोप)
(c) पेंट (d) मोबाइल

25. 48 किमी./घंटा की गति से ड्राइव करने पर बरुण, गंतव्य पर समय से 2 मिनट पहले पहुँचा। यदि वह 42 कि.मी./घंटा की गति से ड्राइविंग करता है, तो बरुण समय से 1 मिनट देर से पहुँचेगा। बरुण को कितनी दूरी के लिए ड्राइव करना है?
(a) 16.8 कि.मी. (b) 17.2 कि.मी.
(c) 17.6 कि.मी. (d) 16.4 कि.मी.

26. एक त्रिभुज का आधार त्रिभुज के बराबर क्षेत्रफल वाले समानांतर चतुर्भुज के आधार का पांचवां हिस्सा है। समानांतर चतुर्भुज और त्रिभुज की ऊँचाई का अनुपात होगा:
(a) 1 : 10 (b) 5 : 1
(c) 10 : 1 (d) 1 : 5

27. निम्नलिखित में से कौन सा समूह से संबंधित नहीं है।

A. स्विच B. बल्ब
C. फिलामेंट D. रस्सी

(a) C (b) B
(c) D (d) A

28. निम्नलिखित में से कौन सा मानवों में पुरुष प्रजनन प्रणाली का हिस्सा नहीं है?

(a) अंडकोश (b) वृषण
(c) शुक्रवाहिका (d) अंडाशय (ओवरी)

29. आधुनिक आवर्त सारणी के छठे आवर्त में .... तत्व मौजूद हैं।

(a) 33 (b) 18
(c) 32 (d) 8

30. विषम की पहचान करें:

A	B	C	D
R9	T10	Z13	X11

(a) C (b) A
(c) D (d) B

31. लीला प्रातः ऑफिस के लिए निकलती है। उसका ऑफिस घर से 2 कि.मी. दूर है, इसलिए वह पैदल चलकर जाना पसंद करती है। वह घर से सूर्य की विपरीत दिशा में चलना शुरू करती है, 500 मी. चलती है और फिर दायीं ओर मुड़ जाती है और 200 मी. चलती है। अब वह बायीं ओर मुड़ती है और अपने ऑफिस की ओर चलने लगती है। उसके घर से उसका ऑफिस किस दिशा में स्थित है?

(a) दक्षिण (b) उत्तर
(c) उत्तर-पूर्व (d) उत्तर-पश्चिम

32. निम्नलिखित प्रश्नों पर विचार करें जिसके बाद दो तर्क I और II दिए गए हैं। तय करें कि निम्नलिखित तर्कों में से कौन सा एक मजबूत तर्क है। क्या स्थानीय सरकारी निकायों द्वारा वर्षा जल संचयन के बारे में जनता को शिक्षित करने के लिए जागरूकता कार्यक्रम आयोजित किये जाने चाहिए?

तर्क :

I. हाँ, जल बहुत कीमती है। हमारे प्राकृतिक संसाधनों को संरक्षित रखने के लिए जागरूकता बढ़ाई जानी चाहिए।
II. नहीं, केवल हरित क्षेत्रों का दायरा बढ़ाना चाहिए। प्राकृतिक रूप से वर्षा जल संचयन सदियों से हो रहा है।

(a) केवल तर्क I मजबूत है।
(b) न तो तर्क I और न ही तर्क II मजबूत है।
(c) केवल तर्क II मजबूत है।
(d) तर्क I और II दोनों ही मजबूत हैं।

33. निम्नलिखित श्रेणी में अगला पद क्या होगा?
3, 2, 9, 8, 15, 14, ...

(a) 19 (b) 20
(c) 13 (d) 21

34. यदि एक विशेष कोड भाषा में, 'LEAP' को 'MFBQ' लिखा जाता है, तो 'JUMP' को इसी कोड भाषा में क्या लिखा जाएगा?

(a) KLQN (b) KRLQ
(c) KLNQ (d) KVNQ

35. B, E और A का पिता है। यदि A का विवाह U से हुआ है, तो B का U से क्या संबंध है?

(a) ससुर (b) माँ
(c) दामाद (d) सास

36. निम्नलिखित विकल्पों में से कौन-सा पैटर्न दी गई आकृति के पैटर्न के समान दिखता है?

प्रश्न आकृति :

उत्तर आकृतियाँ :

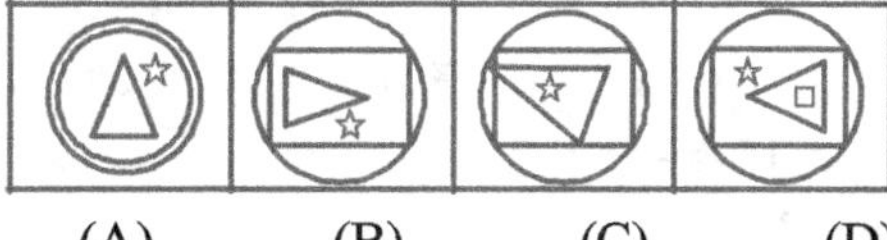

(A) (B) (C) (D)

(a) D (b) C
(c) A (d) B

37. $\frac{4}{5}+\frac{5}{12}=?$

(a) $\frac{9}{17}$ (b) $1\frac{13}{60}$
(c) $\frac{80}{60}$ (d) $\frac{9}{60}$

38. निम्नलिखित में से कौन-सा रासायनिक समीकरण संतुलित है?

(a) $Mg + O_2 \rightarrow MgO$
(b) $H_2O_2 \rightarrow H_2O$
(c) $Na + H_2O \rightarrow NaOH + H_2$
(d) $2Mg + O_2 \rightarrow 2MgO$

39. निम्न में से किस राज्य में सबसे पहले "नेशनल हेल्थ प्रोटेक्सन स्कीम" (NHPS) लागू की गई थी।

(a) गोवा (b) पश्चिम बंगाल
(c) केरल (d) हरियाणा

40. $111 \div [(33 \div (22 \div -2)$ का $\{5 + (-4)\}] = ?$
(a) -3 (b) 37
(c) -37 (d) -5

41. ठोस के पिघलने के दौरान, इसका तापमान ....।
(a) बढ़ता है।
(b) परिवर्तित नहीं होता है।
(c) घटता है।
(d) ठोस की प्रकृति के अनुसार बढ़ या घट सकता है।

42. 800 कि.ग्रा. भार वाली एक कार के वर्ग को 5 m/s से 10 m/s तक बढ़ाने के लिए किया गया कार्य .... होगा।
(a) 10 kJ (b) 30 kJ
(c) 40 kJ (d) 20 kJ

43. निम्नलिखित श्रेणी में अगला पद क्या होगा?
2A, 4E, 8I, ...
(a) 64M (b) 64N
(c) 16M (d) 16N

44. यदि FOUR को 6518 लिखा जाता है, तो WIND के लिए कोड क्या है?
(a) 3044 (b) 3944
(c) 3954 (d) 3054

45. यदि POT को 151419 लिखा जाता है, तो OUGHT के लिए कोड क्या है?
(a) 14206721
(b) 14206718
(c) 14206719
(d) 14205719

46. दो बल्बों में से एक, दूसरे की तुलना में अधिक चमकता है। कौन-से बल्ब का प्रतिरोध उच्च है?
(a) दोनों का प्रतिरोध एकसमान है।
(b) चमक प्रतिरोध पर निर्भर नहीं करती है।
(c) चमकीले बल्ब
(d) डिम बल्ब

47. यदि $3x^2 - ax + 9 = ax^2 + 2x + 5$ का एक केवल (आवर्ती) हल है, तो a का धनात्मक पूर्णांक हल होगा:
(a) 4 (b) 5
(c) 3 (d) 2

48. निम्नलिखित में से कौन-सा एक उर्ध्वपातक पदार्थ नहीं है?
(a) सोडियम सल्फेट
(b) अमोनियम क्लोराइड
(c) कपूर
(d) नेफ्थलीन

49. इस पैटर्न में अगली आकृति कौन-सी होगी?
प्रश्न आकृति :

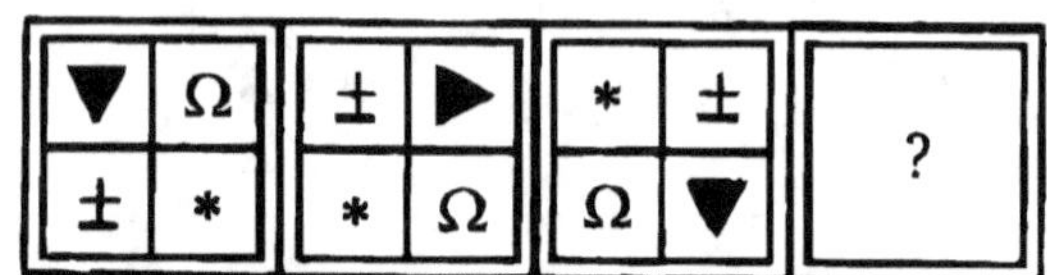

उत्तर आकृतियाँ :

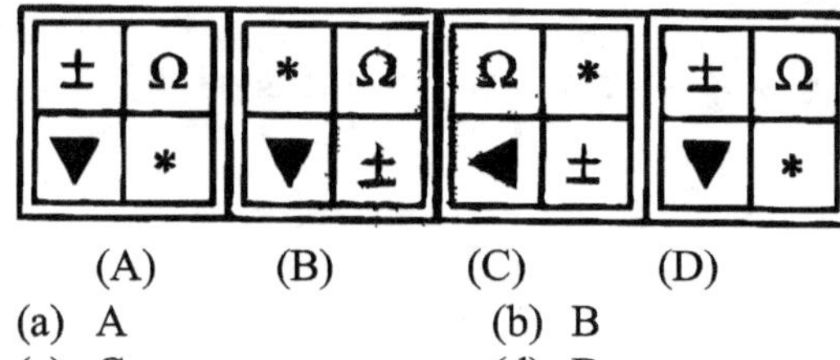

(A) (B) (C) (D)
(a) A (b) B
(c) C (d) D

50. दिये गये कथन पर विचार करें और निर्णय लें कि कौन-सी अवधारणा कथन में अंतर्निहित है।
कथन :
विद्यालय प्रबंधन ने अपने कक्षा XI और XII के सभी छात्रों के लिए अनिवार्य योग और विश्राम प्रारंभ किया है।
अवधारणा :
I. प्रबंधन का मानना है कि योग बच्चों को प्राचीन स्वास्थ्य विज्ञान के बारे में जानकारी प्रदान करेगा।
II. प्रबंधन चाहता है कि बच्चे तनाव मुक्त महसूस करें और अध्ययन में बेहतर प्रदर्शन करें।
(a) केवल अवधारणा I अंतर्निहित है।
(b) न तो अवधारणा I और न हीं अवधारणा II अंतर्निहित है।
(c) केवल अवधारणा II अंतर्निहित है।
(d) अवधारणाएं I और II दोनों ही अंतर्निहित है।

51. A213B की पार्श्व दर्पण छवि क्या होगी?

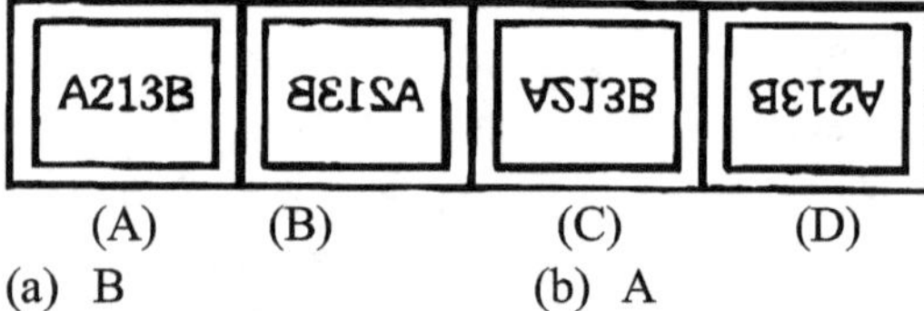

(A) (B) (C) (D)
(a) B (b) A
(c) D (d) C

52. एक वस्तु को एक उत्तल दर्पण के सामने अनंत और दर्पण के ध्रुव के बीच स्थित एक बिंदु पर रखा जाता है। निर्मित होने वाली छवि होगी:
(a) आभासी और छोटी (b) आभासी और बड़ी
(c) वास्तविक और छोटी (d) वास्तविक और बड़ी

53. $8 \times \{7 - (-2) \times (-4)\} = ?$

(a) – 8 (b) 8
(c) – 16 (d) 80

54. यदि $3\cos^2 x - 2\sin^2 x = -0.75$ और $0° \leq x \leq 90°$, तो $x = ?$

(a) 90° (b) 60°
(c) 45° (d) 30°

55. दिये गये कथन पर विचार करें और निर्णय ले कि कौन से निष्कर्ष कथन का अनुसरण करते हैं।

कथन : साइकिलिंग व्यायाम का एक अच्छा रूप है।

निष्कर्ष :

I. जो साइकिल नहीं चलाते हैं, वे सभी स्वस्थ नहीं रहते हैं।
II. वे सभी जो साइकिल चलाते हैं, कभी बीमार नहीं होते।

(a) केवल निष्कर्ष II अनुसरण करता है।
(b) निष्कर्ष I तथा II दोनों अनुसरण करते हैं।
(c) केवल निष्कर्ष I अनुसरण करता है।
(d) निष्कर्ष I व II दोनों अनुसरण करते हैं।

56. विषम आकृति में कितने त्रिभुज हैं?

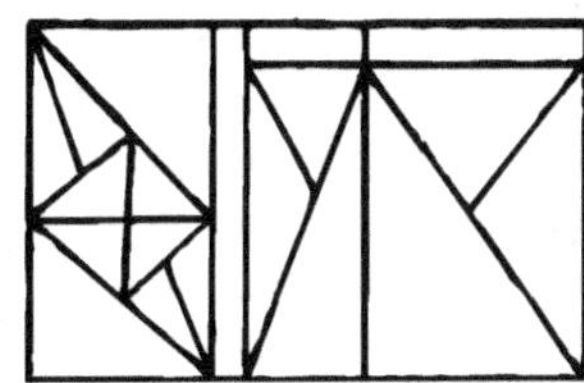

(a) 23 (b) 24
(c) 27 (d) 25

57. फरवरी 2018 तक, नोकिया कंपनी के भारतीय मूल में पैदा हुए सीईओ कौन हैं?

(a) अजयपाल सिंह बंगा (b) सत्य नाडेला
(c) सुंदर पिचाई (d) राजीव सूरी

58. नंदा देवी राष्ट्रीय उद्यान .... राज्य के चमोली जिले में स्थित है।

(a) जम्मू और कश्मीर (b) उत्तराखंड
(c) हिमाचल प्रदेश (d) सिक्किम

59. अप्रैल 2017 में लास वेगास में आयोजित यूएस ओपन कराटे चैंपियनशिप में भारत ने कितने पदक जीते?

(a) 16 (b) 15
(c) 12 (d) 17

60. समर को 8 दिवसीय बिक्री अभियान के दौरान अपनी यात्रा का ख्याल रखने के लिए कुछ धनराशि दी जितने में उसे खर्च चलाना था। हालांकि, उन्होंने अपने प्रवास को और 6 दिनों तक बढ़ाया था। ______ ₹ 120 कम हो गया। शुरूआत में उसे कितनी राशि स्वीकृत की गयी थी?

(a) ₹ 1,120 (b) ₹ 2,240
(c) ₹ 560 (d) ₹ 840

61. निम्नलिखित उत्तर आकृतियों में से कौन सी प्रश्न आकृति में प्रश्न चिन्ह (?) को प्रतिस्थापित करेगी?

प्रश्न आकृतियां :

उत्तर आकृतियां :

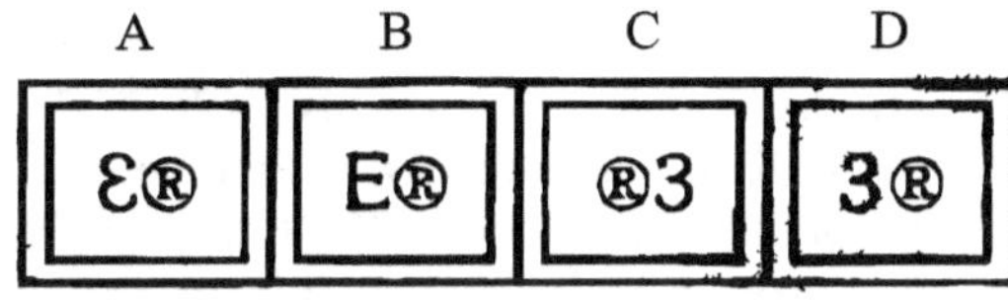

(a) B (b) A
(c) D (d) C

62. 5.6 kwh = ?

(a) 20.16×10^6 J (b) 14.4×10^6 J
(c) 14.4×10^8 J (d) 14.4×10^5 J

63. भारत का कौन सा शहर हुगली नदी पर बना है?

(a) गंगटोक (b) कटक
(c) चेन्नई (d) कोलकाता

64. एक संपीडित स्पिंग में .... ऊर्जा होती है।

(a) स्थितिज (b) रासायनिक
(c) विद्युत (d) गतिज

65. .... के अनुसार, तत्वों के गुणधर्म उनके परमाणु भारों के आवर्ती फलन होते हैं।

(a) न्यूलैंड का अष्टम नियम
(b) न्यूटन का नियम
(c) डोबेरीनर का त्रिक का नियम
(d) मेंडलीव का आवर्ती नियम

66. दी गई श्रृंखला में '?' के स्थान पर आने वाला अक्षर ज्ञात करें।
J, L, N, P, ?, T

(a) S (b) V
(c) U (d) R

67. $\frac{0.9894}{0.97} - \frac{1}{50} = ?$

(a) 1 (b) 1.02
(c) 1.2 (d) 0.98

68. 2018 में 6 – 14 जनवरी तक नई दिल्ली में आयोजित 26 वे विश्व पुस्तक मेले का विषय क्या थी?

(a) पर्यावरण संबंधी मुद्दे
(b) महिलाओं के प्रति होने वाले अपराध संबंधी मुद्दे

(c) बाल दुर्व्यवहार संबंधी मुद्दे
(d) जानवरों के प्रति होने वाली क्रूरता संबंधी मुद्दे

69. निम्नलिखित श्रेणी में अगला पद क्या होगा?
31, 26, 21, ...
(a) 20 (b) 17
(c) 16 (d) 19

70. अमीबा में प्रजनन कैसे होता है?
(a) लैंगिक प्रजनन द्वारा (b) मुकुलन द्वारा
(c) खण्डन द्वारा (d) द्विखण्डन द्वारा

71. निम्नलिखित में से कौन से ऊतक का अन्तरकोशिकीय क्षेत्र बड़ा होता है?
(a) पैरेनकाइमा (b) कॉलेनकाइमा
(c) जाइलम (d) स्क्लेरेनकाइमा

72. 80 कि.ग्रा. द्रव्यमान वाली एक वस्तु 60 ms^{-1} वेग के सथ गतिमान है। वस्तु में उत्पन्न संवेग कितना होगा?
(a) 4800 $kgms^{-1}$ (b) 4800 $kgms^{2}$
(c) 4800 $kgms^{-2}$ (d) 4800 $kgms^{1}$

73. एक व्यक्तिगत तंत्रिका कोशिका .... तक लंबी हो सकती है।
(a) 80 cm (b) 50 cm
(c) 100 cm (d) 10 cm

74. 45, 25 और 35 का लघुत्तम समापवर्तक है:
(a) 1400 (b) 1800
(c) 1575 (d) 1225

75. निम्नलिखित विकल्पों में से कौन सा पैटर्न दी गई आकृति के पैटर्न के समान दिखता है?

प्रश्न आकृति :

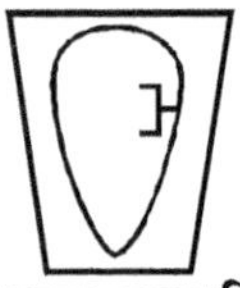

उत्तर आकृतियां :

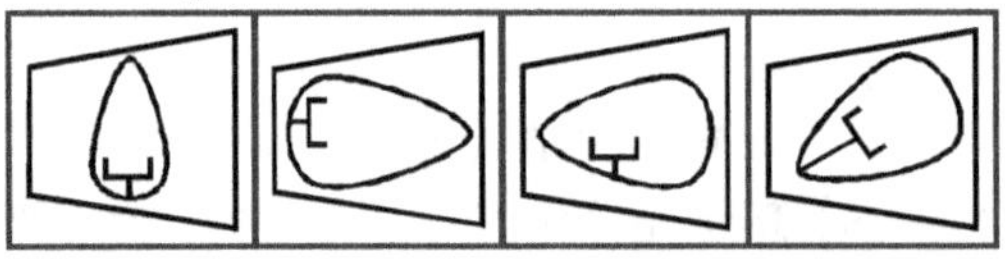

(A) (B) (C) (D)

(a) C (b) A
(c) B (d) D

76. यदि किसी घन की कोर को 4 cm बढ़ा दिया जाए, तो इसका आयतन 988 cm^3 बढ़ जाता है। तो घन की प्रत्येक कोर की मूल लम्बाई कितनी है?
(a) 9 cm (b) 7 cm
(c) 8 cm (d) 6 cm

77. हिमांशु अब 25 साल का है, जबकि उसका चचेरा भाई 7 साल का है। कितने साल बाद हिमांशु की आयु उसके चचेरे भाई की आयु का 2.5 गुणा होगी?
(a) 5 (b) 3
(c) 6 (d) 4

78. कौन से भारतीय राज्य का शासन पब्लिक अफेयर्स इंडेक्स (पीएआई) 2017 में सबसे ऊपर था?
(a) कर्नाटक (b) महाराष्ट्र
(c) केरल (d) तमिलनाडु

79. 2 कि.ग्रा. भार वाली एक वस्तु 4 m/s^2 के त्वरण से गतिमान है। इस पर लगने वाला शुद्ध (net) बल .... है।
(a) 4.0 N (b) 8.0 N
(c) 0.5 N (d) 2.0 N

80. लगातार समान गति से चलने वाली एक ट्रेन क्रमशः 8 सेकंड और 8.4 सेकंड में उसी दिशा में चलने वाले दो व्यक्तियों को पार करती है। पहला व्यक्ति 4.5 कि.मी./घंटा की रफ्तार से चल रहा था, जबकि दूसरा 6 कि.मी./घंटा की रफ्तार से चल रहा था। कि.मी/घंटा में ट्रेन की गति क्या थी?
(a) 98 कि.मी./घंटा
(b) 52 कि.मी./घंटा
(c) 36 कि.मी./घंटा
(d) 42 कि.मी./घंटा

81. A और B की वर्तमान आयु का योग 77 साल है। सात साल पहले, A की आयु B का 2.5 गुणा थी। तो A की वर्तमान आयु कितनी है?
(a) 50 वर्ष (b) 48 वर्ष
(c) 54 वर्ष (d) 52 वर्ष

82. निम्नलिखित श्रेणी में अगला पद क्या होगा?
22D, 2P, 24E, 4O, 26F, ...
(a) 6 N (b) 6 E
(c) 6 Q (d) 18 E

83. 250 का 45% .... के बराबर है।
(a) 90 के (b) 103.5 के
(c) 115.5 के (d) 112.5 के

84. कई फइनेंसरों के माध्यम से सूक्ष्म, लघु और मध्यम उद्यमों (एमएसएमई) के व्यापार प्राप्तियों के वित्तपोषण की सुविधा के लिए एक ऑनलाइन इलेक्ट्रॉनिक संस्थागत तंत्र है :
(a) TIPS (b) OPIS
(c) TReDS (d) OLPS

85. एक फूड चेन कंपनी दो जोन (क्षेत्र) के पिछले 5 वर्षों के लाभों की तुलना करती है। नीचे के लाइन चार्ट में इसे दर्शाया गया है।

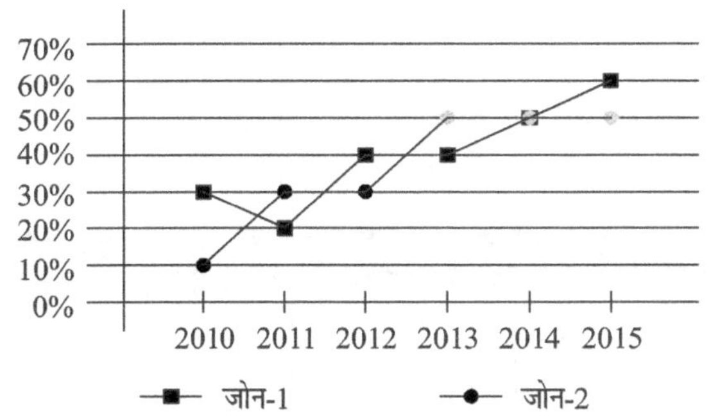

विकल्पों में से कौन चार्ट में दी गई सूचना को श्रेष्ठतम चित्रित करता है?

(a) पिछले के वर्षों में लाभ में लगातार कमी हो रही है।

(b) जोन 1 और जोन 2 में लाभ में कोई भी वृद्धि नहीं हुई है।

(c) जोन 1 की तुलना में जोन 2 में काफी वृद्धि हुई है।

(d) पिछले तीन वर्षों में जोन 2 में लाभ प्रतिशत में कोई वृद्धि नहीं हुई है।

86. आधार आधारित लेनदेन के लिए आँख की पुतली के स्कैन प्रमाणीकरण ________________

(a) विजया बैंक

(b) स्टेट बैंक ऑफ इंडिया

(c) आन्ध्रा बैंक

(d) ऐक्सिस बैंक

87. .... जम्मू-कश्मीर में श्रीनगर से अपना ऑपरेशन शुरू करने वाली पहली विदेशी एयरलाइन बन गई।

(a) एयर इंडिया (b) एयर एशिया

(c) विस्तारा (d) एतिहाद एयरवेज

88. निम्नलिखित में से कौन सी भाज्य संख्या है?

(a) 73 (b) 63

(c) 43 (d) 53

89. एक मिश्र धातु में 42% चाँदी थी। यदि मिश्र धातु की मात्रा में 147 ग्राम चाँदी थी, तो मिश्र धातु में दूसरे तत्वों की मात्रा कितनी थी?

(a) 261 ग्राम (b) 350 ग्राम

(c) 203 ग्राम (d) 273 ग्राम

90. बौद्ध ग्रंथों का अध्ययन करने के लिए विजयवाड़ा में कौन सा चीनी विद्वान रहा?

(a) डाँगफांग शुओ (b) जुआन जांग

(c) कुई वीपिंग (d) दांग जहोंग्शु

91. एक गेंद को 20 m/s के वेग के साथ ऊर्ध्वाधर फेंका जाता है। 3 सेकंड बाद इसके विस्थापन का मान .... होगा। (मान लीजिए $g = 10\ m/s^2$)

(a) 15 m (b) 25 m

(c) 10 m (d) 20 m

92. पाइप A, B और C एक खाली हौद से जुड़े हैं। पहले दो पाइप हौद को क्रमशः 6.6 तथा 16.5 घंटे में भर सकते हैं, तीसरा पाइप हौद को भरने के बाद 9.9 घंटे में खाली कर सकता है। हौद के 2/5 भरने पर यदि सभी तीनों पाइपों को एकसाथ खोल दिया जाए, जो हौद को भरने में कितने घंटे का समय लगेगा?

(a) 3.6 (b) 4

(c) 3.5 (d) 3.75

93. कार्बन के मजबूत बंधन बनाने का एक कारण उसका .... आकार है।

(a) मध्यम (b) छोटा

(c) बड़ा (d) बहुत बड़ा

94. राष्ट्रीय एकता के लिए इंदिरा गांधी पुरस्कार, 2015 – 16 .... को दिया गया था।

(a) टी.एम. कृष्णा (b) गुलजार

(c) श्याम बेनेगल (d) ए.आर. रहमान

95. भारत राष्ट्रीय खेल दिवस मनाता है:

(a) 9 दिसंबर (b) 29 अगस्त

(c) 16 सितंबर (d) 22 अप्रैल

96. मान लीजिए दिए गए कथन सही हैं, भले ही वे सामान्य तौर पर ज्ञात तथ्यों से भिन्न प्रतीत हों। इनपर विचार कर तय करें कि कौन से निष्कर्ष कथनों के आधार पर सही है।

कथन :

I. कोई हैंडल खिड़की नहीं है।

II. सभी हैंडल करछुल हैं।

निष्कर्ष:

I. सभी करछुल हैंडल है।

II. कुछ करछुल हैंडल है।

III. कोई करछुल खिड़की नहीं है।

(a) सभी निष्कर्ष सही है।

(b) केवल निष्कर्ष II सही है

(c) केवल निष्कर्ष III सही है।

(d) केवल निष्कर्ष I सही है।

97. A और B किसी काम को क्रमशः 10 और 20 दिनों में पूरा करते है तो दोनों मिलकर उस काम को कितने दिनों में करेंगे?

(a) 15 दिन (b) 20/3 दिन

(c) 4 दिन (d) 5 दिन

98. निम्नलिखित में से किसकी विद्युत प्रतिरोधकता सबसे कम है?

(a) सिल्वर (b) निक्रोम

(c) निकिल (d) एल्युमिनियम

99. किसी वस्तु को ₹ 999 में बेचने पर हिमांशु को 26% की हानि होती है तो वस्तु का क्रय मूल्य होगा?
(a) ₹ 1400 (b) ₹ 1300
(c) ₹ 1325 (d) ₹ 1350

100. फेमिना मिस इंडिया 2018 का ताज किसे पहनाया गया है?
(a) श्रेया राव कामवरापु (b) सुनैना कामथ
(c) मानाक्षी चौधरी (d) अनुकृति वास

उत्तरमाला

1	(a)	11	(b)	21	(d)	31	(d)	41	(b)	51	(a)	61	(c)	71	(a)	81	(d)	91	(a)
2	(d)	12	(d)	22	(c)	32	(a)	42	(b)	52	(a)	62	(a)	72	(a)	82	(a)	92	(a)
3	(d)	13	(d)	23	(a)	33	(d)	43	(c)	53	(a)	63	(d)	73	(c)	83	(d)	93	(b)
4	(c)	14	(a)	24	(a)	34	(d)	44	(b)	54	(b)	64	(a)	74	(c)	84	(c)	94	(a)
5	(c)	15	(c)	25	(a)	35	(a)	45	(c)	55	(d)	65	(d)	75	(a)	85	(d)	95	(b)
6	(c)	16	(b)	26	(c)	36	(d)	46	(d)	56	(c)	66	(d)	76	(b)	86	(d)	96	(b)
7	(c)	17	(d)	27	(c)	37	(b)	47	(d)	57	(d)	67	(a)	77	(a)	87	(b)	97	(b)
8	(b)	18	(d)	28	(d)	38	(d)	48	(a)	58	(b)	68	(a)	78	(c)	88	(b)	98	(a)
9	(c)	19	(a)	29	(c)	39	(b)	49	(c)	59	(a)	69	(c)	79	(b)	89	(c)	99	(d)
10	(b)	20	(c)	30	(c)	40	(c)	50	(c)	60	(b)	70	(d)	80	(c)	90	(b)	100	(d)

संकेत एवं हल

1. (a) $\sqrt{11236} = 106$

2. (d) लिटमस विलयन लाइकेन से निष्काषित किया जाता है।
- अम्ल नीले लिटमस पत्र तथा मिथाइल ऑरेंज को लाल कर देता है।
- क्षार लाल लिटमस को नीला तथा मिथाइल ऑरेंज को पीला कर देता है।
- क्षार फिनॉल्फ्थैलीन को गुलाबी कर देता है।
- लाइकेन का अध्ययन लाइकेनोलॉजी में किया जाता है।
- लाइकेन नाम थियोफ्रेस्टस द्वारा दिया गया।
- प्रयोग शाला में प्रयोग होने वाला लिटमस पेपर रोसेला (Rocella) नामक लाइकेन से प्राप्त किया जाता है।

3. (d)

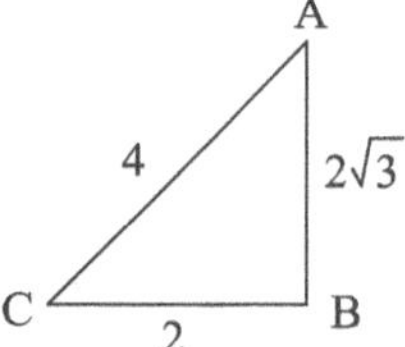

परिवृत्त की त्रिज्या $= \frac{\text{कर्ण}}{2} \Rightarrow \frac{4}{2} = 2$

$\therefore$ परिवृत्त का क्षे० $= \pi \times (b)^2 = 4\pi \text{ cm}^2$

4. (c) प्रागैतिहास

5. (c) दोनों ही निष्कर्ष कथन के अनुसार सही है। अत: दोनों निष्कर्ष अनुसरण करता है।

6. (c) अभीष्ट खर्च $= 200000 \times \frac{50}{25} =$ ₹400000

8. (b) कटोरा, टोकरी, बाल्टी यह वस्तु/सामग्री रखने के कार्य में आता है जबकि चाकू काटने के कार्य आता है। अत: चाकू इन सभी में भिन्न है।

9. (c) अधिकांश सरीसृपों में एक तीन-कक्षीय हृदय होता है।
- सरीसृपों के हृदय में अलिन्द तथा आंशिक एक रूप में विभाजित एक निलय होता है।
- इस वर्ग को रेप्टीलिया भी कहा जाता है।
- इसकी त्वचा में एपिडर्मल शृंगी शल्क पाये जाते हैं।
- इसका अन्त: कंकाल अस्थि का बना होता है।
- सरीसृपों का शरीर लम्बा और बेलनाकार होता है।
- मत्स्य वर्ग के जीवों का हृदय द्विवेश्मी होता है।

11. (b) नीली गेंद > लाल गेंद > हरी गेंद > पीली गेंद > नारंगी / काली गेंद > गुलाबी गेंद
कथनानुसार व्यवस्थित करने पर नारंगी गेंद और काली गेंद का सही व्यवस्था पता नहीं चल पाता है। अत: दिये गए कथनों से क्रमानुसार नहीं लगाया जा सकता है। अत: कोई कथन पर्याप्त नहीं है।

12. (d) 2 फरवरी 2015 + 365 दिन = 2 फरवरी 2016
555 – 365 = 190
फरवरी-मार्च-अप्रैल-मई-जून-जुलाई-अगस्त
26 + 31 + 30 + 31 + 30 + 31 + 11 = 190
यानी 11 अगस्त 2016 होगा।

15. (c) (टेलीफोन) (वायुयान) (मकड़ी)

16. (b) मेंडलीफ की आवर्त सारणी में, ऊर्ध्वाधर कॉलम को समूह कहा जाता है।
- मेंडलीफ की आवर्त सारणी में उदग्र (vertical) तथा क्षैतिज (Horizontal) दो प्रकार की कतारें हैं।
- उदग्र कतारों को वर्ग कहा गया है।
- क्षैतिज कतारों को आवर्त कहते हैं।
- मेंडेलीफ द्वारा निर्मित आवर्त–सारणी में 9 वर्ग तथा 7 आवर्त है।
- मेंडेलीफ के समय अक्रिय गैसों की खोज नहीं हो सकी थी।

17. (d) एल्युमीनियम धातु पृथ्वी पर सबसे प्रचुर मात्रा में पायी जाती है।
- भू-पटल की रचना सामग्री में सबसे अधिक ऑक्सीजन 46.80% है दूसरे स्थान पर सिलिकन–27.72% है।
- धातुओं में सर्वाधिक मात्रा एल्युमिनियम की है, जो 8.13% है।
- पृथ्वी के संघटन में लोहा 5% और कैल्शियम 3.6% पाया जाता है।
- पृथ्वी की क्रोड निफे है, जो निकेल और लोहा का बना है।

18. (d) वैकल्पिक दिन या एकान्तर (Alternate day) या एक दिन छोड़कर दूसरे दिन सैर पर जाती है। किसी माह में शुक्रवार के शुरू करती है तो अत: अगले सप्ताह में लता मंगलवार, बृहस्पतिवार, शनिवार को सैर पर जाएगी?

शुक्रवार	शनिवार	रविवार	सोमवार	मंगलवार	बुधवार	गुरूवार
√	×	√	×	√	×	√

शुक्रवार	शनिवार
×	√

19. (a)

रेत		रोड़ी		सीमेंट
17	:	9		
		6	:	17

(17 × 6) : (9 × 6) : (9 × 17)

अत: अभीष्ट अनुपात $= \frac{17\times6}{9\times17} = \frac{2}{3}p$

20. (c) $\{39-(19-44)\} \div \{-4\times3-(-4)\}$

$= \{39+25\} \div \{-12+4\} = \frac{64}{-8} = -8$

21. (d) गति का दूसरा नियम दर्शाता है कि किसी वस्तु की गति के परिवर्तन की दर शुद्ध बल की दिशा में वस्तु पर लागू शुद्ध बल के आनुपातिक होती है।
- न्यूटन ने 1687 ई. में प्रिंसिपिया पुस्तक में गति के तीन नियमों को प्रतिपादित किया।
- न्यूटन के गति का दूसरा नियम बताता है कि किसी वस्तु के संवेग में परिवर्तन की दर उस वस्तु पर आरोपित बल के समानुपाती होता है तथा संवेग परिवर्तन बल की दिशा में होता है।

24. (a) जिस प्रकार गायक गीत गाता है उसी प्रकार बढ़ाई फर्नीचर बनाता है।

25. (a) अभीष्ट दूरी $= \frac{\text{चालों का गुणनफल}}{\text{चालों का अंतर}} \times$ समय का अंतर

$= \frac{48\times42}{6}\times\frac{3}{60} = 16.8$ किमी.

26. (c) Δ का क्षेत्रफल = समांतर ▭ का क्षे.
माना ▭ का आधार = a

$\frac{1}{2}\times\frac{a}{5}\times h_1 = a\times h_2$

$\frac{h_1}{h_2} = \frac{10}{1}$

27. (c) स्विच, बल्ब, फिलामेंट यह सभी बिजली से संबंधित है जबकि रस्सी इन सभी में अलग है।

28. (d) अंडाशय (ओवरी) मानवों में पुरूष प्रजनन प्रणाली का हिस्सा नहीं है।
- अंडाशय मादा प्रजनन प्रणाली का हिस्सा है।
- प्रत्येक मादा में एक जोड़ा अंडाशय होता है।

29. (c) आधुनिक आवर्त सारणी के छठे आवर्त में 32 तत्व मौजूद है।
- आधुनिक आवर्त सारणी के चौथे एवं पाँचवें आवर्त में 18-18 तत्वों की संख्या है।
- आधुनिक आवर्त सारणी के प्रथम आवर्त में केवल 2 तत्वों की संख्या है।

30. (c) सभी अक्षरों के स्थान संख्या में 2 से विभाजन करने के बाद लिखा गया है।
R = 18 ÷ 2 = 9 ∵ X11 की जगह X12 होगा।
T = 20 ÷ 2 = 10
Z = 26 ÷ 2 = 13
$\boxed{X = 24 \div 2 = 12}$

31. (d) 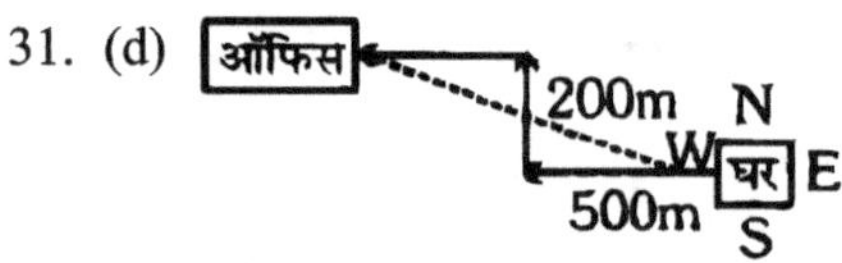

लीला के घर से ऑफिस उत्तर-पश्चिम दिशा में है।

32. (a) कथन के अनुसार केवल तर्क I मजबूत है।

33. (d) 3 2 9 8 15 14 [21]

(+7, +7, +7 ; −1, +1, −1)

34. (d)

L	E	A	P	J	U	M	P
↓+1	↓+1	↓+1	↓+1	↓+1	↓+1	↓+1	↓+1
M	F	B	Q	K	V	N	Q

35. (a) B → ससुर; पिता; बहु/दामाद; E, A ⟷ U

B, U का ससुर है।

36. (d) आकृति (B) प्रश्न आकृति के समान दिखती है।

37. (b) $\frac{4}{5}+\frac{5}{12}=\frac{48+25}{60}=\frac{73}{60}=1\frac{13}{60}$

38. (d) $2\ Mg + O_2 \rightarrow 2MgO$ रासायनिक समीकरण संतुलितय है

रासायनिक संकेतों एवं अणुसूत्रों की सहायता से किसी वास्तविक रासायनिक अभिक्रिया से संक्षिप्त निरूपण को रासायनिक समीकरण कहते हैं।

जैसे: $C + O_2 \rightarrow CO_2$

ऐसे रासायनिक समीकरण जिनमें रासायनिक अभिक्रिया के फलस्वरूप होने वाले ऊष्मा परिवर्तन व्यक्त किये रहते हैं, ऊष्मा रासायनिक समीकरण कहलाते हैं।

जिन अभिक्रिया में ऊष्मा का अवशोषण होता है उसे ऊष्माशोषी अभिक्रिया कहते हैं जैसे-

$N_2 + O_2 \rightarrow 2NO - 43.6$ किलो कैलोरी

40. (c) $111 \div [(33 \div (22 \div -2) \times \{5-4\}]$

$\Rightarrow 111 \div [(33 \div -11 \times 1]$

$\Rightarrow 111 \div [-3] = -37$

41. (b) ठोस के पिघलने के दौरान इसका तापमान परिवर्तित नहीं होता है।

ठोस पदार्थ के अणुओं में परस्पर आकर्षण बल सबल होता है, ठोस में केवल अन्तराण्विक अन्तराल के कम्पन करते रहते हैं। जब तक उन पर बाहर से कोई बल नहीं लगाया जाता है।

42. (b) $W = \frac{1}{2} \times m\left(10^2 - 5^2\right)$

$= \frac{1}{2} \times 800 \times 75 = 30000 = 30KJ$

43. (c) 2 A 4 E 8 I [16 M]

(×2, ×2, ×2 ; +4, +4, +4)

44. (b)

F = 0[6]	W = 2[3]
O = 1[5]	I = 0[9]
U = 2[1]	N = 1[4]
R = 1[8]	D = 0[4]

Note→ सभी अक्षरों के स्थान संख्या का अंतिम अंक कोड के रूप में लिखा गया है।

45. (c)

P	O	T		O	U	G	H	T
16	15	20		15	21	7	8	20
−1	−1	−1		−1	−1	−1	−1	−1
15	14	19		14	20	6	7	19

46. (d) दो बल्बों में से एक, दूसरे की तुलना में अधिक चमकता है।

किसी चालक में विद्युत धारा के प्रवाहित होने पर चालक के परमाणुओं तथा अन्य कारकों द्वारा उत्पन्न किए गये व्यवधान को ही चालक का प्रतिरोध कहते हैं।

प्रतिरोध का S.I. मात्रक ओम है।

47. (d) $3x^2 - ax + 9 = ax^2 + 2x + 5 = 0$

$(3-a)\,x^2 - (a+2)\,x + 4 = 0$

$\Rightarrow b^2 - 4ac = 0$

$\Rightarrow [-(a+2)]^2 - 4 \times (3-a) \times 4 = 0$

$\Rightarrow a^2 + 20a - 44 = 0$

$(a-22)\,(a+2) = 0$

$\therefore a = -2$

a का धनात्मक पूर्णांक = 2

48. (a) सोडियम सल्फेट एक ऊर्ध्वपातक पदार्थ नहीं है। सामान्यत: ठोस पदार्थों को गर्म करने पर वे द्रव अवस्था में परिवर्तित होते है। और उसके पश्चात् गैसीय अवस्था में लेकिन कुछ ठोस पदार्थ ऐसे होते हैं, जिन्हें गर्म किये जाने पर वे द्रव अवस्था में आने

के बदले सीधे वाष्प में परिणत हो जाते हैं और वाष्प को ठण्डा किये जाने पर पुन: ठोस अवस्था में हो जाते हैं।
नेफ्थलीन, एन्थ्रासीन, बेंजोइक अम्ल आदि ऊर्ध्वपातक पदार्थ है।

49. (c) आकृति (C) 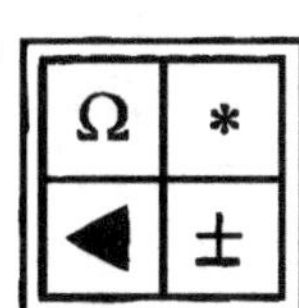 में दी गई आकृति अगली आकृति होगी?

50. (c) विद्यालय प्रबंधन अपने छात्रों का परिणाम बेहतर करने के लिए योग और विश्राम प्रारंभ कर रही जिससे बच्चे तनाव मुक्त रहे और अध्ययन में बेहतर प्रदर्शन करे। अत: केवल अवधारणा II अंतर्निहित है।

51. (a) आकृति (B) में दी गई छवि प्रश्न आकृति के समान है।

A213B | ꓭƐ12A

52. (a) एक वस्तु को एक उत्तल दर्पण के समाने अनंत और दर्पण के ध्रुव के बीच स्थित एक बिन्दु पर रखा जाता है। निर्मित होने वाली छवि आभासी और छोटी होगी।

53. (a) $8 \times \{7-(-2)\times(-4)\} = 8 \times \{7-8\} = -8$

54. (b) $3\cos^2 x - 2\sin^2 x = -0.75$

$$3 - 3\sin^2 x - 2\sin^2 x = -\frac{3}{4}$$

$$\Rightarrow \quad 5\sin^2 x = \frac{15}{4}$$

$$\sin x = \sqrt{\frac{3}{4}} = \frac{\sqrt{3}}{2} = \sin 60^\circ$$

$$\therefore \quad x = 60^\circ$$

55. (d) "साइकिलिंग व्यायाम का एक अच्छा रूप है।" कथन से सकारात्मक भाव प्रकट होता है जबकि दोनों ही निष्कर्ष से नकरात्मक भाव प्रकट होता है। अत: निष्कर्ष I और II दोनों अनुसरण नहीं करते है।

56. (c) आकृति में कुल 27 त्रिभुज है।

60. (b) माना 8 दिवसीय का औसत = x

$8x = 14(x - 120)$

$6x = 14 \times 120$

$x = 280$

अत: शुरूआत में दी गई राशि = 280 × 8 = ₹ 2240

61. (c) आकृति (D) 3® प्रश्न की अगली आकृति होगी।

62. (a) $1\text{ kwh} = 3.6 \times 10^6\text{ J}$

अत: $5.6\text{ kwh} \times 3.6 \times 10^6 = 20.16 \times 10^6\text{ J}$

64. (a) एक संपीडित स्प्रिंग में स्थितिज ऊर्जा होती है।
जब किसी वस्तु में विशेष अवस्था या स्थिति के कारण कार्य करने की क्षमता आ जाती है, तो उसे स्थितिज ऊर्जा कहते हैं।
बाँध बनाकर इकट्ठा किए गए पानी की ऊर्जा, घड़ी की चाभी में संचित ऊर्जा को स्थितिज ऊर्जा कहते हैं।

66. (d) J, L, N, P, **R**, T
(+2 +2 +2 +2 +2)

67. (a) $\frac{0.9894}{0.97} - \frac{1}{50} = \frac{9894}{9700} - \frac{1}{50} = 1.02 - 0.02 = 1$

69. (c) 31, 26, 21, **16**
(-5, 5, -5)

71. (a) पैरेनकाइमा ऊतक का अन्तरकोशिकीय क्षेत्र बड़ा होता है।
इस उतक की कोशिका में सघन कोशा द्रव एवं एक केन्द्रक पाया जाता है।
कोशिका के मध्य में एक बड़ी रसधानी रहती है।

72. (a) संवेग (P) = mv (द्रव्यमान × वेग)
= 80 kg × 60 m/s = 4800 kg m/s

74. (c) LCM (45, 25, 35) = 1575

75. (a) आकृति (C) में दी गई आकृति प्रश्न आकृति के समान है।

76. (b) $a^3 + 988 = (a+4)^3$

$a^3 + 988 = a^3 + 64 + 12a(a+4)$

$12a^2 + 48a = 928$

$a^2 + 4a - 77 = 0$

$(a+11)(a-7) = 0$

$a = 7, -11$

$a = 7$

77. (a) $(25 + x) = (7 + x) \times 2.5$

$$\Rightarrow \quad 25 + x = (7 + x) \times \frac{5}{2}$$

$$\Rightarrow \quad 50 + 2x = 35 + 5x$$

$3x = 15$

$\therefore \quad x = 5$

79. (b) बल (F) = द्रव्यमान × त्वरण

$F = 2\ kg \times 4\ m/s^2$ अतः $F = 8.0\ N$

80. (c) $(x-4.5)\times\frac{8}{3600} = (x-6)\times\frac{8.4}{3600}$

$\Rightarrow\ 8x - 36 = 8.4x - 50.4$

$\Rightarrow\ 0.4x = 14.4$

$\Rightarrow\ x = 36$

अतः रेलगाड़ी की चाल = 36 km/h

81. (d) माना A की वर्तमान आयु = x

B की वर्तमान आयु = 77 – x

$x - 7 = (77 - x - 7)\times\frac{5}{2}$

$\Rightarrow\ 2x - 14 = 350 - 5x \quad \Rightarrow \quad 7x = 364$

$\therefore\ x = 52$ वर्ष

82. (a) $22 \xrightarrow{-20} 2 \xrightarrow{+22} 24 \xrightarrow{-20} 4 \xrightarrow{+22} 26 \xrightarrow{-20} \boxed{6}$

$D \xrightarrow[+12]{} P \xrightarrow[-11]{} E \xrightarrow[+10]{} O \xrightarrow[-9]{} F \xrightarrow[+8]{} \boxed{N}$

83. (d) $250\times\frac{45}{100} = 112.5$

85. (d) पिछले तीन वर्षों, 2013, 2014 तथा 2015 में जोन 2 में लाभ % में कोई वृद्धि नहीं है।

88. (b) 63 एक भाज्य संख्या है क्योंकि यह 3 से विभक्त है।

89. (c) $42\% \Rightarrow 147$

$58\% \Rightarrow \frac{147}{42}\times 58 = 203g$

91. (a) $S = ut - \frac{1}{2}gt^2 = 20\times 3 - \frac{1}{2}\times 10\times 9$

$= 60 - 45 = 15\ m$

92. (a) तीनों पाइपों द्वारा 1 घंटे का कार्य

$= \left(\frac{1}{6.6}+\frac{1}{16.5}-\frac{1}{9.9}\right)$

$= \frac{15+6-10}{99}$

$= \frac{11}{99} = \frac{1}{9}$

अभीष्ट समय $= 9\times\frac{2}{5} = \frac{18}{5} = 3.6$ घंटे

93. (b) कार्बन द्वारा मजबूत बंधन का निर्माण करने का एक कारण छोटा आकार है।

किसी अणु में उपस्थित अवयवी परमाणुओं को परस्पर बाँधकर अणु को विशेष ज्यामितीय आकार में रखने वाले बल को रासायनिक बंधन कहते हैं। रासायनिक बंधन मुख्यतः तीन प्रकार के होते है (i) आयनिक बंधन (ii) सह संयोजन बंधन और (iii) उप सहसंयोजक बंधन।

96. (b) हैंडल, करछुल, खिड़की

I. ×
II. √
III. ×

अथवा

अतः केवल निष्कर्ष II सही है।

97. (b) A और B द्वारा लिया गया समय

$\frac{10\times 20}{10+20} = \frac{200}{30} = \frac{20}{3}$ दिन

98. (a) सिल्वर की विद्युत प्रतिरोधकता सबसे कम है। चाँदी सबसे अच्छा सुचालक है।

विद्युत लेपन और दर्पण की कलाई में चाँदी का प्रयोग होता है।

99. (d) $CP = 999\times\frac{100}{74} = ₹1350$

RRB ग्रुप D 2018 सॉल्वड पेपर-3
दिनांक : 26 सितंबर 2018

1. इस शृंखला में अगली संख्या ज्ञात करें।
2, 18, 162,............
(a) 2400 (b) 1458
(c) 1400 (d) 1584

2. टार्टेरिक एसिड किसका एक घटक है?
(a) बेकिंग पाउडर (b) वाशिंग सोडा
(c) बेकिंग सोडा (d) सिरका

3. $\frac{0.16 \times 1.65}{0.075 \times 0.02^2} = ?$
(a) 8400 (b) 8800
(c) 8000 (d) 7500

4. 11 वर्ष बाद राघव की आयु उसकी 5 वर्ष पहले की आयु का 5 गुना हो जायेगी। राघव की वर्तमान आयु कितनी है?
(a) 4 वर्ष (b) 7 वर्ष
(c) 8 वर्ष (d) 9 वर्ष

5. इनमें से कौन–सा पश्चिम बंगाल का पड़ोसी राज्य नहीं है?
(a) झारखंड (b) सिक्किम
(c) मेघालय (d) ओडिशा

6. इनमें से कौन–सा इस समूह से संबंधित नहीं है?
A. क्लिप B. पिन
C. बैंड D. तौलिया
(a) B (b) A
(c) C (d) D

7. दिए गए कथन पर विचार करें और निर्णय लें कि कौन सी धारणा इस कथन में अंतर्निहित है?
विवरण : समाचार–पत्र के एक कॉलम के शीर्षक में लिखा है "हम सभी अपने विचारों के शिकार हैं"।
धारणाएं:
I. हमारे कार्य हमारे विचारों पर आधारित हैं।
II. समाचार–पत्र सूचना का श्रेष्ठ स्रोत हैं।
(a) दोनों I एवं II अंतर्निहित हैं।
(b) न तो I न ही II अंतर्निहित हैं।
(c) केवल धारणा I अंतर्निहित है।
(d) केवल धारणा II अंतर्निहित है।

8. इनमें से कौन–सा इस समूह से संबंधित नहीं है?
A. रैक B. खिड़की
C. द्वार D. शटर
(a) B (b) C
(c) D (d) A

9. _______ नामक एक फ्लैटवार्म में बहुत सामान्य 'आंखें' होती हैं जो वास्तव में केवल आंखों के धब्बे होते हैं, जो प्रकाश का पता लगाते हैं।
(a) प्लैनेरिया (b) लीवरफ्लूक
(c) टेपवार्म (d) एस्केरिस

10. 153 m लम्बी रेलगाड़ी एक 747 m लम्बे पुल को 40.5 सेकंड में पार करती है। रेलगाड़ी की गति क्या है?
(a) 75 km/h (b) 70 km/h
(c) 80 km/h (d) 85 km/h

11. यदि पहिये का व्यास 63 m है, तो 99 km की दूरी तय करने के लिए एक बस के पहिये द्वारा किये जाने वाले घूर्णनों की संख्या क्या है?
(a) 50,0 (b) 40,0
(c) 35,0 (d) 45,0

12. दिए गए कथन और निष्कर्षों को ध्यान से पढ़ें और उस निष्कर्ष का चयन करें जो कथन का तर्कसंगत रूप से अनुसरण करता है।
कथन:
एक फिल्म देखने के बाद, लीला ने कहा, "मैं अपने सभी दोस्तों को इस फिल्म को देखने का सुझाव दूँगी।"
निष्कर्ष:
I. लीला ने फिल्म देखने का आनंद लिया।
II. वह चाहती है कि उसके दोस्त भी फिल्म देखें।
(a) दोनों निष्कर्ष अनुसरण करते हैं।
(b) निष्कर्ष I अकेला अनुसरण करता है।
(c) न तो I न ही II अनुसरण करता है।
(d) निष्कर्ष II अकेला अनुसरण करता है।

13. अरब व्यापारियों ने लाल सागर और भूमध्य सागर बंदरगाहों के माध्यम से भारतीय वस्तुओं को ______ देशों में भेजा।
(a) आस्ट्रेलियन (b) अमेरिकन
(c) अफ्रीकी (d) यूरोपीय

14. जिस तरह पहला शब्द दूसरे शब्द से संबंधित हैं उसी तरह तीसरे शब्द के साथ कौन-सा शब्द संबंधित होगा?
पर्वत : बादल :: रेगिस्तान : ?
(a) हथेली (b) मृग मरीचिका
(c) रेत (d) पानी

Note: For this question, discrepancy is found in question/anwer. So, This question is ignored for all candidates.

15. इस आकृति में कितने त्रिभुज हैं?

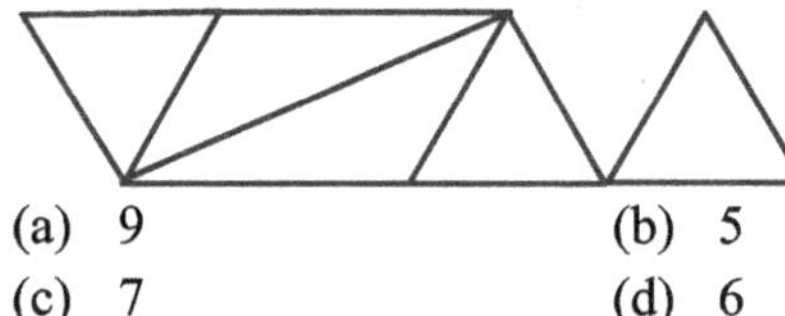

(a) 9 (b) 5
(c) 7 (d) 6

16. दो आदमी X और Y, P और Q के बीच की 21 km की दूरी क्रमशः 3 और 4 km प्रति घंटे में तय करते हैं। Q पर पहुँचते ही Y तुरंत वापस आता है और X से R पर मिलता है, P से R के बीच की दूरी कितनी हैं?
(a) 18 km (b) 17 km
(c) 16 km (d) 17.5 km

17. पिछले वर्ष एक छोटे से व्यावसायिक उद्यम में मयंक का पूंजी निवेश ₹20,000 था। इस वर्ष, नए ग्राहकों को सेवाएं प्रदान करने के लिए, वह पूंजी वित्त पोषण को पिछले वर्ष निवेश किए गए से 30 % तक बढ़ाने की योजना बना रहा ________ है।
(a) ₹23,000 (b) ₹22,500
(c) ₹26,000 (d) ₹60,000

18. यदि $a : b = \frac{3}{2} : \frac{7}{3}$ और $b : c = \frac{1}{5} : \frac{1}{7}$ है, तो a : b : c ज्ञात कीजिए।
(a) 14 : 9 : 10 (b) 4 : 5 : 7
(c) 9 : 14 : 10 (d) 10 : 9 : 14

19. कौन-सी विकल्प आकृति, प्रश्न आकृतियों की शृंखला में प्रश्न चिह्न के स्थान पर प्रतिस्थापित होगी?

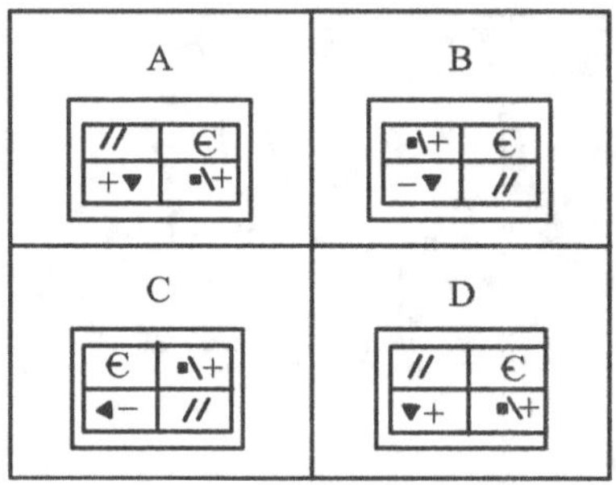

(a) C (b) A
(c) D (d) B

20. भारत ने अपने पहले परमाणु उपकरण का परीक्षण कहाँ किया था?
(a) श्रीहरिकोटा (b) पोखरण
(c) कलपक्कम (d) तारापुर

21. एक द्विघात समीकरण के दो मूल $x = \frac{4}{3}$ और $x = \frac{-3}{7}$ के रूप में दिए गए हैं। समीकरण को किस रूप में लिखा जा सकता है?
(a) $(7x + 3)(3x + 4) = 0$
(b) $(7x - 3)(3x - 4) = 0$
(c) $(7x - 3)(3x + 4) = 0$
(d) $(7x + 3)(3x - 4) = 0$

22. पादप कोशिका भित्ति किससे बनी होती है?
(a) मुरेन
(b) काइटिन
(c) केवल पेक्टिन
(d) सेलूलोज़ और पेक्टिन

23. एक थैले में लाल गेंद और हरी गेंद का अनुपात 15 : 26 है। यदि थैले में 12 हरी गेंद और डाल दी जाती हैं तो लाल गेंद तथा हरी गेंद का अनुपात 1 : 2 हो जाएगा। थैले में कितनी लाल गेंद हैं?
(a) 15 (b) 60
(c) 30 (d) 45

24. आपको एक प्रश्न और दो कथन दिए गए हैं। प्रश्न का उत्तर देने के लिए कौन-सा / से कथन आवश्यक हैं / पर्याप्त हैं, उनकी पहचान करें।
अब से 3 वर्ष बाद S की आयु क्या होगी?

कथनः
1. M की वर्तमान आयु 25 वर्ष है।
2. S, M से 10 वर्ष छोटा है।

(a) कथन 2 अकेला पर्याप्त है।
(b) कथन 1 और 2 एकसाथ पर्याप्त नहीं हैं।
(c) कथन 1 और 2 एकसाथ पर्याप्त हैं।
(d) कथन 1 अकेला पर्याप्त है।

25. 'जब तत्वों को परमाणु भारों के बढ़ते क्रम में व्यवस्थित किया जाता है, तो बीच वाले तत्व का परमाणु भार अन्य दो तत्वों के परमाणु भारों का लगभग औसत होता है' – इस नियम को जाना जाता है:
(a) न्यूटन का नियम
(b) डॉबेराइनर के त्रिक का नियम
(c) मेंडलीव के नियम के रूप में
(d) न्यूलैंड का अष्टक नियम

26. निम्नलिखित में से कौन-सा दिवालिया व शोधन अक्षमता संहिता (संशोधन) अध्यादेश, 2018 की विशेषताओं में से एक है?
(a) ब्याज की पूरी छूट
(b) लेनदारों को मुफ्त ऋण
(c) ब्याज सब्सिडी का भुगतान
(d) वित्तीय लेनदारों के रूप में अपनी स्थिति को पहचानकर घर खरीदारों को राहत

27. एक लम्ब वृत्तीय शंकु का आयतन, जिसके आधार की त्रिज्या इसकी ऊँचाई के 5/9 के समान है, और वृत्त के आयतन बराबर हैं। शंकु और वृत्त की त्रिज्या का अनुपात है:
(a) $\sqrt[3]{60} : 3$ (b) 1 : 1
(c) $\sqrt[3]{3} : \sqrt[3]{2}$ (d) $\sqrt[3]{4} : \sqrt[3]{3}$

28. कौन-से भारतीय व्यक्तित्व को 2017 के कार्नेगी मैडल ऑफ फिलैनट्रॉफी से सम्मानित किया गया था?
(a) अजीम प्रेमजी (b) नेस वाडिया
(c) रतन टाटा (d) अनिल अंबानी

29. 2016 प्रीमियर बैडमिंटन लीग निम्न में से किस टीम ने जीता?
(a) दिल्ली एसर्स (b) चेन्नई स्मेशर्स
(c) मुंबई राकेट्स (d) हैदराबाद हंटर

30. अगली आकृति कौन-सी होगी?

प्रश्न आकृतियां :

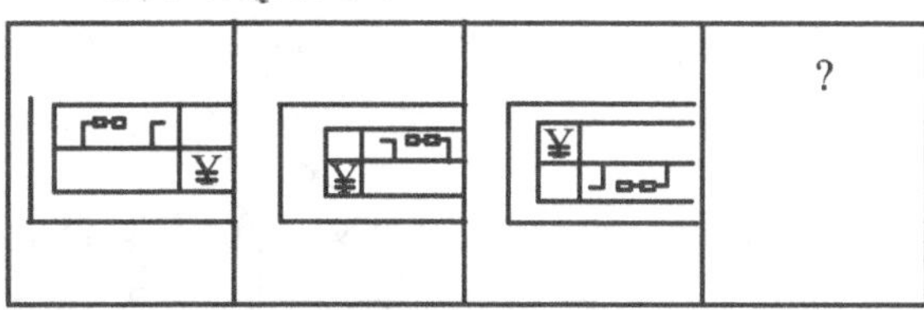

विकल्प आकृतियां :

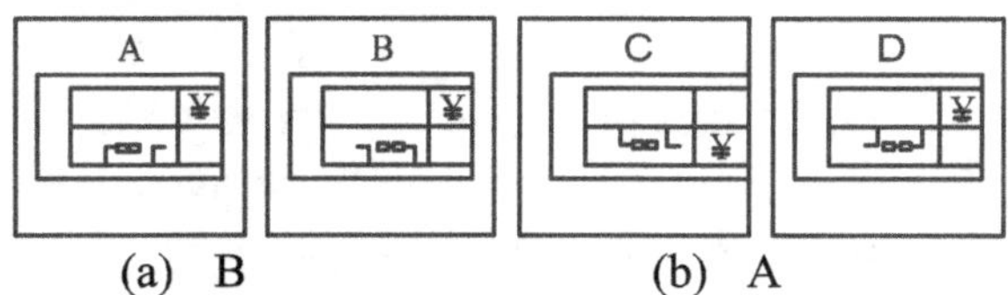

(a) B (b) A
(c) D (d) C

31. लाइफटाइम अचीवमेंट के लिए 2018 लता मंगेशकर पुरस्कार किसने जीता?
(a) अरिजीत सिंह (b) बप्पी लाहिड़ी
(c) प्रीतम सिंह (d) उत्तम सिंह

32. इथेनॉल का सूत्र ________ है।
(a) CH_5OH (b) C_2H_6OH
(c) $CH_3CH_2OH_2$ (d) C_2H_5OH

33. $\{(99-1)/7^2\} \times 2 + 8 = ?$
(a) 12 (b) 13
(c) 10 (d) 11

34. प्यारीमोहन मोहापात्रा, किस भारतीय राज्य के राजनैतिक नेता थे?
(a) पश्चिम बंगाल (b) असम
(c) ओडिशा (d) बिहार

35. $\sqrt{4.2436}$ का मान ज्ञात करें।
(a) 2.16 (b) 2.06
(c) 2.04 (d) 2.14

36. किस भारतीय महिला क्रिकेटर ने 2018 में 200 ODI विकेट पूरे किए?
(a) डेन वैन निकर्क (b) चार्लोट एडवर्ड्स
(c) मेग लेनिंग (d) झूलन गोस्वामी

37. एक दुकान एक माह में 250 यूनिट ऊर्जा का उपयोग करती है। कितनी ऊर्जा का उपयोग जूल में किया गया?
(a) 9×10^{-8} J (b) 9×10^{8} J
(c) 9×10^{7} J (d) 9×10^{-7} J

38. 4356 का वर्गमूल ________ है :
(a) 76 (b) 66
(c) 64 (d) 84

39. ________ सामान्यत: विद्युत-तापन उपकरणों में प्रयोग किया जाता है।
(a) निक्रोम (b) कॉपर
(c) आयरन (d) एल्युमिनियम

40. निम्नलिखित राज्यों में भारत का पहला विदेश भवन कहाँ स्थापित किया जाएगा?
(a) बिहार (b) गुजरात
(c) महाराष्ट्र (d) झारखंड

41. $104 \div [68 - \{29 - (45 - 56 \div 7 \times 4)\}] = ?$
(a) 4 (b) 8
(c) 13 (d) 2

42. एक निश्चित कोड में, यदि TIME, 209135 के रूप में लिखा गया है, तो WATCH को कैसे लिखा जाएगा?
(a) 2412038 (b) 2312039
(c) 2312038 (d) 2412039

43. दो तर्कों के साथ एक प्रश्न दिया गया है। निर्णय लें कि प्रश्न के संबंध में कौन-सा/से तर्क प्रबल है/हैं।
क्या स्मार्ट फोन लत लगाने वाली वस्तु है?
तर्क:
I. हाँ, एक बार जब आपको स्मार्ट फोन इस्तेमाल करने की आदत पड़ जाती है, तो आप निजी समय को अनदेखा कर मोबाइल पर अधिक समय बिताते हैं।
II. नहीं, वे अतिरिक्त सुविधाओं की पेशकश करते हैं, जो आधुनिक जीवन शैली के लिए बहुत जरूरी है।
(a) केवल तर्क II प्रबल है।
(b) केवल तर्क I प्रबल है।
(c) I और II दोनों तर्क प्रबल हैं।
(d) न तो तर्क I और न ही तर्क II प्रबल हैं।

44. निम्नलिखित में से कौन-सी विकल्प आकृति प्रश्न आकृति के निकटतम समानता दर्शाती है?

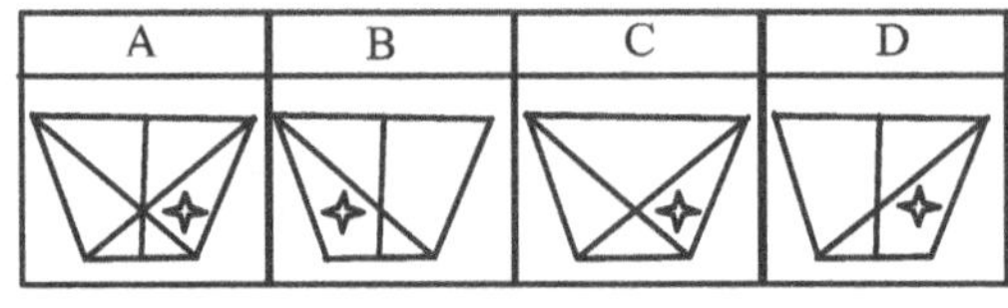

(a) A (b) C
(c) B (d) D

45. मेंडल ने F1 पीढ़ी के पौधों से F2 वंशज ________ की पद्धति द्वारा प्राप्त किया।
(a) वानस्पतिक जनन (b) अलैंगिक जनन
(c) स्व-परागण (d) संकर-परागण

46. A और B एक कार्य को 50 दिन में पूरा कर सकते हैं, B और C इसे 37.5 दिन में पूरा कर सकते हैं जबकि C और A उसी कार्य को एकसाथ 30 दिन में पूरा कर सकते हैं। A, B और C में से प्रत्येक व्यक्ति अलग-अलग उसी कार्य को कितने दिन में पूरा कर सकते हैं?
(a) 60, 120 और 40 (b) 50, 150 और 75
(c) 40, 60 और 120 (d) 75, 150 और 50

47. दिए गए एक तापमान पर, ध्वनि की गति ________ में अधिकतम होती है।
(a) आयरन (b) निकल
(c) स्टील (d) एल्युमिनियम

48. निम्नलिखित श्रृंखला में गलत संख्या की पहचान करें।
1, 8, 27, 125, 342, 1331
(a) 342 (b) 1331
(c) 27 (d) 125

49. दिए गए वेन आरेख के आधार पर, निम्न प्रश्न का उत्तर दें।
A - जो लोग कुशल हैं।
B - जो लोग ईमानदार हैं।
C - जो लोग परिश्रमी हैं।

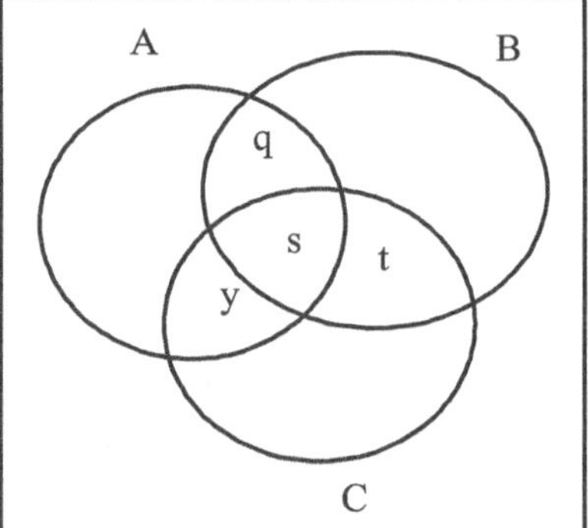

कौन-सा रेखाखंड उन लोगों का प्रतिनिधित्व करता है, जो केवल मेहनती है लेकिन ईमानदार या कुशल नहीं हैं?
(a) C – (y + s + t) (b) C – (y + t)
(c) C (d) C – (y + s)

50. यदि '<' को '+' और '×' को '÷' के रूप में माना जाता है, तो ((25 < 15) × 4) < 1 का मान क्या होगा?
(a) 13 (b) 11
(c) 20 (d) 5

51. आपको एक प्रश्न और तीन कथन दिये गये हैं। निर्णय कीजिए कि कौन-सा/से कथन प्रश्न का उत्तर देने के लिए आवश्यक/पर्याप्त है/हैं।
K, F, M और T एक पंक्ति में खड़े हैं। निम्नलिखित जानकारी के आधार पर, यदि हम सबसे छोटे से सबसे बड़े के क्रम में व्यवस्था करते हैं, तो क्या हम बता सकते हैं कि दूसरे स्थान पर कौन खड़ा है?

कथनः

1. F सबसे लंबा है।
2. K, T से लंबा है।
3. T सबसे छोटा है।

(a) हल करने के लिए कथन 1 और 3 पर्याप्त हैं।
(b) कथन 1, 2, 3 अकेले प्रश्न हल करने के लिए पर्याप्त हैं।
(c) कथन 1 और 2 दोनों एकसाथ पर्याप्त हैं।
(d) सभी कथन पर्याप्त हैं।

Note: For this question, discrepancy is found in question/answer, So, this question is ignored for all candidates

52. पानी के 340 g विलियन में 60 g साधारण नमक है। द्रव्यमान प्रतिशत द्वारा द्रव्यमान के संदर्भ में विलयन की सांद्रता की गणना कीजिए।
(a) 15% (b) 10%
(c) 60% (d) 25%

53. 2500 वाट्स = _______ kW
(a) 2.5 (b) 250
(c) 0.25 (d) 25

54. बेंजीन के एक अणु में _______ दोहरे आबंध होता/होते हैं/हैं।
(a) 1 (b) 3
(c) 4 (d) 2

55. हीरा की निरपेक्ष अपवर्तनांक _______ है।
(a) 2.24 (b) 2.42
(c) 2.32 (d) 2.23

56. 5^2 और 6^2 के बीच _______ गैर पूर्ण वर्ग संख्याएं हैं।
(a) 12 (b) 6
(c) 10 (d) 11

57. यदि $2x^2 + ax + 2b$, को जब $x - 1$ से विभाजित किया जाता है तो 16 शेष बचता है और जब $x^2 + bx + 2a$ को $x + 1$ से विभाजित किया जाता है तो – 1 शेष बचता है, तो $a + b$ किसके बराबर है?
(a) – 14 (b) – 8
(c) 8 (d) 14

58. _______ में, स्थानीय तूफानों को आम बौछार कहा जाता है, जो आम की फसल पकाने में मदद करते हैं।
(a) ओडिशा (b) उत्तर प्रदेश
(c) केरल (d) गुजरात

59. हाल ही में प्रकाशित पुस्तक 'हाफ गर्ल फ्रेंड' किताब के लेखक कौन हैं?
(a) राजदीप सरदेसाई (b) विनोद चोपड़ा
(c) चेतन भगत (d) शशि थरूर

60. Z और L एक पार्क में जोगिंग के लिए जाते हैं, जिसमें वर्गाकार जोगिंग ट्रैक है। Z, L की समान गति से जोगिंग करता
(a) पूर्व-पश्चिम (b) उत्तर-पश्चिम
(c) दक्षिण-पूर्व (d) दक्षिण-पश्चिम

61. एक वस्तु 4 s में 25 m और फिर 2 s में 15 m की यात्रा करती है। वस्तु की औसत चाल कितनी है?
(a) 6.67 m (b) $6.67\ ms^1$
(c) $6.67\ s^{-1}$ (d) $6.67\ ms^{-1}$

62. प्रतिबल का प्रभाव निम्नलिखित में से किस पर निर्भर करता है?
(a) क्षेत्रफल (b) आयतन
(c) भार (d) द्रव्यमान

63. दी गई विकल्प आकृतियों में से REST के क्षैतिज दर्पण प्रतिबिंब का चयन करें?

विकल्प आकृति :

REST	TƧƎЯ	ꓘƎꓢꓕ	ꓕSƎꓤ
A	B	C	D

(a) D (b) C
(c) A (d) B

64. 200 g द्रव्यमान वाली एक वस्तु का, उसकी 10J गतिज ऊर्जा के साथ संवेग होगाः
(a) 0.33 kg m/s (b) 5 kg m/s
(c) 2 kg m/s (d) 3 kg m/s

65. अस्थि कोशिकाएं एक हार्ड मैट्रिक्स में अंतःस्थापित होती हैं जो बना हैः
(a) Ca और Na (b) P और Na
(c) Ca और P (d) Ca और F

66. एक लड़का भूमि से ऊपर 692 m पर गर्म हवा से उड़ने वाले गुब्बारे को देख रहा है। लड़के की आंखों से गुब्बारे की ऊँचाई का कोण 60° था। कुछ समय बाद, गुब्बारा लड़के से क्षैतिज रूप से दूर चला जाता है और कोण 30° तक कम हो जाता है। गुब्बारे से तय की गई अनुमानित दूरी क्या है? मानें $\sqrt{3} = 1.73$
(a) 600 m (b) 400 m
(c) 200 m (d) 800 m

67. सन टीवी नेटवर्क किसने स्थापित किया?
(a) रंजन पई (b) कलानिधि मारन
(c) राकेश झुनझुनवाला (d) विकास ओबरॉय

68. निम्न में से किस संख्या का अपरिमेय वर्गमूल होगा?
(a) 21025 (b) 15625
(c) 18025 (d) 13225

69.

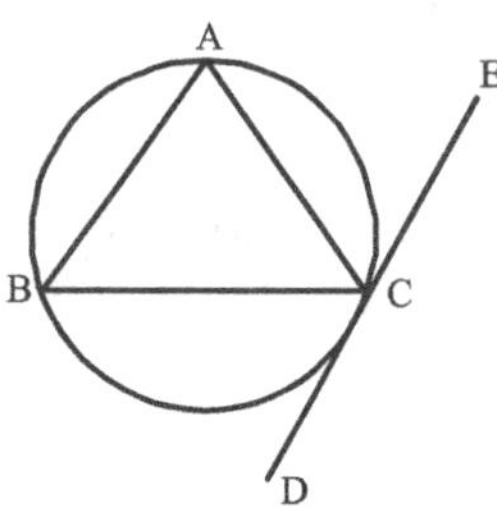

यदि $\angle BCD = 82°$ हो, तो $\angle BAC$ का मान क्या होगा?
(a) 85° (b) 77°
(c) 82° (d) 83°

70. कूटभाषा में, JAIL को 9081 लिखा जाता है। PRISON के लिए कोड क्या है?
(a) 578943 (b) 579843
(c) 598843 (d) 578843

71. जब इसे बिंदुदार रेखा पर मोड़ दिया जाता है तो कौन-सा पैटर्न पारदर्शी शीट के समान होगा?

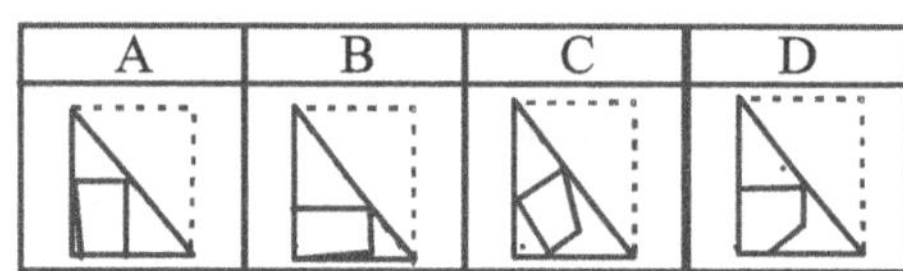

(a) C (b) B
(c) D (d) A

72. यदि $a+\frac{1}{a}=-6$ है, तो $a^3+\frac{1}{a^3}$ का मान पता करें।
(a) −216 (b) −198
(c) 198 (d) 216

73. k कोश में समायोजित किए जा सकने वाले इलेक्ट्रॉनों की अधिकतम संख्या क्या है?
(a) 32 (b) 8
(c) 18 (d) 2

74. भारत में गतिशीलता के भविष्य के लिए क्राउडसोर्स समाधान के लिए वैश्विक गतिशीलता हैकथॉन "मूव हैक" किसने लॉन्च किया?
(a) नीति (NITI) आयोग (b) स्टैंडअप इंडिया
(c) स्टार्टअप इंडिया (d) स्टार्टअप विलेज

75. उस विकल्प आकृति का चयन करें, जो प्रश्न आकृतियों की शृंखला को पूरा करेगी।

प्रश्न आकृतियां:

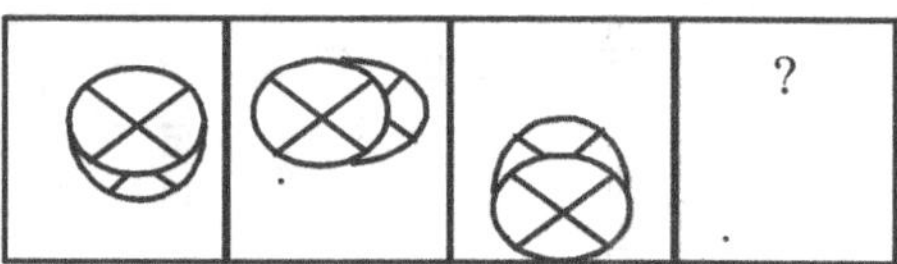

विकल्प आकृतियां:

A B C D

(a) C (b) A
(c) B (d) D

76. उस सुपरसोनिक मिसाइल का नाम बताएँ, जिसका 2017 में भारतीय नौसेना द्वारा सफलतापूर्वक परीक्षण किया गया था?
(a) वज्र (b) अग्नि
(c) ब्रह्मोस (d) जीसैट - 17

77. कूटभाषा में, GATE को 71205 लिखा जाता है। DOOR के लिए कोड क्या है?
(a) 4151518 (b) 4151519
(c) 4151520 (d) 5151518

78. दो इनलेट पाइप A और B किसी खाली हौद को क्रमशः 22 और 33 घंटों में भर सकते हैं। वे एकसाथ काम आरंभ करते हैं लेकिन पाइप A को हौद भरने से पहले 5.5 घंटे बंद करना पड़ा। दोनों पाइप को हौद भरने में कितने घंटे लगे?
(a) 16 (b) 16.5
(c) 16.2 (d) 19.25

79. ईका-सिलिकॉन को ________ के रूप में जाना जाता है।
(a) अल्युमीनियम (b) जर्मेनियम
(c) सिलिकॉन (d) गैलियम

80. जिंक कॉपर सल्फेट विलयन से कॉपर को अलग कर सकता है, क्योंकि जिंक:
(a) कॉपर की तुलना में अधिक ऑक्सीकृत होता है।
(b) कॉपर की तुलना में अधिक अभिक्रियाशील होता है।
(c) कॉपर की तुलना में कम अभिक्रियाशील होता है।
(d) कॉपर की तुलना में कम ऑक्सीकृत होता है।

81. किसी संख्या का 63 % 315 है। वह संख्या क्या है?
(a) 450 (b) 475
(c) 500 (d) 420

82. _______ द्वारा रचित हर्षचरित्र हमें हर्ष और उनके प्रशासन के बारे में सही जानकारी देता है।
(a) तुलसीदास (b) बाणभट्ट
(c) कल्हन (d) फा हियेन

83. अगस्त 2018 की जानकारी के अनुसार, वर्तमान कृषि मंत्री और किसान कल्याण मंत्री कौन हैं?
(a) पियुष गोयल (b) अरूण जेटली
(c) राधा मोहन सिंह (d) जे. पी. नड्डा

84. पश्चिम बंगाल की उषा उथुप ने किस क्षेत्र में पद्म श्री पुरस्कार प्राप्त किया है?
(a) थिएटर (b) कला
(c) सामाज कल्याण कार्य (d) साहित्य

85. एक तस्वीर की ओर इशारा करते हुए, नील का कहना है कि वह मेरी बहन के पिता की एकमात्र बेटी का बेटा है। वह किसकी ओर इशारा कर रहा है?
(a) दोस्त
(b) भांजी/भतीजी
(c) भतीजा/भांजा
(d) चचेरा/ममेरा/फुफेरा भाई/बहन

86. दिए गए कथनों और निष्कर्षों को ध्यान से पढ़ें और उस निष्कर्ष का चयन करें जो कथन का तर्कसंगत रूप से अनुसरण करता है।
कथन:
रंजन ने लता से कहा, "मेनका का एक सुंदर घर है।"
निष्कर्ष:
I. रंजन एक सिविल ठेकेदार है।
II. लता को घरों का शौक है।
(a) निष्कर्ष I अकेला अनुसरण करता है।
(b) निष्कर्ष II अकेला अनुसरण करता है।
(c) न तो I न ही II अनुसरण करते हैं।
(d) दोनों निष्कर्ष अनुसरण करते हैं।

87. भारत के प्रधान मंत्री अपनी सरकार के खिलाफ अविश्वास प्रस्ताव पर मतदान में भाग नहीं ले सकते हैं यदि वे
(a) बहुमत में हैं
(b) राज्य सभा के सदस्य हैं
(c) लोकसभा के सदस्य हैं
(d) लोकसभा के विपक्षी दलों द्वारा निषिद्ध हैं

88. $\frac{5}{11}$ और $\frac{11}{5}$ का योग:
(a) $\frac{146}{55}$ (b) $\frac{16}{55}$
(c) $\frac{16}{16}$ (d) $\frac{110}{55}$

89. वर्ष 2017 में आयोजित 18वें आईफा पुरस्कार में निम्न कलाकारों में से किसने सर्वश्रेष्ठ अभिनेता (पुरुष) का पुरस्कार जीता था?
(a) सलमान खान (b) अर्जुन कपूर
(c) शाहीद कपूर (d) आमिर खान

90. पाइप A एक खाली हौद को 6.8 घंटे में भर सकता है जबकि पाइप B इसे 10.2 घंटे में भर सकता है। केवल पाइप B को 1.7 घंटे के लिए चालू किया जाता है जिसके बाद पाइप A को भी चालू कर दिया जाता है। हौद को भरने में कुल कितना समय लगेगा?
(a) 5 घंटे 5 मिनट (b) 5 घंटे 6 मिनट
(c) 5 घंटे 12 मिनट (d) 5 घंटे 10 मिनट

91. 10 kg द्रव्यमान वाली एक वस्तु $2\ ms^{-2}$ वेग के साथ गतिमान है। वस्तु में निहित संवेग _______ है।
(a) $5\ kgms^1$ (b) $20\ kgms^{-1}$
(c) $20\ kgms^1$ (d) $5\ kgms^{-1}$

92. लंबवत फेंकी गई एक गेंद 12.5 s के पश्चात जमीन पर लौट आती है। जिस वेग के साथ इसे फेंका गया था उसे ज्ञात करें। ($g = 10\ ms^{-2}$)
(a) $125\ ms^{-1}$ (b) $12.5\ ms^{-1}$
(c) $65\ ms^{-1}$ (d) $10\ ms^{-1}$
Note: For this question, discrepancy is found in question/answer. So, This question is ignored for all candidates.

93. विनीता और निकिता बहनें हैं। विनय निकिता के पिता की बहन का बेटा है। विनय का विनीता से क्या संबंध है?
(a) चाचा/मामा/मौसा
(b) चचेरा/ममेरा/फुफेरा भाई/बहन
(c) पिता
(d) भाई

94.
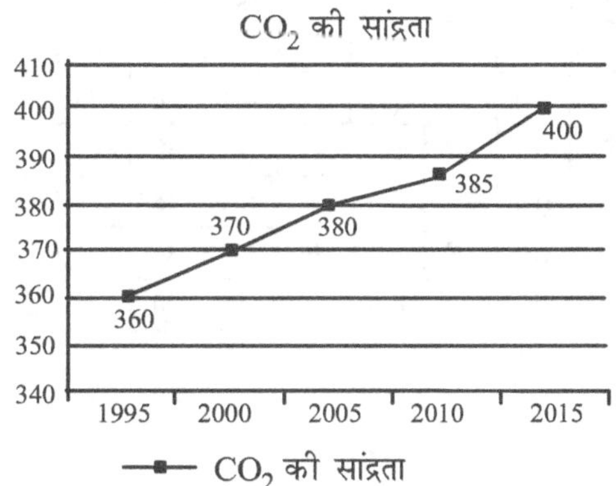

दिए गए ग्राफ के आधार पर, वर्ष 1995 से 2015 तक CO_2 की सांद्रता में कितना प्रतिशत परिवर्तन हुआ है?

(a) 11.26% (b) 11.11%
(c) 11.31% (d) 11.00%

95. निम्नलिखित में से कौन-सा वेन आरेख निम्नलिखित शब्दों के बीच संबंधों को सही ढंग से दर्शाता है?
A) चलना B) तैरना
C) व्यायाम

(a) 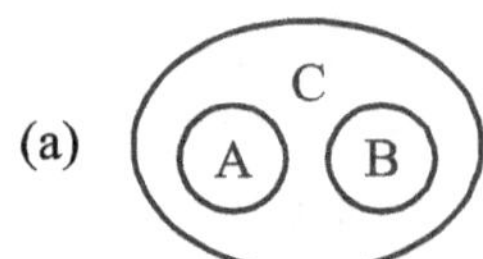

(b) 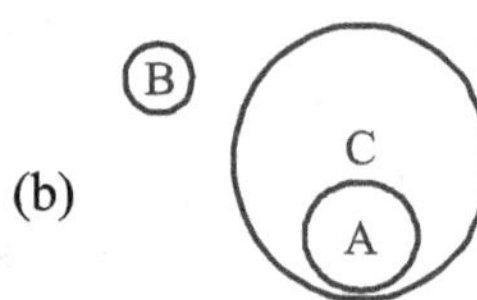

(c) B C A

(d) A B C

96. आधुनिक आवर्त सारणी में, परमाणु संख्या 19 से 36 वाले तत्व किस आवर्त में रखे जाते हैं?
(a) 6 (b) 5
(c) 3 (d) 4

97. अनुमस्तिष्क किससे संबंधित है?
(a) सभी अनैच्छिक कार्य
(b) सोचने
(c) स्मरण रखना और भूख
(d) मांसपेशीय गतिविधियों का समन्वय

98. निम्नलिखित में से किसने विश्व भारोत्तोलन चैंपियनशिप 2017 में स्वर्ण पदक जीता था?
(a) कर्णम मल्लेश्वरी
(b) सुकचारोन थुन्या
(c) सेगुरा अना
(d) मीराबाई चनू

99. निम्नलिखित शृंखला में अगली संख्या क्या होगी?
343, 383, 443, 483, _______
(a) 600
(b) 548
(c) 643
(d) 543

100. एक विद्यार्थी को उत्तीर्ण होने के लिए 40% अंक प्राप्त करना आवश्यक है। उसे एक परीक्षा में 40 अंक प्राप्त हुए और वह 40 अंकों से अनुत्तीर्ण हो गया। परीक्षा के प्राप्त करने योग्य अधिकतम अंक कितने हैं?
(a) 400 (b) 250
(c) 200 (d) 500

उत्तरमाला

1	(b)	11	(a)	21	(d)	31	(d)	41	(d)	51	(*)	61	(d)	71	(c)	81	(c)	91	(b)
2	(a)	12	(a)	22	(d)	32	(d)	42	(c)	52	(a)	62	(a)	72	(b)	82	(b)	92	(*)
3	(b)	13	(d)	23	(d)	33	(a)	43	(c)	53	(a)	63	(b)	73	(d)	83	(c)	93	(b)
4	(d)	14	(*)	24	(c)	34	(c)	44	(a)	54	(b)	64	(c)	74	(a)	84	(b)	94	(b)
5	(c)	15	(c)	25	(b)	35	(b)	45	(c)	55	(b)	65	(c)	75	(b)	85	(c)	95	(a)
6	(d)	16	(a)	26	(d)	36	(d)	46	(d)	56	(c)	66	(d)	76	(c)	86	(c)	96	(d)
7	(c)	17	(c)	27	(a)	37	(b)	47	(d)	57	(c)	67	(b)	77	(a)	87	(b)	97	(d)
8	(d)	18	(c)	28	(a)	38	(b)	48	(a)	58	(c)	68	(c)	78	(b)	88	(a)	98	(d)
9	(a)	19	(a)	29	(a)	39	(a)	49	(a)	59	(c)	69	(c)	79	(b)	89	(c)	99	(d)
10	(c)	20	(b)	30	(d)	40	(c)	50	(b)	60	(a)	70	(d)	80	(b)	90	(b)	100	(c)

संकेत एवं हल

1. (b) $2 \xrightarrow{\times 9} 18 \xrightarrow{\times 9} 162 \xrightarrow{\times 9} 1458$

2. (a) टार्टेरिक अम्ल एक सफेद रंग का क्रिस्टलीय पदार्थ होता है। यह प्राकृतिक रूप से विभिन्न फलों, जैसे–अंगूर, केला, इमली आदि में पाया जाता है। यह बेकिंग पाउडर का एक घटक है।

3. (b) $\dfrac{0.16 \times 1.65}{0.075 \times 0.02^2} = \dfrac{16 \times 165 \times 1000}{75 \times 4}$
$= \dfrac{4 \times 11 \times 1000}{5} = 8800$

4. (d) माना राघव की वर्तमान आयु x वर्ष है।
$5(x-5) = (x+11) \Rightarrow 4x = 36 \Rightarrow x = 9$

6. (d) तौलिया वस्त्र है। क्लिप, पिन, बैंड प्लास्टिक हैं।

8. (d) शटर, खिड़की तथा द्वार एक समूह के हैं।

10. (c) गति $= \dfrac{(153+747)\,\text{m}}{40.5} = \dfrac{900}{40.5}$ m/s
$= \dfrac{900 \times 60 \times 60}{1000 \times 40.5}$ km/h $= \dfrac{60 \times 60}{45}$
$= 80$ km/h

11. (a) $n = \dfrac{99 \times 1000}{2 \times \dfrac{22}{7} \times \dfrac{63}{2}} = 500$

15. (c) त्रिभुज:
ΔABH, ΔBHC, ΔCHG, ΔAHC, ΔCGD, ΔDEF, ΔCDH = 7

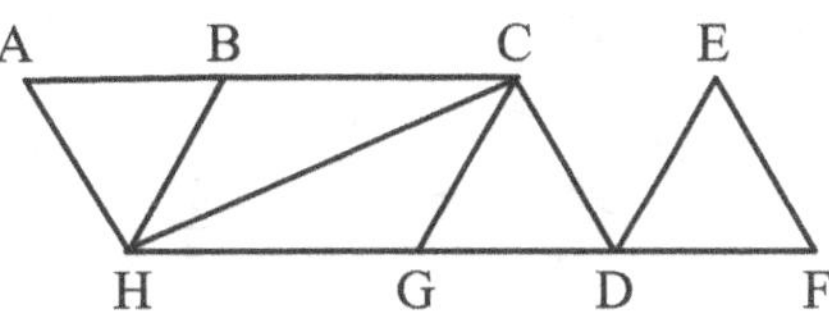

16. (a) माना PR $= x$ km

P — X →, ← Y — Q; R; x; $21 - x$; → Y

समयानुसार, $\dfrac{x}{3} = \left(\dfrac{21+21-x}{4}\right)$
$\Rightarrow 4x = 3 \times 42 - 3x \Rightarrow x = 18$ km

18. (c) $\dfrac{a}{b} = \dfrac{3}{2} \times \dfrac{3}{7} = \dfrac{9}{14}$,
$\dfrac{b}{c} = \dfrac{1}{5} \times \dfrac{7}{1} = \dfrac{7}{5} = \dfrac{14}{10}$
$\Rightarrow a : b : c = 9 : 14 : 10$

20. (b) 18 मई 1974 को भारत के भारतीय परमाणु आयोग ने स्माइलिंग बुद्धा के नाम से पहला भूमिगत परीक्षण पोखरण में किया था। आगे चलकर भारत ने 11 और 13 मई 1998 को पाँच और भूमिगत परमाणु परीक्षण किये।

21. (d) समीकरण का रूप:
$\left(x - \dfrac{4}{3}\right)\left[x - \left(\dfrac{-3}{7}\right)\right] = 0$
$\Rightarrow \left(\dfrac{3x-4}{3}\right)\left(\dfrac{7x+3}{7}\right) = 0$
$\Rightarrow (7x+3)(3x-4) = 0$

23. (d)

लाल	हरी
$15x$	$26x$

लाल	हरी
$15x$	$26x+12$

$\dfrac{15x}{26x+12} = \dfrac{1}{2}$
$\Rightarrow 30x = 26x + 12 \Rightarrow x = 3$
लाल गेंद $= 15x = 15 \times 3 = 45$

24. (c) कथन 2:
S की आयु $= 25 - 10 = 15$ वर्ष
अतः कथन 1 और 2 दोनों आवश्यक है।

25. (b) जे. डब्ल्यू. डॉबेराइनर ने सन् 1817 ई. में तीन-तीन तत्वों वाले समूहों की पहचान की। इन समूहों को त्रिक कहा गया। जिसे डॉबेराइनर के त्रिक का नियम कहा जाता है। इन्होंने बताया कि जब तत्त्वों को परमाणु भारों के बढ़ते क्रम में व्यवस्थित किया जाता है, तो बीच वाले तत्व को परमाणु भार अन्य दो तत्त्वों के परमाणु भारों का लगभग औसत होता है।

27. (a) माना शंकु की त्रिज्या r है।

ऊँचाई $= \frac{9}{5}r$, आयतन $= \frac{1}{3}\pi r^2\left(\frac{9}{5}\right)r$

वृत्त का आयतन $= \frac{4}{3}\pi R^3$

$\Rightarrow \frac{9}{5}r^3 = 4R^3 \Rightarrow \left(\frac{r}{R}\right)^3 = \frac{20}{9}$

$\Rightarrow \left(\frac{r}{R}\right)^3 = \frac{60}{27} \Rightarrow r : R = \sqrt[3]{60} : 3$

30. (d)

Lᴏᴏ L	¥

प्रत्येक अगली आकृति इसका प्रतिबिंब है।

33. (a) $\frac{98}{7^2} \times 2 + 8 = \frac{98 \times 2}{49} + 8 = 4 + 8 = 12$

35. (b) $\sqrt{4.2436} = 2.06$

38. (b) $4356 = 36 \times 121$

$\Rightarrow \sqrt{4356} = 6 \times 11 = 66$

39. (a) नाइक्रोम एक मिश्र धातु है जो निकल एवं क्रोमियम के मिश्रण से बनती है। इसका प्रयोग सामान्यत: विद्युत-तापन उपकरणों में किया जाता है।

40. (c) भारत का पहला विदेश भवन 27 अगस्त, 2017 को मुंबई के बांद्रा कुर्ला कॉम्पलेक्स में स्थापित किया गया था। इस विदेश भवन में विदेश मंत्रालय के महाराष्ट्र में स्थित सभी कार्यालयों को एकीकृत किया गया है।

41. (d) $104 \div [68 - \{29 - (45 - 32)\}]$

$= 104 \div [68 - (29 - 13)] = 104 \div 52 = 2$

42. (c)

T I M E
↓ ↓ ↓ ↓
20 9 13 5

इसी प्रकार,

W A T C H
↓ ↓ ↓ ↓ ↓
23 1 20 3 8

46. (d) $\frac{1}{A}+\frac{1}{B}=\frac{1}{50}$, $\frac{1}{B}+\frac{1}{C}=\frac{1}{37.5}$,

$\frac{1}{A}+\frac{1}{C}=\frac{1}{30}$

$2\left(\frac{1}{A}+\frac{1}{B}+\frac{1}{C}\right) = \frac{1}{50}+\frac{1}{37.5}+\frac{1}{30}$

$\Rightarrow 2\left(\frac{1}{A}+\frac{1}{B}+\frac{1}{C}\right) = \frac{12}{150}$

$\Rightarrow \frac{1}{A}+\frac{1}{B}+\frac{1}{C} = \frac{6}{150}$

$\Rightarrow \frac{1}{A} = \frac{6}{150} - \frac{1}{37.5} \Rightarrow A = 75$

$\frac{1}{B} = \frac{6}{150} - \frac{1}{30} = \frac{1}{150} \Rightarrow B = 150$

$\frac{1}{C} = \frac{6}{150} - \frac{1}{50} = \frac{3}{150} \Rightarrow C = 50$

48. (a)

1 8 27 125 342 1331
↓ ↓ ↓ ↓ ↓
1^3 2^3 3^3 5^3 11^3

49 (a) C – (y + s + t)

50. (b) $((25 + 15) \div 4) + 1 = (40 \div 4) + 1 = 11$

56. (c) $5^2 \to 25, 6^2 \to 36$

25, [26, 27, 28, 29, 30, 31, 32, 33, 34, 35], 36

57. (c) $2(1)^2 + a(1) + 2b = 16$

$\Rightarrow a + 2b = 16$ .... (1)

$(-1)^2 + b(-1) + 2a = -1$

$\Rightarrow 2a - b = -2$ .... (2)

समीकरण (1) तथा (2) को हल करने पर,

$a = 2, b = 6$

$\Rightarrow a + b = 8$

58. (c) केरल में, स्थानीय तूफानों को आम बौछार या आम्र वर्षा कहते हैं। यह बौछार गर्म पवन तथा आद्र समुद्री पवनों के मिलने से होती है।

61. (d) $t_1 + t_2 = 4s + 2s = 6s$

$d_1 + d_2 = 25\text{ m} + 15\text{ m} = 40\text{ m}$

औसत चाल $= \frac{40}{6} = 6.67\text{ ms}^{-1}$

66. (d) माना गुब्बारे द्वारा तय की गई दूरी x मीटर है।

$\frac{692}{d} = \tan 60°$

$\frac{692}{d} = \sqrt{3} \Rightarrow d = \frac{692}{\sqrt{3}}$

$\Rightarrow \frac{692}{x+d} = \tan 30°$

$\Rightarrow \frac{692}{x+d} = \frac{1}{\sqrt{3}}$

$\Rightarrow 692\sqrt{3}-\frac{692}{\sqrt{3}}=x$

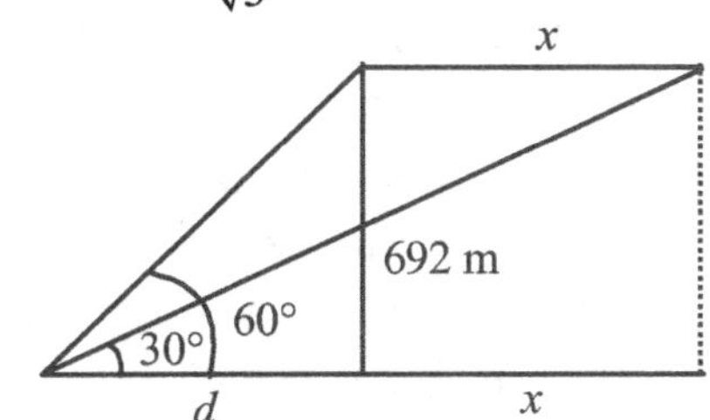

$\Rightarrow x=\frac{692\ (2)}{\sqrt{3}}=800\text{ m}$

67. (b) कलानिधि मारन सन टीवी नेटवर्क के अध्यक्ष एवं प्रबंध निदेशक हैं। इन्होंने 14 अप्रैल, 1993 को सन टीवी की स्थापना की थी।

68. (c) $\sqrt{21025}=145$

$\sqrt{15625}=125$

$\sqrt{18025}=5\sqrt{721}$

$\sqrt{13225}=115$

69. (c) $\angle BCD=\angle BAC=82°$

[स्पर्श रेखा तथा जीवा द्वारा बनाए गए कोण बराबर होते हैं।]

70. (d) J A I L

↓ ↓ ↓ ↓

10 1 9 12

↓ ↓ ↓ ↓

10 – 1 = 9 1 – 1= 0 9 – 1 = 82 – 1 = 1

इसी प्रकार,

P R I S O N

↓ ↓ ↓ ↓ ↓ ↓

16 18 9 19 15 14

↓ ↓ ↓ ↓ ↓ ↓

6–1=5 8–1=7 9–1=8 9–1=8 5–1=4 4–1=3

72. (b) $\left(a+\frac{1}{a}\right)^3=a^3+\frac{1}{a^3}+3.a.\frac{1}{a}\left(a+\frac{1}{a}\right)$

$\Rightarrow (-6)^3=a^3+\frac{1}{a^3}+3\,(-6)$

$\Rightarrow a^3+\frac{1}{a^3}=-216+18=-198$

74. (a) भारत में गतिशीलता के भविष्य के लिए क्राउडसोर्स समाधान के लिए वैश्विक गतिशीलता हैकथॉन "मूव हैक" नीति (NITI) आयोग ने लॉन्च किया। इस हैकथॉन का आयोजन सिंगापुर सरकार के साथ मिलकर किया गया। "मूव हैक" को विश्व स्तर पर सबसे बड़ा हैकाथॉन माना जा रहा है।

75. (b) प्रत्येक आकृति 90° घड़ी की सुई के विपरीत दिशा में घूम रही है।

77. (a) G A T E D O O R

↓ ↓ ↓ ↓ ↓ ↓ ↓ ↓

7 1 20 5 4 15 15 18

78. (b) माना B, x घंटे तथा $A\,(x-5.5)$ घंटे कार्य करता है।

$\Rightarrow \frac{x}{33}+\frac{x-5.5}{22}=1$

$\Rightarrow \frac{2x+3(x-5.5)}{66}=1$

$\Rightarrow 5x-16.5=66$

$\Rightarrow 5x=82.5 \Rightarrow x=16.5$

81. (c) $x\times\frac{63}{100}=315$

$\Rightarrow x=500$

82. (b) बाणभट्ट सातवीं शताब्दी में राजा हर्षवर्धन के आस्थान कवि थे। इन्होंने हर्षचरितम् तथा कादम्बरी नामक ग्रंथों की रचना की थी। हर्षचरितम् से राजा हर्ष और उनके प्रशासन से संबंधित जानकारी प्राप्त होती है।

85. (c) बहन के पिता की एकमात्र बेटी → बहन

बहन का बेटा → भांजा

87. (b) अविश्वास प्रस्ताव एक संसदीय प्रस्ताव हैं जिसे सामान्यतः विपक्ष द्वारा संसद में लाया जाता है। जब भारत के प्रधानमंत्री राज्यसभा के सदस्य तो वह अपनी सरकार के खिलाफ अविश्वास प्रस्ताव पर मतदान में भाग नहीं ले सकते हैं। इस प्रस्ताव के लिए विपक्षी पार्टी के सांसद को लोकसभा स्पीकर को लिखित में सूचना देनी पड़ती है।

88. (a) $\frac{5}{11}+\frac{11}{5}=\frac{25+121}{55}=\frac{146}{55}$

90. (b) माना A तथा B एक साथ x घंटे के लिए कार्य करते हैं।

$\Rightarrow \frac{1.7}{10.2}+\frac{x}{6.8}+\frac{x}{10.2}=1$

$\Rightarrow \dfrac{3.4+3x+2x}{20.4}=1$

$\Rightarrow 5x=17 \Rightarrow x=3.4$

कुल समय $=3.4+1.7=5.1$ घंटे $=5$ घंटे 6 मिनट

93. (b)

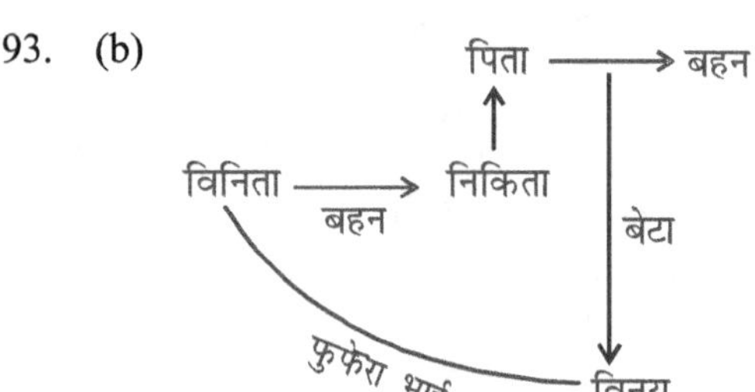

95. (a) चलना तथा तैरना दोनों व्यायाम हैं परंतु असंयुक्त है।

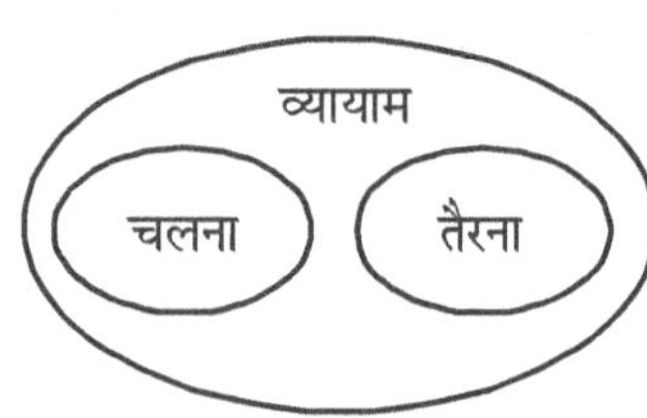

96. (d) आधुनिक आवर्त सारणी में 18 वर्ग (Group) एवं 7 आवर्त (Period) हैं। इस सारणी में परमाणु संख्या 19 से 36 वाले तत्व चतुर्थ (4) आवर्त में रखे जाते हैं।

97. (d) अनुमस्तिष्क या सेरीबेलम प्रमस्तिष्क के पश्च भाग से सटा रहता है। इसकी आकृति तितली जैसी होती है। यह शरीर में होने वाली समस्त माँसपेशीय गतिविधियों का समन्वय करता है।

99. (d) $343 \xrightarrow{+40} 383 \xrightarrow{+60} 443 \xrightarrow{+40} 483 \xrightarrow{+60} 543$

100. (c) अधिकतम अंक $=x$

x का $40\% = 40+40$

$\Rightarrow \dfrac{x\times 40}{100}=80 \Rightarrow x=200$

RRB ग्रुप D 2018 सॉल्वड पेपर-4

दिनांक : 20 सितंबर 2018

1. दी गई प्रश्न आकृति शृंखला में प्रश्नवाचक स्थान पर कौन-सी आकृति आएगी?

प्रश्न आकृतियाँ:

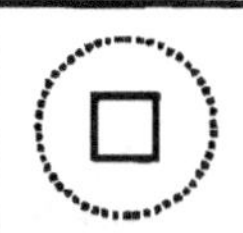
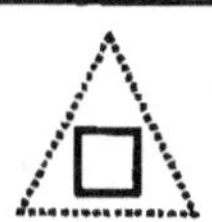

उत्तर आकृतियाँ:

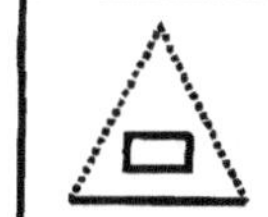

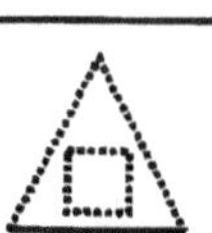

(A) (B) (C) (D)

(a) D (b) B
(c) A (d) C

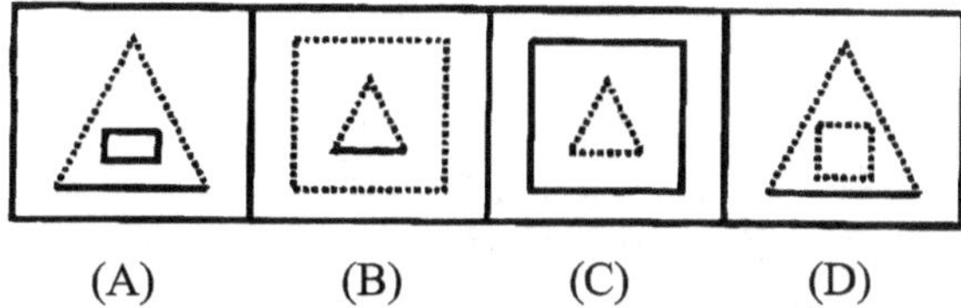

2. विश्व बैंक के अनुसार, 2014-2017 की अवधि के दौरान विश्व स्तर पर खोले गए नए बैंक खातों का कितना प्रतिशत भारत से है?

(a) 55% (b) 61%
(c) 49% (d) 41%

3. निम्नलिखित में से कौन-सा एक उभयधर्मी ऑक्साइड है?

(a) Al_2O_3 (b) CuO
(c) CO_2 (d) SO_2

4. निम्नलिखित में से असम से संबंधित कौन प्रथम एशियाई व्यक्ति है, जिसको इंटरनेशनल यूनियन फॉर कन्सर्वेशन ऑफ नेचर (IUCN) द्वारा हैरिटेज हीरोज अवार्ड-2016 के लिए नामांकित किया गया था?

(a) त्रिशा कृष्णन (b) विभूति लहकर
(c) हेनरी ब्लॉग (d) मोहन लाल

5. सबसे व्यापक रूप से स्वीकृत सिद्धांतों में से एक के अनुसार पृथ्वी पर जीवन की उत्पत्ति से पहले पृथ्वी के वायुमंडल में .... मिश्रण शामिल था।

(a) ओजोन, CH_4, O_2 और जलवाष्प
(b) H_2S, CH_4 और NH_3
(c) O_2, NH_3, CH_4 और जलवाष्प
(d) H_2, CO_2, NH_3 और CH_4

6. निम्न प्रश्न में एक कथन और उसके बाद दो निष्कर्ष I और II दिए गए हैं। आपको निर्णय लेना है कि कथन के संदर्भ में कौन-सा निष्कर्ष तर्कसंगत रूप से कथन का अनुसरण करता है?

कथन: स्कूल के प्रतिनिधित्व के लिए शारीरिक शिक्ष के अध्यापक ने दो एथलीट्स और दो बैडमिंटन खिलाड़ियों का चयन किया।

निष्कर्ष:

I. एक एथलीट और एक बैडमिंटन प्रतियोगिता शुरू होने वाली है।

II. अध्यापक ने उन्हीं खिलाड़ियों का चयन किया है, जिन्हें वह पसंद करता है।

(a) केवल निष्कर्ष I ही अनुसरण करता है।
(b) केवल निष्कर्ष II ही अनुसरण करता है।
(c) निष्कर्ष I और II दोनों ही अनुसरण करते हैं।
(d) ना तो निष्कर्ष I और ना ही निष्कर्ष II अनुसरण करते हैं।

7. एक दोहरी अपघटन अभिक्रिया के दौरान अभिकारकों के बीच क्या आदान-प्रदान किया जाता है?

(a) इलेक्ट्रॉन (b) परमाणु
(c) अणु (d) आयन

8. ब्रिटिश शासन से भारत की स्वतंत्रता की 70वीं वर्षगांठ के उपलक्ष्य में, प्रधानमंत्री नरेंद्र मोदी ने .... रैली के लिए '70 साल आजादी याद करो कुर्बानी' नामक एक थीम गीत जारी किया था।

(a) युवा यात्रा
(b) कुर्बानी यात्रा
(c) आजादी यात्रा
(d) तिरंगा यात्रा

9. त्रिपिटक पवित्र धर्मग्रंथ कौन-से धर्म से संबंधित है?
(a) पारसी धर्म (b) हिंदू धर्म
(c) जैन धर्म (d) बौद्ध धर्म

10. 64, 28 एवं 96 का म० स० है:
(a) 1 (b) 2
(c) 4 (d) 8

11. किस बॉलीवुड सुपरस्टार को स्विट्जरलैंड के दावोस में आयोजित वर्ल्ड इकोनॉमिक फोरम (WEF - 2018) में 24वें क्रिस्टल पुरस्कार से सम्मानित किया गया था?
(a) अक्षय कुमार (b) आमिर खान
(c) शाहरुख खान (d) सलमान खान

12. उस विकल्प को चुनें जो इस समूह से संबंधित न हो।
(a) ओडिसी (b) कथकली
(c) भरतनाट्यम (d) हिप हॉप

13. दिए गए कथन और निष्कर्षों को ध्यान से पढ़ें और यह चुनें कि कौन-सा निष्कर्ष तार्किक रूप से कथनों का पालन करता है।
कथनः सभी गुलाबी फूल हैं।
सभी फूल सुगंधित हैं।
निष्कर्षः
I. कुछ फूल गुलाबी हैं।
II. कुछ सुगंधित फूल हैं।
(a) सभी निष्कर्ष पालन करते हैं।
(b) कोई भी निष्कर्ष पालन नहीं करता है।
(c) केवल निष्कर्ष II का पालन करता है।
(d) केवल निष्कर्ष I पालन करता है।

14. दिए गए कथन पर विचार करें और निर्णय लें कि दिए गए पूर्वानुमानों में से कौन-सा पूर्वानुमान कथन में निहित है।
कथनः 5 वर्ष से कम आयु के बच्चों को कोई भी लिखने का गृह-कार्य नहीं दिया जाना चाहिए।
पूर्वानुमानः
I. उनके हाथ अभी लंबे समय तक पेंसिल/लेखन सामग्री पकड़ने के लिए समन्वय बनाने के लिए तैयार नहीं हैं।
II. वे लेखन कौशल सिखाए जाने के लिए बहुत छोटे हैं।
(a) I और II दोनों निहित हैं।
(b) न तो I न ही II निहित हैं।
(c) केवल I निहित है।
(d) केवल II निहित है।

15. $(72)^2 = 51x \, 4$, x का मान कितना है?
(a) 7 (b) 9
(c) 2 (d) 8

16. छात्रों के एक समूह द्वारा एक स्थानीय क्षेत्र के 20 घरों पर किए गए एक सर्वेक्षण में घरेलू परिवार के सदस्यों की संख्या से संबंधित निम्नलिखित आवृत्ति सारणी के परिणाम प्राप्त हुए हैं:

परिवार का आकार	परिवारों की संख्या
1 – 3	7
3 – 5	9
5 – 7	2
7 – 9	1
9 – 11	1

इन आँकड़ों का बहुलक ज्ञात कीजिए।
(a) 3.628 (b) 3.571
(c) 3.286 (d) 3.444

17. एक KWh .... के बराबर है।
(a) 3.6×10^7J (b) 3.6×10^9J
(c) 3.6×10^6J (d) 3.6×10^8J

18. भारत का पहला भूमिगत संग्रहालय 2 अक्टूबर, 2016 को नई दिल्ली में जनता के लिए .... में खोला गया।
(a) संसद भवन (b) कुतुब मीनार
(c) पुराना किला (d) राष्ट्रपति भवन

19. न्यूटन के नियम कणों के लिए अच्छे सिद्ध नहीं होते हैं:
(a) विश्रांति पर
(b) उच्च वेग के साथ चलने पर
(c) धीमे चलने पर
(d) प्रकाश के वेग के साथ तुलनीय वेग में गति करने पर

20. निम्न आकृति में कितने त्रिभुज हैं?

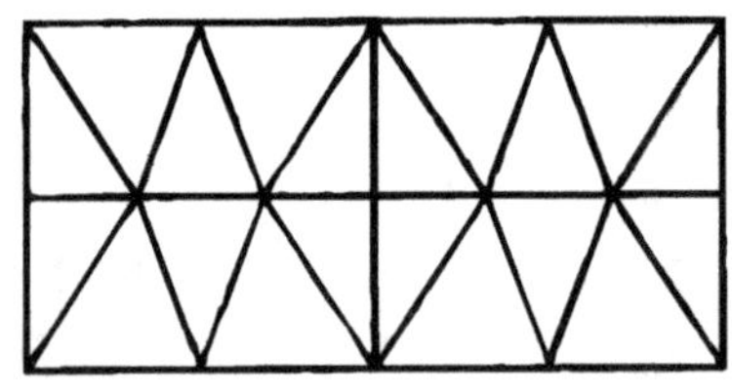

(a) 20 (b) 21
(c) 26 (d) 24

21. 10N का एक क्षैतिज बल 5kg की एक वस्तु को बल की दिशा में 2 मीटर की दूरी तक विस्थापित कर देता है। बल द्वारा किया गया कार्य .... होगा।
(a) 5 J (b) 50 J
(c) 20 J (d) 10 J

22. दिए गए प्रश्न को पढ़ें और निर्णय लें कि निम्नलिखित में से कौन-सा कथन प्रश्न का उत्तर देने के लिए उचित है।

प्रश्न: Z का मान क्या है?

कथन : I. $z^2 + (-1) = 0$

II. $z = \sqrt{n}, n$ एक प्राकृत संख्या है

(a) I और II दोनों ही उचित नहीं हैं।
(b) सिर्फ II उचित है।
(c) सिर्फ I उचित है।
(d) I और II दोनों ही उचित हैं।

23. जब मेंडलीव ने अपना काम शुरू किया था, तब कितने तत्व ज्ञात थे?
(a) 66 (b) 63
(c) 64 (d) 65

24. किस भारतीय राज्य ने सरकारी नौकरियों में अनाथों के लिए एक प्रतिशत आरक्षण को मंजूरी दे दी है?
(a) महाराष्ट्र (b) दिल्ली
(c) उत्तर प्रदेश (d) राजस्थान

25. निकारागुआ की राजधानी मानागुआ में मिस टीन यूनिवर्स 2017 का ताज किस भारतीय को पहनाया गया?
(a) सृष्टि कौर (b) नीरु चड्ढा
(c) निशा दत्त (d) सिमरन खोसला

26. किसी समकोण त्रिभुज का एक न्यूनकोण 58° है। दूसरे न्यूनकोण का मान ज्ञात कीजिए।
(a) 22° (b) 12°
(c) 32° (d) 35°

27. पौधे .... द्वारा अतिरिक्त जल से छुटकारा पा सकते हैं।
(a) मलत्याग (b) परिसंचरण
(c) श्वसन (d) वाष्पोत्सर्जन

28. 66 km/hr की गति से 410 m लंबे प्लेटफॉर्म को एक रेलगाड़ी 30 सेकेंड में पार करती है। गाड़ी की लंबाई कितनी है?
(a) 180 m (b) 160 m
(c) 240 m (d) 140 m

29. 2 अक्टूबर, 2010 को सप्ताह का कौन-सा दिन था?
(a) रविवार (b) शनिवार
(c) शुक्रवार (d) बृहस्पतिवार

30. जब किसी प्रतिरक्षा बल 'F' को विपरीत दिशा में लगाया जाता है, तो दो दिशाओं के बीच कोण होगा........।
(a) 180° (b) 30°
(c) 90° (d) 60°

31. निम्नलिखित में से कौन-सी संख्या परिमेय संख्या नहीं है?
(a) π (b) 8.36712846781
(c) 2.487627287 (d) $\sqrt[3]{1728}$

32. श्रवण उत्तर-पूर्व की तरफ देख रहा है। पहले, वह 45 डिग्री वामावर्त, फिर 90 डिग्री वामावर्त और फिर 180 डिग्री दक्षिणावर्त घूम जाता है। वह अब किस दिशा में देख कर रहा है?
(a) पूर्व (b) उत्तर
(c) दक्षिण (d) पश्चिम

33. विषम की पहचान करें:

A	B	C	D
T20H8	R18J10	P15L11	N14N14

(a) C (b) D
(c) A (d) B

34. ₹ 15000 की धनराशि पर 5 वर्ष में ₹ 4500 का साधारण ब्याज प्राप्त होता है। ब्याज की दर क्या है?
(a) 3.6% (b) 6%
(c) 3% (d) 4%

35. उस विकल्प आकृति का चयन करें, जो प्रश्न आकृतियों की श्रृंखला को पूरा करेगी।

प्रश्न आकृतियाँ:

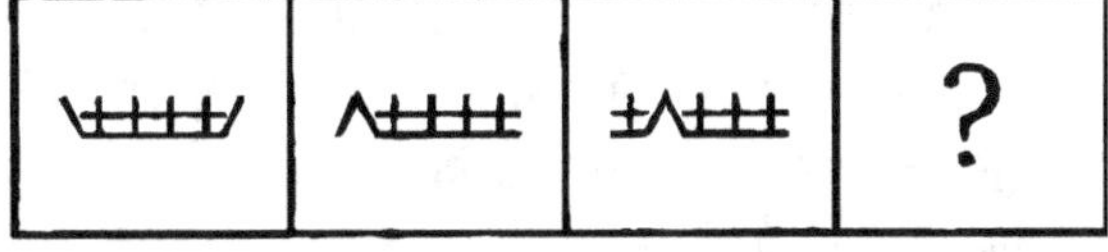

विकल्प आकृतियाँ:

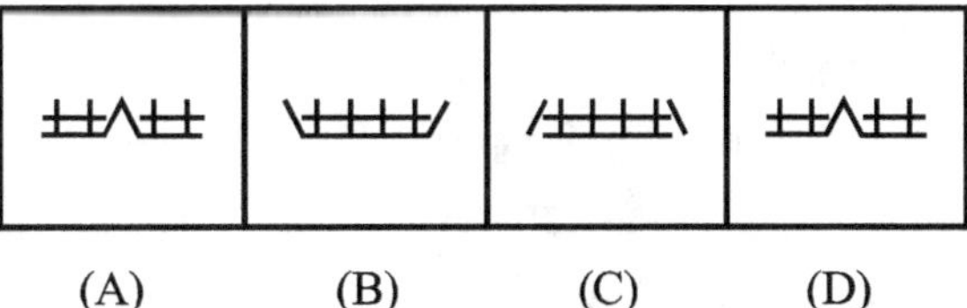

(A) (B) (C) (D)

(a) D (b) B
(c) A (d) C

36. वेन आरेख में कौन-सा विकल्प निम्नलिखित के आपसी संबंध को व्यक्त करता है?
(A) हाथ (B) पैर
(C) शरीर

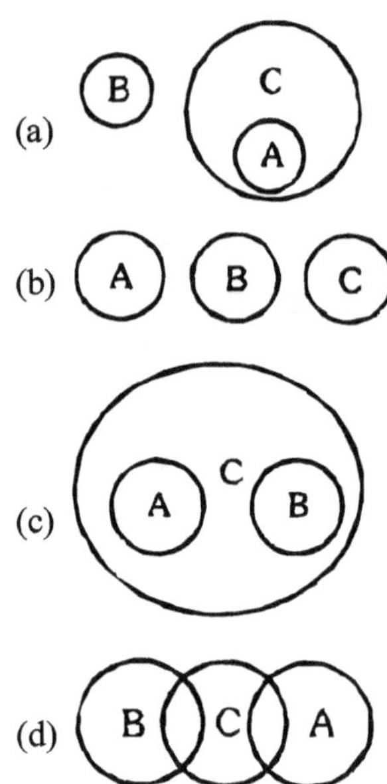

37. दो पाइप A और B एक टैंक को क्रमशः 45 तथा 36 घंटों में भर सकते हैं। यदि दोनों पाइपों को एक साथ खोल दिया जाता है, तो टैंक को भरने में कितना समय लगेगा?
(a) 10 घंटे (b) 5 घंटे
(c) 20 घंटे (d) 2 घंटे

38. 15 नवम्बर, 2018 को गुरुवार है। 15 नवम्बर, 2021 को .... होगा।
(a) रविवार (b) शनिवार
(c) शुक्रवार (d) सोमवार

39. दिए गए कथन और निष्कर्षों को ध्यान से पढ़ें और यदि चुनें कि कौन–सा निष्कर्ष तार्किक रूप से कथनों का पालन करता है।
कथनः सभी गुड़िया उपहार हैं। सभी गुड़िया खिलौने हैं।
निष्कर्षः
I. सभी उपहार खिलौने हैं।
II. कुछ खिलौने उपहार हैं।
(a) दोनों I और II पालन करते हैं।
(b) केवल I पालन करता है।
(c) केवल II पालन करता है।
(d) I या तो II पालन करता है।

40. निम्नलिखित में से किस खेल से अमल राज जुड़े हुए हैं?
(a) शूटिंग (b) हॉकी
(c) टेबल टेनिस (d) एथलेटिक्स

41. आपको एक प्रश्न और दो कथन दिए गए हैं। प्रश्न का उत्तर देने के लिए कौन–सा/से कथन आवश्यक हैं/पर्याप्त हैं, उनकी पहचान करें। नीता के पास तीन रंगों की गेंदें हैं। क्या हम कह सकते हैं कि उसके पास पीले रंग की कितनी गेंदें हैं?
कथनः
I. छह गेंदें हैं।
II. एक तिहाई गेंदें नीली हैं।
III. आधी गेंदें लाल हैं।
(a) कथन I, II और III तीनों पर्याप्त हैं।
(b) कथन II अकेला पर्याप्त है।
(c) कथन I अकेला पर्याप्त है।
(d) कथन I और II दोनों पर्याप्त नहीं हैं।

42. एक पिकोमीटर .... के बराबर है।
(a) 10^{-11}m (b) 10^{-12}m
(c) 10^{12}m (d) 10^{11}m

43. दिए गए कथन को सत्य मानें, भले ही ये आमतौर पर ज्ञात तथ्यों से भिन्न प्रतीत हो, तथा निश्चय करें कि कौन–सा प्रदत्त निष्कर्ष तार्किक रूप से कथन का अनुसरण करता है।
कथनः
हाल ही के एक अध्ययन में, यह देखा गया है कि सप्ताह में 5 दिन व्यायाम करने वाले लोग जीवन शैली की बीमारियों से कम प्रभावित होते हैं।
निष्कर्षः
I. एक स्वस्थ जीवन के लिए शारीरिक दुरुस्ती महत्वपूर्ण है।
II. सप्ताह में 6 दिन व्यायाम करने से स्वास्थ्य समस्याएँ पैदा हो जाएंगी।
(a) केवल निष्कर्ष I अनुसरण करता है।
(b) दोनों निष्कर्ष I और II अनुसरण करते हैं।
(c) केवल निष्कर्ष II अनुसरण करता है
(d) न तो निष्कर्ष I और न ही II अनुसरण करता है।

44. निम्नलिखित में से कौन–सा एक यौगिक नहीं है?
(a) पानी
(b) नाइट्रोजन पेराक्साइड
(c) क्लोरीन
(d) अमोनिया

45. निम्नलिखित श्रेणी में प्रश्न चिह्न (?) को कौन–सा विकल्प प्रतिस्थापित करेगा ?

प्रश्न आकृतियाँ:

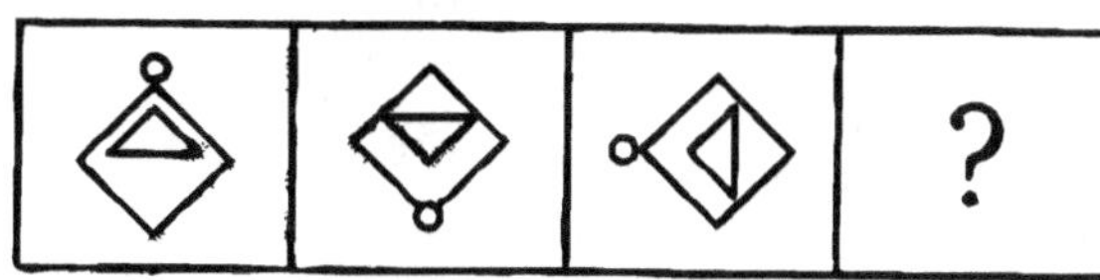

उत्तर आकृतियाँ:

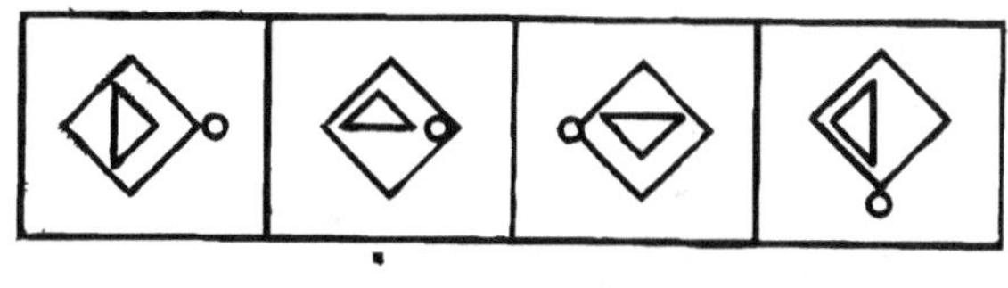

(A) (B) (C) (D)

(a) B (b) C
(c) A (d) D

46. जुलाई 2018 से इंफोसिस के सीईओ कौन हैं ?
(a) सलिल पारेख (b) सी.पी. गुरनानी
(c) नितिन प्रसाद (d) राजेश गोपीनाथन

47. निम्नलिखित श्रेणी का अगला पद ज्ञात कीजिए।
A1Z, E5V, I9R, ...
(a) L12O (b) M13N
(c) N13M (d) O12L

48. मनीटॉलिन द्वीप कहाँ स्थित है?
(a) यूनाइटेड किंगडम
(b) ऑस्ट्रेलिया
(c) कनाडा
(d) संयुक्त राज्य अमेरिका

49. निम्नलिखित शब्दों के लिए सबसे उपर्युक्त वेन आरेख चुनें।
चेरी, आम, फल

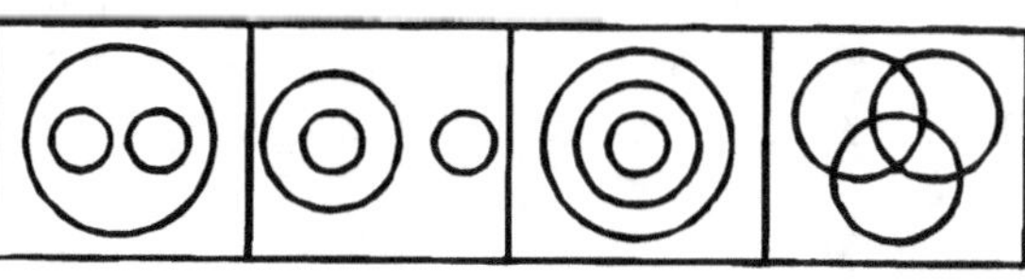

(A) (B) (C) (D)

50. सीता को इंगित करके गणेश कहता है, ''मैं सीता की दादी की इकलौती बेटी का बेटा हूँ।'' गणेश, सीता से कैसे संबंधित है?
(a) बेटा
(b) चाचा/मामा/फूफा/मौसा
(c) भतीजा/भाँजा
(d) चचेरा/फुफेरा/ममेरा भाई

51. निम्नलिखित शृंखला में अगला पद ज्ञात करें।
B – 2, E – 5, H – 8, K – 11, ...?
(a) N – 12 (b) N – 14
(c) O – 15 (d) Z – 26

52. एक व्यक्ति को 40 kms की दूरी तय करनी है। वह 16kms की दूरी पैदल 4 kms/hr की चाल से चलकर तय करता है और बाकि बची दूरी ताँगे से तय करता है। यदि वह 16 kms की दूरी ताँगे से और शेष दूरी 4 kms/hr की चाल से चलकर तय करता, तो उसे 1 घंटे का अधिक समय लगता है। ताँगे की चाल ज्ञात कीजिए।
(a) 8 km/h (b) 16 km/h
(c) 12 km/h (d) 10 km/h

53. एक 800 kg की कार 90 km/h से चल रही है। ब्रेक लगने के 5 s बाद यह कार रुकती है। ब्रेक द्वारा लागू किया गया बल .... होगा।
(a) 1000 N (b) 3000 N
(c) 4000 N (d) 2000 N

54. यदि पूर्व की ओर प्रक्षेपित अल्फा कण को चुंबकीय क्षेत्र द्वारा उत्तर की ओर विक्षेपित कर दिया जाता है, तो उस चुंबकीय क्षेत्र की दिशा क्या होगी?
(a) पूर्व की ओर (b) दक्षिण की ओर
(c) ऊर्ध्वमुखी (d) अधोमुखी

55. आंकड़ों 2, x, 7, 3, y, 9, 6 का माध्य 6 है जहाँ x और y नियतांक हैं। यदि x को 3x + 1 और y को y + 3 द्वारा प्रतिस्थापित किया जाता है, तो माध्य 2 बढ़ जाता है। x का मान ज्ञात करें।
(a) 7 (b) 10
(c) 8 (d) 5

56. दी गयी आकृति में, AOB एक सीधी रेखा है, $\angle AOC = 67°$ और $\angle BOC$ का द्विभाजक OD है। $\angle BOD$ का मान डिग्री में क्या है?

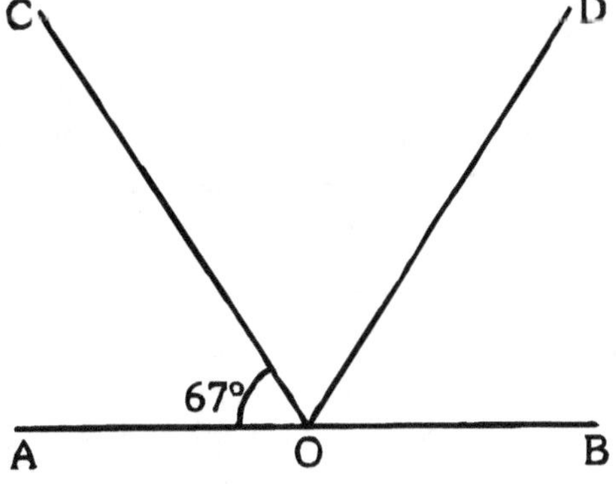

(a) 56.5° (b) 55.5°
(c) 56° (d) 55°

57. औद्योगिक उत्पादों का निर्माण करने वाली एक जापानी कंपनी टोरे इंडस्ट्रीज (इंडिया) प्राइवेट लिमिटेड ने निम्नलिखित में से किस राज्य में अपनी नई फैक्ट्री का निर्माण शुरू कर दिया है?

(a) तमिलनाडु (b) आंध्र प्रदेश
(c) महाराष्ट्र (d) कर्नाटक

58. विषम को चुनें।

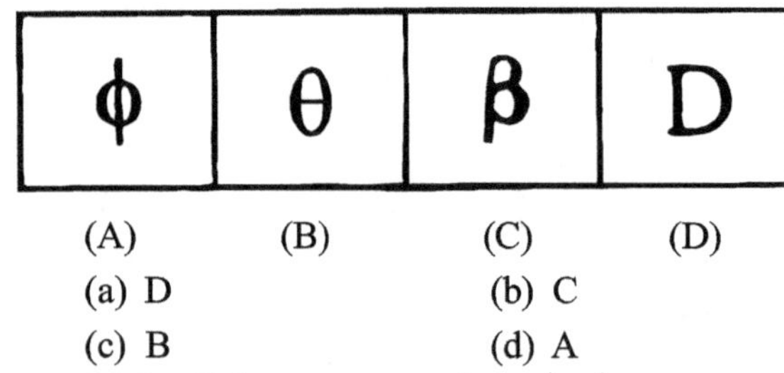

(a) D (b) C
(c) B (d) A

59. किसी ऑब्जेक्ट का .... नियत है और स्थान बदलने पर नहीं बदलता है।

(a) भार (b) गति
(c) वेग (d) द्रव्यमान

60. लता एक तस्वीर की ओर इंगित करते हुए कहती है, ''यह मेरे पिता की पत्नी के बेटे की पत्नी है।'' लता किसकी ओर इशारा कर रही है?

(a) अपनी ननद
(b) अपनी चचेरी/ममेरी बहन
(c) अपनी चाची/मामी
(d) अपनी भाभी

61. फूल के नर प्रजनन भागों को .... कहा जाता है।

(a) बाह्यदल (b) अंडव
(c) बाह्यदल पुंज (d) पुंकेसर

62. एक माध्यम जिसका अपवर्तक सूचकांक 1.5 है, में प्रकाश की गति α .... है।

(a) 3.0×10^8 m/s (b) 1.5×10^8 m/s
(c) 1.2×10^8 m/s (d) 2.0×10^8 m/s

63. एक कक्षा में, किसी दिन 5% छात्र अनुपस्थित हैं। यदि उपस्थित छात्रों की संख्या 38 है, तो उस दिन कक्षा में छात्रों की कुल संख्या कितनी है?

(a) 45 (b) 33
(c) 40 (d) 50

64. A एक कार्य को 8 घंटा में समाप्त कर सकता है, जबकि B अकेला उसी कार्य को 12 घंटा में कर पाता है। यदि A और B दोनों मिलकर कार्य करें, तो वे कितने समय में कार्य समाप्त कर सकते हैं?

(a) 10h (b) $\frac{24}{5}$h
(c) $\frac{21}{4}$h (d) 4h

65. अलग-अलग प्रतिध्वनियों को सुनने के लिए, ध्वनि के स्रोत से अवरोध की न्यूनतम दूरी .... होनी चाहिए।

(a) 34.4 m (b) 17.2 m
(c) 344 m (d) 172 m

66. विषम को चुनें।

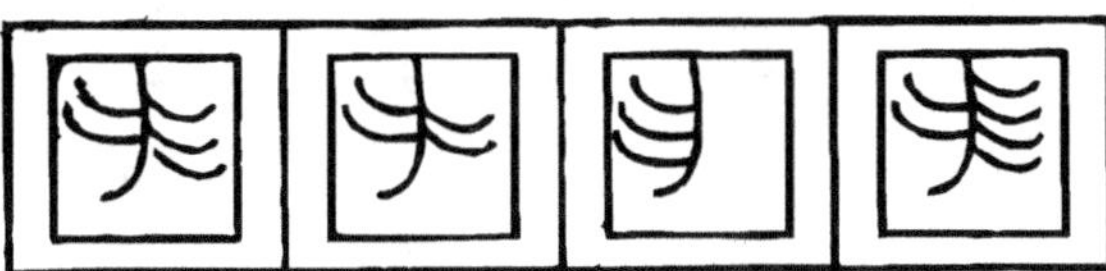

(A) (B) (C) (D)

(a) D (b) B
(c) A (d) C

67. एक 16 m लंबे और 10m चौड़े हॉल के फर्श के लिए 20 cm × 10 cm आकार की कितनी ईंटों की आवश्यकता होगी?

(a) 8400 (b) 8000
(c) 8500 (d) 9000

68. बाणसागर बांध किस राज्य में स्थित है?

(a) आंध्र प्रदेश (b) मध्य प्रदेश
(c) गुजरात (d) महाराष्ट्र

69. इस श्रेणी का अगला पद क्या होगा?
DW, EV, FU, ...

(a) HT (b) ST
(c) UT (d) GT

70. 18 जनवरी, 2018 को किसे उत्तर प्रदेश के लिए राज्य चुनाव आयुक्त के रूप में नियुक्त किया गया था?

(a) टी. वेंकटेश (b) एस. के अग्रवाल
(c) मनोज कुमार (d) वेद प्रकाश वर्मा

71. यदि $3\sec^2x - 2\tan^2x = 6$ एवं $0° \le x \le 90°$ तो $x = ?$

(a) 60° (b) 30°
(c) 90° (d) 45°

72. राम को एक परीक्षा में 40% अंक प्राप्त हुए और वह 20 अंकों से अनुत्तीर्ण हो गया। आदित्य को 45% अंक प्राप्त हुए और प्राप्तांक उत्तीर्ण होने के लिए आवश्यक अंकों से 30 अंक अधिक है। उत्तीर्ण होने के लिए कितने प्रतिशत अंकों की आवश्यकता है?

(a) 33% (b) 38%
(c) 42% (d) 43%

73. $\frac{0.12 \div 0.15}{2} = ?$

(a) 4 (b) 0.4
(c) 0.004 (d) 0.04

74. 21 मई 2017 को हैदराबाद में सम्पन्न हुए इंडियन प्रीमियर लीग (IPL) के फाइनल मैच में राइजिंग पुणे सुपरजायंट को हराकर, निम्नलिखित में से किस टीम ने तीसरी बार इंडियन प्रीमियर लीग (IPL) की ट्राफी जीती थी?

(a) मुंबई इंडियंस
(b) सनराइजर्स हैदराबाद
(c) दिल्ली डेयरडेविल्स
(d) चेन्नई सुपर किंग्स

75. विश्व सत्त विकास शिखर सम्मेलन (WSDS 2018) का 2018 संस्करण नई दिल्ली के विज्ञान भवन में आयोजित किया गया था, जिसका विषय था:

(a) पार्टनरशिप फॉर ए रेजिलिएंट प्लेनेट
(b) पार्टनरशिप फॉर एक सस्टेनेबल डेवलपमेंट
(c) पार्टनरशिप फॉर ए वर्ल्ड विथ सस्टेनेबल डेवलपमेंट
(d) वर्ल्ड सस्टेनेबल डेवलपमेंट पार्टनरशिप्स

76. बोस्टन की चाय पार्टी किस वर्ष में हुई थी?

(a) 1776 (b) 1774
(c) 1775 (d) 1773

77. एशियाई खेल, जिनको एशियाड भी कहा जाता है, एक बहु-खेल आयोजन है, जो पूरे एशिया के एथलीटों के बीच प्रत्येक......... वर्षों में सम्पन्न होता है।

(a) पाँच (b) दो
(c) चार (d) तीन

78. $78 - [5 + 3 \text{ of } (25 - 2 \times 10)] = ?$

(a) 38 (b) 56
(c) 48 (d) 58

79. पृथ्वी का द्रव्यमान लगभग है:

(a) 6×10^{25} kg
(b) 6×10^{23} kg
(c) 6×10^{24} kg
(d) 6×10^{22} kg

80. निम्नलिखित शृंखला में अगला अक्षर ज्ञात करें।
E, G, I, L, O, S, ...?

(a) B (b) W
(c) Z (d) T

81. नीचे के कथन और उसके बाद दिए गए निष्कर्षों पर विचार करें। कथनों को सत्य मानें और दोनों निष्कर्षों पर विचार करते हुए निर्णय लें कि कौन-सा निष्कर्ष सामान्य मान्यताओं से परे तार्किक रूप से कथन की सूचना का अनुपालन करता है।

कथन: कुछ पार्क वृत्त हैं।
कुछ वृत्त चौराहे हैं।

निष्कर्ष:
I. सभी चौराहे वृत्त हैं।
II. सभी चौराहे पार्क हैं।

(a) केवल निष्कर्ष II कथनों के अनुरूप सही है।
(b) केवल निष्कर्ष I कथनों के अनुरूप सही है।
(c) दोनों ही निष्कर्ष कथनों के अनुरूप सही नहीं हैं।
(d) दोनों निष्कर्ष कथनों के अनुरूप सही हैं।

82. पिता की आयु माँ की आयु से 5 वर्ष अधिक है। माँ की वर्तमान आयु उसकी पुत्री की आयु से तीन गुना है। पुत्री की वर्तमान आयु 12 वर्ष है। पुत्री के जन्म के समय पिता की आयु कितनी थी?

(a) 31 वर्ष
(b) 32 वर्ष
(c) 25 वर्ष
(d) 29 वर्ष

83. निम्न आकृति के लिए दर्पण छवि चुनें, जब दर्पण को MN रेखा पर रखा जाता है।

प्रश्न आकृति:

उत्तर आकृतियाँ:

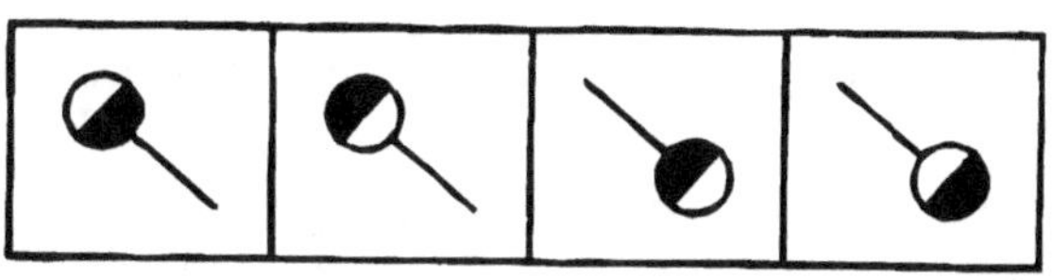

(a) D (b) C
(c) B (d) A

84. केंद्रीय मानव संसाधन विकास मंत्री प्रकाश जावेडकर ने 'स्वस्थ बच्चे, स्वस्थ भारत' कार्यक्रम की शुरुआत कहाँ से की?
(a) मैसूर (b) तिरुवनंतपुरम
(c) कोच्चि (d) हैदराबाद

85. निम्न में से कौन-सा ऊतक कोशिका विभाजन में सक्षम है?
(a) दृढ़ ऊतक (b) स्थूलकोण ऊतक
(c) मृदूतक (d) विभज्योतक ऊतक

86. दिए गए एक कथन के बाद I और II दो धारणाएं हैं। कथन और निम्नलिखित धारणाओं पर विचार करें और निर्णय लें कि कथन में कौन-सी धारणाएं अंतर्निहित है/हैं।

कथनः पारिस्थितिक तंत्र जिसमें हम रहते हैं, मनुष्यों और अन्य सभी प्रजातियों के लिए प्राकृतिक सेवाएं प्रदान करते हैं, जो हमारे स्वास्थ्य, जीवन की गुणवत्ता और अस्तित्व के लिए आवश्यक हैं।

धारणाएँ:

I. हमारे जंगल सांस लेने वाली हवा से कार्बन डाइऑक्साइड और अन्य प्रदूषक को हटाते हैं और हमारे वायु तापमान को भी ठंडा करते हैं।

II. हमारी आर्द्रभूमि बरसाती पानी का संग्रह करती है, इसे छानती है और बरसाती पानी प्रदूषक को अहानिकारक बनाती है, और इस छने हुए पानी के साथ इन एक्वाइफर्स (जहां अधिकांश हमारे पीने का पानी मिलता है) को पुनः भरती है।

(a) केवल धारण I अंतर्निहित है।
(b) केवल धारण II अंतर्निहत है।
(c) दोनों धारणाएं I और II अंतर्निहित हैं।
(d) दोनों ही धारणाएं I और II अंतर्निहित नहीं हैं।

87. $\frac{5^{0.25}\times(125)^{0.25}}{(256)^{0.1}\times(256)^{0.15}}=?$
(a) 4 (b) $\frac{4}{5}$
(c) 5 (d) $\frac{5}{4}$

88. अखिल पूर्व की ओर 2 km की दूरी तक चलता है और फिर बाएं मुड़ता है और 2 km चलता है। वह अपनी प्रारंभिक स्थिति से किस दिशा में है?
(a) उत्तर-पूर्व (b) उत्तर-पश्चिम
(c) दक्षिण-पश्चिम (d) दक्षिण-पूर्व

89. निम्नलिखित में से कौन-सा प्रोपेनोन में कार्यात्मक समूह है?
(a) एल्कोहल (b) कीटोन
(c) कार्बोक्सीलिक एसिड (d) एल्डिहाइड

90. एक व्यक्ति की वर्तमान में लाल रक्त कोशिकाओं (RBC) की संख्या 54000 है और यह प्रति दिन 5% की दर से बढ़ रही हैं। दो दिन बाद RBC की संख्या कितनी होगी?
(a) 58535 (b) 60001
(c) 60000 (d) 59535

91. $\frac{3}{-4}$............$\frac{-5}{6}$ की तुलना कीजिए।
(a) $\geq$ (b) $<$
(c) $>$ (d) $=$

92. मरुस्थलीय पौधों में, उपचर्म (एपिडर्मिस) पर एक मोटी कोमल बाहरी परत होती है, जिसे .... कहते हैं।
(a) लिग्निन (b) सेल्यूलोज
(c) कटिन (d) वसा

93.
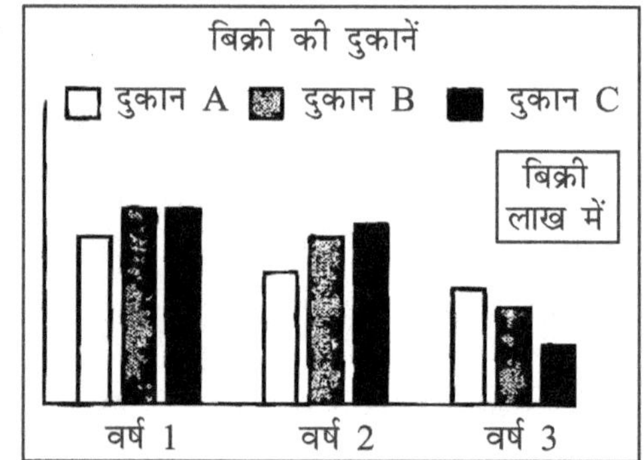

किस वर्ष में दुकान C की बिक्री अन्य दो वर्षों की तुलना में कम है?
(a) वर्ष 1
(b) बिक्री तीन वर्षों में एक समान है।
(c) वर्ष 3
(d) वर्ष 2

94. एक प्रतिरोधक की लंबाई L, उसके अनुप्रस्थ भाग का क्षेत्रफल A और प्रतिरोध R है। एक अन्य प्रतिरोधक, जो उसी पदार्थ से बना है, लंबाई $\frac{L}{2}$ है, अनुप्रस्थ भाग का क्षेत्रफल 2A है, उसका प्रतिरोध कितना होगा?

(a) 2R (b) $\frac{R}{4}$

(c) $\frac{R}{2}$ (d) R

95. समीकरण $2Cu + O_2 \rightarrow 2CuO$........ का एक उदाहरण है।

(a) दोहरी विस्थापन अभिक्रिया

(b) अपघन अभिक्रया

(c) संयोजन अभिक्रिया

(d) विस्थापन अभिक्रिया

96. उस यौगिक का नाम क्या है, जिसे सूत्र $Al_2(SO_4)_3$ द्वारा व्यक्त किया जाता है?

(a) एल्युमीनियम सल्फेट

(b) एल्युमीनियम सल्फाइट

(c) एल्युमीनियम सल्फाइड

(d) एल्युमीनियम सल्फरॉक्साइड

97. 2018 में 6 – 14 जनवरी तक नई दिल्ली में आयोजित 26वें विश्व पुस्तक मेले का विषय क्या था?

(a) महिलाओं के प्रति होने वाले अपराध संबंधी मुद्दे

(b) बाल दुर्व्यवहार संबंधी मुद्दे

(c) जानवरों के प्रति होने वाली क्रूरता संबंधी मुद्दे

(d) पर्यावरण संबंधी मुद्दे

98. दिए गए पाई चार्ट में भारत के मोबाइल फोन विनिर्माण कंपनियों के बारे में जानकारी प्रदर्शित है। निर्मित मोबाइल फोन की कुल संख्या 12,40,000 है।

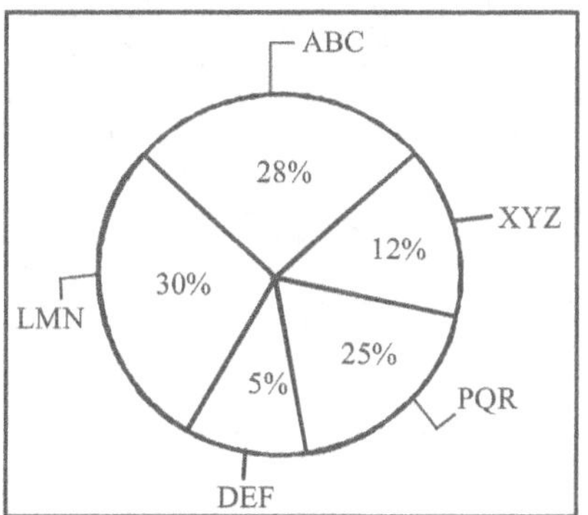

कंपनी 'PQR' द्वारा कुल कितने मोबाइल फोन निर्मित किए गए?

(a) 3,10,000 (b) 30, 1000

(c) 6,20,000 (d) 12,40,000

99. 12 Ω के एक प्रतिरोध में 1.0 A की स्थिर विद्युत धारा प्रवाहित होती है। इस प्रतिरोध से एक मिनट में प्रवाहित होने वाले आवेश की मात्रा है:

(a) 60 C (b) 12 C

(c) 1 C (d) 30 C

100. यदि ईंट के $\frac{7}{16}$ भाग का भार $\frac{21}{8}$kg है, तो ईंट के $\frac{5}{12}$ भाग का भार होगा:

(a) $\frac{10}{3}$kg (b) $\frac{3}{5}$kg

(c) $\frac{5}{2}$kg (d) $\frac{3}{10}$kg

उत्तरमाला

1	(b)	11	(c)	21	(c)	31	(a)	41	(a)	51	(b)	61	(d)	71	(a)	81	(c)	91	(c)
2	(a)	12	(d)	22	(d)	32	(a)	42	(b)	52	(a)	62	(d)	72	(c)	82	(d)	92	(c)
3	(a)	13	(a)	23	(b)	33	(a)	43	(a)	53	(c)	63	(c)	73	(b)	83	(c)	93	(c)
4	(b)	14	(a)	24	(a)	34	(b)	44	(c)	54	(d)	64	(b)	74	(a)	84	(c)	94	(b)
5	(d)	15	(d)	25	(a)	35	(a)	45	(c)	55	(d)	65	(b)	75	(a)	85	(d)	95	(c)
6	(a)	16	(d)	26	(c)	36	(c)	46	(a)	56	(a)	66	(d)	76	(d)	86	(c)	96	(a)
7	(d)	17	(c)	27	(d)	37	(c)	47	(b)	57	(b)	67	(b)	77	(c)	87	(d)	97	(d)
8	(d)	18	(d)	28	(d)	38	(d)	48	(c)	58	(a)	68	(b)	78	(d)	88	(a)	98	(a)
9	(d)	19	(d)	29	(b)	39	(a)	49	(a)	59	(d)	69	(d)	79	(c)	89	(b)	99	(a)
10	(c)	20	(c)	30	(a)	40	(c)	50	(d)	60	(d)	70	(c)	80	(b)	90	(d)	100	(c)

संकेत एवं हल

1. (b) आकृति 1 और 2 में वर्ग और वृत्त अपना स्थान एक-दूसरे से परिवर्तित करते हैं। उसी प्रकार आकृति 3 और 4 में भी त्रिभुज और वर्ग अपना स्थान एक-दूसरे से परिवर्तित करते हैं।

3. (a) Al_2O_3 एक उभयधर्मी ऑक्साइड है। एल्युमिनियम धातु का निष्कर्षण कोरंडम नामक अयस्क से होता है। कोरंडम का अणु सूत्र Al_2O_3 है। Al, Zn एवं Pb के ऑक्साइड उभयधर्मी (amphoteric) है। धातुओं के ऑक्साइड की प्रकृति क्षारकीय होती है।

5. (d) पृथ्वी की उत्पत्ति लगभग 4.6 अरब वर्ष पूर्व मानी जाती है तथा पृथ्वी पर जीवन की उत्पत्ति लगभग 50 करोड़ वर्ष पूर्व मानी जाती है। ऐसा माना जाता है कि जब पृथ्वी का निर्माण हुआ तब इसके वायुमंडल में H_2, CO_2, NH_3 और CH_4 गैसों का मिश्रण था।

6. (a) कथन से पूर्णतः पता चलता है कि एथलीट और बैडमिंटन प्रतियोगिता शुरू होने वाली हैं। अतः निष्कर्ष I अनुसरण करता है। जबकि निष्कर्ष II अनुसरण नहीं करता है।

7. (d) एक दोहरी अपघटन अभिक्रिया के दौरान अभिकारकों के बीच आयन आदान-प्रदान किया जाता है। विद्युत आवेशयुक्त परमाणु या परमाणुओं के समूह को आयन कहा जाता है।

9. (d) त्रिपिटक पवित्र धर्मग्रंथ बौद्ध धर्म से संबंधित है। त्रिपिटक के अंतर्गत है–
   (i) सूत्त पिटक
   (ii) विनय पिटक तथा
   (iii) अभिधम्म पिटक शामिल होते हैं।

10. (c) $64 = 2 \times 2 \times 2 \times 2 \times 2 \times 2$
    $28 = 2 \times 2 \times 7$
    $96 = 2 \times 2 \times 2 \times 2 \times 2 \times 3$
    अभीष्ट म० स० $= 2 \times 2 = 4$

13. (a)

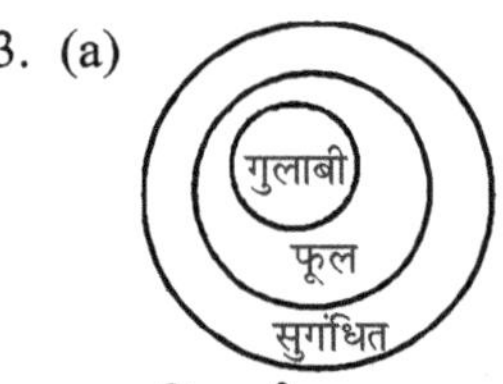

निष्कर्ष : I. ✔
II. ✔
अतः सभी निष्कर्ष पालन करते हैं।

14. (a) दिए गए कथन के अनुसार पूर्वानुमान I और II दोनों निहित है।

15. (d) $(72)^2 = 5184$
    अतः $x = 8$

16. (d)

परिवार का आकार	1 – 3	3 – 5	5 – 7	7 – 9	9 – 11
बारंबारता	7	9	2	1	1
संचयी बारंबारता	7	16	18	19	20

बहुलक वर्ग 3 – 5 की बारंबारता सबसे अधिक है

$\therefore$ बहुलक वर्ग = 3 – 5

$\ell = 3, fm = 9, f_1 = 7, f_2 = 2, h = 2$

बहुलक88''8 $M_O = \ell + \frac{fm - f_1}{2fm - f_1 - f_2} \times h$

$= 3 + \frac{9-7}{18-7-2} \times 2$

$= 3 + \frac{4}{9} = 3.444$

17. (c) एक KWh = 3.6×10^6J के बराबर है।
- 1 KWh = 100 वाट घंटा
- 1 वाट-सेकण्ड = 1 वाट × 1 से० = 1 जूल
- 1 वाट घंटा (Wh) = 3600 जूल
- 1 MW = 10^6 W

19. (d) न्यूटन के नियम कणों के लिए अच्छे सिद्ध नहीं होते हैं– प्रकाश के वेग के साथ तुलनीय वेग में गति करने पर। प्रकाश के फोटॉन सिद्धांत के अनुसार प्रकाश ऊर्जा के छोटे-छोटे बंडलों रूप में चलता है, जिन्हें फोटॉन कहते हैं।

20. (c) आकृति में कुल 26 त्रिभुज है।

21. (c) 10N का एक क्षैतिज बल 5 Kg की एक वस्तु को बल की दिशा में 2 मीटर की दूरी तक विस्थापित कर देता है। बल द्वारा किया गया कार्य 20J होगा।

कार्य (W) = F × S.cos θ

अत: (W) = 10 × 2 = 20 J

22. (d) स्थिति I :

$z^2 = 1 \quad \therefore z^2 = \pm 1$

अत: स्थिति 1 पर्याप्त है।

स्थिति II :

$z = \sqrt{n}$ { जहां n = 1, 2....... अत: स्थिति 2 भी पर्याप्त है।

23. (b) जब मेंडलीव ने अपना काम शुरू किया था, तब 63 तत्व ज्ञात थे। वर्तमान में तत्वों की संख्या 118 है। जिसमें प्रकृति में प्राप्त तत्व – 98 है। कृत्रिम तरीके से निर्मित तत्व 20 है।

26. (c) $x + 58° = 90°$

$x = 90° - 58° = 32°$

28. (d) $66 \times \frac{5}{18} = \frac{410 + x}{30}$

$410 + x = \frac{66 \times 5 \times 30}{18}$

$x = 550 - 410 = 140$m

29. (b) 2 अक्टूबर 2010 → शनिवार

$\frac{\text{तारीख + माह का कोड + शताब्दी का कोड + वर्ष } \frac{\text{वर्ष}}{7} \text{ (पूर्णांक)}}{7}$

$= \frac{2+1+6+10+2}{7} = \frac{21}{7} = 0$ शेष दिन

ध्यान दें→ रविवार –1
सोमवार –2
मंगलवार–3
बुधवार –4
गुरुवार –5
शुक्रवार –6
शनिवार – 0
0 → शनिवार

अत: 2 अक्टूबर 2010 को शनिवार का दिन है।

31. (a) π एक अपरिमेय संख्या है।

32. (a)

उत्तर
उ०प०
उ०पू०
प०
पूर्व
द०प०
द०पू०
दक्षिण

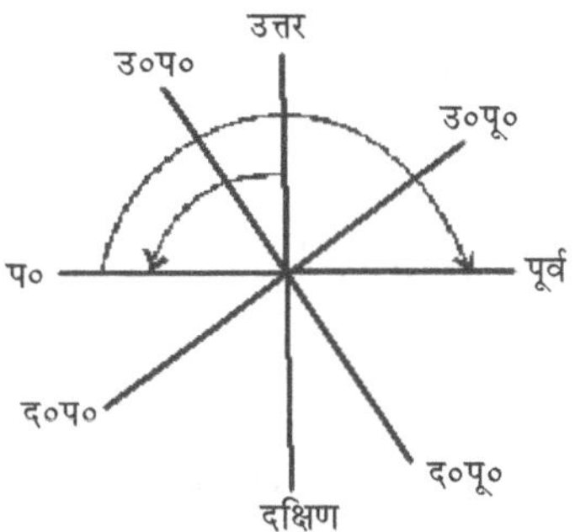

श्रवण अब पूर्व दिशा की ओर देख रहा है।

33. (a) T – 20, H – 8
R – 18, J – 10
N – 14, N – 14

इन सभी में अक्षरों तथा उनके स्थान को लिखा गया है, जबकि P – 16 L – 12 स्थान संख्या होता है। अत: P – 15 L – 11 इन सभी में विषम है।

34. (b) $4500 = \frac{15000 \times 5 \times r}{100}$

r = 6%

35. (a) ± ± ^ ± ±

सभी चिह्न क्रमशः बाएं से दाएं की ओर बढ़ रहे हैं।

36. (c)

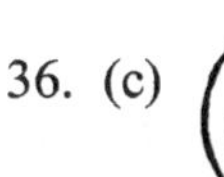

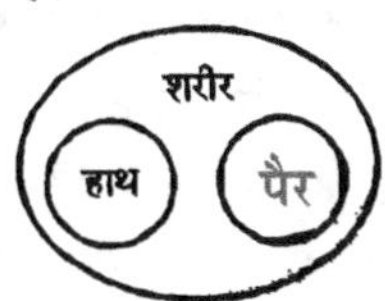

37. (c) $\therefore$ अभीष्ट समय

$$= \frac{45 \times 36}{45 + 36} = \frac{45 \times 36}{81} = 20 \text{ घंटा}$$

38. (d) 15 नवंबर 2018 $\rightarrow$ गुरुवार
15 नवंबर 2021 $\rightarrow$ सोमवार
2018 – 2019 $\rightarrow$ 1 शेष दिन
2019 – 2020 $\rightarrow$ 2 शेष दिन
2020 – 2021 $\rightarrow$ 1 शेष दिन
$1 + 2 + 1 = 4$ शेष दिन
गुरुवार + 4 दिन = सोमवार

39. (a)

या

I. ✔
II. ✔
दोनों निष्कर्ष I और II पालन करते हैं।

41. (a) I. 6 गेंद है।

II. $6 \times \frac{1}{3} = 2$ गेंद नीली है।

III. $6 \div 2 = 3$ गेंद लाल है।

3 गेंद लाल 2 गेंद नीली अतः 6 गेंद में से 1 गेंद पीली है।

42. (b) एक पिकोमीटर 10^{-12}m के बराबर है। पिकोमीटर को 'P' द्वारा सूचित किया जाता है।

43. (a) निष्कर्ष I कथन से पूर्णतः सम्बन्धित है। अतः केवल निष्कर्ष I अनुसरण करता है।

44. (c) क्लोरीन एक यौगिक नहीं है। यह एक हैलोजन समूह का तत्व है। क्लोरीन का प्रयोग फॉस्जीन मस्टर्ड गैस ल्यूसाइट जैसी विषैली गैस के उत्पादन में होता है। अमोनिया और नाइट्रोजन पेरोक्साइड नाइट्रोजन का यौगिक है। जल एक यौगिक है, जो ऑक्सीजन और हाइड्रोजन से मिलकर बनता है।

45. (c)

आकृति (a) प्रतिस्थापित होगी।

47. (b)
$A \xrightarrow{+4} E \xrightarrow{+4} I \xrightarrow{+4}$ M
$1 \xrightarrow{+4} 5 \xrightarrow{+4} 9 \xrightarrow{+4}$ 13
$Z \xrightarrow{-4} V \xrightarrow{-4} R \xrightarrow{-4}$ N

49. (a)

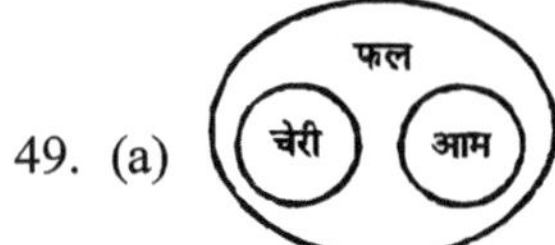

50. (d)
दादी
इकलौती बेटी
बेटा
सीता
गणेश

अतः गणेश, सीता का फुफेरा भाई लगेगा।

51. (b)
$B \xrightarrow{+3} E \xrightarrow{+3} H \xrightarrow{+3} K \xrightarrow{+3}$ N
$2 \xrightarrow{+3} 5 \xrightarrow{+3} 8 \xrightarrow{+3} 11 \xrightarrow{+3}$ 14

52. (a) माना तांगे की चाल = x km/h

$$\left(\frac{16}{4} + \frac{24}{x}\right) + 1 = \left(\frac{16}{x} + \frac{24}{4}\right)$$

$$\frac{16}{x} + 6 - 4 - \frac{24}{x} = 1$$

$$\Rightarrow \frac{-8}{x} = -1$$

$x = 8$

53. (c) एक 800 kg की कार 90km/h से चल रही है। ब्रेक लगाने के 5s बाद यह कार रुकती है। ब्रेक द्वारा लागू किया गया बल 4000 N होगा

$$\therefore F = ma = m \times \frac{dv}{dt} = \frac{800 \times 90 \times \frac{5}{18}}{5}$$

$$= 800 \times 5 = 4000\text{N}$$

55. (d) $\frac{2 + x + 7 + 3 + y + 9 + 6}{7} = 6$

$x + y + 27 = 42$
$x + y = 42 - 27 = 15$ ....(1)

पुन: $\frac{3x+1+y+3+27}{7}=8$

$3x+y+31=56$

$3x+y=56-31=25$ ....(2)

समी० (1) तथा (2) से

$x+y=15$

$3x+y=25$

$-2x=-10$

$x=5$

56. (a) $\angle BOD = x = x + 67° = 180°$

$2x = 180° - 67°$

$2x = 113°$

$x = 56.5°$

58. (a) ϕ, θ, β सभी चिह्न है, जबकि D अक्षर है। अत: D इन सभी में विषम हैं।

59. (d) किसी ऑब्जेक्ट का द्रव्यमान नियत है और स्थान बदलने पर भी नहीं बदलता है। किसी वस्तु का भार स्थान परिवर्तन के साथ परिवर्तन हो सकता है, लेकिन द्रव्यमान नहीं।

60. (d)

लता अपनी भाभी के तस्वीर की ओर इशारा कर रही है।

62. (d) एक माध्यम जिसका अपवर्तक सूचकांक 1.5 है, में प्रकाश की गति 2.0×10^8 m/s है।

निरपेक्ष अपवर्तनांक = $\frac{\text{निर्वात में प्रकाश की चाल}}{\text{माध्यम में प्रकाश की चाल}}$

63. (c) माना कि कुल छात्र = x

$\frac{x \times 95}{100} = 38$

$x = \frac{38 \times 20}{19} = 40$

64. (b) A + B का 1 दिन का काम

$= \frac{1}{8} + \frac{1}{12} = \frac{3+2}{24} = \frac{5}{24}$

अत: कुल समय $= \frac{24}{5}$h

65. (b) अलग-अलग प्रतिध्वनियों को सुनने के लिए ध्वनि के स्रोत से अवरोध की न्यूनतम दूरी 17.2m होनी चाहिए। जब ध्वनि माध्यम किसी से टकराने के बाद सुनाई देता है, उसे प्रतिध्वनि कहते हैं। प्रतिध्वनि सुनने के लिए आवश्यक है कि परावर्तक सतह श्रोता से कम-से-कम इतनी दूरी पर हो कि परावर्तित ध्वनि उस तक पहुंचने में 0.1 से० से अधिक समय लगे। ध्वनि द्वारा वायु में 0.1 सेकण्ड में चली गई दूरी $= 0.1 \times 332 = 33.2$ मी० होता है। अत: यदि कोई ध्वनि उत्पन्न करते हैं, तो उसकी स्पष्ट प्रतिध्वनि सुनने के लिए परावर्तक तल की दूरी कम-से-कम $33.2/2 = 16.6$ मी० होनी चाहिए।

66. (d) सभी आकृतियों में रेखा के दोनों ही साइड में रेखा है जबकि आकृति (C) में सिर्फ एक ही साइड में रेखा है।

67. (b) अभीष्ट ईंटों की संख्या

$= \frac{16 \times 10 \times 100}{20 \times 10} \times 100 = 8000$

69. (d)

$D \xrightarrow{+1} E \xrightarrow{+1} F \xrightarrow{+1}$ G

$W \xrightarrow{-1} V \xrightarrow{-1} U \xrightarrow{-1}$ T

71. (a) $3\sec^2 x - 2\tan^2 x$

$= 6\sec^2 x + 2(\sec^2 x - \tan^2 x) = 6$

$\sec^2 x + 2 = 6$ $\{\because \sec^2\theta - \tan^2\theta = 1\}$

$\sec^2 x = 6 - 2 = 4$

$\sec x = \sec 60°$

$x = 60°$

72. (c) माना कि कुल अंक = x

$x \times \frac{40}{100} + 20 = x \times \frac{45}{100} - 30$

$\frac{2x}{5} - \frac{9x}{20} = -30 - 20$

$\frac{8x - 9x}{20} = -50$

$\frac{-x}{20} = -50$

$x = 50 \times 20 = 1000$

पास होने के लिए अंक

$= 1000 \times \frac{40}{100} + 20 = 420$

अत: अभीष्ट % = 42%

73. (b) $\frac{0.12 \div 0.15}{2}$

$= \frac{0.12}{0.15} \times \frac{1}{2} = \frac{12}{15} \times \frac{1}{2} = \frac{6}{15} = \frac{2}{5} = 0.4$

78. (d) $78 - [5 + 3 \times (25 - 20)]$
$= 78 - [5 + 15] = 78 - 20 = 58$

79. (c) पृथ्वी का द्रव्यमान 6×10^{24} kg लगभग है। पृथ्वी शुक्र और मंगल के मध्य स्थित ग्रह है। पृथ्वी का घनत्व 5.52 ग्राम प्रति घन से० मी० है।

80. (b)

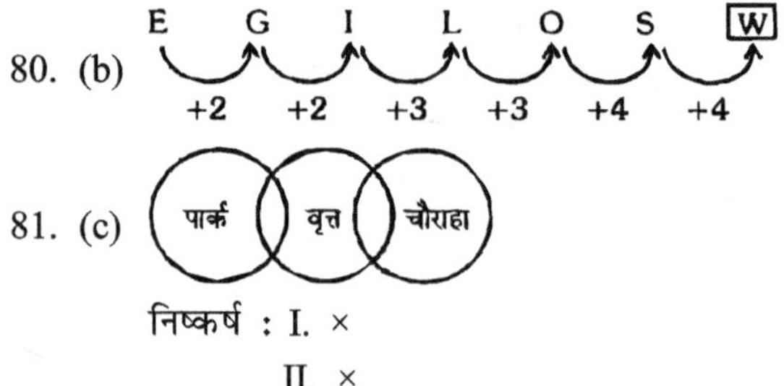

81. (c)

निष्कर्ष : I. ×
II. ×

दोनों ही निष्कर्ष कथन के अनुरूप सही नहीं है।

82. (d) माना कि पुत्री के जन्म के समय पिता की उम्र = x वर्ष
पुत्री की वर्तमान उम्र = 12 वर्ष
माता की वर्तमान उम्र = 12 × 3 = 36 वर्ष
पिता की वर्तमान उम्र = 36 + 5 = 41 वर्ष
पिता की उम्र पुत्री के जन्म के समय = 41 – 12
= 29 वर्ष

83. (c)

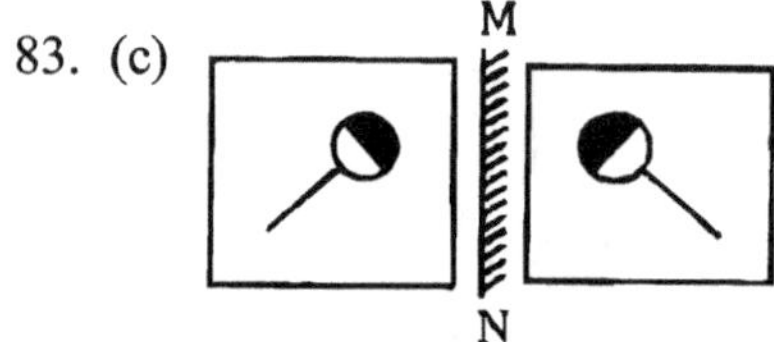

आकृति B प्रश्न आकृति की पूर्ण दर्पण छवि बना रही है।

85. (d) विभज्योतक ऊतक कोशिका विभाजन में सक्षम है। ऊतकों का अध्ययन हिसटोलॉजी कहलाता है। ऊतक के कोशिकाओं की विभाजन क्षमता के आधार पर पादप दो प्रकार के होते हैं–
(I) विभाज्योतिकी ऊतक और (II) स्थायी ऊतक विभाज्योतिकी ऊतक ऐसी सेलों का समूह होता है, जिसमें बार-बार सूत्री विभाजन करने की क्षमता होती है।

86. (c) दोनों ही धारणाएं कथन से संबंधित हैं, अतः दोनों धारणाएं I और II अंतर्निहित हैं।

87. (d) $\frac{(5)^{0.25} \times (125)^{0.25}}{(256)^{0.10} \times (256)^{0.15}}$

$= \frac{(5)^{0.25} \times (5)^{3 \times 0.25}}{(256)^{0.10+0.15}} = \frac{(5)^{0.25+0.75}}{(256)^{0.25}}$

$= \frac{5^1}{(4)^{4 \times 0.25}} = \frac{5^1}{4^1} = \frac{5}{4}$

88. (a)

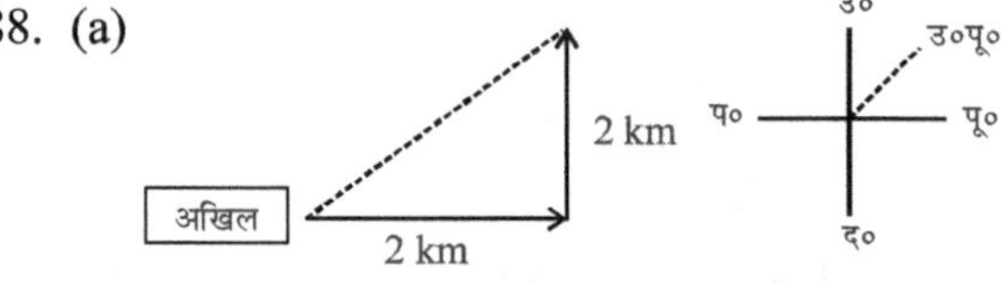

अखिल अपने प्रारंभिक स्थिति से उत्तर-पूर्व दिशा में है।

89. (b) कीटोन-प्रोपेनोन में कार्यात्मक समूह है। कीटोन कार्बनिक योगिक है। कीटोन का अभिक्रिया शील समूह = 0
कार्बोक्सिलिक अम्ल का अभिक्रिया शील समूह – COOH है। ऐल्डिहाइड कार्बनिक यौगिक का अभिक्रियाशील समूह – CHO है। अल्कोहॉल एक सजातीय श्रेणी की रचना करते हैं।

90. (d) 2 दिन बाद RBC की अभीष्ट संख्या

$= 54000\left(1 + \frac{5}{100}\right)^2$

$= 54000 \times \frac{21}{20} \times \frac{21}{20} = 59535$

91. (c) $\frac{3}{-4} > \frac{-5}{6} \left[\frac{3}{4} \times \frac{5}{6}, \; -18 > -20\right]$

92. (c) मरुस्थलीय पौधों में उपचर्म (एपिडर्मिस) एक मोटी कोमल बाहरी परत होती है, जिसे कटिन कहते हैं। दृढ़ ऊतक जीवद्रव्य नहीं होता है एवं इसकी भित्ति लिग्निन के जमाव के कारण मोटी हो जाती है। मृदुलक की कोशिका-भित्ति पतली एवं सैल्युलोज की बनी होती है।

93. (c) वर्ष 3 में दुकान C की बिक्री अन्य दो वर्षों की तुलना में कम है।

94. (b) एक प्रतिरोध की लंबाई L उनके अनुप्रस्थ भाग का क्षेत्रफल A और प्रतिरोध R है। एक अन्य प्रतिरोधक, जो उसी पदार्थ से बना है, लम्बाई $\frac{L}{2}$ है, अनुप्रस्थ भाग का क्षेत्रफल 2A है, उसका प्रतिरोध $\frac{R}{4}$ होगा।

प्रतिरोध $(R) = \frac{\text{विभवान्तर}(v)}{\text{धारा } (I)}$

प्रतिरोध का S.I इकाई ओम है।

95. (c) समीकरण $2Cu + O_2 \rightarrow 2CuO$ संयोजन अभिक्रिया का एक उदाहरण है। जिन रासायनिक यौगिक के अणु में वैद्युत संयोजक बंधन या आयनिक बंधन रहता है, उन्हें वैद्युत संयोजक या आयनिक यौगिक कहते हैं

$N_2 + 3H_2 \rightleftharpoons 2NH_3$

98. (a) PQR का प्रतिशत = 25%

अत: PQR द्वारा बनाये गये मोबाईलों की संख्या

$= 1240000 \times \frac{25}{100} = 310000$

99. (a) 12Ω के एक प्रतिरोध में 1.0A की स्थिर विद्युतधारा प्रवाहित होती है। इस प्रतिरोध से एक मिनट में प्रभावित होने वाले आवेश की मात्रा 60 C है।

$\therefore$ $Q = It = 1 \times 60 = 60\ C$

100.(c) माना कि ईट का कुल भार = x

$x \times \frac{7}{16} = \frac{21}{8}$

$x = \frac{21}{8} \times \frac{16}{7} = 6kg$

$\therefore$ अभीष्ट भार $= 6 \times \frac{5}{12} = \frac{5}{2}kg$

RRB ग्रुप D 2018 सॉल्वड पेपर-5

दिनांक : 5 अक्टूबर 2018

1. उस आकृति को चुनो जो दी गयी शृंखला को पूरा करती है।

प्रश्न आकृति :

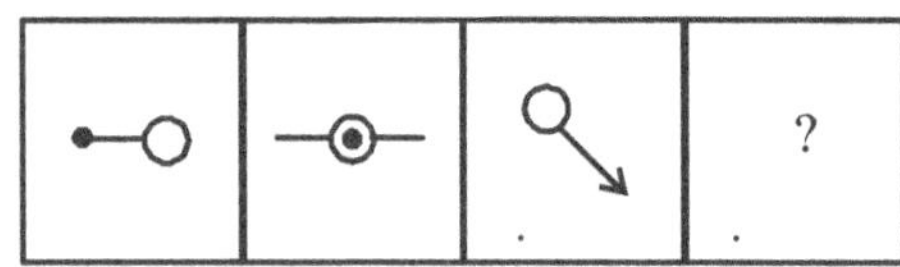

उत्तर आकृति :

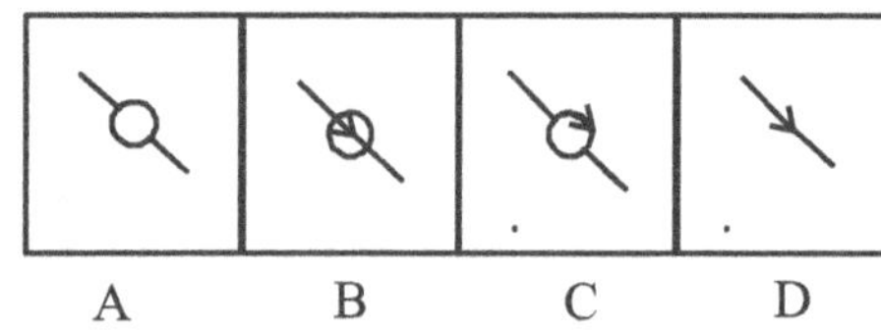

(a) C (b) D
(c) B (d) A

2. 2018 में मॉरीशस में 'विश्व हिंदी सचिवालय' का उद्घाटन किसने किया?
(a) नरेंद्र मोदी (b) रामनाथ कोविंद
(c) राजनाथ सिंह (d) वेंकैया नायडू

3. इनमें से कौन-से हवाई अड्डा का सर्वेक्षण 2017 में पहला दर्जा प्राप्त हुआ था?
(a) त्रिची अंतर्राष्ट्रीय हवाई अड्डा
(b) स्वामी विवेकानंद हवाई अड्डा, रायपुर
(c) छत्रपति शिवाजी अन्तर्राष्ट्रीय हवाई अड्डा, मुंबई
(d) इंदिरा गाँधी हवाई अड्डा, दिल्ली

4. कोयला-प्रेषण प्रक्रिया की निगरानी के लिए केंद्रीय मंत्री पियुष गोयल ने किस ऐप को लॉन्च किया था?
(a) उमंग (b) iCOAL
(c) SEVA (d) रक्षक

5. दिए गए कथन और निष्कर्षों को ध्यान से पढ़ें और यह चयन करें कि कौन-सा निष्कर्ष तार्किक रूप से कथन का पालन करता है?

कथनः
I. सभी ग्लास रेत हैं।
II. सभी रेत पृथ्वी हैं।

निष्कर्षः
1. सभी ग्लास पृथ्वी हैं।
2. कुछ पृथ्वी रेत हैं।

(a) दोनों 1 और 2 का पालन करता है।
(b) केवल निष्कर्ष 1 का पालन करता है।
(c) न तो 1 और न ही 2 का पालन करता है।
(d) केवल निष्कर्ष 2 का पालन करता है।

6. प्रणिता उत्तर दिशा में जाती है, और फिर दायीं मुड़ती है। दुबारा से दायीं मुड़ती है और फिर बायीं मुड़ती है। अब प्रणिता किस दिशा में जा रही है?
(a) उत्तर (b) पश्चिम
(c) पूर्व (d) दक्षिण

7. 40 आदमी, किसी कार्य को 6 दिन में पूरा कर सकते हैं। उसी काम को 36 आदमी कितने दिनों में पूरा कर पाएंगे?
(a) $7\frac{2}{3}$ (b) $6\frac{2}{3}$
(c) $8\frac{3}{4}$ (d) $8\frac{2}{3}$

8. इमरान का जन्म 9 जनवरी 2015 को हुआ, जबकि इरफान का जन्म 549 दिन बाद हुआ। इरफान का जन्म किस तारीख को हुआ?
(a) 11 जुलाई 2016 (b) 12 जुलाई 2016
(c) 9 जुलाई 2016 (d) 10 जुलाई 2016

9. लंदन में 7वें एशियाई पुरस्कारों में 'सोशल एंटरप्रेनर ऑफ द ईयर' पुरस्कार से किसे सम्मानित किया गया था?
(a) निशा दत्त (b) अजय सिंह
(c) रेशेश शाह (d) नितिन कामथ

10. दो नंबरों के बीच का अनुपात 11 : 18 है। यदि दोनों नंबरों में 4 को जोड़ा जाता है, तो उनके बीच का अनुपात 13 : 20 बन जाता है। मूल नंबर _______ है।
(a) 26, 21 (b) 32, 23
(c) 21, 36 (d) 22, 36

11. वेन्नम, ज्योति, सुरेखा, निम्नलिखित में से किस खेल से संबंधित है?
(a) तीरंदाजी (b) टेबल टेन्निस
(c) बास्केट बॉल (d) क्रिकेट

12. कौन-सा अक्षरांकीय सेट दी गयी श्रृंखला का अनुसरण करता है?
S-81, ?, O-49, M-36, K-25
(a) K-40 (b) Q-64
(c) Q-68 (d) V-75

13. लाइकेन प्लांट _______ डिवीजन से संबंधित है।
(a) ब्रायोफाइटा (b) अनावृतबीजी
(c) थैलोफाइटा (d) पीतेरीदोफाइटा

14. एक भिन्न को ज्ञात करें:

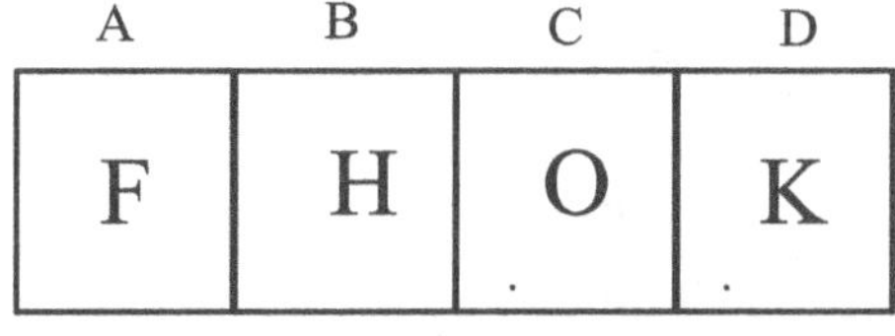

(a) D (b) B
(c) C (d) A

15. जिस प्रकार से दूसरा पद पहले पद के साथ संबंधित है उसी तरह तीसरे पद के साथ संबंधित पद को चुनिए।
कविता : कवि :: ? : पुस्तक
(a) सम्पादक (b) लेखक
(c) लिपिक (d) प्रकाशक

16. 2017 में पहलाज निहलानी का स्थान सेंसर बोर्ड चीफ पर किसने लिया था?
(a) शबाना आजमी (b) प्रसून जोशी
(c) अनुराग बासु (d) जावेद अख्तर

17. आकृति में वृत्तों की संख्या खोजें?

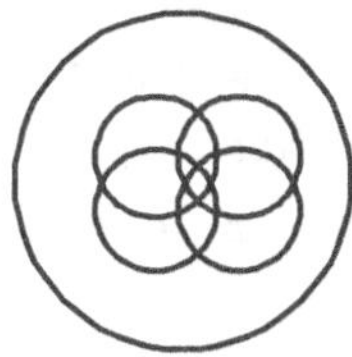

(a) 3 (b) 8
(c) 5 (d) 10

18. एक सामान्य पंचकोण (पेटागन) के प्रत्येक आंतरिक कोण (इंटीरियर एंगल) का माप _______ होता है।
(a) 118° (b) 115°
(c) 108° (d) 120°

19. $500ms^{-1}$ की चाल से यात्रा करने वाली एक तरंग का तरंगदैर्ध्य 20Hz है। समयांतराल _______ होगा।
(a) 4 s (b) 0.04 s
(c) 25 s (d) 0.05 s

20. ऑक्सीजन की अनुपस्थिति में सबस्ट्रेट के पूर्ण विघटन को _______ कहा जाता है।
(a) अनॉक्सीय श्वसन
(b) ऑक्सीश्वसन
(c) संवहनी श्वसन
(d) डिफरंस रेस्पिरेशन

21. 6% साधारण ब्याज प्रति वर्ष पर $3\frac{3}{4}$ वर्षों के अंत पर एक राशि से कुल ₹ 2,940 प्राप्त होती है। निवेश की गई राशि कितनी थी?
(a) ₹ 2,350 (b) ₹ 2,600
(c) ₹ 2,400 (d) ₹ 2,550

22. किसी भिन्न और इसके व्युत्क्रम का योग $2\frac{25}{66}$ है। दोनों संख्याओं में से बड़ी संख्या है:
(a) $1\frac{15}{22}$ (b) $1\frac{5}{11}$
(c) $1\frac{5}{6}$ (d) $1\frac{20}{33}$

23. एक सर्वेक्षण में पाया गया कि 45% कर्मचारी कंपनी ए में काम करते हैं, कंपनी बी में 45% काम करते हैं और दोनों कंपनियों मे 10% काम करते हैं। यदि 20% आबादी काम नहीं करती है, तो कंपनी ए में काम करने वाले कर्मचारियों की कुल संख्या क्या है, यह देखते हुए कि कुल आबादी 400 है?
(a) 144 (b) 140
(c) 160 (d) 133

24. एक कार ₹ 16,000 की खरीदी। इसका मूल्य 10% प्रति वर्ष के हिसाब से कम होता है। 2 साल बाद इसका मूल्य कितना होगा?
(a) ₹ 12,960 (b) ₹ 12,900
(c) ₹ 12,060 (d) ₹ 12,000

25. 2 किलोग्राम की एक पिस्तौल से 150 ms^{-1} वेग के साथ एक ग्राम की एक गोली क्षैतिज रूप से चलाई गयी है। पिस्तौल का प्रतिक्षित वेग कितना है?
(a) $-1.5\ ms^{-1}$ (b) $-1.25\ ms^{-1}$
(c) $-1.87\ ms^{-1}$ (d) $-2.0\ ms^{-1}$

26. मनोहर के पिता की बहन की बेटी का उससे क्या संबंध है?
(a) बुआ (b) माता
(c) दादी (d) चचेरी बहन

27. कैल्शियम ऑक्साइड का आणविक सूत्र ________ है।
(a) Ca_2O (b) Ca_2O_2
(c) CaO (d) CaO_2

28. मनुष्य के आवाज की ध्वनि ________ के द्वारा वोकल चोर्ड से उत्पादित होती है।
(a) गति (b) कम्पन
(c) हलचल (d) स्थानांतरण

29. इनमें से किस भिन्न का परिणाम आवर्ती दशमलव (recurring decimal) नहीं होगा?
(a) $\frac{10}{30}$ (b) $\frac{14}{30}$
(c) $\frac{12}{30}$ (d) $\frac{8}{30}$

30. स्नेहा को 16 परीक्षाओं में औसत 25 अंक मिले। प्रियल को औसत 23 अंक प्राप्त हुए लेकिन उसने केवल 12 परीक्षाओं में भाग लिया। प्रियल को स्नेहा के प्रदर्शन के बराबर पहुंचने के लिए शेष 4 परीक्षाओं में कितने औसत अंक प्राप्त करने होंगे?
(a) 31 (b) 27
(c) 29 (d) 25

31. आज से सत्रह वर्ष बाद चेतना की आयु महिम की आयु की दोगुना होगी। आज से पाँच वर्ष पहले महिम की आयु चेतना की आयु के $\frac{1}{3}$ भाग से एक वर्ष कम थी। चेतना की वर्तमान आयु कितनी है?
(a) 65 वर्ष (b) 63 वर्ष
(c) 61 वष (d) 67 वर्ष

32. गोबी मरूस्थल दो देशों की सीमाओं को अलग करता है। उनमें से एक चीन है। दूसरा देश कौन-सा है?
(a) अफगानिस्तान (b) भारत
(c) संयुक्त राज्य अमरीका (d) मंगोलिया

33. निम्न में से किस युग्म की इकाइयाँ समान नहीं होती हैं?
(a) कार्य और ऊर्जा (b) बल और दाब
(c) दूरी और विस्थापन (d) चाल और वेग

34. दी गयी आकृतियों में से एक भिन्न आकृति ज्ञात करें।

A B C D

(a) D (b) A
(c) C (d) B

35. यदि 15 फरवरी 2019 को गुरुवार था, तो 18 अप्रैल 2019 को कौन-सा दिन होगा?
(a) सोमवार (b) गुरुवार
(c) बुधवार (d) मंगलवार

36. एंजिल जलप्रपात कहाँ स्थित है?
(a) वेनेजुएला
(b) ब्राजील
(c) चीन
(d) संयुक्त राज्य अमरीका

37. निम्न में से कौन-सा/ से कथन सत्य है?
A. कठोरता: यह उच्च दबाव के तहत वॉल्यूम में कमी की अनुमति देने के लिए पदार्थ का गुण है और गैसों द्वारा यह गुण दिखाया जाता है।
B. आकार: यह किसी पदार्थ का गुण है जो आसानी से प्रवाहित होता है और बाहरी बल के तहत यह अपने आकार में परिवर्तन की अनुमति देता है तथा यह गुण तरल पदार्थों और गैसों, दोनों द्वारा प्रदर्शित किया जाता है।
(a) A और B दोनों झूठ हैं
(b) केवल A सच है
(c) केवल B सच है
(d) A और B दोनों सच हैं

38. दिए गए कथनों पर सही होने का विचार करें। भले ही वे सामान्यत: ज्ञात तथ्यों के साथ भिन्नता में दिखते हैं और निर्णय लें कि दिए गए निष्कर्षों में से कौन-से निष्कर्ष तर्कसंगत रूप से कथन का पालन करते हैं।
कथन:
कुछ टमाटर गर्म हैं।
सभी मटर गर्म हैं।

निष्कर्ष:

1. कुछ गर्म मटर हैं।
2. कुछ गर्म टमाटर हैं।

(a) केवल 2 पालन करता है।
(b) या फिर 1 या 2 पालन करता है।
(c) दोनों ही 1 और 2 पालन करते हैं।
(d) केवल 1 पालन करता है।

39. इनमें से किस राज्य के लिए नेशनल मिशन फॉर क्लीन गंगा (NMCG) के ₹ 295.01 करोड़ रुपए के पांच 'नमामि गंगे' कार्यक्रमों की मंजूरी दी गयी?
(a) आंध्रप्रदेश, तेलंगाना और केरला
(b) तमिलनाडु, कर्नाटक और केरला
(c) पश्चिम बंगाल, उत्तर प्रदेश और झारखंड
(d) महाराष्ट्र, बिहार और झारखंड

40. किस भारतीय भूख-विरोधी सक्रिय प्रतिभागी को 2017 में इंग्लैंड में Queen's Young Leaders पुरस्कार से सम्मानित किया गया?
(a) रूचि नाडकर्णी (b) अंकित कवात्रा
(c) मामराज अगरवाल (d) राशी आनंद

41. हृदय मांसपेशियां _______ होती हैं।
(a) तर्कुरूपी, अशाखित और एकल-नाभिक
(b) बेलनाकार, अशाखित और एकल-नाभिक
(c) बेलनाकार, शाखित और एकल-नाभिक
(d) तर्कुरूपी, अशाखित बहु-नाभिक और एकल-नाभिक

42. 64वें राष्ट्रीय फिल्म पुरस्कार 2017 में निम्न में से किसने 'सर्वश्रेष्ठ महिला पार्श्वगायक का पुरस्कार' जीता?
(a) नेहा कक्कड़ (b) इमान चक्रवर्ती
(c) श्रेया घोषाल (d) सुनीधि चौहान

43. आपको एक प्रश्न और दो कथन दिये गये हैं। निर्णय कीजिए कि कौन-से कथन प्रश्न का उत्तर देने के लिए आवश्यक/पर्याप्त हैं।

प्रश्न:

X का Y से क्या संबंध है?

कथन:

1. Y की दो बहनें U और V हैं।
2. X की माँ U के पिता की बहन है।

(a) केवल 2 ही पर्याप्त है जबकि पहला अकेला पर्याप्त नहीं है।
(b) या तो अकेला कथन 1 या अकेला 2 पर्याप्त है।
(c) 1 और 2 दोनों एक-साथ पर्याप्त है।
(d) केवल 1 ही पर्याप्त है जबकि दूसरा अकेला पर्याप्त नहीं है।

44. नीचे दी गई आकृति की दर्पण की छवि का चयन करें:

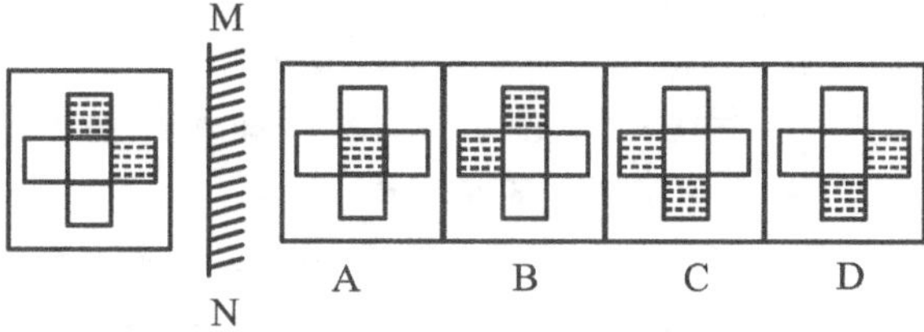

(a) B (b) C
(c) A (d) D

45. निम्न आकृति (X), आकृति a, b, c और d ज्ञात कीजिए जो आकृति (X) के टुकड़ों द्वारा बनायी जा सकती है:

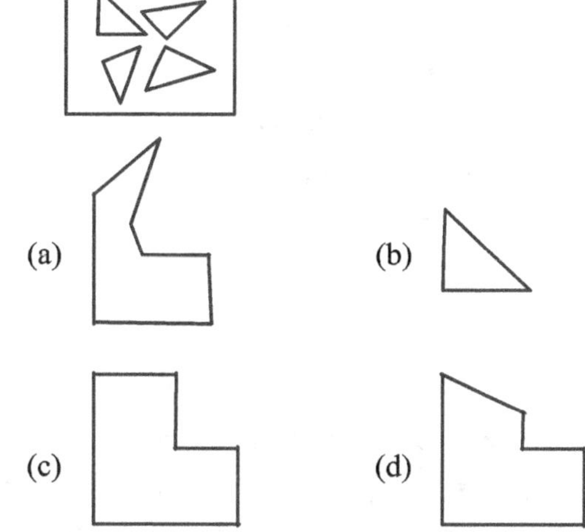

46. $18 \div \frac{1}{8}\{11+16-(10+7-\overline{6+8})\} = ?$
(a) 18 (b) 9
(c) 3 (d) 6

47. विद्युत बल्ब के एक फिलामेंट द्वारा 5 मिनट में 0.8A की धारा खींची जाती है। परिपथ के माध्यम से प्रवाहित होने वाले विद्युत आवेश की मात्रा ज्ञात कीजिए।
(a) 4C (b) 24C
(c) 40C (d) 240C

48. Ohm-m _______ की SI इकाई है।
(a) प्रतिरोधक (b) विद्युत प्रवाह
(c) प्रतिरोधकता (d) आवेश

49. प्रधानाचार्य ने 13 छात्रों को जिनमें 7 लड़के हैं, छात्र परिषद् बनाने के लिए चयन किया है। 5 छात्रों का चयन किया जाना है जिसमें कम से कम 3 लड़के हों। 5 छात्रों को कितने तरीकों से चुना जा सकता है?
(a) 768 (b) 760
(c) 756 (d) 765

50. निम्नलिखित राजाओं में से किसने तंजावुर में बृहदेश्वर मंदिर का निर्माण करवाया था?
(a) अपराजित (b) विजयालय चोल
(c) राजा चोल (d) उत्तम चोल

51. _______ सबसे अधिकतम तन्य धातु है।
(a) Cu (b) Zn
(c) Al (d) Au

52. जब बैरोमीटर की पड़त अचानक घट जाती है, तो यह इंगित करता है कि मौसम _______।
(a) बहुत सुखद जाएगा
(b) बेहद तूफानी जाएगा
(c) बेहद ठंडा हो जाएगा
(d) बहुत गर्म हो जाएगा

53. दो सह-अभाज्य संख्याओं X और Y का लघुत्तम समापवर्तक क्या है?
(a) $\frac{(X.Y)}{2}$ (b) 1
(c) $\frac{X}{Y}$ (d) X . Y

54. इनमें से किस वस्तु के पास गतिज ऊर्जा नहीं होती?
(a) चलती गोली (b) उठा हुआ हथौड़ा
(c) लुढ़कता पत्थर (d) बहती हवा

55. आमोद और प्रमोद अकेले-अकेले काम करते हुए एक दीवार को क्रमशः 40 और 24 दिन में रंग सकते हैं। वे एक साथ काम करना शुरू करते हैं, लेकिन काम पूरा होने से 11 दिन पहले आमोद काम छोड़कर चला जाता है। यह कार्य पूरा करने में कुल कितने दिन लग गए?
(a) 16 (b) 18
(c) 17 (d) 15

56. 2018 में खेल (क्रिकेट) श्रेणी में पद्म भूषण पुरस्कार से किसे नवाजा गया था?
(a) अनिल कुंबले (b) इरफान पठान
(c) MS धोनी (d) सचिन तेंदुलकर

57. इनमें से कौन-सा तत्काल पीपीएफ खाते की सुविधा प्रदान करने के लिए भारत का पहला बैंक बन गया?
(a) एचडीएफसी बैंक
(b) कोटक महिंद्रा बैंक
(c) केवाईबी
(d) आईसीआईसीआई बैंक

58. _______ स्लेक्ड लाइम बनाने के लिए पानी के साथ प्रबलता से प्रतिक्रिया करता है।
(a) $CaCO_3$ (b) $Ca(OH)_2$
(c) CaO (d) $CaCl_2$

59. किसी तत्व का विद्युत विन्यास 2, 8, 5 है, तो इसकी द्रव्यमान संख्या ज्ञात कीजिए।
(a) 8 (b) 2
(c) 15 (d) 5

60. बल (f) 'd' के वर्ग के विपरीत अनुपातक है यदि 'd' में 4 का गुणनखंड को बढ़ा दिया जाता है तो F _______ गुना छोटा हो जाता है।
(a) $\frac{1}{8}$ (b) $\frac{1}{4}$
(c) $\frac{1}{16}$ (d) $\frac{1}{2}$

61. 15, 180 और 24 का लघुत्तम समापवर्तक है:
(a) 360 (b) 6
(c) 3 (d) 540

62. 6 7 4 8 5 8 8 4 8 3 2 5 8 6 7 8 3 8
ऊपर के संख्या क्रम का अध्ययन करें। यदि क्रम के पहले और दूसरे, तीसरे और चौथे ...... पदों को आपस में बदल दिया जाये तो ऐसे कितने 8 हैं जो अपने बाएं और दायें की संख्या से विभाजित नहीं होंगे?
(a) 1 (b) 0
(c) 3 (d) 2

63. नोबेल पुरस्कार जीतने वाले पहले भारतीय कौन थे?
(a) रविन्द्रनाथ टैगोर (b) अमर्त्य सेन
(c) सी वी रमन (d) महात्मा गांधी

64. किस प्रकार के जानवरों को अंडज जानवर कहा जाता है?
(a) नवजात शिशु (b) नवजात
(c) सितारा मछली (d) अंडे देनेवाले

65. उस विकल्प का चयन करें जिसका तीसरे शब्द से वही संबंध है, जैसा कि दूसरा शब्द का पहले से है।
मरम्मत करें : संपादित करें :: संशोधित करें :
(a) झुकना (b) रद्द करें
(c) छोड़ना (d) बदलना

66. निम्न वक्तव्य(यों) व निष्कर्षों को ध्यान से पढ़ें और उन निष्कर्षों का चयन करें, जो वक्तव्य(यों) से तार्किक रूप से प्राप्त होते हैं।

वक्तव्य:

सरकार ने NCERT के वर्तमान पाठ्यक्रम में से 50% कम करने के लिए प्रस्ताव दिया था।

निष्कर्ष:

1. सरकार को विशेषज्ञों की एक समिति का गठन करना चाहिए, जो गुणवत्ता को प्रभावित किए बगैर कम कर सके।
2. पाठ्यक्रम में कमी इस प्रकार की जाए, जिससे सभी छात्र परीक्षा में उत्तीर्ण हों।

(a) दोनों 1 व 2 अनुसरण करते हैं
(b) न तो 1 और न 2 अनुसरण करता है
(c) केवल 2 अनुसरण करता है
(d) केवल 1 अनुसरण करता है

67. 20 N का बल किसी वस्तु पर कार्य कर रहा है। वस्तु बल की दिशा में 4 मीटर के माध्यम से विस्थापित है। तो किया गया कार्य है:
(a) 80 W (b) 80 Pa
(c) 80 N (d) 80 J

68. श्रृंखला का अगला अक्षर ज्ञात कीजिए।
D, E, G, J, ?
(a) S (b) N
(c) Q (d) O

69. आधुनिक पीरियॉडिक टेबल में सिलिकॉन (Z = 14) को _______ और _______ के बीच में रखा गया है।
(a) Al और S (b) Be और C
(c) Be और N (d) Al और P

70. जब इसे बिंदुदार रेखा पर मोड़ दिया जाता है तो कौन-सा पैटर्न पारदर्शी शीट के समान होगा?

A	B	C	D

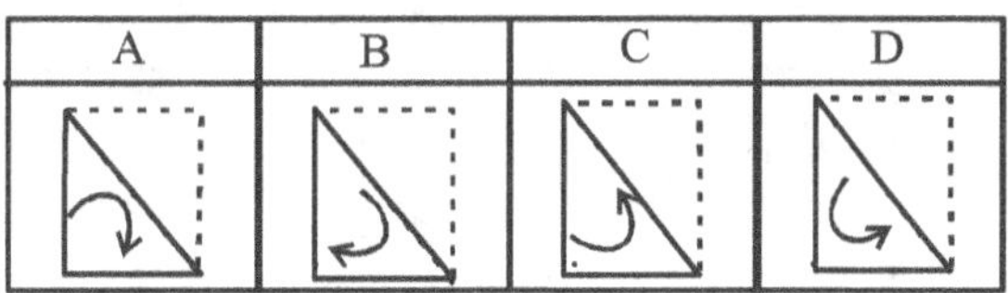

(a) D (b) A
(c) B (d) C

71. दिए गए आंकड़ों को ध्यानपूर्वक पढ़िए और नीचे दिए गए प्रश्नों के उत्तर दीजिये:
L, M, N, O और P पांच मित्र जो एक गोलाकार आकृति में बैठे हैं। N अचानक P की बायीं ओर बैठ गया। L, O और P के बीच में बैठा है। M और L के बीच में कौन बैठा है?
(a) O (b) N
(c) O और N (d) P

72. एक मजदूर भूमि से 15 kg का सामान लेता है और उसे भूमि से 1.0m ऊपर अपने सिर पर रखता है। उसके द्वारा सामान पर किए गए काम की गणना करें।($g = 10ms^{-2}$)
(a) 155 J (b) 150 J
(c) 140 J (d) 100 N

73. नीचे दी गयी आकृति में समांतर चतुर्भुज का क्षेत्रफल क्या है?

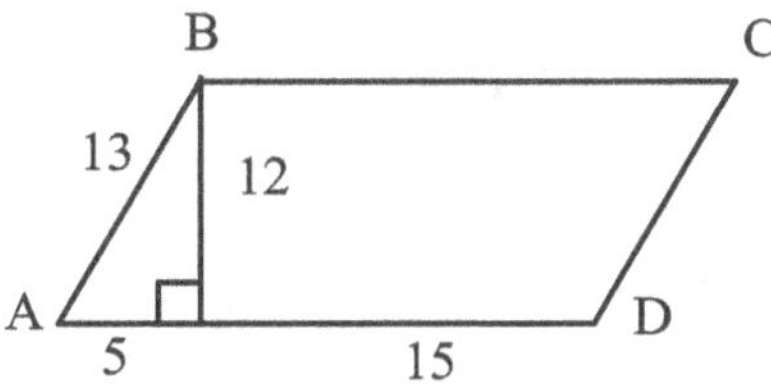

(a) 160 (b) 260
(c) 180 (d) 240

74. 'क्रिकेट माई स्टाइल' पुस्तक किसने लिखी है?
(a) कपिल देव (b) अनिल कुंबले
(c) सुनील गावस्कर (d) रवि शास्त्री

75. निम्नलिखित अनुपातों को घटते क्रम में लगायें। कौन-सी संख्या आखरी होगी?
11 : 14, 17 : 21, 5 : 7, 2 : 3
(a) 17 : 21 (b) 5 : 7
(c) 11 : 14 (d) 2 : 3

76. निम्नलिखित तालिका के आधार पर कौन-से महीनों में उत्पादित पेचों की संख्या प्रत्येक महीने में उत्पादित पेचों की औसत संख्या से ज्यादा थी?

महीना	उत्पादित पेचों की संख्या (हजारों में)
जनवरी	200
फरवरी	300
मार्च	250
अप्रैल	250
मई	230
जून	270

(a) जनवरी और फरवरी (b) फरवरी और जून
(c) केवल जून (d) मई और जून

77. आपको एक प्रश्न और तीन कथन दिए गए हैं। कौन-सा / कौन-से कथन प्रश्नों के उत्तर के लिए जरूरी / पर्याप्त है।

प्रश्नः

आशा की कुल मासिक आय कितनी है?

कथनः

I. आशा की मूल आय उसी के कार्यालय में काम करने वाली माला की आय से ₹100 ज्यादा है।
II. माला की मूल आय ₹1,550 प्रति महीना है।
III. माला ने अपनी आय से अलग अतिरिक्त भत्ता ₹2 000 प्रति महीना निकाला जो आशा की आय से ₹50 कम है।

(a) केवल II पर्याप्त है
(b) केवल I और II पर्याप्त है
(c) सभी I, II और III पर्याप्त है
(d) केवल I पर्याप्त है

78. निम्न समीकरण का मान ज्ञात करें:

$$\frac{(469+144)^2-(469-144)^2}{2(469\times144)}=?$$

(a) –2 (b) 2
(c) 1 (d) –1

79. 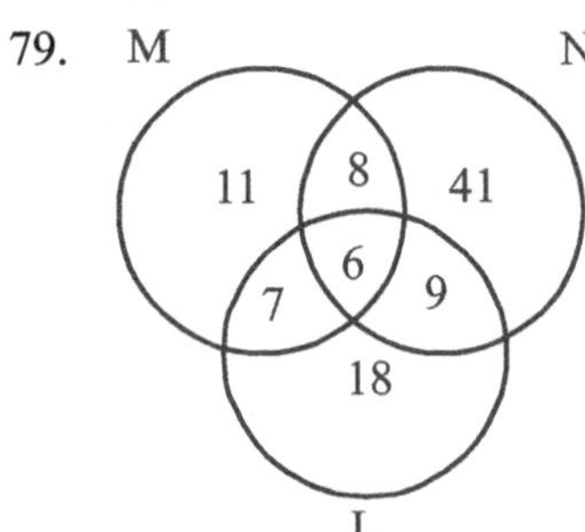

उपरोक्त वेण आलेख विद्यार्थियों द्वारा एक कक्षा में खेले गए तीन खेलों M, N और L को दर्शाता है। कुल विद्यार्थी जिन्होंने केवल एक खेल खेलाः

(a) 70 (b) 71
(c) 72 (d) 75

80. यहाँ एक प्रश्न के बाद दो तर्क दिए गए हैं। निर्णय लें कि इनमें से कौन प्रश्न के साथ तर्कसंगत हैं।

प्रश्नः

सब्जियों के थोक बाजार में होनेवाला अस्त-व्यस्तता से बचने का कोई तरीका है?

तर्कः

I. हाँ, लोगों को शिष्ट होना चाहिए और एक दूसरे को रास्ता देकर मदद करनी चाहिए।
II. नहीं, परम्परागत बाजार की सड़कें तंग हैं और उन्हें प्रतिदिन साफ रखना मुश्किल है। साथ ही प्रत्येक दिन आवाजाही बढ़ती जा रही है।

(a) I और II दोनों ही तर्कसंगत हैं।
(b) केवल I तर्कसंगत है।
(c) केवल II तर्कसंगत है।
(d) ना तो I और ना ही II तर्कसंगत है।

81. उस बैंक का नाम क्या है, जो वर्तमान में रणवीर सिंह का उपयोग अपने सेलिब्रिटी एंडोसर के रूप में '811' के रूप में नामित बैंक खाता खोलने के लिए कर रहा है।

(a) कोटेक महिंद्रा बैंक
(b) इंडियन बैंक
(c) आईसीआईसीआई बैंक
(d) भारतीय स्टेट बैंक

82. पृथ्वी पर किसी वस्तु का भार 60 N है। चंद्रमा पर इसका भार क्या होगा?

(a) 10 N (b) 60 kg
(c) 60 N (d) 10 kg

83. निम्नलिखित में से कार्बन के कौन-से मिश्रण का द्रव बनने और उबलने का तापमान सर्वाधिक है?

(a) क्लोरोफॉर्म (b) मीथेन
(c) इथानोल (d) एसिटिक एसिड

84. एक विभाजक का पुनर्गठन $\frac{1}{(5+3\sqrt{2})}=?$ है।

(a) $\frac{5-3\sqrt{2}}{12}$ (b) $\frac{5+2\sqrt{3}}{13}$
(c) $\frac{(5-2\sqrt{3})}{12}$ (d) $\frac{(5-3\sqrt{2})}{7}$

85. 18 अक्तूबर 2003 को शनिवार था। 18 अक्तूबर 2005 को कौन-सा दिन होगा?
(a) मंगलवार (b) सोमवार
(c) रविवार (d) शुक्रवार

86. एक मेंडेलियन परीक्षण में, बैंगनी फूलों की लंबी मटर के पौधों और सफेद फूलों की छोटी फूलों का प्रयोग प्रजनन हेतु किया गया। इनकी संतति के सभी फूलों का रंग बैंगनी था परंतु लगभग आधे पौधों का कद छोटा था। इससे यह पता चलता है की लंबे पौधे की आनुवंशिक रचना निम्नलिखित रूप में दर्शाई जा सकती है:
(a) TtWW (b) TTww
(c) TTWW (d) TtWw

87. एक टंकी में पानी भरने वाली दो पाइपों में से एक पाइप दूसरी से 1.5 गुना अधिक कुशलता से कार्य करती है। यदि ये दोनों पाइपें एक पानी निकालने वाली ऐसी पाइप के साथ कार्य करती हैं जो अकेली 12 घंटों में टंकी को खाली कर सकती है तो खाली टंकी को 28 घंटों में भरा जा सकता है। कम कुशल पाइप को अकेले खाली टंकी भरने में कितना समय लगेगा?
(a) 18 (b) 15
(c) 21 (d) 24

88. $110 \div [53 - \{4^3 - (37 - 136 \div \overline{17 \times 2})\}] = ?$
(a) 11 (b) 10
(c) 5 (d) 22

89. दिए गए वक्तव्य(यों) पर विचार करें और तय करें कि दी गई धारणा(ओं) में से कौन-सी वक्तव्य के साथ निर्विवाद है।

वक्तव्य:

यह डिटरजेंटस अन्य डिटरजेंटस की तुलना में बेहतर साफ करता है।

धारणाएँ:

I. बाजार में अन्य डिटरजेंटस हैं।

II. अन्य कोई डिटरजेंटस नहीं है, जो बेहतर साफ करता है।

(a) केवल अवधारणा I अंतर्निहित है।
(b) न I और न II अंतर्निहित है।
(c) दोनों I और II अंतर्निहित हैं।
(d) केवल अवधारणा II अंतर्निहित है।

90. 40 km/hr पर एक वाहन द्वारा अपनी यात्रा 7 घंटों में पूरी की जा सकती है। यदि उसी दूरी को 5 घंटों में पूरा करना हो, तो वाहन की गति क्या होनी चाहिए?
(a) 56 km/hr (b) 50 km/hr
(c) 60 km/hr (d) 46 km/hr

91. घाघरा का युद्ध वर्ष _______ में लड़ा गया था।
(a) 1523 (b) 1529
(c) 1525 (d) 1526

92. इनमें से अलग का चयन करें:

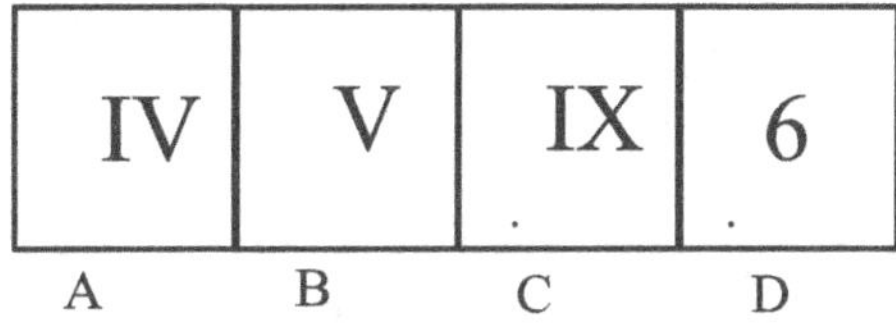

(a) B (b) C
(c) D (d) A

93. निम्नलिखित में से भारत के बारे में सही कथन का चयन करें।
(a) भारत एक ईश्वरीय देश है।
(b) भारत एक धर्मनिरपेक्ष देश है।
(c) न्याय केवल देश में रहने वाले भारतियों को दिया जाता है।
(d) भारत में एक निश्चित राज्य धर्म है।

94. निम्न पाई चार्ट का अध्ययन कीजिए और उन उत्तरों का चुनाव कीजिए जो प्रश्नों का अनुसरण करते हैं। दिया गया पाई चार्ट एक मोबाइल कंपनी की विभिन्न राज्यों में हुए बिक्री की जानकारी को दर्शाता है।

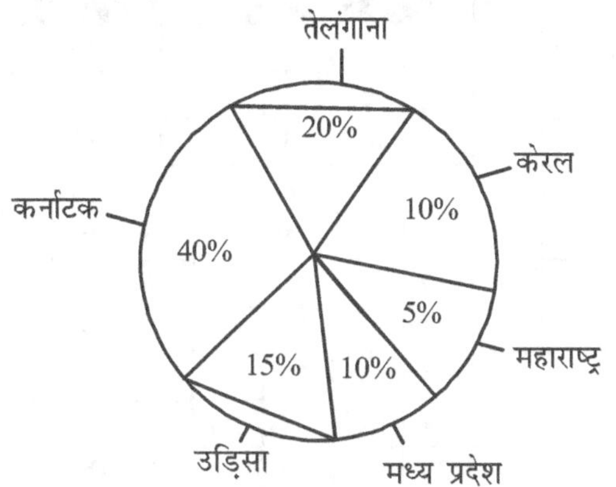

यदि मोबाइल फोनों की कुल 120 million इकाइयाँ बेची गयीं, तो कर्नाटक क्षेत्र में कुल कितनी इकाइयाँ बेची गयीं (in millions)

(a) 12 (b) 48
(c) 56 (d) 24

95. कीर्थाना ने नवीन की ओर संकेत करते हुए कहा "वह मेरी माँ की माँ का अकेला बेटा है" नवीन कीर्थाना से किस प्रकार संबंधित है?

(a) भाई (b) चचेरा/ममेरा भाई
(c) पिता (d) मामा

96.

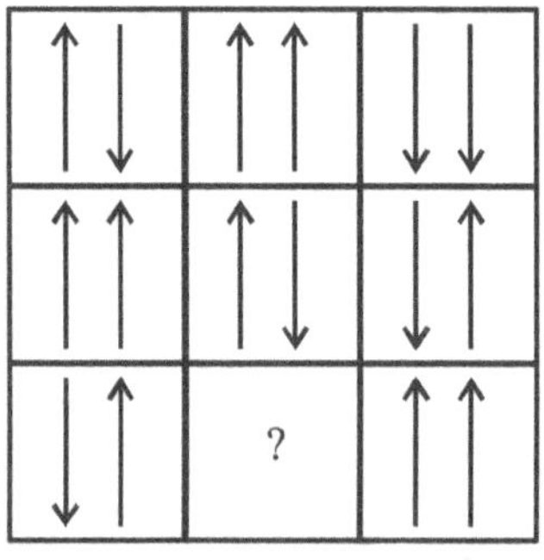

दिए गए विकल्पों में से वह आकृति चुनिए जो प्रश्न चिह्न की जगह रखी जा सकती है:

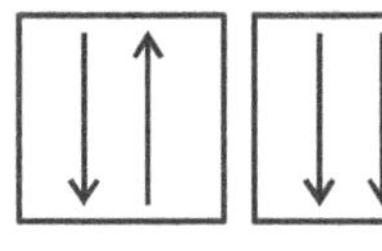
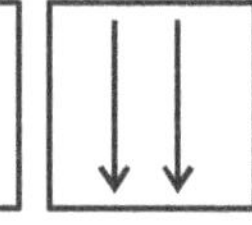
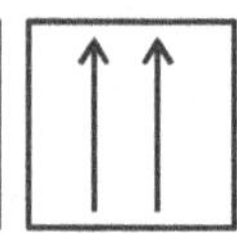
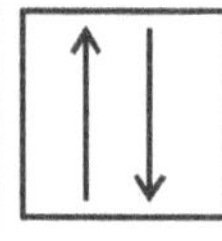

(A) (B) (C) (D)

(a) D (b) C
(c) B (d) A

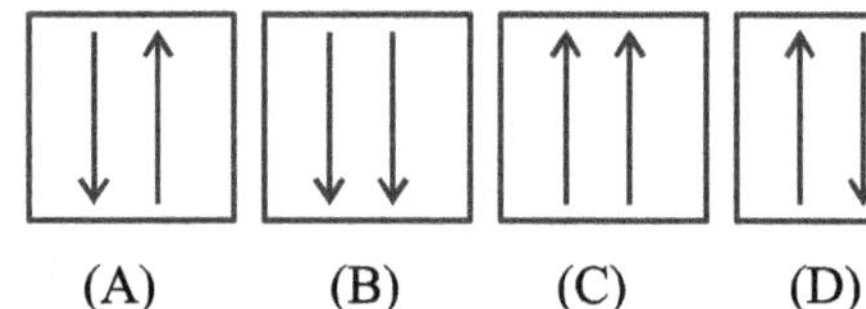

97. हवा के दबाव को आप क्या कहेंगे?

(a) तापमान (b) घनीकरण
(c) वायुमंडलीय दबाव (d) वाष्पीकरण

98. नीचे प्रत्येक प्रश्न के विवरण के आगे I एवं II दो धारणाएं दी गई हैं। आपको विवरण एवं उसका अनुसरण करने वाली धारणाओं पर विचार करते हुए यह निर्णय लेना है कि इनमें से कौन-सी धारणा विवरण में अंतर्निहित है।

विवरण:

"यह स्थल छुट्टियाँ मनाने के लिए सबसे अच्छा है।" अनीता ने अपने पति राम से कहा।

धारणाएं:

I. छुट्टी बीताने का स्थल शीतल और खुशगवार होना चाहिए।

II. राम अनीता का पति है।

(a) केवल धारणा I अंतर्निहित है।
(b) केवल धारणा II अंतर्निहित है।
(c) दोनों I एवं II अंतर्निहित हैं।
(d) न तो I न ही II अंतर्निहित हैं।

99. यदि $a = 1$ है, तो $15a^3 - (3a^3 - 1) - (4a^4 + a^3 - 3) + (a^3 - 1)$ का मान कितना होगा?

(a) 11 (b) 10
(c) 1 (d) 17

100. वनस्पति ऊतक का ________ परिपक्वता पर जीवित प्रोटोप्लाज्म धारण नहीं करता।

(a) दृढ़ ऊतक (b) स्थूल ऊतक
(c) श्वासनलिका (d) पृष्ठभागीय ऊतक

उत्तरमाला																			
1	(c)	11	(a)	21	(c)	31	(a)	41	(c)	51	(d)	61	(a)	71	(a)	81	(a)	91	(b)
2	(b)	12	(b)	22	(c)	32	(d)	42	(b)	52	(b)	62	(*)	72	(b)	82	(a)	92	(c)
3	(b)	13	(c)	23	(a)	33	(b)	43	(c)	53	(d)	63	(a)	73	(d)	83	(d)	93	(b)
4	(c)	14	(c)	24	(a)	34	(c)	44	(a)	54	(b)	64	(d)	74	(a)	84	(d)	94	(b)
5	(a)	15	(b)	25	(c)	35	(b)	45	(b)	55	(c)	65	(d)	75	(d)	85	(a)	95	(d)
6	(c)	16	(b)	26	(d)	36	(a)	46	(d)	56	(c)	66	(d)	76	(b)	86	(a)	96	(c)
7	(b)	17	(c)	27	(c)	37	(a)	47	(d)	57	(d)	67	(d)	77	(c)	87	(c)	97	(c)
8	(a)	18	(c)	28	(b)	38	(c)	48	(c)	58	(c)	68	(b)	78	(b)	88	(c)	98	(b)
9	(a)	19	(d)	29	(c)	39	(c)	49	(c)	59	(c)	69	(d)	79	(a)	89	(c)	99	(a)
10	(d)	20	(a)	30	(a)	40	(b)	50	(c)	60	(c)	70	(a)	80	(b)	90	(a)	100	(a)

संकेत एवं हल

1. (c) सही विकल्प (c) है।
2. (b) राष्ट्रपति रामनाथ कोविंद ने अपने मॉरिशस दौरे के दौरान पोर्ट लुई में विश्व हिंदी सचिवालय इमारत का उद्घाटन किया। यह सचिवालय पोर्ट लुई के मोका गाँव में स्थित है। इस सचिवालय की नींव प्रधानमंत्री नरेंद्र मोदी ने 2015 में रखी थी।
5. (a) दोनों कथन (1) और (2) का पालन करते हैं।
6. (c) प्रणिता पूर्व दिशा में जा रही है।

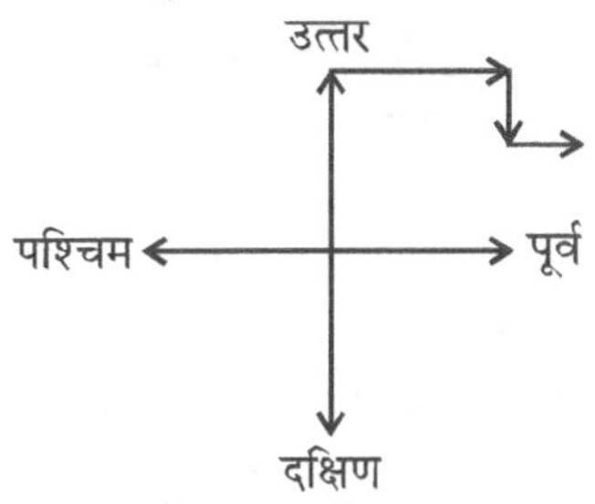

7. (b) 40 आदमी $\rightarrow$ 6 दिन

1 आदमी $\rightarrow 40 \times 6$ दिन

36 आदमी $\rightarrow \frac{40 \times 6}{36} = 6\frac{2}{3}$ दिन

8. (a) 9 जनवरी 2015 + 365 दिन = 9 जनवरी 2016

(549 – 365) दिन = 184 दिन

जनवरी (22) + फरवरी (29) + मार्च (31) + ... जून (30)

= 173 दिन = (184 – 173) = 11

$\Rightarrow$ 11 जुलाई 2016

10. (d) $\frac{11x+4}{18x+4} = \frac{13}{20}$

$\Rightarrow 220x + 80 = 234x + 52$

$\Rightarrow 14x = 28$

$\Rightarrow x = 2$, मूल नंबर = 22, 36

12. (b) $81 \rightarrow 9^2, \ldots\ldots, 49 \rightarrow 7^2, 36 \rightarrow 6^2, 25 \rightarrow 5^2$

अतः छूटी संख्या $\rightarrow 8^2 \rightarrow 64$

13. (c) लाइकेन प्लांट थैलोफाइटा प्रकार की वनस्पति है जो कवक और शैवाल दोनों से मिलकर बनती है। लाइकेन निम्न श्रेणी की ऐसी छोटी वनस्पतियों का समूह होता है जो किसी दूसरे आधार पर उगे हुए पाए जाते हैं।
14. (c) आकृति A, B, D सीधी रेखाओं से बनी हुई है।
17. (c) वृत्तों की संख्या = 5

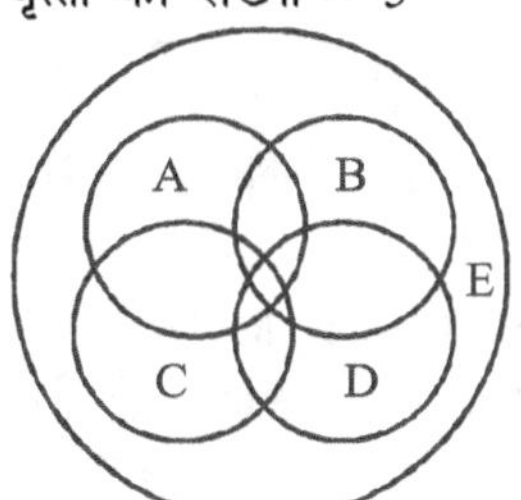

18. (c) पंचकोण का आंतरिक माप

$$= \frac{(n-2)\times 180}{n} = \frac{3 \times 180}{5} = 108$$

20. (a) ऑक्सीजन की अनुपस्थिति में सबस्ट्रेट के पूर्ण विघटन को अनॉक्सीय श्वसन कहा जाता है। इसमें ऑक्सीजन की आवश्यकता नहीं पड़ती है। इस क्रिया में भोजन का अपूर्ण ऑक्सीकरण होता है।
21. (c) $2940 - P = \frac{P \times 6 \times 15}{4 \times 100}$

$\Rightarrow 2940 - P = \frac{9P}{40}$

$\Rightarrow 2940 = \frac{49P}{40}$

$\Rightarrow P = 2400$

22. (c) $x + \frac{1}{x} = 2\frac{25}{66}$

$\Rightarrow \frac{x^2+1}{x} = \frac{157}{66}$

$\Rightarrow 66x^2 + 66 = 157x$

$\Rightarrow 66x^2 - 157x + 66 = 0$

$\Rightarrow 66x^2 - 121x - 36x + 66 = 0$

$\Rightarrow 11x(6x - 11) - 6(6x - 11) = 0$

$\Rightarrow \quad (11x-6)(6x-11)=0$

$\Rightarrow \quad x=\frac{6}{11}$ या $\frac{11}{6}=1\frac{5}{6}$

23. (a) 400 का 20% = 80

कुल कामगार = 320

320 का 45% $= \frac{45\times 320}{100} = 144$

24. (a) घटित मूल्य $= 16000\left(1-\frac{10}{100}\right)^2$

$= 16000 \times \frac{9}{10}\times\frac{9}{10} =$ ₹ 12960

26. (d) पिता की बहन → बुआ → बुआ की बेटी → चचेरी बहन

28. (b) मनुष्य के आवाज की ध्वनि कम्पन के द्वारा वोकल चोई से उत्पादित होती है। वोकल चोर्ड (स्वरग्रंथि) मनुष्यों एवं स्तनधारियों में स्थित एक ग्रंथि होती है जिसके माध्यम से ही बोल पाते हैं।

29. (c) दिए गए भिन्न में $\frac{12}{30}$ का अंश 3 से विभाजित है।

$\frac{12}{30} = \frac{4}{10} = 0.4$

30. (a) स्नेहा का कुल अंक → 16 × 25 = 400

प्रियल का कुल अंक → 23 × 12 = 276

आवश्यक औसत $= \frac{400-276}{4} = \frac{124}{4} = 31$

31. (a) माना चेतना की वर्तमान आयु x वर्ष है।

$(x+17) = 2$ (महिम की आयु + 17)

महिम की आयु $= \frac{x+17}{2} - 17$

$\frac{x+17}{2} - 17 - 5 = \frac{(x-5)}{3} - 1$

$\Rightarrow \quad \frac{x+17}{2} - \left(\frac{x-5}{3}\right) = 21$

$\Rightarrow \quad x = 65$ वर्ष

32. (d) गोबी मरूस्थल, चीन तथा मंगोलिया में फैला शीत मरूस्थल है। इसका अधिकांश भाग मंगोलिया में स्थित है। यह मरूस्थल पश्चिम में पामीर की पूर्वी पहाड़ियों से पूर्व में खिंगन पर्वतमाला तथा उत्तर में अल्ताई व दक्षिण में नानशान पहाड़ियों से घिरा है।

35. (b) 15 फरवरी 2019 → शुक्रवार

1 मार्च 2019 → शुक्रवार

1 अप्रैल 2019 → सोमवार

18 अप्रैल → गुरुवार

36. (a) दुनिया का सबसे ऊँचा जलप्रपात एंजिल जलप्रपात दक्षिण अमेरिकी देश वेनेजुएला में कैरोनी नदी पर स्थित है। इसकी ऊँचाई लगभग 979 मीटर है।

38. (c)

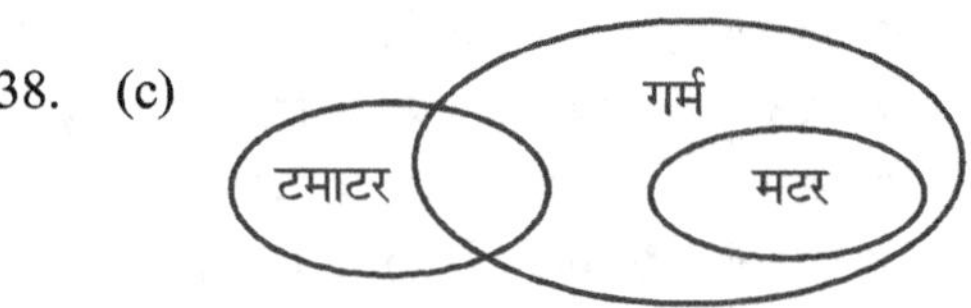

39. (c) नेशनल मिशन फॉर क्लीन गंगा (NMCG), राष्ट्रीय गंगा नदी घाटी प्राधिकरण का क्रियान्वयन स्कंध है। इसके तहत जनवरी 2018 में तीन राज्यों पश्चिम बंगाल, उत्तर प्रदेश और झारखंड को 295.01 करोड़ रुपये की राशि आवंटित की गई है।

41. (c) हृदय एक पेशीय अंग है, जो सभी कशेरुकी जीवों में आवृत तालबद्ध संकुचन के द्वारा रक्त का प्रवाह शरीर के सभी भागों में करता है। हृदय माँसपेशियाँ बेलनाकार, शाखित और एकल नाभिक होती है।

43. (c)

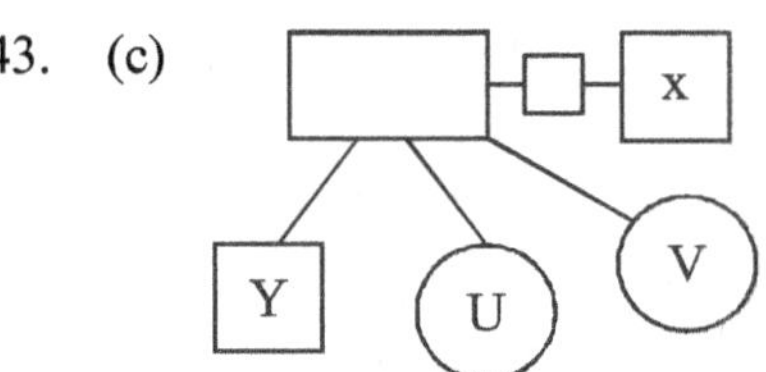

46. (d) $18 \div \frac{1}{8}\{27-(17-14)\}$

$= 18 \div \frac{1}{8}(24) = 6$

49. (c) ${}^4C_3 \times {}^6C_2 + {}^7C_4 \times {}^6C_1 + {}^7C_5 = 756$

50. (c) तंजावुर में स्थित बृहदेश्वर मंदिर चोल वास्तुकला का सबसे सुंदर उदाहरण है। इसका निर्माण चोल शासक राजा राज चोल के शासनकाल में हुआ था। यह मंदिर भगवान शिव को समर्पित है।

52. (b) बैरोमीटर एक ऐसा यंत्र है जिसकी सहायता से वायुदाब का मापन किया जाता है। यानी वायुमंडलीय दाब के मापन में इसका प्रयोग किया जाता है। जब बैरोमीटर में पारा अचानक नीचे आता है तो तूफानी मौसम का संकेत इंगित करता है।

53. (d) दो सह–अभाज्य संख्याओं का ल.स. = संख्याओं का गुणनफल $= X.Y$

55. (c) आमोद और प्रमोद का एक दिन का काम

$$= \frac{1}{40} + \frac{1}{24} = \frac{3+5}{120} = \frac{8}{120} = \frac{1}{15}$$

आमोद और प्रामोद का 11 दिन का काम $= \frac{11}{15}$

बचा हुआ काम $= 1 - \frac{11}{15} = \frac{4}{15}$

प्रमोद बचा हुआ काम $\frac{4}{15} \times 24 \simeq 6$ दिन में करेगा

∴ कुल दिन = 11 + 6 = 17

61. (a)

3	15 – 180 – 24
4	5 – 60 – 8
5	5 – 15 – 2
	1 – 3 – 2

ल.स. = 3 × 4 × 5 × 3 × 2 = 360

63. (a) नोबेल पुरस्कार जीतने वाले पहले भारतीय रविंद्रनाथ टैगोर थे। गुरुदेव के नाम से मशहूर ये एक कवि, कहानीकार, गीतकार, संगीतकार, नाटककार, निबंधकार और चित्रकार थे। इनके कविता संग्रह गीतांजलि के लिए इन्हें वर्ष 1913 में साहित्य का नोबेल पुरस्कार दिया गया था।

68. (b) $D \xrightarrow{+1} E \xrightarrow{+2} G \xrightarrow{+3} J \xrightarrow{+4} N$

70. (a) सही विकल्प D आकृति है।

71. (a)

M

N O

P L

73. (d) क्षेत्रफल $= b \times h$

$= (5 + 15) \times 12 = 20 \times 12 = 240$

75. (d) 14, 21, 7, 3, का ल.स. = 42

$$\frac{11}{14} = \frac{11 \times 3}{14 \times 3} = \frac{33}{42}, \frac{17}{21} = \frac{34}{42}, \frac{5}{7}$$

$$= \frac{30}{42}, \frac{2}{3} = \frac{28}{42}$$

$$\frac{34}{42} > \frac{33}{42} > \frac{30}{42} > \frac{28}{42}$$

$$\Rightarrow \frac{17}{21} > \frac{11}{14} > \frac{5}{7} > \frac{2}{3}$$

76. (b) औसत संख्या

$$= \frac{200 + 300 + 250 + 250 + 230 + 270}{6}$$

$$= \frac{1500}{6} = 250$$

फरवरी तथा जून में संख्या औसत से अधिक थी।

77. (c) आशा की मूल आय = 1550 + 100 = 1650

मासिक आय = 1650 + 2050 = 3700

अत: I, II, III तीनों पर्याप्त है।

78. (b) $\frac{(469+144+469-144)(469+144-469+144)}{2(469 \times 144)}$

$[\because a^2 - b^2 = (a+b)(a-b)]$

$$= \frac{2(469)2(144)}{2(469 \times 144)} = 2$$

79. (a) कुल विद्यार्थी जिन्होंने केवल एक खेल खेला

= 11 + 41 + 18 = 70

84. (d) $\frac{1}{5+3\sqrt{2}} \times \frac{5-3\sqrt{2}}{5-3\sqrt{2}}$

$$= \frac{5-3\sqrt{2}}{25-18} = \frac{5-3\sqrt{2}}{7}$$

85. (a) 18 अक्तूबर 2004 → सोमवार

[2004 लीप वर्ष है]

18 अक्तूबर 2005 → मंगलवार

87. (c) माना एक पाइप x घंटे मे टंकी भरती है।

दूसरी पाइप $= \frac{x}{1.5} = \frac{2x}{3}$ में भरेगी।

$$\frac{1}{x} + \frac{3}{2x} - \frac{1}{12} = \frac{1}{28}$$

$$\Rightarrow \frac{12+18-x}{12x} = \frac{1}{28}$$

$$\Rightarrow \frac{30-x}{12x} = \frac{1}{28}$$

$$\Rightarrow x = \frac{30 \times 28}{40} = 21$$

88. (c) $110 \div \left[53 - \left\{64 - \left(37 - \frac{136}{34}\right)\right\}\right]$

$= 110 \div [53 - (64 - 33)]$

$= 110 \div 22 = 5$

90. (a) दूरी $= 40 \times 7$

गति $= \frac{40 \times 7}{5}$

$= 56$ km/hr

91. (b) बिहार में घाघरा नदी के किनारे घाघरा का युद्ध मुगल बादशाह बाबर और अफगानों के मध्य वर्ष 1529 ई. में लड़ा गया था। इस युद्ध में अफगानों की हार हुई।

92. (c) A, B और C रोमन संख्याएँ हैं।

93. (b) भारत में 'सर्वधर्म समन्वय' और वैचारिक एवं दार्शनिक स्वतंत्रता सदियों से चली आ रही है। भारत की स्वतंत्रता के पश्चात् जब भारतीय संविधान लिखा गया तब भारतीय संविधान में भारत को एक धर्मनिरपेक्ष राज्य घोषित किया गया। धर्मनिरपेक्ष का अर्थ होता है कि व्यक्ति किसी भी धर्म को मान सकता है।

94. (b) 120 का 40% = 48

95. (d) मां की मां का बेटा → मामा

96. (c) पहले चरण में दाहिने ओर की तीर अपनी दिशा बदल रही है तथा दूसरे चरण में दोनों तीर अपनी विपरित दिशा में बदल जाती है।

99. (a) $15(1)^3 - (3.1 - 1) - (4 + 1 - 3) + (1 - 1)$

$= 15 - 2 - (2) + 0 = 15 - 4 = 11$

RRB ग्रुप D 2018 सॉल्वड पेपर-6

दिनांक : 22 सितंबर 2018, शिफ्ट-1

1. 100 वर्षों की अवधि में कितने लीप वर्ष होते हैं?
   (a) 22 (b) 25
   (c) 24 (d) 23

2. निम्नलिखित कथन के साथ बिंदु I व II के दो के रूप में अंकित दो धारणाएं दी गयी हैं। कथन और धारणाओं पर विचार करें और निर्णय लें कि कौन-सी धारणाएं कथन में अंतर्निहित हैं?
   कथन : एक माँ ने अपनी बेटी को बताया, 'जंक फूड पर टूट पड़ना मोटापे के कारणों में से एक है।''
   धारणाएं :
   I. जंक फूड से मोटापा होता है।
   II. रीता और गीता माँ और बेटी है।
   (a) केवल धारणा I अंतर्निहित है।
   (b) दोनों ही धारणा I और II अंतर्निहित हैं।
   (c) केवल धारणा II अंतर्निहित है।
   (d) दोनों ही धारणा I और II अंतर्निहित हैं।

3. निम्न में से विषम चुनें।

A	B	C	D
W23	I10	L12	Q17

   (a) C (b) B
   (c) A (d) 4

4. दिए गए प्रश्न को पढ़ें और निर्णय करें कि निम्नलिखित में से कौन-सा कथन प्रश्न का उत्तर देने के लिए पर्याप्त है?
   प्रश्न : त्रिभुज ABC का क्षेत्रफल क्या है?
   जानकारी :
   I. 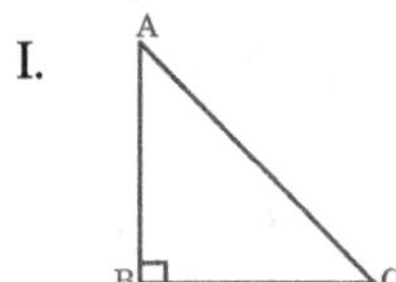

   II. AB = 12 cm; BC = 12 cm
   (a) केवल II पर्याप्त है।
   (b) या तो I अथवा II पर्याप्त है।
   (c) केवल I पर्याप्त है।
   (d) दोनों ही I और II पर्याप्त हैं।

5. दिए गए कथनों पर विचार करें और निर्णय लें कि निम्नलिखित अवधारणाओं में से कौन-सी निम्न कथन में अंतर्निहित है।
   कथन : प्रधानाध्यापिका ने शुल्क संरचना पर चर्चा करने के लिए सभी अभिभावकों और शिक्षण कर्मचारियों की एक बैठक बुलाई है।
   अवधारणा :
   I. शुल्क संरचना का पुनर्निर्माण करने की योजना है।
   II. सामान्य सहमति तक पहुँचने के लिए बैठक बुलायी गयी थी।
   (a) I और II दोनों ही अंतर्निहित हैं।
   (b) न तो I और न ही II अंतर्निहित हैं।
   (c) केवल II अंतर्निहित है।
   (d) केवल I अंतर्निहित है।

6. ₹31,250 पर 8% वार्षिक दर से $2\frac{3}{4}$ वर्षों का चक्रवृद्धि ब्याज कितना होगा?
   (a) ₹7300 (b) ₹7800
   (c) ₹7337 (d) ₹7387

7. रघुवीर द्वारा 12 टेस्टों में प्राप्त अंकों का औसत 25 है। रूमेला का अब तक का औसत 23 अंक है, लेकिन उसने केवल 8 टेस्ट में भाग लिया है। रूमेला को रघुवीर के औसत के बराबर जाने के लिए शेष 4 टेस्ट में कितना औसत अर्जित करना होगा?
   (a) 27 (b) 29
   (c) 26 (d) 28

8. जब MN रेखा पर दर्पण रखा जाता है, तो निम्न आकृति का दर्पण प्रतिबिम्ब चुनें।
   प्रश्न आकृति :
   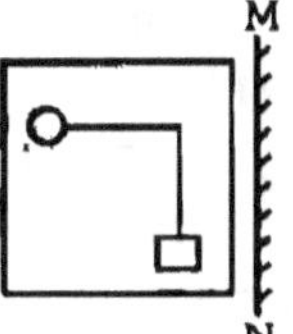

उत्तर आकृतियाँ :

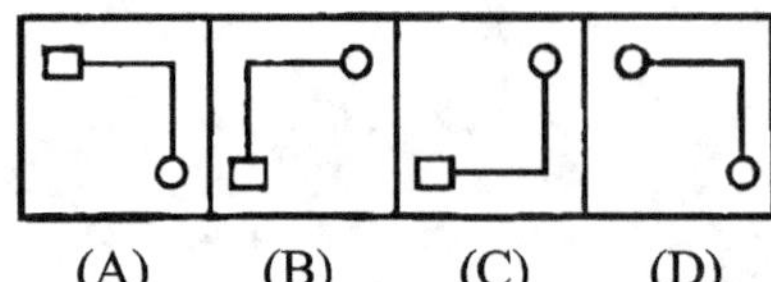

(A) (B) (C) (D)

(a) C (b) A
(c) D (d) B

9. जीवाश्म ईंधन जलने पर मुक्त कार्बन, नाइट्रोजन और सल्फर के ऑक्साइड कहलाते हैं :
(a) अम्लीय ऑक्साइड (b) उभयधर्मी ऑक्साइड
(c) मूल ऑक्साइड (d) निष्क्रिय ऑक्साइड

10. $5.52 - 2.3^2 + 0.8^3 \times 0.12 \div 0.4^4 - 3.14 = ?$
(a) –0.51 (b) 0.42
(c) 0.51 (d) –0.63

11. REST की क्षैतिज दर्पण छवि क्या होगी?

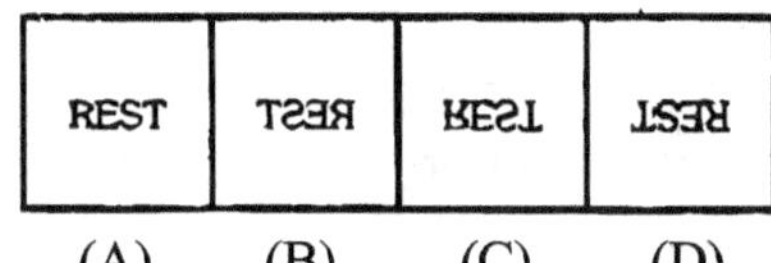

(A) (B) (C) (D)

(a) C (b) A
(c) B (d) D

12. गैल्वोनोमीटर, प्रयुक्त होता है-
(a) प्रकाश की दिशा ज्ञात करने में
(b) विद्युत धारा की दिशा ज्ञात करने में
(c) ध्वनि की दिशा ज्ञात करने में
(d) चुम्बकीय प्रेरण की दिशा ज्ञात करने में

13. एक मोबाइल जब 6% लाभ पर बेचा जाता है तो उसे 6% हानि पर बेचने की तुलना में ₹ 870 अधिक मिलते हैं। मोबाइल फोन का क्रय-मूल्य क्या है?
(a) ₹6000 (b) ₹7000
(c) ₹6265 (d) ₹7250

14. लंदन के लॉयड्स की पहली महिला सी.ई.ओ. कौन थी?
(a) डियाना एम. मुलिगन (b) अन्ना मैनिंग
(c) बेथ ई. मूनी (d) इंगा बैएल

15. एक ट्रक किनारे से फिसलकर 0.8 सेकंड में जमीन पर गिर जाता है। किनारा जमीन से कितना ऊँचा होगा? ($g = 10 m/s^2$)
(a) 320 m (b) 0.32 m
(c) 32 m (d) 3.2 m

16. दो अस्थियाँ एक-दूसरे से किसी अन्य संयोजी ऊत्तक द्वारा जुड़ी हो सकती हैं, जिसे .... कहा जाता है।
(a) स्नायु (b) उपास्थि
(c) आधात्री (d) पेशी

17. 10 Ω के प्रतिरोध में 0.5 A की धारा प्रवाहित हो रही है। इस प्रतिरोध में से एक मिनट में प्रवाहित होने वाले आवेश की मात्रा होगी :
(a) 30 C (b) 20 C
(c) 0.5 C (d) 5 C

18. परमाणु संख्या 57 वाला तत्व संबंधित होता है–
(a) d-ब्लॉक से (b) f-ब्लॉक से
(c) p-ब्लॉक से (d) s-ब्लॉक से

19. x, x + 3, x + 5, x + 8, x + 9 प्रेक्षणों का माध्य 9 है। अंतिम तीन प्रेक्षणों का माध्य क्या होगा?
(a) $\frac{32}{3}$ (b) $\frac{31}{3}$
(c) $\frac{35}{3}$ (d) $\frac{34}{3}$

20. पुलिचिंतला जल विद्युत परियोजना किस नदी पर बनायी गयी है?
(a) पेन्ना (b) कावेरी
(c) गोदावरी (d) कृष्णा

21. इथेनॉल को इथेन में परिवर्तित करने के लिए डीहाइड्रेटिंग एजेंट के रूप में .... का उपयोग किया जाता है।
(a) निकिल (b) सूर्य का प्रकाश
(c) सांद्र सल्यूरिक अम्ल (d) ताप

22. दिव्यांगों के लिए कौन-सी राज्य सरकार विश्व का पहला आई.टी. परिसर स्थापित करेगी?
(a) पश्चिम बंगाल (b) आंध्र प्रदेश
(c) हरियाणा (d) तेलंगाना

23. यदि '+' का अर्थ '–', '–' का अर्थ '×', '÷' का अर्थ '+' और '×' का अर्थ है '÷' तो 23 – 4 + 15 × 3 ÷ 10 का मान क्या होगा?
(a) 100 (b) 110
(c) 97 (d) 95

24. ओडोमीटर का उपयोग .... मापने के लिए किया जाता है।
(a) दूरी (b) दिशा
(c) गति (d) गंध

25. एशियाई खेल 2018 के लिए भारतीय दल के प्रमुख (शेफ डी मिशन) के रूप में निम्नलिखित में से किसे नियुक्त किया गया है?
(a) दिग्विजय सिंह (b) राजीव मेहता
(c) बृजभूषण शरण सिंह (d) रामकिशोर सिंह

26. 'गेटवे ऑफ इंडिया' कहां पर स्थित है?
(a) मुंबई (b) चेन्नई
(c) नई दिल्ली (d) जयपुर

27. निम्नलिखित कथन के साथ बिंदु I व II के दो के रूप में अंकित दो तर्क दिए गए हैं। कथन और तर्क पर विचार करें और निर्णय लें कि कौन-से तर्क कथन के संदर्भ में प्रबल है?

कथन : क्या प्राथमिक छात्रों के लिए खेल अनिवार्य कर देना चाहिए?

तर्क :

I. हां, शारीरिक विकास के लिए खेल महत्वपूर्ण है।

II. नहीं, खेल छात्रों के शैक्षिक समय को बर्बाद करते हैं, इस प्रकार उन्हें शैक्षिक कार्यों में कमजोर करते हैं।

(a) केवल तर्क I प्रबल है।
(b) दोनों ही तर्क I और II प्रबल नहीं हैं।
(c) दोनों ही तर्क I और II प्रबल हैं।
(d) केवल तर्क II प्रबल है।

28. $70 \div 5 \times (10 - 8 \div 2) \div 3 = ?$

(a) 7 (b) $\frac{1}{3}$
(c) 3 (d) 8

29. क्या आप बता सकते हैं, निम्न कथन के संदर्भ में कौन-से तर्क प्रबल हैं?

कथन : क्या नदियों को जोड़ने का काम सरकार को प्राथमिकता से करना चाहिए?

तर्क :

I. हां, आने वाले समय में इससे दूरस्थ इलाकों में पानी की कमी पूरी तरह से खत्म हो जायेगी।

II. नहीं, हमें पानी दूषित नहीं करना चाहिए और नदियां स्वाभाविक रूप से अपना रास्ता बना लेंगी।

(a) केवल तर्क II प्रबल है
(b) I और II दोनों ही प्रबल है
(c) न तो I और न ही II प्रबल हैं
(d) केवल तर्क I प्रबल है

30. 54, 66 और 90 का म.स.प. है :

(a) 4 (b) 9
(c) 6 (d) 3

31. उस विकल्प चित्र का चयन करें जो प्रश्न चित्रों की श्रृंखला को पूरा करेगा।

प्रश्न चित्र :

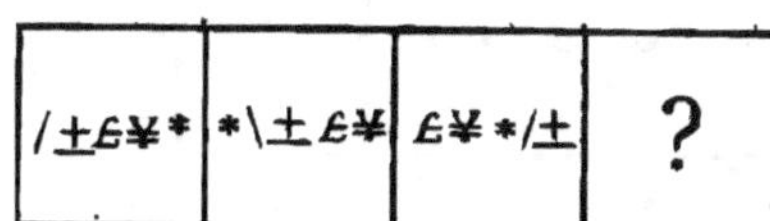

विकल्प चित्र :

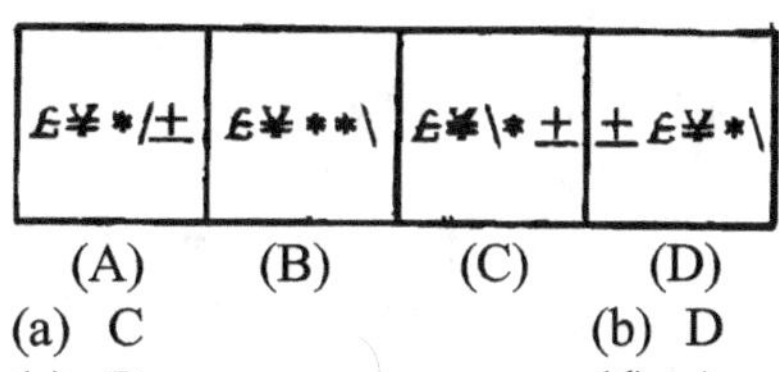

(a) C (b) D
(c) B (d) A

32. यदि एक वृत्ताकार भूखंड का परिमाप एक वर्गाकार भूखंड के परिमाप के बराबर है, तो उनके क्षेत्रफलों का अनुपात क्या होगा?

(a) 6 : 11 (b) 14 : 11
(c) 12 : 11 (d) 7 : 11

33. हैदराबाद में मेगा इवेंट ग्लोबल एंटप्रेन्योरशिप शिखर सम्मेलन (GES–2017) का आयोजन संयुक्त रूप से नीति आयोग्य द्वारा किया गया था। नीति (NITI) का पूर्ण रूप क्या है?

(a) नेशनल इंस्टीट्यूट टीचिंग इंडिया
(b) नेशनल इंस्टीट्यूशन ऑफ ट्रांसफॉर्मिंग इंडिया
(c) नेशनल इंडिया ट्रांसफॉर्मिंग इन्फोर्मेशन
(d) नेशनल इंस्टीट्यूशन टूवर्ड्स इंडिया

34. 'FIFA मेन्स प्लेयर अवार्ड 2017' निम्न में से किसने जीता?

(a) नेय्मार जूनियर (b) वायनी रूनी
(c) लियोनेल मेस्सी (d) क्रिस्टियानो रोनाल्डो

35. भारत के संविधान की मसौदा समिति के अध्यक्ष कौन थे?

(a) डॉ. राजेन्द्र प्रसाद
(b) वल्लभभाई पटेल
(c) जवाहर लाल नेहरू
(d) डॉ. बी.आर. अम्बेडकर

36. आयरन (III) ऑक्साइड का रासायनिक सूत्र .... है।

(a) FeO (b) Fe_2O_3
(c) Fe_3O_3 (d) Fe_34_3

37. 13.69 का वर्गमूल .... है।

(a) 3.7 (b) 37
(c) 0.037 (d) 0.37

38. 35, 53 और 85 की परमाणु संख्या के तत्व .... है।

(a) हैलोजन (b) एल्कलाइन
(c) निष्क्रिय गैसें (d) हैलाइड्स

39. किसी बंदूक से बुलेट दागे जाने पर बुलेट की गतिज ऊर्जा .... होती है।

(a) बंदूक की तुलना में कम
(b) अगणनीय
(c) बंदूक की तुलना में अधिक
(d) बंदूक के बराबर

40. उस भूमि के 13/16 हिस्से का मूल्य ज्ञात करें जिसके 9/7 हिस्से का मूल्य ₹ 10,116 है।
(a) ₹ 6392.75 (b) ₹ 6394.75
(c) ₹ 6302.75 (d) ₹ 6391.75

41. .... प्रकृति में अकेले कभी नहीं होता है।
(a) दाब (b) संवेग
(c) वेग (d) बल

42. निम्न चार्ट के अनुसार किस घंटे के दौरान सबसे ज्यादा प्रस्थान हुए हैं?

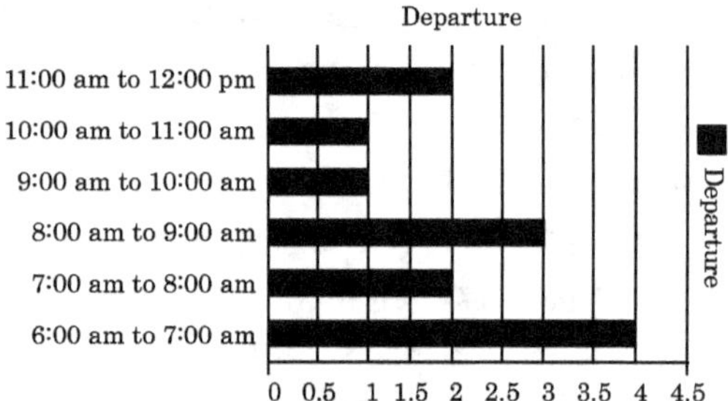

(a) 9 : 00 am से 10 : 00 am
(b) 7 : 00 am से 8 : 00 am
(c) 6 : 00 am से 7 : 00 am
(d) 8 : 00 am से 9 : 00 am

43. एक थैले में a लाल, b पीले एवं c हरे टोकन हैं। यदि a : b : : 13 : 10 और b : c : : 6 : 13 है, तो a : b : c का मान होगा :
(a) 13 : 60 : 13 (b) 13 : 6 : 13
(c) 39 : 30 : 65 (d) 13 : 6 : 10

44. अर्जुन पुरस्कार जीतने वाली दूसरी भारतीय महिला फुटबॉल खिलाड़ी कौन थी?
(a) बाला देवी (b) अदिति चौहान
(c) मिथाली राज (d) ओइनम बेबेम देवी

45. घर्षण बल .... कार्य करता है।
(a) बल की दिशा के लंबवत्
(b) बल की दिशा में किसी कोण पर
(c) बल की दिशा में
(d) बल की दिशा के विपरीत

46. इस श्रृंखला की अगली संख्या ज्ञात करें।
14, 42, 126, ...
(a) 376 (b) 370
(c) 375 (d) 378

47. प्रतिदिन 8 घंटे काम करके राम 18 दिनों में एक किताब लिखता है। 12 दिनों में पूरी किताब लिखने के लिए उसे प्रतिदिन कितने घंटे लिखना चाहिए?
(a) 10 घंटे (b) 15 घंटे
(c) 9 घंटे (d) 12 घंटे

48. किसी वस्तु को मुख्य फोकस पर रखने पर अभिसारी दर्पण द्वारा निर्मित प्रतिबिम्ब का आकार .... होता है।
(a) अत्यधिक आवर्धित (b) धुँधला
(c) समान आकार का (d) बिंदुओं के रूप में

49. बजाज ऑटो लिमिटेड के पहले मुख्य वाणिज्यिक अधिकारी (CEO) कौन थे?
(a) राकेश शर्मा (b) एरिक वास
(c) रमेश माहेश्वरी (d) सुमित नारंग

50. प्रतिहार राजवंश का संस्थापक कौन था?
(a) नरसिम्हा देव प्रथम (b) रामचंद्र
(c) हरिश्चंद्र (d) हर्षवर्धन

51. निम्नलिखित आकृति में वर्गों की संख्या ज्ञात करें।

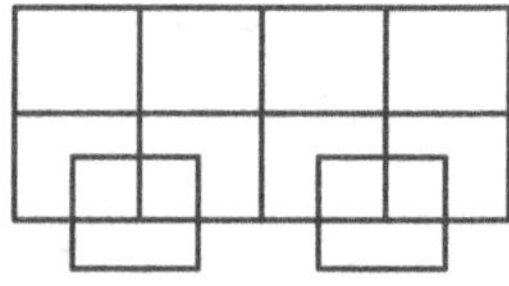

(a) 18 (b) 16
(c) 17 (d) 19

52. अंतर्राष्ट्रीय मुद्रा कोष (IMF) द्वारा 2018–19 में भारत की सकल घरेलू उत्पाद (GDP) की अनुमानित वृद्धि दर कितनी है?
(a) 9% (b) 6%
(c) 7.3% (d) 8.5%

53. प्रधानमंत्री नरेंद्र मोदी के साथ संयुक्त रूप से हैदराबाद में ग्लोबल एन्ट्रप्रीन्योरशीप समिट (GES–2017) का उद्घाटन किसने किया?
(a) डोनाल्ड ट्रम्प (b) इवाकां ट्रम्प
(c) मेलानी ट्रम्प (d) इवाना ट्रम्प

54. गर्भाशय में भ्रूण को पोषण प्रदान करने वाला ऊत्तक है-
(a) विली (b) ओवीडक्ट
(c) फेलोपियन ट्यूब (d) प्लेसेंटा

55. विषम को चुनें।

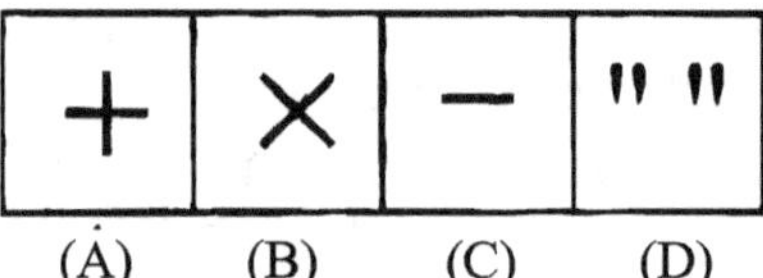

(a) B (b) C
(c) D (d) A

56. वह अभिक्रिया जिसमें 10% NaCl से बिजली पास की जाती है, कहलाती है–
(a) क्लोर-क्षार अभिक्रिया
(b) क्लोर-लवण अभिक्रिया
(c) बेयर्स अभिक्रिया
(d) हॉल-हेराल्ट अभिक्रिया

57. दिए गए कथनों व निष्कर्षों को ध्यानपूर्वक पढ़ें और चुनें कि कौन-से निष्कर्ष तार्किक रूप से कथनों का अनुसरण करते हैं।

कथन :
- सभी आरेख आकृतियां हैं।
- सभी आकृतियां त्रि-आयामी होती हैं।

निष्कर्ष :
I. सभी त्रि-आयाम आरेख
II. सभी आकृतियां आरेख हैं।
(a) कोई निष्कर्ष अनुसरण नहीं करता है।
(b) केवल निष्कर्ष I अनुसरण करता है।
(c) दोनों निष्कर्ष अनुसरण करते हैं।
(d) केवल निष्कर्ष II अनुसरण करते हैं।

58. सुमन, महेश और कुमेश का अपने बेटे के चाचा के बेटों के रूप में परिचय करवाती है। लड़के सुमन के .... हैं।
(a) चचेरे भाई (b) भांजे
(c) मित्र (d) भतीजे

59. श्रेणी 1, 2, 3, 4, 1, 2, 3, 4, ... के पहले 2007 पदों का योग होगा :
(a) 516 (b) 5107
(c) 5020 (d) 5013

60. यदि एक आयरन जिस पर 1,000 W अंकित है, तो प्रतिदिन 3 घंटे चलाया जाता है, तो उसके द्वारा 30 दिनों में उपयुक्त कुल ऊर्जा KWh में होगी–
(a) 9000 (b) 900
(c) 90000 (d) 90

61. विलयन A का pH मान 6 है, विलयन B का pH मान 8 और विलयन C का pH मान 2 है। किस विलयन से हाइड्रोजन आयन की सांद्रता सबसे अधिक होगी?
(a) C
(b) A
(c) किसी में भी हाइड्रोजन आयन नहीं हैं
(d) B

62. निम्नलिखित चित्र शृंखला में प्रश्न चिह्न (?) को कौन-सा विकल्प चित्र प्रतिस्थापित करेगा ?

प्रश्न चित्र :

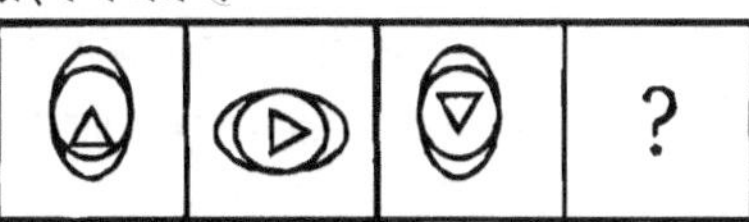

विकल्प चित्र :

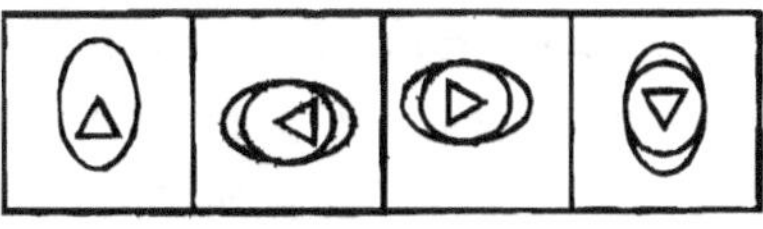

(A) (B) (C) (D)

(a) D (b) B
(c) A (d) C

63. भारत में सबसे पुराना तेल क्षेत्र कौन-से राज्य में स्थित है?
(a) गुजरात (b) असम
(c) पंजाब (d) महाराष्ट्र

64. निम्न संख्याओं की शृंखला में कोई एक क्रमानुसार ठीक नहीं है, उस गलत संख्या का विकल्पों में से चयन कीजिए:
100300005, 2000400000, 3000440006, 400000600000008
(a) 100300005
(b) 3000440006
(c) 200040000
(d) 400000600000008

65. अकेले काम करते हुए राकेश और रंजीत क्रमशः 4 और 6 दिनों में एक कार्य पूरा कर सकते हैं। रंजीत ने अकेले काम शुरू किया और राकेश 2 दिनों के बाद इसमें शामिल हुआ। शेष कार्य को पूरा करने के लिए उन्हें कितने दिन की आवश्यकता होगी?
(a) 1.6 (b) 2
(c) 0.8 (d) 1.2

66. निम्नलिखित में से कौन-सी विकल्प आकृति प्रश्न आकृति से निकटतम समानता दर्शाती है?

प्रश्न आकृति :

विकल्प आकृतियां :

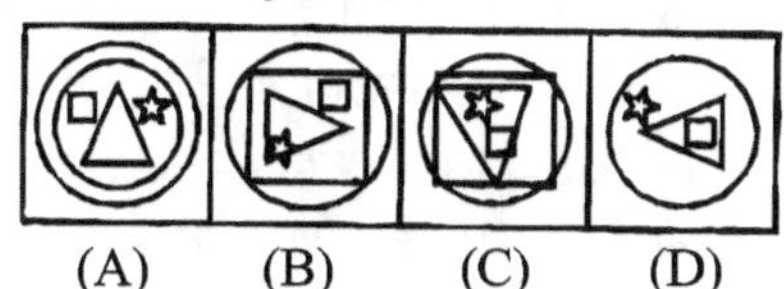

(A) (B) (C) (D)

(a) B (b) D
(c) C (d) A

67. 110 m लंबी ट्रेन जिसकी गति 36 km/hr है, के अंतिम सिरे को एक खम्भे को पार करने में 53 सेकंड लगते हैं। उसके अग्र सिरे से खम्भे की प्रारंभिक दूरी ज्ञात कीजिए।
(a) 640 m (b) 420 m
(c) 530 m (d) 1798 m

68. कन्याकुमारी में स्थित सबसे बड़ा पवन ऊर्जा संयंत्र .... मेगावॉट बिजली का उत्पादन करता है।
(a) 1360 (b) 1400
(c) 1500 (d) 1480

69. सरस्वती और गौरी बहनें हैं। गौरी का भाई सरस्वती के पिता के पिता से किस रूप में संबंधित है?
(a) बेटा (b) पोती
(c) पोता (d) चाचा

70. .... में मुकुलन द्वारा प्रजनन हो सकता है।
(a) लॉबस्टर (b) स्टारफिश
(c) हाइड्रा (d) केंचुआ

71. यदि TEEN को 205514 लिखा जाता है, तो ENTER के लिए कोड क्या होगा?
(a) 51520518 (b) 51420618
(c) 51520618 (d) 51420518

72. शान की वर्तमान आयु, उद्दलक की आयु की 1.6 गुना से 4 वर्ष कम है। 26 वर्ष पहले, उद्दलक की आयु शान की आयु के आधे से एक वर्ष कम थी। शान की वर्तमान आयु कितने वर्ष है?
(a) 68 (b) 84
(c) 76 (d) 60

73. दिए गए कथनों और निष्कर्षों को ध्यानपूर्वक पढ़ें और चुनें कि कौन-से निष्कर्ष तार्किक रूप से कथन का अनुसरण करते हैं।
कथन :
- सभी ऊन धागे हैं।
- कुछ ऊन खुरदुरे हैं।

निष्कर्ष :
I. सभी खुरदुरे ऊन हैं।
II. कुछ धागे खुरदुरे हैं।
(a) दोनों निष्कर्ष अनुसरण करते हैं
(b) केवल निष्कर्ष II अनुसरण करता है
(c) केवल निष्कर्ष I अनुसरण करता है
(d) न तो I और न ही II अनुसरण करते हैं

74. निम्न में से कौन-सा उत्तर चित्र, प्रश्न चित्र श्रृंखला में प्रश्न चिह्न (?) के स्थान पर आएगा?
प्रश्न चित्र :

N	Π	4	?

उत्तर चित्र :

↙	△	II	V
(A)	(B)	(C)	(D)

(a) B (b) C
(c) A (d) D

75. कौन-सा वेन आरेख निम्न के बीच संबंध को सही तरह से दर्शाता है?
A. कार B. पार्क
C. उपग्रह
(a) (B)(C)(A) (b) C ⊃ (A)(B)
(c) (A) (B) (C) (d) (B) C ⊃ (A)

76. व्हिट्टेकर के वर्गीकरण के अनुसार, ... समूह में शामिल जीवों में पूर्णतः विकसित नाभिक नहीं पाया जाता है।
(a) कवक (b) प्रॉटिस्टा
(c) प्लांटी (d) मोनेरा

77. उन तीन तत्वों को नामित करें, जिसके सबसे बाहरी शेल में केवल एक इलेक्ट्रॉन होता है?
(a) मैग्नीशियम, कैल्शियम और बेरियम
(b) लिथियम, सोडियम, पोटैशियम
(c) हीलियम, नियॉन और आर्गन
(d) मैग्नीशियम, हीलियम और नियॉन

78. यदि "LAME" को JYKC के रूप में कोड किया जाता है, तो "MINE" को इस कोड में कैसे लिखा जाएगा?
(a) KJGC (b) KLGC
(c) KHGC (d) KGLC

79. किस अभिनेता की आत्मकथा का नाम 'खुल्लम खुल्ला' है?
(a) राजीव कपूर (b) रणबीर कपूर
(c) राज कपूर (d) ऋषि कपूर

80. जठर ग्रंथियों द्वारा स्रावित हाइड्रोक्लोरिक अम्ल .... एंजाइम की क्रिया को आसान कर देता है।
(a) पेप्सिन (b) एमाइलेज
(c) लाइपेज (d) ट्रिप्सिन

81. एहोल शिलालेख निम्नलिखित में से किन शासकों से जुड़े हुए हैं?
(a) विक्रमादित्य (b) अकबर
(c) अशोक (d) पुलकेशिन द्वितीय

82. निम्नलिखित में से किनको 2018 में राष्ट्रीय कालिदास सम्मेलन पुरस्कार से सम्मानित किया गया था?
(a) शबाना आज़मी
(b) अंजलि एला मेनन
(c) गिरीश कर्नाड
(d) मल्लिका साराभाई

83. त्रिभुज ABC में, बिंदु D और E क्रमशः AB और AC भुजाओं पर स्थित है। DE, आधार BC के समानांतर है। O, BE और CD का प्रतिच्छेदन बिंदु है। यदि AD : DB = 4 : 3 हो, तो DO और DC का अनुपात ज्ञात कीजिए।
(a) 4 : 11 (b) 3 : 7
(c) 5 : 12 (d) 5 : 7

84. एक तत्व के समस्थानिक की द्रव्यमान संख्या 298 है। यदि उसके नाभिक में 189 न्यूट्रॉन है, तो उसकी परमाणु संख्या क्या होगी?
(a) 109.0 (b) 298.0
(c) 189.0 (d) 487.0

85. दिया गया पाई चार्ट दिसम्बर 2017 तक भारत के विभिन्न बैंकों द्वारा संसाधित गैर-निष्पादन संपत्ति (NPA) के बारे में जानकारी दर्शाता है।
यदि सभी बैंकों के अंतर्गत कुल NPA ₹ 300 लाख करोड़ है तो दिसम्बर 2017 तक बैंक "E" का NPA कितना (₹ लाख करोड़ में) है?

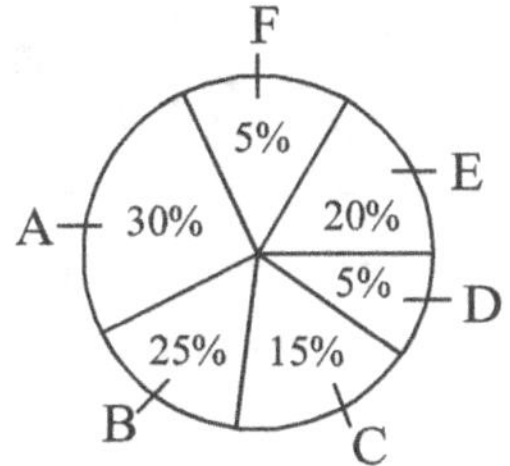

(a) 20 (b) 40
(c) 80 (d) 600

86. समान मूल्य वाली 15 टिकटों का कुल मूल्य ₹ 9 है। 30 टिकटों का मूल्य क्या होगा?
(a) ₹ 18 (b) ₹ 15
(c) ₹ 19 (d) ₹ 16

87. ₹ 1,125 को तीन महीने के लिए निवेश करने पर ₹ 27 का ब्याज प्राप्त होता है। साधारण ब्याज की वार्षिक दर कितनी होगी?
(a) 7.2% (b) 12%
(c) 9.6% (d) 2.4%

88. तीन फ्लड गेट A, B और C एक जलाशय को 6 घंटे में भर सकते हैं। 2 घंटे तक एक साथ कार्य करने के बाद C बंद कर दिया जाता है। शेष हिस्से को फ्लड गेट A और B 7 घंटे में भर सकते हैं। फ्लड गेट C द्वारा जलाशय को भरने में कितने घंटे लगेंगे?
(a) 16 (b) 12
(c) 14 (d) 10

89. 29 मार्च, 2020 को कौन-सा दिन होगा?
(a) रविवार (b) सोमवार
(c) शनिवार (d) शुक्रवार

90. प्रसिद्ध भारतीय बिलियर्ड खिलाड़ी .... ने दोहा में आयोजित IBSF विश्व बिलियर्ड्स चैम्पियनशिप 2017 जीती है।
(a) सुभाष अग्रवाल (b) अशोक शांडिल्य
(c) पंकज आडवाणी (d) गीत सेठी

91. विषम को चुनें।

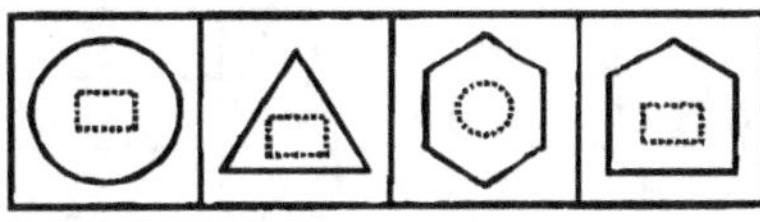

(A) (B) (C) (D)
(a) B (b) D
(c) C (d) A

92. निम्नलिखित शृंखला का अगला अंक ज्ञात करें।
10, 16, 25, 37, ?
(a) 42 (b) 52
(c) 50 (d) 45

93. निम्न आकृति में कितने त्रिभुज हैं?

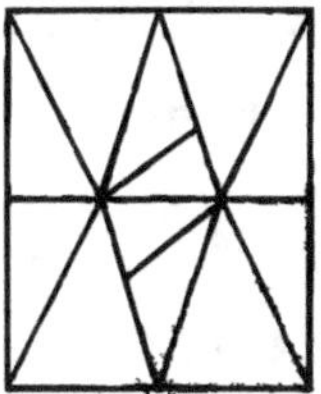

(a) 17 (b) 13
(c) 14 (d) 16

94. सुरेश दक्षिण-पश्चिम दिशा के सम्मुख है। वह 135° दक्षिणावर्त घूमता है और फिर 45° वामावर्त दिशा में घूम जाता है। अब वह किस दिशा की ओर सम्मुख है?
(a) उत्तर (b) उत्तर-पूर्व
(c) उत्तर-पश्चिम (d) दक्षिण

95. 1.5 m लंबा लड़का एक खंभे को देखता है। लड़के की आंखों से खंभे के शीर्ष का उन्नयन कोण 30° है। खंभे की ओर 7.3m समीप जाने पर उन्ययन कोण 45° हो जाता है। जमीन से खंभे की ऊँचाई ज्ञात कीजिए (जहाँ $\sqrt{3} = 1.73$)
(a) 8.5 m (b) 11 m
(c) 11.5 m (d) 10 m

96. यदि $(x+y):(x-y) = 5:1$ है, तो $(x^2+y^2):(x^2-y^2) = ?$
(a) 13 : 5 (b) 16 : 1
(c) 25 : 9 (d) 8 : 17

97. पंचायत के लिए चुनी गयी महिला प्रतिनिधियाँ (EWRs) के लिए किस केंद्रीय मंत्रालय ने राष्ट्रव्यापी प्रशिक्षण कार्यक्रम की शुरूआत की?
(a) विदेश मंत्रालय
(b) पंचायती राज मंत्रालय
(c) संस्कृति मंत्रालय
(d) महिला एवं बाल विकास मंत्रालय

98. 7 नवंबर 2017 को बाजार नियामक भारतीय प्रतिभूति और विनिमय बोड (सेबी) के पूर्णकालिक सदस्य के रूप में निम्नलिखित में से किसे नियुक्त किया गया?
(a) संजीव कौशिक (b) वी. रामकृष्णन
(c) नीलम दामोदरन (d) यू. के. सिन्हा

99. निम्न में से विषम का चयन कीजिए :
Si, P, Ge और As
(a) As (b) Ge
(c) Si (d) P

100. एक 13m लंबी सीढ़ी को दीवार के साथ लगाया गया है और सीढ़ी का नीचला हिस्सा, दीवार से 6.5m की दूरी पर है। दीवार के साथ झुका कर रखी गई सीढ़ी की ऊँचाई का कोण क्या है?
(a) 45° (b) 60°
(c) 105° (d) 30°

उत्तरमाला

1	(c)	11	(a)	21	(c)	31	(b)	41	(d)	51	(c)	61	(a)	71	(d)	81	(d)	91	(d)
2	(a)	12	(b)	22	(d)	32	(b)	42	(c)	52	(c)	62	(b)	72	(c)	82	(b)	92	(b)
3	(b)	13	(d)	23	(c)	33	(b)	43	(c)	53	(b)	63	(b)	73	(b)	83	(a)	93	(d)
4	(d)	14	(d)	24	(a)	34	(d)	44	(d)	54	(d)	64	(b)	74	(a)	84	(a)	94	(c)
5	(a)	15	(d)	25	(c)	35	(d)	45	(d)	55	(c)	65	(a)	75	(c)	85	(d)	95	(c)
6	(d)	16	(a)	26	(a)	36	(b)	46	(d)	56	(a)	66	(a)	76	(d)	86	(a)	96	(a)
7	(b)	17	(a)	27	(a)	37	(a)	47	(d)	57	(a)	67	(b)	77	(b)	87	(c)	97	(d)
8	(d)	18	(a)	28	(d)	38	(a)	48	(a)	58	(d)	68	(c)	78	(d)	88	(c)	98	(a)
9	(a)	19	(d)	29	(d)	39	(c)	49	(a)	59	(a)	69	(c)	79	(d)	89	(a)	99	(d)
10	(a)	20	(d)	30	(c)	40	(a)	50	(c)	60	(d)	70	(c)	80	(a)	90	(c)	100	(b)

संकेत एवं हल

1. (c) 100 वर्षों की अवधि में 24 लीप वर्ष है।

$$\text{लीप वर्ष} = \frac{100-4}{4} = \frac{96}{4} = 24$$

नोट : प्रत्येक 4 वर्ष बाद लीप वर्ष होता है।

2. (a) धारणाएँ I दी गई कथन को पूर्ण रूप से अनुसरण करती है क्योंकि जंक फूड का अत्यधिक सेवन करने से मोटापा होता है।

3. (b) सभी विकल्पों में दी गई अक्षर का बगल में स्थानीय मान लिखा गया है जबकि विकल्प (B) में ऐसा नहीं है। I = 9

4. (d) त्रिभुज ABC का क्षेत्रफल जानकारी I और II दोनों से ज्ञात किया जाता है।

$$\text{क्षे०} = \frac{1}{2} \times AB \times BC = \frac{1}{2} \times 12 \times 12 = 72 \text{ cm}^2$$

5. (a) अवधारणा I और II दोनों ही दी गई कथन के अनुसार अंतर्निहित हैं।

6. (d) $P = 31250, R = 8\%$

$$T = 2\frac{3}{4} \text{ चक्रवृद्धि ब्याज}$$

$$= P\left(1+\frac{r}{100}\right)^t \times \left(1+\frac{r\times n}{100}\right)$$

$$= P\left(1+\frac{8}{100}\right)^2 \left(\frac{1+8\times\frac{3}{4}}{100}\right)$$

$$= 31250\times\left(\frac{108}{100}\right)^2\left(\frac{106}{100}\right)$$

$$= 31250\times\frac{11664}{10000}\times\frac{106}{100} = 38637$$

∴ चक्रवृद्धि ब्याज = चक्रवृद्धि मिश्रण-मूलधन $= 38637 - 31250 = 7387$

7. (b) रघुवीर द्वारा 12 टेस्टों में प्राप्त कुल अंक

$= 12 \times 25 = 300$

रूमेला द्वारा 8 टेस्ट में प्राप्त कुल अंक

$= 8 \times 23 = 184$ शेष 4 टेस्टों का अंक

$= (300 - 184) = 116$

$$\text{औसत अंक} = \frac{116}{4} = 29$$

8. (d) जब MN रेखा पर दर्पण रखा जाता है तो आकृति बाएँ से दाएँ की तरफ घूम जाती है। अतः दी गई आकृति का सही दर्पण प्रतिबिंब विकल्प (B) में दी गई आकृति जैसा होगा।

9. (a) जीवाश्म ईंधन जलने पर मुक्त कार्बन, नाइट्रोजन और सल्फर के ऑक्साइड अम्लीय कहलाते हैं।

- जीवाश्म ईंधन परतदार चट्टान से प्राप्त होता है।
- इन ईंधनों में ऊर्जा से भरपूर कार्बन के यौगिक विद्यमान रहते हैं।
- कोयला, पेट्रोलियम, प्राकृतिक गैस आदि जीवाश्म ईंधन के उदाहरण हैं।
- जिन अम्लों में हाइड्रोजन एवं ऑक्सीजन दोनों उपस्थित रहते हैं, उन्हें ऑक्सी अम्ल कहते हैं।
- H_2SO_4, H_3PO_4, HNO_3, HNO_2 आदि ऑक्सी-अम्ल का उदाहरण है।
- हाइड्रा अम्ल में ऑक्सीजन अनुपस्थित होता है।
- जिन अम्लों में हाइड्रोजन उपस्थित रहता है, हाइड्रा अम्ल कहलाता है।
- हाइड्रा अम्ल का उदाहरण है HCl, HBr, HI, HCN आदि है।

10. (a) $5.52 - (2.3)^2 + (0.8)^3 \times 0.12 \div (0.4)^4 - 3.14$

$$= 5.52 - 5.29 + 0.512 \times \frac{0.12}{0.0256} - 3.14$$

$= 0.23 + 2.4 - 3.14$

$= 2.63 - 3.14 = -0.51$

11. (a) REST → BEST (ऊपर से नीचे पलटा हुआ)

जब क्षैतिज दर्पण छवि पूछा जाएगा तो अक्षर ऊपर से नीचे की ओर पलट जाता है।

12. (b) गैल्वोनोमीटर का प्रयोग, विद्युत-धारा की दिशा ज्ञात करने में किया जाता है।

उपकरण		उपयोग
(i) मैगाफोन	:	इसके द्वारा ध्वनि को दूर स्थान पर ले जाया जाता है।
(ii) पायरोमीटर	:	दूर स्थित वस्तुओं के ताप ज्ञात करने में।
(iii) सेक्सटेंट	:	ऊँचाई मापने में।
(iv) स्पीडोमीटर	:	गति प्रदर्शित करने में (कार, ट्रक आदि में)।
(v) मेनोमीटर	:	गैस का दाब ज्ञात करने में।
(vi) ग्रेवीमीटर	:	तेल की उपस्थिति जल के सतह पर ज्ञात करने में।
(vii) ओडोमीटर	:	पहिये वाली गाड़ी द्वारा चली दूरी मापने में।

13. (d) माना कि वस्तु मूल्य = 100

लाभ $6\% = 106$

हानि $6\% = 94$

प्रश्न से, $106 - 94 = 870$

$12 = 870$

$$\therefore \quad 1 = \frac{870}{12}$$

$$100 = \frac{870}{12}\times 100 = 7250 \text{ रु.}$$

15. (d) $h = \frac{1}{2}gt^2 = \frac{1}{2}\times 10\times(0.8)^2 = 3.2m$

16. (a) दो अस्थियाँ एक-दूसरे से किसी अन्य संयोजी ऊतक द्वारा जुड़ी हो सकती हैं, जिसे स्नायु कहा जाता है।

- मांसपेशी एवं अस्थि के जोड़ को टेंडन कहते हैं।
- अस्थि से अस्थि के जोड़ को लिगामेंटस कहते हैं।
- संयोजी ऊतक विभिन्न अंगों और ऊतकों को सम्बद्ध करता है तथा उन्हें कुछ सहारा भी देता है।
- इस प्रकार के ऊतक में अंतर कोशिकीय पदार्थ अधिक होता है।
- अंतर कोशिकीय पदार्थ को मैट्रिक्स कहा जाता है।

17. (a) $Q = I \times t = 0.5 \times 60 \text{ sec.} = 30C$
- प्रतिरोध $= \dfrac{\text{विभवान्तर}}{\text{धारा}}$
- प्रतिरोध का S.I. मात्रक ओम है।

18. (a) परमाणु संख्या 57 वाला तत्व d – ब्लॉक से संबंधित होता है।
- कक्षा या शेल में कई उपकक्षाएं या सबशेल होते हैं।
- इन सब शेलों को s, p, d, एवं f द्वारा निरूपित किया जाता है।
- जिस तरह प्रत्येक कक्षा में उपस्थित इलेक्ट्रॉनों की अधिकतम संख्या निश्चित होती है, उसी प्रकार प्रत्येक उपकक्षा में भी इलेक्ट्रॉनों की अधिकतम संख्या निश्चित होती है।
- s, p, d एवं f उपकक्षाओं में इलेक्ट्रॉनों की अधिकतम संख्या क्रमशः 2, 6, 10 एवं 14 हो सकती है।

19. (d) $x + x + 3 + x + 5 + x + 8 + x + 9 = 9 \times 5 = 45$
$5x + 25 = 45$
$5x = 20 \Rightarrow x = 4$
प्रक्षेण : 4, 7, 9, 12, 13
अंतिम 3 प्रेक्षणों का माध्य $= \dfrac{9+12+13}{3} = \dfrac{34}{3}$

20. (d) पुलिचिंतला जल विद्युत परियोजना कृष्णा नदी पर बनायी गयी है।
- भारत का प्रथम जल विद्युत परियोजना 1902 ई. में कावेरी नदी पर बनाया गया। शिव समुद्रम् जल विद्युत परियोजना है।
- NHPC की स्थापना 1975 ई. में किया गया।
- NTPC की स्थापना 1975 ई. में किया गया।
- रंगिन चरण पन बिजली परियोजना सिक्किम राज्य में है।
- उड़ी जल विद्युत परियोजना जम्मू-कश्मीर राज्य में है।

21. (c) इथेनॉल को इथेन में परिवर्तित के लिए डीहाइड्रेटिंग एजेंट्स के रूप में सांद्र सल्फ्यूरिक अम्ल का उपयोग किया जाता है।
- सल्फ्यूरिक अम्ल का उपयोग पेट्रोलियम के शोधन में कई प्रकार के विस्फोटक बनाने में, रंग और औषधियाँ बनाने में, संचायक बैटरियों आदि में होता है।
- बेंजोइक अम्ल का उपयोग दवा और खाद्य पदार्थों के संरक्षण में आदि में किया जाता है।
- अम्लराज 3 : 1 के अनुपात में सान्द्र हाइड्रोक्लोरिक अम्ल (HCl) एवं सांद्र नाइट्रिक अम्ल (HNO_3) का ताजा मिश्रण होता है।

23. (c) दिया गया व्यंजक : $23 - 4 + 15 \times 3 \div 10$
प्रश्नानुसार चिह्न बदलने पर $= 23 \times 4 - 15 \div 3 + 10$
$\Rightarrow 23 \times 4 - 5 + 10$
$\Rightarrow 92 - 5 + 10$
$\Rightarrow 102 - 5 = \boxed{97}$

24. (a) ओडोमीटर का उपयोग दूरी मापने के लिए किया जाता है।
- पहिये वाली गाड़ी द्वारा चली दूरी नापने का काम ओडोमीटर द्वारा किया जाता है।
- रेनगेज से वर्षा की मात्रा को मापा जाता है।
- रेडियो मीटर से विकिरण की मापन किया जाता है।
- स्फेरोमीटर का प्रयोग गोलीय तल की वक्रता की त्रिज्या ज्ञात करने में काम आता है।
- बिस्कोमीटर से द्रवों की श्यानता ज्ञात करने के काम में लाया जाता है।
- फोटो मीटर से दो स्रोतों की प्रदीपन तीव्रता की तुलना करने में काम आता है।

26. (a) 'गेटवे ऑफ इंडिया' अरब सागर के तट पर मुम्बई में स्थित है।
- गेटवे ऑफ इंडिया का निर्माण 1911 ई. में हुआ है।
- इसकी स्थापना जॉर्ज-पंचम के भारत आने के आगमन पर किया गया था।
- इंडिया गेट नई दिल्ली में स्थित है।
- इंडिया गेट का निर्माण 1924 ई. में किया गया है।
- प्रथम विश्व युद्ध के दौरान शहीद अमर जवानों के स्मरण में किया गया।

27. (a) शारीरिक विकास के लिए खेल महत्वपूर्ण है इसलिए प्राथमिक स्तर के छात्रों के लिए खेल अनिवार्य कर देना चाहिए। अत: केवल तर्क I प्रबल है।

28. (d) $70 \div 5 \times (10 - 8 \div 2) \div 3$

$= \frac{70}{5} \times (10 - 4) \div 3$

$= \frac{70}{5} \times \frac{6}{3} = 14 \times 2 = 28$

29. (d) नदियों को जोड़ने का काम सरकार को प्राथमिकता से करना चाहिए क्योंकि आने वाले समय में इससे दूरस्थ इलाकों में पानी की कमी पूरी तरह से खत्म हो जाएगी।

30. (c) 54, 66 और 90 का म.स. = 6

$54 = 2 \times 3 \times 3 \times 3$

$66 = 2 \times 3 \times 11$

$90 = 2 \times 3 \times 3 \times 5$

$\therefore$ म. स. $= 2 \times 3 = 6$

31. (b) जिस तरह प्रथम तथा दूसरी बॉक्सों में दी गई आकृति अपना स्थान बदल लेती है, उसी तरह बॉक्स तीन में दी गई आकृति के अनुसार दी गई उत्तर आकृति (D) के समान दिखाई पड़ेगा।

32. (b) वृत्त की परिमाप $= 2\pi r$

वर्ग कि परिमाप 4A

प्रश्न से, $2\pi r = 4A$

$r = \frac{4A}{2\pi}$

प्रश्न से, $A^2 = \pi r^2$

$A^2 = \pi \times \left(\frac{4A}{2\pi}\right)^2$

$= \pi \times \frac{16A^2}{4\pi^2} = \frac{4A^2}{\pi}$

$= \frac{4 \times 7A^2}{22} = \frac{28}{22} = 14 : 11$

35. (d) भारत के संविधान के निर्माण के लिए बनी मसौदा समिति के अध्यक्ष डॉ. बी. आर. अम्बेडकर थे।

- प्रारूप समिति का गठन 29 अगस्त, 1947 ई. को किया गया।
- प्रारूप समिति में सात सदस्य थे।
- संविधान सभा के सलाहकार बी.एन. राव थे।
- कार्य संचालन समिति के अध्यक्ष पं. जवाहर लाल नेहरू थे।
- संघ शक्ति समिति के अध्यक्ष पं. जवाहर लाल नेहरू थे।
- मूल अधिकार, अल्पसंख्यक और प्रांतीय शक्ति समिति का अध्यक्ष सरदार वल्लभ भाई पटेल थे।

36. (b) आयरन (III) ऑक्साइड का रासायनिक सूत्र Fe_2O_3 है।

अयस्क	रासायनिक सूत्र
(i) हेमाटाइट	Fe_2O_3
(ii) मैग्नेटाइट	Fe_3O_4
(iii) लिमोनाइट	$Fe_2O_3.3H_2O$
(iv) सिडेराइट	$FeCO_3$
(v) आयरन पायराइट	$FeCO_3$
(vi) कैल्कोपाइराइट	$CuFeS_2$
(vii) ग्रीनोकाइट	Cds

37. (a) 13.69 का वर्गमूल

$\frac{1369}{100} = \left(\frac{37}{10}\right)^2 = \frac{37}{10} = 3.7$

38. (a) 35, 53 और 85 की परमाणु संख्या के तत्व हैलोजन है।

- हैलोजन ग्रीक भाषा का शब्द है, जिसका अर्थ 'लवण उत्पादक' होता है।
- फ्लोरीन, क्लोरीन, ब्रोमीन, आयोडीन और एस्टेटीन को सम्मिलित रूप से हैलोजन कहा जाता है।
- हैलोजन सदस्यों को आवर्त्त-सारणी के वर्ग 17 में रखा गया है।
- ब्रोमीन का परमाणु संख्या 35 है।
- ब्रोमीन का परमाणु द्रव्यमान 79.916 है।

39. (c) किसी बंदूक से बुलेट दागे जाने पर बुलेट की गतिज ऊर्जा बंदूक की तुलना में अधिक होती है।

- किसी वस्तु में गति के कारण जो कार्य करने की क्षमता आ जाती है, उसे उस वस्तु की गतिज ऊर्जा कहते हैं।
- किसी वस्तु का द्रव्यमान दोगुना करने पर उसकी गतिज ऊर्जा दोगुनी हो जाएगी।
- बंदूक से गोली चलाते समय पीछे की ओर झटका लगना-गति के तृतीय नियम का उदाहरण है।

40. (a) $\frac{9}{7}$ हिस्से का मूल्य 10116 है।

1 हिस्से का मूल्य $\frac{10116}{\frac{9}{7}}$

$\frac{13}{16}$ हिस्से का मूल्य $\frac{10116}{\frac{9}{7}}\times\frac{13}{16}$

$=\frac{920556}{144}=6392.75$

41. (d) बल प्रकृति में अकेले कभी नहीं होता है।
- बल बाह्य कारक है।
- बल द्वारा किसी वस्तु की प्रारंभिक अवस्था में परिवर्तन किया जाता है।
- बल एक सदिश राशि है।
- संवेग = वेग × द्रव्यमान
- दाब $P=\frac{\text{पृष्ठ के लम्बवत बल (F)}}{\text{पृष्ठ का क्षेत्रफल (A)}}$

42. (c) आरेख से स्पष्ट है कि 6:00 am से 7:00 am तक सबसे अधिक प्रस्थान किया है।

43. (c) a : b : : 13 : 10 और b : c : : 6 : 13

a : b = 13 : 10 ...(i)

b : c = 6 : 13 ...(ii)

(i) × 3 और (ii) × 5 पर अनुपात

a : b = 39 : 30, b : c = 30 : 65

a : b : c = 39 : 30 : 65

45. (d) घर्षण बल, बल की दिशा के विपरीत कार्य करता है।
- घर्षण बल की दिशा सदैव वस्तु की गति की दिशा के विपरीत होती है।
- सम्पर्क में रखी दो वस्तुओं के मध्य एक प्रकार का बल कार्य करता है, जो गति करने में वस्तु का विरोध करता है। यह बल ही घर्षण बल कहलाता है।
- घर्षण बल केवल सतहों की प्रकृति पर निर्भर करता है।
- दो सतहों के मध्य लगने वाला घर्षण बल उनके सम्पर्क क्षेत्रफल पर निर्भर नहीं करता है।
- ठोस-ठोस सतहों के मध्य घर्षण बल अधिक होता है।

46. (d) 14 42 126 [378]

×3 ×3 ×3

47. (d) राम 8 घंटे काम करके 18 दिनों में एक किताब लिखता है। h घंटा काम करके 12 दिनों में एक किताब लिखता है

8 × 18 = h × 12

$h=\frac{8\times18}{12}=12$

48. (a) किसी वस्तु को मुख्य फोकस पर रखने पर अभिसारी दर्पण द्वारा निर्मित प्रतिबिम्ब अत्यधिक आवर्धित होता है।
- किसी लेंस की आवर्धन क्षमता एक अनुपात है, जो प्रतिबिम्ब द्वारा आँख पर बनाए गए दर्शन कोण (β) और स्पष्ट दृष्टि की न्यूनतम दूरी पर रखी गई वस्तु द्वारा आँख पर बनाए गए दर्शन कोण (d) के बीच होता है।
- आवर्धन क्षमता (m) = β/a
- जिस गोलीय दर्पण का परावर्तक तल धंसा रहता है, उसे अवतल दर्पण कहते हैं।
- अवतल दर्पण को अभिसारी दर्पण भी कहा जाता है, क्योंकि यह अनंत से आने वाली किरणों को सिकोड़ता है।
- उत्तल दर्पण को अपसारी दर्पण भी कहा जाता है, क्योंकि यह अनंत से आने वाली किरणों को फैलाता हैं।

50. (d) प्रतिहार राजवंश के संस्थापक हरिश्चंद्र था।

वंश		संस्थापक
(i) पाल वंश	–	गोपाल
(ii) सेनवंश	–	सामंत सेन
(iii) कार्कोटवंश	–	दुर्लभवर्द्धन
(iv) लोहार वंश	–	संग्रामराज
(v) उत्पल वंश	–	अवन्ति बर्मन
(vi) परमार वंश	–	उपेन्द्र राज
(vii) चन्देल वंश	–	नुन्नुक

- रामचन्द्र यादव वंश के शासक थे।
- हर्षवर्धन थानेश्वर के स्थान पर कन्नौज को राजधानी बनाया।

51. (c) 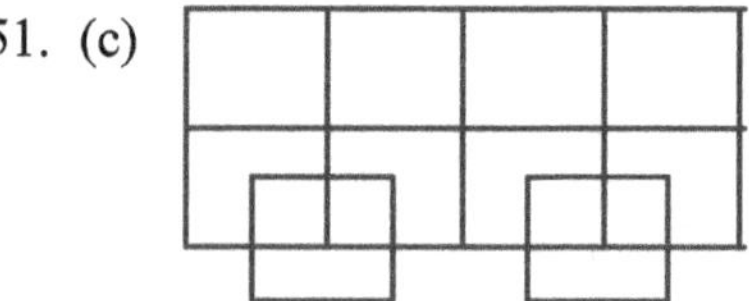

कुल वर्गों की संख्या = 8 + 3 + 2 + 2 + 1 + 1 = 17

54. (d) गर्भाशय में भ्रूण को पोषण प्रदान करने वाला ऊतक प्लेसेंटा है।
- गर्भाशय: यह एक नाशपाती के समान रचना होती है जो श्रेणिगुहा में स्थित होती है।
- गर्भाशय की भित्ति पेशीय होती है। जिसके भीतर खाली जगह होती है।

- गर्भाशय की भित्ति के अंदर की ओर एक कोशिकीय स्तर होता है, जिसे गर्भाशय अंत: स्तर कहते हैं।
- गर्भाशय का प्रमुख कार्य निषेचित अण्डाणुओं को भ्रूण परिवर्द्धन हेतु उचित स्थान प्रदान करना है।
- भ्रूण का पोषण जरायु (Chorin) एम्नियान और अपरा (Placenta) द्वारा होता है।

55. (c) बॉक्स (D) में दी गई आकृति अन्य तीनों आकृतियों से भिन्न है।

56. (a) वह अभिक्रिया जिसमें 10% NaCl से बिजली पास की जाती है, जो क्लोर-क्षार अभिक्रिया कहलाती है।
- सोडियम क्लोराइड का अणुसूत्र NaCl है।
- साधारण नमक सोडियम क्लोराइड का प्रचलित नाम है।
- NaCl को बर्फ के साथ मिलावट हिम-मिश्रण बनाया जाता है।
- नमक को खुली हवा में छोड़ देने पर यह हवा से नमी को सोख लेता है। इस कारण नमक में अशुद्धी के रूप में $MgCl_2$ की उपस्थित होती है।

57. (a)

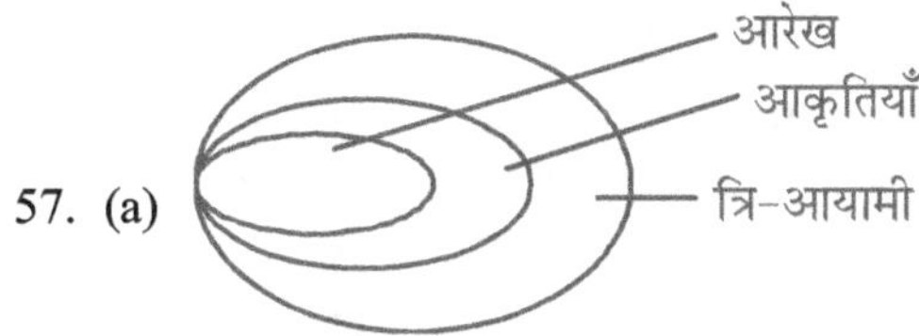

निष्कर्ष – I – x
II – x
अत: कोई भी निष्कर्ष अनुसरण नहीं करता है।

58. (d)

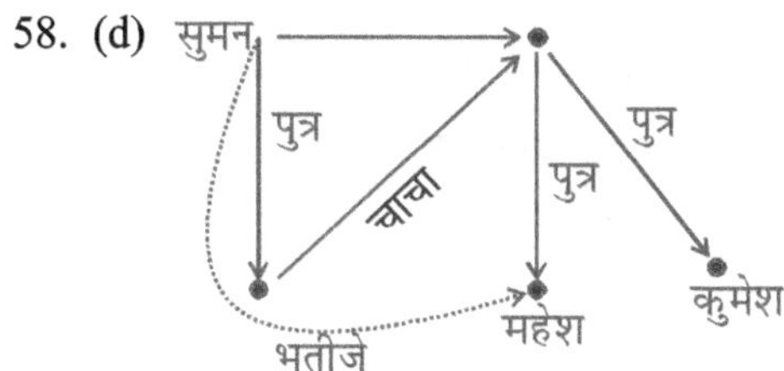

अत: लड़के सुमन के भतीजे लगेंगे।

59. (a) प्रथम 4 पदों का योग = 10

2008 पदों का योग $= \frac{2008}{4} = 502$ पद

$= 502 \times 10 = 5020 - 4$

2007 पदों का योग

[∵ 4 अंतिम अंक है 502 पद के बाद] = 5016

60. (d)
- 1,000 W = 1 Kwh,
  अत: एक दिन में = 1 Kwh × 3h = 3 Kwh
  30 दिनों में 3Kwh × 30 = 90 Kwh
- 1,000 W = 3.6×10^6 जूल

61. (a) विलायन A का pH मान 6 है। विलयन B का pH मान 8 और विलयन C का pH मान 2 है। तो C का हाइड्रोजन आयन की सांद्रता सबसे अधिक होगी।
- pH का मान 0 से 14 तक होती है।
- pH मूल्य एक संख्या होती है, जो पदार्थों की अम्लीयता और क्षारीयता को प्रदर्शित करती है।
- इसका मान हाइड्रोजन आयन (H^+) के सांद्रण के व्युत्क्रम के लघुगुणक के बराबर होता है।
- जिस विलयन का pH मान 7 से कम होगा, वे विलयन अम्लीय होगा और जिस विलयन का pH मान 7 से अधिक होगा, वे विलयन क्षारीय होगा।

62. (b) प्रश्नचिह्न के स्थान पर दी गई उत्तर-आकृतियों में से उत्तर-आकृति (B) आएगी।

63. (b) भारत में सबसे पुराना तेल क्षेत्र असम राज्य में डिगबोई में स्थित है।
- भारत में खनिज तेल और खाद्यान्न तेल भारी मात्रा में आयात किया जाता है।
- सर्वप्रथम आधुनिक तरह से खनिज तेल की खुदाई सर्वप्रथम 1859 ई. में यू.एस.ए. में हुआ।
- 1968 ई. में बॉम्बे हाई से तेल जापान के सहयोग से निकाला जा रहा है।
- भारत का सबसे बड़ा तेल शोधक कारखाना जामनगर (गुजरात) में स्थित है, यह निजी क्षेत्र का तेल शोधक कारखाना है।

64. (b) 300040006 यह गलत संख्या है

65. (a)

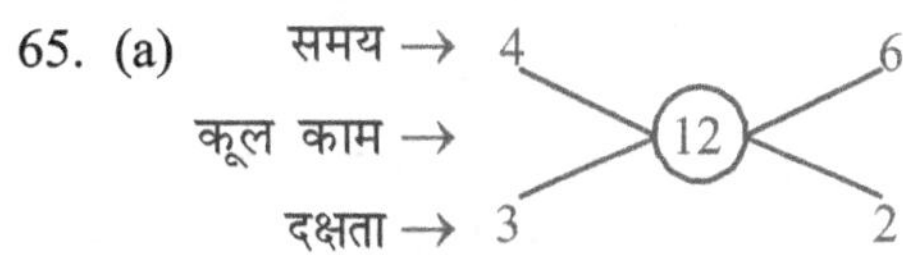

∵ रंजीत काम शुरू करते है और 2 दिन काम करने के बाद राकेश शामिल हो जाता है।

रंजीत का 2 दिन का काम = 2 × 2 = 4

शेष काम $= 12 - 4 = 8$
अब बचा शेष काम राकेश तथा रंजीत दोनों मिलकर करतं हैं।
अतः शेष काम करने में लगा समय

$= \frac{8}{(3+2)} = \frac{8}{5} = 1.6$ दिन

66. (a) विकल्प (B) में दी गई आकृति प्रश्न आकृति से निकटतम समानता दर्शाती है।

67. (b) ट्रेन कि लंबाई $= 110$ m
गति $= 36$ km/h

$36 \times \frac{5}{18} = 10$ m/s

समय $= 53$ second
खंभे की लंबाई ट्रेन की लंबाई के सापेक्ष में शून्य होती है। अग्र सिरे से खंभे की दूरी $= x$

समय $= \frac{\text{दूरी}}{\text{चाल}} = \frac{110+x}{10} = 53 \quad = 110 + x = 530$
$x = 420$

68. (c) कन्याकुमारी में स्थित सबसे बड़ा पवन ऊर्जा संयंत्र 1500 मेगावाट बिजली का उत्पादन करता है।
- पवन ऊर्जा के लिए विस्तृत क्षेत्र जहाँ पवन का अवरोध न्यूनतम मात्रा में होता हो।
- पवन ऊर्जा के मुख्य उत्पादक राज्य तमिलनाडु, महाराष्ट्र, राजस्थान, गुजरात, कर्नाटक हैं।
- यह स्वच्छ ऊर्जा व गैर-परम्परागत ऊर्जा का स्रोत है।
- पवन ऊर्जा के उत्पादन में भारत विश्व के प्रथम पाँच देशों में शामिल है।

69. (c)

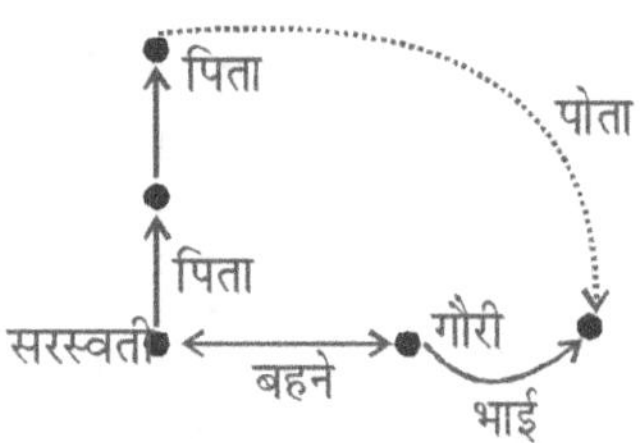

अतः आरेख से स्पष्ट है कि सरस्वती के पिता के पिता गौरी के भाई का दादा लगेगा।

70. (c) हाइड्रा में मुकुलन द्वारा प्रजनन हो सकता है।
- हाइड्रा सीलेन्ट्रेटा (निडेरिया) संघ के जीव है।
- निडेरिया संघ के जीवों में अलैंगिक प्रजनन मुकुलन द्वारा तथा लिंगी प्रजनन युग्मकों द्वारा होता है।
- इसके लार्वा को मुख्यतः प्लेनुला कहते हैं।
- इसमें श्वसन तंत्र, उत्सर्जन तंत्र एवं परिसंचरण तंत्र नहीं पाया जाता है।
- निडेरिया संघ के जीव द्विस्तरीय होते हैं।
- हाइड्रा में अमरत्व का गुण होता है।

71. (d) $T \rightarrow 20$ वैसे $E \rightarrow 5$
$E \rightarrow 5$ $N \rightarrow 14$
$E \rightarrow 5$ $T \rightarrow 20$
$N \rightarrow 14$ $E \rightarrow 5$
$R \rightarrow 18$

अतः ENTER को 51420518 के रूप में कोडित किया जाता है।

72. (c) माना कि उद्दलक की आयु $= x$
शान की आयु $= 1.6x - 4$
26 वर्ष पहले $(x - 26)$

$= \frac{1}{2}(1.6x - 4 - 26) - 1$

$\Rightarrow x - 26 = \frac{1.6x - 30 - 2}{2}$

$\Rightarrow 2x - 52 = 1.6x - 32$

$\Rightarrow 2x - 1.6x = -32 + 52$

$\Rightarrow 0.4x = 20$

$x = \frac{20}{0.4} = 50$

शान कि आयु $1.6x - 4$
$1.6 \times 50 - 4 = 76$ वर्ष

73. (b)

ऊन
धागे
खुरदुरे

निष्कर्ष – I ✗
II ✓

अतः केवल निष्कर्ष II अनुसरण करता है।

74. (a) प्रश्न चित्र के अनुसार उत्तर चित्र B हो सकता है।

75. (c) (A) (B) (C)
कार पार्क उपग्रह

अतः तीनों में से किसी भी के बीच कोई संबंध नहीं है।

76. (d) व्हिट्टेकर के वर्गीकरण के अनुसार मोनेरा समूह में शामिल जीवों में पूर्णतः विकसित नाभिक नहीं पाया जाता है।

- मोनेरा जगत में सभी प्रौकैरियोटिक जीवों को सम्मिलित किया गया है।
- इस जगत के जीव सूक्ष्मतम तथा सरलतम होते हैं।
- मोनेरा जगत को जीवों में सबसे प्राचीनतम माना जाता है।
- इस जगत के जीवों में केन्द्रीय झिल्ली अनुपस्थित होता है।
- ये प्रकाश संश्लेषी, रसायन संश्लेषी या परपोषी होते हैं।
- इनमें माइटोकॉण्ड्रिया, गॉल्जीकाय तथा रिक्ति का भी अनुपस्थिति होती है।
- कवक का कोशिका भित्ति काइटिन का बना होता है।
- मोनेरा जगत के जीवों की कोशिका भित्ति अत्यन्त सुदृढ़ रहती है।
- इसमें पोली से केराइड्स के साथ एनीमो अम्ल भी होता है।

77. (b) वे तीन तत्व लिथियम, सोडियम, पोटैशियम हैं जिसके सबसे बाहरी शेल में केवल एक इलेक्ट्रॉन होता है।
- किसी भी परमाणु की बाह्यतम कक्षा में उपस्थित इलेक्ट्रॉन संयोजी इलेक्ट्रॉन कहलाता है।
- किसी परमाणु के भीतरी कक्षाओं में उपस्थित इलेक्ट्रॉन को कोर इलेक्ट्रॉन कहते हैं।
- सोडियम का इलेक्ट्रॉनिक विन्यास है Na (11) 2, 8, 1 – $1s^2$, $2s^2$ $2p^6$, $3s^1$
- कक्षाओं एवं उपकक्षाओं (सबशैल) में इलेक्ट्रॉनों के वितरण को परमाणु का इलेक्ट्रॉनिक विन्यास कहते हैं।

78. (d)

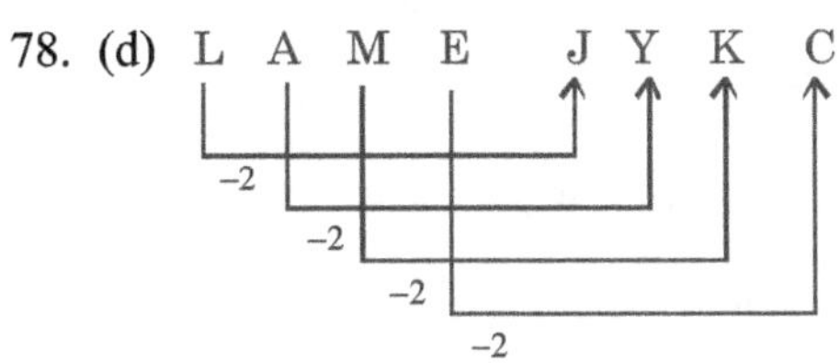

उसी प्रकार,

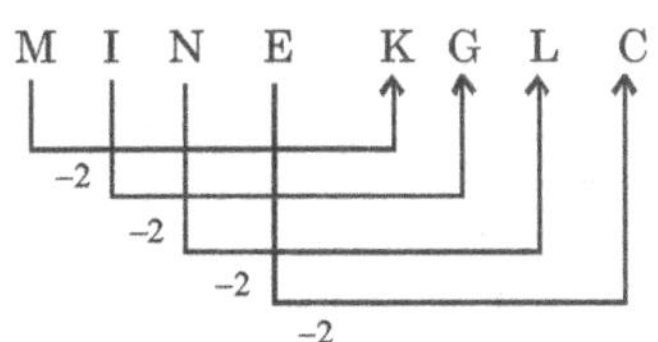

80. (a) जठर ग्रंथियों द्वारा स्रावित हाइड्रोक्लोरिक अम्ल पेप्सिन एंजाइम की क्रिया को आसान कर देता है।
- पेप्सिन एंजाइम प्रोटीन को पेप्टोन्स में बदल देता है।
- जठर ग्रंथी से रेनिन एंजाइम भी स्रावित होता है जो केसीन को कैल्शियम पैराकैसीनेट में बदलता है।
- अमाशय के ऑक्सिन्टिक कोशिकाओं से हाइड्रोक्लोरिक अम्ल निकलता है।
- हाइड्रोक्लोरिक अम्ल भोजन के साथ आए हुए जीवाणुओं को नष्ट कर देता है तथा एंजाइम की क्रिया को तीव्र कर देता है।
- हाइड्रोक्लोरिक अम्ल भोजन के माध्यम को अम्लीय बना देता है जिससे लार की टायलिन की क्रिया समाप्त की जाती है।

81. (d) एलोह अभिलेख पुलकेशिन द्वितीय शासक से जुड़ा है।
- एलोह अभिलेख की रचना रवि कीर्ति ने किया है।
- एलोह अभिलेख में हर्षवर्धन और पुलकेशिन-II के बीच युद्ध का उल्लेख है।
- हर्षवर्धन नर्मदा नदी के तट पर पुलकेशिन-II से पराजित हुआ था।
- पुलकेशिन-II राष्ट्रकुट वंश के महानतम शासक थे।
- भारत में शिलालेख लिखने की प्रथा की शुरूआत अशोक के द्वारा करवाया गया है।
- अशोक के शिलालेख चार भाषाओं में लिखे गए हैं ब्राह्मी, खरोष्टी, ग्रीक और अरमाइका।

83. (a)

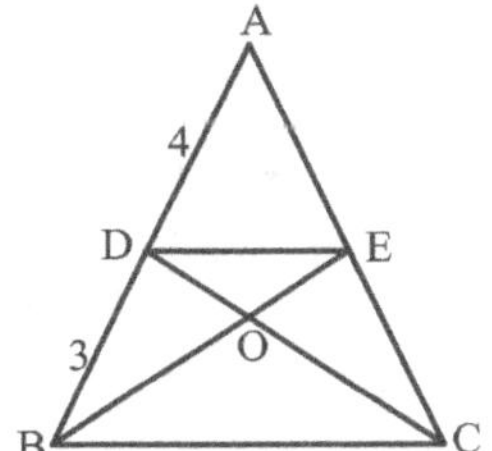

$\because$ AD : DB = 4 : 3

तो समरूप Δ से, AE : EC = 4 : 3 होगा।

अत: BC = 7

$\therefore$ DE : BC

4 : 7

अर्थात् $\frac{OD}{OC} = \frac{DE}{DE+BC} = \frac{4}{4+7} = \frac{7}{11}$ = 4 : 11

84. (a) एक तत्व में समस्थानिक की द्रव्यमान संख्या 298 है। यदि उसके नाभिक में 189 न्यूट्रॉन है तो उसकी परमाणु संख्या 109.0 होगी।

- किसी तत्व के परमाणु के नाभिक में उपस्थित प्रोटॉनों की संख्या को परमाणु संख्या कहते हैं।
- द्रव्यमान संख्या = प्रोटानों की संख्या + न्यूट्रॉनों की संख्या
- प्रोटानों की संख्या = द्रव्यमान संख्या – न्यूट्रॉनों की संख्या

अत: प्रोटानों की संख्या = 298 – 189 = 109

85. (d) कुल NPA = ₹ 300 लाख करोड़

बैक E का PNA $= 300 \times \frac{20}{100}$ = 60 लाख करोड़

86. (a) समान मूल्य वाली 15 टिकटों का मूल्य = ₹ 9

समान मूल्य वाली 30 टिकटों का मूल्य

$= \frac{9}{15} \times 30 =$ ₹ 18

87. (c) मूलधन = ₹ 1125

समय = 3 महीना $= \frac{1}{4}$ वर्ष

दर $= \frac{\text{ब्याज} \times 100}{\text{मू०} \times \text{स०}}$

$= \frac{27 \times 100}{1125 \times \frac{1}{4}} = \frac{27 \times 100 \times 4}{1125} = 9.6\%$

88. (c) A + B + C के 2 घंटे का कार्य

$= 2 \times \frac{1}{6} = \frac{1}{3}$ शेष कार्य $= 1 - \frac{1}{3} = \frac{2}{3}$ भाग

$\frac{2}{3}$ भाग A + B, 7 दिन में करता है।

A + B के कार्य करने की क्षमता

$= (A+B+C) - C = A + B = \frac{1}{6} - \frac{1}{C}$

$A + B = \frac{C-6}{6C}$

A + B, $\frac{C-6}{6C}$ भाग 1 दिन में करता

$\frac{2}{3}$ भाग A + B $= \frac{2}{3} \times \frac{6C}{C-6}$ = 7 दिन

$= \frac{12C}{3C-18} = 7$

$\Rightarrow 12C = 21C - 126$

$9C = 126$

C = 14 दिन

89. (a) 29 मार्च, 2020 को रविवार पड़ेगा।

91. (d) दी गई आकृतियों में से विकल्प (C) में दी गई आकृति अन्य तीनों से भिन्न है।

92. (b) 10 16 25 37 [52]

+6 +9 +12 +15

93. (d) कुल त्रिभुजों की संख्या = 5 + 5 + 2 + 2 + 2 = 16

ऊपर वाले त्रिभुजों की संख्या = 5

नीचे वाले त्रिभुजों की संख्या = 5

दो आकृति वाले त्रिभुजों की संख्या = 2 + 2 + 2 = 6

94. (c)

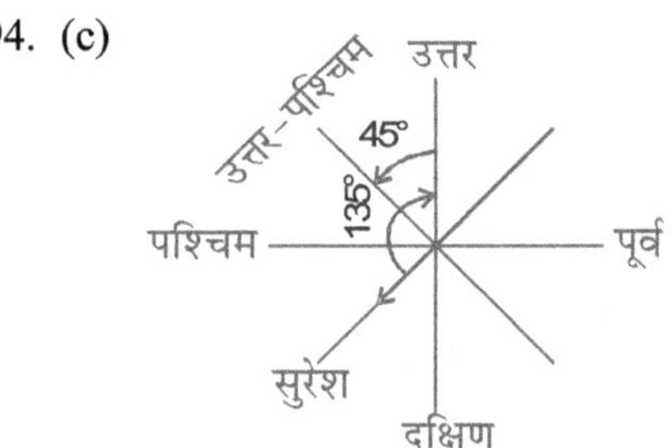

अत: वह अब उत्तर-पश्चिम दिशा के सम्मुख खड़ा है।

95. (c)

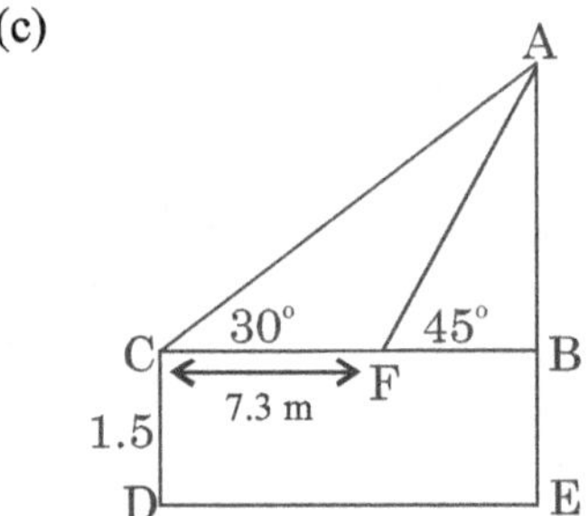

AE = h, AB = h – 1.5, CF = 7.3

$\tan 45^\circ = \frac{AB}{BF}, I = \frac{h-1.5}{BF}$, BF = h – 1.5 ...(i)

$\tan 30^\circ = \frac{AB}{CB} = \frac{AB}{CF+FB}$,

$\frac{1}{\sqrt{3}} = \frac{h-1.5}{7.3+h-1.5}$

$\Rightarrow \frac{1}{\sqrt{3}} = \frac{h-1.5}{h+5.8}$

$\Rightarrow$ $h + 5.8 = h(1.73) - 1.5 \times 1.73$

$\Rightarrow$ $h = 5.8 = 1.73h - 2.595, 0.73h = 8.395,$

$h = 11.5$

96. (a) $(x + y) : (x - y) = 5 : 1$

$(x^2 + y^2) : (x^2 - y^2)$

हम जानते हैं : $x + y = 5$ ...(i)

$x - y = 1$ ...(ii)

(i) + (ii) $x = 3, y = 2,$

$x^2 + y^2 = 3^2 + 2^2 = 9 + 4 = 13, x^2 - y^2$

$= 3^2 - 2^2, 9 - 4 = 5$

$(x^2 + y^2) : (x^2 - y^2) : 13 : 5$

100. (b) सीढ़ी की लंबाई = 13m

दीवार से सीढ़ी की दूरी = 6.5m

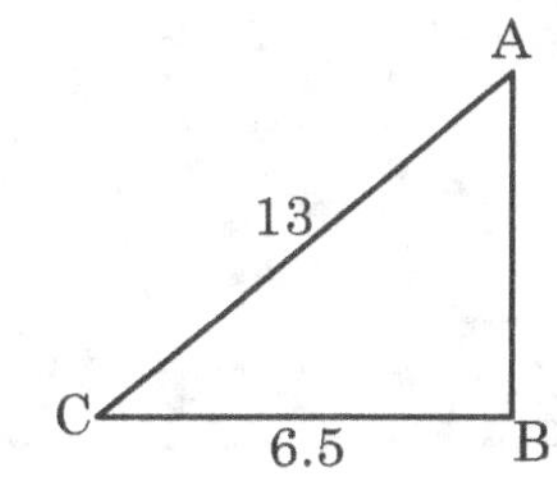

$\sec\theta = \frac{h}{b} \Rightarrow \sec\theta = \frac{13}{6.5}$

$\sec\theta = 2 \Rightarrow \sec\theta = \sec 60^o$

$\theta = 60^o$

RRB ग्रुप D 2018 सॉल्वड पेपर-7

दिनांक : 26 सितंबर 2018

1. श्रृंखला 1, 5, 12, 24, 43, ? में अगला पद ज्ञात करें।
   (a) 51 (b) 62
   (c) 71 (d) 78

2. विद्युत लेपन के लिए सामान्यतः प्रयोग की जाने वाली धातुएँ हैं
   (a) गोल्ड, सोडियम और क्रोमियम
   (b) क्रोमियम, कॉपर और निकैल
   (c) निकैल, सीसा और क्रोमियम
   (d) गोल्ड, सोडियम और पोटैशियम

3. $\frac{\sqrt{32}+\sqrt{48}}{\sqrt{8}+\sqrt{12}}$ का सरलीकृत रूप क्या है?
   (a) 4 (b) 3
   (c) 2 (d) 6

4. तीन मित्रों की औसत आयु 32 वर्ष है। चौथे मित्र की आयु जोड़ने पर उनकी औसत आयु 31 वर्ष हो जाती है। चौथे मित्र की आयु क्या है?
   (a) 32 वर्ष (b) 28 वर्ष
   (c) 24 वर्ष (d) 26 वर्ष

5. निम्नलिखित चार में से तीन किसी प्रकार समान हैं, अतः उनका एक समूह बनता है। वह एक कौन-सा है जो इस समूह में नहीं आता है?
   (a) चमगादड़ (b) मकड़ी
   (c) मच्छर (d) तितली

6. निम्नलिखित चार में से तीन किसी प्रकार समान हैं, अतः उनका एक समूह बनता है। वह एक कौन-सा है जो इस समूह में नहीं आता है?
   (a) मूली
   (b) अदरक
   (c) हल्दी
   (d) बन्दगोभी

निर्देश (प्र.-7): निम्नलिखित प्रश्न में एक कथन तथा उस पर आधारित दो निष्कर्ष I व II दिये हैं। आपको यह मानकर चलना है कि कथन सही है। चाहे वह असत्य ही क्यों न प्रतीत होता हैं।

7. **कथनः** किसी मसले से बचने का सबसे अच्छा तरीका है कि हम उसे सुलझाएँ।
   निष्कर्षः
   I. तुम्हारा जीवन अशांत हो जायेगा, यदि तुम उस मसले का सामना करोगे।
   II. मसले से बचने के लिए तुम्हारे पास कोई-न-कोई विकल्प होना चाहिए।
   (a) यदि केवल निष्कर्ष I अनुसरण करता है।
   (b) यदि केवल निष्कर्ष II अनुसरण करता है।
   (c) यदि न तो I और न ही II अनुसरण करता है।
   (d) यदि I और II दोनों अनुसरण करते हैं।

8. निम्नलिखित चार में से कोई तीन किसी प्रकार से समान हैं। वह कौन-सा शब्द है जो अन्य चार से भिन्न है?
   (a) जून (b) अगस्त
   (c) दिसम्बर (d) जनवरी

9. जब कोई व्यक्ति रोता है, तो किसकी सक्रियण के कारण नाक से जल विसर्जन होता है?
   (a) थाइरॉइड ग्रन्थि के (b) अन्तःस्रावी ग्रन्थि के
   (c) लार ग्रन्थि के (d) अश्रुकारी ग्रन्थि के

10. 200 मीटर लंबी एक ट्रेन अपने से दुगुनी लंबाई के प्लेटफॉर्म को 36 सेंकेड में पार करती है। किमी/घंटा में ट्रेन की गति कितनी है?
    (a) 60 (b) 48
    (c) 64 (d) 66

11. एक तार को वर्ग के रूप में मोड़ा गया, जिसका क्षेत्रफल 81 सेमी हैं। यदि उसी तार को अर्धवृत्त के रूप में मोड़ा जाये, तो अर्धवृत्त की त्रिज्या ज्ञात करें?
    $\left(\text{माना कि } \pi=\frac{22}{7}\right)$
    (a) 16 से.मी. (b) 14 से.मी.
    (c) 10 से.मी. (d) 7 से.मी.

निर्देश (प्र.-12): निम्नलिखित प्रश्न में एक कथन तथा उस पर आधारित दो निष्कर्ष I व II दिये हैं। आपको यह मानकर चलना है कि कथन सही है। चाहे वह असत्य ही क्यों न प्रतीत होता हैं।

12. **कथनः** राज्य के कार्यकारिणी अधिकार राज्यपाल में निहित है, जिसे राष्ट्रपति द्वारा नियुक्त किया जाता है और वह राष्ट्रपति की इच्छा से ही कार्यभार का संचालन करता है।

निष्कर्षः

I. राष्ट्रपति राज्यपाल को नियुक्त करता है।

II. राज्य-संबंधी कार्यों का क्रियान्वयन राज्यपाल की पूर्ण जिम्मेदारी है।

(a) यदि केवल निष्कर्ष I अनुसरण करता है।
(b) यदि केवल निष्कर्ष II अनुसरण करता है।
(c) यदि न तो I और न ही II अनुसरण करता है।
(d) यदि I और II दोनों अनुसरण करते हैं।

13. भारत में पुर्तगाली सत्ता की वास्तविक नींव रखने वाले महानतम पुर्तगाली गवर्नर कौन थे?

(a) अल्मीडा (b) अल्बुकर्क
(c) फ्रांसिस ड्रेक (d) वास्को-डि-गामा

निर्देशः दिये गए विकल्पों में से संबंधित अक्षरों / शब्दों का चुनाव करें-

14. बिस्मिल्लाह खान : शहनाई वादक :: बिरजू महाराज : ?

(a) कथक (b) भारतनाट्यम
(c) संगीत (d) सितार

15. इस आकृति में कितने त्रिभुज हैं?

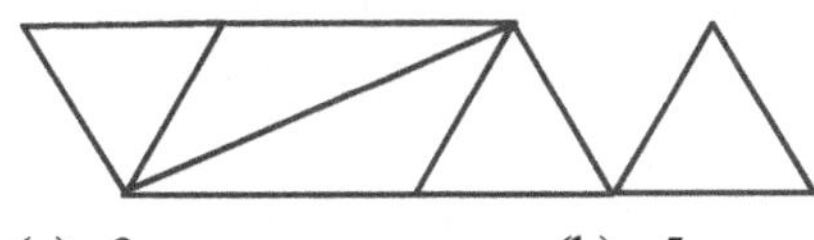

(a) 9 (b) 5
(c) 8 (d) 6

16. एक पुलिसवाला अपने से 200 मी. की दूरी पर एक चोर को देखता है। वह चोर का पीछा करना प्रारम्भ करता है। चोर तथा पुलिसवाला क्रमशः 10 किमी/घंटा तथा 11 किमी/घंटा की गति से दौड़ते हैं। 6 मिनट बाद उनके बीच दूरी क्या होगी?

(a) 190 (b) 200
(c) 100 (d) 150

17. प्रणव के वार्षिक वेतन का 25% सूर्य के वार्षिक वेतन के 80% के समान है। सूर्य का मासिक वेतन धीरू के मासिक वेतन का चालीस प्रतिशत है। धीरू का वार्षिक वेतन ₹6 लाख है। प्रणव का मासिक वेतन क्या है? (कहीं पर वार्षिक आय और कहीं पर मासिक आय दी गई है।)

(a) ₹7.68 लाख (b) ₹56,000
(c) ₹8.4 लाख (d) ₹64,000

18. A, B और C तीन बल्लेबाज हैं। उनके द्वारा बनाए गए रनों का अनुपात क्रमशः A : B = 5 : 3, B : C = 4 : 5 है। तीनों मिलकर कुल 564 रन बनाते हैं। तो B द्वारा बनाए गए रन ज्ञात करें।

(a) 124 (b) 104
(c) 114 (d) 144

19. नीचे प्रश्न आकृतियों में दिखाए अनुसार कागज को मोड़कर काटने तथा खोलने के बाद वह किस उत्तर आकृति जैसा दिखाई देगा?

प्रश्न आकृति :

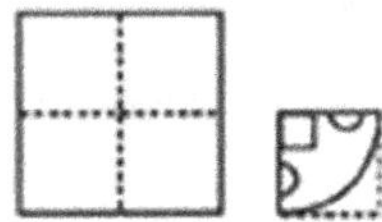

उत्तर आकृतियाँ :

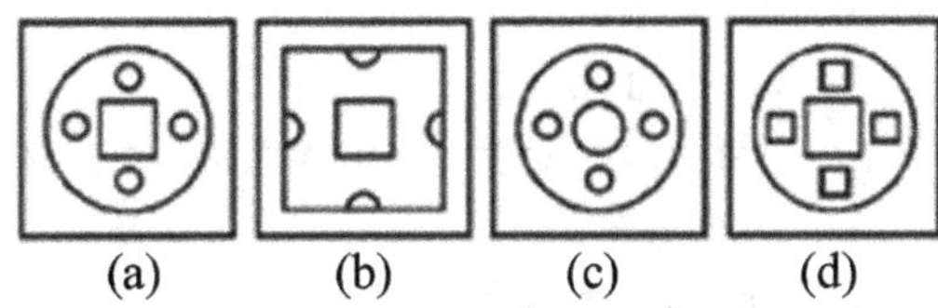

(a) (b) (c) (d)

20. भारत का कृत्रिम बन्दरगाह कौन-सा है?

(a) काण्डला (b) मंगलूर
(c) चेन्नई या मद्रास (d) हल्दिया

21. यदि $a+\frac{1}{a+2}=0$, तो $(a+2)^3+\frac{1}{(a+2)^3}$ का मान ज्ञात करें

(a) 2 (b) 6
(c) 4 (d) 3

22. ब्लबर क्या होता है?

(a) रबड़ के पौधे से निकलने वाला दूधिया स्राव
(b) सघन वसा की परत
(c) किन्हीं जलीय पौधों द्वारा कीट को फँसाने की युक्ति
(d) चावल के पौधों का फंगल संक्रमण

23. 60 लीटर के एक मिश्रण में दूध और पानी का अनुपात 2 : 1 है। मिश्रण में कितना लीटर पानी मिलाया जाए कि अनुपात 1 : 2 हो जाए?

(a) 20 (b) 40
(c) 60 (d) 80

निर्देश : निम्नलिखित प्रश्न और उसके बाद तीन कथनों में जानकारी दी गई है। आपको तीनों कथनों में दी गई

जानकारी पर विचार करना है और तय करना है कि किन कथन/कथनों में दी गई जानकारी प्रश्न का उत्तर देने के लिए आवश्यक नहीं है और इसलिए उसे/उन्हें निकाल दिया जा सकता है। तदनुसार अपना उत्तर दीजिए।

24. नीता, सीता और गीता द्वारा चलाए जा रहे संयुक्त कारोबार में 2 वर्ष के अंत में अर्जित लाभ में नीता का हिस्सा कितना है ?

कथन :

I. कारोबार शुरू करने के लिए नीता ने ₹85,000 का निवेश किया था।

II. क्रमशः 3 : 5 के अनुपात में राशि का निवेश करते हुए छह महीने बाद सीता और गीता, नीता के कारोबार में शामिल हो गयीं।

III. सीता और गीता के निवेश की कुल राशि ₹2.5 लाख है।

(a) केवल II
(b) केवल III
(c) केवल या तो II या III
(d) तीनों कथनों की जानकारी प्रश्न का उत्तर देने के लिए जरूरी है।

25. पेट्रोल से लगी आग को बुझाने में जल प्रभावी नहीं होता, क्योंकि

(a) ज्वाला इतनी गरम होती है कि जल उसे ठंडा नहीं कर पाता
(b) जल और पेट्रोल में रासायनिक अभिक्रिया हो जाती है
(c) जल और पेट्रोल एक-दूसरे में मिश्रणीय हैं
(d) जल और ऊपरी परत बनाता है। अतः जलता रहता है

26. निम्नलिखित में से कौन-सा कार्य निर्वाचन आयोग के कार्यक्षेत्र में नहीं आता है?

(a) भारत के प्रधानमंत्री का चुनाव करना
(b) भारत के राष्ट्रपति का चुनाव करना
(c) राजनीतिक दलों को मान्यता प्रदान करना
(d) राजनीतिक दलों का चुनाव चिह्न नियत करना

27. किसी 5 मि.मी. व्यास वाले बेलनाकार पाइप से 10 मी/मिनट की चाल से पानी बहता है। 30 सेमी. व्यास वाले आधार पर स्थित तथा 24 सेमी. ऊँचे शंकु को पानी से भरने में समय ज्ञात करें।

(a) 28 मिनट 48 सेकेण्ड
(b) 51 मिनट 12 सेकेण्ड
(c) 51 मिनट 24 सेकेण्ड
(d) 28 मिनट 36 सेकेण्ड

28. डैल्टोनिज्म (प्रोटेनोपिया) एक प्रकार की वर्णान्धता है। उसमें रोगी कौन-सा रंग नहीं देख पाता?

(a) हरा रंग (b) लाल रंग
(c) नीला रंग (d) ये सभी

29. सौर प्रणाली की खोज किसने की थी?

(a) गैलिलियो (b) जे. एल. बेअर्ड
(c) कापरनिकस (d) केप्लर

30. दी गई उत्तर आकृतियों में से उस उत्तर आकृति को चुनिए जिसमें प्रश्न आकृति निहित है।

प्रश्न आकृति :

उत्तर आकृतियाँ :

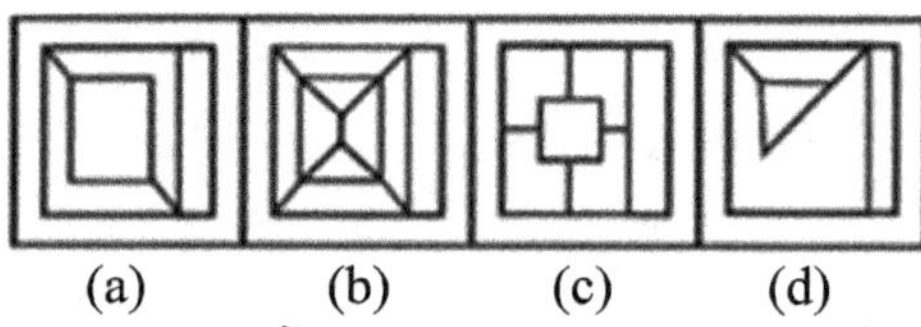

(a) (b) (c) (d)

31. असम सरकार ने प्रसिद्ध पत्रकार .... को गणतंत्र दिवस पत्रकारिता पुरस्कार 2019 से सम्मानित किया है।

(a) गौरी शंकर कालिता (b) धीरेंद्र नाथ चक्रवर्ती
(c) अर्नब गोस्वामी (d) आनंद चंद्र बैरवा

32. श्वेत फॉस्फोरस सामान्यतः इसके अन्तर्गत रखा जाता है–

(a) ग्लिसरीन (b) मिट्टी का तेल
(c) एल्कोहॉल (d) जल

33. यदि $\frac{4\sqrt{3}+5\sqrt{2}}{\sqrt{48}+\sqrt{18}} = a + b\sqrt{6}$, तो a और b का मान ज्ञात करें।

(a) $\frac{9}{15}, -\frac{4}{15}$ (b) $\frac{3}{11}, \frac{4}{33}$
(c) $\frac{9}{10}, \frac{2}{5}$ (d) $\frac{3}{5}, \frac{4}{15}$

34. रामनाथ गोयनका उत्कृष्टता पुरस्कार ______ के क्षेत्र में दिया जाता है।

(a) राष्ट्रीय सुरक्षा (b) खेल
(c) पत्रकारिता (d) सामाजिक सक्रियता

35. $\sqrt{\frac{0.009 \times 0.036 \times 0.016 \times 0.09}{0.002 \times 0.0008 \times 0.0002}}$ का मान ज्ञात करें।

(a) 34 (b) 36
(c) 38 (d) 39

36. गवर्नमेंट ई-मार्किट प्लेस (GeM) ने "वूमनिया ऑन GeM" पहल शुरू की है। GeM ______ के तत्वावधान में स्थापित एक सौ प्रतिशत सरकारी स्वामित्व वाली कंपनी है।
(a) वाणिज्य और उद्योग मंत्रालय
(b) कौशल विकास और उद्यमिता मंत्रालय
(c) श्रम और रोजगार मंत्रालय
(d) गृह मंत्रालय

37. बरनौली का सिद्धान्त निम्नलिखित में से किसके संरक्षण का प्रकथन है?
(a) ऊर्जा (b) दाब
(c) द्रव्यमान (d) रेखिक संवेग

38. $\left(\frac{\sqrt{3}+\sqrt{2}}{\sqrt{3}-\sqrt{2}}\right)$ का वर्गमूल क्या होगा?
(a) $\sqrt{3}+\sqrt{2}$ (b) $\sqrt{3}-\sqrt{2}$
(c) $\sqrt{2}\pm\sqrt{3}$ (d) $\sqrt{2}-\sqrt{3}$

39. प्रकाश वोल्टीय सेल के प्रयोग से सौर ऊर्जा का रूपान्तरण करने से निम्नलिखित में से किसका उत्पादन होता है?
(a) प्रकाशीय ऊर्जा (b) विद्युत ऊर्जा
(c) ऊष्मीय ऊर्जा (d) यांत्रिक ऊर्जा

40. 'मानस पशुविहार' किस राज्य में स्थित है?
(a) राजस्थान (b) असम
(c) झारखण्ड (d) छत्तीसगढ़

41. $\left(1-\frac{1}{3}\right)\left(1-\frac{1}{4}\right)\left(1-\frac{1}{5}\right)....\left(1-\frac{1}{25}\right)$ किसके बराबर है?
(a) $\frac{2}{25}$ (b) $\frac{1}{25}$
(c) $1\frac{19}{25}$ (d) $\frac{1}{325}$

42. REMIT को *£3□7 और CONSUL को =%8 β $5 लिखा जाता है तो OCELOT कैसे लिखा जाएगा?
(a) %=3587 (b) %=£5%7
(c) %=35%□ (d) %35%7

निर्देश : निम्नलिखित प्रश्न में एक कथन तथा उस पर आधारित दो निष्कर्ष I व II दिये हैं। आपको यह मानकर चलना है कि कथन सही हैं। चाहे वह असत्य ही क्यों न प्रतीत होता हैं।

43. **कथन:** भविष्य में बहुत से विकासशील देशों की जनसंख्या में बढ़ोतरी के साथ-साथ स्रोतों में निरंतर कमी का दृश्य उपस्थित होने वाला है।

निष्कर्ष:
I. भविष्य में विकासशील देशों की जनसंख्या में वृद्धि जारी नहीं रहेगी।
II. विकासशील देशों की सरकारों को अपने लोगों के लिए उनके जीवन को सुचारू बनाना बहुत कठिन होगा।
(a) यदि केवल निष्कर्ष I अनुसरण करता है।
(b) यदि केवल निष्कर्ष II अनुसरण करता है।
(c) यदि न तो I और न ही II अनुसरण करता है।
(d) यदि I और II दोनों अनुसरण करते हैं।

44. उस आकृति का चयन करें जो प्रश्न आकृति के पैटर्न को पूरा करेगी।

प्रश्न आकृति:

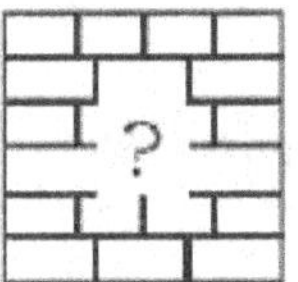

उत्तर आकृतियाँ:

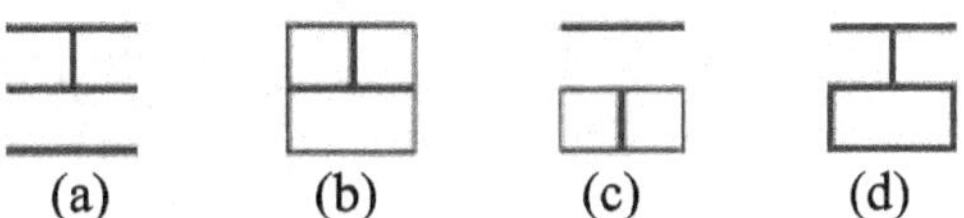

45. निम्नलिखित में से कौन-सी धातु स्वतन्त्र अवस्था में पाई जाती है?
(a) ऐलुमिनियम (b) सोना
(c) लोहा (d) सीसा

46. B और C मिलकर जितना काम करते हैं A उतना ही काम कर सकता है। A और B मिलकर किसी काम को 9 घंटे 36 मिनट में कर सकते हैं और C इस काम को 48 घंटे में कर सकता है, तो B अकेला कितने घंटे में काम खत्म करेगा?
(a) 18 घंटे (b) 24 घंटे
(c) 30 घंटे (d) 12 घंटे

47. दो न्यूट्रॉनों के बीच आकर्षण बल उपलब्ध करा सकते हैं?
(a) गुरुत्वीय और स्थिर-विद्युत
(b) कुछ अन्य बल
(c) गुरुत्वीय और नाभिकीय
(d) स्थिर-विद्युत और नाभिकीय

48. अनुक्रम 2, 6, 11, 17, ... का छवां पद ज्ञात करें।
(a) 24 (b) 30
(c) 32 (d) 36

49. दिए गए निम्न आकृति के त्रिभुज 'लड़कियों' को दर्शाता है, वर्ग खिलाड़ियों को तथा वृत्त कोच को। आकृति का कौन-सा भाग उन लड़कियों को दर्शाता है जो खिलाड़ी हैं पर कोच नहीं है?

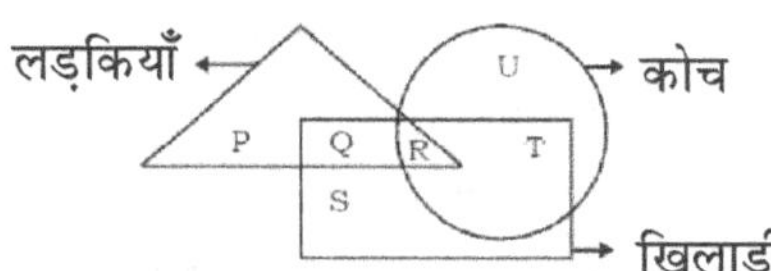

(a) P (b) Q
(c) R (d) S

50. यदि '<' को '+' और '×' को '÷' के रूप माना जाता है, तो ((25 < 15) × 4) < 1 का मान क्या होगा?
(a) 13 (b) 11
(c) 20 (d) 5

51. आपको एक प्रश्न और तीन कथन दिये गये हैं। निर्णय कीजिए कि कौन-सा/से कथन प्रश्न का उत्तर देने के लिए आवश्यक/पर्याप्त है/हैं।

K, F, M और T एक पंक्ति में खड़े हैं। निम्नलिखित जानकारी के आधार पर, यदि हम सबसे छोटे से सबसे बड़े के क्रम में व्यवस्था करते हैं, तो क्या हम बता सकते हैं कि दूसरे स्थान पर कौन खड़ा है?

कथनः
1. F सबसे लंबा है।
2. K, T से लंबा है।
3. T सबसे छोटा है।

(a) हल करने के लिए कथन 1 और 3 पर्याप्त हैं।
(b) कथन 1, 2, 3 अकेले प्रश्न हल करने के लिए पर्याप्त हैं।
(c) कथन 1 और 2 दोनों एकसाथ पर्याप्त हैं।
(d) सभी कथन पर्याप्त हैं।

52. यदि A की आय, B से 50% कम है तो B की आय, A से कितना प्रतिशत अधिक है?
(a) 125% (b) 100%
(c) 75% (d) 150%

53. जब जल स्वयं रासायनिक रूप से किसी तत्व या खनिज के साथ मिलता है, तो उसे कहते हैं
(a) कार्बोनेशन (b) विसिलिकेशन
(c) जलयोजन (उदकन) (d) ऑक्सीकरण

54. काष्ठ स्प्रिट क्या होती है?
(a) मेथिल ऐल्कोहॉल (b) एथिल ऐल्कोहॉल
(c) ब्यूटिल एल्कोहॉल (d) प्रोपिल ऐल्कोहॉल

55. छाल वल्क पर उगने वाली कवकों को किस प्रकार का कहा जाता है?
(a) काष्ठरागी (b) शिलावासी
(c) शमलरागी (d) वल्कवासी

56. 120 और 300 के बीच में कितनी पूर्ण वर्ग संख्या आती हैं?
(a) 5 (b) 6
(c) 7 (d) 8

57. यदि 'n' कोई प्राकृत संख्या है, तो $(n^3 - n)$ को विभाजित करने वाली संख्या क्या होगी?
(a) 3 (b) 6
(c) 12 (d) 18

58. भारत में प्रायद्वीपीय नदी से सम्बद्ध सबसे ऊँचा निकास बेसिन कौन-सा है?
(a) महानदी (b) गोदावरी
(c) कृष्णा (d) नर्मदा

59. गणतंत्र दिवस परेड में पहली बार भाग लेकर सभी महिला _______ की सैन्यदल ने इतिहास रचा।
(a) असम राइफल्स
(b) गढ़वाल राइफल्स
(c) बी.एस.एफ.
(d) डोगरा रेजिमेंट

60. रवीन्द्रनाथ टैगोर द्वारा लिखित गीत 'जन-गण-मन' सर्वप्रथम जनवरी, 1912 में किस नाम से प्रकाशित हुआ था?
(a) राष्ट्र जागृति (b) तत्व बोधिनी
(c) भारत भाग्य विधाता (d) इनमें से कोई नहीं

61. एक कार 25 किमी/घंटा की गति से 75 किमी की दूरी तय करती है। अगले 25 किमी की यात्रा 5 किमी/घंटा और अंतिम 50 किमी की यात्रा 25 किमी/घंटा की गति से पूरी करती है। कार की औसत गति क्या है?
(a) 40 कि.मी./घंटा
(b) 25 कि.मी./घंटा
(c) 15 कि.मी./घंटा
(d) 12.5 कि.मी./घंटा

62. निम्नलिखित में से किस ऑटोमोबाइल के रेचन से कैंसर हो सकता है?
(a) नाइट्रोजन के ऑक्साइड
(b) कार्बन मोनॉक्साइड
(c) सीसा
(d) पॉलीक्लीनिक हाइड्रोकार्बन

63. उस आकृति का चयन करें जो प्रश्न आकृति के पैटर्न को पूरा करेगी।

प्रश्न आकृतिः

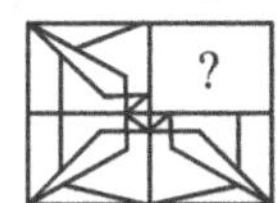

उत्तर आकृतियाँः

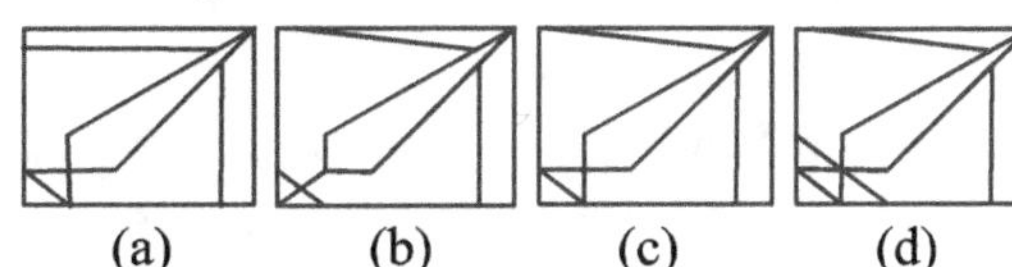

64. किसी तत्व के समस्थानिकों के बीच अन्तर किनकी भिन्न (अलग) संख्या की उपस्थिति के कारण होता है?
(a) प्रोट्रॉन (b) न्यूट्रॉन
(c) इलेक्ट्रॉन (d) फोटॉन

65. वृक्क के आकार की द्वार कोशिकाएँ किसमें होती हैं?
(a) द्विबीजी पादपों में (b) एकबीजी पदापों में
(c) उपरोक्त दोनों में (d) शैवाल (काई) में

66. दो खंभे x मी. की दूरी पर स्थित हैं तथा एक खंभे की ऊँचाई दूसरे की अपेक्षा दोगुनी है। यदि उनके मध्य एक बिंदु से उनके उच्च बिंदुओं के उन्नयन कोण एक-दूसरे के पूरक हों, तब छोटे खंभे की ऊँचाई ज्ञात करें।
(a) $\frac{x}{2\sqrt{2}}$ (b) $\frac{x}{4}$
(c) $x\sqrt{2}$ (d) $\frac{x}{2}$

67. इन्सुलिन का आविष्कार किसने किया था?
(a) एफ. बेंटिंग (b) एडवर्ड जेनर
(c) रोनाल्ड रॉस (d) एस.ए. वेक्समैन

68. राकेट के प्रक्षेपण में गति का कौन-सा नियम लागू होता है?
(a) सापेक्षता का सिद्धान्त (b) गति का प्रथम नियम
(c) गति का द्वितीय नियम (d) गति का तृतीय नियम

69. दो वृत्त एक-दूसरे को आन्तरिक रूप से स्पर्श करते हैं। उनकी त्रिज्या क्रमशः 2 से.मी. तथा 3 से.मी. है। बड़े वृत्त की बड़ी-से-बड़ी जीवा ज्ञात करें, जो आन्तरिक वृत्त से बाहर हो।
(a) $2\sqrt{2}$ से.मी. (b) $3\sqrt{2}$ से.मी.
(c) $2\sqrt{3}$ से.मी. (d) $4\sqrt{2}$ से.मी.

70. यदि EARTH का कोड 41590 और PALE का कोड 2134 हो तो PEARL का कोड क्या होगा?
(a) 12345 (b) 54123
(c) 21534 (d) 24153

71. उस आकृति का चयन करें जो प्रश्न आकृति के पैटर्न को पूरा करेगी।

प्रश्न आकृतिः

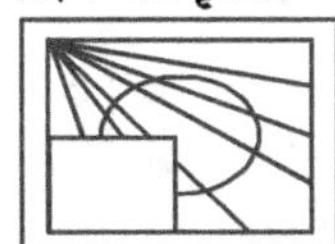

उत्तर आकृतियाँः

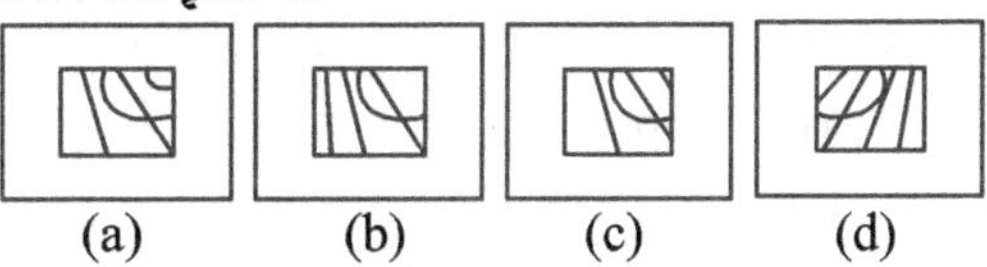

72. $a+\frac{1}{a}=5$ है, तो $a^3+\frac{1}{a^3}$ का मान पता करें।
(a) –110 (b) 110
(c) –98 (d) 98

73. यदि हम किसी पात्र के तल पर द्रव के दाब की गणना करना चाहे, तो उसे निर्धारित करने के लिए कौन-सी मात्रा अपेक्षित नहीं है?
(a) द्रव स्तम्भ की ऊँचाई
(b) पात्र के तल के पृष्ठ का क्षेत्रफल
(c) द्रव का घनत्व
(d) पात्र के तल पर गुरुत्व के कारण त्वरण

74. नीति आयोग के पूर्णकालिक संगठनीय ढाँचे में सदस्य किसके द्वारा नामित किए जाते हैं?
(a) नीति आयोग का वाइस चेयरपर्सन
(b) प्रधानमंत्री
(c) लोकसभा में विपक्ष का नेता
(d) नीति आयोग का सीईओ

75. उस आकृति का चयन करें जो प्रश्न आकृति के पैटर्न को पूरा करेगी।

प्रश्न आकृतिः

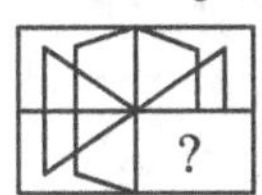

उत्तर आकृतियाँः

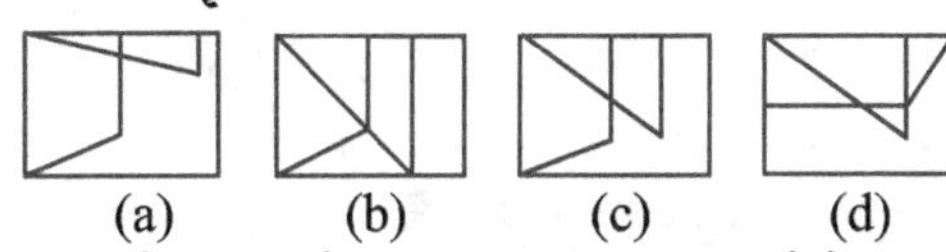

76. यदि लोकसभा के अध्यक्ष एवं उपाध्यक्ष दोनों पद रिक्त होते हैं, तो सदन की बैठकों की अध्यक्षता कौन करेगा?

(a) सदन द्वारा नामित सदस्य
(b) लोकसभा का वरिष्ठतम सदस्य
(c) सदन द्वारा अनुमोदित चेयरपर्सन के पैनल से प्रथम सदस्य
(d) राष्ट्रपति द्वारा नामनिर्दिष्ट सदस्य

77. यदि किसी सांकेतिक भाषा में 'SISTER' को 535301, 'UNCLE' को 84670 और 'BOY' को 129 लिखा जाता है तो 'RUSTIC' को उस कोड में कैसे लिखा जाएगा?
(a) 633185 (b) 185336
(c) 363815 (d) 581363

78. दो पाइप A और B एक टैंक को क्रमश: 36 मिनट तथा 45 मिनट में भर सकते है। अन्य पाइप C टंकी को 30 मिनट में खाली कर सकता है। पहले A और B को खोला जाता है, 7 मिनट बाद C को भी खोल दिया जाता है। टैंक कितने समय में भरेगा?
(a) 39 मिनट (b) 46 मिनट
(c) 40 मिनट (d) 45 मिनट

79. असमान द्रव्यमान वाले दो पत्थर समान वेग से ऊर्ध्वाधर ऊपर फेंके गए हैं। निम्नलिखित में से क्या घटित होगा?
(a) भारी द्रव्यमान अधिक ऊँचाई तक जाएगा
(b) हल्का द्रव्यमान अधिक ऊँचाई तक जाएगा
(c) दोनों बराबर ऊँचाई तक जाएँगे
(d) उनमें से कोई भी अधिक ऊँचाई तक जा सकता है

80. प्रकाश स्तम्भ में अत्यधिक तेज प्रकाश किस प्रयोजन से होता है?
(a) भीड़ वाले महानगरों में रात में यातायात जाम होने पर मार्गदर्शन करना और जाम हटाना
(b) धार्मिक स्थानों में रात में एकत्र भीड़ का मार्गदर्शन करना और उनकी सहायता करना
(c) रात में आने वाले युद्ध पोतों को बंदरगाह का स्थान बताना
(d) समुद्र में विभिन्न दिशाओं से आ रहे जहाजों का मार्गदर्शन करना और उन्हें चेतावनी देना

81. ₹6,450 के धन को 5% साधारण ब्याज की वार्षिक दर से 4 वार्षिक किस्तों में चुकाया जाता है। बतायें प्रत्येक किस्त की राशि कितनी होगी।
(a) ₹1,400 (b) ₹1,500
(c) ₹1,550 (d) ₹1,600

82. मुदुमलाई पशुविहार प्रसिद्ध है–
(a) व्याघ्रों के लिए
(b) गवलों (बाइसनों के लिए)
(c) पक्षियों के लिए
(d) हाथियों के लिए

83. इनमें से कौन ग्लोबल सोलर काउंसिल (GSC) के प्रमुख बनने वाले पहले भारतीय बन गए हैं?
(a) मानब कलिता
(b) सुशांत कुमार सिंह
(c) संध्या रविशंकर
(d) प्रणव आर मेहता

84. 'वी आर डिसप्लेस्ड' नामक पुस्तक के लेखक कौन हैं?
(a) मलाला यूसूफ़जई
(b) सलमान रुश्दी
(c) शशि थरूर
(d) मानसी गुलाटी

85. एक फोटोग्राफ की ओर इशारा करते हुए निकिता कहती है, "वह मेरी दादी/नानी की पुत्री की एक मात्र पोती/नातिन है।" वह लड़की निकिता से किस प्रकार संबंधित है?
(a) बहन
(b) भतीजी/भांजी या पुत्री
(c) आंट
(d) निर्धारित नहीं किया जा सकता

86. एक कथन के आगे दो निष्कर्ष I व II दिए गए हैं। आप सामान्य ज्ञात तथ्यों में अन्तर होने पर भी कथन की पड़ताल, सत्य समझ कर करें। आप तय करें कि दिए गए निष्कर्षों में से कौन-सा, यदि कोई हो, दिए गए कथन से निकलता है।

कथन:
''शिवम कॉलोनी में कल दोपहर 12 बजे के बाद विद्युत आपूर्ति मरम्मत का कार्य शुरू किए जाने के कारण 3 घंटें के लिए बंद रहेगी''

निष्कर्ष:
I. शिवम कॉलोनी के निवासी अपने बिजली के उपकरण कल दोपहर 12 बजे से पहले प्रयोग कर सकते हैं।
II. शिवम कॉलोनी के निवासियों को बिजली कम-से-कम प्रयोग करने के लिए परीक्षण की जरूरत है।
(a) केवल निष्कर्ष I लागू होता है।
(b) केवल निष्कर्ष II लागू होता है।
(c) दोनों निष्कर्ष लागू होता है।
(d) कोई भी निष्कर्ष लागू नहीं होता है।

87. सामान्य वर्ग के आर्थिक रूप से कमजोर वर्ग के लिए 10% आरक्षण लागू करने वाला पहला राज्य कौन-सा राज्य बन गया है?

(a) उत्तराखंड (b) गुजरात
(c) महाराष्ट्र (d) मध्यप्रदेश

88. $(3)^{\frac{1}{3}}, (2)^{\frac{1}{2}}, 1, (6)^{\frac{1}{6}}$ में से अधिकतम मान किसका है?
(a) $(2)^{\frac{1}{2}}$ (b) 1
(c) $(6)^{\frac{1}{6}}$ (d) $(3)^{\frac{1}{3}}$

89. वर्तमान दौलताबाद जहाँ मोहम्मद-बिन-तुगलक ने दिल्ली से राजधानी को स्थानान्तरित किया था, किसके समीप स्थित है?
(a) मैसूर (b) औरंगाबाद
(c) निजामाबाद (d) भोपाल

90. एक व्यक्ति किसी काम को 150 दिनों में पूरा करने का ठेका लेता है और इसके लिए वह 200 लोगों को काम पर लगाता है। 50 दिनों के बाद वह पाता है कि केवल एक चौथाई काम हो पाया हो, तो समय पर काम पूरा करने के लिये कितने अतिरिक्त लोगों को काम पर लगाना होगा?
(a) 50 (b) 75
(c) 100 (d) 125

91. किस चार्टर एक्ट से चीन के साथ ईस्ट इंडिया कम्पनी का व्यापार एकाधिकार समाप्त हुआ?
(a) चार्टर एक्ट, 1793
(b) चार्टर एक्ट, 1813
(c) चार्टर एक्ट, 1833
(d) चार्टर एक्ट, 1853

92. यदि हम किसी पात्र के तल पर द्रव के दाब की गणना करना चाहे, तो उसे निर्धारित करने के लिए कौन-सी मात्रा अपेक्षित नहीं है?
(a) द्रव स्तम्भ की ऊँचाई
(b) पात्र के तल के पृष्ठ का क्षेत्रफल
(c) द्रव का घनत्व
(d) पात्र के तल पर गुरुत्व के कारण त्वरण

93. X तथा Y, Z के बच्चे हैं, यदि Z, X का पिता है लेकिन Y, Z का पुत्र नहीं है, तो Y तथा Z के बीच संबंध ज्ञात करें।
(a) बहन तथा भाई
(b) पुत्र तथा पिता
(c) पुत्री तथा माँ
(d) पुत्री तथा पिता

94. मई माह में आय से किराना तथा बिजली पर कितना खर्च किया गया?
अप्रैल महीने की आय : ₹24,000

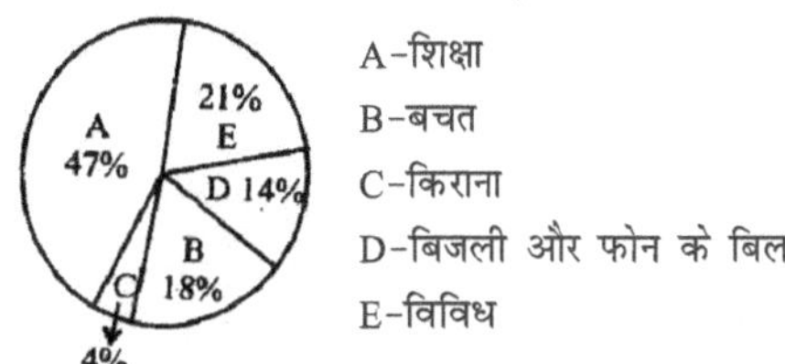

मई महीने की आय : ₹25,000

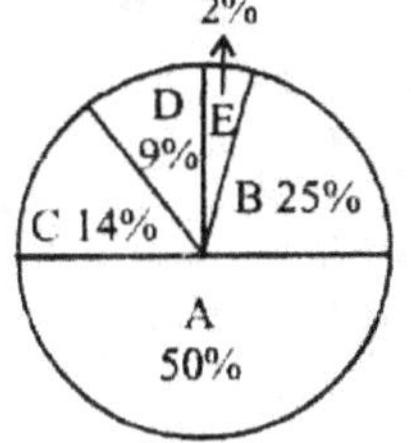

(a) ₹ 2160, ₹ 480 (b) ₹ 6250, ₹ 3360
(c) ₹ 960, ₹ 5040 (d) ₹ 3500, ₹ 2250

95. इनमें से कौन-सा आरेख पृष्ठ, अध्याय तथा पुस्तक के बीच सही संबंध इंगित करता है?

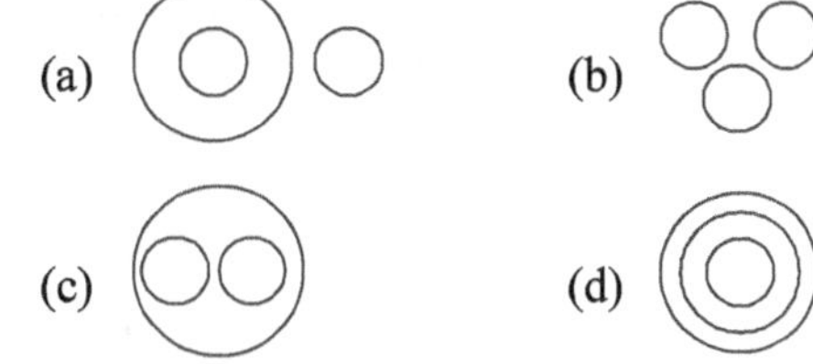

96. साइकिल चालक को वर्तुल गति में झुकना चाहिए
(a) केन्द्र की ओर तिरछे
(b) केन्द्र से दूर तिरछे
(c) आगे की ओर
(d) पीछे की ओर

97. एल्कोहॉली किण्वन किया जाता है–
(a) छत्रक (मशरूम) द्वारा (b) अमीबा द्वारा
(c) वाइरस द्वारा (d) खमीर (यीस्ट) द्वारा

98. कुछ रेगिस्तानी छिपकलियाँ अपने मल को शुष्क आकार में निष्कासित करती हैं। इससे किस प्रकार की मदद मिलती है?
(a) परभक्षियों के विरुद्ध बचाव की कारवाई
(b) जीवों का सीमित रखने का उपाय
(c) जीवों का पर्यावरण के अनुसार अनुकूलन
(d) खाद्य की कमी की समस्या निपटाना

99. यदि भिन्न $\frac{1}{2}$, $\frac{2}{3}$, $\frac{5}{9}$, $\frac{6}{13}$ और $\frac{7}{9}$ को आरोही क्रम में सजाए जाएं तो इनमें से कौन-सा भिन्न चौथा क्रम पर होगा?

(a) $\frac{2}{3}$ (b) $\frac{6}{13}$
(c) $\frac{5}{9}$ (d) $\frac{7}{9}$

100. एक परीक्षा उत्तीर्ण होने के लिए कुल 336 अंक प्राप्त करना जरूरी है। एक छात्र को 35% अंक मिलते हैं और वह 42 अंकों से फेल हो जाता है। कोई छात्र अधिकतम कितने अंक प्राप्त कर सकता है?

(a) 800
(b) 825
(c) 840
(d) इनमें से कोई नहीं

उत्तरमाला

1	(c)	11	(d)	21	(a)	31	(b)	41	(a)	51	(*)	61	(c)	71	(c)	81	(b)	91	(c)
2	(b)	12	(a)	22	(b)	32	(d)	42	(b)	52	(b)	62	(c)	72	(b)	82	(b)	92	(b)
3	(c)	13	(b)	23	(c)	33	(d)	43	(b)	53	(c)	63	(c)	73	(b)	83	(d)	93	(d)
4	(b)	14	(a)	24	(d)	34	(c)	44	(d)	54	(a)	64	(b)	74	(b)	84	(a)	94	(d)
5	(a)	15	(c)	25	(d)	35	(b)	45	(b)	55	(a)	65	(a)	75	(c)	85	(b)	95	(d)
6	(d)	16	(c)	26	(a)	36	(a)	46	(b)	56	(c)	66	(a)	76	(c)	86	(a)	96	(a)
7	(c)	17	(d)	27	(a)	37	(d)	47	(c)	57	(b)	67	(a)	77	(b)	87	(b)	97	(d)
8	(a)	18	(d)	28	(d)	38	(a)	48	(c)	58	(b)	68	(d)	78	(a)	88	(d)	98	(d)
9	(d)	19	(a)	29	(d)	39	(b)	49	(b)	59	(a)	69	(d)	79	(c)	89	(b)	99	(a)
10	(a)	20	(c)	30	(b)	40	(b)	50	(b)	60	(c)	70	(d)	80	(d)	90	(c)	100	(c)

संकेत एवं हल

1. (c) प्रतिरूप कुछ इस प्रकार है

$1 + 4 = 5$
$5 + 7\ (= 4 + 3) = 12$
$12 + 12\ (= 7 + 5) = 24$
$24 + 19\ (= 12 + 7) = 43$
$43 + 28\ (= 19 + 9) = \boxed{71}$

3. (c) $\frac{\sqrt{32}+\sqrt{48}}{\sqrt{8}+\sqrt{12}}$

$$= \frac{\sqrt{2\times2\times2\times2\times2}+\sqrt{2\times2\times2\times2\times3}}{\sqrt{2\times2\times2}+\sqrt{2\times2\times3}}$$

$$\Rightarrow \frac{4\sqrt{2}+4\sqrt{3}}{2\sqrt{2}+2\sqrt{3}} = \frac{2(2\sqrt{2}+2\sqrt{3})}{(2\sqrt{2}+2\sqrt{3})} = 2$$

4. (b) चौथे मित्र की आयु $= 31 \times 4 - 32 \times 3$
$= 124 - 96 = 28$ वर्ष

5. (a) चमगादड़ एक स्तनपायी है।

6. (d) अन्य सभी जमीन के अंदर होती हैं जबकि बन्दगोभी जमीन के ऊपर होती है।

7. (c) उल्लेखित कथन का अनुसरण दोनों निष्कर्षों द्वारा नहीं हो रहा है।

8. (a) जून को छोड़कर अन्य सभी महीनों में 31 दिन होते हैं।

10. (a) ट्रेन की गति $= \frac{(200+400)}{36} \times \frac{18}{5} = 60$ किमी/घंटा

11. (d) वर्ग की भुजा $= \sqrt{81} = 9$ सेमी.

$\therefore$ तार की लंबाई $= 4 \times 9 = 36$ से.मी.

$\therefore$ अर्द्ध वृत्त की परिधि $= (\pi + 2)r$

जहाँ r = त्रिज्या

$$\Rightarrow \left(\frac{22}{7}+2\right)r = 36$$

$\Rightarrow \frac{36}{7}r = 36$

$\Rightarrow r = \frac{36 \times 7}{36} = 7$ से.मी.

12. (a) उल्लेखित कथन से केवल यह कहा जा सकता है कि राज्यपाल की नियुक्ति राष्ट्रपति द्वारा होती है। निष्कर्ष (1) ही अनुसरण करता है।

15. (c) त्रिभुजः
$\Delta ABH, \Delta BHC, \Delta CHG, \Delta AHC, \Delta CGD, \Delta DEF, \Delta CDH = 7$

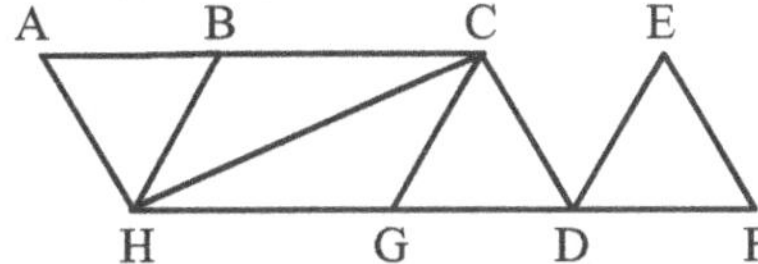

16. (c) सापेक्ष चाल = 11 – 10 = 1 कि.मी./घंटा हैं।
6 मिनट में तय की गई दूरी

$= \frac{1000}{60} \times 6$ मीटर = 100 मीटर

$\therefore$ शेष दूरी = 200 – 100 = 100 मीटर

17. (d) धीरू का मासिक वेतन

$= \frac{600000}{12} = ₹50,000$

सूर्य का मासिक वेतन

$= 50000 \times \frac{40}{100} = ₹20,000$

प्रणव का मासिक वेतन

$= 20000 \times \frac{80}{25} = ₹64,000$

18. (d)

A	: B	: C
5	: 3	
	4	: 5
20	12	: 15

माना, 20x : 12x : 15x

$\therefore \quad 20x + 12x + 15x = 47x$

$47x = 564$

$x = \frac{564}{47} \Rightarrow 12$

$\therefore$ B का प्राप्तांक = 12x = 12 × 12 = 144

21. (a) $a + \frac{1}{a+2} = 0$

$\Rightarrow a + 2 + \frac{1}{a+2} = 2$

धन करने पर,

$$\left[(a+2) + \frac{1}{a+2}\right]^3 = 8$$

$$\Rightarrow (a+2)^3 + \frac{1}{(a+2)^3} + 3(a+2) \times \frac{1}{(a+2)}\left(a+2+\frac{1}{a+2}\right) = 8$$

$$\Rightarrow (a+2)^3 + \frac{1}{(a+2)^3} + 3 \times 2 = 8$$

$$\Rightarrow (a+2)^3 + \frac{1}{(a+2)^3} = 8 - 6 = 2$$

23. (c) दोनों मिश्रणों में दूध के भागों पर मिश्रण का सिद्धांत प्रयोग करने पर

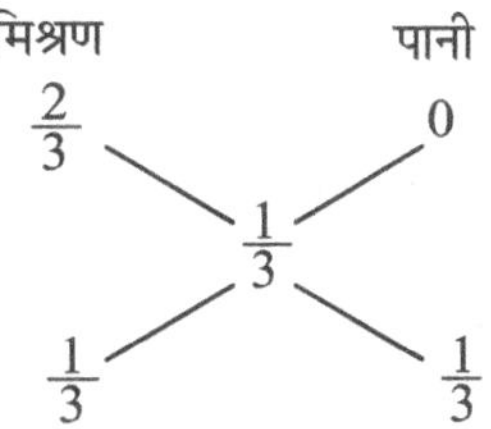

मिश्रण और पानी का अनुपात = 1 : 1

अतः अगर 60 लीटर का मिश्रण है, तो 60 लीटर पानी मिलाया जाना चाहिए।

24. (d) प्रश्न का उत्तर देने के लिये तीनों कथन आवश्यक हैं।

27. (a) पाईप से प्रवाहित 1 मिनट में जल का आयतन
$= \pi \times 0.25 \times 0.25 \times 1000$ घन से.मी.
शंक्वाकार बर्तन का आयतन

$= \frac{1}{3}\pi \times 15 \times 15 \times 24$ घन से.मी.

$\therefore$ अभीष्ट समय $= \frac{\pi \times 15 \times 15 \times 24}{3\pi \times 0.25 \times 0.25 \times 1000}$

= 28 मिनट 48 सेकंड

33. (d) $\frac{4\sqrt{3} + 5\sqrt{2}}{\sqrt{48} + \sqrt{18}}$

$\Rightarrow \frac{1 + 2\sqrt{2}}{4\sqrt{3} + 3\sqrt{2}} \quad 1 + \frac{2\sqrt{2}}{(4\sqrt{3} + 3\sqrt{2})}$

परिमेयकरण द्वारा

$1 + \frac{2\sqrt{2}(4\sqrt{3} - 3\sqrt{2})}{(4\sqrt{3} + 3\sqrt{2})(4\sqrt{3} - 3\sqrt{2})}$

$= \frac{30-12+8\sqrt{6}}{30}$

$\frac{18}{30}+\frac{8}{30}\sqrt{6} = a+b\sqrt{6}$

$\frac{3}{5}+\frac{4}{15}\sqrt{6} = a+b\sqrt{6}$

$a = \frac{3}{5}, \quad b = \frac{4}{15}$

35. (b) व्यंजक $= \sqrt{\frac{0.009\times0.036\times0.016\times0.09}{0.002\times0.0008\times0.0002}}$

$= \sqrt{\frac{9\times32\times16\times9}{2\times8\times2}} = 3\times2\times3\times2 = 36$

38. (a) व्यंजक $= \frac{(\sqrt{3}+\sqrt{2})}{(\sqrt{3}-\sqrt{2})}$

परिमेयकरण द्वारा, $\frac{(\sqrt{3}+\sqrt{2})(\sqrt{3}+\sqrt{2})}{(\sqrt{3}-\sqrt{2})(\sqrt{3}+\sqrt{2})}$

$= \frac{(\sqrt{3}+\sqrt{2})^2}{3-2} = (\sqrt{3}+\sqrt{2})^2$

$\therefore \sqrt{\frac{\sqrt{3}+\sqrt{2}}{\sqrt{3}-\sqrt{2}}} = \sqrt{(\sqrt{3}+\sqrt{2})^2} = \sqrt{3}+\sqrt{2}$

41. (a) $\left(1-\frac{1}{3}\right)\left(1-\frac{1}{4}\right)\left(1-\frac{1}{5}\right)....\left(1-\frac{1}{24}\right)\left(1-\frac{1}{25}\right)$

$= \frac{2}{3}\times\frac{3}{4}\times\frac{4}{5}.....\times\frac{23}{24}\times\frac{24}{25} = \frac{2}{25}$

42. (b) जिस प्रकार,

R E M I T
↓ ↓ ↓ ↓ ↓
★ £ 3 ⊓ 7

एवं,

C O N S U L
↓ ↓ ↓ ↓ ↓ ↓
= % 8 β $ 5

उसी प्रकार,

O C E L O T
↓ ↓ ↓ ↓ ↓ ↓
% = £ 5 % 7

46. (b) 9 घटा 36 मिनट

$= 9+\frac{36}{60} = 9\frac{3}{5}$ घंटा $= \frac{48}{5}$ घंटा

(A + B) का 1 घंटे का कार्य $= \frac{5}{48}$

C का 1 घंटे का कार्य $= \frac{1}{48}$

(A + B + C) का 1 घंटे का कार्य

$= \frac{5}{48}+\frac{1}{48} = \frac{1}{8}$ ...(i)

A का एक घंटे का कार्य = (B + C) का एक घंटे का कार्य ...(ii)

$2\times$A का एक घंटे का कार्य $= \frac{1}{8}$

A का 1 घंटे का कार्य $= \frac{1}{16}$

$\therefore$ B का 1 घंटे का कार्य $= \frac{5}{48}-\frac{1}{16}$

$= \frac{5-3}{48} = \frac{1}{24}$

$\therefore$ B अकेला कार्य 24 घंटे में खत्म कर देगा।

48. (c) $2+4=6$
$6+5=11$
$11+6=17$
$17+7=24$
$24+8=\boxed{32}$

50. (b) $((25+15)\div4)+1 = (40\div4)+1 = 11$

52. (b) वांछित प्रतिशत $= \frac{50}{100-50}\times100 = 100\%$

56. (c) $11^2=121, 12^2=144, 13^2=169, 14^2=196$
$15^2=225, 16^2=256, 17^2=289$
120 से ऊपर पूर्ण वर्ग = 11 का 121
300 से कम वर्ग संख्या = 17 का 289
कुल 11, 12, 13, 14, 15, 16, 17, जोकि 7 है।

57. (b) $n^3-n = (n^2-1)n$
$\Rightarrow n(n+1)(n-1)$
For $n=2, n^3-n=6$
$2^3-2=6$
अर्थात् n^3-n, 6 से हमेशा विभाजित होगा।

61. (c) पहले 75 किमी. की दूरी को तय करने में लगा समय $= \frac{75}{25} = 3$ घंटा

अगले 25 किमी की दूरी को तय करने में लगा समय $= \frac{25}{5} = 5$ घंटा

अंतिम 50 किमी की दूरी को तय करने में लगा

समय $= \frac{50}{25} = 2$ घंटा

कुल दूरी $= 75 + 25 + 50 = 150$ किमी

कुल समय $= 3 + 5 + 2 = 10$ घंटा

$\therefore$ औसत चाल $= \frac{150}{10} = 15$ किमी/घंटा

66. (a)

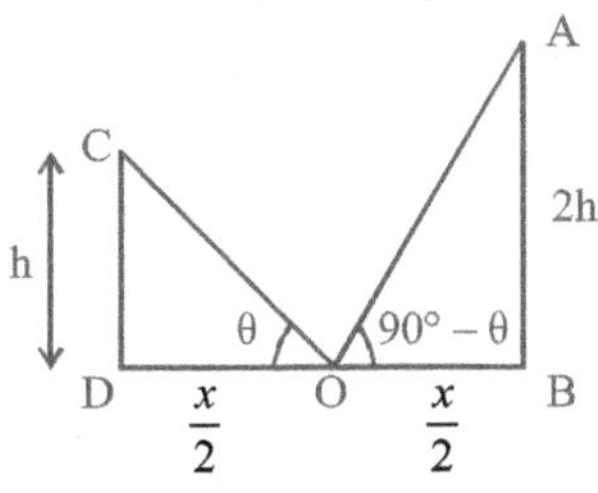

$OB = OD = \frac{x}{2}$

ΔOCD में, $\tan\theta = \frac{h}{\frac{x}{2}} \Rightarrow \frac{2h}{x}$ ...(i)

ΔAOB में, $\tan(90° - \theta) = \frac{AB}{30}$

$\Rightarrow \cot\theta = \frac{2h}{\frac{x}{2}} = \frac{4h}{x}$ ...(ii)

दोनों समीकरणों को गुणा करने पर

$\tan\theta \cot\theta = \frac{2h}{x} \times \frac{4h}{x}$

$\Rightarrow x^2 = 8h^2$

$\Rightarrow h^2 = \frac{x^2}{8} \Rightarrow h = \frac{x}{2\sqrt{2}}$ मीटर

69. (d)

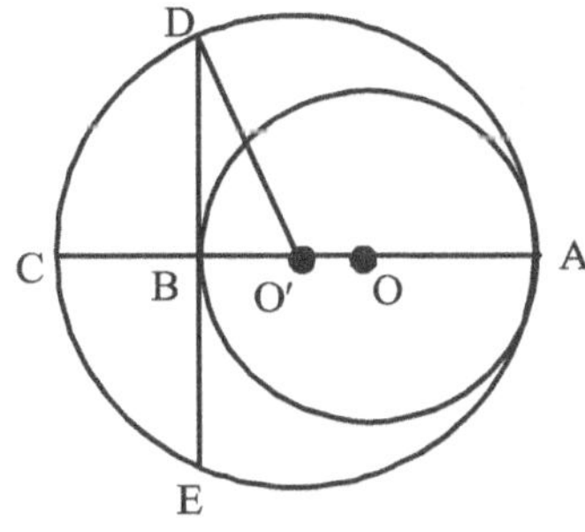

OA = 2 से.मी., CA = 6 से.मी.,

O′D = 3 से.मी., OO′ = AO′ – Å

= 3 – 2 = 1 सेमी.

O′B = 1 से.मी.

$BD = \sqrt{3^2 - 1} = 2\sqrt{2}$

$DE = 4\sqrt{2}$ से.मी.

70. (d) दिए गए अक्षरों के कोड इस प्रकार हैं,

P = 2, E = 4, A = 1, R = 5 और L = 3

अतः PEARL का कूट 24153 है।

72. (b) $\left(a + \frac{1}{a}\right)^3 = a^3 + \frac{1}{a^3} + 3.a.\frac{1}{a}\left(a + \frac{1}{a}\right)$

$\Rightarrow (-6)^3 = a^3 + \frac{1}{a^3} + 3(-6)$

$\Rightarrow a^3 + \frac{1}{a^3} = -216 + 18 = -198$

77. (b) इस भाषा में अंग्रेजी वर्णमाला के अक्षर निम्न संकेतों द्वारा प्रदर्शित हैं।

S I S T E R U N C L E B O Y

5 3 5 3 0 1 8 4 6 7 0 1 2 9

इस विधि का उपयोग करने पर 'RUSTIC' का कोड 185336 होगा।

78. (a) 1 मिनट में (A + B) द्वारा भरे गये टंकी का भाग

$= \frac{1}{36} + \frac{1}{45} = \frac{1}{20}$ भाग

7 मिनट में भरा जाएगा $= \frac{7}{20}$

शेष भाग $= 1 - \frac{7}{20} = \frac{13}{20}$

8वें मिनट में A, B और C द्वारा भरा गया हिस्सा

$= \frac{1}{36} + \frac{1}{45} - \frac{1}{30} = \frac{1}{20} - \frac{1}{30} = \frac{1}{60}$

टंकी का $\frac{13}{20}$ वाँ हिस्सा (A + B + C) द्वारा भरा गया

$= 60 \times \frac{13}{20} = 39$ मिनट में

81. (b) माना कि वार्षिक किस्त ₹x है।

$\therefore \left(x + \frac{x \times 3 \times 5}{100}\right) + \left(x + \frac{x \times 2 \times 5}{100}\right) + \left(x + \frac{x \times 1 \times 5}{100}\right) + x = 6450$

$\Rightarrow \frac{115x}{100} + \frac{110x}{100} + \frac{105x}{100} + x = 6450$

$\Rightarrow 115x + 110x + 105x + 100x = 6450 \times 100$

$\Rightarrow 430x = 6450 \times 100$

$\therefore x = \frac{6450 \times 100}{430} =$ ₹1500

86. (a) शिवम् कालोनी के लोग दोपहर 12 बजे से पूर्व विद्युत उपयोग कर सकते हैं। अत: निष्कर्ष (I) लागू होता है।

88. (d) 3, 2 और 6 का म.स. = 6

$\therefore \quad (3)^{\frac{1}{3}} = (3^2)^{\frac{1}{6}} = (9)^{\frac{1}{6}}$

$2^{\frac{1}{2}} = (2^3)^{\frac{1}{6}} = (8)^{\frac{1}{6}}$

$(1)^{\frac{1}{6}} = 1; (6)^{\frac{1}{6}} = (6)^{\frac{1}{6}}$

90. (c) 200 व्यक्ति कार्य का $\frac{1}{4}$ हिस्सा 50 दिन में करते हैं।

$\therefore \quad \frac{M_1D_1}{W_1} = \frac{M_2D_2}{W_2}$

$\Rightarrow \quad \frac{200 \times 50}{\frac{1}{4}} = \frac{M_2 \times 100}{\frac{3}{4}}$

$\Rightarrow \quad M_2 \times 100 = 200 \times 50 \times 3$

$\Rightarrow \quad M_2 = 300$

$\therefore$ अतिरिक्त व्यक्तियों की संख्या = 100

93. (d)

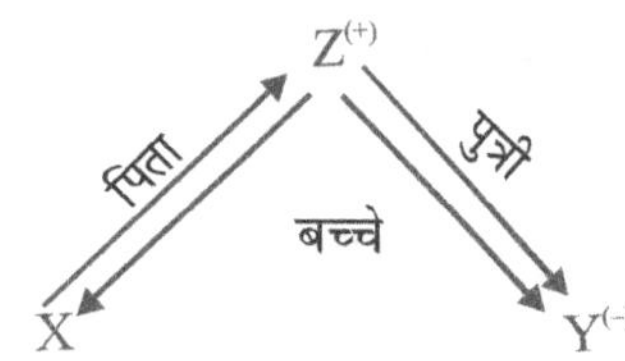

इसलिए उपरोक्त आरेख के अनुसार, Y तथा Z के बीच पुत्री तथा पिता का संबंध है।

94. (d) मई महीने की आय से किराने पर खर्च

$= \frac{25000 \times 14}{100} = ₹3500$

बिजली पर खर्चा $= \frac{25000 \times 9}{100} = ₹\ 2250$

99. (a) दिए गए भिन्नों का दशमलव समतुल्य :

$\frac{1}{2} = 0.5;$ $\quad \frac{2}{3} = 0.67;$

$\frac{5}{9} = 0.56;$ $\quad \frac{6}{13} = 0.46;$

$\frac{7}{9} = 0.78$

$\therefore \quad 0.46 < 0.5 < 0.56 < 0.67 < 0.78$

$\frac{6}{13} < \frac{1}{2} < \frac{5}{9} < \frac{2}{3} < \frac{7}{9}$

$\therefore$ अभीष्ट भिन्न $= \frac{2}{3}$

100.(c) माना अधिकतम अंक x है।

$\because \quad \frac{35x}{100} + 42 = 336$

$\therefore \quad x = 840$

RRB ग्रुप D 2018 सॉल्वड पेपर-8

दिनांक : 27 सितंबर 2018

1. 'इंदिरा गाँधी-ए लाइफ इन नेचर' पुस्तक के लेखक कौन हैं?
   (a) सोनिया गाँधी (b) नटवर सिंह
   (c) जयराम रमेश (d) प्रियंका वाड्रा

2. दिये गये कथन पर विचार करें और निर्णय लें कि कौन-से निष्कर्ष तार्किक रूप से कथन का अनुसरण करते हैं।
   कथन :
   एक समूह संगीत प्रदर्शन देखने के बाद सतीश ने टिप्पणी की, "मृणाल ने अच्छा गाया"।
   निष्कर्ष :
   I. सतीश ने मृणाल के गायन की प्रशंसा की है।
   II. अन्य सभी गायकों ने अच्छी तरह नहीं गाया।
   (a) केवल निष्कर्ष I अनुसरण करता है।
   (b) केवल निष्कर्ष II अनुसरण करता है।
   (c) दोनों निष्कर्ष अनुसरण करते हैं।
   (d) निष्कर्ष I व II दोनों अनुसरण नहीं करते हैं।

3. एक छोटे पैमाने पर व्यवसाय में निम्नलिखित खर्च होते हैं: खरीद पर 25%, कर्मचारियों के वेतन पर 25% और रखरखाव पर 50%। यदि व्यवसाय ₹ 2,00,000 का कुल वेतन चुकाता है, तो रखरखाव पर इसका खर्च क्या है?
   (a) ₹ 3,00,000 (b) ₹ 4,00,000
   (c) ₹ 2,00,000 (d) ₹ 2,50,000

4. जब इसे बिंदुदार रेखा पर मोड़ दिया जाता है, तो कौन-सा पैटर्न पारदर्शी शीट के समान होगा?
   प्रश्न आकृति :

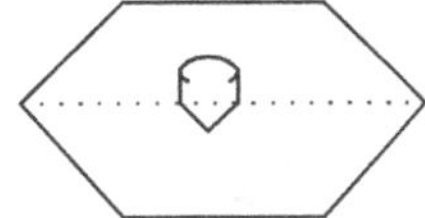

   उत्तर आकृतियाँ :

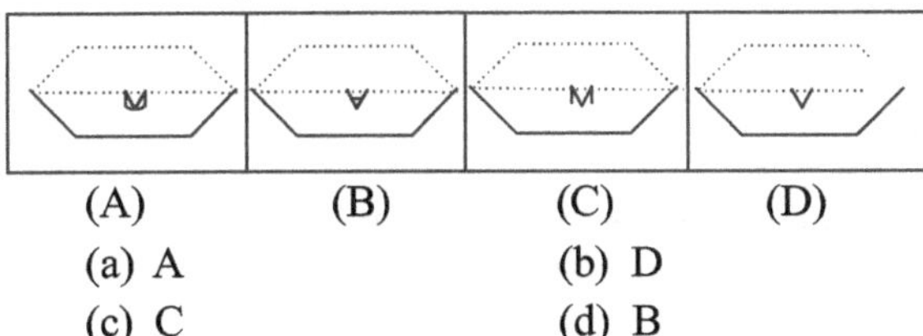

   (A) (B) (C) (D)
   (a) A (b) D
   (c) C (d) B

5. दिए गए कथन पर विचार करें और निर्णय लें कि दिए गए अनुमानों में से कौन-सा कथन में निहित है?
   कथन :
   नैना ने अपनी सहेली से पूछा, "आप जल्द-से-जल्द डॉक्टर के पास क्यों नहीं जाती हैं और अपनी जाँच क्यों नहीं कराती है?"
   अनुमान :
   I. नैना की सहेली के स्वास्थ्य लक्षणों पर ध्यान देने की आवश्यकता थी।
   II. डॉक्टर बीमारी के बारे में बेहतर फैसला करने में सक्षम होंगे।
   (a) I और II दोनों निहित हैं।
   (b) न तो I और न ही II निहित हैं।
   (c) केवल II निहित है।
   (d) केवन I निहित है।

6. निम्नलिखित में से कौन मोरेरा समूह से संबंधित नहीं है?
   (a) बैक्टीरिया (b) डायटम
   (c) साइनोबैक्टीरिया (d) माइक्रोप्लाज्मा

7. नीचे दी गई पदों की श्रृंखला में अगला पद क्या होगा?
   3FI, 6JM, 9NQ, ...
   (a) 8RS (b) 8RU
   (c) 12PQ (d) 12RU

8. किसी प्राकृत संख्या को 4, 5, 6 अथवा 7 से विभाजित करने पर प्रत्येक मामले में 1 शेष बचता है। वह सबसे छोटी संख्या कौन-सी है?
   (a) 421 (b) 61
   (c) 841 (d) 211

9. तीसरे शेल में, इलेक्ट्रॉन की अधिकतम संख्या .... होती है।
   (a) 32 (b) 8
   (c) 18 (d) 2

10. 1 अक्टूबर, 2020 को कौन-सा दिन होगा?
   (a) मंगलवार (b) गुरुवार
   (c) शुक्रवार (d) बुधवार

11. .... में, एक प्रमुख कायापलट हुई, जिसने ब्रिटिश शासन की नींव को हिलाकर रख दिया और इसे अक्सर 'स्वतंत्रता का पहला युद्ध' कहा जाता है।

(a) 1856 (b) 1857
(c) 1875 (d) 1947

12. प्रसव पीड़ा .... की दीवारों में संकुचन के कारण होता है।

(a) जीन का मुक्त होना (b) अंडाशय
(c) गर्भाशय (d) उदर का निचला भाग

13. एक तत्व की परमाणु संख्या 13 है, तो इस तत्व में कितने शेल होते हैं?

(a) 3 (b) 1
(c) 4 (d) 2

14. तीन टैंकरों में क्रमशः 78 लीटर, 117 लीटर और 195 लीटर पानी आ सकता है। उस कंटेनर की अधिकतम क्षमता ज्ञात कीजिए जो इन तीनों टैंकरों के पानी को प्रत्येक बार माप सकता है।

(a) 36 लीटर (b) 39 लीटर
(c) 32 लीटर (d) 33 लीटर

15. पाँच साल पहले रोहित की आयु रोहन की आयु की $\frac{2}{3}$ गुनी थी। 5 साल बाद रोहन की आयु रोहित की आयु की $\frac{5}{4}$ गुनी होगी। रोहित की वर्तमान आयु कितनी है?

(a) 25 वर्ष (b) 20 वर्ष
(c) 10 वर्ष (d) 15 वर्ष

16. एक कार्य को समाप्त करने में अंकित, बालाजी और चंदू द्वारा मिलकर लिये जाने वाले समय के बराबर समय लेता है। अंकित और बालाजी एक साथ मिलकर कार्य को 10 दिनों में समाप्त कर सकते हैं। चंदू अकेला इसी कार्य को 15 दिनों में समाप्त कर सकता है। बालाजी अकेला इसी कार्य को कितने दिनों में समाप्त कर सकता है?

(a) 80 दिन (b) 50 दिन
(c) 100 दिन (d) 60 दिन

17. निम्नलिखित श्रेणी में प्रश्न चिह्न (?) के स्थान पर कौन-सी विकल्प आकृति उपयुक्त होगी?

प्रश्न आकृतियां :

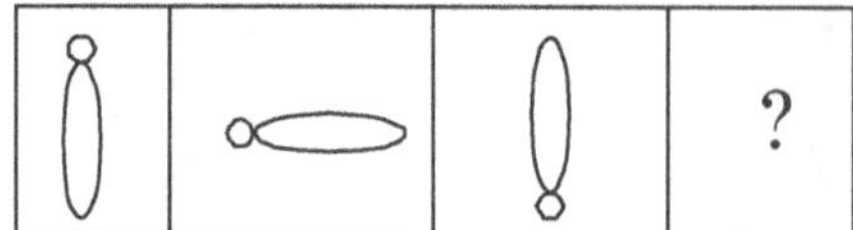

उत्तर आकृतियां :

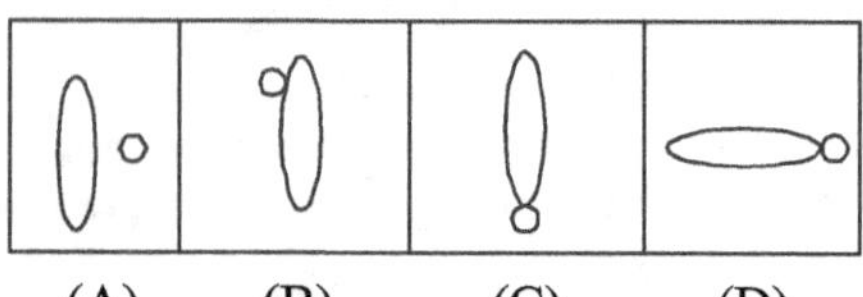

(A) (B) (C) (D)

(a) C (b) B
(c) A (d) D

18. N की परमाणु संख्या 7 है, फिर नाइट्रोजन परिवार के तीसरे तत्व की परमाणु संख्या है–

(a) 13 (b) 25
(c) 35 (d) 33

19. $(5(3((3-5)2+2)+4)-10)1/2 = ?$

(a) –10 (b) 12
(c) 11 (d) 9

20. $0.098 + 0.98 + 9.8 + 98 = ?$

(a) 108.338 (b) 108.428
(c) 108.878 (d) 108.378

21. $93 \div [-4^2 + (-5) \text{ of } \{27 \div (-18 \div -2)\}] = ?$

(a) 93 (b) –3
(c) –5 (d) –93

22. आपको एक प्रश्न और दो कथन दिए गए हैं। यह बताएँ कि प्रश्न का उत्तर देने के लिए कौन-से कथन पर्याप्त हैं।

प्रश्न :

'Here' के लिए कोड क्या है?

कथन :

I. 'Come here' को 'La pe' के रूप में कोड किया जाता है।

II. 'Hear it is' को 'Pe aa li' के रूप में कोड किया जाता है।

(a) कथन I और II दोनों एक साथ पर्याप्त हैं।
(b) केवल कथन I पर्याप्त है।
(c) न तो कथन I और न ही II पर्याप्त हैं।
(d) केवल कथन II पर्याप्त है।

23. किस संगठन के साथ नीति (NITI) आयोग ने सतत विकास लक्ष्यों (SDG) पर समझौता ज्ञापन पर हस्ताक्षर करके तीन वर्ष की साझेदारी शुरू की है?

(a) QCI
(b) CII
(c) एसोचैम (ASSOCHAM)
(d) फिक्की (FICCI)

24. .... महिला एक दिवसीय क्रिकेट के इतिहास में 6000 रन बनाने वाली पहली खिलाड़ी बन गई है।
(a) मिताली राज (b) दीप्ति शर्मा
(c) झूलन गोस्वामी (d) पूनम राउत

25. जॉन ने अपने दोस्त को एक महिला से परिचय कराते हुए कहा कि वह उसकी पत्नी के पिता की दूसरी बेटी है। महिला जॉन की .... है।
(a) चचेरा/ममेरा/फुफेरा भाई–बहन
(b) बहन
(c) दोस्त
(d) ननद/साली/जेठानी

26. 10 cm ऊँचाई और 7 cm व्यास वाले सिलेंडर के दोनों सिरों से जुड़े गोलार्द्धों के व्यास समान हैं। इस ठोस आकृति का पृष्ठीय क्षेत्रफल ज्ञात कीजिए।
(a) 374 cm^2 (b) 1056 cm^2
(c) 594 cm^2 (d) 836 cm^2

27. इस आकृति में कितने त्रिभुज हैं?

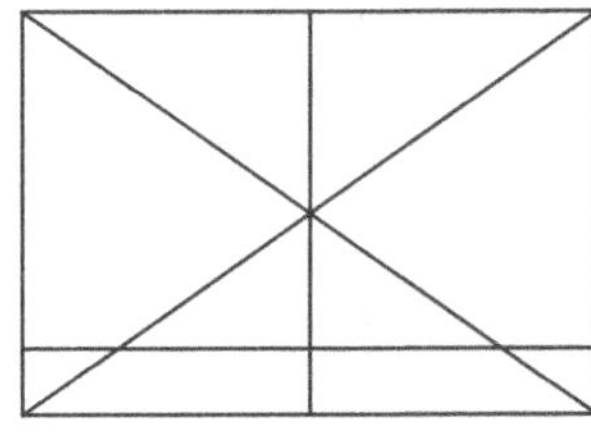

(a) 19 (b) 16
(c) 12 (d) 14

28. यदि '$<$' का अर्थ '–', '$>$' का अर्थ '+' और '$\div$' का अर्थ '$\times$' है, तो $(15 < 12) \div 3$ का मान क्या है?
(a) 9 (b) 6
(c) 1 (d) 0

29. मानव रक्त में सबसे बड़ी कणिकाएँ .... हैं।
(a) लसीका कोशिकाएँ
(b) क्षार रंगों से रंगी कोशिकाएँ
(c) लाल कोशिकाएँ
(d) श्वेत कोशिकाएँ

30. 120 m लंबी ट्रेन A 20 m/s के वेग से गतिमान है और 130 m लंबी ट्रेन B 30 m/s के वेग पर विपरीत दिशा में गतिमान है। ट्रेन B द्वारा ट्रेन A को पार करने में लिया गया समय है–
(a) 5 s (b) 25 s
(c) 10 s (d) 50 s

31. यदि $\tan^4\theta + \tan^2\theta = 11$, तो $\sec^4\theta - \sec^2\theta = ?$
(a) 12 (b) 11
(c) 13 (d) 10

32. यदि तापमान बढ़ता है, तो ध्वनि की गति–
(a) अनंत हो जाती है। (b) घटती है।
(c) शून्य हो जाती है। (d) बढ़ती है।

33. यदि $\sin\theta = \frac{3}{4}$ हो तो $16\cos^2\theta + \tan^2\theta$ का मान क्या होगा?
(a) $\frac{58}{7}$ (b) $\frac{60}{7}$
(c) $\frac{55}{7}$ (d) $\frac{62}{7}$

34. .... ने 64वें राष्ट्रीय फिल्म पुरस्कार 2016 में गैर–फीचर फिल्म श्रेणी में पुरस्कार जीता।
(a) फायर फ्लाई
(b) स्कूल
(c) फायर फ्लाईज इन द स्काई
(d) फायर फ्लाई इन द अबीस

35. एक वस्तु 4s में 14m और फिर 2s में दूसरे 16m की यात्रा करती है। वस्तु की औसत गति कितनी है?
(a) 6.17 ms^{-1} (b) 5.0 s^{-1}
(c) 5.0 ms^{-1} (d) 50. m

36. उस शब्द का चयन करें जो तीसरे पद से वैसे ही संबंधित है, जैसे कि दूसरा पद पहले पद से संबंधित है।
मधु : स्वस्थ :: योग : –
(a) आहार (b) स्वास्थ्य
(c) ध्यान (d) व्यायाम

37. नीचे दर्शायी गई चित्रों की श्रृंखला में '?' के स्थान पर कौन–सा विकल्प उपयुक्त होगा?

प्रश्न आकृतियां :

®	E
*	&

E	&
®	*

&	*
E	®

?

उत्तर आकृतियां :

(A)

®	*
E	&

(B)

&	E
*	®

(C)

*	®
&	E

(D)

®	E
*	&

(a) B (b) C
(c) A (d) D

38. माधवी एक तस्वीर की ओर इशारा करते हुए कहती है, "यह मेरी मां की एकमात्र बेटी का बेटा है।" तस्वीर वाला व्यक्ति माधवी से किस प्रकार संबंधित है?
(a) बेटा
(b) भाई
(c) बेटी
(d) चचेरा/ममेरा/फुफेरा भाई–बहन

39. शृंखला में अगली संख्या ज्ञात करें।
45, 48, 52, 55, ...
(a) 59 (b) 57
(c) 58 (d) 56

40. .... का pH कागज के प्रत्यक्ष प्रयोग से पता नहीं लगाया जा सकता है।
(a) स्याही
(b) पानी
(c) जूस
(d) ठोस सोडियम बाइकार्बोनेट

41. मानव शरीर में, श्वसन वर्णक है ....।
(a) फियोमेलानिन (b) हीमोग्लोबिन
(c) मेलैनिन (d) यूमेलानिन

42. शीशा पेंसिल में शीशे का प्रतिशत है ....।
(a) 50 (b) 0
(c) 70 (d) 100

43. रोहिंग्या निम्नलिखित देशों में से किसके एक जातीय समुदाय हैं?
(a) थाईलैंड (b) म्यांमार
(c) श्रीलंका (d) बांग्लादेश

44. चीन के बीजिंग शहर में किस वर्ष अगले शीतकालीन ओलंपिक खेलों का आयोजन किया जायेगा?
(a) 2018 (b) 2022
(c) 2024 (d) 2020

45. उस संख्या का चयन करें, जो निम्नलिखित शृंखला में अगली होगी–
45, 54, 65, 78, ...
(a) 93 (b) 88
(c) 90 (d) 94

46. निम्नलिखित कथन पर विचार करें और निर्णय लें कि निम्नलिखित में से कौन-से तर्क मजबूत हैं।
कथन :
क्या लोगों को घरेलू ईंधन के लिए सरकार से सब्सिडी लेना बंद कर देना चाहिए?
तर्क :
I. हाँ, इससे सभी के लिए उचित दरों पर उपलब्धता सुनिश्चित होगी।
II. नहीं, लाभ को क्यों छोड़ना है?
(a) केवल तर्क I मजबूत है।
(b) तर्क I और II दोनों ही मजबूत हैं।
(c) केवल तर्क II मजबूत है।
(d) न तो तर्क I और न ही तर्क II मजबूत हैं।

47. 2601 का वर्गमूल है ....
(a) 41 (b) 51
(c) 59 (d) 49

48. जुलाई 2018 में भारत के विदेश मंत्री कौन थे?
(a) स्मृति ईरानी (b) पी.ए. संगमा
(c) सुषमा स्वराज (d) शशि थरूर

49. कौन-सी विकल्प आकृति, प्रश्न आकृतियों की शृंखला का अनुसरण करती है?
प्रश्न आकृतियां :
?
उत्तर आकृतियां :
(A) (B) (C) (D)
(a) A (b) C
(c) B (d) D

50. $2\frac{1}{25} = ?$
(a) 0.24 (b) 2.4
(c) 2.004 (d) 2.04

51. दो इनलेट पाइप, जिनमें से पहला इनलेट पाइप, दूसरे इनलेट पाइप से दोगुना सक्षम है। एक अन्य आउटलेट पाइप के साथ, जो कि 12.5 घंटे में भरे हुए हौज को खाली कर सकता है, एक साथ काम करते हुए, खाली हौज को 2.5 घंटे में भर सकते हैं। कम क्षमता वाला इनलेट पाइप, खाली हौज को कितने घंटे में भर देगा?
(a) 7.5 (b) 6.25
(c) 5 (d) 8.75

52. .... धातु हमारी हथेली पर पिघल जाती है।
(a) मैग्नीशियम (b) गैलियम
(c) एल्युमीनियम (d) पोटैशियम

53. X तथा Y सुबह के समय, बाइक की सवारी पर जाते हैं। उन्हें 1 km की दूरी पर एक चौराहा मिलता है। X बाईं ओर Y दाईं ओर जाता है। 1 km की यात्रा करने के बाद, Y अपने दाहिनी ओर घूमता है और उसे गाँव तक पहुंचने के लिए 3 km की यात्रा करनी पड़ती है। अपनी प्रारंभिक स्थिति के संबंध में उनकी अंतिम स्थिति किस दिशा में है?
(a) उत्तर-पश्चिम (b) दक्षिण-पश्चिम
(c) उत्तर-पूर्व (d) दक्षिण-पूर्व

54. किसी वोल्टमीटर का उपयोग .... मापने के लिए किया जाता है।
(a) वायु प्रतिरोध (b) विभवांतर
(c) चुंबकीय प्रेरण (d) विद्युत धारा

55. विकल्पों में से कौन दिए गए चित्र का निकटस्थ सदृश है?

प्रश्न आकृति :

उत्तर आकृतियाँ :

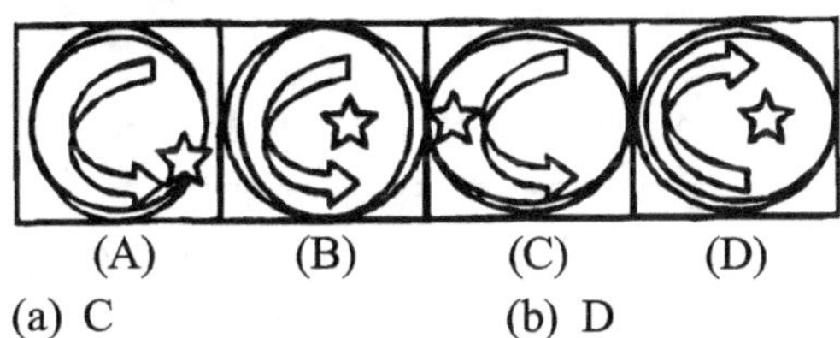

(A) (B) (C) (D)

(a) C (b) D
(c) B (d) A

56. .... विंबलडन डबल शीर्षक जीतने वाली पहली भारतीय महिला थी।
(a) सानिया मिर्जा (b) रूतुजा भोंसले
(c) तारा अय्यर (d) निरूपमा संजीव

57. दो बिंदुओं के बीच की दूरी जाते समय 60 km/h की चाल से और वापसी के दौरान 40 km/h की चाल से तय की जाती है। यदि इसमें कुल 5 घंटे का समय लगा, तो दोनों बिंदुओं के बीच एक तरफ की दूरी कितनी है?
(a) 120 km (b) 135 km
(c) 150 km (d) 180 km

58. निम्न कथन पर विचार करें और निर्णय करें कि कौन-सा/से तर्क मजबूत है/हैं।

कथन :
पाँच सितारा रेटिंग वाला एयर कंडीशनर खरीदना अच्छा है।

तर्क :
I. हाँ, इससे बिजली बचाने में सहायता होती है।
II. नहीं, यह महँगा है।
(a) तर्क I और तर्क II दोनों मजबूत हैं।
(b) केवल तर्क II मजबूत है।
(c) या तर्क I या तर्क II मजबूत हैं।
(d) केवल तर्क I मजबूत है।

59. निम्नलिखित में से कौन-सा प्राचीन ग्रंथ 'पाँचवां वेद' भी कहा जाता है?
(a) शिवपुराण (b) रामायण
(c) भगवद्गीता (d) महाभारत

60. 2017 में, किस राज्य सरकार ने अपने सपनों के राज्य का निर्माण करने के लिए जनता के विचार प्राप्त करने के लिए 'विजन-2025' परियोजना शुरू की थी?
(a) राजस्थान (b) कर्नाटक
(c) केरल (d) ओडिशा

61. किसी गोलीय दर्पण की परावर्तन सतह का केंद्र वह बिंदु है, जिसे .... कहा जाता है।
(a) नाभि (b) मुख्य अक्ष
(c) ध्रुव (d) त्रिज्या

62. दिये गये पैटर्नों में से कौन-सा निम्नलिखित आकृति जैसा दिखता है?

प्रश्न आकृति :

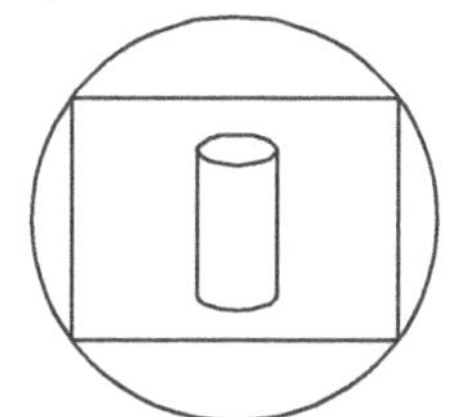

उत्तर आकृतियाँ :

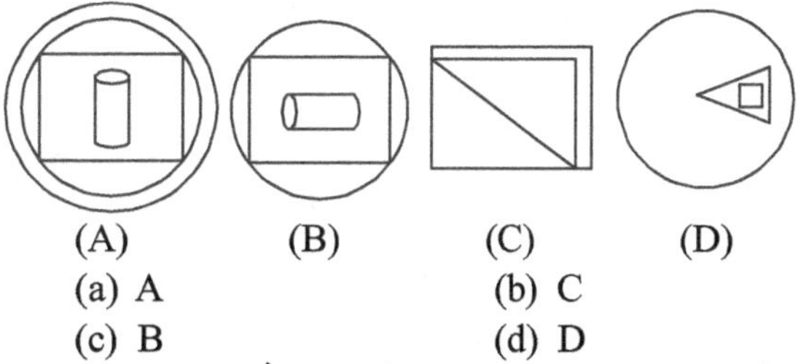

(A) (B) (C) (D)

(a) A (b) C
(c) B (d) D

63. SPICE का क्षैतिज दर्पण प्रतिबिम्ब निम्नलिखित में से कौन-सा है?

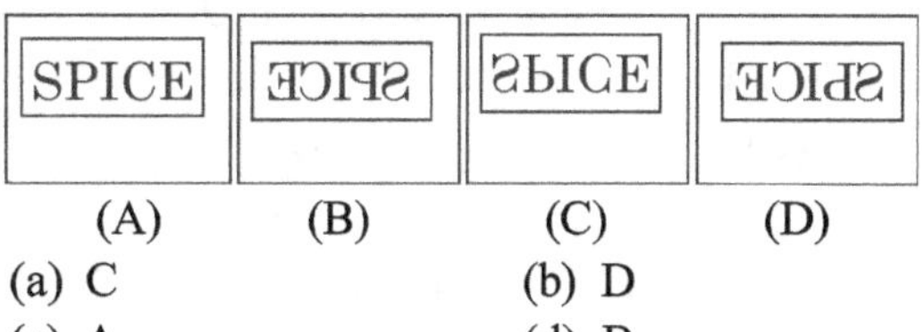

(A) (B) (C) (D)

(a) C (b) D
(c) A (d) B

64. अनुज ने सालाना 12% की सामान्य ब्याज दर पर 3 साल के लिए एक योजना में कुछ पैसे निवेश किए। इसके अलावा उसने 2 साल के लिए दूसरी योजना में तिगुना निवेश किया। यदि उसने दोनों योजनाओं से समान साधारण ब्याज अर्जित किया है, तो दूसरी योजना की सामान्य ब्याज दर क्या है?

(a) 12% प्रति वर्ष (b) 18% प्रति वर्ष
(c) 6% प्रति वर्ष (d) 9% प्रति वर्ष

65. .... सूर्य द्वारा उत्सर्जित एवं त्वचा के कैंसर हेतु उत्तरदायी विकिरण होते हैं।
(a) एल्फा किरणें
(b) अल्ट्रावायलेट विकिरण
(c) बीटा किरणें
(d) गामा किरणें

66. केंद्र सरकार ने रोजगार नीतियों के लिए विश्वसनीय डेटा प्रदान करने के लिए किसकी स्थापना की है?
(a) आगे बढ़ो भारत
(b) सर्व नौकरी अभियान
(c) रोजगार समिति (ई.एम.सी.ओ.)
(d) अरविंद पनगढ़िया समिति

67. एक त्रिभुज की तीन भुजाएँ 7 cm, 24 cm और 26 cm लंबी हैं। इस त्रिभुज की भुजाओं के मध्य बिंदुओं के जुड़ने से एक छोटा त्रिभुज बनता है। उस छोटे त्रिभुज का क्षेत्रफल _______ cm^2 है।
(a) 63 (b) 84
(c) 21 (d) 42

68. $\frac{1}{(1+\cot^2\alpha)}+\frac{\tan^2\alpha}{(1+\tan^2\alpha)^2}+\frac{1}{(1+\tan^2\alpha)^2}$ का मान क्या है?
(a) 1 (b) 2
(c) –1 (d) 0

69. अंग्रेजों से लड़ते हुए रानी लक्ष्मीबाई .... 1858 को शहीद हुई थी।
(a) 7th मई (b) 7th अप्रैल
(c) 7th जुलाई (d) 7th जून

70. .... यौगिक में एक वलय-कार्बन शृंखला संरचना होती है।
(a) मिथेन (b) प्रोपेन
(c) बेंजीन (d) ब्यूटेन

71. ₹ 2,375 में खरीदी गई एक वस्तु 16% के लाभ पर बेची गई थी। वस्तु का विक्रय मूल्य क्या था?
(a) ₹ 2,730 (b) ₹ 2,755
(c) ₹ 2,750 (d) ₹ 2,770

72. .... राजस्थान का सबसे बड़ा शहर है।
(a) बीकानेर (b) जैसलमेर
(c) कोटा (d) जयपुर

73. आकार के मामले में भारत .... सबसे बड़ा देश है।
(a) सातवाँ (b) आठवाँ
(c) दूसरा (d) छठा

74. निम्नलिखित चार्ट के अनुसार कौन खुदरा विक्रेता ₹ 16 से 18 की कीमत की रेंज में उत्पाद 2 प्रदान करता है?

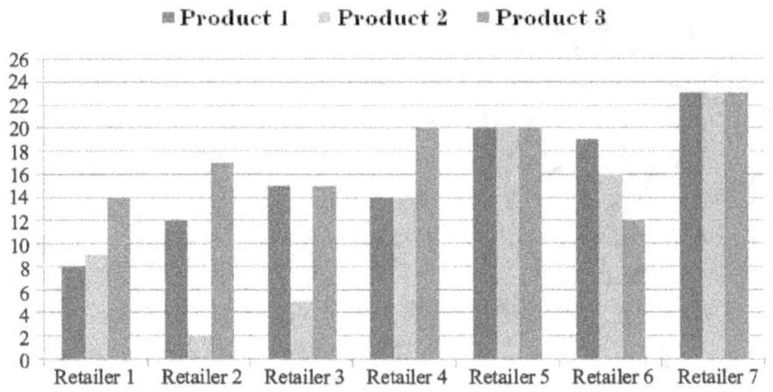

नोट : Y अक्ष रुपये में कीमत इंगित करता है और X अक्ष खुदरा विक्रेताओं का प्रतिनिधित्व करता है।
(a) खुदरा विक्रेता 1 (b) खुदरा विक्रेता 6
(c) खुदरा विक्रेता 7 (d) खुदरा विक्रेता 2

75. नीचे दिये गए कथन का अनुसरण दो तर्कों द्वारा किया गया है। आपको यह तय करना है कि कथन के संबंध में कौन-से तर्क/मजबूत हैं।
प्रश्न :
क्या बच्चों को कम उम्र में ही संगीत सिखाया जाना चाहिए?
तर्क :
I. हाँ, यह मस्तिष्क के दोनों गोलार्द्धों में सुधार करता है और उनकी स्मरणशक्ति को भी बढ़ाता है।
II. नहीं, बच्चों को वही सिखाया जाना चाहिए, जिसे करना वे पसंद करते हैं। संगीत में सभी दिलचस्पी नहीं लेते।
(a) तर्क I और II दोनों ही मजबूत हैं।
(b) केवल तर्क I मजबूत है।
(c) न तो तर्क I और न ही तर्क II मजबूत हैं।
(d) केवल तर्क II मजबूत है।

76. नीचे के प्रश्न और उसके बाद दिए गए कथन पर विचार करें और निर्णय लें कि कौन-सा कथन प्रश्न का उत्तर देने के लिए पर्याप्त है?
प्रश्न :
एक बक्से में तीन अलग-अलग आकार के थैले हैं। बक्से में कितने थैले हैं?

कथन :

I. आधे थैले मध्यम आकार के हैं।

II. 4 छोटे थैले हैं।

III. बड़े थैले छोटे थैलों के आकार के दोगुने हैं।

(a) कथन I, III पर्याप्त हैं।

(b) कथन I, II और III एक साथ पर्याप्त हैं।

(c) अकेले कथन I, II पर्याप्त हैं।

(d) सभी कथन एक साथ पर्याप्त नहीं हैं।

77. कूट भाषा में, यदि NEAT को 145120 के रूप में लिखा जाता है, तो TREAT को क्या लिखा जाएगा?

(a) 20195121 (b) 20185121

(c) 20195120 (d) 20185120

78. भारत के "रॉकेट मैन" के रूप में किसे जाना जाता है?

(a) डॉ० के० सिवान

(b) डॉ० ए.पी.जे. अब्दुल कलाम

(c) ए.एस. किरण कुमार

(d) राकेश शर्मा

79. यदि A = (1, 1), B = (–2, 7) और C = (3, –3) है, तो $\frac{1}{AB}+\frac{1}{BC}+\frac{1}{CA}=?$

(a) $\frac{31\sqrt{5}}{150}$ (b) $\frac{31}{60}\sqrt{5}$

(c) $\frac{150}{31}$ (d) $\frac{31}{150}$

80. He के 52 kg में .... अणु उपस्थित होते हैं।

(a) 12 (b) 13

(c) 11 (d) 14

81. यदि किसी वस्तु पर लागू एक स्थिर बल, बल की दिशा में वस्तु द्वारा स्थानांतरित बल और दूरी के परिणाम के रूप में दर्शाया जाता है, तो इसे कहा जाता है-

(a) गतिरोध (b) किया गया कार्य

(c) आवेग (d) त्वरण

82. $5 \times 9 \div 14 - 2[\{5 \text{ का } 9 - 15 + (2 + (3 - 1))\}]$

(a) $\frac{-907}{14}$ (b) $\frac{-807}{14}$

(c) $\frac{807}{14}$ (d) $\frac{907}{14}$

83. एक वस्तु 6 s में 18 m और फिर पुन: 4 s में 18 m की यात्रा करती है। वस्तु की औसत गति क्या है?

(a) 2.1 ms^{-1} (b) 2.6 ms^{-1}

(c) 3.6 ms^{-1} (d) 3.1 ms^{-1}

84. किसी संख्या के 20% को अन्य संख्या के 36% से जोड़े जाने पर, दोनों संख्याओं के योग का 30% प्राप्त होता है। वह संख्या छोटी संख्या से 20 अधिक है। दोनों संख्याएँ ज्ञात कीजिए।

(a) 25, 45 (b) 60, 80

(c) 20, 40 (d) 30, 50

85. वह गुण जो F1 पीढ़ी में प्रभाव रखता है और स्पष्ट रूप से देखा जाता है वह .... है।

(a) प्रबल (b) प्रतिसारी

(c) आनुवांशिक (d) उपरोक्त सभी

86. भारत के किस मेट्रो शहर को प्रथम अस्थाई (तैरता हुआ) बाजार होने का श्रेय प्राप्त हुआ है?

(a) कोलकाता (b) जमशेदपुर

(c) दिल्ली (d) भुवनेश्वर

87. कौन-सा विकल्प निम्नलिखित आकृति के निकटतम समानता दर्शाता है?

प्रश्न आकृति :

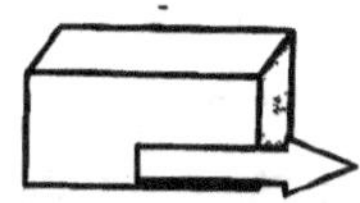

उत्तर आकृतियाँ :

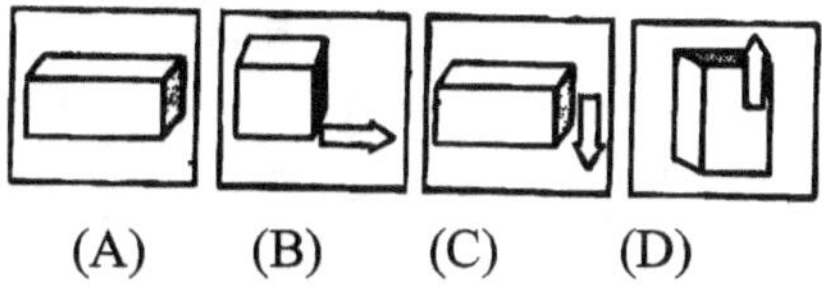

(A) (B) (C) (D)

(a) A (b) C

(c) B (d) D

88. निम्न कथन और धारणाओं पर विचार करें कि कौन-सी धारणा कथन में निहित है?

कथन :

"यदि आपको दवा से कोई समस्या हो, तो आप एक सप्ताह में दोबारा दिखा सकते हैं।"- डॉक्टर ने रोगी को कहा।

निष्कर्ष :

I. डॉक्टर ने कुछ दवा लिखी है।

II. डॉक्टर मुलाकात का समय देने में बेहद सहायक है।

(a) निष्कर्ष I या निष्कर्ष II निहित हैं।

(b) केवल निष्कर्ष II निहित है।

(c) निष्कर्ष I और II दोनों निहित हैं।

(d) केवल निष्कर्ष I निहित है।

89. .... देश की प्रथम महिला वकील हैं, जो उच्चतम न्यायालय के न्यायाधीश के पद के लिए सीधे चयनित हुई थी।
(a) इन्दु मल्होत्रा (b) इंदिरा बनर्जी
(c) आर. भानुमती (d) सुजाता वी. मनोहर

90. निम्न आकृति में कितने त्रिभुज हैं?

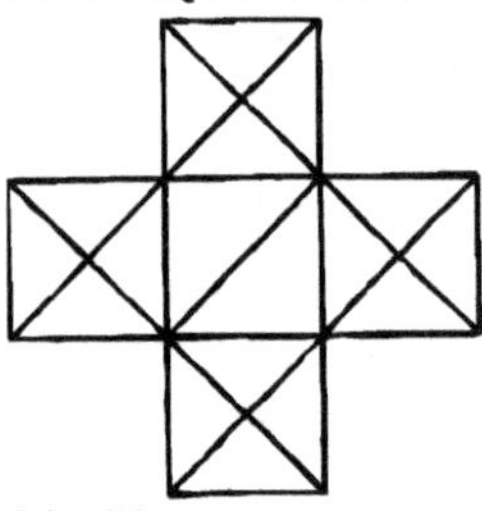

(a) 46 (b) 48
(c) 32 (d) 42

91. यदि पानी का घनत्व $10^3 Kgm^{-3}$ है और धातु का घनत्व $8.5 \times 10^3 Kgm^{-3}$ है, तो धातु की सापेक्ष घनत्व .... है।
(a) 0.85 (b) 85
(c) 8.5 (d) 850

92. निम्नलिखित में से कौन-सा वेन आरेख निम्नलिखित वर्गों के बीच संबंध को सही ढंग से दर्शाता है?
A. कोट B. घड़ी
C. पत्र

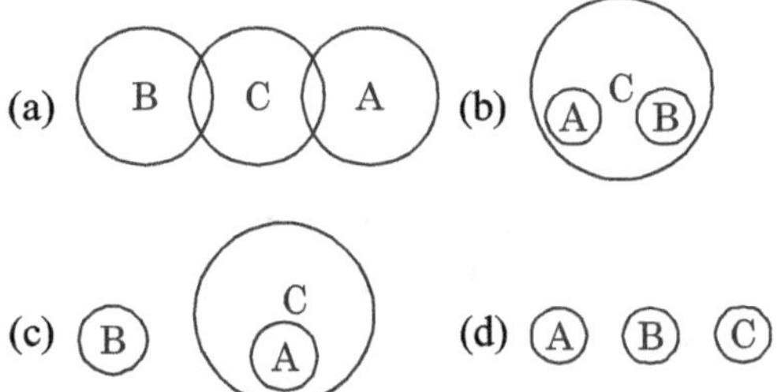

93. 2018 की जानकारी के अनुसार, भारत के खेल प्राधिकरण के नए महानिदेशक कौन है?
(a) थॉमस अब्राहम (b) नीलम कपूर
(c) इंजेती श्रीनिवास (d) नरेन्द्र मोदी

94. मान लीजिए कि जूते की लागत फ्लोटर्स की तुलना में 20% अधिक है और फ्लोटर्स की लागत चप्पल की तुलना में 10% अधिक है। जूते की कीमत क्या है, यदि उन सभी को ₹ 3420 में खरीदा गया था?
(a) ₹ 1000 (b) ₹ 1100
(c) ₹ 1320 (d) ₹ 1230

95. रहमान को एक निश्चित स्थान पर पैदल चलकर जाने और सवारी द्वारा वापस आने में 10 घंटे लगते हैं। हालांकि, यदि वह दोनों तरफ की यात्रा सवारी द्वारा करता, तो वह 5 घंटे बचा सकता था। दोनों ओर की यात्रा पैदल चलकर तय करने में उसे कितना समय लगेगा?
(a) 15 घंटे (b) 10 घंटे
(c) 5 घंटे (d) 20 घंटे

96. भारत में सामान और सेवा कर (जीएसटी) शुरू किया गया था–
(a) 8 नवंबर, 2016 (b) 1 जुलाई, 2017
(c) 15 अगस्त, 2017 (d) 26 जनवरी, 2017

97. एक वस्तु 4s में 16 m और फिर 2 s में दूसरे 15 m की यात्रा करती है। वस्तु की औसत गति कितनी है?
(a) $5.17\ s^{-1}$ (b) 5.17 m
(c) $5.17\ ms^{-1}$ (d) $6.17\ ms^{-1}$

98. शृंखला में जुड़ी तीन 20-Ω कॉइल्स का कुल प्रतिरोध कितना होगा?
(a) 40 Ω (b) 20 Ω
(c) 60 Ω (d) 800 Ω

99. एक पाइप, पूरी गति से काम करते हुए एक खाली टंकी को 2 घंटे में भर सकता है। हालांकि, पहले दो घंटे के दौरान इसने अपनी क्षमता के बारहवें भाग से, दूसरे दो घंटे के दौरान अपनी क्षमता के नौवें भाग से, तीसरे दो घंटे के दौरान अपनी क्षमता के छठे भाग से, चौथे दो घंटे के दौरान अपनी क्षमता के एक चौथाई भाग से और पांचवें दो घंटे के दौरान केवल एक तिहाई भाग से कार्य किया। एक दूसरा पाइप भी इसी प्रकार के प्रदर्शन को दिखाता है, लेकिन अगर यह पूरी रफ्तार से काम करता है तो यह 4 घंटे में खाली टंकी को भर चुका होता है। एक ड्रेन पाइप भी है जो एक नियत दर से टंकी से पानी बाहर निकालता है। यदि सभी तीन पाइप एक साथ काम करें तो खाली टंकी को 10 घंटे में भरा जा सकता है। अगर अन्य दोनों पाइप बंद रहें तो ड्रेन पाइप कितने घंटे में भरी हुई टंकी को पूरी तरह खाली कर देगा?
(a) 24 (b) 30
(c) 20 (d) 32

100. निम्नलिखित में से कौन-सा समीकरण किसी ढांचागत रासायनिक समीकरण को निरूपित करता है?
(a) $Mg + O_2 \rightarrow MgO$
(b) $Zn + H_2SO_4 \rightarrow ZnSO_4 + H_2$
(c) $2Mg + O_2 \rightarrow 2MgO$
(d) $CO + 2H_2 \rightarrow CH_3OH$

उत्तरमाला

1	(c)	11	(b)	21	(b)	31	(b)	41	(b)	51	(b)	61	(c)	71	(b)	81	(b)	91	(c)
2	(a)	12	(c)	22	(a)	32	(d)	42	(b)	52	(b)	62	(c)	72	(d)	82	(a)	92	(d)
3	(b)	13	(a)	23	(b)	33	(a)	43	(b)	53	(b)	63	(d)	73	(a)	83	(c)	93	(b)
4	(a)	14	(b)	24	(a)	34	(d)	44	(b)	54	(b)	64	(c)	74	(b)	84	(d)	94	(c)
5	(a)	15	(d)	25	(d)	35	(c)	45	(a)	55	(a)	65	(b)	75	(b)	85	(a)	95	(a)
6	(d)	16	(d)	26	(a)	36	(b)	46	(d)	56	(a)	66	(d)	76	(d)	86	(a)	96	(b)
7	(d)	17	(d)	27	(a)	37	(b)	47	(b)	57	(a)	67	(c)	77	(d)	87	(d)	97	(c)
8	(a)	18	(d)	28	(a)	38	(a)	48	(c)	58	(d)	68	(a)	78	(a)	88	(c)	98	(c)
9	(c)	19	(a)	29	(d)	39	(a)	49	(d)	59	(d)	69	(a)	79	(a)	89	(a)	99	(a)
10	(b)	20	(c)	30	(a)	40	(d)	50	(d)	60	(b)	70	(c)	80	(b)	90	(a)	100	(a)

संकेत एवं हल

2. (a) दिए गए कथन के अनुसार केवल निष्कर्ष I अनुसरण करता है। सतीश ने मृणाल के गायन की प्रशंसा की है। इसलिए की मृणाल ने अच्छा गया।

3. (b) कर्मचारियों के वेतन पर 25% खर्च है।
25% = 200,000
50% = 400,000 होगा
रखरखाव पर 50% खर्च है अर्थात ₹400,000 खर्च होगा।

4. (a) दिए गए विकल्प में से विकल्प (a) में दी गई आकृति पारदर्शी शीट के समान होगा।

5. (a) दिए गए कथन के अनुसार अनुमान I और II दोनों निहित है।

6. (d) माइक्रोप्लाज्मा मोनेरा समूह से संबंधित नहीं है। मोनेरा जगत के जीव उन स्थानों में पाये जाते हैं जहाँ जीवन की संभावना होती है। जैसे–मिट्टी, जल, वायु, गर्म जल के झरने (80°C), हिम खण्डों की तली, रेगिस्तान इत्यादि।
अध्ययन की सुविधा की दृष्टि से मोनेरा जगत को चार भागों में विभाजित किया गया है (i) जीवाणु (ii) एक्टिनोमाइसिटीज (iii) आर्की बैक्टीरिया और (iv) साइनों बैक्टीरिया।

7. (d)
$3 \xrightarrow{+3} 6 \xrightarrow{+3} 9 \xrightarrow{+3}$ 12
$F \xrightarrow{+4} J \xrightarrow{+4} N \xrightarrow{+4}$ R
$I \xrightarrow{+4} M \xrightarrow{+4} Q \xrightarrow{+4}$ U

8. (a) दिए गए प्राकृत संख्या = 4, 5, 6, 7 है।
LCM = 4, 5, 6, 7 = 420
शेष 1 बच जाता है।
अर्थात् LCM में 1 जोड़ने पर
420 + 1 = 421

9. (c) तीसरे शेल में इलेक्ट्रॉन की अधिकतम संख्या 18 होती है।
किसी परमाणु की बाह्यतम कक्षा से पहले वाली कक्षा में 18 से अधिक इलेक्ट्रॉन नहीं हो सकते हैं। चाहे उसकी कक्षा संख्या कुछ भी क्यों न हो।
किसी परमाणु की सबसे बाहरी कक्षा में 8 से अधिक इलेक्ट्रॉन नहीं रह सकते हैं।

12. (c) प्रसव पीड़ा गर्भाशय की दीवारों में संकुचन के कारण होता है।
रिलैक्सिन हार्मोन कार्पस ल्युटियम द्वारा स्रावित होता है।
गर्भावस्था में यह अण्डाशय, गर्भाशय एवं अपरा में उपस्थित रहता है।

13. (a) एक तत्व की परमाणु संख्या 13 है। तो इस तत्व में 3 शेल होंगे।
परमाणु संख्या 13 एल्युमिनियम धातु का है तथा इसका परमाणु द्रव्यमान एल्युमिनियम का 26.97 है।

14. (b) तीनों टैंकरों के पानी का मान
= 78 + 117 + 195 = 390 लीटर
$78 = 39 \times 2$
$117 = 39 \times 3$
$\underline{195 = 39 \times 5}$
$390 = 39(2+3+5)$

39(10)
= 39 लीटर वाली कंटेनर समान रूप से कंटेनर को माप सकती है।

15. (d) माना की 5 वर्ष पहले रोहन की आयु = x

$\therefore$ रोहित की आयु $= \frac{2x}{3}$

रोहन की वर्तमान आयु = x + 5 वर्ष

रोहित की वर्तमान आयु $= \frac{2x}{3} + 5$ वर्ष

5 वर्ष बाद

$x + 5 + 5 = \left(\frac{2x}{3} + 5 + 5\right) \times \frac{5}{4}$

$\Rightarrow x + 10 = \frac{2x + 30}{3} \times \frac{5}{4}$

$\Rightarrow 12x + 120 = 10x + 150$
$2x = 30$
x = 15 वर्ष
$\therefore$ रोहित की आयु

$= \frac{2x}{3} + 5 = \frac{2 \times 15}{3} + 5$
= 10 + 5 = 15 वर्ष

16. (d) अंकित = बालाजी + चंदू ...(i)
(A) (B) (C)
अंकित + बालाजी = 10 दिन ...(ii)
(A) (B)
चंदू = 15 दिन
(ii) से A + B = 10
(i) से A = B + C
(ii) में A का मान रखें

$2B + C = \frac{1}{10}$

$2B = \frac{1}{10} - \frac{1}{15}$

$2B = \frac{3-2}{30}$

$2B = \frac{1}{30} \Rightarrow B = 60$ दिन

17. (d) प्रश्न आकृति में हम लोग देख रहे हैं कि सभी आकृति 90° घड़ी की विपरीत दिशा में घूम रही है।
$\therefore$ अगली आकृति विकल्प में दी गई आकृति होगी।

18. (d) N की परमाणु संख्या 7 है, फिर नाइट्रोजन परिवार के तीसरे तत्व की परमाणु संख्या 33 है।
(7 + 8 + 18)

19. (a) $\left(5\left(3\left((3-5)2+2\right)+4\right)-10\right)\frac{1}{2}$

$=\left(5\left(3\left(-4+2\right)+4\right)-10\right)\frac{1}{2}$

$=\left(5\left(3\left(-2\right)+4\right)-10\right)\frac{1}{2}$

$=\left(5\left(-6+4\right)-10\right)\frac{1}{2}$

$\left(5\left(-2\right)-10\right)\frac{1}{2}$

$\left(-10-10\right)\frac{1}{2} = -10$

20. (c) 0.098 + 0.98 + 9.8 + 98

0.098
0.98
9.8
+98.0
108.878

21. (b) $93 \div [-4^2 + (-5) \text{ of } \{27 \div (-18 \div -2)\}]$
$= 93 \div [-16 + (-5) \times \{27 \div 9\}]$
$= 93 \div [-16 + (-5) \times 3]$
$= 93 \div [-16 - 15] = 93 \div -31 = -3$

22. (a) come [here] → la, [Pe]
[here] it is → [Pe], aa, li
here – pe

'Here' के लिए Pe कोड होगा।
अतः दोनों कथन एक साथ पर्याप्त है।

25. (d)

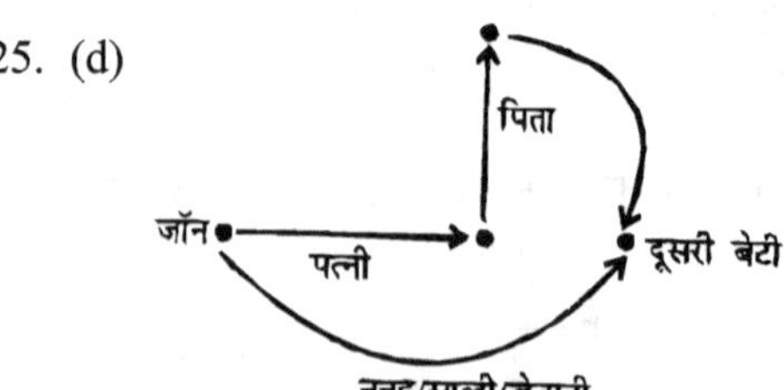

अतः वह महिला जॉन की ननद/साली/जेठानी लगेगी।

26. (a)

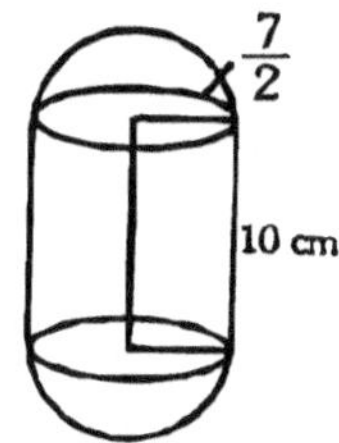

बेलन का पृष्ठीय क्षे० $= 2\pi rh$

$= \frac{2 \times 22}{7} \times \frac{7}{2} \times 10 = 220\ cm^2$

दोनों अर्द्धव्यास का पृष्ठीय क्षे० $= 4\pi r^2$

$= \frac{4 \times 22}{7} \times \frac{7}{2} \times \frac{7}{2} = 154\ cm^2$

$\therefore$ पूरे ठोस आकृति का पृष्ठीय क्षे० $= 220 + 154$
$= 374\ cm^2$

27. (a) आकृति में कुल मिलाकर 19 त्रिभुज हैं।

28. (a) दिया गया व्यंजक
$(15 < 12) \div 3$
प्रश्नानुसार, चिह्न बदलने पर
$\Rightarrow (15 - 12) \times 3 \quad \Rightarrow 3 \times 3 = 9$

29. (d) मानव रक्त में सबसे बड़ी कणिकाएँ श्वेत कोशिकाएँ हैं।
WBC को ल्युकोसाइट्स भी कहते हैं।
WBC अनियमित आकृति की केन्द्र युक्त तथा हीमोग्लोबिन रहित होती है।

30. (a) आपेक्षिक दूरी $= 120 + 130 = 250km$
आपेक्षिक चाल $= 20 + 30 = 50\ km/h$

$\therefore$ समय $= \frac{120+130}{20+30} = \frac{250}{50} = 5\,sec$

31. (b) $\tan^4\theta + \tan^2\theta = 11$
$\sec^2\theta - \tan^2 0 = 1$
$= (\sec^2\theta - 1)^2 + \sec^2\theta - 1 = 11$
$= \sec^4\theta + 1 - 2\sec^2\theta + \sec^2\theta - 1 = 11$
$\sec^4\theta - \sec^2\theta = 11$

32. (d) यदि तापमान बढ़ता है, तो ध्वनि की गति बढ़ती है। वायु में 1°C ताप बढ़ने पर ध्वनि की चाल 0.61 मी०/से० बढ़ जाती है।
ताप समान होने पर गैस में ध्वनि की चाल पर दाब का कोई प्रभाव नहीं पड़ता है।

33. (a) $\sin\theta = \frac{3}{4} = \frac{P}{h}$

$b = \sqrt{h^2 - p^2} = \sqrt{4^2 - 3^2} = \sqrt{7}$

$\cos\theta = \frac{p}{h} = \frac{\sqrt{7}}{4}, \tan\theta = \frac{p}{b} = \frac{3}{\sqrt{7}}$

$\therefore 19\cos^2\theta + \tan^2\theta = 16 \times \left(\frac{\sqrt{7}}{4}\right)^2 + \left(\frac{3}{\sqrt{7}}^2\right)$

$= 16 \times \frac{7}{16} + \frac{9}{7} \quad = 7 + \frac{9}{7} \quad = \frac{49+9}{7} = \frac{58}{7}$

35. (c) औसत गति $= \frac{\text{कुल दूरी}}{\text{कुल समय}}$

$= \frac{14+16}{4+2} = \frac{30}{6} = 5ms^{-1}$

36. (b) जिस तरह मधु स्वास्थ से संबंधित है, उसी तरह योग भी स्वास्थ्य से संबंधित है।

37. (b)

®	E	E	&	&	*	*	®
*	&	®	*	E	®	&	E

अत: प्रश्न चिह्न के स्थान पर विकल्प (c) में दी गई आकृति होगी।

38. (a)

माँ — एकमात्र बेटी
माधवी
बेटा
चित्र वाला व्यक्ति

अत: तस्वीर वाला व्यक्ति माधवी का बेटा लगेगा।

39. (a) 45, 48, 52, 55, **59**
+3 +4 +3 +4

$\therefore ? = 55 + 4 = 59$ विकल्प (a) सही है।

40. (d) ठोस सोडियम बाइकार्बोनेट का pH कागज के प्रत्यक्ष प्रयोग से पता नहीं लगाया जा सकता है।
अम्ल वे यौगिक पदार्थ है, जिसमें हाइड्रोजन प्रतिस्थाप्य के रूप में रहता है।
किसी विलयन की अम्लीयता या क्षारीयता को व्यक्त करने के लिए pH मापदण्ड का प्रयोग किया जाता है।

41. (b) मानव शरीर में श्वसन वर्णक हीमोग्लोबिन है।
RBC में हीमोग्लोबिन होता है।

RBC का मुख्य कार्य शरीर की हर कोशिका में ऑक्सीजन पहुँचना है।

42. (b) शीशा पेंसिल में शीशा का प्रतिशत 0 है।
पेंसिल में प्रयोग होने वाला काला सीसा ग्रेफाइट होता है।
ग्रेफाइट मुलायम होता है।

45. (a)

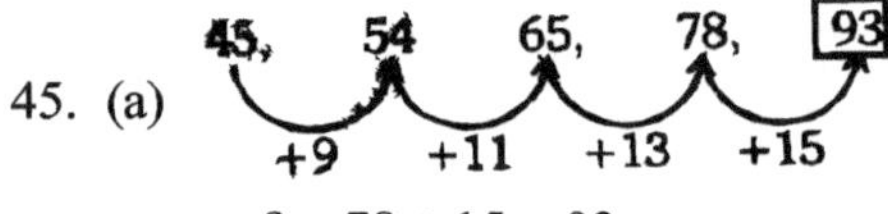

$\therefore ? = 78 + 15 = 93$

46. (d) दिए गए कथन के अनुसार न तो तर्क I और न ही तर्क II मजबूत हैं।

47. (b) 2601 का वर्ग मूल

	51
5	$\overline{26}\overline{01}$
5	25
101	101
1	101
	××1

$\therefore \sqrt{2601} = 51$

49. (d) दिए गए प्रश्न आकृति (d) से उत्तर आकृति चार को बनाया जाता है।

50. (d) $2\frac{1}{25} = \frac{51}{25} = 2.04$

51. (b) पहली इनलेट पाइप x घंटा में भरता है।
दूसरी इनलेट पाइप 2x घंटा में भरता है।
आउटलेट पाइप 12.5 घंटा में खाली करता है।
प्रश्न से,

$$\frac{1}{x} + \frac{1}{2x} - \frac{1}{12.5} = \frac{1}{2.5}$$

$$\Rightarrow \frac{3}{2x} - \frac{1}{12.5} = \frac{1}{2.5}$$

$$\Rightarrow \frac{3}{2x} = \frac{1}{2.5} + \frac{1}{12.5}$$

$$\Rightarrow \frac{3}{2x} = \frac{6}{12.5}$$

$2x = 6.25$

52. (b) गैलियम धातु हमारी हथेली पर पिघल जाती है।
गैलियम धातु कमरे के ताप पर द्रव अवस्था में पाया जाता है।
ब्रोमीन एकमात्र अधातु जो द्रव अवस्था में पाया जाता है।

53. (b)

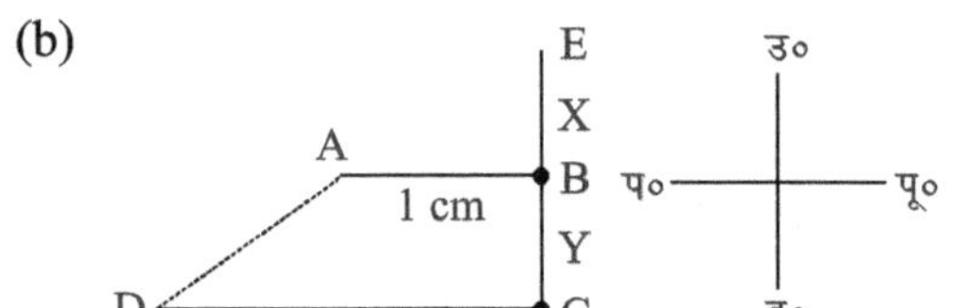

Y अपने प्रारंभिक स्थिति से दक्षिण -पश्चिम दिशा में है।

54. (b) किसी वोल्टमीटर का उपयोग विभवांतर मापने के लिए किया जाता है।
इसे परिपथ में सदैव समानान्तर क्रम में लगाया जाता है।

55. (a) विकल्प (c) में दी गई आकृति की निकटतम समानता है।

57. (a) माना कि कुल दूरी = x
कुल समय = 5h
प्रश्न से,

$$\frac{x}{60} + \frac{x}{40} = 5$$

$$\frac{5x}{120} = 5$$

$x = 120$

58. (d) दिए गए कथन के अनुसार केवल तर्क I मजबूत है।

61. (c) किसी गोलीय दर्पण की परावर्तन सतह का केन्द्र वह बिन्दु है, जिसे ध्रुव कहा जाता है।
उत्तल एवं अवतल दोनों ही दर्पण किसी गोल के कटे भाग होते हैं। अत: उस गोल का केन्द्र दर्पण का वक्रता केन्द्र कहलाता है।
दर्पण का मध्य बिन्दु ध्रुव कहलाता है।

62. (c) उत्तर आकृति (b) प्रश्न आकृति के समान दिखता है।

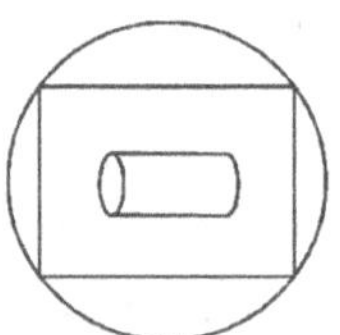

63. (d) क्षैतिज दर्पण प्रतिबिंब

SPICE | ƎƆIԀS

अत: उत्तर आकृति (b) में दी गई आकृति सही है।

64. (c) माना कि पहली योजना का मूलधन = x
दर = 12%
समय = 3 वर्ष

दूसरी योजना का मूलधन $= 3x$

दर $= R$

समय $= 2$ वर्ष

प्रश्न से,

$$\frac{x \times 12 \times 3}{100} = \frac{3x \times R \times 2}{100} = 36x = 6xR$$

$$R = \frac{36x}{6x}$$

$R = 6\%$

65. (b) अल्ट्रावायलेट विकिरण सूर्य द्वारा उत्सर्जित एवं त्वचा के कैंसर हेतु उत्तरदायी विकिरण होते हैं।
परबैंगनी विकिरण की खोज रिटर ने किया है।
पराबैंगनी विकिरण का तरंगदैर्ध्य परिसर 10^{-8} m से 10^{-7} m तक होता है।

67. (c) हेरोन का फार्मूल।

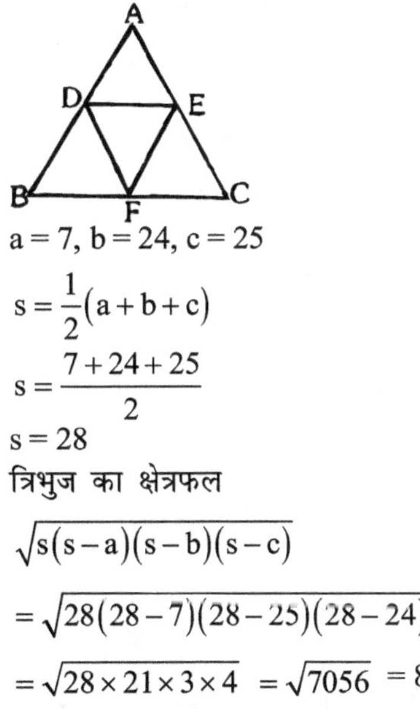

$a = 7, b = 24, c = 25$

$$s = \frac{1}{2}(a + b + c)$$

$$s = \frac{7 + 24 + 25}{2}$$

$s = 28$

त्रिभुज का क्षेत्रफल

$$\sqrt{s(s-a)(s-b)(s-c)}$$

$$= \sqrt{28(28-7)(28-25)(28-24)}$$

$$= \sqrt{28 \times 21 \times 3 \times 4} = \sqrt{7056} = 84$$

$$\Delta DEG \text{ का क्षे०} = \frac{\Delta ABC \text{ क्षे०}}{4} = \frac{84}{4} = 21$$

68. (a) $$\frac{1}{(1+\cot^2 \alpha)} + \frac{\tan^2 \alpha}{(1+\tan^2 \alpha)^2} + \frac{1}{(1+\tan^2 \alpha)^2}$$

$$= \frac{\tan^2 \alpha}{(1+\tan^2 \alpha)} + \frac{\tan^2 \alpha}{(1+\tan^2 \alpha)^2} + \frac{1}{(1+\tan^2 \alpha)^2}$$

$$= \frac{\tan^2 \alpha(1+\tan^2 \alpha) + \tan^2 \alpha + 1}{(1+\tan^2 \alpha)^2}$$

$$= \frac{\tan^4 \alpha + \tan^2 \alpha + \tan^2 \alpha + 1}{(1+\tan^2 \alpha)^2}$$

$$= \frac{(1+\tan^2 \alpha)^2}{(1+\tan^2 \alpha)^2} = 1$$

69. (a) अंग्रेजों से लड़ते हुए रानी लक्ष्मीबाई 7 मई, 1858 को शहीद हुई थी।
झाँसी रियासत को लॉर्ड डलहौजी ने 1853 ई० में हड़प्पा नीति का शिकार बनाया था और गोद लिया गया बच्चा दामोदर राव को राजा मानने से इन्कार कर दिया गया था।

70. (c) बेंजीन यौगिक में एक वलय कार्बन शृंखला संरचना होती है।
बेंजीन एक सरलतम ऐरोमैटिक हाइड्रो कार्बन है।
बेंजीन का अणुसूत्र C_6H_6 है।

71. (b) वस्तु का क्रयमूल्य = ₹ 2375
लाभ % = 16

$$\text{विक्रय मूल्य} = \frac{\text{क्र० मू०} \times 100 + \text{लाभ\%}}{100}$$

$$= \frac{2375 \times 116}{100} = \frac{275500}{100} = ₹\,2755$$

74. (b) खुदरा विक्रेता 6, ₹ 16 से ₹ 18 की कीमत की रेंज में उत्पाद 2 प्रदान करता है।

75. (b) दिए गए प्रश्न के उत्तर देने के लिए सिर्फ तर्क I मजबूत है।

76. (d) दिए गए प्रश्न का उत्तर देने के लिए सही कथन एक साथ पर्याप्त नहीं है।

77. (d) जिस प्रकार

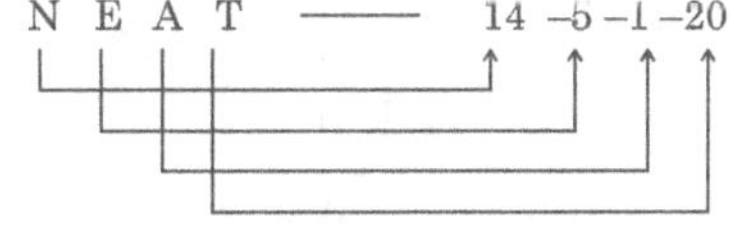

सभी अक्षर का स्थानीय मान

उसी प्रकार

TREAT को 20185120 कोड में लिखा जाएगा।

79. (a) $A = (1, 1), B = (-2, 7), C = (3, -3)$

$$AB = \sqrt{(-2-1)^2 + (7-1)^2}$$

$$= \sqrt{9+36} = \sqrt{45} = 3\sqrt{5}$$

$$BC = \sqrt{(3+2)^2 + (-3-7)^2}$$

$= \sqrt{25+100} = 5\sqrt{5}$

$CA = \sqrt{(3-1)^2 + (-3-1)^2}$

$= \sqrt{4+16} = \sqrt{20} = 2\sqrt{5}$

$= \frac{1}{AB} + \frac{1}{BC} + \frac{1}{CA} = \frac{1}{3\sqrt{5}} + \frac{1}{5\sqrt{5}} + \frac{1}{2\sqrt{5}}$

$= \frac{10+6+15}{30\sqrt{5}} = \frac{31}{30\sqrt{5}} = \frac{31\sqrt{5}}{30\sqrt{5}\times\sqrt{5}} = \frac{31\sqrt{5}}{150}$

81. (b) यदि किसी वस्तु पर लागू एक स्थिर बल की दिशा में वस्तु द्वारा स्थानांतरित बल और दूरी के परिणाम के रूप में दर्शाया जाता है, तो इसे किया गया कार्य कहा जाता है।

कार्य का S.I. मात्रक जूल है।

कार्य W = बल (F) × बल की विस्थापन (d)

82. (a) $5 \times 9 \div 14 - 2[\{5 \text{ of } 9 - 15 + (2 + (3 - 1))\}]$

$= 5 \times \frac{9}{14} - 2[\{5 \text{of} 9 - 15 + 4\}]$

$= 5 \times \frac{9}{14} - 2[\{5 \times 9 - 11\}]$

$= 5 \times \frac{9}{14} - 2[\{45 - 11\}]$

$= \frac{45}{14} - 68 = \frac{45 - 952}{14} = \frac{-907}{14}$

83. (c) औसत गति $= \frac{\text{कुल दूरी}}{\text{कुल समय}}$

$= \frac{18+18}{6+4} = \frac{36}{10} = 3.6 ms^{-1}$

84. (d) माना दो संख्या = x तथा y

प्रश्न से,

$x \times 20\% + y \times 36\% = (x + y)30\%$

$\frac{20x}{100} + \frac{36y}{100} = \frac{(x+y)30}{100}$

$\Rightarrow 20x + 36y = 30x + 30y$

$\Rightarrow -10x + 6y = 0$ ...(i)

तथा $x - y = -20$ ... (ii)

(i) + (ii) × 6

$-10x + 6y = 0$

$6x - 6y = -120$

$-4 \quad = \quad -120$

$\Rightarrow x = \frac{120}{4} = 30$

(ii) में x का मान रखने पर

$y = 50$

85. (a) वह गुण जो F_1 पीढ़ी में प्रभाव रखता है और स्पष्ट रूप से देखा जाता है वह प्रबल है।

जब दो पौधों के बीच एक इकाई लक्षण के आधार पर संकरण कराया जाता है, तो उसे एक संकरीय क्रॉस कहते हैं।

एक संकरीय क्रॉस में मेंडल ने मटर के पौधों की दो ऐसी उपजातियाँ चुनी जिसके विपरीत लक्षणों के जोड़ों से एक लम्बा तथा दूसरा बौना था तथा इसका आपस में क्रॉस कराया तो देखा कि पहली पीढ़ी में बीजों द्वारा जो पौधे उत्पन्न हुए वे सभी लम्बे थे।

87. (d) विकल्प (d) में दी गई आकृति प्रश्न आकृति के निकटतम समानता दर्शाता है।

88. (c) दिए गए कथन के उत्तर देने के लिए निष्कर्ष I और II दोनों निहित हैं।

90. (a) दी गई आकृति में कुल त्रिभुजों की संख्या 46 हैं।

$8 \times + 4 + 4 + 4 + 4 + 2 = 46$

91. (c) सापेक्ष घनत्व $= \frac{\text{धातु का घनत्व}}{\text{पानी का घनत्व}}$

$= \frac{8.5 \times 10^3}{10^3} = 8.5$

92. (d) (A) (B) (C)

कोट घड़ी पत्र

94. (c) माना की चप्पल की लागत = x

फ्लोटर्स की लागत $= x \times \frac{110}{100} = \frac{110x}{100}$

जूते की लागत $= \frac{110x}{100} \times \frac{120}{100} = \frac{132x}{100}$

प्रश्न से,

$x + \frac{110x}{100} + \frac{132x}{100} = 3420$

$\frac{342x}{100} = 3420$

$x = \frac{3420 \times 100}{342} = ₹ 1000$

जूते की लागत $= \frac{132 \times 1000}{100} = 1320$

95. (a) चलकर + सवारी = 10

$2 \times$ सवारी = 5

सवारी = $\frac{5}{2}$

चलकर = $10 - \frac{5}{2} = \frac{15}{2}$

$2 \times$ चलकर = 15

97. (c) औसत गति = $\frac{\text{कुल दूरी}}{\text{कुल समय}}$

$= \frac{16m + 15m}{4 + 2} = \frac{31}{6} = 5.17ms^{-1}$

98. (c) श्रृंखला में जुड़ी तीन 20Ω कॉइल्स का कुल प्रतिरोध 60Ω होगा।

एक के बाद एक श्रृंखला बद्ध रूप से R_1, R_2, R_3 .... को जोड़ने पर प्राप्त तुल्य प्रतिरोध का सूत्र है- $Req = R_1 + R_2 + R_3 + ...$

श्रृंखला में जुड़ी तीन 20Ω कॉइल्स का प्रतिरोध

$= 20\Omega + 20\Omega + 20\Omega = 60\Omega$

99. (a) पहली पाइप द्वारा खाली टंकी को भरने में लगा समय = 2 घंटे

पहली पाइप की क्षमता $= \frac{1}{2}$

पाइप एक द्वारा अलग-अलग समय में भरा भाग

पहले 2 घंटे में $= \frac{1}{12} \times \frac{1}{2} \times 2$

दूसरे 2 घंटे में $= \frac{1}{9} \times \frac{1}{2} \times 2$

तीसरे 2 घंटे में $= \frac{1}{6} \times \frac{1}{2} \times 2$

चौथे 2 घंटे में $= \frac{1}{4} \times \frac{1}{2} \times 2$

पाँचवें 2 घंटे में $= \frac{1}{3} \times \frac{1}{2} \times 2$

कुल 10 घंटे में

$= \left(\frac{1}{12} + \frac{1}{9} + \frac{1}{6} + \frac{1}{4} + \frac{1}{3}\right) \times \frac{1}{2} \times 2$

इसी तरह दूसरी पाइप द्वारा 10 घंटे में भरा भाग

$\left(\frac{1}{12} + \frac{1}{9} + \frac{1}{6} + \frac{1}{4} + \frac{1}{3}\right) \times \frac{1}{4} \times 2$

तब $\left(\frac{1}{12} + \frac{1}{9} + \frac{1}{6} + \frac{1}{4} + \frac{1}{3}\right) \times \frac{1}{2} \times 2 +$

पहली पाइप

$\left(\frac{1}{12} + \frac{1}{9} + \frac{1}{6} + \frac{1}{4} + \frac{1}{3}\right) \times \frac{1}{4} \times 2 \; - \frac{10}{x} = 1$

दूसरी पाइप तीसरी पाइप

$\left(\frac{3 + 4 + 6 + 9 + 12}{36}\right)$

$+ \left(\frac{3 + 4 + 6 + 9 + 3}{36}\right) \frac{1}{2} - \frac{10}{x} = 1$

$\frac{34}{36} \times \frac{1}{1} + \frac{34}{36} \times \frac{1}{2} - 1 = \frac{10}{x}$

$\frac{17}{18}\left(\frac{1}{1} + \frac{1}{2}\right) - 1 = \frac{10}{x}$

$\Rightarrow \frac{17}{12} - 1 = \frac{10}{x} \Rightarrow x = 24$

100.(a) समीकरण Mg + $O_2 \rightarrow$ Mgo किसी ढाँचागत रासायनिक समीकरण को निरूपित करता है।

रासायनिक संकेतों एवं अणुसूत्रों की सहायता से किसी वास्तविक रासायनिक अभिक्रिया के संक्षिप्त निरूपण को रासायनिक समीकरण कहते हैं।

उदाहरण के लिए, $C + O_2 \rightarrow CO_2$

RRB ग्रुप D 2018 सॉल्वड पेपर-9

दिनांक : 27 सितंबर 2018, शिफ्ट-1

1. यदि तरंग 2.5s में 20 कंपन पूरे करती है, तो इसकी आवृत्ति होगी:
(a) 4 Hz (b) 8 Hz
(c) 1 Hz (d) 2 Hz

2. दिए गए कथनों और निष्कर्षों को ध्यानपूर्वक पढ़ें और चुनें कि कौन-से निष्कर्ष तार्किक रूप से कथन का अनुसरण करते हैं।
कथन :
इवेंट मैनेजर ने मनोरंजन के लिए एक कॉमेडी शो और छोटे-नाटक के प्रदर्शन का चयन किया।
निष्कर्ष :
I. इवेंट मैनेजर को जादू के शो पसंद नहीं है।
II. इवेंट मैनेजर को केवल कॉमेडी शो पसंद है।
(a) केवल निष्कर्ष I अनुसरण करता है।
(b) न तो I और न ही II अनुसरण करते हैं।
(c) केवल निष्कर्ष II अनुसरण करता है।
(d) दोनों निष्कर्ष अनुसरण करते हैं।

3. 8836 का वर्गमूल है :
(a) 86 (b) 94
(c) 96 (d) 84

4. 17 m ऊंचे एक प्लेटफॉर्म के शीर्ष से, टॉवर का उन्नयन कोण 30° था। यदि प्लेटफॉर्म टॉवर से $50\sqrt{3}$m दूर स्थित था, तो टॉवर की ऊँचाई कितनी थी?
(a) $25\sqrt{3}$m (b) 67m
(c) $\left(25+\sqrt{3}+7\right)$m (d) 50m

5. एक व्यक्ति ₹ 1 में 5 पेन खरीद कर उन्हें ₹ 1 में 4 के हिसाब से बेच देता है। उसके द्वारा प्राप्त लाभ प्रतिशत ज्ञात कीजिए।
(a) 20% (b) 50%
(c) 25% (d) 40%

6. .... के इलेक्ट्रॉन्स के बीच आकर्षण सबसे कम होता है।
(a) ऑक्सीजन (b) बोरॉन
(c) मरकरी (d) नाइट्रोजन

7. यदि द्विघात समी॰ $cx^2 + bx + c = 0$ में दी गयी समी॰ के मूल बराबर हो तो b : c का अनुपात ज्ञात कीजिए।
(a) 1 : 4 (b) 4 : 1
(c) 1 : 2 (d) 2 : 1

8. नीचे दी गई आकृति से कौन-सी विकल्प आकृति मेल खाती है?
प्रश्न आकृतिः

उत्तर आकृतियाँ:
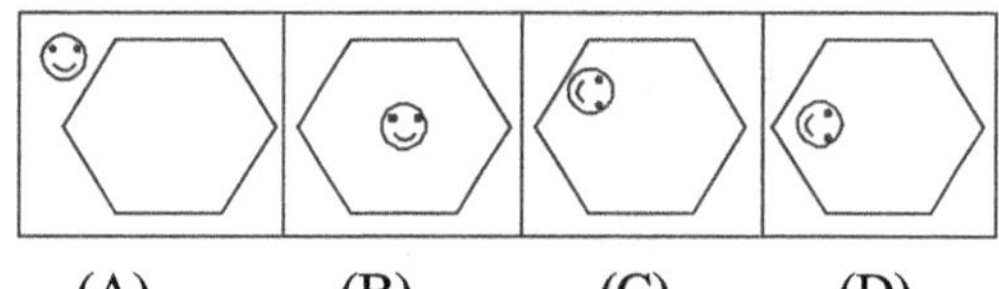
(A) (B) (C) (D)
(a) C (b) B
(c) D (d) A

9. श्रीनाथ ने 1 : 44 : 41 बजे एक बल्ब को चालू किया और उसे उसी दिन 11 : 35 : 35 बजे पर बन्द कर दिया। बल्ब कितने समय के लिए चालू किया?
(a) 9 घंटे 50 मिनट 54 सेकेंड
(b) 12 घंटे 40 मिनट 06 सेकेंड
(c) 10 घंटे 09 मिनट 06 सेकेंड
(d) 9 घंटे 09 मिनट 06 सेकेंड

10. दो संख्याओं का गुणनफल 55 है। यदि उनमें से एक संख्या 2.50 है, तो दूसरी संख्या क्या होगी?
(a) 25 (b) 26
(c) 24 (d) 22

11. 12 लाख की आबादी वाले एक शहर की आबादी 4% की दर से बढ़ रही है, 2 साल बाद शहर की आबादी कितनी होगी?
(a) 1297920 (b) 1207920
(c) 1300000 (d) 1297820

12. मेजर ध्यानचंद का जन्मदिन भारत में राष्ट्रीय खेल दिवस के रूप में किस दिन मनाया जाता है?
(a) 29 दिसंबर (b) 29 अप्रैल
(c) 29 अक्टूबर (d) 29 अगस्त

13. राम एक 88m लंबे तालाब में तैरता है। वह एक छोर से दूसरे छोर तक तैरकर जाने और वापस उसी रास्ते से आने में 176m की दूरी एक मिनट में तय करता है, उसकी औसत चाल ज्ञात कीजिए।
(a) $2.93ms^{-1}$ (b) $2.60ms^{-1}$
(c) $2.67ms^{-1}$ (d) $3.67ms^{-1}$

14. प्रसिद्ध फुटबॉल खिलाड़ी माराडोना निम्नलिखित में से किस देश से संबंधित है?
(a) आयरलैंड (b) जर्मनी
(c) मैक्सिको (d) अर्जेंटीना

15. समर, स्वप्नाली द्वारा तय की गई दूरी का $\frac{3}{5}$ भाग, स्वप्नाली द्वारा लिए गए समय के $\frac{5}{7}$ भाग में तय कर लेता है। अगर स्वप्नाली यात्रा को पूरा करने में 42 मिनट का समय लगाती है, तो समर को उसी दूरी को तय करने में कितने मिनट लगेंगे?
(a) 45 (b) 52.5
(c) 48 (d) 50

16. F_1 पीढ़ी में .... विशेषता अधिक प्रभावी होती है और स्पष्ट रूप से देखी जा सकती है।
(a) अप्रभावी (b) एलील
(c) वंशागत (d) प्रभावी

17. 05 फरवरी, 2018 को सोमवार था। 05 फरवरी, 2009 को कौन-सा दिन होगा?
(a) मंगलवार (b) शुक्रवार
(c) सोमवार (d) बृहस्पतिवार

18. आपको एक प्रश्न और दो कथन दिये गये हैं। निर्णय कीजिए कि कौन-से कथन प्रश्न का उत्तर देने के लिए आवश्यक/पर्याप्त हैं।
प्रश्न:
बैग A, B और C में से दूसरा सबसे भारी बैग कौन-सा है?
कथन :
I. B, A से अधिक भारी है।
II. A, C से हल्का है।
(a) केवल कथन II पर्याप्त है।
(b) कथन I और II दोनों पर्याप्त नहीं हैं।
(c) केवल कथन I पर्याप्त है।
(d) कथन I और II दोनों एकसाथ पर्याप्त हैं।

19. महिलाओं में गुणसूत्रों की स्थिति है :
(a) 22 + XX (b) 22 + XO
(c) 22 + YY (d) 22 + XY

20. 1.004 – 0.4 .... के बराबर है।
(a) 0.640 (b) 0.604
(c) 0.006 (d) 1

21. नीचे दी गई श्रृंखला के अनुसार अगला पद क्या होगा?
2S, 8V, 26Y, ...
(a) 81B (b) 80B
(c) 80C (d) 81C

22. इन्सुलेटर (ऊष्मारोधी) का प्रतिरोध होता है-
(a) निम्न (b) वृद्धि योग्य
(c) उच्च (d) शून्य

23. यदि $x^2 + kx + 3k = 0$ का कोई हल न होने की स्थिति में, k का मान होगा :
(a) $k < 12$ (b) $k > -12$
(c) $0 < k < 12$ (d) $k > 12$

24. अगस्त 2018 में मानव संसाधन विकास मंत्री कौन हैं?
(a) स्मृति ईरानी (b) पीयूष गोयल
(c) प्रकाश जावड़ेकर (d) रवि शंकर प्रसाद

25. दी गयी श्रृंखला का अगला पद ज्ञात करें।
C14, L28, ...
(a) U42 (b) R42
(c) Z42 (d) T42

26. परमाणु रिएक्टर में प्रयुक्त होने वाला ईंधन है ....
(a) गैलियम (b) जर्मेनियम
(c) यूरेनियम (d) पोटेशियम

27. ग्लोबल एंट्रेप्रेन्योरशिप समिट (GES-2017) का एक भव्य आयोजन नीति (NITI) आयोग के सहयोग से हैदराबाद में किया गया। NITI का पूर्ण रूप क्या है?
(a) Nation Institute Teaching India
(b) National Institue Towards India
(c) National India Transforming Information
(d) National Institution for Transforming India

28. जब किसी धनुष से कोई तीर छोड़ा जाता है तो इसकी ऊर्जा परिवर्तित होती है ....
(a) उष्मीय ऊर्जा को गतिज ऊर्जा में
(b) स्थितिज ऊर्जा को गतिज ऊर्जा में
(c) विद्युत ऊर्जा को स्थितिज ऊर्जा में
(d) गतिज ऊर्जा को स्थितिज ऊर्जा में

29. $30 - [29 - \{28 - (25 - \overline{21 - 22})\}] = ?$
(a) 1 (b) 3
(c) –1 (d) 2

30. निम्नलिखित में से कौन-सा एल्कालाइन मृदा धातु का उदाहरण है?
(a) मैग्नीज (b) सोडियम
(c) एल्यूमिनियम (d) मैग्नीशियम

31. वाइन के 13 बैरल एक टैंक भरते हैं और प्रत्येक बैरल की धारिता 51 लीटर है। यदि प्रत्येक बैरल की धारिता 17 लीटर होती तो उसी टैंक को भरने के लिए कितने बैरल की आवश्यकता होगी?
(a) 39 (b) 37
(c) 91 (d) 42

32. $\frac{\sqrt[3]{0.000027}}{\sqrt{0.0004}} =$
(a) 1.5 (b) 15
(c) 0.15 (d) 0.015

33. पारे के आयन की संयोजकता है
(a) 3 (b) 4
(c) 2 (d) 1

34. नीचे दी गई श्रृंखला में कौन-सा चित्र अगला है?
प्रश्न आकृतियाँ :

उत्तर आकृतियाँ :

(A) (B) (C) (D)
(a) B (b) D
(c) C (d) A

35. उस विकल्प का चयन करें जो दी गई आकृति में प्रश्न चिह्न (?) को प्रतिस्थापित कर सकता है।
प्रश्न आकृतियाँ :

उत्तर आकृतियाँ :

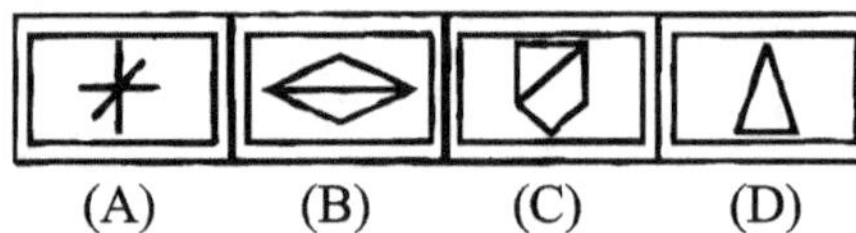

(A) (B) (C) (D)
(a) B (b) A
(c) D (d) C

36. $1\frac{7}{9}+\frac{5}{12}+\frac{7}{18}$ का मान ज्ञात कीजिए।
(a) $\frac{32}{12}$ (b) $\frac{31}{12}$
(c) $\frac{31}{14}$ (d) $\frac{31}{18}$

37. वह विषय या वस्तु जिसमें ध्वनि प्रेषित होती है कहलाता है ....
(a) माध्यम (b) निर्वात
(c) परिवहन (d) अदिश

38. किसी पदार्थ का तरल अवस्था से गैसीय अवस्था में परिवर्तन कहलाता है:
(a) द्रवीकरण (b) वाष्पीकरण
(c) दृढ़ीकरण (d) अम्लीकरण

39. शुद्ध जल में, सान्द्रता
(a) H^+ तथा OH^- आयन की असमान होती है।
(b) H^+ आयन तथा अन्य आक्साइड की बराबर होती है।
(c) H^+ तथा OH^- आयन की बराबर होती है।
(d) OH^- आयन की अन्य आक्साइडों की तुलना में ज्यादा होती है।

40. कौन-सी विकल्प आकृति निम्न दी गयी आकृति से निकटतम समानता दर्शाती है?
प्रश्न आकृति:

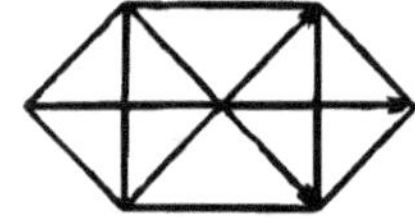

उत्तर आकृतियाँ :

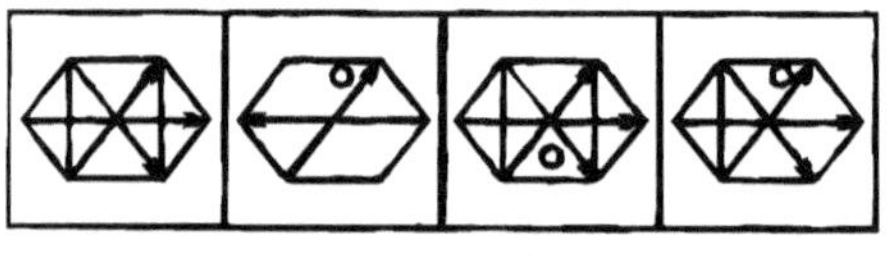

(A) (B) (C) (D)
(a) C (b) A
(c) D (d) B

41. सुंदरबन टाइगर रिजर्व .... में है।
(a) ओडिशा (b) बिहार
(c) असम (d) पश्चिम बंगाल

42. विश्व बैंक के अनुसार 2017 के अंत में भारत का सकल घरेलू उत्पाद कितना था?
(a) $ 3.197 ट्रिलियन डॉलर
(b) $ 2.597 ट्रिलियन डॉलर
(c) $ 1.009 अरब डॉलर
(d) $ 4.234 अरब डॉलर

43. कौन-सा वेन आरेख नीचे दिए गये वर्गों के बीच संबंध को सही ढंग से दर्शाता है?

A. प्रकाश B. ऊष्मा C. सूर्य

(a) 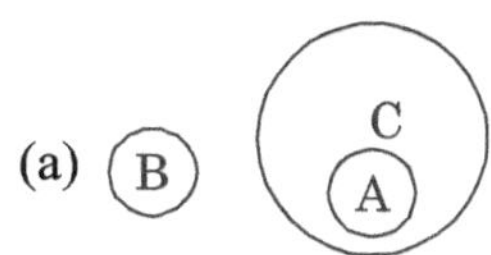

(b) 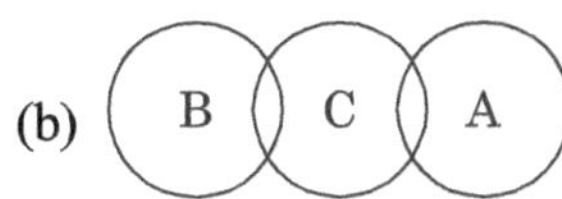

(c) 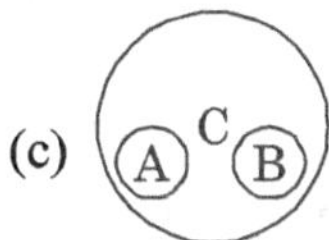

(d) (A) (B) (C)

44. 2017 में प्रकाशित पुस्तक 'आई डू व्हाट आइ डू' के लेखक कौन हैं?

(a) वेंकैया नायडू (b) रघुराम राजन
(c) शशि थरूर (d) संजीव सान्याल

45. .... एक उपभोग कर है जो उत्पादन से लेकर बेचने तक आपूर्ति शृंखला में हर चरण पर जोड़ा जाता है।

(a) आय कर (b) जीएसटी
(c) सीमा-शुल्क (d) वैट

46. .... और .... ऊतकों की कोशिकाएँ जीवित कोशिकाएँ होती हैं।

(a) मृदूतक और स्थूलकोणोतक
(b) स्थूलकोणोतक और दृढ़ोतक
(c) मृदूतक और दृढ़ोतक
(d) दृढ़ोतक और वाहिनिका

47. $75 - (96 - 18 \div 6 - 58) \div 5 + 4 \times 17 = ?$

(a) 70 (b) 76
(c) 7 (d) 136

48. निम्न में से कौन इस समूह संबंधित नहीं है?

A. बनाना B. वाष्पित करना
C. सेंकना D. उबालना

(a) B (b) A
(c) C (d) D

49. 100°C के तापमान का केल्विन में मूल्य है ....

(a) 73K (b) 273K
(c) –373K (d) 373K

50. 12 साल पहले रमन की आयु उसकी माँ की आयु के आधे से 6 वर्ष अधिक थी। अब से 6 साल बाद रमन की माँ की आयु रमन की आयु की 1.5 गुनी होगी। रमन की वर्तमान आयु कितनी है?

(a) 55 वर्ष (b) 52 वर्ष
(c) 56 वर्ष (d) 54 वर्ष

51. भारत सरकार के स्वच्छ अभियान की तर्ज पर हिंदुस्तान यूनीलीवर लिमिटेड (HUL) ने 'स्वच्छ आदत, स्वच्छ भारत' कार्यक्रम के एडवोकेसी राजदूत के रूप में निम्न में से किसको चुना है?

(a) विद्या बालन (b) अमिताभ बच्चन
(c) प्रियंका चोपड़ा (d) काजोल

52. दिए गए कथन पर विचार करें और निर्णय लें कि दिए गए अनुमानों में से कौन-सा पूर्वानुमान कथन में निहित है

कथनः

ललिता ने अपने दोस्त से कहा, "चलो, आइसक्रीम खाते हैं।"

पूर्वानुमानः

I. ललिता के पास पहले आइसक्रीम थी।
II. ललिता और उसके दोस्त को आइसक्रीम पसंद है।

(a) केवल II निहित है।
(b) केवल I निहित है।
(c) I और II दोनों निहित हैं।
(d) न तो I न ही II निहित हैं।

53. विश्व का सबसे विशाल आर्द्र-भूमि है ....

(a) प० बंगाल (b) पेन्टनल
(c) केरल (d) बोस्टन

54. एक क्लब में विभिन्न सुविधाओं के लिए निर्धारित उपयोग शुल्क निम्न है-

सुविधाएँ	उपयोगकर्त्ताओं की संख्या
जिम	200
स्विमिंग पूल	300

जिम के लिए ₹ 200 प्रतिमाह, स्विमिंग पूल का उपयोग करने के लिए ₹ 600 प्रतिमाह।

निम्न तालिका जो कि सुविधाओं का उपयोग करने वाले ग्राहकों की वर्तमान सूची दर्शा रही है, के अनुसार एक महीने में स्विमिंग पूल उपयोगकर्ताओं से प्राप्त कुल आय कितनी है?

(a) ₹ 3,00,000 (b) ₹ 2,00,000
(c) ₹ 1,80,000 (d) ₹ 1,50,000

55. निम्न कथन के संदर्भ में दिए गए तर्कों में से कौन–सा अधिक सशक्त है?

कथन:

बिजली के एक यूनिट की बचत करना इसके 2 यूनिट के उत्पादन के बराबर है।

तर्क:

I. हाँ, बिजली की खपत करना इसके उत्पादन से ज्यादा आसान है।

II. नहीं, आज हम बिजली के उत्पादन की चिंता किये बिना इसकी खपत कर सकते हैं।

(a) केवल तर्क I सशक्त है।
(b) केवल तर्क II सशक्त है।
(c) न तो I और न ही II सशक्त हैं।
(d) या तो I अथवा II सशक्त हैं।

56. 'v' वेग से गति कर रही द्रव्यमान 'm' की वस्तु का संवेग होगा:

(a) mv (b) $(mv)^2$
(c) mv^2 (d) $\frac{1}{2}mv^2$

57. राम एक 75 m लंबे तालाब में तैरता है। वह एक छोर से दूसरे छोर तक तैरकर जाने और वापस उसी रास्ते से आने में 150 m की दूरी एक मिनट में तय करता है, उसकी औसत चाल ज्ञात कीजिए।

(a) $2.05ms^{-1}$ (b) $2.25ms^{-1}$
(c) $2.5ms^{-1}$ (d) $2.00ms^{-1}$

58. आधुनिक आवर्त सारणी में पहली उपधातु है ....

(a) As (b) Ge
(c) Si (d) B

59. आटे का रोटी से वही संबंध जो मिट्टी का .... से है।

(a) गोल (b) बर्तन
(c) गीला (d) भूरा

60. मार्च, 2018 के अनुसार, भारत के केंद्रीय गृह मंत्री कौन है?

(a) अरूण जेटली (b) सुषमा स्वराज
(c) राजनाथ सिंह (d) राधा मोहन सिंह

61. इंडिया नाम का उद्गम कहाँ से हुआ?

(a) ब्रह्मपुत्र नदी (b) भागीरथी नदी
(c) सिंधु नदी (d) गंगा नदी

62. दिए गए विकल्प चित्रों में से TOUCH का दर्पण प्रतिबिंब का चयन करें।

विकल्प चित्र :

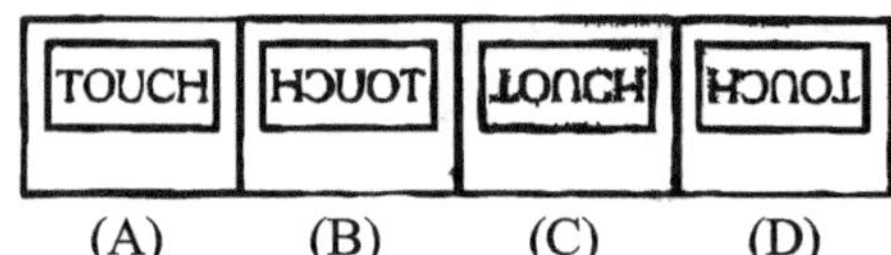

(a) B (b) D
(c) A (d) C

63. कांसा है :

(a) अधातु (b) धातु
(c) मिश्रधातु (d) उपधातु

64. जब 7 kg द्रव्यमान की किसी वस्तु पर कोई नियत बल 3 s कार्य करता है तो यह वस्तु के वेग को $3\,ms^{-1}$ से $8\,ms^{-1}$ तक बढ़ा देता है। लगाए गए बल का परिमाप क्या है?

(a) 10.66N (b) 12.66N
(c) 11.66N (d) 13.66N

65. महाराष्ट्र में बागवानी का ब्रांड एम्बेसडर कौन है?

(a) रेखा (b) अमिताभ बच्चन
(c) अक्षय कुमार (d) जया बच्चन

66. शब्बीर ने ₹ 132 में एक खिलौना खरीदकर इसे 15% लाभ पर बेच दिया। खिलौने का विक्रय मूल्य था :

(a) ₹ 150.80 (b) ₹ 150.60
(c) ₹ 151.90 (d) ₹ 151.80

67. नवीन और शांतनु के पास कुल ₹ 147 हैं। शांतनु और अवनि के पास ₹ 173 हैं तथा अवनि और नवीन के पास ₹ 150 हैं। नवीन के पास कितनी राशि है?

(a) ₹ 60 (b) ₹ 62
(c) ₹ 67 (d) ₹ 70

68. वैज्ञानिक नामकरण अथवा नामकरण की प्रणाली किसके द्वारा प्रस्तुत की गयी?

(a) लिनिअस (b) हेकले
(c) डोबेरेइनर (d) डार्विन

69. निम्न पैटर्न के अनुसार दी गयी शृंखला की अगली आकृति कौन–सी होगी?

प्रश्न आकृतियाँ :

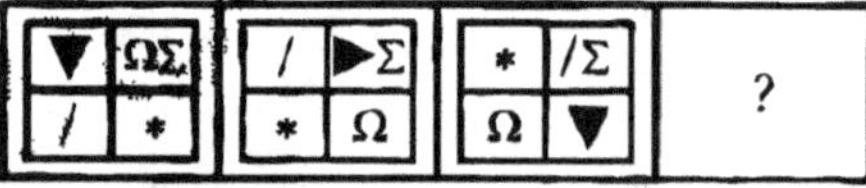

उत्तर आकृतियाँ :

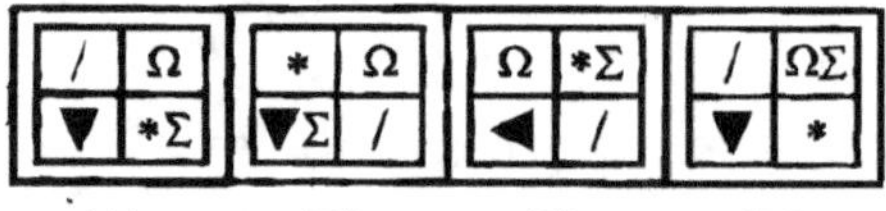

(a) C (b) D
(c) A (d) B

70. लुप्त हुई संख्याओं को चुनकर संख्या शृंखला को पूरा करें।
5678, 6778, 7878, ?, ?, 101178
(a) 8978, 10078 (b) 8878, 9078
(c) 8988, 9978 (d) 8988, 9078

71. दिए गए चित्र को बनाने के लिए न्यूनतम कितनी रेखाओं की आवश्यकता होगी?

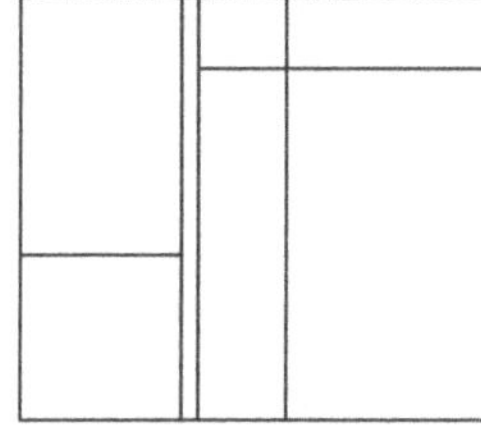

(a) 6 (b) 8
(c) 5 (d) 9

72. किसी परमाणु में अणुओं की संख्या को कहा जाता है ....
(a) पारमाणविकता (b) नॉर्मलता
(c) संयोजकता (d) मोलरता

73. A एक कार्य को अकेले 9 दिनों में कर सकता है, जबकि B इसे अकेले करने में 13.5 दिन लेता है। C के साथ मिलकर कार्य पूरा करने के लिए उन्हें 4.5 दिन लगते हैं। यदि C और D एक साथ 18 दिनों में कार्य पूरा कर सकते हैं, तो D को अकेले कार्य पूरा करने के लिये कितने दिन की आवश्यकता होगी?
(a) 45 (b) 60
(c) 54 (d) 48

74. यदि SOAP को एक कोड के रूप में 1915116 लिखा जाता है, तो OPTION के लिए कोड क्या होगा?
(a) 15162081514 (b) 15172051514
(c) 1562191514 (d) 15162091514

75. आपको एक प्रश्न और दो कथन दिये गये हैं। निर्णय कीजिए कि कौन-से कथन प्रश्न का उत्तर देने के लिए आवश्यक/पर्याप्त हैं।
प्रश्न:
नित्या की रैंक क्या है?
कथन :
I. एक कक्षा में 25 विद्यार्थी हैं।
II. 15 विद्यार्थियों ने नित्या से कम अंक प्राप्त किये हैं।
(a) केवल कथन I पर्याप्त है।
(b) केवल कथन II पर्याप्त है।
(c) कथन I और II दोनों एक साथ पर्याप्त हैं।
(d) कथन I और II दोनों एक साथ पर्याप्त नहीं हैं।

76. प्रज्ञा द्वारा 15 टेस्टों में प्राप्त अंकों का औसत 24 है। जरीन ने अब तक 23 अंकों का औसत बनाए रखा है, लेकिन उसने केवल 12 टेस्ट में भाग लिया है। यदि प्रत्येक टेस्ट 30 अंकों का है, तो जरीन को प्रज्ञा के औसत अंकों तक पहुँचने के लिए शेष 3 टेस्ट में से किसी भी एक टेस्ट में कम-से-कम कितने अंक प्राप्त करने होंगे?
(a) 24 (b) 23
(c) 25 (d) 22

77. भारत के 48वें अंतर्राष्ट्रीय फिल्म महोत्सव (IFFI) में इंडियन फिल्म पर्सनैलिटी ऑफ 2017 पुरस्कार से किसे सम्मानित किया था?
(a) प्रभास (b) अमिताभ बच्चन
(c) अक्षय कुमार (d) शम्मी कपूर

78. 20kg द्रव्यमान की एक वस्तु 80 ms^{-1} के नियत वेग से आगे बढ़ रही है। वस्तु की गतिज ऊर्जा होगी:
(a) 640 Pa (b) 640 J
(c) 640 ms^{-1} (d) 640 N

79. महाराष्ट्र से सोशल वर्क के क्षेत्र में 2018 के लिए पद्म श्री पुरस्कार से किसको सम्मानित किया गया था?
(a) ममता चन्द्रकर (b) तुलसीदास बोरकर
(c) एम. वेंकटेश कुमार (d) संपत रामटेके

80. 'प्लेइंग इट माय वे' किस खिलाड़ी की आत्मकथा का नाम है?
(a) विनोद कांबली (b) कपिल देव
(c) राहुल द्रविड़ (d) सचिन तेंदुलकर

81. ₹ 2,000 के भारतीय बैंक नोट के पीछे छपा मंगलयान क्या दर्शाता है?
(a) भारतीय अंतरिक्ष यान शक्ति
(b) भारत का तकनीकी विकास
(c) भारतीय आर्थिक विकास
(d) ग्रहों के बीच दूरी में भारत का पहला उद्यम

82. 6% वार्षिक साधारण ब्याज की दर से एक निश्चित राशि $5\frac{3}{4}$ वर्ष के अंत में ₹ 3,228 हो जाती है। निवेश की गई राशि है:
(a) ₹ 2,550 (b) ₹ 2,600
(c) ₹ 2,350 (d) ₹ 2,400

83. यदि एक बल्ब 100 J की ऊर्जा का उपयोग करता है और 20 सेकेंड तक चालू रहता है, तो बल्ब द्वारा खपत की गयी पॉवर है :
(a) 5W (b) 1W
(c) 20W (d) 0.2W

84. निम्नलिखित शृंखला की अगली संख्या क्या होगी?
3, 2, 5, 4, 7, 6, ...
(a) 9 (b) 10
(c) 8 (d) 7

85. कूटभाषा में BELL को 2511 के रूप में लिखा जाता है। YEARN के लिए कोड क्या होगा?
(a) 25111 (b) 25114
(c) 26111 (d) 25115

86. निम्न कथन के संदर्भ में दिए गए दोनों तर्कों में से कौन-सा अधिक सशक्त है?
कथन :
ईंधन के उचित उपयोग के प्रति लोगों को जागरुक करने के लिए सरकार को जागरुकता कार्यक्रम चलाने चाहिए।
तर्क :
I. हाँ, इस बारे में जागरुकता फैलाने से कि घरेलू बिजली के उत्पादन में प्राकृतिक स्रोतों का उपयोग होता है, लोगों में इसके प्रति जागरुकता फैलेगी।
II. नहीं, शहरीकरण ने लोगों की सुविधाओं का आदी बना दिया है। इसलिए उनको अनुशासित करना मुश्किल है।
(a) I और II दोनों सशक्त हैं।
(b) केवल तर्क I सशक्त है।
(c) केवल तर्क II सशक्त है।
(d) न तो I और न ही II सशक्त हैं।

87. $129 \div [46 - \{93 \div (35 - 132 \div \overline{11 \times 3})\}] = ?$
(a) 5 (b) 7
(c) 3 (d) 1

88. पॉलसन A शहर में रहता है। रॉब्सन B शहर में रहता है। वे एक ही समय में एक ही मार्ग पर एक-दूसरे के शहरों में जाने के लिए अपनी यात्रा शुरू करते हैं। वे रास्ते में कहीं मिलते हैं और फिर अपनी यात्रा जारी रखते हैं। रॉबसन से मिलने के बाद, पॉलसन को गंतव्य तक पहुंचने में 2 घंटे लगते हैं जबकि रॉब्सन को पॉलसन से मिलने के बाद पॉलसन के शहर तक पहुंचने में और 4.5 घंटे लगते हैं। अगर रॉबसन ने 30 km/hr की गति से यात्रा की है तो पॉलसन की गति km/hr में कितनी होगी?
(a) 40 (b) 47.5
(c) 42.5 (d) 45

89. वर्तमान में केंद्रीय वित्त मंत्री कौन हैं?
(a) अरूण जेटली (b) अनंत कुमार
(c) राजनाथ सिंह (d) कलराज मिश्र

90. मेरी वर्तमान आयु का 7/9 मेरे चचेरे भाइयों में से एक की आयु के 5/6 के बराबर है। उनतालीस वर्ष पूर्व मेरी आयु उसकी आयु की दोगुनी थी। मेरी वर्तमान आयु .... वर्ष है।
(a) 60 (b) 50
(c) 45 (d) 55

91. 14वें हॉकी विश्व कप 2018 का आयोजन भारत में कहाँ किया जाएगा?
(a) पटना (b) झांसी
(c) भुवनेश्वर (d) मुंबई

92. कूटभाषा में MEND को 3544 के रूप में लिखा जाता है। CURVE के लिए कोड क्या होगा?
(a) 31825 (b) 30825
(c) 31925 (d) 31835

93. दिए गए कथन तथा निष्कर्षों को ध्यानपूर्वक अध्ययन करें तथा उस निष्कर्ष का चयन करें जो तार्किक रूप से कथन का अनुसरण करता हो।
कथन :
साक्षात्कार मंडल द्वारा चयनित अभ्यर्थी अक्सर अयोग्य घोषित कर दिए जाते हैं।
निष्कर्ष :
I. साक्षात्कार की प्रक्रिया की कुछ अपनी सीमाएँ होती हैं।
II. साक्षात्कार मंडल में विशेषज्ञों के होने का तात्पर्य यह नहीं है कि उनके द्वारा चयन अच्छा होगा।
(a) ना ही I ना ही II अनुसरण करते हैं।
(b) केवल निष्कर्ष I अनुसरण करता है।
(c) I और II दोनों अनुसरण करते हैं।
(d) केवल निष्कर्ष II अनुसरण करता है।

94. लुईस 3 रास्तों से ऑफिस पहुँच सकता है। मार्ग-1, 5 किमी., मार्ग-2, 7 किमी. और मार्ग-3, 4 किमी. का है। यातायात की परिस्थिति के आधार पर वह अलग-अलग मार्ग चुनता है। प्रत्येक सोमवार को मार्ग-2 व मार्ग-3 पर भारी ट्रैफिक होता है और प्रत्येक मंगलवार व बुधवार को मार्ग-1 और मार्ग-3 पर कई सारे मार्ग परिवर्तन होते हैं। गुरुवार और शुक्रवार वह मार्ग-3 से जाना पसंद करता है। मान लें कि वह सप्ताह में 5 दिन काम करता है। निरंतर 4 सप्ताह में, वह मार्ग-2 से कितने दिन जाएगा और मार्ग-2 से कितने किलोमीटर की दूरी तय करेगा?
(a) 4 दिन, 28 किमी. (b) 4 दिन, 14 किमी.
(c) 8 दिन, 11 किमी. (d) 8 दिन, 121 किमी.

95. निम्नलिखित में से कौन-सा समूह से संबंधित नहीं है?

A. स्केल B. रूलर

C. इंच टेप D. रस्सी

(a) D (b) B

(c) A (d) C

96. आपको दो कथन और दो निष्कर्ष दिये गये हैं। इन्हें ध्यानपूर्वक पढ़े और उन निष्कर्षों का चयन करें, जो तार्किक रूप से कथनों का अनुसरण करते हैं।

कथन :

सभी मोबाइल इलेक्ट्रॉनिक्स हैं।

सभी इलेक्ट्रॉनिक्स चिप हैं।

निष्कर्ष :

I. सभी चिप मोबाइल हैं।

II. सभी मोबाइल चिप हैं।

(a) केवल निष्कर्ष II अनुसरण करता है।

(b) कोई निष्कर्ष अनुसरण नहीं करता है।

(c) दोनों निष्कर्ष अनुसरण करते हैं।

(d) केवल निष्कर्ष I अनुसरण करता है।

97. दुनिया में दूसरा सबसे बड़ा गुंबद गोल गुंबज .... में स्थित है।

(a) गुलबर्गा (b) गोलकुंडा

(c) बरार (d) बीजापुर

98. .... प्रक्रिया के दौरान, उष्मीय ऊर्जा प्राप्त होती है।

(a) वितरण (b) पाचन

(c) श्वसन (d) विसर्जन

99. नीचे दिए गए प्रश्न को पढ़ें, जिसके बाद तीन कथन दिये गये हैं।

प्रश्न :

लीला के पास 4 अलग-अलग रंगों के 10 हेयर क्लिप हैं। पता लगाएं कि उसके पास कितने नीले क्लिप हैं?

कथन :

I. 2 लाल क्लिप हैं।

II. पीले क्लिपों की संख्या, लाल क्लिपों की संख्या से दोगुनी है।

III. हरे क्लिपों की संख्या, लाल और पीले क्लिपों की कुल संख्या का एक-तिहाई है।

उपर्युक्त प्रश्न का उत्तर देने के लिए कौन-से कथन पर्याप्त हैं?

(a) केवल कथन I पर्याप्त है।

(b) कथन I, II और III एक साथ पर्याप्त हैं।

(c) केवल कथन II पर्याप्त है।

(d) कथन I और II एक साथ पर्याप्त हैं।

100. निधि 5 किमी. पश्चिम दिशा की ओर चलती है तथा दाएँ मुड़ती है और 1 किमी. चलती है फिर से वह दाएँ मुड़ती है और 2 किमी. चलती है। अंत में वह दाएँ मुड़ती है तथा 1 किमी. चलती है। वह अपनी प्रारंभिक बिन्दु से कितनी दूरी पर है?

(a) 2 किमी. (b) 3 किमी.

(c) 5 किमी. (d) 4 किमी.

उत्तरमाला

1	(b)	11	(a)	21	(b)	31	(a)	41	(d)	51	(d)	61	(c)	71	(d)	81	(d)	91	(c)
2	(b)	12	(d)	22	(c)	32	(a)	42	(b)	52	(a)	62	(a)	72	(a)	82	(d)	92	(a)
3	(b)	13	(a)	23	(c)	33	(d)	43	(c)	53	(b)	63	(c)	73	(c)	83	(a)	93	(c)
4	(b)	14	(d)	24	(c)	34	(c)	44	(b)	54	(c)	64	(c)	74	(d)	84	(a)	94	(c)
5	(c)	15	(d)	25	(a)	35	(a)	45	(d)	55	(a)	65	(b)	75	(c)	85	(a)	95	(a)
6	(c)	16	(d)	26	(c)	36	(b)	46	(a)	56	(a)	66	(d)	76	(a)	86	(b)	96	(a)
7	(d)	17	(d)	27	(d)	37	(a)	47	(d)	57	(c)	67	(b)	77	(b)	87	(c)	97	(d)
8	(a)	18	(b)	28	(b)	38	(b)	48	(b)	58	(d)	68	(a)	78	(b)	88	(d)	98	(c)
9	(a)	19	(a)	29	(b)	39	(c)	49	(d)	59	(b)	69	(a)	79	(d)	89	(a)	99	(b)
10	(d)	20	(b)	30	(d)	40	(a)	50	(d)	60	(c)	70	(a)	80	(d)	90	(c)	100	(b)

संकेत एवं हल

1. (b) यदि तरंग 2.5 s में 20 कंपन पूरा करती है, तो इसकी आवृति 8 Hz होगी।
माध्यम का कंपन करता हुआ कोई कण एक सेकेंड में जितना कंपन करता है, उसे आवृत्ति कहते हैं।
अर्थात् आवृत्ति $n = \frac{1}{T}, n = \frac{20}{2.5} = 8Hz$
सभी प्रकार की तरंगों में तरंग वेग, तरंगदैर्ध्य और आवृत्ति के बीच संबंध होता है-
तरंग का वेग (V) = आवृत्ति (h) × तरंगदैर्ध्य (n)

2. (b) दिए गए कथन के अनुसार न तो I और न ही II अनुसरण करते हैं।

3. (b) $\sqrt{8836} = \sqrt{94 \times 94} = 94$

4. (b)

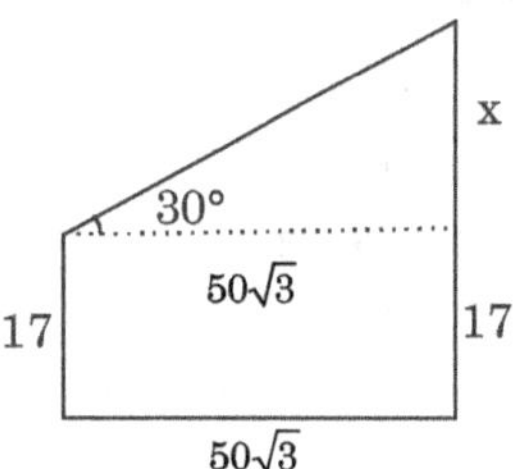

$\tan 30° = \frac{\text{लम्ब}}{\text{आधार}} = \frac{x}{50\sqrt{3}}$

$\frac{1}{\sqrt{3}} = \frac{x}{50\sqrt{3}}$

$x = \frac{50\sqrt{3}}{\sqrt{3}} = 50$

अत: टावर की ऊँचाई $= x + 17 = 50 + 17 = 67$ m

5. (c) क्रय मूल्य (CP) $= \frac{1}{5}$

विक्रय मूल्य (SP) $= \frac{1}{4}$

लाभ $= \frac{1}{4} - \frac{1}{5} = \frac{5-4}{20} = \frac{1}{20}$

लाभ % $= \frac{\text{लाभ}}{\text{क्रय मूल्य}} \times 100$

लाभ % $= \frac{1 \times 5}{20} \times 100 = (5 \times 5) = 25\%$

6. (c) मरकरी के इलेक्ट्रांस के बीच आकर्षण सबसे कम होता है।
मरकरी एक परमाण्विक होता है।
यह उष्मा एवं विद्युत का सुचालक होता है।
यह न तो आघातवर्द्धय होता है और न ही तन्य।
4.12 K ताप पर पारा का प्रतिरोध शून्य हो जाता है।
पारा का आपेक्षित घनत्व 13.6 होता है।
पारा अम्लराज में घुलकर मरक्यूरिक क्लोराइड बनाता है।
पारे को प्रयोग थर्मामीटर, बैरोमीटर आदि यंत्रों में किया जाता है।
पारे को क्विक सिल्वर नाम से भी जाना जाता है।

7. (d) $cx^2 + bx + c = 0$
यहां मूल बराबर है। इसलिए D = 0 होगा।
अत: $D = b^2 - 4ac$
$D = b^2 - 4c^2 = 0 \Rightarrow b^2 = 4c^2$
$\Rightarrow \frac{b^2}{c^2} = \frac{4}{1} \quad \frac{b}{c} = \frac{2}{1}$

8. (a) दिए गए विकल्पों में से विकल्प (c) में दी गई आकृति प्रश्न आकृति से मेल खाती है।

9. (a)

घंटा		मिनट		सेकेंड
11	:	35	:	35
1	:	44	:	41
9	:	50	:	54

9 घंटे 50 मि० 54 सेकेंड

10. (d) माना कि दूसरी संख्या = x
$x \times 2.50 = 55$
$x = \frac{55}{25} \times 10 = \frac{55 \times 2}{5} = 11 \times 2 = 22$

11. (a) 2 साल बाद शहर की आबादी
$= 12,00000\left(1 + \frac{4}{100}\right)^2$
$= 12,00000 \times \frac{26}{25} \times \frac{26}{25}$
$= 1920 \times 26 \times 26 = 1297920$

12. (d) मेजर ध्यानचंद का जन्मदिन भारत में राष्ट्रीय खेल दिवस के रूप में मनाया जाता है। इनका जन्मदिन 29 अगस्त है।

ध्यानचंद हॉकी, के प्रसिद्ध खिलाड़ी थे।
ध्यानचंद को "हॉकी का जादूगर" कहा जाता है।
ध्यानचंद 500 से अधिक हॉकी में गोल किया।
भारत का राष्ट्रीय खेल हॉकी है।
भारत ने वर्ष 1928 से 1956 तक ओलंपिक में हॉकी खेल में स्वर्ण पदक प्राप्त किया था।

13. (a) कुल दूरी = 176 m
कुल समय = 60 second
औसत चाल $= \frac{176}{60} m/s = 2.93 m/s$

14. (d) प्रसिद्ध फुटबॉल खिलाड़ी माराडोना अर्जेंटीना देश से संबंधित है।
माराडोना का अर्जेंटीना फुटबॉल टीम के कोच पद से भी संबद्ध रहा है।

15. (d) माना, स्वप्नाली द्वारा तय की गई दूरी = x मिनट
समर द्वारा तय की गई दूरी $= \frac{3x}{5}$ मिनट
माना, स्वपनाली के द्वारा लिया गया समय = y मिनट
समर के द्वारा लिया गया समय $= \frac{5y}{7}$ मिनट
प्रश्नानुसार,
स्वप्नाली द्वारा लिया गया समय = 42 मिनट
$\Rightarrow y = 42$ मिनट
$\therefore$ समर द्वारा लिया गया समय $= \frac{5y}{7}$
$= \frac{5 \times 42}{7} = 30$ मिनट
अब समर द्वारा $\frac{3x}{5}$ मिनट तय करने में
लगा समय = 30 मिनट
$\therefore$ समर द्वारा 1 मिनट तय करने में लगा समय
$= \frac{30 \times 5}{3x}$ मिनट
$\therefore$ समर द्वारा x मिनट तय करने में लगा समय
$= \frac{30 \times 5}{3x} \times x = 50$ मिनट

16. (d) F_1 पीढ़ी में प्रभावी विशेषता अधिक प्रभावी होती है और स्पष्ट रूप से देखी जा सकती है।
F_1 पीढ़ी में बीजों द्वारा जो पौधे उत्पन्न हुए, वे सभी लम्बे थे।
F_1 पीढ़ी से प्राप्त पौधों को उन्होंने फिर स्वपरागण द्वारा उगाया और पाया कि दूसरी पीढ़ी F_2 द्वारा उगाया और पाया कि दूसरी पीढ़ी F_2 में पाये जाने वाले लम्बे तथा नाटे पौधों का समलक्षणी अनुपात 3 : 1 था।
एक बौना पौधा जो F_2 से बना था, वह शुद्ध बौना था।
F_2 पौधों का फीनोफाइट अनुपात 9 : 3 : 3 : 1 प्राप्त हुए तथा F_2 पीढ़ी के पौधों का जीनोफाइट अनुपात।
1 : 2 : 1 : 2 : 4 : 2 : 1 : 2 : 1 प्राप्त हुए।

17. (d) वर्ष 2009 से 2017 तक कुल विषम दिवसों की संख्या = 11
11 में 7 से भाग देने पर शेष 4 आता है।
05 फरवरी, 2009 = सोमवार – 4 = बृहस्पतिवार

18. (b) (i) कथन $B > A$
(ii) कथन $C > A$
कथन (i) और (ii) से
$\boxed{C > B > A / B > C > A}$
दोनों कथन मिलकर स्पष्ट नहीं हो पाता है।
अतः कथन (i) और (ii) दोनों पर्याप्त नहीं है।

19. (a) महिलाओं में गुणसूत्र की स्थिति 22 + XX होती है।
पुरुषों में गुणसूत्रों की संख्या 46 होती है।
प्रत्येक संतान की समजात गुणसूत्रों की प्रत्येक जोड़ी का एक गुणसूत्र अण्डाणु के द्वारा माता से तथा दूसरा शुक्राणु के द्वारा पिता से प्राप्त होता है। शुक्रजनन में अर्धसूत्री विभाजन द्वारा दो प्रकार के शुक्राणु बनते हैं-आधे वे जिसमें 23 वीं जोड़ी का X गुणसूत्र आता है, अर्थात् (22 + X) और आधे वे जिसमें 23 वीं जोड़ी में y गुणसूत्र जाता है। नारियों में एक समान प्रकार गुणसूत्र अर्थात् (22 + X) तथा (22 + X) वाले अण्डाणु पाए जाते हैं।
निषेचन के समय यदि अण्डाणु X गुणसूत्र वाले शुक्राणु से मिलता है, तो युग्मजन में 23वीं जोड़ी XY होगी और इससे बनने वाली संतान लड़की होगी। यदि y गुणसूत्र वाला शुक्राणु निषेचित होगी, तो XY गुणसूत्र वाला युग्मनज बनेगा तथा संतान लड़का होगा।

20. (b) $1.004 - 0.4 = 1.004 - 0.400 = 0.604$
शृंखला का क्रम निम्न है

21. (b)

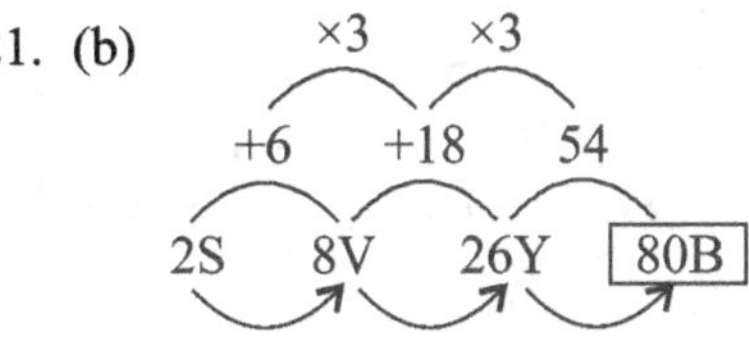

22. (c) इन्सुलेटर (ऊष्मारोधी) का प्रतिरोध उच्च होता है। जब किसी चालक में विद्युत धारा प्रवाहित होती है, तो चालक में गतिशील इलेक्ट्रॉन अपने मार्ग में आने वाले इलेक्ट्रॉनों, परमाणुओं व आयनों से निरंतर टकराते रहते हैं, जिसके कारण प्रतिरोध की उत्पत्ति होती है।
वे रासायनिक अभिक्रियाएं जिनमें ऊष्मा का अवशोषण होता है, उष्माशेषी अभिक्रियाएं कहलाती हैं।
एक आदर्श अमीटर का प्रतिरोध शून्य होना चाहिए।

23. (c) $x^2 + kx + 3k = 0$
$D = b^2 - 4ac$
$D \Rightarrow k^2 - 4.1.3k = 0$ [जब कोई हल न हो]
$\Rightarrow k^2 - 12k = 0$
$\Rightarrow k^2 = 12k$
$\therefore K = 12 \quad \therefore \quad 0 < K < 12$

24. (c) अगस्त, 2018 में प्रकाश जावड़ेकर मानव संसाधन विकास मंत्री है।

25. (a) C 14, L 28, U 42
+9 +9
+14 +14

26. (c) न्यूक्लियर रिएक्टर में ईंधन यूरेनियम होता है। इसका उपयोग गैस विसर्जन उपकरण में इलेक्ट्रोड के रूप में होता है।
यूरेनियम के नाइट्रेट क्लोराइड और सेलिसायलेट का उपयोग दवाई निर्माण में होता है।
यूरेनियम के नाइट्रेट तथा एसीटेट का उपयोग फोटोग्राफी में होता है।
नाभिकीय विखण्डन की क्षमता के कारण ही नाभिकीय आयुधास्त्रों के निर्माण में इसका उपयोग किया जाता है।
यूरेनियम के तीन समस्थानिक है-(i) ${}_{92}U^{234}$ (ii) ${}_{92}U^{235}$ तथा (iii) ${}_{92}U^{238}$
${}_{92}U^{234}$ मात्र प्रकृति में 0.006% ही पाया जाता है।
गैलियम धातु कमरे के ताप पर द्रव अवस्था में पाया जाता है।

27. (d) ग्लोबल एंट्रेप्रेन्योरशिप समिट (GES–2017) का एक भव्य आयोजन (NITI) आयोग के सहयोग से हैदराबाद में किया गया। NITI का पूरा नाम है- National institution for Transforming India.
योजना आयोग का नाम बदलकर नीति आयोग 1 जनवरी, 2015 को किया गया।
योजना आयोग की स्थापना 15 मार्च, 1950 को हुई थी।
नीति आयोग का अध्यक्ष प्रधानमंत्री होता है।
इसके उपाध्यक्ष को कैबिनेट मंत्री का दर्जा प्राप्त होता है।

28. (b) जब धनुष से कोई तीर छोड़ा जाता है तो इसमें स्थितिज ऊर्जा, गतिज ऊर्जा में परिवर्तित हो जाती है।
स्थितिज ऊर्जा (Potential energy) – जब किसी वस्तु में विशेष अवस्था या स्थिति के कारण कार्य करने की क्षमता आ जाती है, तो उसे स्थितिज ऊर्जा कहते हैं।
बांध बनाकर जमा पानी की ऊर्जा स्थितिज ऊर्जा का उदाहरण है।
गुरुत्व बल के विरुद्ध संचित स्थितिज ऊर्जा का व्यंजक है $P.E = mgh$
यदि वेग आधा किया जाए तो वस्तु की गतिज ऊर्जा $\frac{1}{4}$ गुनी हो जाएगी।

29. (b) $30 - [29 - \{28 - (25 - \overline{21 - 22})\}]$
$= 30 - [29 - \{28 - (25 + 1\}]$
$= 30 - [29 - \{28 - 26\}]$
$= 30 - [29 - 2] = 30 - 27 = 3$

30. (d) मैग्नीशियम क्षार के गुणवाला पृथ्वी पर धातु है।
मैग्नीशियम का मुख्य अयस्क कार्नालाइट है।
मैग्नीशियम सफेद एवं चमकीली धातु है।
यह मुलायम नम्य तथा तन्य धातु है।
मैग्नीशियम क्षार से किसी भी प्रकार की प्रतिक्रिया नहीं करती है।
यह तनु नाइट्रिक अम्ल के साथ यह मैग्नीशियम नाइट्रेट तथा अमोनियम नाइट्रेट बनाता है।

31. (a) टैंक की कुल क्षमता $= 13 \times 51 = 663$ लीटर
एक बैरल की धारिता $= 17$ लीटर
$\therefore$ कुल बैरल की संख्या $= 663 \div 17 = 39$

32. (a) $\frac{\sqrt[3]{0.000027}}{\sqrt{0.0004}} = \frac{\sqrt[3]{\frac{27}{1000000}}}{\sqrt{\frac{4}{10000}}}$

$= \frac{3}{100} / \frac{2}{100} = \frac{3}{100} \times \frac{100}{2} = \frac{3}{2} = 1.5$

33. (d) मरकरी की संयोजकता 1 है।
मरकरी का अयस्क सिनेबार है।
मरकरी का आपेक्षित घनत्व 13.6 होता है।
पारा एक परमाणिक होता है, जो 4.12K पर प्रतिरोध शून्य प्राप्त कर लेता है।

34. (c)

Ω	*
\◀	±

35. (a) आकृति (a) को (b) से तुलना किया गया। इसी तरह आकृति (c) से आकृति (d) को बनाया जाता है।

36. (b) $1\frac{7}{9}+\frac{5}{12}+\frac{7}{18}$

$\frac{16}{9}+\frac{5}{12}+\frac{7}{18}$

$\frac{64+15+14}{36}=\frac{93}{36}=\frac{31}{12}$

37. (a) ध्वनि किसी विषय या बात को जिसके द्वारा भेजता है, वह माध्यम कहलाता है।
ध्वनि के गमन के लिए माध्यम की आवश्यकता होती है।
ध्वनि ठोस में तीव्र गति से प्रभावित होता है द्रव और गैस की अपेक्षा।
जब ध्वनि एक माध्यम से दूसरे माध्यम में जाती है, तो ध्वनि की चाल तथा तरंगदैर्ध्य बदल जाती है, जबकि आवृत्ति नहीं बदलती है।
प्रकाश के लिए किसी माध्यम की आवश्यकता नहीं होती है।

38. (b) किसी वस्तु का द्रव अवस्था से गैसीय अवस्था में बदलना वाष्पन कहलाता है।
भौतिक अवस्था के आधार पर पदार्थ को ठोस, द्रव एवं गैस अवस्था में बांटा जाता है।
रासायनिक संघटन के आधार पर तत्व, यौगिक एवं मिश्रण में बांटा जा सकता है।
ठोस का आकार और आयतन निश्चित होता है।
द्रव का आयतन निश्चित होता है, लेकिन आकार नहीं।
गैस का आकार और आयतन दोनों अनिश्चित होता है।
ठोस में अणुओं के बीच आकर्षण बल अधिक होता है, उससे कम द्रव के बीच और सबसे कम गैसों के बीच आकर्षण बल होता है।

39. (c) विशुद्ध पानी में H^+ और OH^- आयन समान रूप से संकेन्द्रण होता है।
वर्षा का जल सबसे शुद्ध जल माना जाता है।
वर्षा का जल पीने योग्य नहीं होता है क्योंकि पीने वाले जल में कुछ खनिज लवण घुला होता है, जो वर्षा जल में नहीं होता है।

40. (a) विकल्प (c) में दी गई आकृति प्रश्न आकृति की निकटतम समानता दर्शाती है।

41. (d) सुंदरबन टाइगर रिजर्व पश्चिम बंगाल में है।
सुंदरबन का डेल्टा विश्व का सबसे बड़ा डेल्टा है।
प्रोजेक्ट टाइगर 1973 ई० में प्रारंभ किया गया है।
प्रथम बार बाघों की गणना 1972 में किया गया था और इस समय बाघों की संख्या 1827 थी।
1992 में प्रोजेक्ट हाथी योजना प्रारंभ किया गया।

42. (b) विश्व बैंक के अनुसार 2017 के अन्त में भारत का सकल घरेलू उत्पाद $2.579 ट्रिलियन डॉलर था।
विश्व में सबसे बड़ी अर्थव्यवस्था यू०एस०ए० की है।
यू०एस०ए० का GDP $ 17 ट्रिलियन डॉलर से अधिक है।

43. (c)

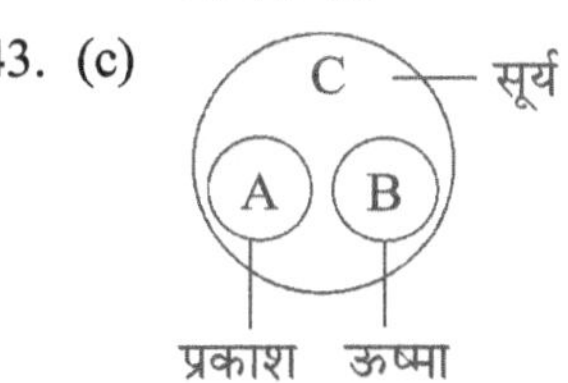

44. (b) 2017 में प्रकाशित पुस्तक 'आई डू व्हाट आई डू' के लेखक रघुराम राजन है।
रघुराम राजन पूर्व में RBI के गवर्नर रह चुके है।

45. (d) वैट एक उपभोग कर है जो उत्पादन से लेकर बेचने तक आपूर्ति श्रृंखला में हर चरण पर जोड़ा जाता है।
VAT का पूरा नाम Value added tax है।
VAT परोक्ष कर था।
VAT वस्तुओं और सेवाओं के आदान-प्रदान के प्रत्येक बिन्दु पर प्राथमिक उत्पादन से लेकर अंतिम उपभोग पर लगाया जाता है।
VAT की संस्तुति 1976 में लक्ष्मीकांत झा की अध्यक्षता में गठित समिति ने की थी।
MODVAT योजना 1986–87 के बजट से प्रारंभ की गई थी।
MODVAT योजना को 1 अप्रैल 2000 ई० से CENVAT नाम से जाना जाता है।
GST सर्वप्रथम 1954 में फ्रांस में लागू किया गया था।

46. (a) मृदूतक और स्थूलकोणोतक ऊतकों की कोशिकाएँ जीवित कोशिकाएँ होती हैं।
सरल स्थायी ऊतक समरूप कोशिकाओं का बना होता है- जो तीन प्रकार का होता है-
(i) मृदुलक ऊतक (Perenchyma tissue)
(ii) स्थूलकोण ऊतक (Collenchyma tissue)
(iii) दृढ़ ऊतक (Sclerenchyma tissue)
मृदुलक ऊतक की कोशिका भित्ति पतली एवं सैल्यूलोज की बनी होती है।
इस प्रकार की कोशिकाओं के बीच अंतरसेलों का स्थान रहता है।
यह नए तने, जड़ एवं पत्तियों के एपिडर्मिस और कॉर्टेक्स में पाया जाता है।
कुछ मृदुतक में क्लोरोफिल पाया जाता है।
स्थूलकोण ऊतक में हरितलवक पाया जाता है।

47. (d) $75 - (96 - 18 \div 6 - 58) \div 5 + 4 \times 17$
$\Rightarrow 75 - (96 - 3 - 58) \div 5 + 4 \times 17$
$\Rightarrow 75 - 35 \div 5 + 4 \times 17$
$\Rightarrow 75 - 7 + 68$
$\Rightarrow 143 - 7 = 136$

49. (d) 100°C तापमान का समतुल्य केल्विन में 373K है।
केल्विन का हिमांक बिन्दु 273K एवं भाप बिन्दु 373K है।
सेल्सियस में हिमांक 0°C तथा भाप बिन्दु का 100°C अंकित किया जाता है।
फारेनहाइट का हिमांक बिन्दु 32°F और भाप बिन्दु 212°F अंकित किया जाता है।
विभिन्न पैमानों का संबंध है-

$$\frac{C-0}{100} = \frac{F-32}{180} = \frac{R-0}{80} = \frac{K-273}{100}$$

50. (d) 12 वर्ष पहले रमन की मां की आयु = x वर्ष

12 वर्ष पहले रमन की आयु $= \left(\frac{x}{2}+6\right)$ वर्ष

अब से 6 वर्ष बाद :
रमन की मां की आयु = (x + 18) वर्ष

रमन की आयु $= \left(\frac{x}{2}+24\right)$ वर्ष

प्रश्नानुसार,

$$x+18 = \left(\frac{x}{2}+24\right) \times \frac{3}{2}$$

$$2x+36 = \left(\frac{x+48}{2}\right) \times 3$$

$\Rightarrow 4x + 72 = 3x + 144$
$\Rightarrow 4x - 3x = 144 - 72$
$x = 72$

रमन की वर्तमान आयु $= \frac{x}{2}+6+12$

$= \frac{x}{2}+18 = 36+18 = 54$ वर्ष

51. (d) भारत के स्वच्छ भारत अभियान की तर्ज पर हिन्दुस्तान यूनिलीवर लिमिटेड (HUL) ने "स्वच्छ आदत स्वच्छ भारत" कार्यक्रम एडवोकेसी राजदूत के रूप में काजोल को चुना गया है।
स्वच्छ भारत मिशन 2 अक्टूबर 2014 को प्रारंभ किया गया था।
स्वच्छ भारत का स्वप्न गांधी जी का है।

52. (a) ललिता और उसके दोस्त को आइसक्रीम पसंद है इसलिए दोनों ने आइसक्रीम खाने के लिए गई।

53. (b) विश्व का सबसे विशाल आर्द्र-भूमि पेन्टनल है।
द कन्वेंशन ऑन वेटलैण्ड्स ऑफ इण्टरनेशनल इम्पोर्टेंस रामसर में 1971 ई० में हुआ।
भारत 1982 ई० रामसर समझौता पर हस्ताक्षर कर दिया।
रामसर कन्वेंशन के प्रस्तावों को वर्ष 1975 में लागू किया गया।
भारत सरकार ने आर्द्रभूमि संरक्षण एवं प्रबंधन अधिनियम - 2010 ई० में लाया गया।
केंद्रीय आर्द्रभूमि विनियामक प्राधिकरण (CWRA) की स्थापना की गई।
विश्व का सबसे बड़ा आर्द्रभूमि क्षेत्र पेन्टनल, ब्राजील में है।
पेन्टनल का क्षेत्रफल 1,50,000 km^2 है।

54. (c) स्वीमिंग पुल उपयोगकर्त्ता द्वारा कुल आय
$= 600 \times 300 = 1,80,000$

55. (a) दिए गए कथन के अनुसार केवल तर्क-I सशक्त है।

56. (a) 'v' वेग से गति कर रही द्रव्यमान 'm' की वस्तु का संवेग mv होगा।
वस्तु का संवेग वस्तु में निहित गति की मात्रा है।
किसी गति मान वस्तु के द्रव्यमान तथा वेग के गुणनफल को उस वस्तु का संवेग कहते हैं।
संवेग = द्रव्यमान × वेग अर्थात् $P = mv$
संवेग एक सदिश राशि है।
संवेग का S.I. मात्रक किग्रा०मी०/से होता है।

57. (c) औसत चाल $= \frac{\text{तय की गई दूरी}}{\text{लगा समय}}$

$= \frac{150}{60} m/s = 2.5 m/s$

58. (d) आधुनिक आवर्त्त-सारणी में प्रथम उपधातु 'B' है। बोरोन धातु का प्रतीक और 'B' है।
बोरोन का यौगिक B_2O_3 का उपयोग बोरिक एसिड नामक दवा बनाने में, कांच उद्योग में, प्रयोगशाला में बोरेक्स बीड टेस्ट आदि में किया जाता है।
बोरोन का उपयोग अकार्बनिक ग्रेफाइट, कार्बनिक बेंजीन तथा बोरिक एसिड बनाने में होता है।
बोरिक एसिड का उपयोग एन्टीसेप्टिक दवा के निर्माण में होता है।
जो तत्वधातु और अधातु दोनों के गुण प्रदर्शित करते हैं, उन्हें उपधातु कहा जाता है।
उपधातुओं की संख्या 7 है- B, Si, Ge, As, Sb, Te और Po है।

59. (b) जिस प्रकार, आटे का रोटी से वही संबंध है उसी प्रकार जो मिट्टी का बर्तन से है।

60. (c) मार्च 2018 के अनुसार, भारत के केंद्रीय गृहमंत्री राजनाथ सिंह है।

61. (c) 'इंडिया' नाम सिंधु नदी से निकला है।
इंडिया नाम यूनानियों द्वारा दिया गया।
ग्रीन भाषा में सिंधु को 'Indus' कहते हैं।
सिंधु से "हिन्द" "हिन्दु" "हिन्दी" "हिन्दुस्तान" और इंडिया शब्द का उद्‌भव हुआ है।
फारसवासी 'स' का उच्चारण 'ह' करते थे।
'इंडिया' पुस्तक मेगास्थनीज द्वारा लिखी गई।

62. (a) दर्पण प्रतिबिंब → TOUCH/HƆUOT

63. (c) कांसा मिश्रधातु है।
कांसा मिश्रधातु में Cu, – 90% और Sn – 10% होता है।
गन मेटल मिश्र धातु में Cu – 90%, Zn –2% और Sn – 8% होता है।
कांसा का उपयोग सिक्का, घंटी, बर्तन आदि बनाने में होता है।
गन में मेटल तोप, गेयर, बेयरिंग बनाने में होता है।
टाइप मेटल में Pb – 82%, Sb – 15% और Sn – 3% होता है।

64. (c) जब 7kg द्रव्यमान की किसी वस्तु पर कोई नियत बल 3^S कार्य करता है, तो यह वस्तु के वेग को $3ms^{-1}$ से $8\ ms^{-1}$ तक बढ़ा देता है। लगाए गए बल का परिणाम 11.66N है।

65. (b) महाराष्ट्र में बागवानी का ब्रांड एम्बेसडर अमिताभ बच्चन है।

66. (d) विक्रय मूल्य $= \frac{(100 + \text{लाभ}\%)}{100} \times$ क्रय मूल्य

$\therefore$ विक्रय मूल्य $= \frac{(100+15)}{100} 100 \times 132$

$= \frac{115}{100} \times 132 = \frac{23}{20} \times 132 =$ ₹ 151.80

67. (b) $N + S = 147$ ... (i)
$S + A = 173$ ... (ii)
$A + N = 150$ ... (iii)
$\Rightarrow N + S + S + A + A + N = 147 + 173 + 150$
$\Rightarrow 2(N + S + A) = 470$
$\Rightarrow N + S + A = 235$
$\therefore N = (N + S + A) - (S + A) = 235 - 173 = 62$
अत: नवीन के पास कुल ₹ 62 है।

68. (a) वैज्ञानिक नामकरण की प्रणाली लीनियस द्वारा प्रस्तुत की गयी है।
कैरोलस लीनियस को वर्गिकी का जन्मदाता कहा माना जाता है।
इन्होंने 1753 ई० में द्विनाम पद्धति को प्रचलित किया।
सभी जीवधारी का नाम लैटिन भाषा के दो शब्दों से बना है।
प्रथम शब्द वंश का नाम और दूसरा शब्द जाति का नाम से जुड़ा है।
लीनियस ने होमोसैपियन्स मानव का नाम रखा, जिसमें होमो वंश का तथा सैपियन्स जाति का नाम से जुड़ा है।

69. (a)

Ω	*Σ
◀	/

70. (a) 5678 6778 7878 [8978] [10078] 11178
+1100 +1100 +1100 +1100 +1100

71. (d) दी गए आकृति को बनाने के लिए 9 लाइनों की जरूरत होती है।

72. (a) किसी परमाणु में अणुओं की संख्या को परमाणविकता कहते हैं।
परमाणु किसी तत्व का वह छोटा-से-छोटा कण है, जो किसी भी रासायनिक अभिक्रिया में भाग ले सकता है, परन्तु स्वतंत्र अवस्था में नहीं रह सकता है।

किसी तत्व या यौगिक का वह छोटा-से-छोटा कण जो स्वतंत्र अवस्था में रह सकता है, अणु कहलाता है।

$$\text{परमाणु द्रव्यमान} = \frac{\text{तत्व के एक परमाणु का द्रव्यमान}}{\frac{1}{2}\times c^{12}\text{ परमाणु का द्रव्यमान}}$$

73. (c)

	A	B	A+B+C	C+D
दिन →	9	13.5	4.5	18
क्षमता →	1.5	1	3	0.75

13.5 (कुल कार्य)

D की क्षमता (अकेले कार्य करने की)

$= (C + D) - \{(A + B + C) - (A + B)\}$

$= 0.75 - \{3 - (1.5 + 1)\}$

$= 0.75 - \{3 - 2.5\} = 0.75 - 0.5 = 0.25$

अत: D द्वारा लगा समय $= \frac{\text{कुल कार्य}}{\text{क्षमता}}$

$= \frac{13.5}{0.25} = 54$ दिन

74. (d) जिस प्रकार

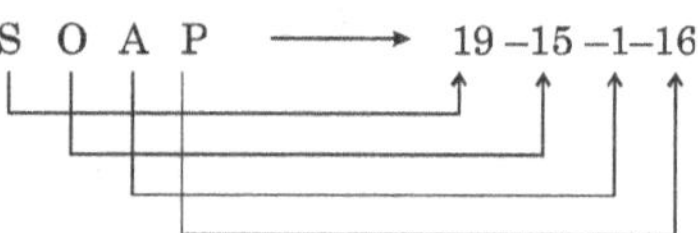

अंग्रेजी वर्णमाला के क्रम में सभी अक्षरों का स्थानीय मान

उसी प्रकार,

OPTION के लिए 15162091514 कोड होगा।

75. (c) दिए गए प्रश्न का उत्तर ज्ञात करने के लिए कथन I और II दोनों एक साथ पर्याप्त है।

77. (b) भारत में 48वें अन्तर्राष्ट्रीय फिल्म महोत्सव (IFFI) में इंडियन फिल्म पर्सनैलिटी ऑफ 2017 पुरस्कार अमिताभ बच्चन को दिया गया।

78. (b) 20 kg द्रव्यमान की एक वस्तु $8ms^{-1}$ के नियत वेग से आगे बढ़ रही है। वस्तु की गतिज ऊर्जा 640 J होगी।

गतिज ऊर्जा $(K.E) = \frac{1}{2}mv^2$ जहां m = द्रव्यमान और v = वेग है।

$K.E. = \frac{1}{2}\times 20\times(8)^2 = \frac{1}{2}\times 20\times 8\times 8 = 640J$

82. (d) माना कि मूलधन = ₹ x

दर = 6%, समय $= 5\frac{3}{4} = \frac{23}{4}$ वर्ष

मिश्रधन = मूलधन + ब्याज

$$\text{सा० ब्याज} = \frac{\text{मु०}\times\text{स०}\times\text{दर}}{100}$$

$$\text{सा० ब्याज} = \frac{x\times 23\times 6}{4\times 100}$$

अत: मूलधन = मिश्रधन – ब्याज

$\therefore x = 3228 - \frac{x\times 23\times 6}{100\times 4}$

$\Rightarrow x + \frac{x\times 138}{100} = 3228$

$\Rightarrow \frac{400x + 138x}{400} = 3228$

$\Rightarrow 538x = 3228\times 400$

$x = \frac{3228\times 400}{538} = 2400$

अत: मूलधन = ₹ 2400

84. (a)

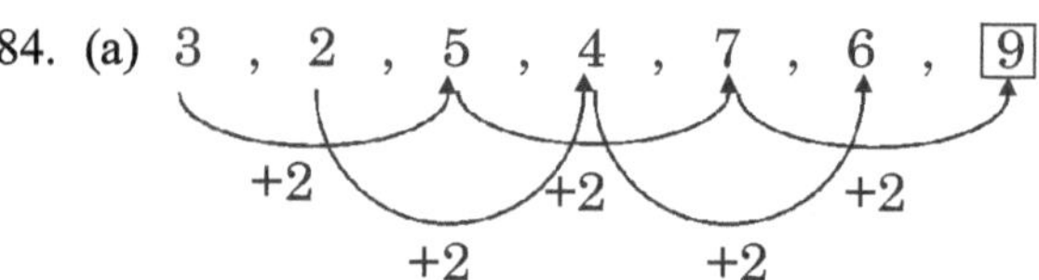

85. (a) जिस प्रकार,

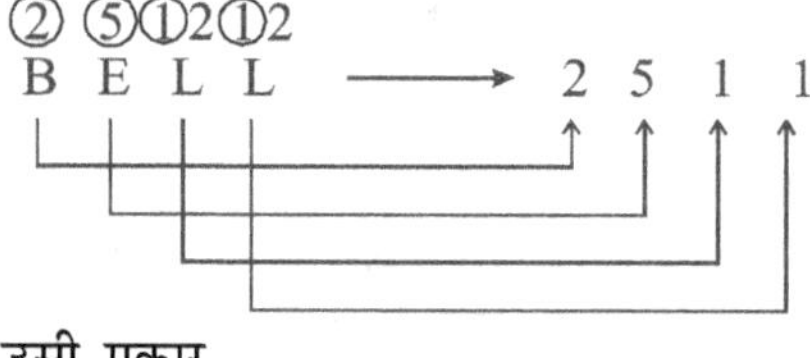

उसी प्रकार,

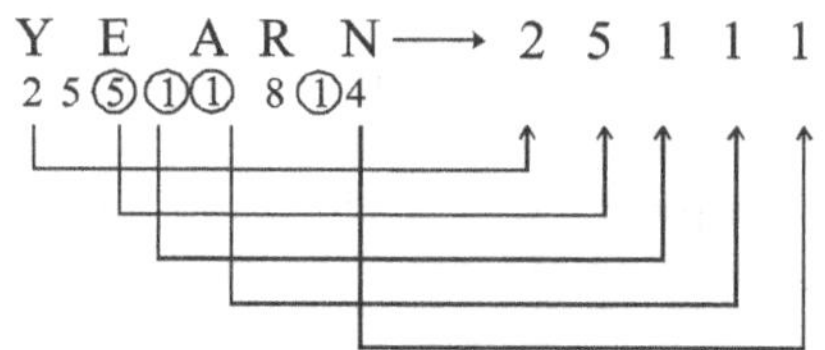

86. (b) दिए गए कथन के लिए केवल तर्क I सशक्त है।

87. (c) $129\div[46-\{93\div(35-132\div\overline{11\times 3})\}]$

$\Rightarrow 129\div[46-(93\div(35-132\div 33)\}]$

$\Rightarrow 129\div[46-(93\div 31)]$

$\Rightarrow 129\div[46-3] \quad \Rightarrow 129\div 43 = 3$

88. (d) $\frac{\text{पालसन की चाल}}{\text{राब्सन की चाल}} = \sqrt{\frac{\text{राब्सन द्वारा लगा समय}}{\text{पालसन द्वारा लगा समय}}}$

$$= \sqrt{\frac{4.5}{2}} = \sqrt{\frac{9}{4}} = \frac{3}{2}$$

राब्सन की चाल $\Rightarrow 2$ इकाई $= 30$ km/h

$\therefore$ पालसन की चाल $\Rightarrow 3$ इकाई $= 45$ km/h

89. (a) वर्तमान केंद्रीय वित्तमंत्री अरूण जेटली है।

90. (c) माना मेरी वर्तमान आयु $= x$ वर्ष

मेरे चचेरे भाई की आयु $= y$

प्रश्न से, $x \times \frac{7}{9} = y \times \frac{5}{6}$

$\Rightarrow \frac{7x}{9} = \frac{5y}{6}$

$\Rightarrow 42x = 45y \qquad \Rightarrow 42x - 45y = 0$

$\Rightarrow 14x - 15y = 0 \qquad \ldots (i)$

पुनः प्रश्न से,

$x - 39 = 2(y - 39)$

$x - 2y = -39 \qquad \ldots (ii)$

समीकरण (i) और (ii) को घटाने पर

$$\begin{array}{l} 14x - 15y = 0 \\ 14(x - 2y = -39) \\ \hline 14x - 15y = 0 \\ 25x - 28y = 14 \times -39 \\ - \quad + \quad\quad + \\ \hline 13y = 14 \times +39 \end{array}$$

$y = 42$ वर्ष

$y - 42$, सेमी. (ii) में रखने पर,

$x - 2y = -39$

$x = -39 + 2y = -39 + 2 \times 42 = 45$

अतः मेरी वर्तमान आयु $= 45$ वर्ष।

91. (c) 14 वें हॉकी विश्व कप 2018 का आयोजन भारत के भुवनेश्वर में आयोजित हुआ था।

2018 में हॉकी का विश्वकप बेल्जियम ने नीदरलैंड को हरा कर जीता।

92. (a) जिस प्रकार,

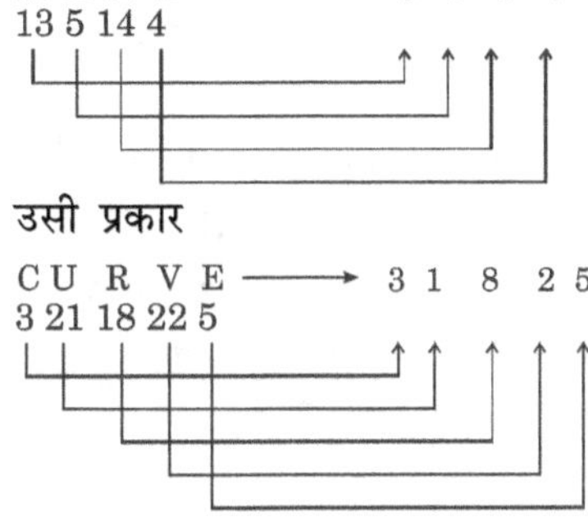

93. (c) दिए कथन के लिए दोनों I और II अनुसरण करते हैं।

95. (a) रस्सी अन्य सभी से भिन्न है।

96. (a)

मोबाइल
इलेक्ट्रॉनिक्स
चिप

I. ×

II. ✓

अतः केवल निष्कर्ष II अनुसरण करता है।

97. (d) दुनिया में सबसे बड़ा गुंबद वाला गोल गुबंद बीजापुर में स्थित है।

विश्व का सबसे बड़ा गुम्बद ल्यूसियाना सुपर डोम है।

भारत का सबसे ऊंचा दरबाजा बुलंद दरबाजा है।

सबसे ऊची मीनार भारत का कुतुबमीनार है।

सबसे बड़ी झी वुलर झील है। (भारत में)

भारत का सबसे बड़ी मस्जिद जामा मस्जिद (दिल्ली) है।

सबसे बड़ा नदी बांध हीराकुंड बांध है।

98. (c) श्वसन क्रिया के दौरान तापीय ऊर्जा उत्पन्न होती है।

मनुष्य का श्वसन तंत्र कई अंगों से मिलकर बना होता है।

इन अंगों में सबसे महत्वपूर्ण अंग फेफड़ा होता है, जहां पर गैसों का विनिमय होता है।

इस कारण इसे फुफ्फुसीय श्वसन भी कहा जाता है।

मनुष्य में नासिका छिद्र, स्वरयंत्र, श्वासनली तथा फेफड़ा मिलकर श्वसन अंग कहलाती है।

पाचन भोजन का सबसे पहले मुख में होता है।

पाचन में सबसे महत्वपूर्ण भूमिका छोटी आंत निभाता है।

कृत्रिम श्वसन में ह्री हीलियम और ऑक्सीजन मिलाया जाता है।

99. (b) प्रश्न के उत्तर देने के लिए कथन I, II और III एक साथ पर्याप्त है।

100.(b)

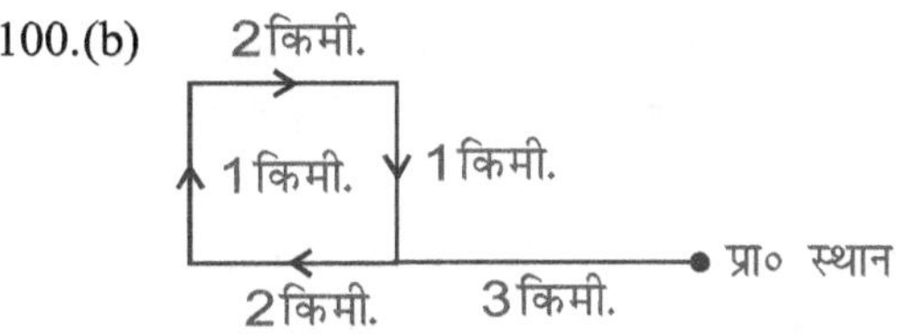

अतः वह अपने प्रारंभिक स्थान से 3 किमी. की दूरी पर है।

RRB ग्रुप D 2018 सॉल्वड पेपर-10

दिनांक : 28 सितंबर 2018, शिफ्ट-1

1. लीला ने अपने दोस्तों से दो लड़कियों का परिचय अपने पिता की एकमात्र बहन की बेटियों के रूप कराया। लीला और लड़कियां .... हैं।
(a) चचेरे/ममेरे/फुफेरे भाई-बहन
(b) भतीजी
(c) जुड़वा
(d) दोस्त

2. पुरानी वस्तुओं को बेचने के लिए, एक व्यक्ति ने ₹3,540 में एक चाय के सेट की बिक्री की, जो कि लागत मूल्य से 41% कम था। 11% का लाभ प्राप्त करने के लिए विक्रेता को सेट की बिक्री ₹........... अधिक राशि में करना चाहिए था।
(a) 2,664.42 (b) 1,812.60
(c) 2,460 (d) 3,120

3. बी. साई प्रणीत किस खेल से जुड़े हुए हैं?
(a) टाइकबोंडो (b) खो-खो
(c) क्रिकेट (d) बैडमिंटन

4. अकबर के शासनकाल में .... मुगल साम्राज्य के वित्त मंत्री थे।
(a) राजा टोडरमल (b) राजा मान सिंह I
(c) तानसेन (d) बीरबल

5. "एक टेबल, एक कुर्सी, फल भरा एक कटोरा और एक वायलिन : एक आदमी को खुश होने के लिए और क्या चाहिए?" यह कथन किसका है?
(a) अलेक्जेंडर ग्राहम बेल (b) सर इसाक न्यूटन
(c) एलन ट्यूरिंग (d) अल्बर्ट आईस्टीन

6. किस वर्ष ओलंपिक में फुटबॉल को आधिकारिक तौर पर एक प्रतियोगी खेल के रूप में शामिल किया गया था?
(a) 1900 (b) 1916
(c) 1924 (d) 1908

7. 40 प्राप्त करने के लिए $6\frac{2}{9}$ को किस संख्या से गुणा करना चाहिए?
(a) $\frac{2}{9}$ (b) 6
(c) $6\frac{3}{7}$ (d) $5\frac{3}{7}$

8. निम्न में से कौन-सा पूर्ण वर्ग नहीं है?
(a) 2025 (b) 16641
(c) 1250 (d) 9801

9. निम्नलिखित में से कौन समूह से भिन्न है?
A. सुरंग B. बंकर
C. कुआँ D. भवन
(a) C (b) D
(c) A (d) B

10. निम्नलिखित में से कौन-सा समूह से संबंधित नहीं है?
A. कविता B. गाथा
C. काव्य D. आरेख
(a) A (b) B
(c) C (d) D

11. औसत वेग का सूत्र क्या है?
(a) $V_{av} = u + v$ (b) $V_{av} = (u + v)/2$
(c) $V = s/t$ (d) $V_{av} = (u - v)/2$

12. 2018 में, भारतीय सेना के नये सैन्य संचालन महानिदेशक के रूप में किसे नियुक्त किया गया है?
(a) अनिल चौहान (b) सारथ चंद
(c) रणबीर सिंह (d) ए. के. भट्ट

13. $4 + 3 \times 4 + 3 \times 4^2 + 3 \times 4^3 + 3 \times 4^4 + 3 \times 4^5 = ?$
(a) 4^6 (b) 10×4^4
(c) 5×4^5 (d) 9×4^4

14. एक वस्तु 4 s में 10 m और फिर 2 s में 14 m की यात्रा करती है। वस्तु की औसत गति कितनी है?
(a) $4.5\ ms^{-1}$ (b) $4\ s^{-1}$
(c) 4 m (d) $4\ ms^{-1}$

15. निम्नलिखित श्रृंखला में से प्रश्न चिह्न (?) को कौन-सा विकल्प प्रतिस्थापित करेगा?

प्रश्न आकृतियां :

/▼/ ΣΩ ±± *±*	± \▶\ *±* ΣΩ	*±* ±± ΣΩ /▲/	?

उत्तर आकृतियां :

± ΣΩ /▼/ *±*	*±* ΣΩ ▼\ ±	ΣΩ *±* \◀\ ±±	ΣΩ *±* \◀\ ±
(A)	(B)	(C)	(D)

(a) D (b) B
(c) X (d) A

16. पाइप C और D अकेले क्रमशः 4 और 5 घंटे में एक टैंक भर सकते हैं। यदि पाइप C, 3 घंटों के बाद बंद हो जाता है और उसी समय पाइप D खोला जाता है, तो टैंक कितने घंटे में भर जाएगा?
(a) 1.25 (b) 1.5
(c) 0.8 (d) 1

17. {52 – (9 – 2)} ÷ [3 × 1 {1 + (–2) × (–2)}] = ?
(a) –5 (b) 3
(c) 9 (d) –9

18. नवंबर 2017 में, आयोजित भारतीय टेलीविजन अकादमी पुरस्कारों के 17वें संस्करण में निम्नलिखित में से किसने 'आईटीए स्टर्लिंग आइकन ऑफ इंडियन एंटरटेनमेंट' का पुरस्कार जीता था?
(a) शोभा कपूर (b) सिद्धार्थ रॉय कपूर
(c) जितेंद्र (d) एकता कपूर

19. जिस बिंदु पर सभी किरणें मिलती हैं को .... कहते हैं।
(a) मुख्य धुरी (b) पोल
(c) एपर्चर (d) फोकस

20. देश में निर्यातकों और आयातकों की सहायता के लिए वाणिज्य और उद्योग मंत्रालय द्वारा शुरू किया गया मोबाइल एप्लिकेशन है:
(a) निकट मन (b) निर्यात मित्र
(c) दिखत मित्र (d) मैत्री मित्र

21. एक ही परिधि वाले एक सम-षट्भुज के क्षेत्रफल और एक वर्ग के क्षेत्रफल का अनुपात क्या होगा?
(a) $\sqrt{3}:2$ (b) $2:\sqrt{3}$
(c) $1:\sqrt{3}$ (d) $4:3\sqrt{3}$

22. HAY की पार्श्व दर्पण छवि क्या होगी?

HAY	YAH (उलटा)	HAY (उलटा)	YAH
(A)	(B)	(C)	(D)

(a) C (b) D
(c) B (d) A

23. आधुनिक आवर्त सारणी में कितने समूह और आवर्त मौजूद हैं?
(a) 18 समूह और 7 आवर्त
(b) 8 समूह और 6 आवर्त
(c) 18 समूह और 9 आवर्त
(d) 7 समूह और 10 आवर्त

24. स्वैच्छिक मांसपेशियां .... में विद्यमान होती हैं।
(a) जिगर (b) हृदय
(c) फेफड़ा (d) हाथ

25. नीचे दी गई पदों की शृंखला में अगला पद क्या होगा?
22A, 42E, 62I, ...
(a) 82M (b) 82K
(c) 82N (d) 82O

26. दो इनलेट पाइपों में से एक इनलेट पाइप दूसरे इनलेट पाइप की अपेक्षा दोगुनी कुशलता से काम करता है। एक ड्रेन पाइप पूरी तरह से भरी टंकी को 12 घंटे में खाली कर सकता है। यदि तीनों पाइपों को एक साथ खोल दें तो खाली टंकी 12 घंटे में भर जाती है। कम कुशल इनलेट पाइप अकेला ही कितने घंटे में खाली टंकी को भर देगा?
(a) 9 (b) 12
(c) 18 (d) 15

27. इस शृंखला में अगला शब्द क्या है?
L, D, O, E, R, F, ?
(a) Q (b) S
(c) U (d) K

28. एक साल पहले आकाश के पिता की आयु आकाश की आयु की 9 गुनी थी। 3 साल बाद उसके पिता की आयु उसकी आयु की 5 गुनी होगी। अगले वर्ष आकाश की आयु कितनी होगी?
(a) 8 वर्ष (b) 6 वर्ष
(c) 5 वर्ष (d) 4 वर्ष

29. निम्न आकृति में कितने त्रिभुज हैं?

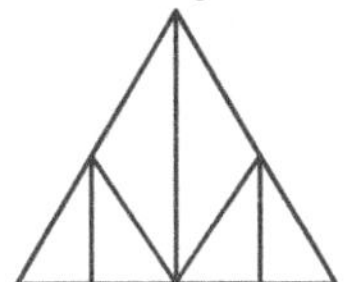

(a) 11 (b) 8
(c) 12 (d) 11

30. .... अम्लीय नहीं है।
(a) PCl_4 (b) $SbCl_4$
(c) PCl_3 (d) CCl_4

31. यदि 0, 1, 2, 3 .... 9 का मानक विचलन K है, 10, 11, 12, 13, ... 19 का मानक विचलन क्या होगा?
(a) K + 8 (b) K + 1
(c) K + 4 (d) K + 10

32. नीचे दिए गए चित्र में कितने त्रिभुज हैं?

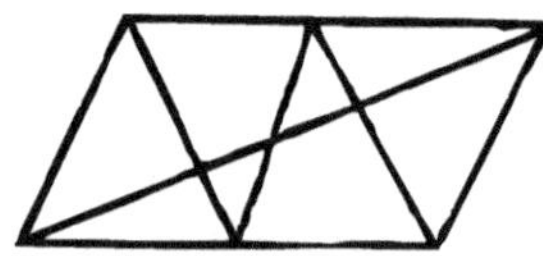

(a) 8 (b) 10
(c) 12 (d) 16

33. 512 के कितने गुणक पूर्ण वर्ग होते हैं?
(a) 5 (b) 6
(c) 3 (d) 4

34. नीचे के प्रश्न और कथनों पर विचार करें और निर्णय लें कि कौन-सा कथन प्रश्न का उत्तर देने के लिए पर्याप्त है?
प्रश्न:
J, K, L, M, N और O एक पंक्ति में खड़े हैं। यदि हम उन्हें उनकी ऊँचाई के अनुसार सबसे ऊँचे से सबसे छोटे के रूप में व्यवस्थित करते हैं तो इनमें से कौन तीसरे स्थान पर स्थित है?
कथन :
I. L सबसे लंबा है।
II. J, K के मुकाबले लंबा है।
III. N सबसे छोटा है।
IV. K, O से लंबा है।
(a) कथन I और III पर्याप्त हैं।
(b) कथन I, II, III और IV पर्याप्त हैं।
(c) अकेले कथन, I, II तथा III पर्याप्त हैं।
(d) सभी कथन एक साथ पर्याप्त नहीं हैं।

35. .... में सबसे बड़ा इलेक्ट्रॉन संबंध है।
(a) I (b) F
(c) Br (d) Cl

36. नीचे दो निष्कर्षों के साथ दिए गए कथन को पढ़ें।
कथन :
नैना माही से पेन माँगती है।
निष्कर्ष :
I. नैना के पास पेन नहीं है।
II. नैना कुछ लिखना चाहती है।
कौन-सा निष्कर्ष दिए गए कथन का अनुसरण करता है?
(a) न तो I न II अनुसरण करते हैं।
(b) दोनों निष्कर्ष अनुसरण करते हैं।
(c) केवल निष्कर्ष II अनुसरण करता है।
(d) केवल निष्कर्ष I अनुसरण करता है।

37. $\frac{\left(\frac{2}{5}+\frac{4}{15}\right)}{\left(\frac{3}{5}-\frac{2}{5}\right)}$ का $\frac{3}{12}=?$
(a) $\frac{5}{6}$ (b) $\frac{5}{7}$
(c) $\frac{6}{5}$ (d) $\frac{2}{6}$

38. V, MX की बेटी है और N, NX की बेटी है। MX और NX के पिता एक है। V, N का क्या है?
(a) साली/ननद
(b) मामी
(c) चचेरा/ममेरा/फुफेरा भाई-बहन
(d) चाची

39. प्लासी युद्ध .... लड़ा गया था।
(a) 23 जून, 1557 (b) 23 जून, 1757
(c) 23 जून, 1857 (d) 23 जून, 1657

40. .... में कार्बोनिल ग्रुप नहीं होता है।
(a) एल्डिहाइड (b) कार्बानिक एसिड
(c) एथेनॉल (d) कीटोन

41. पृथ्वी के आवरण में गैसों के साथ मिश्रित पिघले हुए पदार्थ को कहा जाता है :
(a) कोर (b) लावा
(c) मैग्मा (d) हीलियम

42. यूरोपीय संघ की आधिकारिक मुद्रा निम्नलिखित में से कौन-सी है?
(a) येन (b) डॉलर
(c) पौंड (d) यूरो

43. .... उत्परिवर्तन (मयुटेशन) आनुवंशिक नहीं होता है।
(a) दैहिक (b) प्रतिलिपिकरण
(c) विलोपन (d) प्रविष्टि

44. इनमें से कौन-सा राजस्थान का शहर/गांव/नगर नहीं है?
(a) टोंक (b) नागौर
(c) नवसारी (d) सीकर

45. किस राज्य सरकार ने किसानों को सहयोग प्रदान करने के लिए 'गोबर-धन' योजना शुरू की है?
(a) उत्तर प्रदेश (b) पंजाब
(c) राजस्थान (d) हरियाणा

46. गरिमा और उसकी बहन मिलकर अपने घर की दीवारों को 45 दिनों में पेंट कर सकती हैं। यदि गरिमा अकेल काम करती है, तो उसे 81 दिन लगते। दोनों एक साथ पेंट करना शुरू करती है, लेकिन गरिमा की बहन को काम पूरा होने से 9 दिन पहले छोड़ना पड़ा, तो बहनों को अपना घर पेंट करने में कुल कितने दिन लगेंगे?
(a) 52 (b) 48
(c) 49 (d) 50

47. उस विकल्प का चयन करें जो प्रश्न चित्रों की श्रृंखला को पूरा करेगा?
प्रश्न चित्र :

☺TM ▲ TM☺	TM☺ ▼ ☺TM	☺TM ◀ TM☺	?

विकल्प चित्र :

☺TM ▲ ☺TM	☺TM ▼ TM☺	TM☺ ◀ ☺TM	TM☺ ▶ TM☺
(A)	(B)	(C)	(D)

(a) B (b) C
(c) D (d) A

48. एक भिन्न को $\frac{7}{3}$ से जोड़ने पर 4 प्राप्त होता है। उक्त भिन्न .... है:
(a) $1\frac{2}{3}$ (b) $-\frac{1}{2}$
(c) $\frac{11}{2}$ (d) $\frac{2}{3}$

49. भारत में संविधान दिवस कब मनाया जाता है?
(a) 21 अगस्त (b) 15 दिसम्बर
(c) 26 जनवरी (d) 26 नवम्बर

50. 100W के एक इलेक्ट्रिक बल्ब का प्रयोग प्रति दिन 8 घंटों के लिए किया जाता है। एक दिन में बल्ब द्वारा प्रयुक्त की जाने वाली ऊर्जा .... यूनिट है।
(a) 80 (b) 8
(c) 800 (d) 0.8

51. एक त्रिभुज जिसके शीर्ष A(–4, –2), B(–3, –5) और C(3, –2) है, का क्षेत्रफल क्या होगा?
(a) 12 वर्ग इकाई (b) 10.5 वर्ग इकाई
(c) 7.5 वर्ग इकाई (d) 10 वर्ग इकाई

52. एक मिश्रण नीले लिट्मस को लाल में बदल देता है, उसका pH .... होने की संभावना है।
(a) 8 (b) 6
(c) 9 (d) 7

53. मानव दिवस सूचकांक को 1990 में .... द्वारा विकसित किया गया था।
(a) अपारा सेन
(b) महबूब खान
(c) महबूब-उल-हक और अमर्त्य सेन
(d) सैयद उल हक

54. अमन, अशोक और आलोक के बीच 315 कंचे 7 : 3 : 5 के अनुपात में क्रमशः वितरित किए जाते हैं। अशोक की तुलना में अमन को कितने अधिक कंचे मिले?
(a) 84 (b) 147
(c) 42 (d) 63

55. दुकान में बिक्री की मात्रा चार अलग-अलग क्वार्टर के लिए दर्ज की जाती है। निम्नलिखित डेटा है।

क्वार्टर	बिक्री की मात्रा
क्वार्टर 1	200
क्वार्टर 2	100
क्वार्टर 3	350
क्वार्टर 4	550

प्रति क्वार्टर औसत बिक्री क्या है?
(a) 350 (b) 300
(c) 250 (d) 500

56. $4x^2 + kx + 5, x + 1$ द्वारा विभाज्य है। वही व्यंजक निम्न में से किसके द्वारा भी विभाज्य है?
(a) $x - 5$ (b) $4x - 5$
(c) $4x - 1$ (d) $4x + 5$

57. एक दुकानदार ने दो वस्तुओं को, एक को 25% लाभ पर और दूसरे को 15% नुकसान पर बेचा और ₹ 35 का लाभ मिला। यदि 25% लाभ पर बेची गई वस्तु का मूल्य 15% हानि पर बेची गई वस्तु की तुलना में दोगुना हो, तो दोनों वस्तुओं की लागत मूल्य का योग ज्ञात करें।
(a) ₹ 300 (b) ₹ 400
(c) ₹ 200 (d) ₹ 100

58. फरवरी 2018 की जानकारी के अनुसार भारतीय नौसेना के प्रवक्ता कौन थे?

(a) कप्तान डी.के. शर्मा (b) कप्तान एम.के. शर्मा
(c) प्रणब मुखर्जी (d) एडमिरल सुरेश भट्ट

59. .... अर्द्धचालक (सेमीकंडक्टर) है।

(a) Pb (b) Ga
(c) Sn (d) Ge

60. चार तत्वों की इलेक्ट्रॉनिक विन्यास नीचे दी गई है। निम्नलिखित में से कौन-सा अधिक इलेक्ट्रो नकारात्मक होगा?

(a) S(2, 8, 6) (b) P(2, 8, 5)
(c) Cl(2, 8, 7) (d) Al(2, 8, 3)

61. यदि समान क्षमता की दो आवेशित (चार्ज्ड) वस्तुओं को एक तार से जोड़ा जाता है तो :

(a) बिजली नकारात्मक से सकारात्मक की ओर प्रवाहित हाती है।
(b) बिजली प्रवाहित नहीं होगी।
(c) बिजली सकारात्मक से नकारात्मक की ओर प्रवाहित होती है।
(d) चुंबकीय प्रेरण का प्रवाह।

62. .... द्वारा निश्चित अनुपात का नियम उद्धृत किया गया है।

(a) लेवाइसियर (b) डेमोक्रिटस
(c) प्राउस्ट (d) जॉन डाल्टन

63. A और B एक कार्य को एक साथ 15 दिनों में पूरा कर सकते हैं, जबकि A अकेले इसे 25 दिनों में कर सकता है। वे एक साथ कार्य करना शुरू करते हैं, तो B इस कार्य को कितने दिन में पूरा करेगा?

(a) $37\frac{1}{2}$ (b) 32
(c) $22\frac{1}{2}$ (d) 28

64. 2017 में भारत सरकार द्वारा उड़ीपी रामचंद्र राव को निम्नलिखित में से किस क्षेत्र में 'पद्म विभूषण' से सम्मानित किया गया है?

(a) विज्ञान (b) साहित्य
(c) संगीत (d) खेल

65. विषम को चुनें।

O15	C3	G7	N15
(A)	(B)	(C)	(D)

(a) A (b) B
(c) D (d) C

66. निम्नलिखित में से कौन-सी संख्या परिमेय संख्या नहीं है?

(a) $\sqrt[3]{64}$ (b) $\sqrt[3]{27}$
(c) $\sqrt[4]{2}$ (d) $\sqrt[5]{32}$

67. नीचे दिए गए कथन में कौन-सी धारणाएं निहित हैं।

कथन :

एक पारिस्थितिक विज्ञानी कहते हैं, "10 वर्षों में, प्लास्टिक के लापरवाही पूर्ण उपयोग के वास्तविक प्रभाव को महसूस किया जाएगा।"

धारणाएं :

I. प्लास्टिक गैर-विघटनकारी है।
II. प्लास्टिक पारिस्थितिक संतुलन को प्रभावित करता है।

(a) न तो I और न ही II निहित हैं।
(b) केवल धारणा II निहित है।
(c) केवल धारणा I निहित है।
(d) I और II दोनों निहित हैं।

68. बहुपद $6x^3 + 3x^2 - 5x + 1$ के शून्य के मानों के व्युत्क्रमों का योग क्या है?

(a) 5 (b) 4
(c) 3 (d) 2

69. निम्नलिखित को भिन्नता के कारण संपीडन और विरलीकरण उत्पन्न होते हैं :

(a) हवा का दबाव
(b) चुंबकीय अंतर
(c) किरण का अपवर्तन (रिफैक्शन)
(d) तापमान में अंतर

70. विकल्पों में दिए गए चित्रों में से किनके संयोजन से दिया गया चित्र पूरा होगा?

प्रश्न आकृतिः

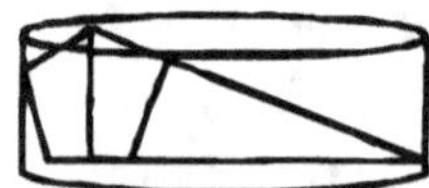

उत्तर आकृतियां:

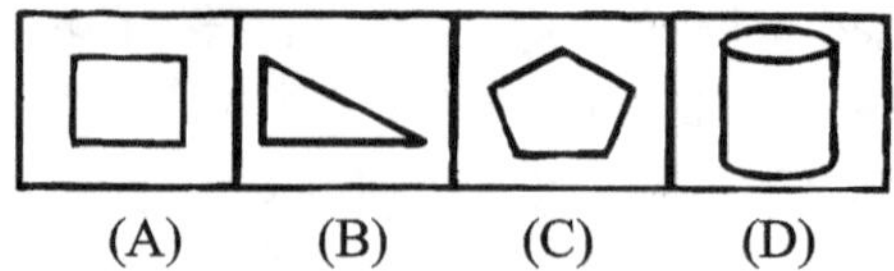

(A) (B) (C) (D)

(a) D और A (b) A, B और D
(c) B, C और D (d) C और D

71. 6 cm की त्रिज्या वाले स्टील के एक गोले से 1 cm त्रिज्या वाली कितनी गेंदें बनायी जा सकती हैं?
(a) 126 (b) 27
(c) 64 (d) 216

72. जयंत ने अपने दोस्त से उस आदमी का परिचय अपने पत्नी के पिता के बेटे के रूप में कराया। आदमी जयंत का .... है।
(a) ससुर (b) ननद
(c) साला/बहनोई (d) बहू

73. निम्नलिखित श्रेणी में अगला पद क्या होगा?
31, 38, 44, 51, ...
(a) 51 (b) 55
(c) 58 (d) 57

74. पैटर्न को पूरा करने के लिए सही विकल्प चुनें:
1224364860, 1122334455, 1020304050, ...
(a) 918273642 (b) 918273644
(c) 918273645 (d) 918273643

75. यदि $3x^2 + ax + 4$, $x - 8$ से पूर्णत: विभाजित है, तो a का मान होगा:
(a) –25.5 (b) –24.5
(c) 25.5 (d) 24.5

76. एक वस्तु 4 s में 15 m और फिर 3 s में 16 m की यात्रा करती है। वस्तु की औसत गति कितनी है?
(a) $5.17\ ms^{-1}$ (b) $6.17\ ms^{-1}$
(c) $4.43\ ms^{-1}$ (d) $5.00\ ms^{-1}$

77. निम्न में से कौन-सा समूह अनावृत्त बीज उत्पन्न करता है?
(a) अनावृतबीजी (b) आवृतबीजी
(c) थैलोफाइटा (d) ब्रायोफाइटा

78. निम्नलिखित प्रश्न को पढ़ें और निर्णय लें कि प्रश्न का उत्तर देने के लिए कौन-से कथन पर्याप्त हैं?
प्रश्न :
वर्तमान में नकुल और द्विज की कुल आयु क्या होगी?
कथन :
I. नकुल की वर्तमान आयु 12 वर्ष है।
II. द्विज नकुल से 3 वर्ष छोटा है।
(a) केवल कथन I पर्याप्त है।
(b) केवल कथन II पर्याप्त है।
(c) कथन I और II दोनों एक साथ पर्याप्त हैं।
(d) कथन I और II दोनों एक साथ पर्याप्त नहीं हैं।

79. राजीव गांधी खेल रत्न पुरस्कार विजेता को कितने रुपये की नकद राशि दी जाती है?
(a) 7.5 लाख (b) 10 लाख
(c) 7 लाख (d) 25 लाख

80. एक वस्तु में 20 kg द्रव्यमान और $10\ N\ kg^{-1}$ के गुरुत्वाकर्षण के साथ 400 J की स्थितिज ऊर्जा होती है। वस्तु की ऊँचाई है:
(a) 0.5 m (b) 1 m
(c) 2 m (d) 4 m

81. रिजर्व बैंक ऑफ इंडिया (RBI) के वर्तमान गवर्नर (जुलाई 2018 तक) कौन है?
(a) अरविंद सुब्रमण्यम (b) उर्जित पटेल
(c) अमिताभ कांत (d) रघुराम राजन

82. निर्वाचन मंडल जो भारत के राष्ट्रपति का चुनाव करता है, का गठन कौन करता है?
(a) संसद के प्रमुख
(b) संसद और राज्य विधानसभाओं के निर्वाचित सदस्य
(c) पूर्व राष्ट्रपति
(d) राज्यपाल

83. यदि PIG को एक कोड के रूप में 1697 लिखा जाता है, तो GOAT के लिए कोड क्या होगा?
(a) 715122 (b) 715120
(c) 715121 (d) 715123

84. निम्नलिखित में से कौन निम्नलिखित वर्गों के बीच संबंध को सही ढंग से दर्शाता है?
A. हुकुम B. पान
C. ताश की गड्डी

(a)
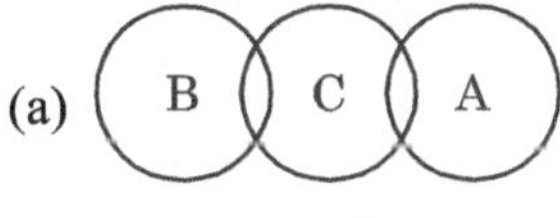

(b)
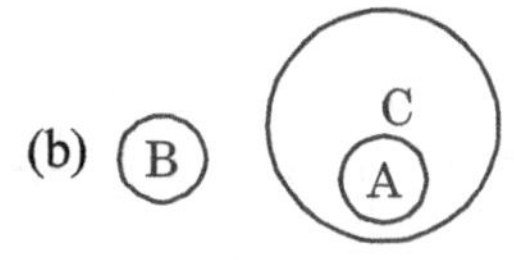

(c) (A) (B) (C)

(d)
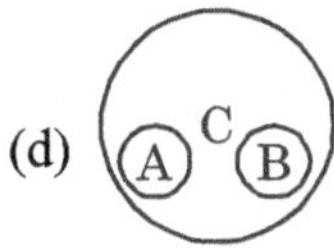

85. दिए गए कथन पर विचार करें और निर्णय लें कि दी गई धारणाओं में कौन-सी कथन में निहित हैं?

कथन :
कोच ने कहा, "कल सुबह हॉकी टीम अभ्यास के लिए 8:00 बजे के बजाय सुबह 9:00 बजे रिपोर्ट करेगी।"
धारणाएं :
I. उस दिन कोच का 8:00 बजे कुछ अन्य काम था।
II. वे आम तौर पर अभ्यास के लिए आते हैं।
(a) न तो I और न ही II निहित हैं।
(b) केवल II निहित है।
(c) केवल I निहित है।
(d) I और II दोनों निहित हैं।

86. मुरली अपने कुत्ते को सैर पर ले जाता है। वह एक चौराहे पर बायीं ओर मुड़ता है और दक्षिण की ओर चलता है। बायीं ओर मुड़ने से पहले वह किस दिशा में चल रहा था?
(a) उत्तर (b) पूर्व
(c) पश्चिम (d) दक्षिण

87. नीचे दिये गये कथन का अनुसरण दो तर्कों द्वारा किया गया है। आपको यह तय करना है कि कथन के संबंध में कौन-से तर्क/मजबूत है।
कथन:
मोबाइल के उपयोग और सेल फोन टावरों में वृद्धि हुई है।
तर्क :
I. यह वैश्विक विकास और पूरे विश्व को एक-दूसरे से जोड़ने के सबसे तेज व आसान तरीके को प्रदर्शित करता है।
II. लंबी अवधि में, अधिक सिग्नलों का प्रयोग होगा, जो पारिस्थितिकीय प्रणालियों की सामान्य कार्य पद्धति को प्रभावित करेंगे।
(a) तर्क I और II दोनों ही मजबूत हैं।
(b) केवल तर्क I मजबूत है।
(c) न तो तर्क I और न ही तर्क II मजबूत हैं।
(d) केवल तर्क II मजबूत है।

88. यदि मनुष्यों में गुणसूत्रों की संख्या 16 है, तो मनुष्यों की दैहिक कोशिकाओं में कितने गुणसूत्र विद्यमान होते हैं?
(a) 46 (b) 24
(c) 23 (d) 48

89. निकारागुआ की राजधानी मानागुआ में मिस टीन यूनिवर्स 2017 का ताज किस भारतीय को पहनाया गया?
(a) सिमरन खेसला (b) सृष्टि कौर
(c) नीरू चड्ढा (d) निशा दत्त

90. यदि E और A, B की बेटियां हैं और A का विवाह V से हुआ है तो V का E से क्या संबंध है?
(a) दामाद (b) साला/देवर/जीजा
(c) ससुर (d) सास

91. भारत दुनिया में .... सबसे अधिक जनसंख्या वाला देश है।
(a) दूसरा (b) पहला
(c) चौथा (d) तीसरा

92. दो ट्रेनें, एक 153 m लंबी और दूसरी 127 m लंबी, विपरीत दिशाओं से आती हुई 7.2 सेकंड में एक-दूसरे को पार कर गई। दोनों ट्रेनों की संयुक्त गति किमी/प्रतिघंटा होगी:
(a) 280 km/h (b) 105 km/h
(c) 70 km/h (d) 140 km/h

93. समस्या आकृति में दिए गए आकारों से कौन-सी उत्तर आकृति बनती है?
समस्या आकृति :

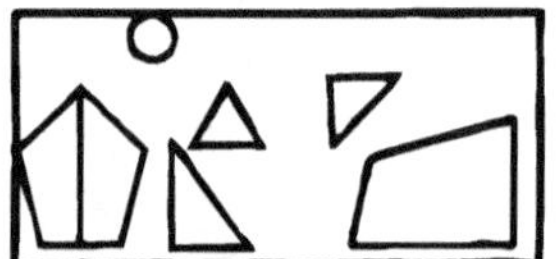

उत्तर आकृतियां :

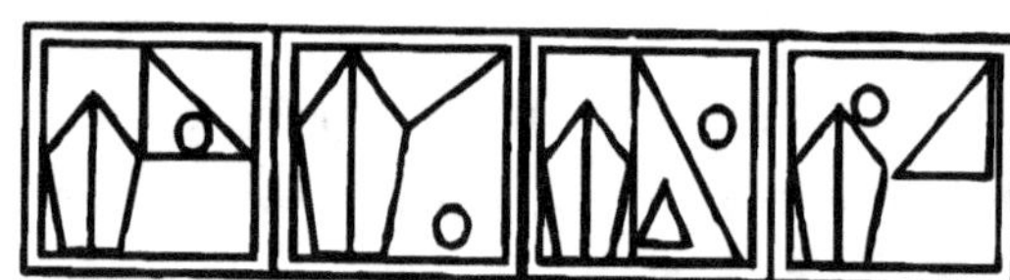

(A) (B) (C) (D)
(a) B (b) A
(c) D (d) C

94. मनुष्य के गुर्दे के निस्यंदन की ईकाइयों को .... कहते हैं।
(a) न्यूरॉन्स (b) न्यूट्रॉन्स
(c) नेफ्रॉन्स (d) प्रोटोन्स

95. तरूण और तपने ने क्रमशः ₹ 13,000 और ₹ 19,500 के निवेश के साथ साझेदारी की शुरूआत की, लेकिन कुछ वित्तीय आपात स्थिति के कारण तपन को 8 माह के बाद अपना निवेश वापस लेना पड़ा। पहले 12 महीने का लाभ दोनों में किस अनुपात में साझा किया जाना चाहिए?
(a) 3 : 2 (b) 2 : 3
(c) 1 : 2 (d) 1 : 1

96. निखिल पार्क में एक लड़के से मिलता है। लड़का निखिल की पहचान अपने पिता के छोटे भाई के रूप में कराता है। निखिल लड़के का .... है।

(a) मामा

(b) चचेरा/ममेरा/फुफेरा भाई

(c) चाचा

(d) पिता

97. क्यूप्रस ऑक्साइड में कॉपर की संयोजकता क्या होती है?

(a) 4 (b) 1

(c) 2 (d) 3

98. एटॉमिक नंबर 16 का एक तत्व, आवर्त सारणी के .... आवर्त में उपस्थित होता है।

(a) 4th (b) 5th

(c) 6th (d) 3rd

99. आपको एक प्रश्न और दो कथन दिए गए हैं। यह बताएं कि प्रश्न का उत्तर देने के लिए कौन-से कथन सही हैं।

प्रश्न :

नयन के पास 3 अलग-अलग रंगों की 4 टोपी हैं। उसके पास कितनी नीली टोपी हैं?

कथन :

I. नयन के पास 2 सफेद टोपी हैं।

II. उसके पास नीली टोपियों की संख्या बेज टोपियों के समान है।

(a) केवल कथन I पर्याप्त है।

(b) कथन I और II दोनों पर्याप्त हैं।

(c) केवल कथन II पर्याप्त है।

(d) कथन I और II दोनों पर्याप्त नहीं हैं।

100. गति का दूसरा समीकरण .... और समय के बीच संबंध देता है।

(a) वेग (b) संवेग

(c) त्वरण (d) स्थिति

उत्तरमाला

1	(a)	11	(b)	21	(b)	31	(d)	41	(c)	51	(b)	61	(b)	71	(d)	81	(b)	91	(a)
2	(d)	12	(a)	22	(a)	32	(d)	42	(d)	52	(b)	62	(c)	72	(c)	82	(b)	92	(d)
3	(d)	13	(a)	23	(a)	33	(d)	43	(a)	53	(c)	63	(a)	73	(d)	83	(b)	93	(a)
4	(a)	14	(d)	24	(d)	34	(d)	44	(c)	54	(a)	64	(a)	74	(c)	84	(d)	94	(c)
5	(d)	15	(a)	25	(a)	35	(d)	45	(a)	55	(b)	65	(c)	75	(b)	85	(b)	95	(b)
6	(d)	16	(a)	26	(c)	36	(b)	46	(c)	56	(d)	66	(c)	76	(c)	86	(c)	96	(c)
7	(c)	17	(b)	27	(c)	37	(a)	47	(b)	57	(a)	67	(d)	77	(a)	87	(b)	97	(b)
8	(c)	18	(d)	28	(b)	38	(c)	48	(a)	58	(a)	68	(a)	78	(c)	88	(a)	98	(d)
9	(b)	19	(d)	29	(a)	39	(b)	49	(d)	59	(d)	69	(a)	79	(a)	89	(b)	99	(b)
10	(d)	20	(b)	30	(d)	40	(c)	50	(d)	60	(c)	70	(c)	80	(c)	90	(b)	100	(d)

संकेत एवं हल

1. (a)

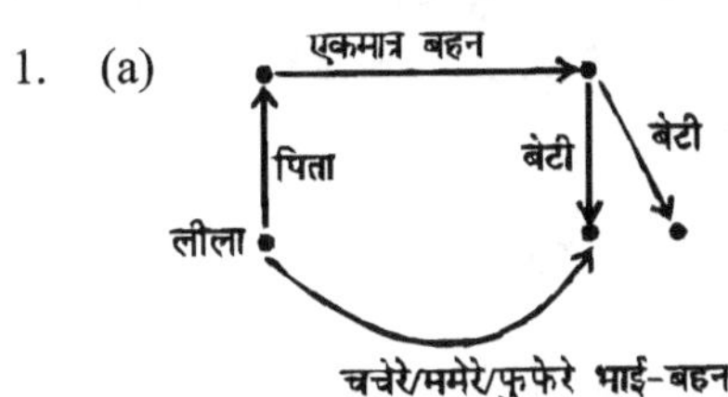

अतः लीला और लड़कियां चचेरे / ममेरे / फुफेरे भाई-बहन का संबंध है।

2. (d) माना कि चाय सेट का लागत मूल्य $= x$

बिक्री गई सेट लागत मूल्य से 41% कम है।

प्रश्न से, $x \times \frac{59}{100} = 3540$

$$x = \frac{3540 \times 100}{59} = 6000$$

11% लाभ कमाने के लिए वस्तु को कितनी मूल्य पर बेचने होंगे

$$\text{वि०मू०} = \frac{\text{क्र०मू०} \times 100 + \text{लाभ\%}}{100}$$

$$= \frac{6000 \times 111}{100} = 6660$$

दोनों बिक्री की गई मूल्य का अन्तर

$= 6660 - 3540 = 3120$

3. (d) बी०साई० प्रणीत बैडमिंटन खेल से जुड़े हुए हैं।

4. (a) राजा टोडरमल अकबर के शासन काल में मुगल साम्राज्य के वित्त मंत्री थे।
राजा टोडरमल को गुजरात विजय के बाद वहाँ से बुलाया था।
टोडरमल ने 1580 ई० में दहसाला पद्धति लागू की।

5. (d) 'एक टेबल,' एक कुर्सी, फल भरा कटोरा और एक वायलिन एक आदमी को खुश करने के लिए और क्या चाहिए। यह कथन अल्बर्ट आइंस्टीन का है। अल्बर्ट आइंस्टीन का सम्बन्ध मूलरूप से जर्मनी देश से था।
वे यहूदी धर्म के मानने वाले थे।

6. (d) 1908 ई० में ओलंपिक में फुटबॉल को आधिकारिक तौर पर एक प्रतियोगी खेल के रूप में शामिल किया गया था।
प्राचीन ओलम्पिक खेल यूनान के ओलम्पिया शहर में 776 ईसा पूर्व में प्रारंभ हुआ।
आधुनिक ओलम्पिक खेल की शुरूआत 1896 में हुआ।

7. (c) माना की संख्या $= x$

$\therefore \quad 6\frac{2}{9} \times x = 40$

$\Rightarrow \quad \frac{56x}{6} = 40 \quad \Rightarrow \quad 56x = 360$

$x = \frac{360}{56} = \frac{45}{7} = 6\frac{3}{7}$

8. (c) $2025 = 45^2$
$16641 = 129^2$
$9801 = 99^2$

9. (b) भवन अन्य सभी से भिन्न है।

10. (d) आरेख अन्य सभी से भिन्न है।

11. (b) $v = u + at \quad \Rightarrow \quad a = (v-u)/t$

$v^2 = u^2 + 2aS \quad \Rightarrow \quad S = \frac{v^2 - u^2}{2a}$

औसत वेग, $V_{av} = \frac{\text{कुल विस्थापन}}{\text{कुल समय}}$

$= \frac{S}{t} = \left(\frac{v^2 - u^2}{2a}\right) \times \frac{1}{t}$

$= \frac{v^2 - u^2}{2 \times \left(\frac{v-u}{t}\right)} \times \frac{1}{t} = \frac{(v-u)(v+u)}{2(v-u)} \times \frac{1}{t}$

$= \frac{v+u}{2}$

12. (a) अनिल चौहान 2018 में भारतीय सेना के नये सैन्य संचालन महानिदेशक के रूप में नियुक्त किया गया है।

13. (a) $4 + 3 \times 4 + 3 \times 4^2 + 3 \times 4^3 + 3 \times 4^4 + 3 \times 4^5$
$= 4096 \Rightarrow 4^6$

14. (d) औसत चाल $= \frac{\text{कुल दूरी}}{\text{कुल समय}}$

$= \frac{10+14}{4+2} = \frac{24}{6} = 4\,ms^{-1}$

15. (a) प्रश्नचिह्न के स्थान पर विकल्प (a) में दी गई आकृति प्रतिस्थापित होगी।

16. (a) C 3 घंटा काम करता है $= 3 \times \frac{1}{4} = \frac{3}{4}$

शेष भाग $1 - \frac{3}{4} = \frac{1}{4}$ भाग

$\frac{1}{4}$ भाग D द्वारा भरने में लगा समय

$= \frac{1/4}{1/5} = \frac{5}{4} = 1.25$

17. (b) $\{52 - (9-2)\} \div [3 \times \{1 + (-2) \times (-2)\}]$
$= \{52 - (7)\} \div [3 \times \{1 + 4\}]$
$= (45) \div [15] = 3$

19. (d) जिस बिन्दु पर सभी किरणें मिलती हैं को फोकस कहते हैं।
मुख्य अक्ष के समानान्तर आने वाली किरणें लेंस के अपवर्तन के पश्चात जिस बिन्दु पर मिलती हुई प्रतीत होती है, उसे लेंस की फोकस दूरी कहते हैं।
प्रकाशीय केन्द्र से फोकस तक की दूरी को फोकस दूरी कहते हैं।

21. (b) सम-षट्भुज वर्ग $6a = 4d \quad \Rightarrow \quad d = \frac{3}{2}a$

क्षे० $= 6 \times \frac{\sqrt{3}}{4}a^2 = d^2$

$6 \times \frac{\sqrt{3}}{4}a^2 = \frac{9}{4}a^2$

$2\sqrt{3} : \sqrt{3} \quad \Rightarrow \quad 2 : \sqrt{3}$

22. (a) पार्श्व दर्पण छवि $\frac{\text{HAY}}{\text{H∀⅄}}$

23. (a) आधुनिक आवर्त सारणी में 18 समूह और 7 आवर्त मौजूद है।
आधुनिक आवर्त सारणी में आवर्त की संख्या 7 होती है एवं वर्ग की संख्या 9 होती है।
वर्ग I से लेकर VII तक दो उपवर्गो A एवं B में बँटे है, इस प्राकर उपवर्गो सहित कुल वर्गो की संख्या 18 (समूह) है।

24. (d) स्वैच्छिक मांसपेशियाँ हृदय में विद्यमान होती हैं। पेशियाँ त्वचा के नीचे का माँस होती हैं।
यह अंगों में गति उत्पन्न करता है एवं शरीर को सुदृढ़ बनाती है।

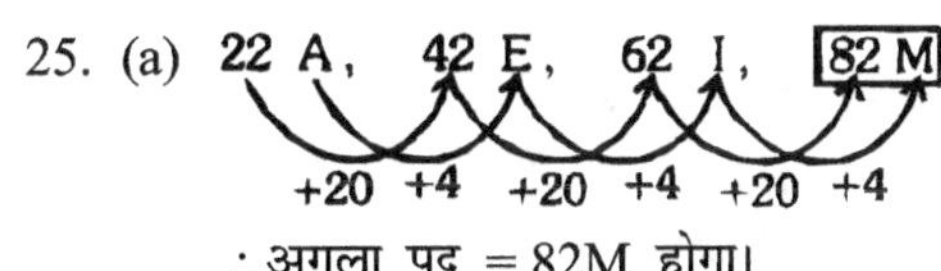

25. (a) 22 A, 42 E, 62 I, 82 M
+20 +4 +20 +4 +20 +4
∴ अगला पद = 82M होगा।

26. (c) माना कि दो इनलेट पाइपों की कुशलता $= \frac{1}{x}, \frac{1}{2x}$

प्रश्न से, $\frac{1}{x}+\frac{1}{2x}-\frac{1}{12}=\frac{1}{12}$

$\frac{3}{2x}=\frac{1}{6} \Rightarrow x=9$

कम कुशलता पाइप खाली टंकी की

$=\frac{1}{18}=18$ दिन

27. (c) L, D, O, E, R, F, U
+3 +1 +3 +1 +3
∴ ? = U

28. (b) एक वर्ष पहले आकाश की आयु $= x$
पिता की आयु $= 9x$
वर्तमान आयु $= x+1, 9x+1$
3 साल बाद
$5(x+1+3) = (9x+1+3)$
$5(x+4) = (9x+4)$
$5x+20 = 9x+4$
$-4x = -16$
$x = 4$
अगले वर्ष आकाश की आयु $= x+1+1$
$4+1+1 = 6$ वर्ष

29. (a) दी गई आकृति में कुल त्रिभुजों की सख्या 11 है।

30. (d) CCl_4 अम्लीय नहीं है।
अम्ल वह पदार्थ है जो जल में घुलकर हाइड्रोजन आयन (H^+) देता है आरहेनियस के अनुसार अम्ल एक यौगिक पदार्थ है।

32. (d)
कुल त्रिभुजों की संख्या = 16

33. (d) 512 के कितने गुणक पूर्ण वर्ग
$4 \times 4 \times 4 \times 4 \times 2$
4 गुणक का पूर्ण वर्ग है।

34. (d) कथन - I के अनुसार
L सबसे लम्बा है।
कथन- (II) और (IV) से
$J > K > O$
दिए गए कथन में M के बारे में कुछ भी नहीं कहा गया है इसलिए सभी कथन एक साथ पर्याप्त नहीं है।

35. (d) Cl में सबसे बड़ा इलेक्ट्रॉन संबंध है।
क्लोरिन (Cl) परमाणु की इलेक्ट्रॉनिक व्यवस्थाएँ Cl(17) –2, 8, 7 हैं।
क्लोरीन परमाणु एक इलेक्ट्रॉन प्राप्त कर अक्रिय गैस ऑर्गन जैसी स्थायी इलेक्ट्रॉनिक संरचना प्राप्त करता है।

36. (b) नैना के पास पेन नहीं है। नैना कुछ लिखना चाहती है इसलिए नैना माही से पेन माँगती है।
अतः दोनों निष्कर्ष अनुसरण करते हैं।
विकल्प (b) सही है।

37. (a) $\frac{\frac{2}{5}+\frac{4}{15}}{\frac{3}{5}-\frac{2}{5}} \times \frac{3}{12}$

$\Rightarrow \frac{\frac{6+4}{15}}{\frac{3-2}{5}} \times \frac{3}{12} \Rightarrow \frac{10}{15} \times \frac{3}{12} \times \frac{5}{1} = \frac{5}{6}$

38. (c) पिता पिता
MX NX
बेटी बेटी
V V
अतः V, N चचेरा/ममेरा/फुफेरा भाई–बहन है।

40. (c) एथेनॉल में कार्बोनिक ग्रुप नहीं होता है।
एल्डिहाइड कार्बनिक यौगिक का अभिक्रियाशील समूह-CHO है।
कार्बोक्सिलिक अम्ल का अभिक्रियाशील समूह COOH है।

41. (c) पृथ्वी के आवरण में गैसों के साथ मिश्रित पिघले हुए पदार्थ को मैग्मा कहा जाता है।
मैग्मा आग्नेय चट्टानों से निकलता है।
जब मैग्मा जमकर तश्तरीनुमा आकार ग्रहण कर लेता है, तो उसे लैपोलिथ कहते हैं।

42. (d) यूरोपियन संघ की आधिकारिक मुद्रा यूरो है।
यूरोप का ईंधन जर्मनी को कहा जाता है।
यूरो मुद्रा यूरोप के एकीकृत मुद्रा है।

43. (a) दैहिक उत्परिवर्तन (म्युटेशन) आनुवंशिक नहीं होता है।
उत्परिवर्तन सिद्धान्त ह्यूगो डी ब्राइज द्वारा प्रतिपादन किया गया।
सभी जीव जातियों में उत्परिवर्तन की प्राकृतिक प्रवृत्ति होती है।

45. (a) उत्तर प्रदेश राज्य सरकार ने किसानों को सहयोग प्रदान करने के लिए गोबर धन योजना शुरू की है।

46. (c) गरिमा = 81 दिन
गरिमा + गरिमा की बहन = 45 दिन
गरिमा के बहन द्वारा उसी काम को करने में लिया गया समय

$$= \frac{45 \times 81}{81 - 45} = \frac{405}{4}$$

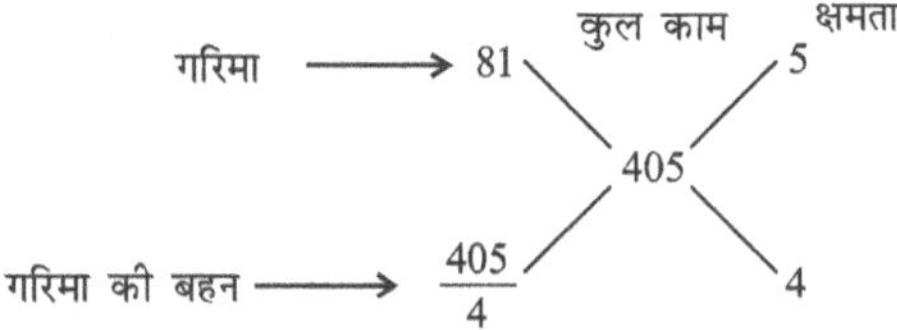

माना कुल काम करने में लगा समय = x

$(x - 9) \times 9 + 9 \times 5 = 405$

$$x - 9 = \frac{405 - 45}{9} = 40$$

$x = 40 + 9 = 49$ दिन

47. (b) प्रश्नचिह्न के स्थान पर विकल्प (c) में दी गई आकृति होगी।

48. (a) माना भिन्न $= \frac{p}{q}$

$$\frac{p}{q} + \frac{7}{3} = 4$$

$$\frac{p}{q} = 4 - \frac{7}{3} = \frac{12 - 7}{3} = \frac{5}{3} = 1\frac{2}{3}$$

50. (d) 100W के एक इलेक्ट्रिक बल्ब का प्रयोग प्रतिदिन 8 घंटों के लिए किया जाता है। एक दिन में बल्ब द्वारा प्रयुक्त की जाने वाली ऊर्जा 0.8 यूनिट है।
100W का बल्ब जब 10 घंटा प्रयोग किया जाता है तो ऊर्जा खपत 1 यूनिट होता है।

51. (b) त्रिभुज का क्षेत्रफल

$$= \frac{1}{2}\{x_1(y_2 - y_3) + x_2(y_3 - y_1) + x_3(y_1 - y_2)\}$$

$x_1 = -4 \mid y_1 = -2$
$x_2 = -3 \mid y_2 = -5$
$x_3 = 3 \mid y_3 = -2$

$$= \frac{1}{2}\{-4(-5+2) + (-3)(-2+2) + 3(-2+5)\}$$

$$= \frac{1}{2}\{-4(-3) + 0 + 3(3)\}$$

$$= \frac{1}{2}\{12 + 9\} = \frac{21}{2} = 10.5 \text{ वर्ग इकाई}$$

52. (b) एक मिश्रण नीले लिट्मस को लाल में बदल देता है। उसका pH – 6 होने की संभावना है।
नीले लिटमस पत्र तथा मिथाइल औरेंज को लाल कर देता है।
क्षार फिनॉल्फ्थैलीन को गुलाबी कर देता है।

54. (a) अमन, अशोक और आलोक के बीच वितरित कंचे का अनुपात = 7 : 3 : 5

अशोक को प्राप्त कंचे $= 315 \times \frac{3}{7+3+5} = 63$

अमन को प्राप्त कंचे $= 315 \times \frac{7}{15} = 147$

अशोक की तुलना में अमन को प्राप्त कंचे की संख्या = 147 – 63 = 84

55. (b) दुकान द्वारा कुल बिक्री की गई–
= 200 + 100 +350 + 550 = 1200

प्रति क्वार्टर औसत बिक्री $= \frac{1200}{4} = 300$

56. (d) $4x^2 + kx + 5$ व्यंजक है।
पहला खण्ड $= (x + 1) = 0$

$x = -1$
$4x^2 + kx + 5 = 0$
$4 + k(-1) + 5 = 0$
$k = 9$
A/q, $4x^2 + 9x + 5 = 0$
$\Rightarrow (4x + 5)(x + 1)$
$4x + 5$ से भी व्यंजक विभाज्य है।

57. (a) माना कि 15% हानि पर बेची गई वस्तु का मूल्य = x
25% लाभ पर बेची गई वस्तु का मूल्य = 2x
कुल विक्रय मूल्य
$= \frac{2x \times 125}{100} + \frac{x \times 85}{100}$
$= \frac{250x + 85x}{100} = \frac{335x}{100}$
$\Rightarrow 35 = \frac{335x}{100} - 3x$
$3500 = 35x$
$x = 100$
कुल क्रय मूल्य $= 2x + x$
$= 2 \times 100 + 100 = 300$

58. (a) फरवरी 2018 की जानकारी के अनुसार, भारतीय नौसेना के प्रवक्ता कप्तान डी०के० शर्मा थे।

59. (d) Ge अर्द्धचालक (सेमीकंडक्टर) है।
जर्मेनियम का प्रतीक "Ge" है।
अर्द्धचालकों में अपद्रव्य मिलाने से प्राप्त ठोस को बाह्य अर्द्धचालक कहते हैं।

60. (c) Cl (2, 8, 7) अधिक इलेक्ट्रो नकारात्मक होगा।
इलेक्ट्रॉन बन्धुता किसी परमाणु में एक इलेक्ट्रॉन जोड़ने पर मुक्त होने वाली ऊर्जा है।
सामान्यतः किसी आवर्त में बाएँ से दाएँ जाने पर इलेक्ट्रॉन बन्धुता बढ़ती है लेकिन 2, 15 तथा 18 समूह के तत्वों की इलेक्ट्रॉन बन्धुता शुन्य अथवा धनात्मक होती है।

62. (c) प्राउस्ट द्वारा निश्चित अनुपात का नियम उद्धृत किया जाता है।
जॉन डॉल्टन ने 1803 ई० में परमाणु सिद्धान्त का प्रतिपादन किया। जिसके अनुसार अविभाज्य होता है। टॉम्सन के सिद्धान्त को रदरफोर्ड ने अस्वीकार कर दिया।

63. (a) B द्वारा किया गया कार्य
$= \frac{1}{15} - \frac{1}{25} = \frac{5-3}{75} = \frac{2}{75} = 37\frac{1}{2}$
विकल्प (a) सही है।

64. (a) 2017 में भारत सरकार द्वारा उड़ीपी रामचंद्र राव को विज्ञान क्षेत्र में "पद्म विभूषण" से सम्मानित किया गया है।

65. (c) $O \to 15$
$C \to 3$
$G \to 7$
$N \to \boxed{15}\ 14$
ऊपर सभी अक्षरों का स्थानीय मान दिया गया है।

66. (c) $\sqrt[4]{2}$ परिमेय संख्या नहीं है।
$\sqrt[3]{64} = \sqrt{4 \times 4 \times 4} = 4$
$\sqrt[3]{27} = \sqrt{3 \times 3 \times 3} = 3$
$\sqrt[5]{32} = \sqrt{2 \times 2 \times 2 \times 2 \times 2} = 2$
} परिमेय संख्या

67. (d) दिए गए कथन के अनुसार धारणाएं I और II दोनों निहित हैं।

68. (a) $6x^3 + 3x^2 - 5x + 1 = (2x - 1)(3x^2 + 3x - 1)$
$x = \frac{1}{2}$
$x = \frac{-3+\sqrt{21}}{6}, \frac{-3-\sqrt{21}}{6}$
व्युत्क्रम $= 2, \frac{6}{-3+\sqrt{21}}, \frac{6}{-3-\sqrt{21}}$
योग $= 2 + \frac{6}{-3+\sqrt{21}} + \frac{6}{-3-\sqrt{21}}$
$= 2 + 6\left[\frac{-6}{9-21}\right]$
$\Rightarrow 2 + \frac{6 \times 6}{12} = 5$

69. (a) हवा का दबाव भिन्नता के कारण संपीडन और विरलीकरण उत्पन्न होते हैं।

70. (c) विकल्प B, C और D से प्रश्न आकृति को बनाया जा सकता है।

71. (d) 6 cm वाले गोले का आयतन $= \frac{4}{3}\pi(6)^3$
1 cm वाले गेंद का आयतन $= \frac{4}{3}\pi(1)^3$
कुल गेंदों का आयतन $= \frac{\frac{4}{3}\pi(6)^3}{\frac{4}{3}\pi(1)^3} = 216$
216 गेंदें बनाई जा सकती हैं।

72. (c)

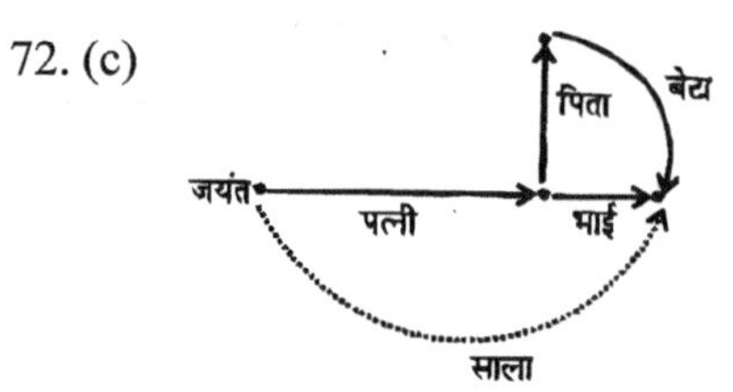

अत: वह आदमी जयंत का साला लगेगा।

73. (d)

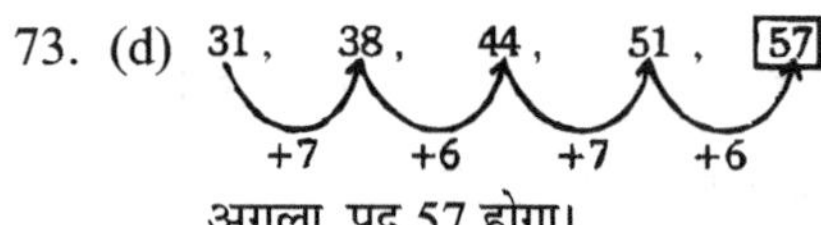

अगला पद 57 होगा।

74. (c)

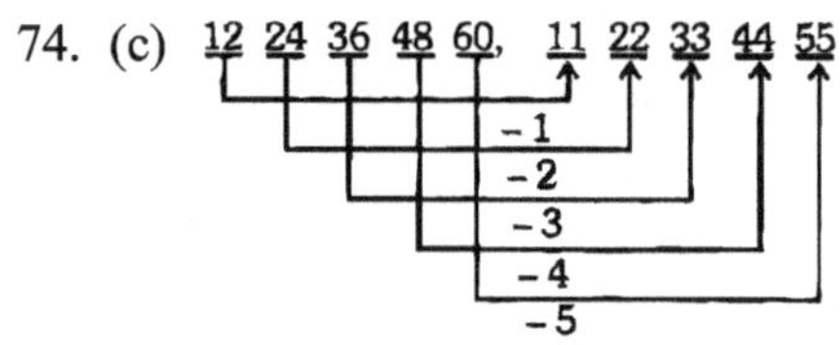

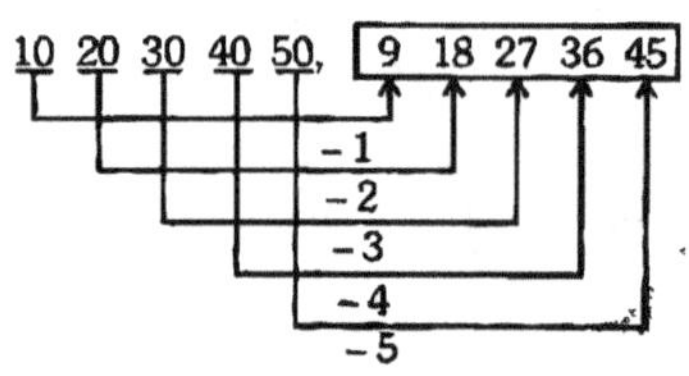

75. (b) $3x^2 + ax + 4$ व्यंजक $x - 8$ से पूर्णता विभाजित करता है।

$x - 8 = 0 \Rightarrow x = 8$

व्यंजक में x का मान रखने पर $= 3x^2 + ax + 4 = 0$

$\Rightarrow 3 \times (8)^2 + a \times 8 + 4 = 0$

$\Rightarrow 192 + 8a + 4 = 0$

$196 + 8a = 0$

$8a = -196 \Rightarrow a = -24.5$

76. (c) औसत गति $= \frac{\text{कुल दूरी}}{\text{कुल समय}}$

$= \frac{15+16}{4+3} = \frac{31}{7} = 4.43\text{ms}^{-1}$

77. (a) अनावृतबीजी समूह अनावृत्त बीज उत्पन्न करता है। नग्न बीजी पौधे में परागण की क्रिया वायु द्वारा होती है।

ये मरूद्भिद् होते हैं।

78. (c) कथन I और II में–

नकुल की वर्तमान आयु = 12 वर्ष

द्विज की आयु = 12 – 3 = 9 वर्ष

अत: कथन I और II दोनों एक साथ पर्याप्त हैं।

80. (c) एक वस्तु में 20 kg द्रव्यमान और 10 Nkg^{-1} के गुरुत्वाकर्षण के साथ 400 J की स्थितिज ऊर्जा होती है। वस्तु की 2 m ऊँचाई है।

83. (b) जिस प्रकार,

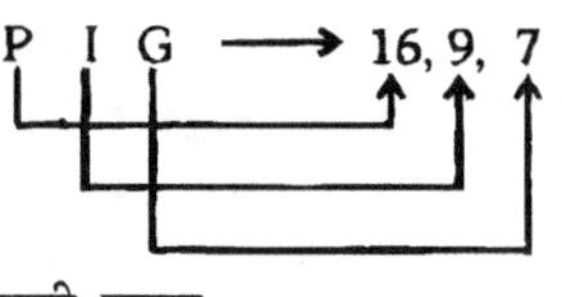

उसी प्रकार,

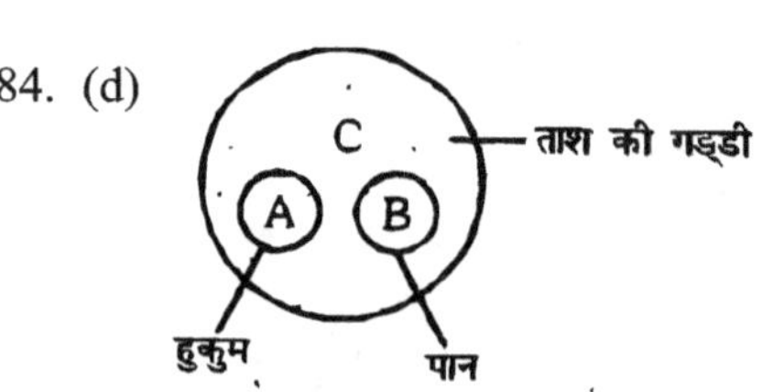

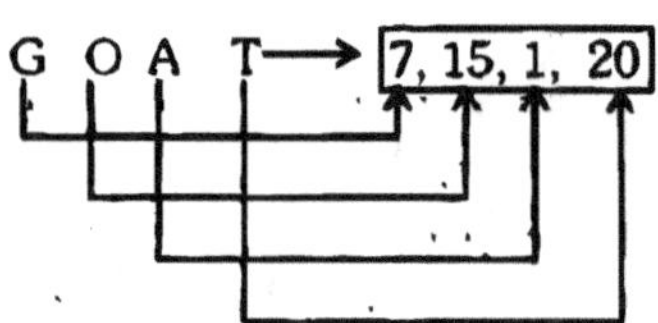

84. (d)

विकल्प ((d) सही है।

85. (b) दिए कथन के अनुसार केवल कथन II निहित है।

86. (c)

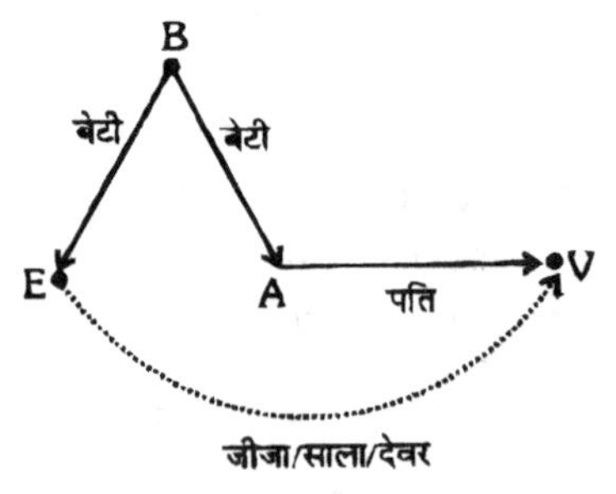

बायीं ओर मुड़ने से पहले वह पश्चिम दिशा की ओर चल रहा था।

87. (b) दिए गए कथन के अनुसार केवल तर्क I मजबूत है।

89. (b) निकारागुआ की राजधानी मानागुआ में मिस टीन यूनिवर्स 2017 का ताज सृष्टि कौर को पहनाया गया।

90. (b)

अत: V, E का जीजा लगेगा।

92. (d) दोनों ट्रेन की गति $= \frac{T_1 + T_2}{\text{समय}} = \frac{153+127}{7.2}$

$= \frac{280 \times 10}{72} \times \frac{18}{5} = 140 \text{km/h}$

93. (a) दिए गए प्रश्न आकृति से विकल्प (b) में दी गई आकृति का निर्माण होगा।

94. (c) मनुष्य के गुर्दे के निस्पंदन की ईकाइयों को नेफ्रॉन्स कहते हैं।
मनुष्य एवं अन्य स्तनधारियों में मुख्य उत्सर्जी अंग एक जोड़ा वृक्क है।
इसका वजन 140 ग्राम होता है। इसके दो भाग होते हैं, बाहरी भाग को कोर्टेक्स और भीतरी भाग को मेडुला कहते हैं।

95. (b) तरूण और तपने को साझेदारी
$= 13000 \times 8 : 19500 \times 12$
$= 130 \times 8 : 195 \times 12$
$= 260 : 390 = 2 : 3$
अतः तरूण और तपने 2 : 3 में साझा करेंगे।

96. (c)

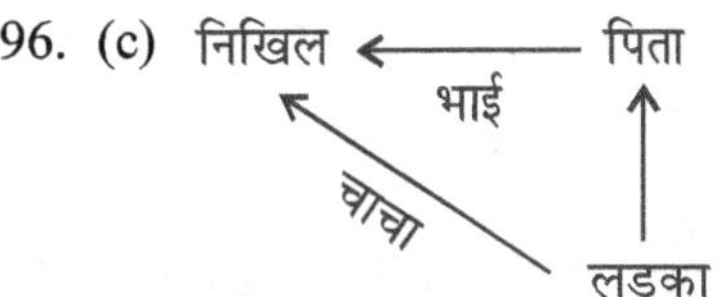

97. (b) क्यूप्रस ऑक्साइड में कॉपर की संयोजकता 1 है। तत्वों के परमाणुओं के परस्पर संयोजन करने की क्षमता को ही संयोजकता कहते हैं।
किसी तत्व की संयोजकता उसके परमाणु की बाह्यतम कक्षा में उपस्थित इलेक्ट्रॉनों की संख्या निर्भर करती है।

98. (d) एटॉमिक नंबर 16 का एक तत्व, आवर्त सारणी के 3rd आवर्त में उपस्थित होता है।
एटॉमिक नंबर 16 सल्फर का है।
सल्फर का परमाणु द्रव्यमान 32.64 है।

99. (b) नयन के पास कुल टोपी की संख्या 4 है जो 3 अलग-अलग रंग की हैं।
कथन से -सफेद टोपी को संख्या 2 हैं यानी नीली और बेज टोपी की संख्या क्रमशः एक और एक है।
अतः दोनों कथन प्रश्न के उत्तर के लिए पर्याप्त हैं।

RRB ग्रुप D 2018 सॉल्वड पेपर-11

दिनांक : 17 सितंबर 2018 शिफ्ट-1

1. उस व्यक्ति को चुनें जो एक समान समूह से संबंधित न हो।
   (a) थॉमस ए. एडिसन (b) विराट कोहली
   (c) अलेक्जेंडर ग्राहम बेल (d) अल्बर्ट आइंस्टीन

2. विषम को चुनें।

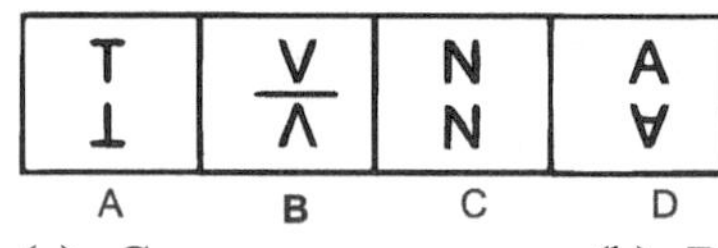

   (a) C (b) B
   (c) A (d) D

3. ₹720 को A, B, C, D, E के बीच में बांटा जाना है। उनके द्वारा प्राप्त धनराशि आरोही क्रम में और समांतर श्रेणी में है। E को A से ₹40 अधिक प्राप्त हुए। B को कितनी धनराशि प्राप्त हुई?
   (a) ₹134 (b) ₹144
   (c) ₹154 (d) ₹124

4. दिए गए, पाई चार्ट में भारत की मोबाइल फोन विनिर्माण कंपनियों के बारे में जानकारी प्रदर्शित है। निर्मित मोबाइल फोन की कुल संख्या 12,40,000 है।

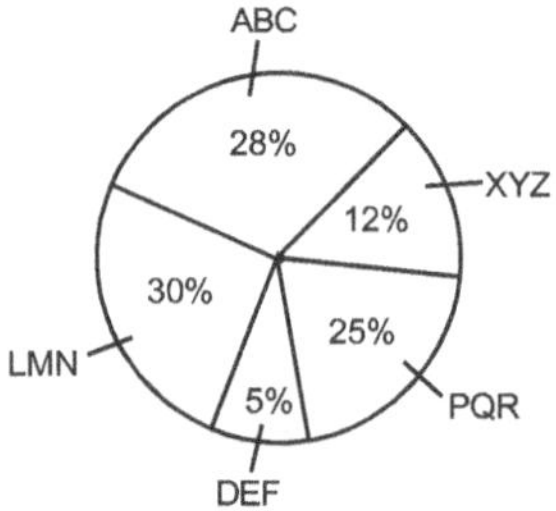

   कंपनी 'LMN' द्वारा कुल कितने मोबाइल फोन निर्मित किए गए?
   (a) 12,40,000 (b) 6,12,000
   (c) 6,20,000 (d) 3,72,000

5. जब तक किसी पिण्ड पर असंतुलित बल लागू किया जाता है, तब तक इसकी .... में निरंतर परिवर्तन होता रहता है।
   (a) भार (b) द्रव्यमान
   (c) आकृति (d) चाल

6. निषेचित अंडा, युग्मज, किसमें समाविष्ट हो जाता है?
   (a) अंडाशय (b) गर्भाशय
   (c) योनि (d) गर्भाशय ग्रीवा

7. निम्नलिखित में से कौन-से तत्व का रासायनिक प्रतीक लैटिन से लिया गया है?
   (a) एल्युमिनियम (b) क्लोरीन
   (c) कार्बन (d) आयरन

8. उस त्रिभुज का क्षेत्रफल ज्ञात करें जिसके शीर्ष क्रमश: (1, 2), (–4, –3) और (4, 1) हो।
   (a) 7 वर्ग इकाई (b) 10 वर्ग इकाई
   (c) 14 वर्ग इकाई (d) 20 वर्ग इकाई

9. 2018 में पत्रकारिता के क्षेत्र में लाइफटाइम अचीवमेंट के लिए रेडइंक पुरस्कार के लिए किसे चुना गया है?
   (a) मार्क टुली (b) एन. राम
   (c) अरुण शौरी (d) बरखा दत्त

10. सत्यवर्त कादियान निम्न में से किस खेल से संबंधित है?
   (a) कुश्ती (b) फुटबॉल
   (c) कबड्डी (d) हॉकी

11. दो इनलेट पाइप, A और B एक खाली टंकी को क्रमश: 22 और 33 घंटे में भर सकते हैं। उन्हें एक साथ खोला गया लेकिन टंकी भरने से 3 घंटे पहले पाइप A को बंद कर दिया गया। टंकी को भरने मे दोनों पाइपों द्वारा कुल कितने घंटे लगेंगे?
   (a) 16.2 (b) 15
   (c) 14.2 (d) 16

12. दिए गए कथनों और निष्कर्षों को ध्यान से पढ़ें और उस निष्कर्ष का चयन करें, जो कथन का तर्कसंगत रूप से अनुसरण करना है।

   कथन:
   - सभी पंखुड़ियां फूल हैं।
   - सभी पंखुड़ियां पीली हैं।
   - सभी पीले फूल हैं।

   निष्कर्ष:
   1. सभी फूल पीले हैं।
   2. सभी पीले पंखुड़ियां हैं।

   (a) कोई भी निष्कर्ष अनुसरण नहीं करता है।
   (b) केवल निष्कर्ष 2 अनुसरण करता है।

(c) केवल निष्कर्ष 1 अनुसरण करता है।
(d) दोनों निष्कर्ष अनुसरण करते हैं।

13. निम्नलिखित शब्दों के लिए सबसे उपयुक्त वेन आरेख चुनें।
घोड़ा, बन्दर, बाघ

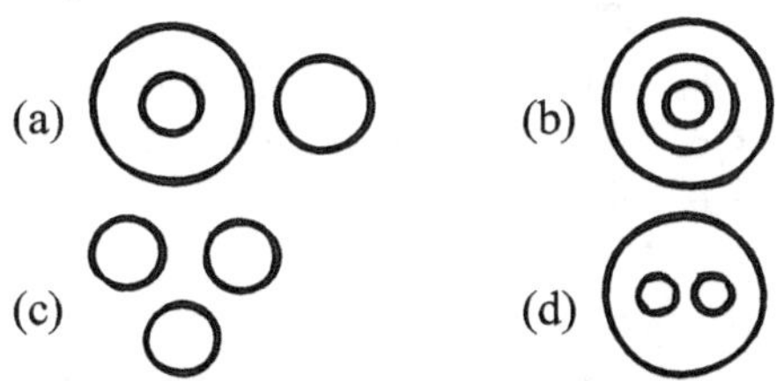

14. एप्पल के बाद $ 900 बिलियन बाजारी पूंजीकरण तक पहुँचने वाली दूसरी कंपनी कौन-सी है?
(a) अमेजन (b) गूगल
(c) फेसबुक (d) वॉलमार्ट

15. दिए गए प्रश्न को पढ़ें और निर्णय लें कि निम्नलिखित में से कौन-सी सूचना प्रश्न का उत्तर देने के लिए पर्याप्त है।
$\angle ACB$ का मान क्या है?
सूचनाः
1.
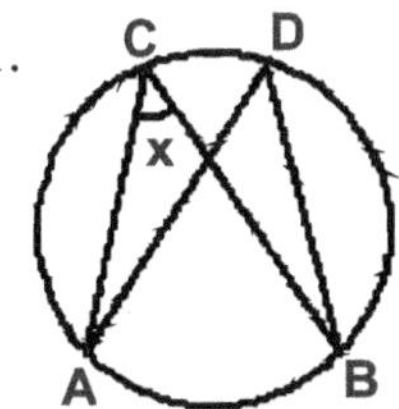

2. $\angle D = 60°$
(a) या तो 1 अथवा 2 पर्याप्त हैं।
(b) 1 और 2 दोनों ही पर्याप्त हैं।
(c) केवल 2 पर्याप्त है।
(d) केवल 1 पर्याप्त है।

16. निम्नलिखित में से किस राज्य सरकार ने अगस्त 2016 में ऐतिहासिक अगस्त क्रांति मैदान में 'भारत छोड़ो-2 (स्वराज से सुराज)' पहल की शुरुआत की थी?
(a) मध्य प्रदेश (b) महाराष्ट्र
(c) पश्चिम बंगाल (d) हरियाणा

17. निम्नलिखित में से कौन-सा सही है?
(a) $\frac{9}{16} \le \frac{13}{24}$ (b) $\frac{9}{16} > \frac{13}{24}$
(c) $\frac{9}{16} = \frac{13}{24}$ (d) $\frac{9}{16} < \frac{13}{24}$

18. नीचे दिये गये कथन में कौन-सी अवधारणा अंतर्निहित है?
कथनः
छात्र 1 ने छात्र 2 से कहा, "मुझे पढ़ने के लिए आपके नोट्स चाहिए।"
अवधारणाः
I. छात्र 2 ने नोट्स तैयार कर लिया है।
II. छात्र 1 उसकी समझ को सत्यापित करना चाहता है।
(a) केवल I अंतर्निहित है।
(b) I और II दोनों ही अंतर्निहित हैं।
(c) न तो I और न ही II अंतर्निहित हैं।
(d) केवल II अंतर्निहित है।

19. विवादित फिल्म 'पद्मावत' में अल्लाउद्दीन खिलजी का किरदार किसने निभाया था?
(a) रणवीर सिंह (b) शाहिद कपूर
(c) राणा दग्गुबाटि (d) रणबीर कपूर

20. $\frac{(a-b)^3+(b-c)^3+(c-a)^3}{3(a-b)(b-c)(c-a)} = ?$
उपरोक्त व्यंजक का मान क्या है?
(a) 1 (b) 4
(c) 0 (d) 2

21. पश्चिम की ओर से सदृश्य देखने पर पूर्व से पश्चिम की ओर बहने वाली क्षैतिज विद्युत रेखा के ठीक नीचे एक बिन्दु पर चुम्बकीय क्षेत्र की दिशा क्या होगी?
(a) दक्षिणावर्त
(b) धारा के प्रवाह के समांतर
(c) वामावर्त
(d) धारा के प्रवाह के लंबवत

22. निम्नलिखित शृंखला का अगला अक्षर ज्ञात करें।
C, D, F, I, ?
(a) G (b) P
(c) M (d) N

23. कोई बल 1.0 kg पिण्ड की गति को 4 m/s से 8 m/s तक बढ़ा देता है। बल द्वारा किया गया कार्य .... होगा।
(a) 32J (b) 16J
(c) 24J (d) 8J

24. निम्नलिखित में से कौन-सा न्यूटन की गति के तीसरे नियम का उदाहरण है?
(a) तेजी से आती हुई क्रिकेट गेंद को पकड़ते समय, क्षेत्ररक्षक गतिमाप गेंद के साथ धीरे-धीरे अपने हाथ पीछे की ओर ले जाता है।
(b) जब हम पैडल चलाना बंद करते हैं, तो साइकिल धीमी हो जाती है।

(c) जब एक बस अचानक चलती होती है, तब यात्रियों को पीछे की ओर झटका लगता है।
(d) रॉकेट लॉन्च करना

25. कौन-सा विकल्प चित्र प्रश्न के साथ निकटतम समानता रखता है।

प्रश्न चित्र :

उत्तर चित्र :

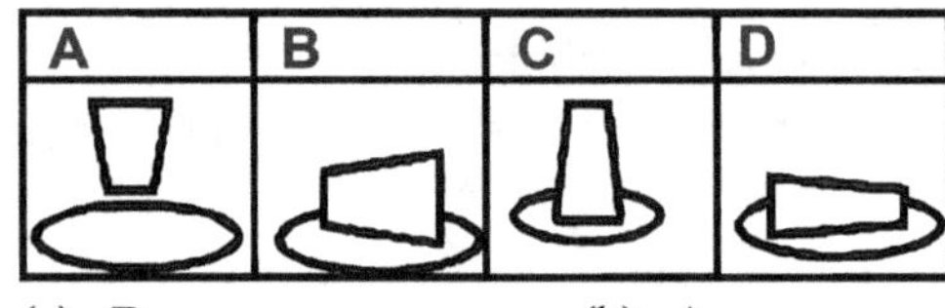

(a) B (b) A
(c) C (d) D

26. एक पेन को ₹144 में बेचने पर अनुराग को क्रय मूल्य पर 1/7 की हानि होती है। यदि पेन ₹189 में बेचा जाता, तो लाभ प्रतिशत क्या होता?
(a) 11% (b) 12.5%
(c) 11.5% (d) 14%

27. किसी वस्तु पर कार्य करने वाले गुरुत्व बल को .... के रूप में जाना जाता है।
(a) द्रव्यमान (b) त्वरण
(c) आवेग (d) भार

28. 2016 में मेलबोर्न में आयोजित भारतीय फिल्म महोत्सव (IFFM) का विषय क्या था जिसमें सोनम कपूर ने नीरजा भनोट की बायोपिक नीरजा में उनके अभिनय के लिए सर्वश्रेष्ठ अभिनेत्री का पुरस्कार जीता?
(a) बेटी बचाओ
(b) फीमेल एम्पावरमेंट
(c) एनरिचमेंट ऑफ वीमेन स्टेटस
(d) सेलिब्रेशन ऑफ लाइफ

29. $\frac{2}{3},\frac{8}{9},\frac{10}{27},\frac{32}{81}$ का म.स. है :
(a) $\frac{160}{3}$ (b) $\frac{160}{81}$
(c) $\frac{2}{3}$ (d) $\frac{2}{81}$

30. दिए गए कथनों को सत्य मानिए भले ही वे सामान्यत: मान्य तथ्यों से भिन्न प्रतीत होते हो और उसके आधार पर तय कीजिए कि दिए गए कौन-से निष्कर्ष कथनों का तार्किक रूप से अनुसरण करते हैं?

कथन:
- कुछ धातुएं लोहा हैं।
- कुछ लोहा भारी होता है।

निष्कर्ष:
1. सभी लोहे धातुएं हैं।
2. सभी भारी धातुएं हैं।

(a) कोई भी निष्कर्ष अनुसरण नहीं करता है।
(b) केवल निष्कर्ष 1 अनुसरण करता है।
(c) केवल निष्कर्ष 2 अनुसरण करता है।
(d) सभी निष्कर्ष अनुसरण करते हैं।

31. जब कोई वस्तु वृत्तीय पथ पर गति करती है, तो घूर्णन करती हुयी वस्तु पर केंद्र की ओर लगने वाला बल कहलाता है:
(a) कोणीय बल (b) साधारण बल
(c) अभिकेन्द्रीय बल (d) गुरुत्वाकर्षण बल

32. कौन-सा वेन आरेख निम्नलिखित के बीच के संबंध को सही ढंग से दर्शाता है?
A. व्हेल B. जहाज
C. महासागर

(a) 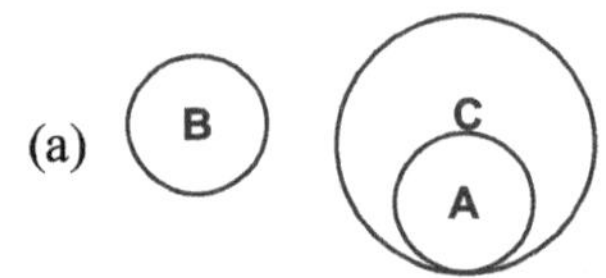

(b) 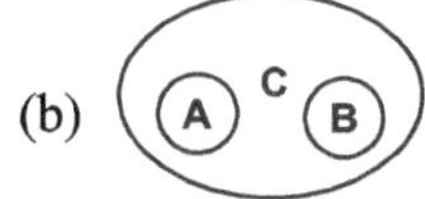

(c) 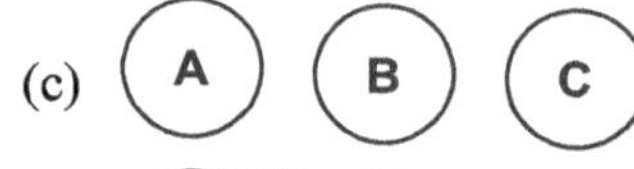

(d) 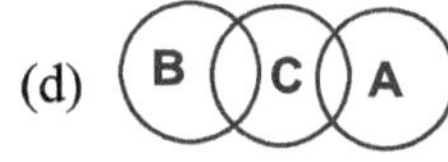

33. निम्न में से कौन-सा विकल्प उस लवण का उदाहरण है जिसके जलीय विलयन का pH7 से कम होता है?
(a) सोडियम कार्बोनेट
(b) सोडियम बाइकार्बोनेट
(c) सोडियम क्लोराइड
(d) अमोनियम क्लोराइड

34. निम्नलिखित में से किस 'पर्वतीय पर्यटन स्थलों की राजकुमारी' के रूप में जाना जाता है?
(a) देहरादून (b) कोडैकानल
(c) ऊटी (d) दार्जिलिंग

35. भारतीय संसद का उच्च सदन किसे कहा जाता है?
(a) प्रधानमंत्री कार्यालय (b) लोकसभा
(c) राज्यसभा (d) उच्चतम न्यायालय

36. आपको एक प्रश्न और दो कथन दिए गए हैं। प्रश्न का उत्तर देने के लिए कौन-सा/से कथन आवश्यक/पर्याप्त है/हैं?

प्रश्न:

सब्जियों के 20 डिब्बों का कुल भार क्या है? उनमें से प्रत्येक बराबर भार का है।

कथन:

1. पहले 10 डिब्बा में प्रत्येक डिब्बे के एक तिहाई का भार 10kg है।
2. 6 डिब्बों का कुल भार 4 डिब्बों के कुल भार से 40kg अधिक है।

(a) कथन 1 और 2 दोनों पर्याप्त नहीं हैं।
(b) कथन 1 और 2 एक साथ पर्याप्त हैं।
(c) कथन 1 अकेला पर्याप्त है।
(d) कथन 2 अकेला पर्याप्त है।

37. अप्रैल, 2017 में सिंगापुर में अपना पहला सुपर सीरीज खिताब जीतने वाले बैडमिंटन खिलाडी का नाम क्या है?
(a) साई प्रणीत (b) प्रनॉय कुमार
(c) पारुपल्ली कश्यप (d) श्रीकांत किदाम्बी

38. धातु ऑक्साइड और हाइड्रोजन का निर्माण करने के लिए निम्नलिखित में से कौन-सी धातु वाष्प के साथ अभिक्रिया करता है?
(a) एल्युमिनियम (b) कॉपर
(c) लेड (d) सिल्वर

39. उत्तर आकृति का कौन-सा चित्र प्रश्न आकृति में दी गयी दोनों आकृतियों के मेल से बना है?

प्रश्न आकृति:

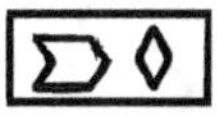

उत्तर आकृतियाँ:

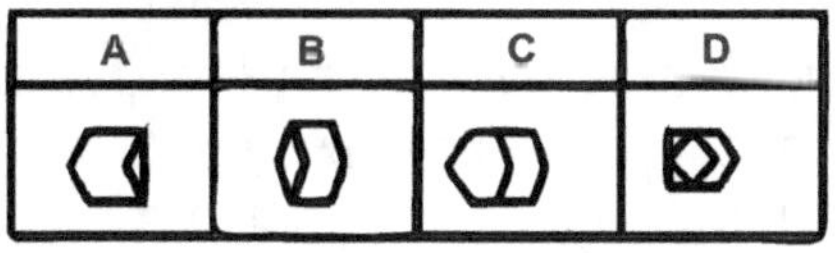

A	B	C	D

(a) C (b) D
(c) B (d) A

40. A, B और C एक टैंक से जुड़े तीन वाल्व हैं। A और B मिलकर टैंक को 6 घंटे में भर सकते हैं। B और C मिलकर टैंक को 10 घंटे में भर सकते हैं। A और C मिलकर टैंक को $7\frac{1}{2}$ घंटे में भर सकते हैं। A अकेला टैंक को भरने में कुल कितना समय लेगा?
(a) 10 घंटे (b) 12 घंटे
(c) 11 घंटे (d) 13 घंटे

41. निम्नलिखित में से कौन-सा पूर्ण घन है?
(a) 9261 (b) 9999
(c) 8000 (d) 9000

42. शतवर्षीय युद्ध किन देशों के बीच लड़ा गया था?
(a) इंग्लैंड और इटली (b) इंग्लैंड और जर्मनी
(c) जर्मनी और फ्रांस (d) इंग्लैंड और फ्रांस

43. किस क्षेत्र में सुधार के लिए 2017 में उदय कोटक की अध्यक्षता में एक समिति का गठन किया गया था?
(a) सरकारी योजनाओं (b) श्रम प्रबंधन संबंधों
(c) निगम प्रशासन (d) ग्राहक संतुष्टि

44. यदि एक ड्राइवर कार को 15 m/sec. की चाल से चलाता है, तो उसके द्वारा 3 घंटे 20 मिनट में तय की गयी कुल दूरी ज्ञात कीजिए।
(a) 150 km (b) 180 km
(c) 200 km (d) 165 km

45. दिए गए कथन पर विचार करें और निर्णय लें कि निम्नलिखित में से कौन-सी धारणाएं कथन में निहित हैं।

कथन:

महापौर ने अपने सचिव से कहा, "हर शहर में एक पारिस्थितिक पार्क होना चाहिए"।

धारणा:

I. पारिस्थितिकी पार्क हरित क्षेत्र में सुधार करता है।
II. पारिस्थितिकी पार्क वायु प्रदूषण को कम करने में मदद करते हैं।

(a) केवल II निहित है।
(b) I और II दोनों निहित हैं।
(c) न तो I और न ही II निहित हैं।
(d) केवल I निहित है।

46. निम्नलिखित में से क्या ठोस, द्रव और गैस तीनों रूपों में पाया जाता है?
(a) धातु (b) निष्क्रिय तत्व
(c) अधातु (d) उपधातु

47. निम्नलिखित में से किस देश की तटीय रेखा विश्व में सबसे लंबी है?
(a) ऑस्ट्रेलिया (b) कनाडा
(c) नॉर्वे (d) इंडोनेशिया

48. पौधों में लचीलापन .... ऊतक के कारण होता है।
(a) जाइलम (b) स्कलेरेन्काइमा
(c) कोलेन्काइमा (d) फ्लोएम

49. लास वेगास में अप्रैल 2017 में सम्पन्न यूएस ओपन कराटे चैम्पियनशिप में भारत ने कितने पदक जीते ?
(a) 15 (b) 12
(c) 16 (d) 17

50. $\frac{\sin A+\sin B}{\cos A-\cos B}+\frac{\cos A+\cos B}{\sin A-\sin B}=?$
(a) $\sin A\cos B$ (b) 0
(c) $\tan A\tan B$ (d) $\cos A\cos B$

51. 5 दोस्तों के बीच एक केक बांटा जाता है। 4 को केक का क्रमशः $\frac{1}{8},\frac{1}{6},\frac{5}{12},\frac{1}{12}$ हिस्सा मिलता है। केक का कितना हिस्सा पांचवें दोस्त को मिलेगा?
(a) $\frac{1}{6}$ (b) $\frac{5}{24}$
(c) $\frac{1}{4}$ (d) $\frac{3}{8}$

52. निम्न में से अभाज्य संख्याओं का युग्म कौन-सा है?
(a) (37, 41) (b) (43, 47)
(c) (3, 7) (d) (71, 73)

53. यदि $\left(\cos^2\phi+\frac{1}{\operatorname{cosec}^2\phi}\right)+17=x$ है, तो x^2 का मान क्या होगा?
(a) 16 (b) 256
(c) 324 (d) 18

54. राष्ट्रपति रामनाथ कोविंद ने नई दिल्ली स्थित राष्ट्रपति भवन में .... विशिष्ट उपलब्धियों वाली महिलाओं को सम्मानित किया। ये 'प्रथम महिलायें' अपने-अपने प्रतिनिधि क्षेत्रों में विशिष्ट प्रतिमान स्थापित करने में अग्रणी रही हैं।
(a) 113 (b) 112
(c) 114 (d) 111

55. निम्नलिखित में से किस माध्यम से वायु में ऑक्सीजन छोड़ी जाती है?
(a) प्रकाश संश्लेषण (b) श्वसन
(c) पसीना (d) मलोत्सर्जन

56. दी गयी आकृतियों में से कौन-सी उत्तर आकृति प्रश्न आकृति श्रृंखला में रिक्त स्थान पर आएगी?

प्रश्न आकृतियाँ:

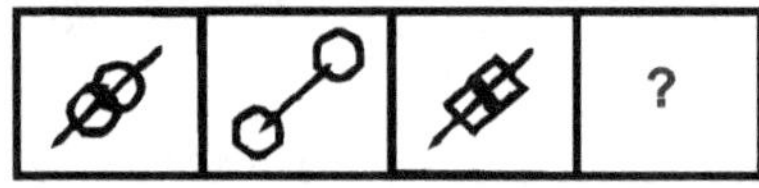

उत्तर आकृतियाँ:

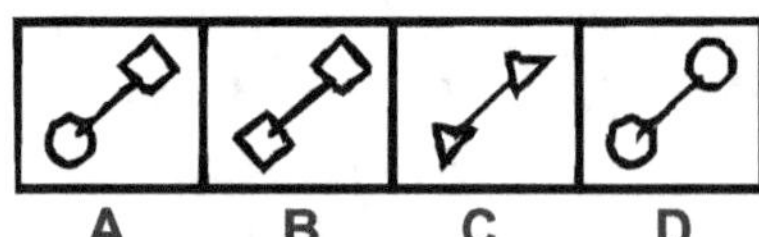

(a) B (b) C
(c) D (d) A

57. रोहन और रोहित एक साथ किसी काम को 10 दिनों में समाप्त कर सकते हैं, जबकि रोहन उसी काम को अकेला 15 दिनों में कर सकता है। रोहित अकेला उसी काम को कितने दिनों में करेगा?
(a) 32 दिन (b) 30 दिन
(c) 25 दिन (d) 35 दिन

58. निम्नलिखित में से कौन-सा जन्तु गर्म रक्त वाला होता है?
(a) कबूतर (b) मछली
(c) मेंढक (d) मगरमच्छ

59. $56\div\frac{1}{3}\left\{15+12-\left(9+6-\overline{5+7}\right)\right\}=?$
(a) 9 (b) 8
(c) 12 (d) 7

60. आधुनिक आवर्त सारणी में कौन-से समूह के तत्वों का बाहरी कोश पूर्ण होता है?
(a) 16वें (b) 17वें
(c) 18वें (d) 15वें

61. मार्च 2005 में शुक्रवार किन-किन तिथियों को था?
(a) 4, 11, 18 और 25
(b) 3, 10, 17 और 24
(c) 5, 12, 19 और 26
(d) 6, 13, 20 और 27

62. निम्नलिखित में से कौन-सा देश प्रत्येक वर्ष सिनेमा के क्षेत्र में उत्कृष्टता के लिए अकादमी पुरस्कारों (ऑस्कर) का आयोजन करता है?
(a) फ्रांस (b) यूएसए
(c) यूके (d) कनाडा

63. सामान्यतः विद्युत धनात्मक तत्वों की वैधता .... है।
(a) 0, 1, 2 (b) 4, 3, 2
(c) 2, 1, 0 (d) 1, 2, 3

64. दिल्ली में एक टीवी ₹X में बेचा जाता है। एक व्यापारी चंडीगढ़ जाता है और दिल्ली की कीमत से 20% कम मूल्य पर टीवी खरीद लाता है। वह ₹600 परिवहन पर खर्च करता है। उसके बाद वह दिल्ली में टीवी ₹X मूल्य पर बेच देता है और (100/7)% लाभ अर्जित करता है, X का मान जात कीजिए।
(a) ₹96000 (b) ₹8000
(c) ₹8800 (d) ₹7200

65. पृथ्वी का द्रव्यमान है:
(a) 6×10^{-23} kg (b) 6×10^{-24} kg
(c) 6×10^{23} kg (d) 6×10^{24} kg

66. निम्नलिखित में से कौन-सा जानवर पराध्वनि उत्पन्न कर सकता है?
(a) हाथी
(b) पॉरपोइसेस
(c) शार्क
(d) पतंगा

67. दर्पण को MN रेखा पर रखे जाने पर निम्न आकृति का दर्पण प्रतिबिम्ब चुनें।

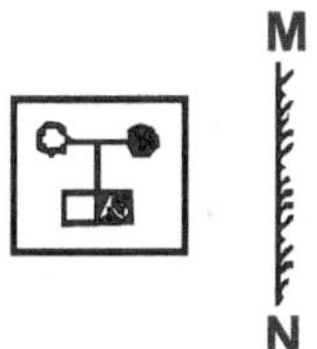

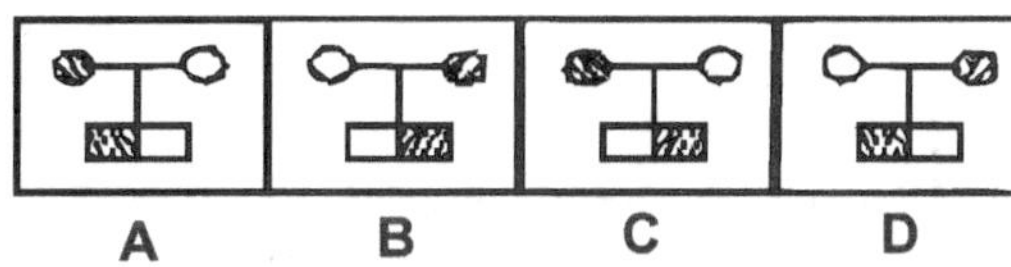

(a) B (b) D
(c) A (d) C

68. यदि $\sec^4\theta - \sec^2\theta = 3$ है, तो $\tan^4\theta + \tan^2\theta$ का मान होगा:
(a) 8 (b) 3
(c) 6 (d) 4

69. निम्नलिखित में से किस माध्यम में ध्वनि की गति सार्वाधिक होती है?
(a) ठोस (b) द्रव
(c) गैस (d) निर्वात

70. दिए गए कथन को सत्य मानिए, भले ही वह सामान्यत: मान्य तथ्यों से भिन्न प्रतीत होता हो और उसके आधार पर तय कीजिए कि दिए गए कौन-से निष्कर्ष कथन का तार्किक रूप से अनुसरण करते हैं?

कथन:
हर चमकती हुई वस्तु सोना नहीं होती।

निष्कर्ष:
I. जो वस्तुएँ बाहर से अच्छी दिखाई देता हैं। वे शायद अंदर से अच्छी नहीं होती हैं।
II. हम किसी भी वस्तु या व्यक्ति के बनावटी आचरण के पीछे आंतरिक सत्य की कल्पना नहीं कर सकते हैं।

(a) केवल निष्कर्ष 1 अनुसरण करता है।
(b) केवल निष्कर्ष 2 अनुसरण करता है।
(c) निष्कर्ष 1 और 2 दोनों ही पालन नहीं करते हैं।
(d) निष्कर्ष 1 और 2 दोनों ही पालन करते हैं।

71. निन्नलिखित में से कौन-सी विकल्प आकृति प्रश्न आकृति से निकटतम समानता दर्शाती है?

प्रश्न आकृति:

विकल्प आकृतियां:

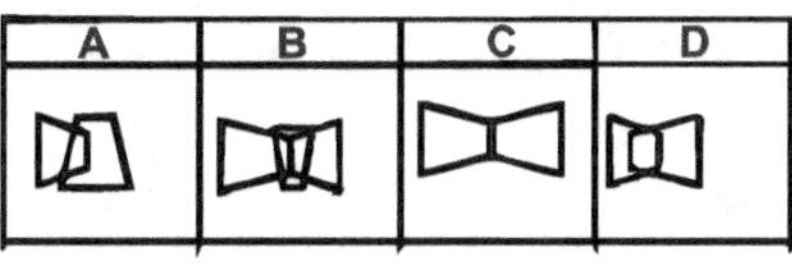

(a) D (b) A
(c) C (d) B

72. 18 V के संभावित अंतर वाले दो बिन्दुओं पर 4°C के प्रभार को ले जाने में किए गए कार्य की मात्रा .... है।
(a) 7.2 J (b) 4.5 J
(c) 72 J (d) 24 J

73. यदि X 4461 को 11 से विभाजित किया जा सकता है तो X का मान क्या होगा?
(a) 2 (b) 4
(c) 3 (d) 5

74. ट्रैफिक को नियंत्रित करने के लिए रोबोट का उपयोग करने वाले भारत के पहले शहर का नाम बताएँ।
(a) वाराणसी
(b) जयपुर
(c) इंदौर
(d) कोच्चि

75. ₹ 1,60,000 की एक धनराशि पर 2 वर्ष के लिए 10% वार्षिक दर पर चक्रवृद्धि ब्याज कितना होगा, यदि ब्याज की गणना अर्ध-वार्षिक तौर पर होती हो?
(a) ₹ 34, 481 (b) ₹ 30,000
(c) ₹ 34,400 (d) ₹ 34, 480

76. दिए गए कथन और निष्कर्षों को ध्यान से पढ़ें और यह चुनें कि कौन-सा निष्कर्ष तर्कसंगत रूप से कथन का अनुसरण करते हैं।

कथन:
- सभी कारें जीप हैं।
- सभी जीप चार-पहिया हैं।

निष्कर्ष:
1. सभी चार-पहिया कारें हैं।
2. कुछ चार-पहिया जीप हैं।

(a) केवल निष्कर्ष 1 अनुसरण करता है।
(b) सभी निष्कर्ष अनुसरण करते हैं।
(c) केवल निष्कर्ष 2 अनुसरण करता है।
(d) कोई निष्कर्ष अनुसरण नहीं करता है।

77. दयानंद सरस्वती निम्नलिखित में से किस मिशन के संस्थापक थे?
(a) ब्रह्म समाज (b) चिन्मय मिशन
(c) आर्य समाज (d) प्रार्थना समाज

78. विपरीत दिशाओं से आ रही 152.5 m और 157.5 m लंबी दो गाड़ियाँ 9.3 सेंकड में एक-दूसरे को पार कर जाती हैं। तो दोनों गाड़ियों की संयोजित गति प्रति घंटा कितनी होगी?
(a) 120 km (b) 125 km
(c) 130 km (d) 115 km

79. नीचे दिए गए कथनों और निष्कर्षों को पढ़ें।
कथन :
- कोई गाय बिल्ली नहीं हैं।
- सभी बिल्लियों की मूछें हैं।

निष्कर्ष :
1. कुछ गायें बिल्लियाँ हैं।
2. कुछ गायों की मूछें हैं।

कौन-सा निष्कर्ष दिए गए कथन का अनुसरण करता है?
(a) केवल निष्कर्ष 2 अनुसरण करता है।
(b) कोई भी निष्कर्ष अनुसरण नहीं करता है।
(c) सभी निष्कर्ष अनुसरण करते हैं।
(d) केवल निष्कर्ष 1 अनुसरण करता है।

80. भौतिक विज्ञान में किये गए कार्य को परिभाषित किया जाता है-
A. किसी वस्तु पर कार्यान्वित बल, जो वस्तु को विस्थापित नहीं कर पाता है, के द्वारा
B. विस्थापित वस्तु द्वारा
C. वस्तु पर कार्यान्वित बल द्वारा
D. उपरोक्त सभी के द्वारा
(a) D सही है। (b) A और B सही हैं।
(c) A और C सही है। (d) B और C सही हैं।

81. नीचे दी गई आकृति के आधार पर दिए गए प्रश्न का उत्तर दें।

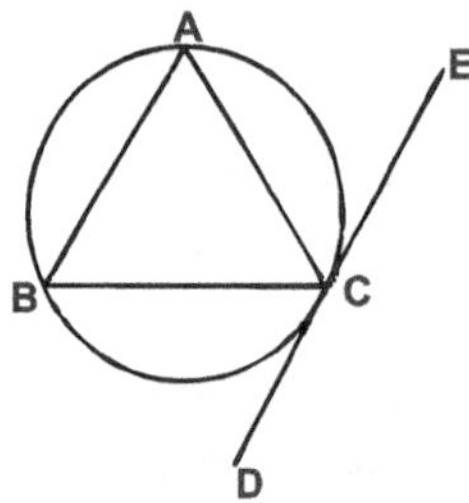

यदि AB, EC के समांतर हो और $\angle BCD = 70°$ हो, तो $\angle BAC$ का मान क्या होगा?
(a) 75° (b) 70°
(c) 73° (d) 67°

82. निम्नलिखित शृंखला का अगला पद ज्ञात करें।
5I, 7J, 11L, 17O, ?
(a) 25Y (b) 18C
(c) 20P (d) 25S

83. अच्युत्य ₹ 25,000 का निवेश कर एक चाय की दुकान खोलता है। वह इस राशि का 30% दुकान की फर्निशिंग पर और 20% दुकान के लिए अन्य आवश्यक सामग्री खरीदने में करता है। अपनी दुकान के लिए बाकी के समान खरीदने के लिए अब उसके पास कितने रुपए बचे?
(a) ₹ 12,500 (b) ₹ 5,000
(c) ₹ 20,000 (d) ₹ 12,000

84. दो सह-अभाज्य संख्याओं का म.स. होगा :
(a) सह-अभाज्य संख्याओं को गुणनफल
(b) 2
(c) 0
(d) 1

85. निम्नलिखित कथन के साथ बिंदु I व II के रूप में दो धारणाएँ दी गयी हैं। कथन और निम्नलिखित धारणाओं पर विचार करें और निर्णय लें कि कौन-सी धारणा दिये गए कथन में अतर्निहित है?
कथन :
सतत विकास के लिए घरों में ऊर्जा की आपूर्ति अनिवार्य है।
धारणाएँ :
I. घरों में अत्यधिक चमकदार प्रकाश बल्बों के स्थान पर कॉम्पैक्ट फ्लोरोसेंट लैंप (सी.एफ.एल.) का उपयोग करना चाहिए।
II. अपने घर के चारों ओर छायादार वृक्ष और पौधे लगाएं। इस प्रकार (विशेषत: पर्णपाती वृक्ष) भूमि के उपयोग से ऊर्जा संरक्षित की जा सकती है। विशेषकर अगर पेड़ घर के पश्चिम दिशा में लगाये जाते हैं।
(a) धारणा 1 और 2 दोनों ही अंतर्निहित नहीं हैं।
(b) केवल धारणा 1 अंतर्निहित है।
(c) धारणा 1 और 2 दोनों ही अंतर्निहित हैं।
(d) केवल धारणा 2 अंतर्निहित है।

86. यदि दक्षिण, दक्षिण-पश्चिम बन जाता है, तो उत्तर क्या हागा?
(a) दक्षिण-पश्चिम (b) दक्षिण-पूर्व
(c) उत्तर-पूर्व (d) उत्तर-पश्चिम

87. वह पुरस्कार कौन-सा है, जो श्रमिकों को उनके विशिष्ट प्रदर्शन, नवाचार क्षमता, उत्पादकता और प्रदर्शन के क्षेत्र में असाधारण साहस और मानसिक तत्परता में उत्कृष्ट योगदान के लिए दिया जाता है?

(a) कृषि पुरस्कार (b) श्रम पुरस्कार
(c) पद्म पुरस्कार (d) द्रोणाचार्य पुरस्कार

88. एक सुचालक का प्रतिरोध निम्नलिखित में से किस कारक पर निर्भर नहीं करता है?
(a) लंबाई
(b) पदार्थ
(c) दाब
(d) अनुप्रस्थ भाग का क्षेत्रफल

89. 1 जनवरी 2018 को सोमवार था। 1 जनवरी 2010 को सप्ताह का कौन-सा दिन था?
(a) बृहस्पतिवार
(b) सोमवार
(c) मंगलवार
(d) शुक्रवार

90. "हौसला 2017" क्या है, जिसे 16 नवंबर से 20 नवंबर, 2017 तक मनाया गया?
(a) महिलाओं के अधिकारों का उत्सव
(b) बच्चों के अधिकारों का उत्सव
(c) वरिष्ठ नागरिकों के अधिकारों का उत्सव
(d) ट्रांसजेंडरों के अधिकारों का उत्सव

91. निम्नलिखित श्रृंखला का अगला पद क्या होगा?
B25Y, D23W, F21U, ________.
(a) H19S (b) I20T
(c) H20V (d) I19V

92. एक क्षैतिज मेज पर एक घड़ी रखी गई है। दोपहर 3 बजे मिनट की सुई उत्तर दिशा की ओर थी। दोपहर 3.40 बजे मिनट की सुई कौन-सी दिशा की ओर होगी?
(a) दक्षिण के 60° पश्चिम (b) दक्षिण-पश्चिम
(c) पश्चिम के 60° दक्षिण (d) दक्षिण-पूर्व

93. यदि PIPE को 169165 लिखा जाता है, तो SWAN का अंतिम अक्षर क्या होगा?
(a) 4 (b) 6
(c) 5 (d) 3

94. हाइड्रोजन के द्रव्यमान और ऑक्सीजन के द्रव्यमान का अनुपात होता है–
(a) 1 : 8 (b) 2 : 1
(c) 8 : 1 (d) 1 : 2

95. पॉवरलूम क्षेत्र को बढ़ावा देने के लिए किस केन्द्रीय मंत्री ने 'पॉवर टेक्स इंडिया स्कीम' की शुरुआत की?
(a) नितिन गडकरी
(b) रवि शंकर प्रसाद
(c) मेनका गांधी
(d) स्मृति ईरानी

96. पैटर्न ज्ञात करने के लिए संकेतों के अनुक्रम को ध्यान से देखिये

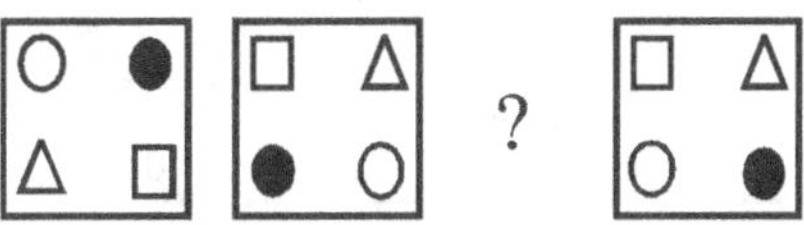

अनुक्रम में निम्न में से कौन (?) को प्रस्थापित करेगा?

97. निम्नलिखित श्रृंखला में प्रश्न चिह्न (?) को कौन-सा विकल्प प्रतिस्थापित करेगा?

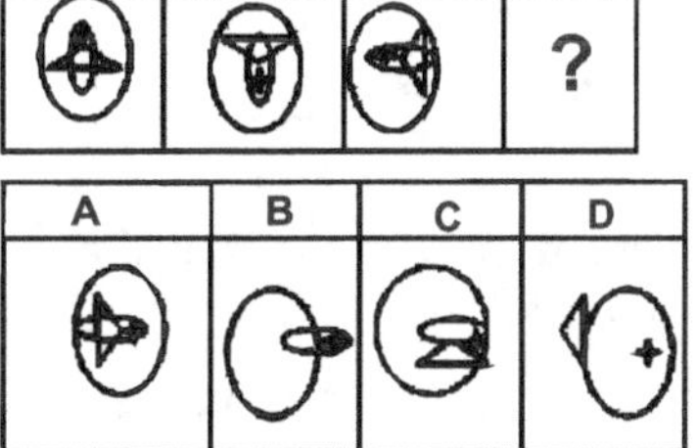

(a) B (b) D
(c) A (d) C

98. एक प्रकार का प्रजनन जिसमें पौधे का एक हिस्सा एक नए रूप में विकसित होता है, जिसे .... कहा जाता है।
(a) वनस्पतिक प्रसार (b) विखंडन
(c) यौन प्रजनन (d) पुनर्जनन

99. निम्न चित्र में कितने त्रिभुज हैं?

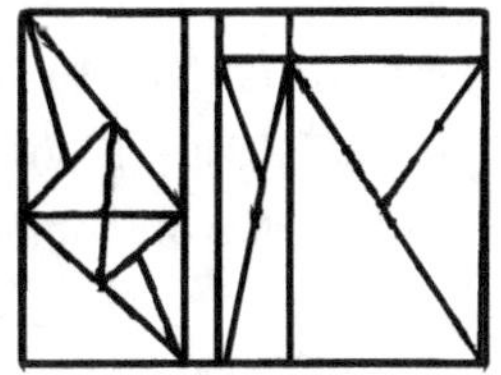

(a) 25 (b) 24
(c) 27 (d) 23

100. धावन सोडा के एक अणु में पानी के कितने अणु उपस्थित होते हैं?
(a) 5 (b) 10
(c) 8 (d) 7

उत्तरमाला

1	(b)	11	(b)	21	(c)	31	(c)	41	(*)	51	(b)	61	(a)	71	(d)	81	(b)	91	(a)
2	(a)	12	(a)	22	(c)	32	(b)	42	(d)	52	(d)	62	(b)	72	(c)	82	(d)	92	(a)
3	(a)	13	(c)	23	(c)	33	(d)	43	(c)	53	(c)	63	(d)	73	(d)	83	(a)	93	(a)
4	(d)	14	(a)	24	(d)	34	(b)	44	(b)	54	(b)	64	(b)	74	(c)	84	(d)	94	(a)
5	(d)	15	(b)	25	(b)	35	(c)	45	(b)	55	(a)	65	(d)	75	(a)	85	(a)	95	(d)
6	(b)	16	(b)	26	(b)	36	(b)	46	(c)	56	(a)	66	(b)	76	(c)	86	(c)	96	(d)
7	(d)	17	(b)	27	(d)	37	(a)	47	(b)	57	(b)	67	(c)	77	(c)	87	(b)	97	(c)
8	(b)	18	(a)	28	(b)	38	(a)	48	(c)	58	(a)	68	(b)	78	(a)	88	(c)	98	(a)
9	(a)	19	(a)	29	(d)	39	(c)	49	(c)	59	(d)	69	(a)	79	(b)	89	(d)	99	(a)
10	(a)	20	(a)	30	(a)	40	(a)	50	(b)	60	(c)	70	(d)	80	(*)	90	(b)	100	(b)

संकेत एवं हल

1. (b) विराट कोहली क्रिकेट खेल से सम्बन्धित है जो एक भारतीय खिलाड़ी है और अन्य तीन वैज्ञानिक है जो विदेशी है।

2. (a) आकृति A, B तथा D में अक्षरों का जल प्रतिबिम्ब दिखाया गया है जबकि आकृति C में अक्षर को उसी प्रकार दिखाया गया है। इसीलिए आकृति C भिन्न है।

3. (a) माना A, B,C, D तथा E को प्राप्त राशि
$= x, x + 10, x + 20, x + 30, x + 40$
अत: $x+x+10+x+20+x+30+x+40=720$
$5x + 100 = 720$
$5x = 620$
$x = 124$
अत: B को प्राप्त राशि $= x + 10 = 124 + 10 = 134$

4. (d) कुल निर्मित मोबाइल फोन की संख्या = 12,40,000
अत: LMN कम्पनी द्वारा मोबाइल का उत्पादन
$$= 12,40,000 \times \frac{30}{100} = 3,72,000$$

5. (d) जब तक किसी पिण्ड पर असंतुलित बल लागू किया जाता है, तब तक इसकी चाल में निरंतर परिवर्तन होता रहता है- किसी वस्तु के विस्थापन की दर को चाल कहते हैं। यह एक अदिश राशि है। इसका S.I. मात्रक मी./से. है।

6. (b) गर्भाशय मादा प्रजनन तंत्र का एक अंग है जो मासिक धर्म, गर्भधारण और प्रसव सहित कई प्रजनन कार्यों के लिए जिम्मेदार है। यह शरीर के भीतर हार्मोनल बदलाव के प्रति उत्तरदायी है। गर्भाशय नाशपाती के आकार की रचना है जो उदरगुहा के निचले श्रेणी भाग में स्थित होता है। इसके पीछे की ओर मलाशय एवं आगे की ओर मूत्राशय स्थित होता है। गर्भाशय के निचले सकरे भाग को ग्रीवा कहते हैं। यह योनि में खुलता है। गर्भाशय का मुख्य कार्य निषेचित अण्डाणु को भ्रूण में परिवर्तित होने तथा इसके विकास के लिए स्थान प्रदान करना है। यही आगे चलकर बच्चे के रूप में विकासित होता है।

7. (d) लोहा धरती में चौथा सबसे ज्यादा मात्रा में पाया जाने वाला तत्व है। पृथ्वी का क्रोड लौह धातु का बना है। लोहा का परमाणु चिह्न Fe है जो लैटिन भाषा के शब्द फेरम से आया है। लोहा चार रूपों में पाया जाता है।
1. मैग्नेटाइट 2. हेमाटाइट 3. लिमोनाइट 4. सिडेराइट

8. (b) त्रिभुज के तीनों निर्देशांक
$(x_1, y_1) = (1,2), (x_2, y_2) = (-4,-3)$ और
$(x_3, y_3) = (4,1)$ है।
अत: त्रिभुज का क्षेत्रफल

$$=\frac{1}{2}\left[x_1(y_2-y_3)+x_2(y_3-y_1)+x_3(y_1-y_2)\right]$$

$$=\frac{1}{2}\left[1(-3-1)+(-4\quad 1)(-2)+4(2-(-3))\right]$$

$$=\frac{1}{2}[-4+4+20]\ =\frac{20}{2}\ =10$$ वर्ग इकाई

9. (a) वरिष्ठ पत्रकार मार्क टुली को मुम्बई में वार्षिक रेड इंक अवार्ड्स में लाइफटाइम अचीवमेंट अवार्ड से सम्मानित किया गया। टुली ने बीबीसी के साथ तीन दशकों तक काम किया और 20 साल तक दिल्ली के ब्रॉडकास्टर के चीफ ब्यूरो के लिए कार्य किया था। टुली दक्षिण एशिया में भारत-पाकिस्तान युद्धों, भोपाल गैस त्रासदी, ऑपरेशन ब्लू स्टार, इन्दिरा गाँधी की हत्या और सिख विरोधी दंगों जैसे प्रमुख समाचार खंडों के लिए अग्रणी संवाददाता थे।

11. (b) माना दोनों पाइपों द्वारा टंकी को भरने में लगा समय x घंटे है।

$$\frac{x-3}{22}+\frac{x}{33}=1$$

$$\frac{3x-9+2x}{66}=1$$

$$5x-9=66$$

$$5x=75 \quad\Rightarrow\quad x=15$$

अतः दोनों पाइपों द्वारा टंकी को भरने में 15 घंटे लगते हैं।

12. (a)

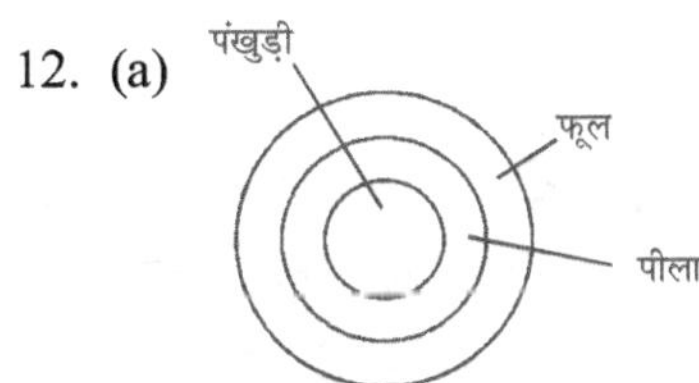

निष्कर्ष I. × II. ×

अतः कोई भी निष्कर्ष अनुसरण नहीं करता है।

13. (c) घोड़ा, बन्दर, बाघ अलग-अलग जानवर है।

अतः विकल्प (c) का वेन आरेख उपर्युक्त उत्तर है।

15. (b)

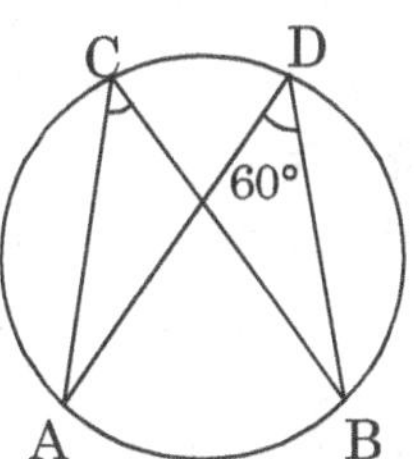

अतः दोनों सूचनाओं की आवश्यकता पड़ेगी, $\angle ABC$ का मान ज्ञात करने के लिए हमें सूचना -1की आवश्यक होगी फिर भी हम $\angle ABC$ ज्ञात नहीं कर सकते जब तक सूचना -2 का प्रयोग न करें।

अतः सूचना -2 से $\angle D = 600$ और सूचना -1 के चित्र से स्पष्ट है कि $\angle ABC = \angle ADB = 600$

16. (b) महाराष्ट्र राज्य सरकार द्वारा 9 अगस्त, 2016 को विभिन्न सामाजिक बुराइयों के खिलाफ भारत छोड़ो आंदोलन 2 (स्वराज से सुराज) पहल की शुरूआत ऐतिहासिक अगस्त क्रांति मैदान में की थी। इस पहल का उद्देश्य निरक्षता, नशाखोरी, छुआछूत, भ्रष्टाचार, कृषक आत्महत्या और आतंकवाद जैसी बुराइयों को मिटाना है।

17. (b) विकल्प से,

1. $\frac{9}{16}\le\frac{13}{24}=0.56\le .54$ (गलत)

2. $\frac{9}{16}>\frac{13}{24}=0.56>0.54$ (सही)

3. $\frac{9}{16}=\frac{13}{24}=0.56=0.54$ (गलत)

4. $\frac{9}{16}<\frac{13}{24}=0.56<0.54$ (गलत)

अतः विकल्प (b) सही है।

18. (a) कथन में छात्र 1 ने छात्र 2 से उसकी नोट्स मांगी थी जिससे छात्र 2 अपनी नोट्स को तैयार कर सके। अतः यह निष्कर्ष I में अन्तर्निहित है।

19. (a) संजय लीला भंसाली की फिल्म 'पद्मावत' प्रसिद्ध हिन्दू राजपूत रानी पद्मावती की किवंदती पर आधारित है, जिसका वर्णन सूफी कवि मलिक मोहम्मद जायसी द्वारा 1540 में लिखित महाकाव्य पद्मावत में मिलता है। वह मेवाड़ के राजपूत शासक रावल रतन सिंह की पत्नी थी। 1303 में दिल्ली सल्तनत

के तुर्क शासक अलाउद्दीन खिलजी ने राजपूताना में चित्तौड़ किले को घेर लिया। अलाउद्दीन खिलजी ने रानी पद्मावती को हासिल करने के लिए चित्तौड़ पर आक्रमण किया था। इस फिल्म में अलाउद्दीन खिलजी का किरदार रणवीर सिंह ने निभाया था।

20. (a) $\frac{(a-b)^3+(b-c)^3+(c-a)}{3(a-b)(b-c)(c-a)}=?$

माना $a-b=A$
$b-c=B$
$c-a=C$
अतः $A+B+C=a-b+b-c+c-a=0$
$\therefore A^3+B^3+C^3=3ABC$
अर्थात
सूत्र: $(a-b)^3+(b-c)^3+(c-a)^3$
$=3(a-b)(b-c)(c-a)$

अतः $=\frac{3(a-b)(b-c)(c-a)}{3(a-b)(b-c)(c-a)}=1$

22. (c) दी गई श्रृंखला निम्नवत् है-

C D E I [M]
+1 +2 +3 +4

अतः ? के स्थान पर M होगा।

23. (c) बल द्वारा किया गया कार्य = पिण्ड में संचित गतिज ऊर्जा

$=\frac{1}{2}mv_2^2-\frac{1}{2}mv_1^2 \quad =\frac{1}{2}m\left(v_2^2-v_1^2\right)$

$=\frac{1}{2}\times1\left(8^2-4^2\right) \quad =\frac{1}{2}\times(64-16)$

$=\frac{1}{2}\times48 \quad =24J$

24. (d) न्यूटन की गति के तीसरे नियम के अनुसार, प्रत्येक क्रिया के बराबर तथा विपरीत दिशा में प्रतिक्रिया होती है। न्यूटन के इस नियम को क्रिया-प्रतिक्रिया का नियम भी कहा जाता है। रॉकेट प्रक्षेपित करना, बन्दूक से गोली छोड़ते समय पीछे की ओर झटका लगना आदि न्यूटन के तीसरे नियम के उदाहरण हैं।

25. (b) दिए गए आकृतियों में आकृति-A, प्रश्न आकृति के निकटस्थ सदृश है।

26. (b) दिया है- हानि $=\frac{\text{क्रय मूल्य}(CP)}{7}$

विक्रय मूल्य (SP) = 144
अतः हानि = क्रय मूल्य – विक्रय मूल्य (SP)

$\frac{CP}{7}=CP-144$

$CP-\frac{CP}{7}=144$

$\frac{6CP}{7}=144$

$CP=24\times7 \quad \Rightarrow \quad CP=168$
नया विक्रय मूल्य = 189

लाभ $\%=\frac{SP-CP}{CP}\times100$

$=\frac{189-168}{168}\times100 \quad =\frac{21}{168}\times100$
$=12.49=12.50\%$

29. (d) भिन्नों का म.स. $=\frac{\text{अंश का म०स०}}{\text{हरों का ल०स०}}$

$=\frac{2}{3},\frac{8}{9}.\frac{10}{27}.\frac{32}{81} \quad =\frac{2}{81}$

30. (a) धातु लोहा भारी

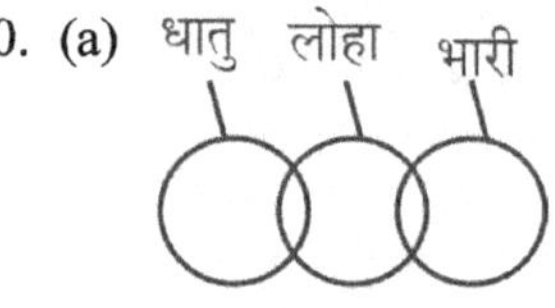

निष्कर्ष I. × II. ×
अतः कोई भी निष्कर्ष अनुसरण नहीं करता है।

31. (c) किसी वृत्तीय मार्ग पर एक समान चाल से गति करते हुए पिण्ड पर एक बल कार्य करता है। जिसकी दिशा सदैव केन्द्र की ओर रहती है। इस बल को अभिकेन्द्रीय बल कहते हैं। इस बल की अनुपस्थिति में वृत्तीय गति संभव नहीं।
यह बल गतिमान वस्तु में एक त्वरण उत्पन्न करता है। जिसका परिणाम $\frac{V^2}{r}$ के बराबर होता है व प्रवृत्ति सदैव वस्तु की दिशा बदलने की होती है व दिशा सदैव केन्द्र की ओर रहती है।

$F=\frac{Mv^2}{r}rw^2$

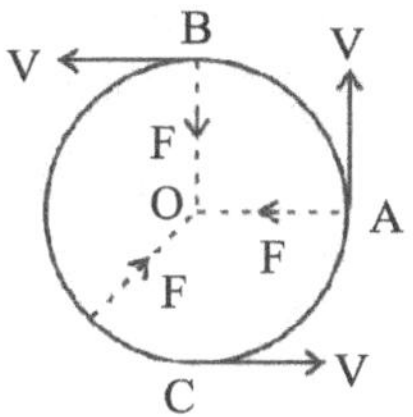

32. (b)

33. (d) अमोनिया क्लोराइड (NH_4Cl) एक अकार्बनिक यौगिक है जो जल में अत्यधिक विलेय होता है। इसकी प्रकृति अम्लीय होती है इसलिए इसका pH मान 7 से कम होता है।

35. (c) राज्यसभा (काउंसिल ऑफ स्टेट्स) भारतीय संसद का ऊपरी सदन होता है। राज्यसभा में कुल 245 सदस्य होते हैं तथा प्रत्येक सदस्य 6 साल के लिए चुना जाता है। जिनमें से एक तिहाई सदस्य हर $2\frac{1}{2}$ साल में सेवा निवृत होते हैं। भारतीय संविधान के अनुच्छेद-80 में राज्यसभा के सदस्यों की अधिकतम संख्या 250 निर्धारित की गई है।

36. (b) कथन 1 से पहले 10 डिब्बों में, प्रत्येक डिब्बे का भार $\times\frac{1}{3}=10$

प्रत्येक डिब्बे का भार = 30 kg

अतः 10 डिब्बों का कुल भार = $30\times10=300$ kg

कथन 2 से

6 डिब्बे का भार = 4 डिब्बे का भार + 40

2 डिब्बे का भार = 40

1 डिब्बे का भार = 20

अंतिम 10 डिब्बे का कुल भार = $20\times10=200$ kg

अतः कुल 20 डिब्बे का भार

= 300 + 200 = 500kg होगा।

अतः उत्तर के लिए दोनों कथनों की आवश्यकता होगी।

39. (c) प्रश्न आकृति की B में अन्तर्निहित है।

40. (a) $A+B$ द्वारा 1 घंटे में भरा गया भाग $=\frac{1}{6}$

$B+C$ द्वारा 1 घंटे में भरा गया भाग $=\frac{1}{10}$

$C+A$ द्वारा 1 घंटे में भरा गया भाग $=\frac{2}{15}$

अतः तीनों द्वारा

$A+B+B+C+C+A$ द्वारा 1 घंटे में भरा गया भाग $=\frac{1}{6}+\frac{1}{10}+\frac{2}{15}$

$2(A+B+C)$ द्वारा 1 घंटे में भरा गया भाग $=\frac{12}{30}$

$A+(B+C)$ द्वारा 1 घंटे में भरा गया भाग $=\frac{12}{60}=\frac{1}{5}$

A द्वारा 1 घंटे में भरा गया भाग $=\frac{1}{5}-\frac{1}{10}$

A द्वारा 1 घंटे में भरा गया भाग $=\frac{2-1}{10}=\frac{1}{10}$

A द्वारा टंकी को 10 घंटे में भरा जाता है।

41. (*) विकल्प से, $9261=\sqrt[3]{9261}=21$

$9999=\sqrt[3]{9999}=21.54$

$8000=\sqrt[3]{8000}=20$

$9000=\sqrt[3]{9000}=20.80$

अतः विकल्प 1 तथा 3 दोनों सही हैं।

इस प्रश्न को रेलवे रिक्रूटमेंट बोर्ड द्वारा निरस्त कर दिया गया है।

42. (d) शतवर्षीय युद्ध फ्रांस की राजगद्दी के लिए सन् 1337 से 1453 के दौरान जर्मनी और फ्रांस के मध्य लड़ा गया था।

44. (b) चाल = $15\text{m/sec}=15\times\frac{18}{5}=54\text{km/h}$

समय = 3 घंटा 20 मिनट

$=3+\frac{20}{60}=3+\frac{1}{3}=\frac{10}{3}$ घंटा

दूरी = चाल × समय $=54\times\frac{10}{3}=180$ km

45. (b) महापौर ने सचिव से कहा, हर शहर में एक पारिस्थितिक पार्क होना चाहिए जिससे हर शहर में हरित पार्क के साथ-2 शहर के पर्यावरण में भी सुधार आयेगा। अतः निष्कर्ष I तथा II दोनों निहित है।

50. (b) $\frac{\sin A+\sin B}{\cos A-\cos B}+\frac{\cos A+\cos B}{\sin A-\sin B}$

$$=\frac{(\sin A+\sin B)(\sin A-\sin B)+(\cos A+\cos B)(\cos A-\cos B)}{(\cos A-\cos B)(\sin A-\sin B)}$$

$$=\frac{\sin^2 A-\sin^2 B+\cos^2 A-\cos^2 B}{(\cos A-\cos B)(\sin A-\sin B)}$$

$$=\frac{(\sin^2 A+\cos^2 B)-(\sin^2 A+\cos^2 B)}{(\cos A-\cos B)(\sin A-\sin B)}$$

$$=\frac{1-1}{(\cos A-\cos B)(\sin A-\sin B)}=0$$

51. (b) चारों दोस्तों को प्राप्त केक का भाग

$=\frac{1}{8}+\frac{1}{6}+\frac{5}{12}+\frac{1}{12}=\frac{19}{24}$

$\therefore$ 5वें दोस्त को प्राप्त केक का भाग

$=1-\frac{19}{24}=\frac{5}{24}$

52. (d) अभाज्य संख्या - जो संख्याएँ स्वयं से तथा 1 से विभाजित होती हैं, उसे अभाज्य संख्या कहते हैं। जैसे- 2, 3, 5, 7

अतः विकल्प में सभी अभाज्य संख्याएँ हैं। अतः अभाज्य संख्याओं के बीच में अन्तर विकल्प (a), (b) तथा (c) के समान है तथा विकल्प (d) में अभाज्य संख्याओं का अन्तर 2 है। अतः विकल्प (d) ही विषम युग्म है।

53. (c) $\left(\cos^2\phi+\frac{1}{\operatorname{cosec}^2\phi}\right)+17=x$

$(\cos^2\phi+\sin^2\phi)+17=x$

$\left\{\because \frac{1}{\operatorname{cosec}^2\phi}=\sin^2\phi\right\}$

$1+17=x \Rightarrow 18=x$

दोनों पक्षों में वर्ग करने पर, $324=x^2$

56. (a) दो वृत्त एक दूसरे को ओवरलैप कर रहे हैं तथा एक रेखा उन्हें प्रतिच्छेद करती है तथा बाद में वृत्त उस रेखा के दोनों किनारों पर है। इसी प्रकार दो वर्ग एक दूसरे को ओवरलैप कर रहे हैं तथा उन्हें रेखा प्रतिच्छेद करती है। इसी प्रकार दोनों वर्ग दोनों किनारों पर होंगे जो आकृति B में निहित है।

57. (b) रोहन और रोहित द्वारा 1 दिन में काम का किया गया भाग $=\frac{1}{10}$

रोहन द्वारा 1 दिन में काम का किया गया भाग $=\frac{1}{15}$

रोहित द्वारा 1 दिन में काम का किया गया भाग

$=\frac{1}{10}-\frac{1}{15}=\frac{3-2}{30}=\frac{1}{30}$

अतः रोहित उस काम को 30 दिनों में समाप्त कर देगा।

59. (d) $56\div\frac{1}{3}\left\{15+12-\left(9+6-\overline{5+7}\right)\right\}$

$=56\div\frac{1}{3}\{15+12-(15-12)\}$

$=56\div\frac{1}{3}\{15+12-3\}=56\div\frac{1}{3}\{24\}$

$=56\div\frac{1}{3}\times 24=56\div 8=\frac{56}{8}=7$

61. (a) 1 मार्च 2005

पहले 1 मार्च 2005 $=\frac{1+4+5+1+6}{7}$

$\left[\frac{\text{Date + Monthly code + Year + Leep year + Century Code}}{7}\right]$

$=\frac{17}{7}=$ शेषफल $=3$

1 मार्च 2005 को मंगलवार होगा। अतः 4, 11, 18 और 25 को शुक्रवार होगा।

64. (b) दिल्ली में टीवी का विक्रय मूल्य = ₹ x

चंडीगढ़ में टी.वी. का क्रय मूल्य

$=x\times\frac{80}{100}=\frac{4x}{5}$

अतः टी.वी. का कुल लागत मूल्य $=\frac{4x}{5}+600$

प्रश्नानुसार, $\left(\frac{4x}{5}+600\right)\times\frac{800}{700}=x$

$\frac{3200x}{5}+480000=700x$

$$480000 = 700x - \frac{3200x}{5}$$

$$480000 = \frac{300x}{5}$$

$$x = \frac{480000 \times 5}{300} \Rightarrow x = ₹\,8000$$

65. (d) पृथ्वी का द्रव्यमान सर्वप्रथम एक ब्रिटिश वैज्ञानिक हेनरी कैवेन्डिश ने ज्ञात किया था तथा इसे ज्ञात करने के लिए न्यूटन के गुरुत्वाकर्षण के नियमों प्रयोग किया था। पृथ्वी का द्रव्यमान $= 6 \times 10^{24}$ kg

67. (c) आकृति का दर्पण प्रतिबिम्ब आकृति A में निहित है।

68. (b) $\sec^4\theta - \sec^2\theta = 3$
$\sec^2\theta(\sec^2\theta - 1) = 3$ $[\sec^2\theta = \tan^2\theta + 1]$
$\tan^4\theta + \tan^2\theta = 3$

69. (a) ध्वनी एक यांत्रिक तरंग है जिसके प्रवाह के लिए माध्यम की आवश्यकता होती है। ठोस माध्यम में ध्वनि की गति सर्वाधिक होती है।

$$V_s = \sqrt{\frac{E}{P}}$$

E = ठोस का यंग मापांक
P = ठोस का घनत्व

70. (d) अत: निष्कर्ष I और II दोनों पालन करते हैं।

71. (d) प्रश्न आकृति उत्तर आकृति B से निकटतम समानता दर्शाती है।

72. (c) हम जानते हैं कि, $W = q \times v$
$W = 4 \times 18$
$W = 72J$

73. (d) 11 का विभाज्यता का नियम- यदि किसी संख्या के सम स्थानों पर आए अंकों के योग और विषम स्थानो पर आए अंकों का योग का अन्तर 0 हो या 11 से विभाजित होता हो तो वह संख्या भी 11 से विभाजित होगी।
संख्या - x 4 4 6 1
$x + 4 + 1 - (4 + 6) = 0$
$x + 5 - 10 = 0$
$x = 5$

75. (a) धनराशि = ₹ 1,60,000
दर = 10% = अर्द्धवार्षिक = 5%
अर्द्ध-वर्ष = 4

$$A = P\left(1 + \frac{R}{100}\right)^T$$

$$A = 1,60,000 \times \left(1 + \frac{5}{100}\right)^4$$

$$A = 1,60,000 \times \frac{105}{100} \times \frac{105}{100} \times \frac{105}{100} \times \frac{105}{100}$$

A = 194481
चक्रवृद्धि ब्याज = मिश्रधन (A) – मूलधन (P)
= 194481 – 1,60,000 = ₹ 34,481

76. (c)
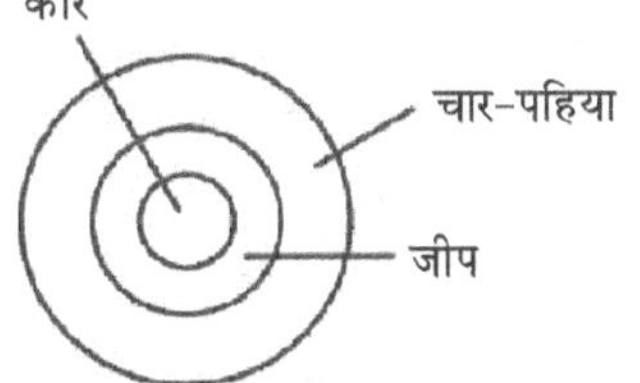

निष्कर्ष I. × II. √
अत: केवल निष्कर्ष 2 अनुसरण करता है।

77. (c) आर्य समाज की स्थापना स्वामी दयानंद सरस्वती ने 1875 ई. में बम्बई में की थी। इसकी स्थापना का उद्देश्य वैदिक धर्म को पुन: शुद्ध रूप में स्थापित करना तथा भारत को धार्मिक, सामाजिक व राजनीतिक रूप से एक सूत्र में बांधना था।

78. (a) दोनों रेलगाड़ियों की लम्बाई = 152.5 + 157.5 = 310m
समय = 9.3 sec

$$\text{चाल} \ \frac{\text{दूरी}}{\text{समय}}$$

$$\text{चाल} = \frac{310}{9.3} = \frac{100}{3} \text{m/sec}$$

km/h में बदलने पर $\frac{100}{3} \times \frac{18}{5} = 120\text{km/h}$

79. (b)
बिल्ली
मूँछ
गाय

निष्कर्ष I. × II. ×
अत: कोई भी निष्कर्ष अनुसरण नहीं करता है।

80. (*) आयोग द्वारा प्रश्न निरस्त कर दिया गया है।

81. (b)
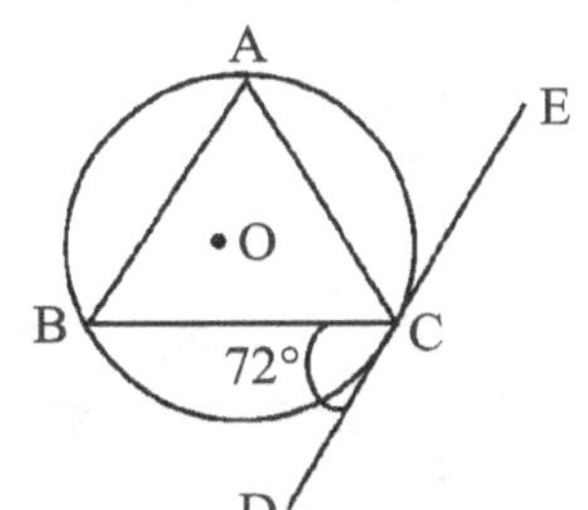

$\angle BCD = 72°$

$\angle BAC = ?$

यदि वृत्त की जीवा के एक अन्तिम बिन्दु से होती हुए रेखा और जीवा के बीच का कोण, एकान्तर खण्ड में जीवा द्वारा अंतरित कोण के बराबर हो तो यह रेखा वृत्त की स्पर्श रेखा होती है।

माना वृत्त का केन्द्र O है तथा AC इस वृत्त की जीवा है। बिन्दु C से जाती हुई एक सरल रेखा DE इस प्रकार खींची गई है कि $\angle BCD = \angle BAC$ जहाँ $\angle BAC$ एकान्तर वृत्तखण्ड में स्थित है।

अतः $\angle BAC = 72°$

82. (d) दी गई शृंखला निम्नवत है-

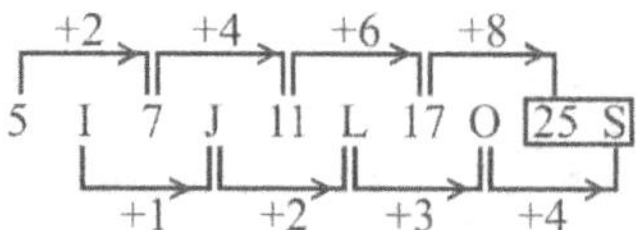

अतः उत्तर - 25S

83. (a) अच्युत्य के पास राशि = ₹ 25,000

दुकान की फर्निशिंग तथा अन्य सामग्री खरीदने में खर्च राशि = 30% + 20% = 50%

अतः शेष राशि $= 25000 \times \frac{50}{100}$ = ₹ 12,500

84. (d) महत्तम समापवर्तक - दो या दो से अधिक संख्या का महत्तम समापवर्तक वह बड़ी से बड़ी संख्या होती है, जो प्रत्येक दी गई संख्याओं को पूरा-पूरा विभाजित कर सके।

अभाज्य संख्या- वे 1 से बड़ी प्राकृतिक संख्याएँ जो स्वयं और 1 के अतिरिक्त और किसी प्राकृतिक संख्या से विभाजित नहीं होती है, उन्हें अभाज्य संख्या कहते हैं जैसे- 2, 3, 5, 7

दो सह-अभाज्य संख्याओं का म.स. सदैव 1 होता है। जैसे- (37, 41) (71, 73) आदि का म.स. है।

85. (a) धारणा I और II दोनों में अन्तर्निहित नहीं हैं।

86. (c)

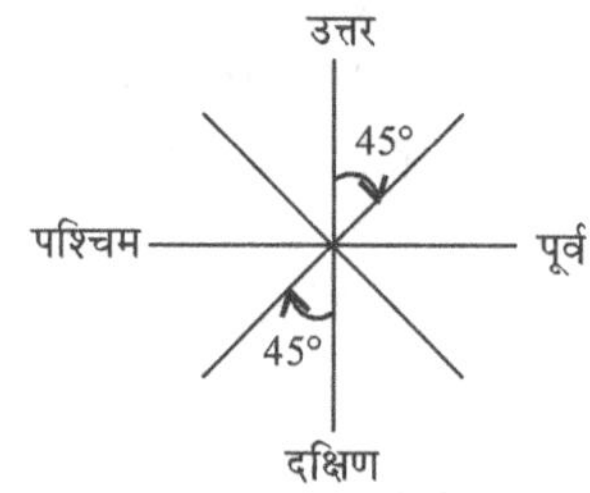

दक्षिण 45° घड़ी की दिशा में घूमकर दक्षिण-पश्चिम हो जाता है तो उत्तर 45° घड़ी की दिशा में घूमकर उत्तर-पूर्व हो जायेगा।

87. (b) श्रम पुरस्कार औद्योगिक विवाद अधिनियम, 1947 में परिभाषित एवं राज्य सरकार के विभागीय उपक्रमों, केन्द्र और राज्य के सार्वजनिक क्षेत्र के उपक्रमों एवं निजी क्षेत्र में नियुक्त और न्यूनतम 500 कर्मचारी ऑन रोल तथा विनिर्माण और उत्पादक प्रक्रियाओं में संलग्न कामगारों को दिया जाता है।

89. (d) 1 जनवरी 2018 —— सोमवार
1 जनवरी 2017 —— रविवार
1 जनवरी 2016 —— शुक्रवार
1 जनवरी 2015 —— गुरुवार
1 जनवरी 2014 —— बुधवार
1 जनवरी 2013 —— मंगलवार
1 जनवरी 2012 —— रविवार
1 जनवरी 2011 —— शनिवार
1 जनवरी 2010 —— शुक्रवार

अतः 1 जनवरी 2010 को शुक्रवार होगा।

91. (a) दी गई शृंखला निम्नवत् है-

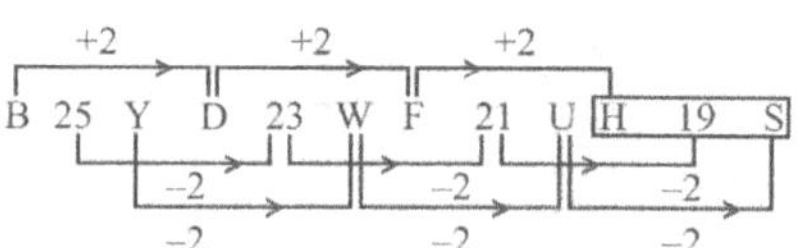

अतः ? = H19S

92. (a) 3 बजे मिनट की सूई उत्तर दिशा में है तब घंटे वाली सूई पूर्व दिशा में होगी।

3:40 बजे मिनट और घंटे वाली सूई के बीच का कोण = 120°

अतः 9 बजे घंटे वाली सूई पश्चिम दिशा में होगी।

अतः पश्चिम और दक्षिण के बीच 90° का अन्तर होगा। (90°–30°)

अतः यह दक्षिण + 60° होगा।

अतः दक्षिण के 60° पश्चिम दिशा में होगी।

93. (a) वर्णमाला के अक्षरों की स्थित का अंक लिखा गया है।

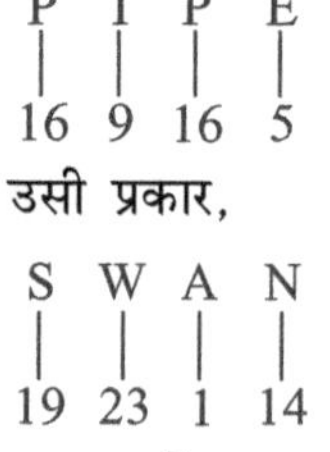

उसी प्रकार,

S W A N
19 23 1 14

अतः अन्तिम अक्षर 4 होगा।

94. (a) जल में 2 अणु हाइड्रोजन और 1 अणु ऑक्सीजन का होता है।
∵ हाइड्रोजन का द्रव्यमान संख्या 1 और ऑक्सीजन का द्रव्यमान संख्या 16 होता है। तब हाइड्रोजन : ऑक्सीजन = 1 × 2 : 16 × 1 = 2 : 16 = 1 : 8

96. (d) प्रत्येक अगली आकृति में चिह्न विकर्णों के स्थान पर परिवर्तित हो रहा है।

अत: तीसरी आकृति ● ○ △ ▯ होगी।

97. (c) पहली आकृति से दूसरी आकृति प्राप्त करने के लिए पहले त्रिभुज पलट रहा है तथा परवलयाकार आकृति भी पलट रही है। इसी प्रकार अगली आकृति में वही प्रक्रिया होगी। अत: उत्तर आकृति A प्राप्त होगी।

99. (a)

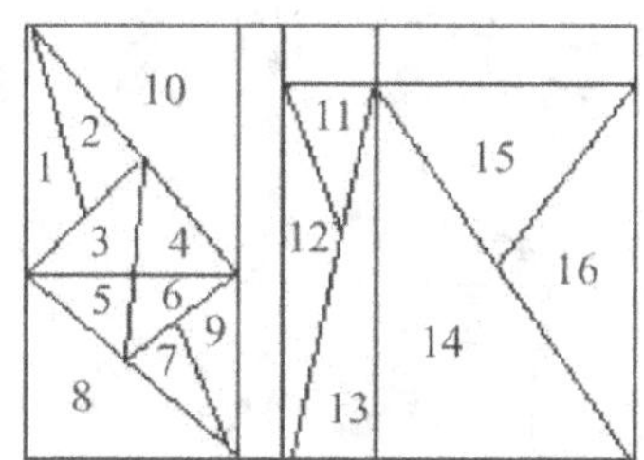

एक अंक वाले त्रिभुज की संख्या = 16
दो अंक वाले त्रिभुज की संख्या = (1, 2), (3, 4), (5, 6), (3, 5), (4, 6), (12, 11), (16, 15), (14, 13), (7, 9)
चार अंक वाले त्रिभुज की संख्या = (1, 2, 3, 4) (5, 6, 7, 9)
अत: कुल 27 त्रिभुज होंगे।

100. (b) धावन सोडा को सोडियम कार्बोनेट के रूप में भी जाना जाता है। सोडियम कार्बोनेट (Na_2CO_3) एक सामान्य लवण है जिसका जलीय घोल क्षारीय प्रकृति का होता है। धावन सोडा के एक अणु विलेय में पानी के 10 अणु उपस्थित होते हैं। यह जल में अति विलेय है।

RRB ग्रुप D 2018 सॉल्वड पेपर-12

दिनांक : 17 सितंबर 2018 शिफ्ट-2

1. निम्न पारदर्शी शीट को बिंदुदार रेखा से मोड़ने पर वह विकल्पों में से किसकी भाँति दिखेगी?

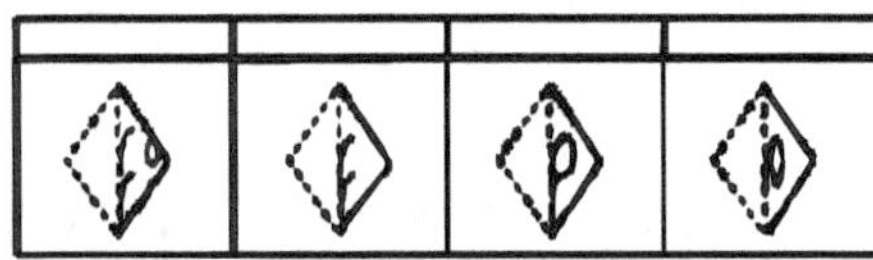

(a) A (b) C
(c) D (d) B

2. नयी दिल्ली में संपन्न हुए 7वें स्माल बिजनेस अवार्ड्स में किसे 'स्टार्ट-अप ऑफ द इयर-2017' पुरस्कार प्रदान किया गया?
(a) मिल्क-बार (b) मिल्क-बास्केट
(c) मिल्क-डेयरी (d) मिल्क-मेड

3. स्पंदन, राजू की बहन है। राजू के पिता की बहन का स्पंदन से क्या संबंध है?
(a) माँ (b) दादी
(c) बुआ (d) बहन

4. 10 km/hr की गति से चलने पर मधु अपने विश्वविद्यालय 15 मिनट देर से पहुंची। अगली बार, वह अपनी गति 2 km/hr बढ़ा देती है, परंतु फिर भी वह 5 मिनट देर से पहुंचती है। उसके घर से विश्वविद्यालय की दूरी कितनी है?
(a) 15 km (b) 10 km
(c) 20 km (d) 30 km

5. आपको एक प्रश्न और दो कथन दिए गए हैं। प्रश्न का उत्तर देने के लिए कौन-सा/से कथन आवश्यक/पर्याप्त है/हैं, उनकी पहचान करें।

प्रश्नः

M, A, N और K एक पंक्ति में खड़े हैं। निम्नलिखित जानकारी के आधार पर, यदि हम सबसे छोटे से सबसे लंबे में व्यवस्थित करते हैं, तो कौन सबसे अंत मैं खड़ा है?

कथनः

1. A, K से छोटा है
2. M, A से छोटा है

(a) कथन 2 अकेला पर्याप्त है।
(b) कथन 1 अकेला पर्याप्त है।
(c) कथन 1 और 2 दोनों पर्याप्त नहीं हैं।
(d) कथन 1 और 2 दोनों पर्याप्त हैं।

6. 2018 के लिए पश्चिम बंगाल के उच्चतम नागरिक पुरस्कार बंग विभूषण से किसे सम्मानित किया गया?
(a) अपर्णा सेन (b) विक्टर बैनर्जी
(c) सौमित्र चटर्जी (d) आशा भोसले

7. निम्न में विषम की पहचान करें-

(a) A (b) D
(c) B (d) C

8. यदि पिता और उसके पुत्र की वर्तमान आयु क्रमशः 48 वर्ष और 28.8 वर्ष है, तो पिता अपने पुत्र से कह सकता है, "जब तुम पैदा हुए थे तब मेरी आयु तुम्हारी वर्तमान आयु का .... थी"?
(a) 1/5 (b) दो-तिहाई
(c) आधी (d) एक-तिहाई

9. 1939 में सुभाष चंद्र बोस द्वारा शुरू की गई पार्टी का नाम क्या था?
(a) आजाद बंगाल फौज
(b) भारतीय सोशलिस्ट पार्टी
(c) ऑल इण्डिया फॉरवर्ड ब्लॉक
(d) भारतीय कम्युनिस्ट पार्टी

10. F, S और D का पिता है। D की बुआ की बेटी E है। F का E से क्या संबंध है?
(a) मामा (b) भतीजा
(c) पुत्री (d) बहू

11. मछलियों के हृदय में .... कक्ष होते हैं।
    (a) तीन (b) एक
    (c) दो (d) चार

12. किसी तत्व के समस्थानिक की द्रव्यमान संख्या 298 है। यदि इसके नाभिक में 189 न्यूट्रान हैं, तो इसकी परमाणु संख्या कितना होगी–
    (a) 189.0 (b) 298.0
    (c) 109.0 (d) 487.0

13. नीचे दिए हुए कथन से संबंधित दो धारणाएं I और II दी गयी हैं। कथन और धारणाओं को पढ़ें और विचार करें कि कौन-सी धारणाएं कथन में अंतर्निहित हैं?

कथनः

सभी जीव-जंतु पौधे और जानवर पारिस्थिकी तंत्र और जैव-विविधता के अंग हैं। ये सभी सम्मिलित रूप से पर्यावरण के संरक्षण में योगदान देते हैं।

धारणाएंः

I. भवनों अथवा सड़कों के निर्माण के समय आसपास के वृक्षों की रक्षा कर पर्यावास को निर्मित अथवा संरक्षित करना।

II. जैव-विविधता की सुरक्षा सतत विकास का मुख्य लक्ष्य होना चाहिए। पृथ्वी पर मौजूद प्रत्येक प्राणी का जीवन ऊर्जा के प्रवाह (खाद्य शृंखला) पर निर्भर है और इसमें से किसी भी प्राणी का लुप्तप्राय होना या लुप्त हो जाना इस ऊर्जा प्रवाह के एक अहम भाग को क्षति पहुंचता है।

(a) केवल धारणा I अंतर्निहित है
(b) केवल धारणा II अंतर्निहित है
(c) I और II दोनों ही धारणाएं अंतर्निहित हैं
(d) न तो I और न ही II अंतर्निहित है

14. उस विकल्प आकृति का चयन करें जो प्रश्न आकृतियों की शृंखला को पूरा करेगी।

प्रश्न आकृतियां:

*◀/\>	>▲*/\	/\>*▶	?

विकल्प आकृतियांः

A	B	C	D
/\>▲*	/\>*▼	*/\>◀	▼/\>*

(a) A (b) D
(c) C (d) B

15. कोड भाषा में, यदि LUCK को L2U1C3K1 के रूप मे लिखा जाता है, तो उसी भाषा मे XEROX के कोड का अंतिम अंक क्या होगा?
    (a) 4 (b) 2
    (c) 1 (d) 3

16. ∠ACD का मान कितना है?

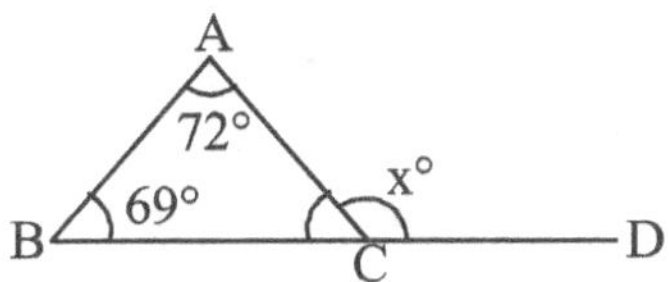

(a) 178° (b) 169°
(c) 145° (d) 141°

17. भूमि का एक त्रिभुजाकार भाग जिसकी भुजाएं क्रमशः 72m, 30m और 78m हैं, को 20 पैसे प्रति वर्ग मीटर की दर से समतल करने की लागत क्या है?
    (a) ₹216 (b) ₹200
    (c) ₹210 (d) ₹220

18. एक लंब वृत्तीय शंकु की ऊँचाई और तिरछी ऊँचाई क्रमशः 24 cm और 25 cm है। π का मान $\frac{22}{7}$ मानते हुए शंकु का वक्र पृष्ठीय क्षेत्रफल ज्ञात कीजिए।
    (a) 528 cm^2 (b) 572 cm^2
    (c) 550 cm^2 (d) 539 cm^2

19. 16, 24, 36, 52 और 54 का ल.स. है:
    (a) 5216 (b) 5616
    (c) 432 (d) 5618

20. एथेन की विद्युत डॉट और क्रॉस संरचना कौन-सी है?

(a)
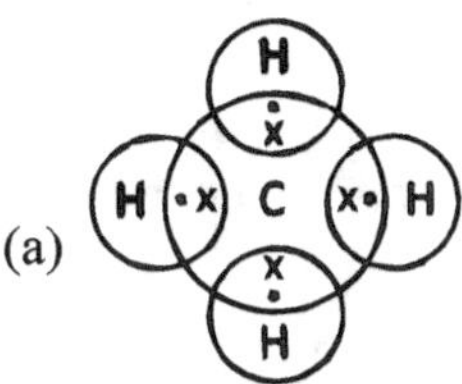

(b)
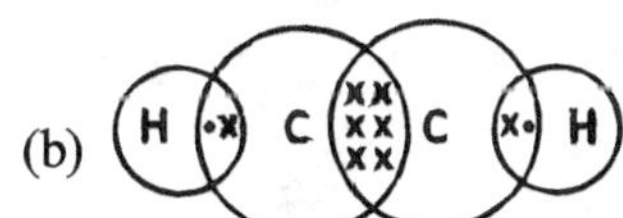

(c)
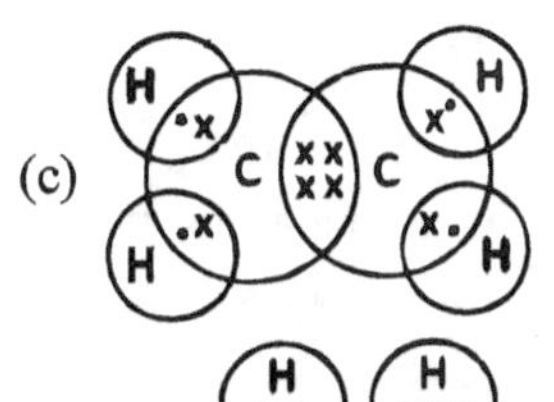

(d)
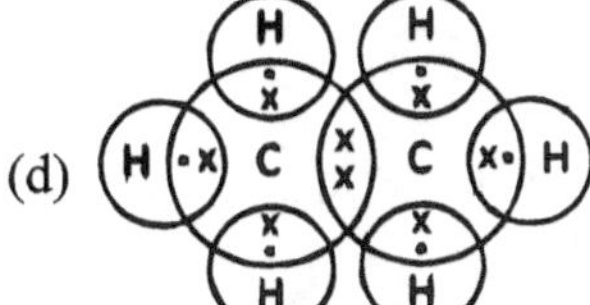

21. 90वें ऑस्कर अवार्ड्स में किस मूवी ने 'द बेस्ट पिक्चर अवार्ड' जीता?
(a) थ्री बिलबोर्ड्स (b) द शेप ऑफ वाटर
(c) कोको (d) फैंटम थ्रेड

22. लेंस बनाने के लिए निम्नलिखित में से किसका उपयोग नहीं होता है?
(a) पानी (b) काँच
(c) मिट्टी (d) प्लास्टिक

23. दर्पण को MN रेखा पर रखे जाने पर निम्न चित्र का दर्पण प्रतिबिम्ब क्या होगा?

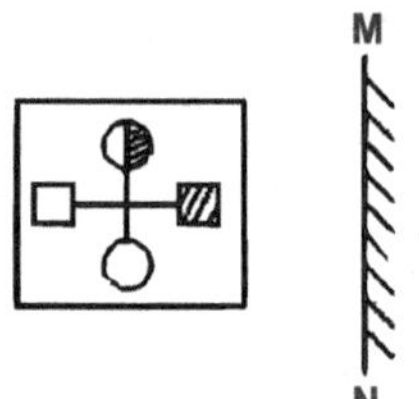

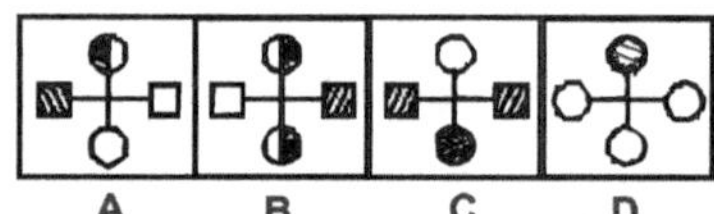

(a) B (b) D
(c) C (d) A

24. यदि $a-\frac{1}{a}=7$, तो $a^2+\frac{1}{a^2}=?$
(a) 51 (b) 53
(c) 52 (d) 54

25. धातुओं के किस गुण के कारण उनके पत्तर (फॉइल) बनाने में आसानी होती है?
(a) अघात्वर्धनीयता (b) प्रतिध्वन्यात्मकता
(c) चालकता (d) तन्यता

26. एक प्राकृतिक संख्या को जब 9, 10, 12 या 15 से विभाजित किया जाता है, तो प्रत्येक दशा में 3 शेष बचता है। ऐसी सभी संख्याओं में सबसे छोटी संख्या कौन सी है?
(a) 123 (b) 153
(c) 63 (d) 183

27. दिए गए कथनों व निष्कर्षों को ध्यानपूर्वक पढ़ें और चुनें कि कौन से निष्कर्ष तार्किक रूप से कथन का अनुसरण करते हैं।

कथन:
- सभी नीले रंग हैं।
- सभी रंग शेड हैं।

निष्कर्ष:
1. सभी नीले शेड है।
2. कुछ शेड रंग हैं

(a) केवल निष्कर्ष 2 अनुसरण करता है।
(b) दोनों निष्कर्ष अनुसरण करते हैं।
(c) कोई निष्कर्ष अनुसरण नहीं करता है।
(d) केवल निष्कर्ष 1 अनुसरण करता है।

28. भारत का अपना पहला आधुनिक जलमार्ग विकसित करने में सहायता के लिए विश्व बैंक द्वारा कितनी ऋण राशि स्वीकृत की गयी थी?
(a) $ 275 मिलियन (b) $ 375 मिलियन
(c) $ 575 मिलियन (d) $ 475 मिलियन

29. एक व्यक्ति 2s में 1,000J का काम करता है। उसके द्वारा खर्च की गई ऊर्जा .... थी।
(a) 50 W (b) 25 W
(c) 1,000 W (d) 500 W

30. एक समानातर चतुर्भुज PQRS जिसकी भुजाओं की लंबाई 8cm और 12 cm है, में 10 cm लंबा एक विकर्ण है। दूसरे विकर्ण की लंबाई लगभग है:
(a) 17 cm (b) 18 cm
(c) 15.8 cm (d) 17.8 cm

31. -------- तीन बार पॉली उमरीगर पुरस्कार प्राप्त वाले पहले भारतीय क्रिकेटर हैं।
(a) विराट कोहली (b) सचिन तेंदुलकर
(c) एम. एस. धोनी (d) रवि शास्त्री

32. आधुनिक आवर्त सारणी के 18वें समूह में कितने तत्व मौजूद है?
(a) 2 (b) 4
(c) 5 (d) 6

33. प्रत्येक माह, कृतिका अपनी आय का 30% घर के किराए पर और शेष का 60% घरेलू व्यय पर खर्च करती है। यदि वह प्रत्येक माह ₹ 6300 की बचत करती है तो उसकी कुल मासिक आय कितनी है?
(a) ₹ 25,000 (b) ₹ 20,500
(c) ₹ 22,500 (d) ₹ 22,000

34. एक आयत की लंबाई और चौड़ाई का अनुपात 3 : 1 है। यदि इसका परिमाप 96 m है, तो आयत की लंबाई कितनी होगी?
(a) 48 m (b) 24 m
(c) 36 m (d) 12 m

35. धातुओं की विद्युत प्रतिरोधकता का सही क्रम चुनें।
(a) Ag>W>Ni>Hg (b) Ag>Ni>Hg>W
(c) Ag>W>Hg>Ni (d) Hg>Ni>W>Ag

36. जर्मेनियम, आर्सेनिक, सेलेनियम और ब्रोमीन के परमाणुओं में .... कक्षाएं होती हैं।
(a) 3 (b) 7
(c) 4 (d) 5

37. किसी परमाणु का उन परमाणु कण नहीं है:
(a) जीनॉन (b) इलेक्ट्रॉन
(c) प्रोटीन (d) न्यूट्रॉन

38. यदि $X+Y=3, XY=2$ है, तो X^3-Y^3 का मान ज्ञात करें।
(a) 9 (b) 3
(c) 5 (d) 7

39. परमाणु के भीतर न्यूट्रान द्वारा प्रोटान पर आरोपित बल कहलाता है:
(a) ज्वारीय बल (b) विद्युत-स्थैतिक बल
(c) गुरुत्वाकर्षण बल (d) नाभिकीय बल

40. निम्न में से कौनसा विकल्प कुछ निश्चित पदार्थों के अपवर्तक सूचकांक के सही आरोही क्रम को दर्शाता है? (बाएँ से दाएँ)
(a) सेंधा नमक, बेजीन, केरोसिन, बर्फ
(b) बर्फ, केरोसिन, बेंजीन, सेंधा नमक
(c) केरोसिन, बर्फ, बेंजीन, सेंधा नमक
(d) सेंधा नमक, बर्फ, बेंजीन, केरोसिन

41. 48 लोग किसी काम को 17 दिन में कर सकते हैं। 6 दिन बाद 4 कामगार काम छोड़ देते हैं। उसके बाद से काम पूरा करने मे कितने दिन लगेंगे?
(a) 12 (b) 16
(c) 13 (d) 15

42. मान लें कि तीन बिंदु A (0, –1), B (0, 3) और C (2, 1) हैं। और त्रिभुज ABC का क्षेत्रफल Δ_1 है और Δ_2 उस त्रिभुज का क्षेत्रफल है जो उस त्रिभुज की भुजाओं के मध्य बिन्दुओं से बना है जिसके शीर्ष A, B, C, है तथा $\frac{\Delta_2}{\Delta_1}=\frac{1}{x}$ के रूप में हैं। x का मान ज्ञात कीजिए।
(a) 5 (b) 4
(c) 2 (d) 3

43. शिक्षक कक्षा से जिस तरह संबंधित है, उस तरह चालक .... से संबंधित है।
(a) ब्रेक (b) पार्ट्स
(c) वाहन (d) पहिए

44. निम्न कथनों और निष्कर्षों को सावधानीपूर्वक पढ़ें और यह उनके आधार पर कथनों का तर्कसंगत रूप से अनुसरण करने वाले निष्कर्षों को चुनें।

कथन:
- सभी रेजर ब्लेड हैं
- सभी ब्लेड धातुएं हैं

निष्कर्ष:
1. सभी धातुएं रेजर हैं
2. कुछ धातुएं ब्लेड हैं

(a) सभी निष्कर्ष अनुसरण करते हैं
(b) कोई भी निष्कर्ष अनुसरण नहीं करता है
(c) केवल निष्कर्ष 2 अनुसरण करता है
(d) केवल निष्कर्ष 1 अनुसरण करता है

45. प्रधानमंत्री आवास योजना के अंतर्गत हाल ही में किसने शहरी गरीबों के लिए 20 लाख घरों की मंजूरी दी?
(a) अरुण जेटली (b) स्मृति इरानी
(c) श्री वैकेया नायडू (d) सुषमा स्वराज

46. उस लवण का उदाहरण निम्न में से कौन-सा है जो जिसके जलीय विलयन का pH मान 7 से कम होता है?
(a) सोडियम कार्बोनेट
(b) अमोनियम क्लोराइड
(c) सोडियम क्लोराइड
(d) सोडियम बाइ कार्बोनेट

47. कौन-सा ऊतक पौधों को कठोर और दृढ़ बनाता है?
(a) जाइलम (b) स्केलेरेनकाइमा
(c) पैरेनकाइमा (d) कोलेनकाइमा

48. राज्यसभा सदस्यों का कार्यकाल कितना होता है?
(a) 7 वर्ष (b) 4 वर्ष
(c) 6 वर्ष (d) 2 वर्ष

49. वर्ष 1931 में भारत की नई राजधानी के रूप में नई दिल्ली का उद्घाटन करने वाले वायसराय का नाम क्या था?
(a) लॉर्ड इरविन (b) लॉर्ड वेलेजली
(c) लॉर्ड कार्नवालिस (d) लॉर्ड कर्जन

50. कितने मूलधन का 6% वार्षिक दर से 10 वर्ष में साधारण ब्याज ₹120 प्राप्त होता है?
(a) ₹120 (b) ₹180
(c) ₹200 (d) ₹210

51. उस देश का नाम बताएँ जो निशानेबाजी के संयुक्त विश्व कप की 2019 में मेजबानी करेगा?
(a) नेपाल (b) श्रीलंका
(c) भारत (d) पाकिस्तान

52. किसी वस्तु का भार सार्वाधिक होता है:
(a) भू-मध्य रेखा पर (b) ऊष्णकटिबंधों पर
(c) उपोष्णकटिबंधों पर (d) ध्रुवों पर

53. सामाजिक मुद्दों पर सर्वश्रेष्ठ फिल्म के लिए 64वें राष्ट्रीय फिल्म पुरस्कार, 2017 में राष्ट्रीय पुरस्कार किस फिल्म ने जीता था?
(a) पिंक (b) दंगल
(c) सुल्तान (d) एयरसिफ्ट

54. निम्नलिखित में से मत्स्य वर्ग की विशेषता क्या नहीं है?
(a) स्यूडोसिलोम की उपस्थिति
(b) गलफड़ों के द्वारा सांस लेना
(c) हड्डी/उपास्थि का अंत:कंकाल
(d) शल्क का बहि:कंकाल

55. यदि $7^{21} + 7^{22} + 7^{23} + 7^{24}$ को 25 से विभाजित किया जाता है, तो शेष क्या बचेगा?
(a) 17 (b) 5
(c) 7 (d) 0

56. रंजीत किसी कार्य को 25 दिन में पूरा कर सकता है जबकि अंजी इसे 20 दिन में समाप्त कर सकता है। वे 5 दिन तक एक साथ कार्य करते हैं और फिर रंजीत छोड़ देता है। अंजी शेष काम को खत्म करने में कितने दिन लगाएगा?
(a) 10 दिन (b) 9 दिन
(c) 15 दिन (d) 11 दिन

57. कौन-सा वेन आरेख निम्नलिखित के बीच संबंध को सही ढंग से दर्शाता है?
A. शिखर B. बादल
C. पर्वत

(a) 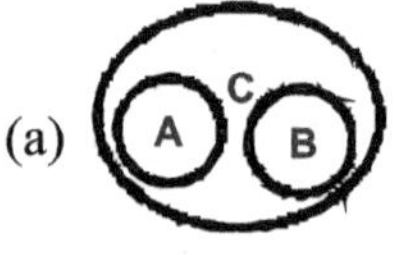

(b) 

(c) 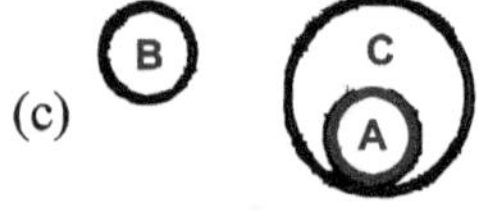

(d) 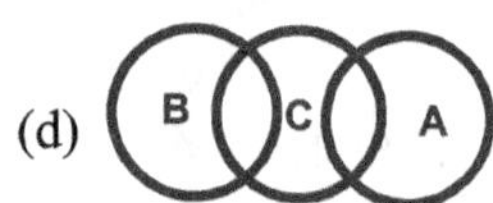

58. राजू पूर्व की ओर 4 km चलता है। फिर वह बायीं ओर मुड़ता है और 3 km चलता है। अब वह प्रारभिक बिंदु से कितनी दूर और किस दिशा में है?
(a) दक्षिण-पश्चिम, 5 km (b) दक्षिण-पूर्व, 5 km
(c) उत्तर-पश्चिम, 5 km (d) पूर्वोत्तर, 5 km

59. दो संख्याओं का ल.स. और म.स. क्रमश: 4284 और 32 है। यदि एक संख्या 672 है तो दूसरी संख्या ज्ञात कीजिए?
(a) 92 (b) 102
(c) 64 (d) 204

60. भारतीय रेलवे ट्रैक्स को डबल करने और उनके विद्युतीकरण तथा साथ ही साथ हाई डेंसिटी कॉरिडोर बनाने और उनकी क्षमता को बढ़ाने के लिए भारत सरकार ने किसके साथ 120 मिलियन डॉलर के ऋण अनुबंध पर हस्ताक्षर किये हैं?
(a) यूरोपिय बैंक
(b) अंतर्राष्ट्रीय मुद्रा कोष
(c) एशियन विकास बैंक
(d) अफ्रीकन विकास बैंक

61. नीचे दिए हुए कथन से सबंधित दो तर्क I और II दिये गए हैं। उनपर विचार करें और यह तय करें कि कथन के संदर्भ में कौन-सा तर्क सशक्त है?
कथन:
बच्चों में खाने की आदत विकसित करने के लिए जंक फूड का चयन अच्छा विकल्प है?
निष्कर्ष:
I. हाँ, खाने की आदत विकसित करने के लिए बच्चों को वही देना चाहिए जो उन्हें पसेद है।
II. नहीं, जंक फूड के सेवन से मोटापा, हृदय रोग, मधुमेह और अन्य स्वास्थ्य संबंधी समस्याएं पैदा होती हैं। साथ ही बच्चो में पौष्टिक आहार के सेवन की आदत के विकास के लिए भी यह आवश्यक है।
(a) केवल तर्क I सशक्त है
(b) I और II दोनों ही तर्क सशक्त हैं
(c) केवल तर्क II सशक्त है
(d) न तो तर्क I, न ही II सशक्त है

62. मनुष्यों में पाये जाने वाले प्लेसेंटा ऊतक द्वारा निम्न में से कौन सा काम किया जाता है?
(a) भ्रूण से अपशिष्टों को बाहर निकालना और भ्रूण को पोषण प्रदान करना
(b) भ्रूण को पोषण प्रदान करना
(c) भ्रूण से अपशिष्टों को बाहर निकालना
(d) भ्रूण के सहायक के रूप में कार्य करना

63. निम्न तालिका में तीन वर्षों में CO_2 का उत्सर्जन मिलियन मीट्रिक टन मे दिया गया है।

वर्ष	घरों से उत्सर्जित CO_2
2015	100
2016	110
2017	150

2016 से 2017 के बीच CO_2 के उत्सर्जन में कितने प्रतिशत वृद्धि हुयी?

(a) 26.36% (b) 36.36%
(c) 36.45% (d) 63.63%

64. रक्त में शर्करा (शुगर) के स्तर में वृद्धि का पता किसकी कोशिकाओं द्वारा चलता है?

(a) अग्न्याशय (b) पित्ताशय
(c) यकृत (d) गुर्दा

65. दो सह-अभाज्य संख्याओं a और b का लघुतम समापवर्तक है (a, b से बड़ा है):

(a) ab (b) b
(c) a (d) a+b

66. यदि 'Q' का अर्थ '+', 'J' का अर्थ '×', 'T' का अर्थ '–' और 'K' का अर्थ '÷' है, तो 18K3Q7J2T8 का मान कितना होगा?

(a) 10 (b) 15
(c) 12 (d) 18

67. निम्नलिखित में से कौन सा विकल्प, आवर्ती दशमलव का उदाहरण है?

(a) $\frac{24}{30}$ (b) $\frac{24}{60}$
(c) $\frac{24}{90}$ (d) $\frac{24}{120}$

68. कॉन्स्टेंटन .... धातुओं को मिश्रित करके बनाया जाता है।

(a) Ni, Ti, Fe, Cr (b) Cu, Ni, Mn
(c) Ni, Cr, Mn, Fe (d) Cu, Ni

69. निम्न पाई चार्ट भारत में मोबाइल निर्माता कंपनियों के बारे जानकारी देता है। सभी कंपनियों द्वारा निर्मित कुल मोबाइल फोनों की संख्या 12,40,000 है।

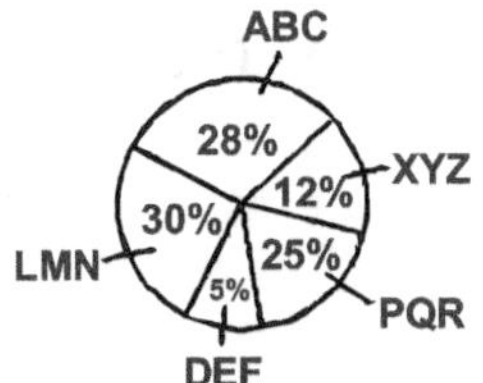

किस कंपनी द्वारा सबसे ज्यादा मोबाइल फोन निर्मित किये गए?

(a) XYZ (b) ABC
(c) LMN (d) PQR

70. दिए गए कथनों पर विचार करें और निर्णय लें कि निम्नलिखित अवधारणाओं में से कौन सी कथन में अतर्निहित है।

कथन:
प्रधानाध्यापिका ने सभी कर्मचारियों की अनुशासन के मुद्दों पर चर्चा करने के लिए एक बैठक बुलाई है।

अवधारणा:
I. कुछ अनुशासनात्मक मुद्दे थे, जो पहले उठाए गए थे।
II. प्रधानाध्यापिका सभी को एक साथ संबोधित करना चाहती है।

(a) न तो I और न ही II अंतर्निहित है।
(b) I और II दोनों ही अंतर्निहित हैं।
(c) केवल II अंतर्निहित है।
(d) केवल I अंतर्निहित है।

71. निम्न चित्र में वर्गों की संख्या ज्ञात करें।

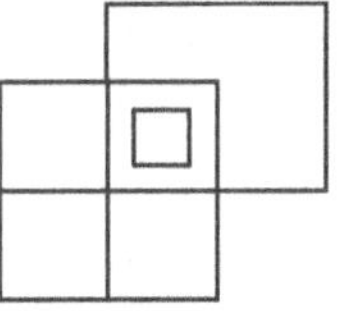

(a) 7 (b) 5
(c) 8 (d) 6

72. यदि मैं एक वस्तु को ₹595 में बेचता हूँ, तो मुझे 19% लाभ प्राप्त होता है। यदि मैं इसे ₹475 में बेचता हूँ, तो मुझे होने वाले लाभ या हानि का प्रतिशत क्या है?

(a) 10% हानि (b) 5% हानि
(c) 10% लाभ (d) 5% लाभ

73. दो संख्याओं का म.स. 11 और उनका ल.स. 330 है। यदि उनमें से एक संख्या 55 हो, तो दूसरी संख्या क्या होगी?

(a) 66 (b) 77
(c) 33 (d) 44

74. पानी के एक टैंक को तीन पाइपों X, Y और Z के माध्यम से 5 घंटे में भरा जाता है। पाइप Z पाइप Y से तीन गुना तेज है और पाइप Y पाइप X से दोगुना तेज है। पानी के टैंक को पाइप X अकेले भरने में कितना समय लेगा?

(a) 60 घंटे (b) 35 घंटे
(c) 40 घंटे (d) 45 घंटे

75. .... एक प्रस्वेदी यौगिक है।
(a) मैग्नीशियम क्लोराइड (b) कली चूना
(c) सल्फ्यूरिक अम्ल (d) फॉस्फोरस पेंटॉक्साइड

76. यदि किसी परिपथ से 6 मिनट में 0.6 A धारा प्रवाहित होती है, तो इसमें प्रवाहित विद्युत आवेश की मात्रा .... होगी।
(a) 36C (b) 216C
(c) 60C (d) 360C

77. मई, 2017 में निम्नलिखित में से किस भारतीय मुख्यमंत्री को अमेरिका-भारत व्यापार परिषद (USIBC) द्वारा ट्रांसफॉर्मेटिव चीफ मिनीस्टर अवार्ड' प्रदान किया गया?
(a) के. चंद्रशेखर राव (b) योगी आदित्यनाथ
(c) नीतीश कुमार (d) एन. चंद्रबाबू नायडू

78. बॉम्बे स्टॉक एक्सचेंज (BSF) किस वर्ष स्थापित किया गया था?
(a) 1875 (b) 1920
(c) 1947 (d) 1960

79. गारो पहाड़ियाँ कहां स्थित हैं?
(a) मेघालय (b) मिजोरम
(c) असम (d) नागालैंड

80. निम्नलिखित श्रेणी में अगला पद क्या होगा?
YC3, XF6, WI9, _______ .
(a) VM12 (b) UM12
(c) VL12 (d) UL12

81. निम्नलिखित में से कौन सा समूह से संबंधित नहीं है?
A. लोमड़ी B. बकरी
C. घोड़ा D. जेबरा
(a) B (b) A
(c) D (d) C

82. निम्न शृंखला की अगली संख्या क्या होगी?
27, 29, 33, ?, 57
(a) 41 (b) 40
(c) 35 (d) 30

83. भारत ने वर्ष 2017 में जॉर्डन जूनियर और कैडेट ओपन टेबल टेनिस (टी.टी.) टूर्नामेंट में कितने पदक प्राप्त किये थे और दूसरा सर्वश्रेष्ठ फिनिशर बन गया था?
(a) 15 (b) 24
(c) 20 (d) 23

84. पुस्तक 'ए बुक ऑफ लाइट: व्हेन ए लव्ड वन हैज ए डिफरेंट माइंड' के लेखक निम्नलिखित में से कौन हैं?
(a) हार्पर ली (b) अरुंधति राय
(c) अमीष त्रिपाठी (d) जैरी पिंटो

85. निम्न में विषम चुनें।

–	÷	+	M
A	B	C	D

(a) C (b) D
(c) A (d) B

86. निम्न शृंखला में कौन सा विषम है?
5–1–96, 27–1–96, 18–2–96, 12–3–96, 2–4–96.
(a) 27–1–96 (b) 18–2–96
(c) 12–3–96 (d) 5–1–96

87. निम्न चित्र में कितने बंद आयताकार बॉक्स हैं?

(a) 5 (b) 6
(c) 8 (d) 7

88. एक कक्षा के 60 विद्यार्थियों में से, 29 ने गणित और 32 ने जीव-विज्ञान विषय का चयन किया तथा 8 विद्यार्थियों ने इन दोनों विषयों में से किसी का भी चयन नहीं किया। कितने विद्यार्थियों ने गणित और जीवविज्ञान दोनों विषयों का चयन किया?
(a) 9 (b) 7
(c) 6 (d) 8

89. 9, 0, 2, 8, 5, 3, 5, 4, 1, 5, 2, 7 का माध्य ज्ञात करें।
(a) 5 (b) 6.5
(c) 6.25 (d) 4

90. राम सेतु निम्नलिखित में से कहाँ पर स्थित है?
(a) जिब्राल्टर जलडमरूमध्य (b) कील नहर
(c) बेरिंग जलडमरूमध्य (d) पाक जलडमरूमध्य

91. एक व्यक्ति 20 kg के सामान को जमीन से 2 m ऊपर उठाकर अपने सिर पर रखता है। उसके द्वारा किया गया कार्य होगा:
($g = 10\ ms^{-2}$)
(a) 200 J (b) 400 J
(c) 20 J (d) 40 J

92. उस विकल्प चित्र का चयन करें जो प्रश्न चित्रों की शृंखला को पूरा करेगा?
प्रश्न चित्र:

?

विकल्प चित्र:

A	B	C	D
◀▲ ▲▲	▶▲ ◀▲	▶▲ ▲▲	▶▲ ▲◀

(a) C (b) A
(c) D (d) B

93. $\left(\frac{55}{11}\right)+(18-6)\times 9=?$

(a) 113 (b) 110
(c) 115 (d) 100

94. "जब एक गिलास पर रखे गए कार्ड को उंगली से धक्का दिया जाता है, तो उस पर रखा सिक्का गिलास में गिर जाता है"। यह कथन किस नियम को व्याख्यायित करता है?

(a) न्यूटन का गति विषयक तीसरा नियम
(b) ऊर्जा संरक्षण का सिद्धांत
(c) जड़त्व का नियम
(d) संवेग संरक्षण का सिद्धांत

95. नीचे एक कथन और उसके बाद दिए गए दोनों तर्कों को पढ़ें।

कथन:
तालाबों और झीलों के संरक्षण के लिए सख्त कानून होना चाहिए?

तर्क:
I. हां, आने वाली पीढ़ियों के लिए यह स्वाभाविक रूप से जल स्तर को बनाए रखेगा। यह पक्षियों के प्रवासन को भी प्रभावित करता है।
II. नहीं, यह आधुनिक शहरी विकास और वृद्धि के अंतर्गत आता है

कथन के संदर्भ में कल से तर्क सही हैं?

(a) केवल तर्क I सही है।
(b) केवल तर्क II सही है।
(c) तर्क I और II दोनों सही हैं।
(d) न तो तर्क I और न ही तर्क II सही है।

96. चंद्रमा पर किसी वस्तु का भार पृथ्वी पर उस वस्तु के भार का .... होता है।

(a) 1/2 (b) बराबर
(c) 1/6 (d) 1/5

97. मधुमक्खी के डंक का इलाज करने के लिए .... के घोल का उपयोग किया जाता है।

(a) नींबू के रस (b) बेकिंग सोडा
(c) दूध (d) सिरका

98. वर्ष 2018 से, महिला एवं बाल विकास मंत्रालय (MWCD) की केंद्रीय मंत्री कौन हैं?

(a) मेनका गांधी (b) स्मृति ईरानी
(c) रेणुका चौधरी (d) कृष्णा तीरथ

99. निम्नलिखित में से कौन सबसे पहली महिला वकील हैं जिनको सीधे उच्चतम न्यायालय के न्यायाधीश के रूप मे नियुक्त किया गया है?

(a) मेनका गुरुस्वामी (b) मीनाक्षी अरोड़ा
(c) वृंदा ग्रोवर (d) इंदु मल्होत्रा

100. विषम को चुनें।

A	B	C	D
5E	J9	T20	25Y

(a) D (b) A
(c) C (d) B

उत्तरमाला

1	(b)	11	(c)	21	(b)	31	(a)	41	(a)	51	(c)	61	(d)	71	(a)	81	(b)	91	(b)
2	(b)	12	(c)	22	(c)	32	(*)	42	(b)	52	(d)	62	(a)	72	(b)	82	(a)	92	(a)
3	(c)	13	(b)	23	(d)	33	(c)	43	(c)	53	(a)	63	(b)	73	(a)	83	(b)	93	(a)
4	(b)	14	(b)	24	(a)	34	(c)	44	(c)	54	(a)	64	(a)	74	(d)	84	(d)	94	(c)
5	(c)	15	(a)	25	(a)	35	(d)	45	(c)	55	(d)	65	(a)	75	(*)	85	(b)	95	(a)
6	(d)	16	(d)	26	(d)	36	(c)	46	(b)	56	(d)	66	(c)	76	(b)	86	(c)	96	(c)
7	(d)	17	(a)	27	(b)	37	(a)	47	(b)	57	(c)	67	(c)	77	(d)	87	(c)	97	(b)
8	(b)	18	(c)	28	(b)	38	(d)	48	(c)	58	(d)	68	(d)	78	(a)	88	(a)	98	(a)
9	(c)	19	(b)	29	(d)	39	(d)	49	(a)	59	(d)	69	(c)	79	(a)	89	(a)	99	(d)
10	(a)	20	(c)	30	(d)	40	(b)	50	(c)	60	(c)	70	(d)	80	(c)	90	(d)	100	(d)

संकेत एवं हल

3. (c) 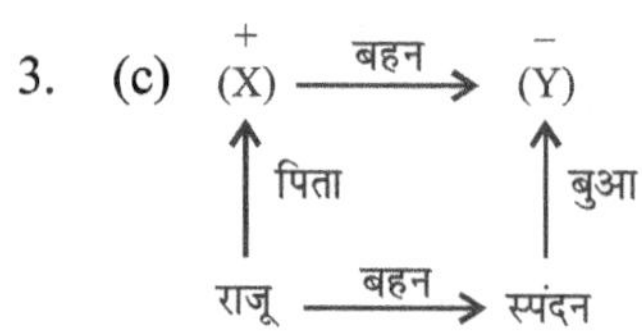

राजू के पिता की बहन स्पंदन की बुआ है।

4. (b) घर से विद्यालय की दूरी = x km

तो, $\frac{x}{10}-\frac{15}{60}=\frac{x}{12}-\frac{5}{60}$

$\Rightarrow \frac{x}{10}-\frac{x}{12}=\frac{15}{60}-\frac{5}{60}$

$\Rightarrow \frac{6x-5x}{60}=\frac{15-5}{60}$

$\frac{x}{60}=\frac{10}{60}$

$\therefore x = 10$ km

5. (c) K > A > M

कथन 1 और 2 दोनों ही पर्याप्त नहीं है।

7. (d) विकल्प 3 को छोड़कर सभी में एक-दूसरे का दर्पण प्रतिबिम्ब बन रहा है जबकि विकल्प 3 में water image बन रहा है।

8. (b) वर्तमान में, पिता 48 वर्ष

पुत्र = 28.8 वर्ष

अब पुत्र के जन्म के समय

पिता = (48 – 28.8) वर्ष = 19.2 वर्ष

$\therefore \frac{\text{पुत्र के जन्म पर पिता की आयु}}{\text{वर्तमान में पुत्र की आयु}}$

$=\frac{19.2}{28.8}=\frac{192}{288}=\frac{2}{3}$

9. (c) ऑल इंडिया फॉरवर्ड ब्लॉक भारत का एक राष्ट्रवादी राजनीतिक दल है। इस दल की स्थापना सुभाष चन्द्र बोस ने 1939 में की थी।

10. (a) F ←पिता— D ——→ बुआ —बेटी→ E

F ↑ पिता — S

मामा

11. (c) मछलियों के हृदय में दो कक्ष होते हैं।

12. (c) द्रव्यमान संख्या = न्यूट्रॉन की संख्या + परमाणु संख्या

$\Rightarrow$ 298 = 189 + परमाणु संख्या

$\Rightarrow$ परमाणु संख्या = 289 – 189

$\therefore$ परमाणु संख्या = 109

14. (b) प्रत्येक अगली आकृति में अंतिम प्रतीक प्रथम हो जाता है।

15. (a) प्रत्येक अक्षर और फिर अक्षर के कोड का इकाई अंक को लिखा गया है।

$L \rightarrow 12$

$U \rightarrow 21$

$C \rightarrow 3$

$K \rightarrow 1$

तो इसे L2U1C3K1 लिखा जाएगा।

इसी प्रकार

$X \rightarrow 24$

$E \rightarrow 5$

$R \rightarrow 18$

$O \rightarrow 15$

$X \rightarrow 24$

इसे X4E5R8O5X4 लिखा जाएगा।

16. (d) 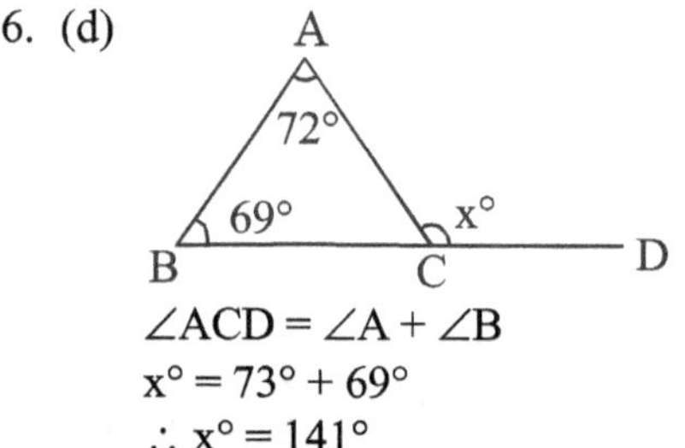

$\angle ACD = \angle A + \angle B$

$x° = 73° + 69°$

$\therefore x° = 141°$

17. (a) 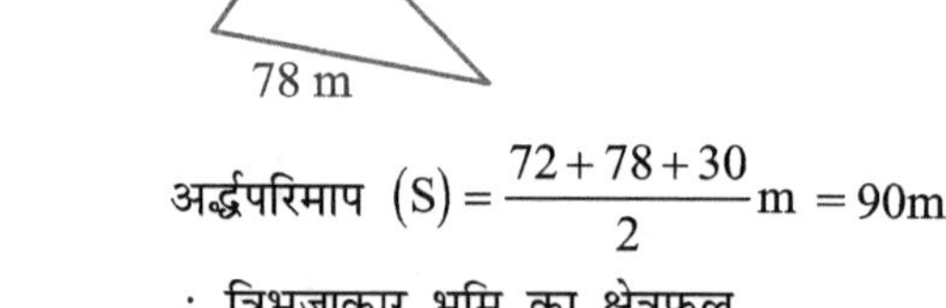

अर्द्धपरिमाप $(S)=\frac{72+78+30}{2}m = 90m$

$\therefore$ त्रिभुजाकार भूमि का क्षेत्रफल

$=\sqrt{90(90-72)(90-78)(90-30)}$

$=\sqrt{90\times18\times12\times60} = 1080\ m^2$

∴ समतल करने का कुल खर्च

$= ₹\ 1080 \times \frac{20}{100} = ₹\ 216$

18. (c) $r = \sqrt{l^2 - h^2}$

$r = \sqrt{25^2 - 24^2} = 7\text{cm}$

∴ शंकु का वक्रपृष्ठ का क्षेत्रफल $= \pi rl$

$= \frac{22}{7} \times 7 \times 25 = 550\ \text{cm}^2$

19. (b) $16 = 2 \times 2 \times 2 \times 2$

$24 = 2 \times 2 \times 2 \times 3$

$36 = 2 \times 2 \times 3 \times 3$

$52 = 2 \times 2 \times 13$

$54 = 2 \times 3 \times 3 \times 3$

ल.स. $= 2 \times 2 \times 2 \times 2 \times 3 \times 3 \times 3 \times 13 = 5616$

21. (b) 90वें ऑस्कर आवार्ड समारोह, 4 मार्च 2018 को लॉस एंजिल्स, कैलिफोर्निया के डॉल्बी थिएटर में आयोजित किया गया। जहाँ 'द बेस्ट पिक्चर' का अवार्ड 'द शेप ऑफ वाटर' ने जीता।

22. (c) मिट्टी का प्रयोग लेंस बनाने में नहीं होता है क्योंकि मिट्टी अपारदर्शक है।

24. (a) $a^2 + \frac{1}{a^2} = \left(a - \frac{1}{a}\right)^2 + 2$

$= 7^2 + 2 = 49 + 2 = 51$

25. (a) सामान्यतः धातु चमकीले, प्रत्यास्थ अघातवर्धनीय और सुगढ़ होते हैं।

26. (d) 9, 10, 12 तथा 15 का ल.स. = 180

∴ शेष 3 बचता है

इसलिए संख्या = 180 + 3 = 183

27. (b)

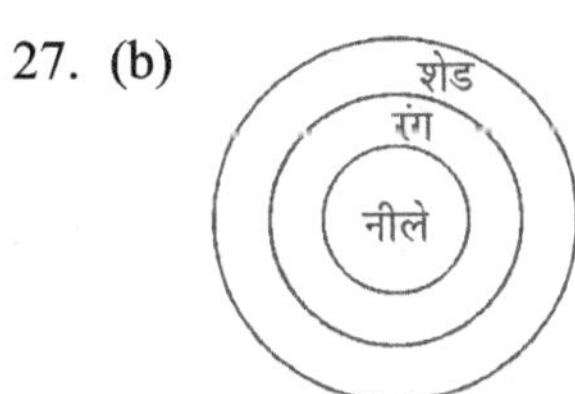

अतः निष्कर्ष I और II दोनों अनुसरण करता है।

28. (b) विश्व बैंक ने पश्चिम बंगाल के हल्दिया और उत्तर प्रदेश के वाराणसी के बीच भारत को अपना पहला आधुनिक जलमार्ग विकसित करने के लिए 375 मिलियन अमेरिकी डॉलर (लगभग ₹ 2421 करोड़) के ऋण को स्वीकृति दे दी है।

30. (d)

P 12cm R, 8cm, 5, O, 5, 8cm, Q 12cm S

$QS = \sqrt{2QR^2 + 2PQ^2 - PR^2}$

$QS = \sqrt{2 \times (12)^2 + 2 \times (8)^2 - (10)^2}$

$= \sqrt{288 + 128 - 100}$

$= \sqrt{316}$

$= 17.77 = 17.8\ \text{cm}$

31. (a) भारतीय क्रिकेट खिलाड़ी विराट कोहली भारत के एक ऐसे पहले भारतीय क्रिकेटर हैं जिन्हें तीन बार पॉली उमरीगर पुरस्कार से सम्मानित किया जा चुका है। यह पुरस्कार इन्हें वर्ष 2011-12, 2014-15 और 2015-16 के सर्वश्रेष्ठ अंतर्राष्ट्रीय खिलाड़ी के लिए दिया गया।

33. (c) मासिक आय $= \frac{6300}{(100-30)\% \times (100-60)\%}$

$= \frac{6300}{70\% \times 40\%}$

$= \frac{6300 \times 100 \times 100}{70 \times 40} = ₹\ 22500$

34. (c) लं० : चौ० $= 3x : x = 4x$

लम्बाई $= \frac{96}{8x} \times 3x = 36\ \text{m}$

38. (d) $x^3 - y^3 = (x - y)(x^2 + xy + y^2)$

अब $x - y - \sqrt{(x+y)^2 - 4xy}$

$= \sqrt{(3)^2 - 4 \times 2} = \sqrt{9-8}$

$= \sqrt{1} = 1$

पुनः $(x + y)^2 = x^2 + y^2 + 2xy$

$(3)^2 = x^2 + y^2 + 2 \times 2$

$x^2 + y^2 = 5$

$\therefore x^3 - y^3 = (x-y)(x^2 + xy + y^2) = 1(5+2) = 7$

39. (d) किसी परमाणु के नाभिक में उपस्थित प्रोटॉनों तथा न्यूट्रॉनों के मध्य लगने वाला बल नाभिकीय बल कहलाता है। यह बल प्रकृति में सबसे अधिक प्रबल है जिसकी परास बहुत कम लगभग 10^{-14} मीटर होती है।

41. (a) $48 \times (17-6) = (48-4) \times d$
$\Rightarrow 48 \times 11 = 44 \times d$
$\therefore d = 12$ दिन

42. (b) Δ_1 का क्षेत्रफल
$$= \left|\frac{1}{2}\left[x_1(y_2-y_3)+x_2(y_3-y_1)+x_3(y_1-y_2)\right]\right|$$
$$= \left|\frac{1}{2}\left[0(3-1)+0(1+1)+2(-1-3)\right]\right|$$
$$= \frac{1}{2} \times 8 = 4$$
$\therefore \Delta_2$ का क्षेत्रफल $= \frac{\Delta_1}{4} = \frac{4}{4} = 1$
$\therefore \frac{\Delta_2}{\Delta_1} = \frac{1}{4} = \frac{1}{x}$
$\therefore x = 4$

44. (c)

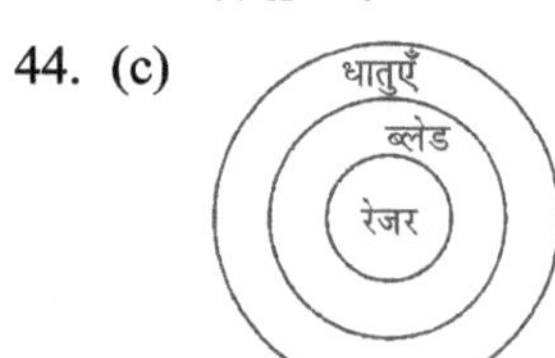

केवल निष्कर्ष II अनुसरण करता है।

47. (b) पौधों को कठोर और मजबूत बनाने वाला ऊत्तक स्केलेरेनकाईमा है।
कोलेनकाश्मा ऊत्तक पौधों के पत्तियों एवं तना में लचीलापन लाता है।

48. (c) राज्यसभा सदस्यों का कार्यकाल 6 वर्षों का होता है तथा प्रत्येक 2 वर्षों में एक-तिहाई सदस्य सेवानिवृत होते है।

49. (a) लॉर्ड इरविन 1926 से 1931 तक भारत का वायसराय तथा गवर्नर-जनरल रहा। इसने वर्ष 1931 ई. में भारत की नई राजधानी के रूप में नई दिल्ली का उद्घाटन किया। गांधी-इरविन के मध्य समझौता 5 मार्च, 1931 ई. को महात्मा गांधी और वायसराय लार्ड इरविन के मध्य हुआ था।

50. (c) $SI \times 100 = P \times R \times T$
$$\Rightarrow P = \frac{120 \times 100}{10 \times 6} = ₹\,200$$

55. (d) $(7^{21} + 7^{22} + 7^{23} + 7^{24}) \div 25$
$= 7^{21}(1 + 7^1 + 7^2 + 7^3) \div 25$
$= 7^{21}(1 + 7 + 49 + 343) \div 25$
$= 7^{21} \times 400 \div 25$
$\therefore$ शेषफल $= 0$ (क्योंकि 400, 25 से पूर्णत: विभाजित है।)

56. (d) रंजीत → 25 दिन (4) / अंजी → 20 दिन (5) → 100 unit
रंजीत और अंजी द्वारा 5 दिन में किया गया काम
$= 5 \times (4+5) = 45$ unit
शेष काम $= 100 - 45 = 55$ unit
इसलिए शेष काम अंजी $= \frac{55}{5} = 11$ दिन लेगा।

57. (c) बादल

58. (d)

दूरी, उत्तर-पूर्व, 3km, 4km

दूरी $= \sqrt{4^2 + 3^2} = 5km$
$\therefore$ 5 km, उत्तर-पूर्व

59. (d) दूसरी संख्या $= \frac{\text{ल०स०} \times \text{म०स०}}{\text{पहली संख्या}}$
$$= \frac{4284 \times 32}{672} = 204$$

62. (a) प्लेसंटा वह अंग है जिसके द्वारा गर्भाशय में स्थित भ्रूण के शरीर में माता के रक्त का पोषण पहुँचता रहता है जिससे भ्रूण कि वृद्धि होती है तथा प्लेसेंटा अपशिष्टों को बाहर भी निकालता है।

63. (b) प्रतिशत वृद्धि $= \frac{(150-110)}{110} \times 100\%$
$$= \frac{40}{110} \times 100\% = 36.36\%$$

65. (a) दो सह-अभाज्य संख्याओं का ल. स. उनका गुणनफल ही होता है।

66. (c) $18K3Q7J2T8 = 18 \div 3 + 7 \times 2 - 8$
$= 6 + 14 - 8 = 12$

67. (c) $\frac{24}{30} = 0.8$
$\frac{24}{60} = 0.4$
$\frac{24}{90} = 0.2666...$

$\frac{24}{120} = 0.2$

$\therefore \frac{24}{90}$ आवर्ती दशमलव का उदाहरण है।

69. (c) LMN द्वारा सबसे अधिक मोबाईल फोन निर्मित किये गये है।

70. (d) कथन से यह स्पष्ट होता है कि कुछ अनुशासननात्मक मुद्दे जो पहले उठाए गए थे, उन्ही मुद्दों पर चर्चा के लिए प्राधानाध्यापिका ने बैठक बुलाई है। इसलिए अवधारण I अंतर्निहित है।

71. (a) 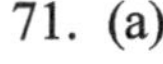

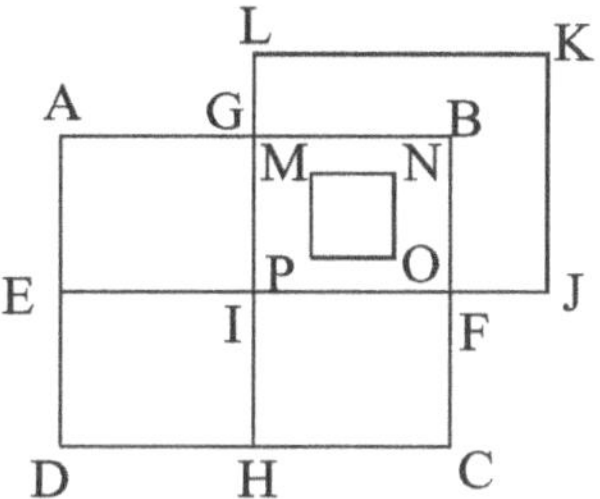

AGIE, GBFI, EIHD, CFIH, ABCD, IJKL तथा MNOP

$\therefore$ कुल 7 वर्ग है।

72. (b) $CP = \frac{575}{119} \times 100 = 500$

$\therefore$ ₹ 475 में बेचने पर हानि होगी

हानि % $= \frac{(500-475)}{500} \times 100\%$

$= \frac{25}{500} \times 100\% = 5\%$ हानि

73. (a) दूसरी संख्या $= \frac{LCM \times HCF}{\text{पहली संख्या}}$

$= \frac{330 \times 11}{55} = 66$

74. (d) $Z : Y = 3 : 1$

$Y : X = 2 : 1$

$X : Y : Z = 1 : 2 : 6$

$\therefore$ x द्वारा लिया गया समय

$= \frac{5 \times (1+2+6)}{1} hr = 45h$

78. (a) बॉम्बे स्टॉक एक्सचेंज भारत और एशिया का सबसे पुराना स्टॉक एक्सचेंज है। इसकी स्थापना 1875 में हुई थी।

79. (a) गारो पर्वत भारत के मेघालय राज्य में छोटे पहाड़ों की श्रृंखला है। यहाँ मुख्य रूप से आदिवासी बसते है।

80. (c) YC3 , XF6 , WI9 , VL12

(+3, +3, +3 ; −1, −1, −1 ; +3, +3, +3)

81. (b) लोमड़ी को छोड़कर अन्य सभी शाकाहारी जीव है।

82. (a) 27, 29, 33, **41**, 57

(+2, +4, +8, +16)

85. (b) M को छोड़कर सभी प्रतीक है।

86. (c) 22 दिनों का अन्तर है।

88. (a)

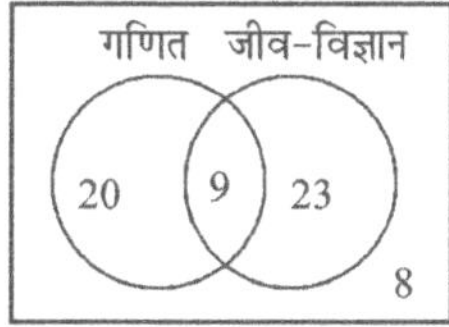

89. (a) 21 प्रेक्षणों का योगफल $= 21 \times 40 = 840$

माध्यिका $= \frac{21+1}{2} = 11$वाँ पद

अब माध्यिका को छोड़कर 10 प्रेक्षण बचे

$\therefore$ 10 प्रेक्षणों का योग $= 10 \times 21 = 210$

$\therefore$ कुल योग $= 840 + 210 = 1050$

$\therefore$ प्रेक्षणों का नया माध्य

$= \frac{1050}{21} = 50$

90. (d) राम सेतु 48 किलोमीटर (30 मील) लम्बा है तथा मन्नार की खाड़ी को पाक जलडमरूमध्य से अलग करता है।

91. (b) कार्य $= (20 \times 2 \times 10)^3 = 400$ J

93. (a) $= \frac{55}{11} + (18-6) \times 9$

$= 5 + 12 \times 9 = 5 + 108 = 113$

94. (c) जड़त्व का नियम न्यूटन के गति का प्रथम नियम भी कहलाता है। प्रत्येक इस नियम के अनुसार कोई वस्तु तब तक अपनी विरामवस्था में बनी रहती है जब तक कि उस पर कोई बाहरी बल न लगाया जाए। अर्थात् यदि कोई वस्तु विराम अवस्था में है

तो वह विराम अवस्था में रहना चाहती है और यदि कोई वस्तु गतिशील अवस्था में है तो वह गतिशील अवस्था में रहना चाहती है जब तक कोई बाह्य बल इसका विरोध ना करे।

96. (c) किसी वस्तु का चन्द्रमा पर भार उस वस्तु का पृथ्वी के भार का $\frac{1}{6}$ होता है।

97. (b) बेंकिग सोडा अल्काईन होता है, जोकि जहर के असर को कम करने में मददगार होता है। बेकिंग सोडा लगाने से दर्द, खुजली और सूजन में राहत मिलती है। इसलिए मधु मक्खियों के डंक के इलाज में इसका उपयोग किया जाता है।

100.(d) B को छोड़कर सभी अक्षर और उसके अक्षर कोड है। J का अक्षर कोड 10 होता है।

RRB ग्रुप D 2018 सॉल्वड पेपर-13

दिनांक : 18 सितंबर 2018, शिफ्ट-1

1. निम्नलिखित में से कौन सा एकमात्र देश है जो आईसीसी अंडर-19 क्रिकेट विश्व कप में चार बार विजयी हुआ है-
(a) ऑस्ट्रेलिया (b) भारत
(c) दक्षिण अफ्रीका (d) न्यूजीलैड

2. यूरोप की सबसे लंबी नदी कौन सी है?
(a) डैन्यूब (b) यूराल
(c) वोल्गा (d) राइन

3. 987 *x* 54 संख्या के लिए दिए गए विकल्पों में अनुस्थित अंक '*x*' चुने । ताकि संख्या 6 से पूर्ण विभाजित हो ।
(a) 2 (b) 5
(c) 3 (d) 1

4. निम्न में से कौन-सा लचीला और कोमल हैं ?
(a) सल्फर (b) तांबा
(c) कार्बन (d) फास्फोरस

5. विद्युत बल्ब में आमतौर पर रासायनिक रूप से निष्क्रिय गैस .... भरी होती है?
(a) नाइट्रोजन (b) क्लोरीन
(c) ऑक्सीजन (d) हाइड्रोजन

6. चुनावी प्रक्रिया में नागरिकों को बढ़ती भागीदारी के लिए भारत के निर्वाचन आयोग (ईसीआई) ने पूरे देश में .... को 8वां राष्ट्रीय मतदाता दिवस मनाया ।
(a) 26 जनवरी (b) 28 जनवरी
(c) 25 जनवरी (d) 24 जनवरी

7. 80 m की ऊँचाई से एक गेंद गिराई जाती हैं। चौथे सेकेंड में तय की गई दूरी .... होगी
(मान लीजिए $g = 10\ m/s^2$)
(a) 15 m (b) 35 m
(c) 50 m (d) 80 m

8. निम्नलिखित प्लांट में से, कौन सा प्लांट बॉडी है जड़ों, तनों और पत्तियों में अलग नहीं हैं ?
(a) चारा (b) रिक्कया
(c) स्पाइरोगाइरा (d) मारसिलेया

9. महिला और बाल विकास मंत्रालय ने 11 अगस्त 2016 को .... मनाने के उद्देश्य से एक सोशल मीडिया अभियान शुरू किया।
(a) पुरुष दिवस (b) बेटी दिवस
(c) महिला दिवस (d) बेटा दिवस

10. $(136 \div 17) + (17 \times 13) - (103 - 85) \times (62 + 145) \div 23 = ?$
(a) 67 (b) 76
(c) 59 (d) 75

11. निम्न में से कौन-सा सरल स्थायी ऊतक नहीं हैं ?
(a) जीवितक (b) जाइलम
(c) कोलेनकाइमा (d) स्कलेरेनकाइमा

12. यदि ₹686 को चार भागों में विभाजित किया जाता हैं, जिनके अनुपात $\frac{1}{2}:\frac{2}{3}:3:4$ हैं, तो पहला भाग क्या होगा ?
(a) ₹48 (b) ₹56
(c) ₹52 (d) ₹42

13. आधुनिक आवर्त सारणी के किस समूह में हैलोजन को रखा जाता हैं ?
(a) 1st (b) 18th
(c) 17th (d) 16th

14. दो प्रतिरोधक, 10Ω, शृंखला में 6v बैटरी से जुड़े हुए हैं। सर्किट में विद्युत धारा.........होगी ।
(a) 0.2 A (b) 0.6 A
(c) 0.9 A (d) 0.3 A

15. यदि समीकरण $x^2 - x - 1 = 0$ के मूल α और β हैं, तो वह समीकरण कौन-सा होगा जिसके मूल $\frac{\alpha}{\beta}$ तथा $\frac{\beta}{\alpha}$ होंगे ?
(a) $x^2 + 3x - 1 = 0$ (b) $x^2 + x - 1 = 0$
(c) $x^2 - x + 1 = 0$ (d) $x^2 + 3x + 1 = 0$

16. यदि एक आयत की लंबाई और चौड़ाई में क्रमश: 8% और 12% की वृद्धि की जाती है, तो उस आयत के क्षेत्रफल में कितने प्रतिशत वृद्धि होगी ?
(a) 20.96% (b) 22%
(c) 20% (d) 24%

17. वाटरलू का युद्ध किस वर्ष लड़ा गया था ?
(a) 1815 (b) 1835
(c) 1850 (d) 1840

18. निम्नलिखित में से कौन सा एक समूह से संबंधित नहीं हैं?

A. नाखून B. बाल

C. मुँहासे D. पैर का अंगूठा

(a) A (b) B

(c) D (d) C

19. प्रश्न आकृति का निर्माण करने के लिए निम्नलिखित में से कौन सी विकल्प आकृतियों का संयोजन किया गया हैं?

प्रश्न आकृति :

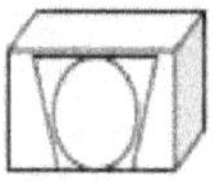

विकल्प आकृति :

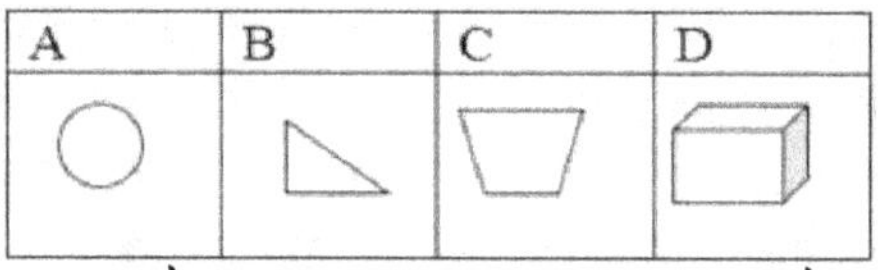

A	B	C	D

(a) A और D (b) B, C और D

(c) C और D (d) C, D और A

20. कॉइल की गति की दिशा चुंबकीय क्षेत्र के सापेक्ष .... होने पर प्रेरित धारा सबसे अधिक होती हैं।

(a) 180° (b) 45°

(c) 90° (d) 0°

21. वह बिंदु जहाँ पर एक वस्तु का संपूर्ण भार कार्य करता है, उसे .... कहा जाता हैं ।

(a) द्रव्यमान का केंद्र (b) घर्षण का केंद्र

(c) गुरुत्वाकर्षण का केंद्र (d) दाब का केद्र

22. मार्च 2018 में, आडिशा के पुरी में आयोजित समारोह में किसने नाबकालेबरा पर्व के अवसर पर ₹1000 और ₹10 के स्मृति सिक्के जारी किए थें?

(a) ओडिशा के मुख्यमंत्री (b) भारत के राष्ट्रपति

(c) भारत के प्रधानमंत्री (d) ओडिशा के राज्यपाल

23. 24 मार्च 2006 को कौन सा दिन था ?

(a) सोमवार (b) रविवार

(c) बुधवार (d) शुक्रवार

24. अनुपात 75:125 को इसके सरलतम रुप में व्यक्त करें।

(a) 3 : 2 (b) 2 : 3

(c) 3 : 5 (d) 5 : 3

25. $22-[23-\{24-(27-\overline{25-30})\}]=?$

(a) –7 (b) –9

(c) 7 (d) –8

26. O_2 का उपयोग करके पाइरूवेट का विभाजन .... में होता हैं।

(a) लाइसोसोम (b) माइटोकॉन्ड्रिया

(c) नाभिक (d) रिक्तिकाएं

27. निम्नलिखित में से कौन सा जानवर मुकलन (बडिंग) द्वारा पुनरूत्पादित करता हैं और पुनर्जनन कार्यान्वित कर सकता हैं?

(a) प्लानारिया (b) हायड्रा

(c) प्लाज्मोडियम (d) खमीर

28. सलोनी 450 m की दूरी को कितने समय में तय कर सकती हैं, यदि वह 20 km/hr की चाल से चलती हैं।

(a) 320 sec. (b) 102 sec.

(c) 81 sec. (d) 3 min.

29. विषम पता करें।

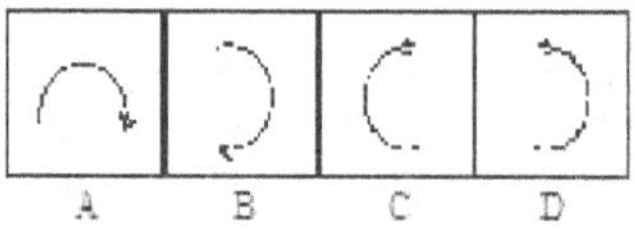

A	B	C	D

(a) B (b) D

(c) C (d) A

30. दिए गए विलयन के pH पर विचार करें, कि किस विलयन में हाइड्रोजन आयनों की उच्चतम सांद्रता हैं? 4.7, 8.0, 2.4, 10.1

(a) 10.1 (b) 4.7

(c) 2.4 (d) 8.0

31. $4 + 4.44 + 44.4 + 4.04 + 444 - 20 = ?$

(a) 495.22 (b) 472.88

(c) 577.2 (d) 480.88

32. करेवा, जो मिट्टी/गाद का एक प्रकार हैं, किस भारतीय राज्य में पायी जाती हैं?

(a) जम्मू व कश्मीर (b) राजस्थान

(c) नागालैंड (d) पश्चिम बंगाल

33. एक समुच्चय में चार संख्याएं हैं। इनमें से तीन छोटी संख्याओं का माध्यमान 9 है तथा तीन बड़ी संख्याओं का माध्यमान 11 है, डेटा समुच्चय की परास (रेंज) क्या हैं?

(a) 3 (b) 5

(c) 9 (d) 6

34. कौन-सा विकल्प निम्नलिखित वेन आरेख के आपसी सम्बन्ध को व्यक्त करता हैं?

(A) टेबल (B) कपड़े

(C) लकड़ी

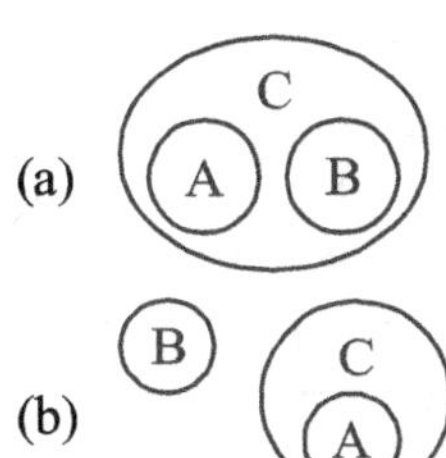

(c) B C A

(d) A B C

35. चंद्रमा पर किसी वस्तु का भार पृथ्वी पर उसके भार कितना गुना हैं?
(a) $\frac{1}{6}$ गुना (b) 5 गुना
(c) 6 गुना (d) $\frac{1}{5}$ गुना

36. राधा 500 m उत्तर की ओर चलती है और बाएँ मुड़ जाती हैं और 250 m चलती है वह अपनी प्रारंभिक अवस्था के संबंध में किस दिशा में हैं?
(a) उत्तर-पश्चिम (b) दक्षिण-पूर्व
(c) उत्तर-पूर्व (d) दक्षिण-पश्चिम

37. एक कुण्ड को दो पाइपों A और B से क्रमशः 4 h और 6 h में भरा जा सकता है। जबकि भरे हुए कुण्ड को एक तीसरे पाइप C से 8 h में खाली किया जा सकता है। यदि सभी पाइपों को एक साथ खोल दिया जाय, तो जलाशय को पूरा भरने में कितना समय लगेगा?
(a) $\frac{31}{7}$ घंटे (b) $\frac{16}{7}$ घंटे
(c) $\frac{40}{7}$ घंटे (d) $\frac{24}{7}$ घंटे

38. वर्ष 2017 में अग्रणी भूमिका (पुरुष वर्ग में) के लिए फिल्मफेयर सर्वश्रेष्ठ अभिनेता का पुरस्कार किसने प्राप्त किया था?
(a) आमिर खान (b) शाहरुख खान
(c) रणवीर सिंह (d) रणबीर कपूर

39. निम्नलिखित दशमलव संख्याओं को आरोही क्रम में व्यवस्थित करने पर कौन सी दशमलव संख्या मध्य में होनी चाहिए?
5.74, 6.03, 0.8, 0.658 और 7.2
(a) 7.2 (b) 6.03
(c) 5.74 (d) 0.8

40. ₹50,000 की धनराशि पर 12% वार्षिक दर से 6 माह के लिए चक्रवृद्धि ब्याज प्रति तिमाही देय हो?
(a) ₹3,125 (b) ₹3,045
(c) ₹2,965 (d) ₹2,875

41. भारत के विकास में विदेशी भारतीय समुदाय के योगदान को चिह्नित करने के लिए 9 जनवरी को हर साल निम्नलिखित में से कौन सा आयोजन मनाया जाता हैं?
(a) प्रवासी भारतीय दिवस (पीबीडी)
(b) अखिल भारतीय दिवस (एबीडी)
(c) उत्रतिय भारत दिवस (यूबीडी)
(d) विदेशी भारतीय विकास दिवस (ओआईडीडी)

42. यदि '+' का अर्थ '÷', '÷', का अर्थ '–' ओर '–' का अर्थ '×' तथा '×' का अर्थ '+' हो, तो $80 + 20 \div 5 - 12 \times 92$ का मान क्या होगा?
(a) 22 (b) 36
(c) 35 (d) 28

43. यदि उत्तर-पूर्व, उत्तर होगा तो पूर्व क्या होगा?
(a) उत्तर-पूर्व
(b) दक्षिण-पूर्व
(c) उत्तर-पश्चिम
(d) दक्षिण-पश्चिम

44. सामान्य तथ्यों से भिन्न होने बावजूद नीचे के कथन को सत्य मानते हुए यह बताएं कि कथन के आधार पर दिए गए निष्कर्षों में से कौन सा तार्किक रुप से संगत हैं?
I. कोई भी गिलास पैडल नहीं हैं।
II. सभी पेडल ब्रेक हैं।
निष्कर्ष:
1. सभी ब्रेक पेडल हैं।
2. कुछ ब्रेक पेडल है।
3. कोई भी ब्रेक गिलास नहीं हैं।
(a) केवल निष्कर्ष 2 संगत है।
(b) केवल निष्कर्ष 1 संगत है।
(c) केवल निष्कर्ष 3 संगत है।
(d) सभी तीनों निष्कर्ष संगत हैं।

45. युजवेंद्र चहल निम्न में से किस खेल से संबंधित हैं।
(a) हॉकी (b) टेनिस
(c) निशानेबाजी (d) क्रिकेट

46. कौन सा विकल्प चित्र प्रश्न चित्र के साथ निकटतम समानता रखता हैं?
प्रश्न चित्र:

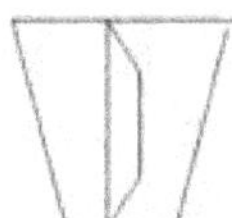

विकल्प चित्र:

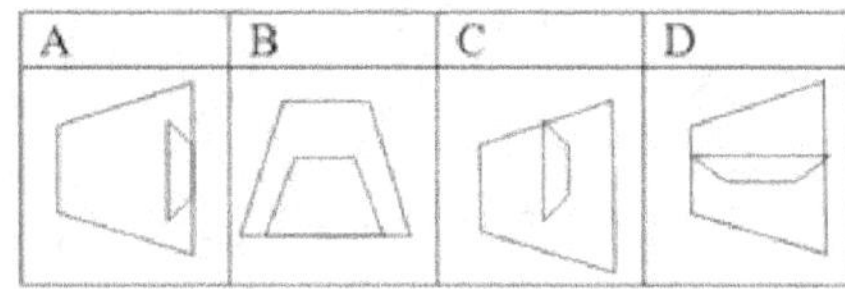

(a) C (b) A
(c) D (d) B

47. औपचारिक बैंकिंग प्रणाली के भीतर लोगों को लाने के उद्देश्य से केंद्र सरकार की पहल को कहा जाता हैं:
(a) जन आदमी योजना (b) जन धन योजना
(c) जन बैंक योजना (d) रुपये योजना

48. निम्नलिखित में से कौन-से यौगिकों में क्रिस्टलीकरण का पानी नहीं हैं?
(a) बेकिंग सोडा (b) जिप्सम
(c) वाशिंग सोडा (d) कॉपर सल्फेट

49. निम्नलिखित में से कौन-सा समूह से संबंधित नहीं हैं?
A. कपास B. ऊन
C. रेयॉन D. कार्डबोर्ड
(a) B (b) D
(c) A (d) C

50. रासायनिक अभिक्रिया जिसमें गर्मी उत्पन्न होती है उसे एक .... कहा जाता हैं।
(a) ऊष्माक्षेपी अभिक्रिया (b) दहन अभिक्रिया
(c) विस्थापन अभिक्रिया (d) ऊष्माशोषी अभिक्रिया

51. एक पुस्तक को ₹25.65 में बेचने पर एक व्यापारी को 5% की हानि होती है। यदि वह इसे ₹31.05, बेचे, तो उसका लाभ प्रतिशत या हानि प्रतिशत ज्ञात कीजिए।
(a) लाभ, 15% (b) लाभ, 10%
(c) हानि, 10% (d) हानि, 15%

52. नीचे के कथन और उसके बाद दी गई अवधारणाओं का अध्ययन करें और विचार करें कि कौन-सी अवधारणा कथन में निहित हैं?

कथन :
कक्षा 5 से छोटी कक्षा के छात्रों के लिए स्कूल प्रबंधन ने स्विमिंग सेशन को अनिवार्य कर दिया हो।

अवधारणाएँ:
I. छोटे बच्चे स्विमिंग आसानी से सीखते हैं।
II. स्कूल बच्चों का सर्वांगीण विकास चाहता है।
(a) केवल अवधारणा II ही निहित हैं।
(b) ना तो अवधारणा I और ना ही अवधारणा II निहित हैं।
(c) दोनों ही अवधारणाएँ I और II निहित हैं।
(d) केवल अवधारणा I ही निहित हैं।

53. वेलु थम्पी दलवा किस भारतीय रियासत से जुड़े थे? उन्हें अंग्रेजों के विरुद्ध विद्रोह के लिए जाना जाता है।
(a) त्रावनकोर (b) मैसूर साम्राज्य
(c) विजयनगरम (d) चोल साम्राज्य

54. निम्नलिखित में से कौन से लेखक को उनके अंग्रेजी उपन्यास 'द ब्लैक हिल' के लिए 2017 के साहित्य अकादमी पुरस्कार से सम्मानित किया?
(a) विक्रम सेठ (b) ममंग दाई
(c) चेतन भगत (d) अमिताभ घोष

55. वरिष्ठ आईएएस अधिकारी एस. सेल्वाकुमार को 16 जनवरी 2018 से .... के नए अध्यक्ष और प्रबंध निदेशक के रुप में नियुक्त किया गया हैं ।
(a) शार (SHAR) केन्द्र
(b) विक्रम साराभाई अंतरिक्ष केंद्र (VSSC)
(c) सिक्योरिटी प्रिंटिंग एंड मिंटिंग कॉरपोरेशन ऑफ इंडिया लिमिटेड (SPMCIL)
(d) विकास और शैक्षिक संचार यूनिट (DECU)

56. यदि दक्षिण, दक्षिण-पूर्व होगा तो उत्तर क्या होगा?
(a) उत्तर-पूर्व (b) दक्षिण-पश्चिम
(c) दक्षिण-पूर्व (d) उत्तर-पश्चिम

57. दिए गए कथनों पर विचार करें और निर्णय लें, कि निम्नलिखित अवधारणाओं में से कौन-से कथन में अंतर्निहित है।

कथन:
"अंतिम परीक्षाएं निकट आ रही हैं, रीना ने अपनी बेटियों को याद दिलाया।"

अवधारणाएँ:
I. वह चाहती हैं, कि वे अपने अध्ययन कार्यक्रम के बारे में याद रखें।
II. वह चाहती है, कि वे अपनी परीक्षाओं के प्रति गंभीर रहें।
(a) केवल II अंतर्निहित हैं।
(b) न तो I और न ही II अंतर्निहित हैं।
(c) केवल I अंतर्निहित हैं।
(d) I और II दोनों ही अंतर्निहित हैं।

58. निम्नलिखित में से किस का वर्गमूल एक अपरिमेय संख्या होगी?
(a) 11025 (b) 9025
(c) 6025 (d) 3025

59. निम्न में से कौन सा हार्मोन युवावस्था के समय लड़कों में दिखाई देने वाली उपस्थिति में बदलाव लाता हैं?
(a) पशु हार्मोन (b) थाय्रोक्सिन
(c) टेस्टोस्टेरोन (d) इंसुलिन

60. एक कक्षा में 9 लड़के एवं कुछ लड़कियाँ थीं। एक परीक्षा में लड़कों को 13 औसत अंक प्राप्त हुए, जबकि लड़कियों द्वारा प्राप्त औसत अंक 15 थे। यदि अंकों का कुल औसत 14.28 हो, तो कक्षा में विद्यार्थियों की कुल संख्या कितनी होगी?
(a) 24 (b) 25
(c) 26 (d) 27

61. फेमिना मिस इंडिया 2018 का ताज किसे पहनाया गया हैं?
(a) श्रेया राव कामवरापु (b) सुनैना कामथ
(c) मीनाक्षी चौधारी (d) अनुकृति वास

62. यदि P की वर्तमान आयु 15 वर्ष है और 6 वर्ष बाद Q की आयु 26 वर्ष हो जायेगी तो इन दोनों की वर्तमान आयु का अनुपात क्या हैं?
(a) 4 : 1 (b) 2 : 3
(c) 2 : 1 (d) 3 : 4

63. यदि $a + b + c = 2S$ है, तो $[(S - a)^2 + (S - b)^2 + (S - c)^2 + S^2] = ?$
(a) $(S^2 + a^2 + b^2 + c^2)$ (b) $(a^2 + b^2 + c^2)$
(c) $(S^2 - a^2 - b^2 - c^2)$ (d) $(4S^2 - a^2 - b^2 - c^2)$

64. देश में महत्वपूर्ण समस्याओं के समाधान के लिए मशीन लर्निंग (एमएल) और आर्टिफिशियल इंटेलिजेस (एआई) का उपयोग करने वाले भारतीय स्टार्टअप के लिए विशेष रूप से तैयार विस्तृत परामर्श प्रोग्राम का नाम हैं:
(a) मॉडर्नाइजेशन एक्सीलेटर इंडिया
(b) ऑटोमेशम एक्सीलेटर इंडिया
(c) लॉन्चपैड उक्सीलेटर इंडिया
(d) मलाई (MILAI) एक्सीलेटर इंडिया

65. निम्न प्रश्न पढ़ें और निर्णय लें कि प्रश्न का उत्तर देने के लिए कौन-सी/से समीकरण पर्याप्त हैं/हैं।
प्रश्न:
x का मान क्या हैं?
समीकरण:
1. $x^2 - 18x + 81 = 0$
2. $p + q + r = 0$
(a) या तो 1 या 2 पर्याप्त हैं।
(b) ना तो 1 ना 2 पर्याप्त है।
(c) केवल 1 पर्याप्त हैं।
(d) केवल 2 पर्याप्त हैं।

66. विषम पता करें।

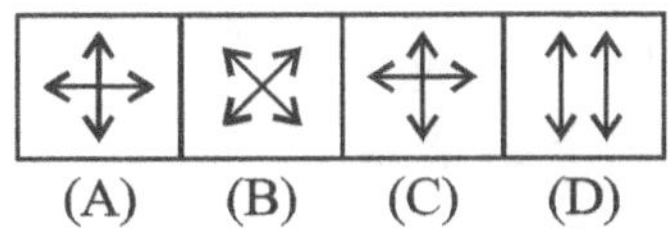
(A) (B) (C) (D)

(a) B (b) A
(c) D (d) C

67. दिया गया पाई-चार्ट भारत में मोबाइल फोन के उत्पादन के बारे में दर्शाता हैं। कुछ उत्पादित यूनिट्स 12,40,000 हैं।

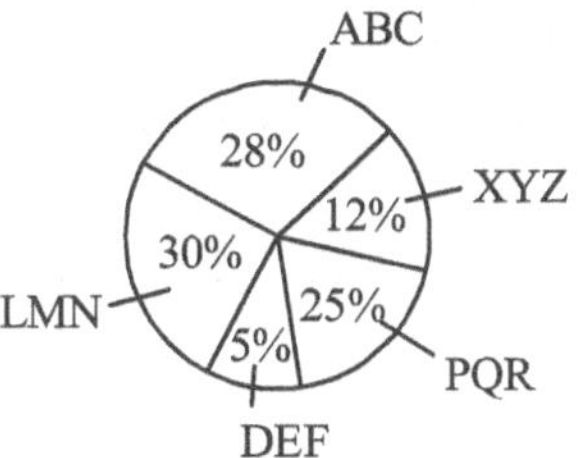

कंपनी 'DEF' दवारा मोबाइल फोन की कितनी यूनिट्स उत्पादित की गई हैं ?
(a) 15,600 (b) 31,000
(c) 62,000 (d) 1,24000

68. परमाणु संख्याओं के आधार पर तत्वों को वर्गीकृत किसने किया?
(a) डॉबेराइनर (b) मोसली
(c) न्यूलैंड (d) मेंडलीव

69. दिए गए कथन और निष्कर्षों को ध्यान से पढ़ें और यह चुनें कि कौन-सा निष्कर्ष तर्कसंगत रूप से कथनों का पालन करते हैं।
कथन:
(a) कुछ पिन धातु हैं।
(b) कुछ क्लिप धातु हैं।
निष्कर्ष:
1. कुछ धातु पिन हैं।
2. कुछ पिन क्लिप हैं।
(a) दोनों निष्कर्ष पालन करते हैं।
(b) केवल निष्कर्ष 1 पालन करता है।
(c) केवल निष्कर्ष 2 पालन करता हैं।
(d) कोई भी निष्कर्ष पालन नहीं करता हैं।

70. यदि दो असमान द्रव्यमानों में समान गतिज ऊर्जा होती हैं, तो भारी द्रव्यमान होती हैं:
(a) कम गति (b) अधिक आवेग
(c) कम आवेग (d) तेज गति

71. एक कार $2\frac{3}{4}$ लीटर पेट्रोल में 44 km की दूरी तय कर लेती हैं। लीटर पेट्रोल में कार कितनी दूरी तय कर सकती हैं?
(a) 16 km (b) 14 km
(c) 15 km (d) 13 km

72. समय के साथ, उर्ध्वाधर रूप से फेंकी गई एक गेंद का वेग होगा:
(a) ऊर्ध्वमुखी सकारात्मक
(b) आधोमुखी सकारात्मक
(c) आधोमुखी सकारात्मक
(d) ऊर्ध्वमुखी नकारात्मक

73. निम्न श्रृंखला में अगली संख्या ज्ञात करें।
16, 18, 22, 24, 28, 30, ?
(a) 34 (b) 30
(c) 25 (d) 27

74. $\{(.98)^3 + (0.02)^3 + 3 \times 0.98 \times 0.02 - 1\}$ का मान है–
(a) 1.09 (b) 1.98
(c) 0 (d) 1.562

75. भारत के निम्नलिखित में से किस केंद्रीय मंत्री ने योग के माध्यम से वैज्ञानिक तौर पर स्वस्थ जीवन के लिए लोगों को जोड़नें के लिए मोबाइल एप्लिकेशन 'सेलिब्रेटिंग योग' का शुभारंभ किया था?
(a) हर्षवर्धन (b) महेश शर्मा
(c) जगत प्रकाश नड्डा (d) स्मृति ईरानी

76. एक रेलगाड़ी 110 m लम्बे प्लेटफॉर्म को 13.5 सेकेंड में और 205 m लम्बे प्लेटफॉर्म को 18.25 सेकेंड में पार कर जाती हैं। रेलगाड़ी की गति क्या थी?
(a) 75 km/hr (b) 72 km/hr
(c) 69 km/hr (d) 66 km/hr

77. ममता सूर्या की माँ हैं। ममता के भाई का सूर्या के भाई से क्या संबंध हैं?
(a) मामा (b) दादा/नाना
(c) भाई (d) पिता

78. 120 W के एक विद्युत लैंप का प्रतिदिन 8 घंटे उपयोग किया जाता हैं। लैंप द्वारा एक दिन में प्रयुक्त की गई ऊर्जा की यूनिट्स की गणना करें।
(a) 0.96 यूनिट्स (b) 2.00 यूनिट्स
(c) 1.50 यूनिट्स (d) 16.00 यूनिट्स

79. कथन के बाद दो अवधारणाएँ I और II दी गई हैं। दिए गए कथनों और अवधारणाओं पर विचार करें और निर्णय लें, कि निम्नलिखित अवधारणाओं में से कौन सी कथन में अंतर्निहित हैं।

कथन:

संवहनीयता को, प्राकृतिक संसाधनों (उदा: जल, मिट्टी, जैव विविधता, तेल, खनिज) को खराब या नष्ट किए बिना वर्तमान पीढ़ी की जरूरतों को पूरा करने के अभ्यास के रूप में परिभाषित किया जा सकता हैं

अवधारणाएँ :

I. हमारा जीवन और अर्थव्यवस्था प्राकृतिक पूंजी पर निर्भर हैं, जो इन प्राकृतिक संसाधनों और प्राकृतिक सेवाओं और सूर्य द्वारा प्रदान की गई ऊर्जा से बना है।

II. जैसे ही प्रत्येक निवेशक जानता हैं, हमें अपनी पूँजी निवेश करनी चाहिए और ब्याज, या आय पर जीवित रहना चाहिए जो यह प्रदान करता है। स्थायी रूप से जीने के लिए, हमें ऐसा करने की जरूरत है। अपनी प्राकृतिक पूँजी की रक्षा करें और अपनी जैविक पर जिये।

(a) केवल II अंतर्निहित है।
(b) केवल I अंतर्निहित है।
(c) न तो I और न ही II अंतर्निहित है।
(d) I और II दोनों ही अंतर्निहित है।

80. यदि '+' का अर्थ '÷' और '×' का अर्थ '+' हो जाता है, तो $\{(36 + 6) + 6\} \times 12$ का मान क्या होगा?
(a) 13 (b) 6
(c) 12 (d) 21

81. यदि 15 लड़के ₹750, 5 दिनों में कमाते हैं, तो 25 लड़के 6 दिन में कितना धन कमायेंगे??
(a) ₹1,500 (b) ₹960
(c) ₹1,200 (d) ₹900

82. कैल्शियम हाइड्रॉक्साइस का सही सूत्र ....है।
(a) $Ca(OH)_2$
(b) CaOH
(c) Ca_2 OH
(d) $CaOH_2$

83. एक 40 kg भार वाली लड़की 4 s में 5m तक ऊँची होने वाली सीढ़ियों पर तेजी से चढ़ जाती है। उसके द्वारा विकसित शक्ति .... होगी।
(a) 500 W (b) 200 W
(c) 2000 W (d) 100 W

84. यदि किसी कूटभाषा में, COCK को DPDL लिखा जाता हैं, तो उसी कूटभाषा में HEN को किस प्रकार से लिखा जाएगा?
(a) IDP (b) ICO
(c) IFO (d) HEO

85. 5–8% एसिटिक एसिड को कहा जाता हैं:
(a) सिरका
(b) इथेनॉल
(c) एस्टर
(d) ग्लासिएल एसिटिक एसिड

86. निम्न आकृति में कितने आयत हैं?

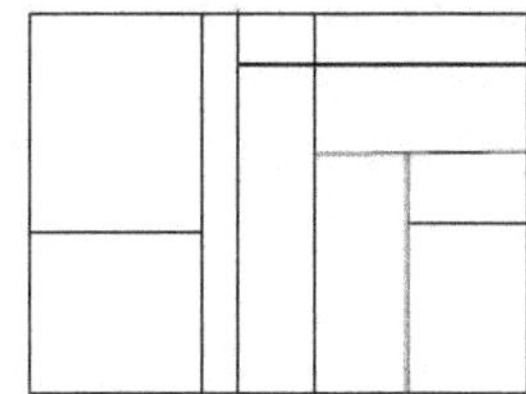

(a) 21 (b) 24
(c) 20 (d) 22

87. $\sin^2 60° + \cos^2 30° + \cot^2 45° + \sec^2 60° = ?$

(a) $\frac{7}{2}$ (b) $\frac{5}{2}$
(c) $\frac{13}{2}$ (d) $\frac{15}{2}$

88. निम्न आकृति में कितने वर्ग हैं।

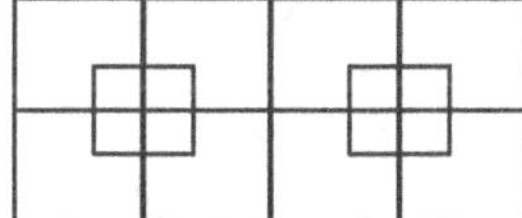

(a) 23 (b) 21
(c) 22 (d) 20

89. श्रवणीय रेंज से नीचे आवृत्तियों के साथ ध्वनि तरंगों को कहा जाता है:

(a) अल्ट्रासोनिक (b) अल्ट्रासाउंड
(c) सुपरसोनिक (d) इफ्रासोनिक

90. सामान्य तथ्य से भिन्न होने के बावजूद नीचे के कथन को सत्य मानते हुए यह बताएं कि कथन के आधार पर दिए गए निष्कर्षों में से कौन सा तार्किक रूप से पालन करता है?

कथन:

I. सभी कवर प्लास्टिक हैं।
II. सभी प्लास्टिक टॉक्सिक हैं।

निष्कर्ष:

1. सभी प्लास्टिक कवर है।
2. सभी टॉक्सिक कवर हैं।

(a) केवल निष्कर्ष 2 पालन करता हैं।
(b) कोई भी निष्कर्ष पालन नहीं करता हैं।
(c) सभी निष्कर्ष पालन करते हैं।
(d) केवल निष्कर्ष 1 पालन करता है।

91. गणतंत्र दिवस परेड में 2018 का सबसे अच्छी झांकी पुरस्कार केंद्रीय रक्षा मंत्री सीतारमण ने राज्य को दिया था

(a) कर्नाटक (b) गोवा
(c) महाराष्ट्र (d) गुजरात

92. $(7^{95} - 3^{58})$ द्वारा प्रतिनिधित्व की गई इकाइयों में अंकों की संख्या कितनी हैं :

(a) 0 (b) 4
(c) 7 (d) 6

93. समचतुर्भुज की एक भुजा की लंबाई और दो विकर्णों में से एक विकर्ण की लंबाई 6 cm है। समचतुर्भुज का क्षेत्रफल............ cm^2 है।

(a) 18 (b) $9\sqrt{3}$
(c) $27\sqrt{3}$ (d) $18\sqrt{3}$

94. लता घर पर 20 kg पनीर बनाती है और इसे प्रत्येक सुबह बेचती है। एक लीटर दूध से, वह 200 gms पनीर बनाती है। एक लीटर दूध की लागत ₹40 है। वह रोजाना दूध खरीदने में कितना पैसा खर्च करती हैं?

(a) ₹4,000 (b) ₹2,500
(c) ₹2,000 (d) ₹3,000

95. 17, 38, 85, 186, ?

(a) 639 (b) 477
(c) 272 (d) 397

96. प्रकाश की किरण पानी से ग्लास तक जाती है। यह झुकता है

(a) सामान्य की ओर और गति बढ़ती है
(b) सामान्य से दूर और गति बढ़ती है
(c) सामान्य की ओर और धीमा हो जाता है
(d) सामान्य से दूर और धीमा हो जाता है

97. के. आर. मीरा द्वारा लिखी गई पुस्तक का नाम बताएँ, जो राजनीति में ईमानदारी और आदर्शवाद की कीमत चुकाने के विषय में प्रासांगिक सवाल उठाती है?

(a) आराचर (b) निथ्रोमीलानम
(c) द गासपेल ऑफ यूदास (d) गिलेटिन

98. उस विकल्प का चयन करें जो तीसरे शब्द से ठीक उसी तरह संबंधित है जिस प्रकार दूसरा शब्द पहले शब्द से सबंधित है।

काँच : पारदशी :: लकड़ी : ....

(a) पेंट (b) फर्नीचर
(c) ब्लॉक (d) अपारदर्शी

99. इंदिरा गांधी इंडोर स्टेडियम में 31 जनवरी से 8 फरवरी, 2018 तक आयोजित खेलों। इंडिया स्कूल गेम्स (KISG) के पहले (उद्घाटन)। संस्करण का सभी श्रेणियो में विजेता राज्य निम्नलिखित में से कौन सा रहा?

(a) गुजरात (b) हरियाणा
(c) महाराष्ट्र (d) उत्तर प्रदेश

100.कथन के बाद दो तर्क I और II दिए गए है। निम्नलिखित कथन और तर्कों पर विचार करें और निर्णय लें कि कौन-सा तर्क मजबूत हैं?

कथनः

क्या 21वीं सदी के किशोर तनावग्रत हैं?

तर्कः

I. हाँ, किशोरों की धारणा है कि वे सभी क्षेत्रों में सफल या अच्छा होने की उम्मीद करते हैं। विफलता को स्पष्ट रूप से अस्वीकार्य होने के सीखने के अवसर के रूप में देखा जा रहा है।

II. नहीं, तनाव एक सापेक्ष धारणा है जिसे सही मार्गदर्शन से प्रबंधित किया जा सकता है।

(a) दोनो तर्क I और II मजबूत हैं।
(b) न तो I और ना II मजबूत हैं।
(c) केवल तर्क II मजबूत है।
(d) केवल तर्क I मजबूत है।

उत्तरमाला

1	(b)	11	(b)	21	(c)	31	(d)	41	(a)	51	(a)	61	(d)	71	(a)	81	(a)	91	(c)
2	(c)	12	(d)	22	(b)	32	(a)	42	(b)	52	(a)	62	(d)	72	(*)	82	(a)	92	(b)
3	(c)	13	(c)	23	(d)	33	(d)	43	(a)	53	(a)	63	(b)	73	(a)	83	(a)	93	(d)
4	(b)	14	(a)	24	(c)	34	(*)	44	(a)	54	(b)	64	(d)	74	(c)	84	(c)	94	(a)
5	(a)	15	(d)	25	(b)	35	(a)	45	(d)	55	(c)	65	(c)	75	(a)	85	(a)	95	(d)
6	(c)	16	(a)	26	(b)	36	(a)	46	(c)	56	(d)	66	(c)	76	(b)	86	(b)	96	(c)
7	(b)	17	(a)	27	(b)	37	(d)	47	(b)	57	(d)	67	(c)	77	(a)	87	(c)	97	(c)
8	(c)	18	(d)	28	(c)	38	(a)	48	(a)	58	(c)	68	(b)	78	(a)	88	(b)	98	(d)
9	(b)	19	(d)	29	(b)	39	(c)	49	(b)	59	(c)	69	(b)	79	(b)	89	(d)	99	(b)
10	(a)	20	(c)	30	(c)	40	(b)	50	(a)	60	(b)	70	(*)	80	(a)	90	(b)	100	(a)

संकेत एवं हल

1. (b) भारत ने ऑस्ट्रेलिया को हराकर आईसीसी अंडर-19 विश्व कप खिताब जीता तथा इसके साथ ही कुल चार बार विजयी हुआ।

2. (c) वोल्गा यूरोप की सबसे लम्बी नदी है, जो पूरी तरह से रूस में स्थित है। यह मात्र 225 मीटर की ऊँचाई पर वाल्दे हिल्स से निकलती है और 3,645 किलोमीटर लंबा सफर तय करते हुए कैस्पियन सागर में मिलती है।

3. (c) 6 = 2 × 3 अर्थात् वह संख्या जो 2 और 3 से विभाजित हो 6 से भी विभाजित होगी। 2 से सम संख्या विभाजित होती है और यदि संख्या के अंकों का योग 3 से विभाजित हो तो वह संख्या भी 3 से विभाजित होगी।

$\therefore \quad 9+8+7+x+5+4=33+x$

$\therefore$ दिये गये विकल्प के अनुसार

$x=3$

4. (b) तांबा बहुत लचीला और नर्म होता है। यह जब नया होता है तो गुलाबी रंग का होता है लेकिन बाद में यह लाल नारंगी रंग में बदल जाता है, जब यह हवा के सामने आ जाता है।

5. (a) विद्युत बल्ब के अंदर आमतौर पर नाइट्रोजन गैस भरी जाती है।

7. (b) $u=0, t=4 \text{ sec}, y=10\text{m/s}^2$

$$st = u+\frac{1}{2}g(2t-1)$$

$$=0+\frac{1}{2}\times 10(2\times 4-1) = \frac{1}{2}\times 70 = 35\text{m}$$

8. (c) स्पाइरोगाइरा एक शैवाल है। इसमें क्लोरोफिल पाया जाता है। अत: यह प्रकाश-संश्लेषण की क्रिया द्वारा अपना भोजन स्वयं बनाता है।

10. (a) $(136\div 17)+(17\times 13)-(103-85)\times(62+145)\div 23$

$$=8+221-18\times 207\div 23$$
$$=8+221-18\times 9$$
$$=8+221-162$$
$$=229-162=67$$

11. (b) जाइलम पौधों में पाये जाने वाले दो संवहन ऊतकों में से एक है, और दूसरा संवहन ऊतक फ्लोयम है।

12. (d) $\frac{1}{2}:\frac{2}{3}:3:4 = 3x:4x:18x:24x$

$\therefore \quad 686 = 3x + 4x + 18x + 24x$

$x = \frac{686}{49} = 14$

पहला भाग $= 3x = 3 \times 14 = 42$

13. (c) आवर्त सारणी के समूह 17वें के तत्व हैलोजन कहलाते हैं।
इस समूह में कुल पाँच तत्व हैं-फ्लोरीन (F), क्लोरीन (Cl), ब्रोमीन (Br), आयोडीन (I), एस्टेटीन (As)

14. (a) $R + R_1 + R_2 = 10\Omega + 20\Omega = 30\Omega$

अब $I = \frac{V}{R} = \frac{6}{30} = 0.2A$

15. (d) $x^2 - x - 1 = 0$

$\alpha + \beta = 1$

$\alpha.\beta = -1$

$\therefore \quad (\alpha + \beta)^2 = \alpha^2 + \beta^2 + 2\alpha.\beta$

$\Rightarrow \quad (a)^2 = \alpha^2 + \beta^2 + 2 \times (-1)$

$\Rightarrow \quad \alpha^2 + \beta^2 = 3$

अब $\frac{\alpha}{\beta} + \frac{\beta}{\alpha} = \frac{\alpha^2 + \beta^2}{\alpha\beta} = -3$

और $\frac{\alpha}{\beta} \times \frac{\beta}{\alpha} = 1$

समीकरण

x^2 – (मूलों का योग) x + मूलों का गुणनफल = 0

$\Rightarrow x^2 - (-3)x + 1 = 0$

$\Rightarrow \quad x^2 + 3x + 1 = 0$

16. (a) $\left(a + b + \frac{ab}{100}\right)\%$

$= \left(8 + 12 + \frac{8 \times 12}{100}\right)\% = 20.96\%$

17. (a) वाटरलू का युद्ध 1815 में लड़ा गया था। नेपोलियन का यह अंतिम युद्ध था। इसमें एक तरफ फ्रांस था तो दूसरी तरफ ब्रिटेन, रूस, प्रशा, आस्ट्रिया, हंगरी की सेना थी।

22. (b) राष्ट्रपति रामनाथ कोविंद ने भगवान जगन्नाथ नबकलेबर उत्सव के मौके पर ₹10 और ₹1000 के स्मृति सिक्के जारी किये।

23. (d) 24 मार्च 2006

$\Rightarrow$ (2005 वर्ष + 1 जनवरी 2006 से 24 मार्च 2006)

400 वर्षों में अतिरिक्त दिन = 0

5 वर्ष = (1 लीप वर्ष + 4 साधारण वर्ष)

= (2 + 4 अतिरिक्त दिन)

= 6 अतिरिक्त दिन

$\therefore$ जनवरी + फरवरी + मार्च = (31 + 28 + 24)

= 86 दिन = $(7 \times 17 + 5)$ = 5 अतिरिक्त दिन

$\therefore$ 24 मार्च 2006 को शुक्रवार होगा।

24. (c) $\frac{75}{125} = \frac{3}{5}$ या 3 : 5

25. (b) $22 - \left[23 - \left\{24 - \left(27 - \overline{25 - 30}\right)\right\}\right]$

$= 22 - [23 - \{24 - (27 + 5)\}]$

$= 22 - [23 - \{24 - 32\}]$

$= 22 - [23 + 8] = 22 - 31 = -9$

27. (b) हाइड्रा निडेरिया संघ का जन्तु है। इसमें प्रजनन की क्रिया अलैंगिक जनन से होती है। इनके शरीर में अलग से मलोत्सर्ग प्रणाली नहीं होता है।

28. (c) समय $= \frac{\text{दूरी}}{\text{चाल}} = \frac{450}{20 \times \frac{5}{18}}$ sec

$= \frac{450 \times 18}{20 \times 5}$ sec $= 81$ sec.

30. (c) कम pH वाला अम्लीय घोल उच्च pH मान वाले दूसरे घोलों के मुकाबले अधिक शक्तिशाली होता है। इसलिए 2.4 pH वाले हाइड्रोजन आयनों की सांद्रता उच्च होगी।

31. (d) $4 + 4.44 + 44.4 + 4.04 + 444 - 20$

$= 500.88 - 20 = 480.88$

32. (a) करेवा कश्मीर घाटी के झील निक्षेप हैं। इनमें हिमानी के मोटे निक्षेप तथा हिमोढ़ उपस्थित होते हैं। यह जम्मू-कश्मीर में पीर पंजाल श्रेणियों में पाया जाता है।

33. (d) चार संख्याए बढ़ते क्रम में a, b, c, d है।

तो a, b, c का मध्यमान, b = 9

तथा b, c, d का मध्यमान, c = 11

$\therefore$ संख्याएं = 7, 9, 11, 13

परास = 13 – 7 = 6

35. (a) चंद्रमा पर किसी वस्तु का भार पृथ्वी पर इसके भार का $\frac{1}{6}$ गुना होता है।

36. (a)

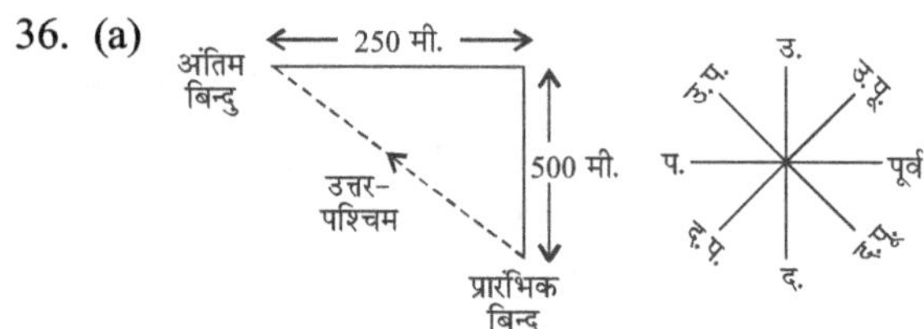

37. (d) A = 4d
B = 6h
C = –8h

6, 4, –3 → 24 यूनिट

$(A+B+C)=\frac{24}{(6+4-3)} = \frac{24}{7}h$

39. (c) 5.74 , 6.03, 0.8, 0.658, 7.2
= 0.658, 0.8, $\boxed{5.74}$, 6.03, 7.2

40. (b) यदि चक्रवृद्धि ब्याज प्रति तिमाही देय हो तब
P = 50,000, दर (r) = 3%, समय (t) = 2 वर्ष

$\therefore\ 50,000\left(1+\frac{3}{100}\right)^2$

$= 50,000\left(\frac{103}{100}\right)^2$

$= 50,000\left(\frac{10609}{10000}\right) = 53045$

$\therefore$ चक्रवृद्धि ब्याज = 53045 – 50,000
= ₹3045

41. (a) प्रवासी भारतीय दिवस प्रतिवर्ष 9 जनवरी को मनाया जाता है। इसी दिन महात्मा गांधी दक्षिण अफ्रीका से भारत वापस आये थे। इस दिवस को 2003 से मनाया जाता है।

42. (b) $80 + 20 \div 5 - 12 \times 92$
$= 80 \div 20 - 5 \times 12 + 92$
$= 4 - 60 + 92 = 96 - 60 = 36$

44. (a) गिलास, ब्रेक, पैंडल

47. (b) प्रधानमंत्री जन धन योजना भारत में वित्तीय समावेशन पर राष्ट्रीय मिशन है और जिसका उद्देश्य देश भर में सभी परिवारों को बैंकिंग सुविधाएं मुहैया कराना और हर परिवार का बैंक खाता खोलना है।

50. (a) जिस अभिक्रिया में ऊष्मा निकलती है उसे ऊष्माक्षेपी अभिक्रिया कहते हैं।
उदाहरण: $C + O_2 \rightarrow CO_2$

51. (a) $CP = \frac{25.65}{95} \times 100 = ₹\ 27$
$\therefore$ ₹ 31.05 में बेचने पर ₹ 4.05 का लाभ होगा।
लाभ % $= \frac{4.05}{27} \times 100\% = 15\%$

52. (a) कथन से यह स्पष्ट है कि स्कूल बच्चों का विकास चाहता है। लेकिन ऐसा नहीं दिया है कि छोटे बच्चे स्विमिंग आसानी से सीखते हैं या नहीं। इसलिए अवधारणा II सही है।

53. (a) वेलु थम्पी दलवा 1802 से 1809 के बीच त्रावनकोर के योग्य मंत्री थे। पेरूमल के दरबार में। इन्होंने 1808 में ब्रिटिश कंपनी का विरोध किया।

57. (d) कथन से स्पष्ट है कि रीना अपनी बेटियों को अध्ययन कार्यक्रम के बारे में याद दिलायी ताकि वे अपनी परीक्षाओं के प्रति गंभीर हो। इसलिए दोनों अवधारणाएं सही हैं।

58. (c) 6025 को छोड़कर अन्य सभी पूर्ण वर्ग संख्याएँ है। इसलिए 6025 अपरिमेय संख्या होगी।

60. (b)
लड़के 13 लड़कियां 15
14.28
.72 : 1.28
9 : 16

कक्षा में विद्यार्थियों की कुल संख्या $= \frac{9}{9} \times 25 = 25$

62. (d) P की वर्तमान आयु = 15 वर्ष
Q की 6 वर्ष बाद की आयु = 26 वर्ष
Q की वर्तमान आयु = 26 – 6 = 20 वर्ष

$\therefore\ \frac{\text{P की वर्तमान आयु}}{\text{Q की वर्तमान आयु}} = \frac{15}{20} = \frac{3}{4}$

63. (b) $a + b + c = 2S$
$\therefore\ (a + b + c)^2 = 4S^2$
अब $[(S-a)^2 + (S-b)^2 + (S-c)^2 + S^2]$
$= [S^2 + a^2 - 2Sa + S^2 + b^2 - 2Sb + S^2 + c^2 - 2Sc + S^2]$
$= [4S^2 - 2S(a + b + c) + a^2 + b^2 + c^2]$
$= [(a + b + c)^2 - (a + b + c)^2 + (a^2 + b^2 + c^2)]$
$= (a^2 + b^2 + c^2)$

65. (c) I. $x^2 - 18x + 81 = 0$
$(x - 9)^2 = 0 \Rightarrow x = 9$
$\therefore$ केवल I पर्याप्त है।

67. (c) DEF द्वारा मोबाइल फोन का उत्पादन
$= 1240000 \times \frac{5}{100} = 62000$

69. (b)

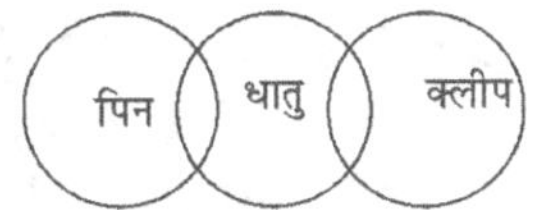

अतः केवल निष्कर्ष 1 सही है।

71. (a) $\because 2\frac{3}{4}$ लीटर पेट्रोल में $= 44$ km

$\therefore$ 1 लीटर में $= \frac{44}{\frac{11}{4}} = 16$km

73. (a) 16 18 22 24 28 30 [34]

+2 +4 +2 +4 +2 +4

74. (c) $(a+b)^3 = a^3 + b^3 + 3ab(a+b)$

$= \{(.98)^3 + (0.02)^3 + 3 \times 0.98 \times 0.02\ (0.95 + 0.02) - 1\}$

$= [(.98 + 0.02)^3 - 1] = (1 - 1) = 0$

76. (b) दूरी में अंतर $= 205 - 110 = 95$ मी.

समय में अंतर $= 18.25 - 13.5 = 4.75$ सेकेंड

चाल $= \frac{\text{दूरी}}{\text{समय}} = \frac{95}{4.75} \times \frac{18}{5}$ km/h $= 72$ km/h

77. (a) सूर्या —माँ→ ममता

सूर्या ↓ भाई, ममता ↓ भाई

भाई —मामा→ भाई

78. (a) विद्युत ऊर्जा (kwh में)

$= \frac{\text{कुल शक्ति} \times \text{कुल समय}}{1000}$

$= \frac{120 \times 8}{1000} = 0.96$ units

80. (a) $\{(36 + 6) + 6\} \times 12 = \{(36 \div 6) \div 6\} + 12$

$= \{6 \div 6\} + 12 = 1 + 12 = 13$

81. (a) $\frac{15 \times 5}{750} = \frac{25 \times 6}{x}$

x = ₹ 1500

83. (a) m = 40kg; g = 10 m/s^2; y = 4 sec

विस्थापन (S) = 5m

शक्ति $= \frac{\text{कार्य}}{\text{समय}} = \frac{\text{बल} \times \text{विस्थापन}}{\text{समय}} = \frac{mgS}{t}$

$= \frac{40 \times 10 \times 5}{4} = 500$w

84. (c) जिस प्रकार,

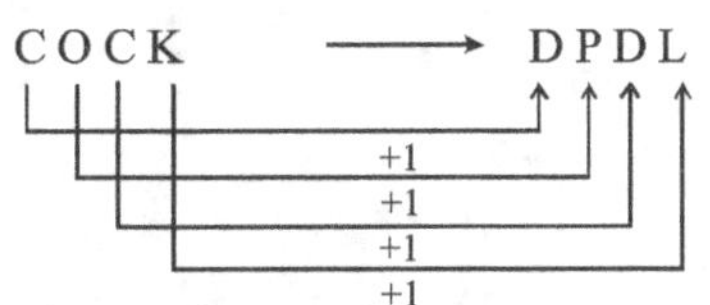

उसी प्रकार, HEN → IFO

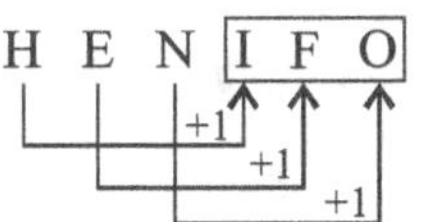

87. (c) $\sin^2 60° + \cos^2 30° + \cot^2 45° + \sec^2 60°$

$= \left(\frac{\sqrt{3}}{2}\right)^2 + \left(\frac{\sqrt{3}}{2}\right)^2 + (1)^2 + (2)^2$

$= \frac{3}{4} + \frac{3}{4} + 1 + 4 = \frac{26}{4} = \frac{13}{2}$

90. (b) टॉक्सिक, प्लास्टिक, कवर

अतः कोई भी निष्कर्ष सही नहीं है।

92. (b) $(7^{95} - 3^{58}) = 7^3 - 3^2 = 3 - 9 = -6$

$\therefore$ इकाई अंक $= 10 - 6 = 4$

93. (d) A D B C, 6, 6, 6

समचतुर्भुज का क्षे० $= 2 \times \Delta ABC$ का क्षे०

$= 2 \times \frac{\sqrt{3}}{4} \times 6^2 = 2 \times \frac{\sqrt{3}}{4} \times 36 = 18\sqrt{3}$

94. (a) $\because$ 200 gm पनीर = 1 लीटर दूध

$\therefore$ 20 kg पनीर = 100 लीटर दूध

अब, 1 लीटर दूध की लागत = ₹ 40

$\therefore$ 100 लीटर दूध की लागत

= 100 × 40 = ₹ 4000

95. (d)

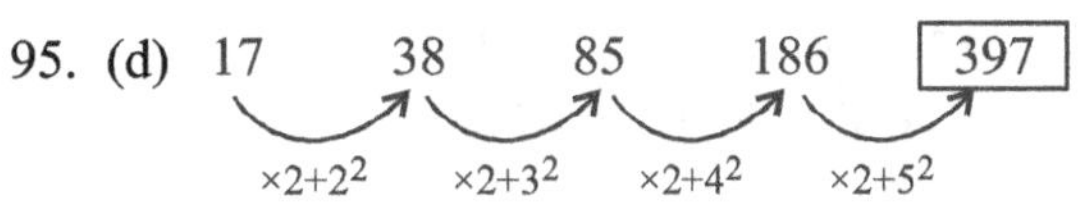

RRB ग्रुप D 2018 सॉल्वड पेपर-14

दिनांक : 3 अक्टूबर 2018

1. कथन को पढ़िए और पहचानिए कि दी गई जानकारी में से कौन-सा निष्कर्ष सही है:
कथन:
वह दुनिया के सर्वश्रेष्ठ डिजाईनरों में से एक है।
निष्कर्ष:
I. दुनिया में और भी अच्छे डिजाइनर हैं।
II. वह दूसरे डिजाइनरों में तीसरे नंबर पर आता है।
(a) निष्कर्ष I और II दोनों अनुसरण करते हैं
(b) केवल निष्कर्ष I अनुसरण करता है।
(c) न तो निष्कर्ष I और न ही II अनुसरण करता है।
(d) केवल निष्कर्ष II अनुसरण करता है।

2. दिए गए कथन और निष्कर्षों को ध्यान से पढ़ें और यह चयन करें कि कि कौन-सा निष्कर्ष तार्किक रूप से कथन का पालन करता है।
कथन:
I. सभी लड़के गायक हैं
II. कुछ गायक प्रशिक्षित होते हैं।
निष्कर्ष:
1. सभी गायक लड़के हैं।
2. कुछ लड़कों को प्रशिक्षित किया जाता है।
(a) दोनों 1 और 2 का पालन करता है।
(b) न तो 1 और न ही 2 का पालन करता है।
(c) केवल निष्कर्ष 1 का पालन करता है।
(d) केवल निष्कर्ष 2 का पालन करता है।

3. 6 7 4 8 5 8 8 4 8 3 2 5 8 6 7 8 3 8
उपरोक्त श्रृंखला उपयोग करते हुए यह ज्ञात कीजिए कि कौन-सी संख्या समूह से संबंधित नहीं है।
688, 426, 542, 268
(a) 426 (b) 542
(c) 688 (d) 268

4. एक कथन के बाद दो तर्क दिए गए हैं। निर्णय लें कि कथन के संबंध में कौन-से तर्क मजबूत हैं।
कथन:
जनता को चिड़ियाघरों में जानवरों को भोजन नहीं खिलाना चाहिए।
तर्क:
I. हां, दर्शकों की सुरक्षा सुनिश्चित करने के लिए यह निषिद्ध है।
II. नहीं, जानवरों को खिलाने में मजा आता है।
(a) I और II दोनों मजबूत हैं।
(b) केवल तर्क II मजबूत है।
(c) केवल तर्क I मजबूत है।
(d) न तो I और न ही II मजबूत है।

5. रघु ने पांच वक्र रेखाएं छापी, चिन्हित की गयी पांच रेखाओं (a), (b), (c), (d) और (e), में से कोई चार किसी खास तरह से समान है, एक वक्र रेखा किसी भी तरह से बाकी चार के समान नहीं है, वह वक्र रेखा चुनिए जो बाकी वक्र रेखाओं से अलग है।

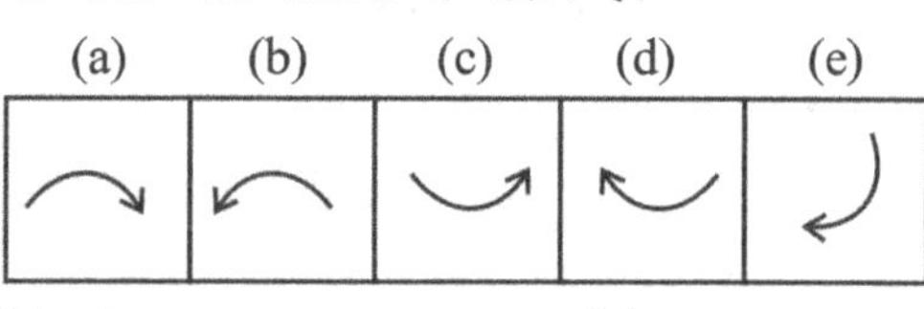

(a) b (b) a
(c) d (d) e

6. मेंडेलीव की आवर्त्त सारणी ______ के दौरान एक जर्मन पत्रिका में प्रकाशित हुई थी।
(a) 1871 (b) 1872
(c) 1873 (d) 1874

7. मथुरा रिफाइनरी उत्तर प्रदेश की एकलौती रिफाइनरी है और यह देश में भारतीय तेल रिफाइनरी की श्रृंखला में ______ स्थान पर आती है।
(a) 5वें (b) 6ठे
(c) 7वें (d) 9वें

8. उस विकल्प का चयन कीजिए जो तीसरे शब्द से उसी प्रकार संबंधित है जिस प्रकार दूसरा शब्द पहले शब्द से संबंधित है।
India : Rupee :: UK : ?
(a) Pound (b) Lira
(c) Dinar (d) Yen

9. लुप्त हुई जानकारी ज्ञात कीजिये
AZBY, CXDW, EVFU, ______ , IRJQ

(a) GRHS (b) GSHT
(c) GWHX (d) GTHS

10. किसी वस्तु पर किया गया कार्य निम्न में से किस पर निर्भर नहीं करता है?
(a) आरोपित बल
(b) बल और विस्थापन के बीच के कोण
(c) विस्थापन
(d) वस्तु के द्रव्यमान

11. नंदन का मुख पश्चिम दिशा की ओर है। वह 135° घड़ी की दिशा में मुड़ता है और फिर 45° घड़ी की विपरीत दिशा में है। अब उसका मुख किस दिशा में है?
(a) पूर्व (b) दक्षिण
(c) उत्तर (d) पश्चिम

12. निम्न में से कौन-सी फसल फलीदार है?
(a) मुचुना (b) दलहन
(c) अनाज (d) तिल

13. जब हम दर्पण में देखने पर घड़ी में 9:30 का समय दिखाई देता है तो वास्तविक तौर पर घड़ी में सही समय क्या होगा?
(a) 3 : 30 (b) 8 : 30
(c) 6 : 30 (d) 11 : 30

14. निम्नलिखित रासायनिक अभिक्रिया में, किस उत्पाद को X से दर्शाया गया है?
(a) CO_2 (b) O_3
(c) H_2O (d) CO

15. ओपन मार्केट ऑपरेशंस आरबीआई द्वारा ______ की विक्रय और क्रय को संदर्भित करता है।
(a) विदेशी मुद्रा (b) अचल परिसंपत्ति
(c) सरकारी प्रतिभूतियां (d) बुलियंस

16. निम्न में से कौन-सी भारत की प्रथम महिला व्यायामी है जिसने ओलपिक्स में हिस्सा लिया?
(a) ज्योति मोरे (b) अरुणा रेड्डी
(c) दीपा करमाकर (d) बिंदु भोसले

17. निम्न में से कौन-सा आंध्र प्रदेश का राज्य पशु है?
(a) कृष्ण मृग
(b) बैल
(c) मिथुन
(d) एक सिंग वाला गेंडा

18. ______ गैस का उपयोग चिप्स को ऑक्सीकृत होने से रोकने के लिए किया जाता है।
(a) N_2 (b) Cl_2
(c) O_2 (d) H_2

19. 5.25% साधारण ब्याज प्रति वर्ष पर ₹3,250 की राशि पर 8 वर्षों में ______ ब्याज अर्जित होगा।
(a) ₹1,465 (b) ₹1,395
(c) ₹1,425 (d) ₹1,365

20. यदि $a+\frac{1}{a}=5$ है तो $a^3+\frac{1}{a^3}$ का मूल्य क्या है?
(a) 130 (b) 110
(c) 140 (d) 120

21. दी गयी एक आकृति किसी एक उत्तर आकृति में सन्नहित है, वह उत्तर आकृति कौन-सी है?

प्रश्न आकृति :

उत्तर आकृति :

A B C D

(a) D (b) B
(c) A (d) C

22. 30 लोग किसी कार्य को 12 दिनों में पूरा कर सकते हैं। 40 लोगों को उसी कार्य को पूरा करने में कितना समय लगेगा?
(a) 6 (b) 8
(c) 10 (d) 9

23. उस विकल्प का चयन करें जिसका तीसरे शब्द से वही संबंध है, जैसा कि दूसरा शब्द का पहले शब्द से है।
काम : कार्यालय :: व्यायाम :
(a) तैरना (b) वजन घटना
(c) टहलें (d) जिम

24. दी गयी आकृतियों में से भिन्न आकृति बाहर निकलें।

A B C D

(a) B (b) D
(c) C (d) A

25. ओहम का नियम ______ और ______ के बीच संबंध का वर्णन करता है।
(a) विभवान्तर, विद्युत आवेश
(b) विभवान्तर, विद्युत धारा
(c) विद्युत आवेश, समय
(d) विद्युत धारा, विद्युत आवेश

26. 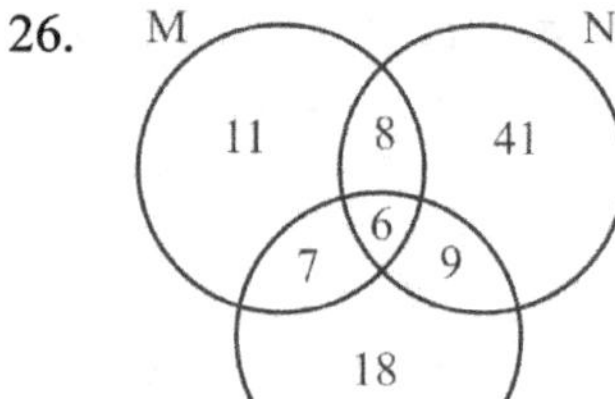

उपरोक्त वेन चित्र उन छात्रों को दर्शाता है, जो कक्षा में 3 खेल M, N व L खेलते हैं। जो न्यूनतम दो खेल खेलते हैं, ऐसे छात्रों की कुल संख्या है:

(a) 35 (b) 28
(c) 30 (d) 31

27. $\sqrt{0.9}$ का मान पता लगाएं।

(a) 0.598 (b) 0.958
(c) 0.948 (d) 0.894

28. _____, दिल्ली के सुल्तान ने अपनी राजधानी को दिल्ली से दौलताबाद स्थानांतरित कर दिया था।

(a) घियासुद्दीन बलबन
(b) अकबर
(c) इल्तुतमिश
(d) मुहम्मद-बिन-तुगलक

29. शेरशाह द्वारा शुरू किए गए चाँदी के सिक्कों को ______ के रूप में मुगलों ने भी जारी रखा था।

(a) रुपया (b) मोहर
(c) टांका (d) टका

30. 2015-16 के राष्ट्रीय एकता के लिए 30वें इंदिरा गांधी पुरस्कार से किसे सम्मानित किया गया था?

(a) टी.एम. कृष्णा
(b) मनमोहन सिंह
(c) श्री श्री रविशंकर
(d) ए.पी.जे. अब्दुल कलाम

31. राम एक 104 मीटर लंबे तालाब में तैरता है। वह एक छोर से दूसरे छोर तक तैरकर जाने और वापस उसी रास्ते से आने में 208 मीटर की दूरी एक मिनट में तय करता है। उसकी औसत चाल ज्ञात कीजिए।

(a) $2.5\ ms^{-1}$ (b) $2\ ms^{-1}$
(c) $3.0\ ms^{-1}$ (d) $3.47\ ms^{-1}$

32. यदि ÷ का मतलब ×, × का मतलब +, + का मतलब – और – का मतलब ÷, 28 × 3 + 12 – 4 ÷ 10 का मान ज्ञात कीजिए।

(a) 2 (b) 4
(c) 5 (d) 1

33. $156 \div [47 + \{105 \div (25 - 120 \div \overline{6 \times 5})\}] =$

(a) 1 (b) 5
(c) 3 (d) 7

34. वह विकल्प चुनें जो संवहनी तंत्र के संदर्भ में सत्य नहीं है।

(a) एक वयस्क व्यक्ति में लगभग 6.8 लीटर रक्त होता है।
(b) रक्त लाल संवहनी संयोगी ऊतक है।
(c) यह शरीर के वजन के लगभग 1.7 - 1.8% होता है।
(d) मानव आरबीसी (RBCs) का जीवन काल 115-120 दिन है।

35. महिला दिवस 2018 को 'नारी शक्ति पुरस्कार' किसने प्राप्त किया है?

(a) चावी राजवत (b) सुषमा स्वराज
(c) मीना बहन (d) सोनिया गांधी

36. योनि ______ की ओर जाती है।

(a) फलोपियन ट्यूब (b) अंडवाहक नलिका
(c) गर्भाशय ग्रीवा (d) गर्भाशय

37. महाराष्ट्र सरकार द्वारा लता मंगेशकर लाइफटाइम अचीवमेंट अवॉर्ड 2016 से किसे सम्मानित किया गया था?

(a) नदीम-श्रवण (b) लक्ष्मी कांत
(c) उत्तम सिंह (d) बप्पी लाहिड़ी

38. x और y, 1 दशमलव स्थान तक सही दिया गया है, क्रमशः 4.5 और 2.4 के रूप में लिखे जाते हैं। x-y मूल्य की ऊपरी सीमा क्या है?

(a) 2.2 (b) 2.25
(c) 2.15 (d) 2.1

39. वर्ष 2017 में भारत का 48वाँ अन्तर्राष्ट्रीय फिल्म महोत्सव आयोजित हुआ था।

(a) मुंबई (b) गोआ
(c) हैदराबाद (d) दिल्ली

40. दिया गया पाई चार्ट अलग अलग भागों पर Q3 2015 में कंपनी XYZ का खर्च दर्शाता है।

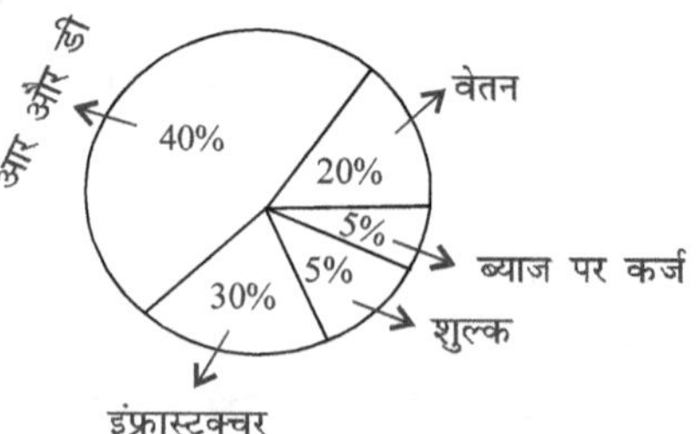

यदि कंपनी XYZ ने कुल ₹ 100 लाख करोड़ खर्च किया, तो कर्मचारियों के वेतन पर कुल कितना खर्च किया?

(a) ₹10 लाख करोड़ (b) ₹5 लाख करोड़
(c) ₹2.5 लाख करोड़ (d) ₹20 लाख करोड़

41. निम्न वक्तव्य(यों) व निष्कर्षों को ध्यान से पढ़ें और उन निष्कर्षों का चयन करें, जो वक्तव्य(यों) से तार्किक रूप से प्राप्त होते हैं।

वक्तव्य:

1. कुछ एल्बम फोटो हैं
2. सभी फोटो फ्रेम हैं।

निष्कर्ष:

1. कुछ एल्बम्स फ्रेम्स हैं।
2. कोई फोटो एल्बम नहीं।

(a) केवल (2) अनुसरण करता है
(b) केवल (1) अनुसरण करता है
(c) दोनों (1) व (2) अनुसरण करते हैं
(d) या तो (1) या (2) अनुसरण करता है

42. निम्नलिखित में से कौन-सा अवसान दशमलव देगा?

(a) $\frac{12}{72}$ (b) $\frac{9}{72}$
(c) $\frac{3}{72}$ (d) $\frac{6}{72}$

43.

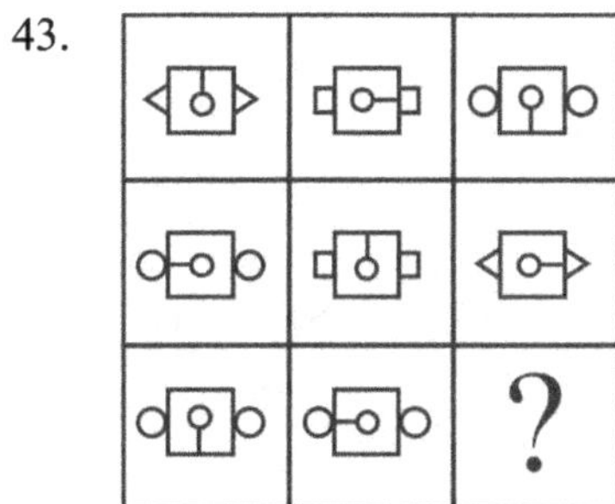

निम्नलिखित में से एक आकृति चुनिए जो रिक्त स्थान पर पूर्ण रूप से फिट आती है।

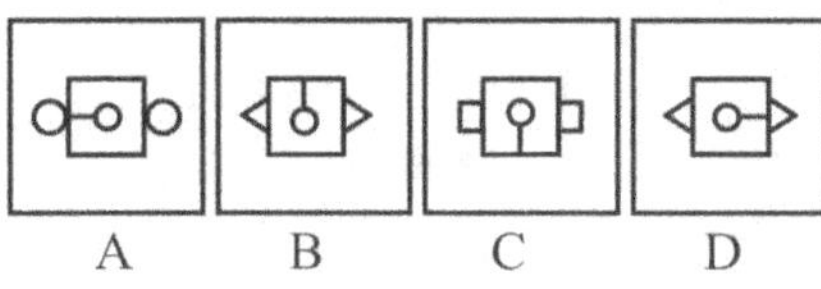

(a) C (b) B
(c) D (d) A

44. एक रेलगाड़ी 48 km/hr की तेजी से दौड़ने पर 10 घंटों में अपनी यात्रा पूरी कर सकती है। यदि उसी दूरी को 8 घंटों में पूरा किया जाना हो, तो रेलगाड़ी की गति क्या होनी चाहिए?

(a) 45 km/hr (b) 55 km/hr
(c) 60 km/hr (d) 50 km/hr

45. एक आयताकार डिब्बे के माप 2 : 3 : 5 के अनुपात में है। यदि कुल सतह क्षेत्र 6200 वर्ग cm है तो घनाभ के आयाम ज्ञात कीजिए?

(a) 20 cm × 30 cm × 40 cm
(b) 20 cm × 30 cm × 50 cm
(c) 20 cm × 40 cm × 50 cm
(d) 30 cm × 40 cm × 50 cm

46. एक साधारण अष्टकोण (ऑक्टागन) के आंतरिक कोण का योग ______ होता है:

(a) 720 (b) 1080
(c) 900 (d) 540

47. एक प्रश्न और दो कथन दिए गए है। पहचानिए कि कौन-सा/कौन-से कथन उत्तर के लिए जरूरी/पर्याप्त है:

प्रश्न:

विमला की उम्र क्या है?

कथन:

I. विमला, कमला और सुधा सारे समान उम्र के हैं।
II. विमला, कमला और अमला की कुल 32 वर्ष है और अमला की उम्र विमला और कमला दोनों की उम्र के बराबर है।

(a) केवल आंकड़ा I पर्याप्त है।
(b) या तो केवल I या तो II पर्याप्त है।
(c) केवल आंकड़ा II पर्याप्त है।
(d) आंकड़ा I और II दोनों एकसाथ जरुरी है।

48. ______ में पतली कोशिका भित्ती के साथ अपेक्षाकृत गैर-विशिष्ट कोशिकाएं होती है।

(a) पैरेनकाइमा (b) ट्रेकीड्स
(c) स्क्लेरेनकाइमा (d) कॉलेनकाइमा

49. एक भिन्न को बाहर निकलें:

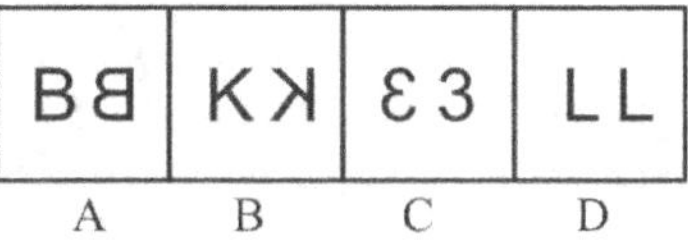

(a) D (b) B
(c) C (d) A

50. मंदता की अंतरराष्ट्रीय (SI) इकाई ______ है।

(a) ms^{-2} (b) ms
(c) ms^{2} (d) ms^{-1}

51. ______ आंध्र प्रदेश की नयी राजधानी है।

(a) सिकंदराबाद (b) हैदराबाद
(c) अमरावती (d) तिरुपति

52. भारत के किस पूर्व प्रधानमंत्री को मरणोपरांत भारत रत्न से सम्मानित किया गया था?
(a) आई.के. गुजराल (b) राजीव गांधी
(c) मोरारजी देसाई (d) पी.वी. नरसिंहा राव

53. निम्न में से किसकी कोई इकाई नहीं है?
(a) आवर्धन (b) निर्वाह शक्ति
(c) फोकल लम्बाई (d) लेंस की शक्ति

54. निम्न का दर्पण प्रतिबिम्ब चुनें:

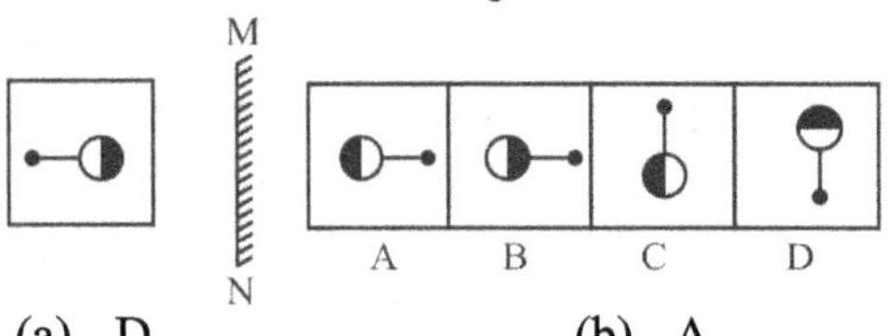

(a) D (b) A
(c) B (d) C

55. कबड्डी के क्षेत्र में 2017 का द्रोणाचार्य पुरस्कार किसको दिया गया था:
(a) अनुप पी कुमार (b) प्रदीप नरवाल
(c) राहुल चौधरी (d) हीरा नंद कटारिया

56. एक परिवार 5 दिन में 100 यूनिट इस्तेमाल करता है जब इसे जूल में परिवर्तित करेंगे तो कितनी ऊर्जा प्राप्त होगी?
(a) 3.6×10^{-8} J (b) 360×10^{-8} J
(c) 360×10^{8} J (d) 3.6×10^{8} J

57. दी गयी आकृति में से एक भिन्न आकृति को चुनिए।

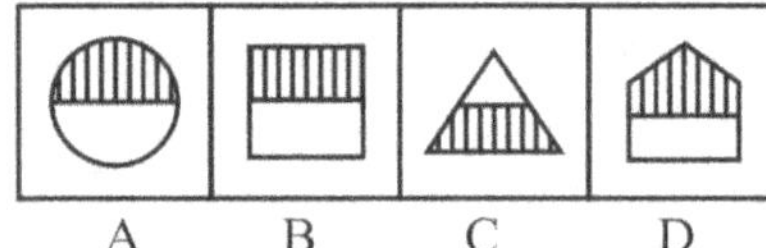

(a) A (b) C
(c) D (d) B

58. मनुष्यों में, महिलाओं में यौन गुणसूत्रों का _______ सेट होता है।
(a) YYX (b) XX
(c) YY (d) XY

59. माता और पुत्री की कुल उम्र 50 साल है। 5 साल बाद माता की उम्र पुत्री की उम्र से 4 गुना ज्यादा होगी। पुत्री की वर्तमान आयु ज्ञात करें?
(a) 12 साल (b) 7 साल
(c) 10 साल (d) 15 साल

60. 1 मार्च 2018 से पंजाब के मुख्यमंत्री कौन है?
(a) नवजोत सिंह सिधु
(b) केप्टन अमरिंदर सिंह
(c) प्रकाश सिंह बादल
(d) नवीन महिंद्रा

61. 21 फरवरी, 2018 को, भारत ने अपनी स्वदेश विकसित परमाणु सक्षम पृथ्वी-II मिसाइल का रात्रि परीक्षण, किस परीक्षण रेंज से किया:
(a) राजस्थान (b) कर्नाटक
(c) ओडिशा (d) तमिलनाडु

62. दिये गये चित्र में पंचभुजों की संख्या ज्ञात कीजिए।

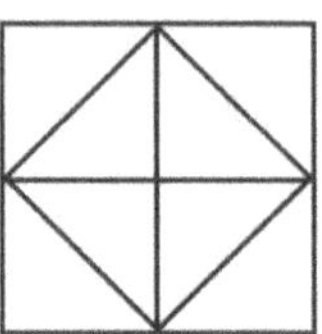

(a) 12 (b) 4
(c) 16 (d) 8

63. सुमन की बहनों के एकलौते भाई के पिता की माता से सुमन कैसे संबंधित है?
(a) बुआ / मौसी (b) बहन
(c) माता (d) दादी

64. निम्न में से कौन-सा मिश्रण कम प्रतिक्रिया करने वाला है?
(a) एथेन (b) प्रोपेन
(c) ब्युटेन (d) इथाइन

65. दिया गया एक कथन दो तर्कों का अनुसरण करता है। निर्णय कीजिए कि कौन-सा / कौन-से तर्क कथन के संदर्भ में मजबूत है।

कथन:
क्या किसी कंपनी में पदोन्नति के लिए मानदंड ज्येष्टता होना चाहिए?

तर्क:
1. हाँ, बिना वरिष्ठ कर्मचारियों के किसी कंपनी में काम का संचालन सहजता से नहीं चल सकता।
2. नहीं, यह छल और भेदभाव को बढ़ावा देगी।

(a) या तो तर्क 1 या 2 मजबूत है।
(b) न तो तर्क 1 न ही 2 मजबूत है।
(c) केवल तर्क 1 मजबूत है।
(d) केवल तर्क 1 मजबूत है।

66. 2018 में केन्या के नए राष्ट्रपति के रूप में निम्न में से किसने शपथ ग्रहण किया है?
(a) किकुयू केन्याट्टा
(b) जोमो केन्याट्टा
(c) रेला ओडिंगा
(d) उहुरू मुइगौई केन्याट्टा

67. ______ की SI इकाई एम्पीयर है?
(a) विद्युत धारा (b) विद्युत आवेश
(c) प्रतिरोध (d) विभवान्तर

68. एक तत्व 2, 8, 8, 2 की इलेक्ट्रॉनिक समाकृति के साथ आवर्त में रखा गया आधुनिक आवर्त सारणी में यह ______ है।
(a) 4 (b) 10
(c) 12 (d) 3

69. निम्न में से किसने रामेश्वरम में डा. ए.पी.जे. अब्दुल कलाम स्मारक का उद्घाटन किया?
(a) ओ. पनीरसेल्वम (b) नरेन्द्र मोदी
(c) के. पलानिस्वामी (d) प्रणब मुखर्जी

70. एक कार सड़क के किनारे से गिरकर 0.5 s में जमीन पर आ पहुँचती है। अगर $g = 10\ ms^{-2}$ है, तो जमीन से टकराते समय इसकी गति क्या होगी?
(a) $5\ ms^{-2}$ (b) $10\ ms^{-2}$
(c) $10\ ms^{-1}$ (d) $5\ ms^{-1}$

71. 14 cm अर्ध व्यास वाले एक समकोण गोलाकार बेलन जार में कुछ पानी है। यदि 5.6 cm अर्ध व्यास वाली गोलाकार गेंद पानी में फेंकी जाती है और पूरी तरह पानी में डुबोई जाती है तो पानी लगभग किस स्तर की ऊंचाई तक बढ़ेगा?
(a) 9.0 cm (b) 1.0 cm
(c) 1.2 cm (d) 1.1 cm

72. रबी के पास उसके बैंक खाते में ₹ 713.39 थे, उसने अपने खाते में फिर से कुछ राशि जमा करायी और फिर पांच कमीजों के पैसे देने के लिए उसमें से पैसे निकाले, प्रत्येक कमीज की कीमत ₹ 123.79 थी। यदि उसके खाते में कुल शेष राशि ₹ 545.16 है, तो उसने कितनी राशि जमा करवाई थी?
(a) ₹ 460.70 (b) ₹ 450.75
(c) ₹ 448 (d) ₹ 459.50

73. निम्नलिखित में से कौन-सा / कौन-से कथन सही है?
A. ठोस CO_2 को सुखी बर्फ के रूप में जाना जाता है।
B. ठोस CO_2 सीधे सरल रूप में बदल जाती है।
C. ठोस CO_2 सीधे तौर पर गैस के रूप में बदल जाता है।
(a) सारे गलत है
(b) A और C गलत है, B सही है
(c) सारे सही है
(d) A और C सही है, B गलत है

74. 6 kg 5 g = ?
(a) 0.65 kg (b) 6.05 kg
(c) 6.5 kg (d) 6.005 kg

75. निम्न में से किस वैज्ञानिक ने यह दिखाया कि द्रव्य को ऊर्जा में और ऊर्जा को द्रव्य में स्थानांतरित किया जा सकता है?
(a) जोसेफ प्राउस्ट (b) रॉबर्ट बॉयल
(c) अल्बर्ट आइंस्टीन (d) जैक्स चार्ल्स

76. ______ जलमिश्रित HCl के साथ प्रतिक्रिया नहीं करता।
(a) जिंक (b) कॉपर
(c) एल्युमीनियम (d) मैग्नीशियम

77. निम्नलिखित पाई रेखाचित्र XYZ रेस्टोरेंट द्वारा विभिन्न प्रकार की खाद्य वस्तुओं की बिक्री की सूचना देता है।

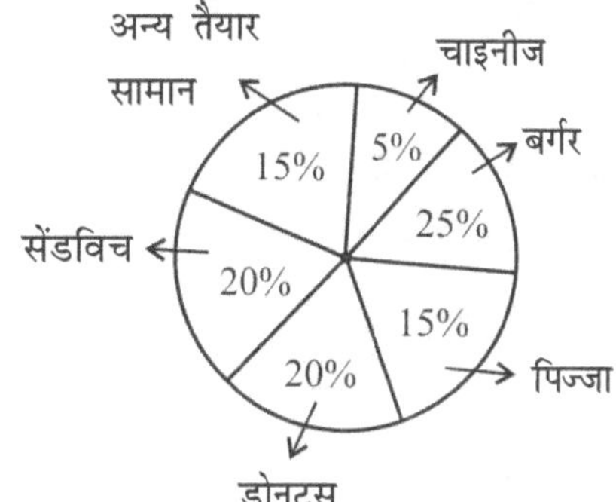

नवंबर 2017 में रेस्टोरेंट द्वारा कुल राजस्व ₹ 35 लाख प्राप्त किया गया था। XYZ रेस्टोरेंट में किस प्रकार की खाद्य वस्तु से सबसे कम राजस्व प्राप्त हुआ?
(a) बर्गर
(b) डोनट्स
(c) सैंडविच
(d) चाइनीज खाद्य वस्तुएं

78. दी गयी संख्याओं के सेट की माध्यिका ज्ञात कीजिए:
15, 27, 10, 18, 13, 13, 16, 20, 12, 11, 15
(a) 15 (b) 13
(c) 16 (d) 18

79. BASKET को एक कोड भाषा में ABKSTE के रूप में लिखा जाता है। उस कोड भाषा में ACTIVE को कैसे लिखा जाएगा?
(a) CAEVTU (b) ITCUA
(c) CAITEV (d) ACVET

80. निम्न में से सर्वाधिक उपयुक्त वेन आरेख को चुनिए:
विज्ञान, भौतिक विज्ञान, जीव विज्ञान

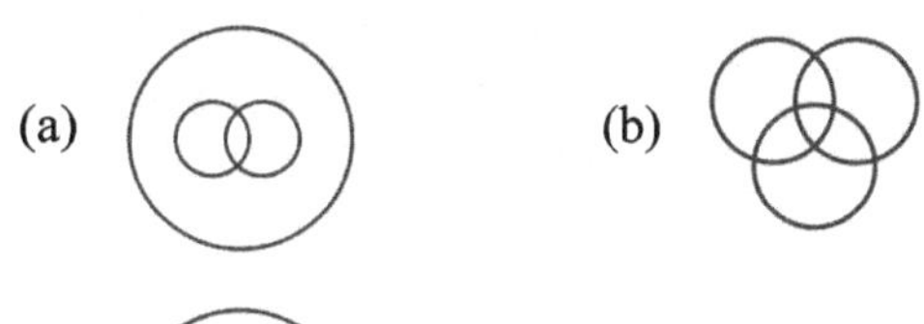

81. किसी वस्तु का द्रव्यमान 20 kg है। पृथ्वी पर इसका वजन क्या होगा (जहां $g = 10\ ms^{-2}$)।
(a) 200 N (b) 200 W
(c) 200 kg (d) 200 Pa

82. 31 मार्च 2020 को कौन-सा दिन होगा?
(a) सोमवार (b) शनिवार
(c) रविवार (d) मंगलवार

83. भविष्य में रेडियो, टेलीफोन, टेलीग्राफ और टेलीविजन तक के विकास की नींव किसने रखी?
(a) अल्बर्ट आइंस्टीन
(b) हाइनरिख रूडॉल्फ़ हर्ट्ज
(c) जोसेफ जॉन थॉमसन
(d) माइकल फैराडे

84. 8% साधारण ब्याज की दर पर एक राशि $6\frac{3}{4}$ वर्षों में ₹ 924 हो जाती है। आरंभ में कितनी राशि जमा की गई थी
(a) ₹ 626 (b) ₹ 600
(c) ₹ 675 (d) ₹ 650

85. एक कुली जमीन से 11 kg का समान उठाता है और जमीन से 1.5 m ऊपर अपने सिर पर रखता है। कुली द्वारा समान पर कुल कितना काम किया गया ($g = 10\ ms^{-2}$)?
(a) 155 J (b) 150 J
(c) 165 J (d) 100 N

86. मेरिस्टेमेटिक ऊतक एक विशेष भूमिका निभाते हैं और अपनी विभाजित करने की क्षमता को त्याग देते हैं और तब ______ बनाते हैं।
(a) सहयोगी तंतु
(b) RBC
(c) स्थाई उत्तक
(d) छलनी नली कोशिका

87. यदि $4\cot\theta = 5$ है, तो $\frac{(5\sin\theta + 3\cos\theta)}{(5\sin\theta - 3\cos\theta)}$ का मान पता करें।
(a) 9 (b) 7
(c) 4 (d) 3

88. एक संख्या को 7 : 11 के अनुपात में विभाजित किया गया था। जब प्रत्येक संख्या में 6 जोड़ा गया तो अनुपात बदल कर 5 : 7 हो गया। प्रारंभिक संख्याओं में से बड़ी संख्या कितनी थी?
(a) 44 (b) 11
(c) 22 (d) 33

89. यदि $31 \times 23 = 713$, तो $310 \times 0.023 = ?$
(a) 0.0713 (b) 71.3
(c) 7.13 (d) 0.713

90. पूरी गति से काम कर रही एक पाइप, खाली टंकी को 2 घंटों में भर सकती है। हालांकि, पहले घंटे के दौरान इसने अपनी क्षमता की एक-बारहवीं क्षमता पर कार्य किया, दूसरे घंटे के दौरान इसने अपनी क्षमता की एक-नौवीं क्षमता पर कार्य किया, चौथे घंटे के दौरान इसने अपनी क्षमता की एक-चौथाई क्षमता पर कार्य किया और पांचवें घंटे के दौरान इसे जिस क्षमता पर कार्य करना चाहिए था उसकी तुलना में केवल एक-तिहाई कुशल थी। दूसरी पाइप ने भी ऐसे ही कार्य किया, लेकिन यदि यह अपनी पूरी गति पर कार्य करती तो इसने खाली टंकी को 4 घंटों में भर देना था। यदि ये दोनों पाइपें और वो पाइप जो टंकी को स्थिर गति से खाली करती है एक साथ चालू होती है तो आधी खाली टंकी को 5 घंटों में भरा जा सकता है। यदि अकेली खाली करने वाली पाइप को चलाया जाता है तो इसे भरी हुई टंकी को खाली करने में कितने घंटे लगेंगे?
(a) 30 (b) 32
(c) 24 (d) 20

91. 3, 4 और 9 ______ चौथा अनुपातिक ज्ञात करें।
(a) 11 (b) 12
(c) 10 (d) 16

92. यह $6x^2 + 2kx + k = 0$ का कोई हल नहीं है तो k का मान ज्ञात करें:
(a) $k < 6$ (b) $0 < k < 6$
(c) $k > -6$ (d) $k > 6$

93. 2016 में से किसे फ्रांस के पोप द्वारा संतगण की उपाधि दी गयी?
(a) कुरिआकोस (b) सिस्टर अलफोंसा
(c) मदर टेरेसा (d) मैरी यूफ्रासिया

94. एक ट्रेन किसी चाल से एक स्टेशन से प्रस्थान करती है। इसी स्टेशन से, पहली ट्रेन की दिशा में ही, दो घंटों के बाद एक दूसरी ट्रेन 70 km/hr की चाल से प्रस्थान करती है और पांच घंटों के बाद पहली ट्रेन के बराबर आ जाती है।
(a) 40 km/hr (b) 55 km/hr
(c) 50 km/hr (d) 45 km/hr

95. $\frac{1}{6}$ से किसी भिन्न को घटाने पर $\frac{1}{13}$ आता है। वह भिन्न क्या है?
(a) $\frac{5}{13}$ (b) $\frac{7}{78}$
(c) $\frac{1}{7}$ (d) $\frac{11}{39}$

96. सोडियम कार्बोनेट का रासायनिक सूत्र है:
(a) Na_3CO_2 (b) $NaCO_2$
(c) Na_2CO_2 (d) Na_2CO_3

97. निम्न में से कौन भारत सरकार के 'खेलो इंडिया' कार्यक्रम से संबंधित है?
(a) साहित्य (b) संगीत
(c) विज्ञान और तकनीक (d) खेल

98. दिया गया पाई चार्ट पिछले सालों में तीन एथलीट अकादमियों के जिला स्तर चयन को दर्शाता है।

अकादमी	2012	2013	2014
A	2	3	4
B	1	5	2
C	3	7	9

तीन सालों में अकादमी 'B' से जिला स्तर पर कुल कितने खिलाड़ियों का चयन हुआ?
(a) 1 (b) 8
(c) 2 (d) 5

99. दिए गए कथनों को ध्यान में रखते हुए निर्णय कीजिए कौन सा या कौन सी अवधारणा कथन में अंतर्निहित है।

कथन:
एक बायोमेट्रिक प्रणाली कर्मचारियों को समय पालन का अमल पर कराने के लिए एक अच्छा उपकरण है। नीतिशास्त्र किसी कार्य स्थल के लिए बहुत जरुरी है।

अवधारणा:
I. केवल बायोमेट्रिक कर्मचारियों को समय पालन नहीं करा सकती।
II. कार्य स्थल नीतिशास्त्र, अनुशासन और समय पालन बनाने में महत्वपूर्ण भूमिका निभाते हैं।
(a) अवधारणा I और II दोनों अंतर्निहित है।
(b) न तो अवधारणा I न तो II अंतर्निहित है।
(c) केवल अवधारणा II अंतर्निहित है।
(d) केवल अवधारणा I अंतर्निहित है।

100. 1, 8, 27, 64, ____, 216, संख्या शृंखला में लुप्त संख्या है:
(a) 120 (b) 128
(c) 125 (d) 180

उत्तरमाला

1	(b)	11	(c)	21	(c)	31	(d)	41	(b)	51	(c)	61	(c)	71	(c)	81	(a)	91	(b)
2	(b)	12	(b)	22	(d)	32	(d)	42	(b)	52	(b)	62	(d)	72	(b)	82	(d)	92	(b)
3	(d)	13	(*)	23	(d)	33	(c)	43	(b)	53	(a)	63	(d)	73	(d)	83	(b)	93	(c)
4	(c)	14	(a)	24	(c)	34	(c)	44	(c)	54	(b)	64	(b)	74	(d)	84	(b)	94	(c)
5	(*)	15	(c)	25	(b)	35	(*)	45	(b)	55	(d)	65	(d)	75	(c)	85	(c)	95	(b)
6	(b)	16	(c)	26	(c)	36	(c)	46	(b)	56	(d)	66	(d)	76	(b)	86	(c)	96	(d)
7	(b)	17	(a)	27	(c)	37	(c)	47	(c)	57	(b)	67	(a)	77	(d)	87	(b)	97	(d)
8	(a)	18	(a)	28	(d)	38	(*)	48	(a)	58	(b)	68	(a)	78	(a)	88	(d)	98	(b)
9	(d)	19	(d)	29	(a)	39	(b)	49	(d)	59	(b)	69	(a)	79	(c)	89	(c)	99	(c)
10	(d)	20	(b)	30	(a)	40	(d)	50	(a)	60	(b)	70	(d)	80	(c)	90	(c)	100	(c)

संकेत एवं हल

1. (b) वह दुनिया के सर्वश्रेष्ठ डिजाइनरों में से एक है क्योंकि दुनिया में और भी अच्छे डिजाइनर हैं इसलिये केवल निष्कर्ष I अनुसरण करता है।

2. (b)

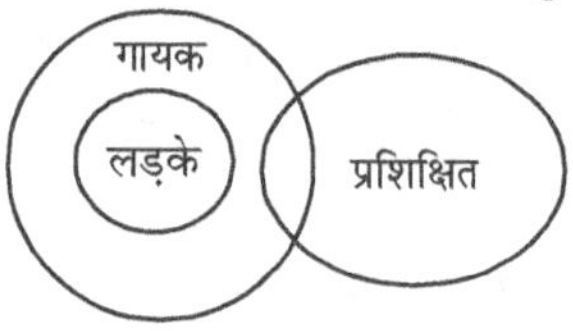

गायक
लड़के
प्रशिक्षित

न तो निष्कर्ष 1 न ही 2 पालन करता है।

3. (d) दी गयी श्रृंखला:

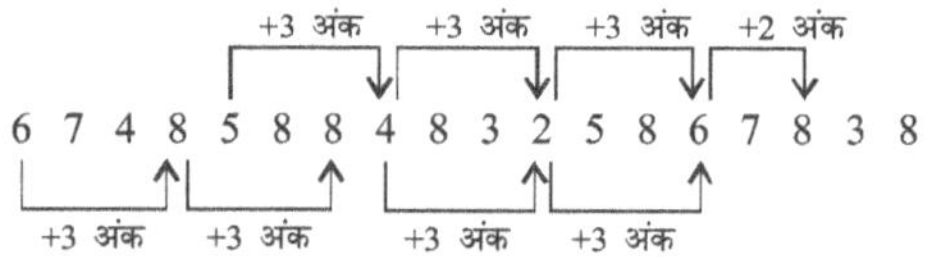

6 7 4 8 5 8 8 4 8 3 2 5 8 6 7 8 3 8

(+3 अंक, +3 अंक, +3 अंक, +2 अंक; +3 अंक, +3 अंक, +3 अंक, +3 अंक)

268, समूह से संबंधित नहीं है।

4. (c) दर्शकों की सुरक्षा सुनिश्चित करने के लिये यह जरूरी है कि जनता को चिड़ियाघरों में जानवरों को भोजन नहीं खिलाना चाहिये।

8. (a) जिस प्रकार भारत की मुद्रा रुपया है उसी प्रकार यूके की मुद्रा पाउण्ड है।

9. (d) $A \xrightarrow{+2} C \xrightarrow{+2} E \xrightarrow{+2} G \xrightarrow{+2} I$

$Z \xrightarrow{-2} X \xrightarrow{-2} V \xrightarrow{-2} T \xrightarrow{-2} R$

$B \xrightarrow{+2} D \xrightarrow{+2} F \xrightarrow{+2} H \xrightarrow{+2} J$

$Y \xrightarrow{-2} W \xrightarrow{-2} U \xrightarrow{-2} S \xrightarrow{-2} Q$

11. (c)

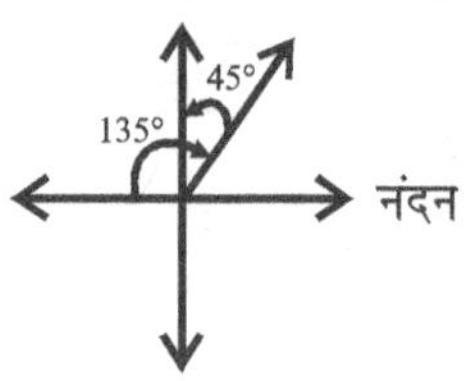

45°
135°
नंदन

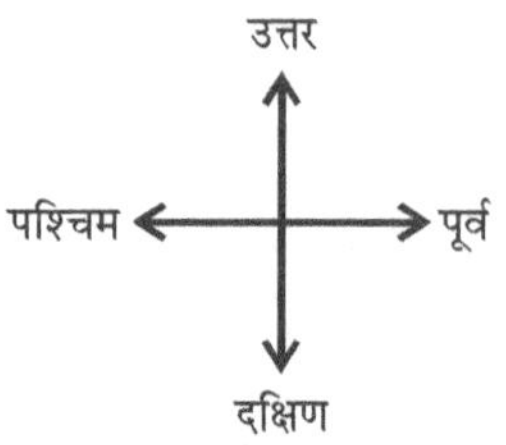

उत्तर
पश्चिम
पूर्व
दक्षिण

प्रश्नानुसार, नंदन का मुंह अब उत्तर दिशा की ओर है।

13. (*) दर्पण में देखने पर घड़ी में 9:30 का समय दिखायी देता है तब वास्तविक तौर पर घड़ी में 2:30 बजा होगा।

19. (d) मूलधन = ₹ 3250, दर = 5.25%
समय = 8 वर्ष

साधारण ब्याज $= \frac{3250 \times 5.25 \times 8}{100} =$ ₹ 1365

20. (b) $a + \frac{1}{a} = 5,\ a^3 + \frac{1}{a^3} = ?$

माना, $a + \frac{1}{a} = n$

तब $a^3 + \frac{1}{a^3} = n^3 - 3n$

$= 5^3 - 3 \times 5 = 125 - 15 = 110$

21. (c) उत्तर आकृति (A) में दी गयी आकृति में प्रश्न आकृति समाहित है।

22. (d) 30 लोग कार्य करते हैं = 12 दिन में
40 लोग उसी कार्य को पूरा करेंगे

$= \frac{30 \times 12}{40} = 9$ दिन,

23. (d) जिस प्रकार कार्यालय में काम किया जाता है उसी प्रकार जिम में व्यायाम किया जाता है।

24. (c) विकल्प (c) में दी गयी आकृति पूर्ण नहीं है इसलिये यह अन्य सभी से भिन्न है।

26. (c) ऐसे छात्रों की संख्या जो न्यूनतम दो खेल खेलते हैं $= 8 + 7 + 9 + 6 = 30$.

27. (c) $\sqrt{0.9} = 0.948$

31. (d) औसत चाल $= \frac{208}{60} = 3.47$ मी. से$^{-1}$

32. (d) $28 \times 3 + 12 - 4 \div 10$
गणितीय चिन्हों का स्थान परिवर्तित करने पर
$28 + 3 - 12 \div 4 \times 10$
$28 + 3 - 3 \times 10$
$= 28 + 3 - 30 = 31 - 30 = 1$

33. (c) $156 \div [47 + \{105 \div (25 - 120 \div \overline{6 \times 5})\}]$
$= 156 \div [47 + \{105 \div (25 - 120 \div 30)\}]$

$= 156 \div [47 + \{105 \div (25 - 4)\}]$
$= 156 \div [47 + \{105 \div (21)\}]$
$= 156 \div [47 + \{(5)\}] = 156 \div 52 = 3$

40. (d) कर्मचारियों की आय पर किया गया कुल खर्च = 100 लाख करोड़ × $\frac{20}{100}$
= ₹ 20 लाख करोड़

41. (b)

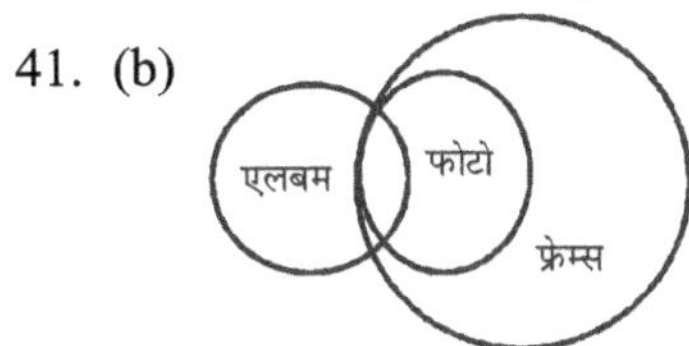

केवल (1) अनुसरण करता है।

42. (b) $\frac{12}{72} = .16$

$\frac{9}{72} = \boxed{0.125}$

$\frac{3}{72} = .04$

$\frac{6}{72} = .08$

44. (c) दूरी को 8 घंटे में पूरा करने पर रेलगाड़ी की गति
$= 48 \times 10 = 480 = \frac{480}{8} = 60$ किमी/घंटा

45. (b) माना डिब्बे की माप $2x, 3x, 5x$
$\therefore (\ell = 2x, b = 3x, h = 5x)$
कुल सतह क्षेत्रफल $= 2(\ell b + bh + h\ell)$
$= 2\,(6x^2 + 15x^2 + 10x^2)$
$62x^2 = 6200$
$x = 10$
∴ आयाम = 20 सेमी. × 30 सेमी. × 50 सेमी.

46. (b) एक साधारण अष्टकोण के आंतरिक कोणों का योग 1080° होता है।
$(n - 2) \times 180°$, जहाँ $n = 8$
$(8 - 2) \times 180° = 6 \times 180° = 1080°$

47. (c) कथन II से,
विमला + कमला + अमला = 32 वर्ष
तथा अमला की उम्र = विमला + कमला की उम्र
∴ विमला की उम्र ज्ञात करने के लिये केवल कथन II पर्याप्त हैं।

49. (d) विकल्प D भिन्न है क्योंकि विकल्प D को छोड़कर अन्य सभी एक दूसरे के दर्पण प्रतिबिम्ब हैं।

56. (d) 1 यूनिट = 1000 वाट घंटा
100 यूनिट $1000 \times 100 = 10^5$ वाट घंटा
1 वाट घंटा = 3600 जूल
10^5 वाट घंटा $= 10^5 \times 3600$
$= 3.6 \times 10^8$ जूल

59. (b) माता और पुत्री की कुल उम्र = 50 वर्ष
5 वर्ष बाद पुत्री की उम्र $= (x + 5)$
तब माता की उम्र 5 वर्ष बाद $= (4x + 5)$
प्रश्नानुसार, $x + 5 + 4x + 5 = 50+10$
$5x = 60$
$x = 12$
∴ पुत्री की वर्तमान आयु = 7 वर्ष

63. (d)

माँ
↑
पिता
भाई —— सुमन —— बहन

∴ महिला सुमन की दादी होगी।

72. (b) बैंक खाते में कुल रूपये = ₹ 713.39
माना जमा करवायी राशि
₹ 713.39 + ₹ x
एक कमीज की कीमत = ₹ 123.79
∴ 5 कमीजों की कीमत = ₹ 123.79 × 5
= ₹ 618.95
प्रश्नानुसार, $713.39 + x - 618.95 = 545.79$
$94.44 + x = 545.19$
x = ₹ 450.75

74. (d) 1 किलोग्राम = 1000 ग्राम तथा 1 ग्राम .001 किलोग्राम
∴ 6 किलो 5 ग्राम $= 6 \times 1000 + 5 \times .001$
$= 6000 + 0.005 = 6.005$ किलोग्राम

77. (d) चूँकि चाइनीज खाद्य वस्तु का % सबसे कम है इसलिये-
अभीष्ट प्रतिशत = ₹ 3500000 × $\frac{5}{100}$
= ₹ 1,75,000

78. (a) 15, 27, 10, 18, 13, 13, 16, 20, 12, 11, 15
दी गयी संख्याओं को आरोही क्रम में लिखने पर
10, 11, 12, 13, 13, 15, 15, 16, 18, 20, 27,
जहां $n = 11$,
∴ माध्यिका $= \left(\frac{n+1}{2}\right)$ वाँ पद
$= \frac{11+1}{2} = \frac{12}{2} = 6$ वाँ पद
माध्यिका = 15.

79. (c) जिस प्रकार

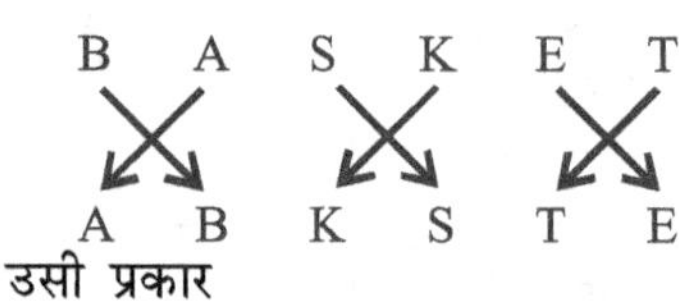

उसी प्रकार

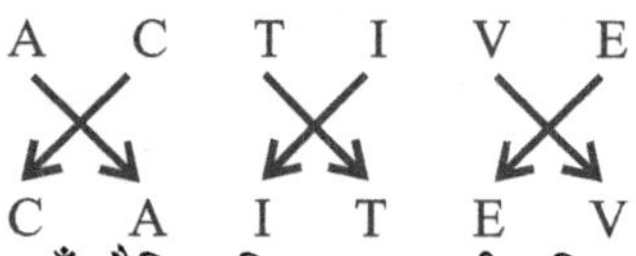

80. (c) यहाँ भौतिक विज्ञान तथा जीव विज्ञान, विज्ञान विषय के अन्तर्गत आते हैं।

82. (d) 31 मार्च 2020 को मंगलवार होगा।

84. (b) जमा की गयी राशि

$$924 = \frac{P + PRT}{100} = \frac{P + P \times 8 \times 27}{100 \times 4}$$

$$924 = P\left(1 + \frac{54}{100}\right) = P\left(\frac{154}{100}\right)$$

$$P = \frac{924}{154} \times 100 = ₹600$$

87. (b) $4 \cot \theta = 5$ तो $\frac{5\sin\theta + 3\cos\theta}{5\sin\theta - 3\cos\theta} = ?$

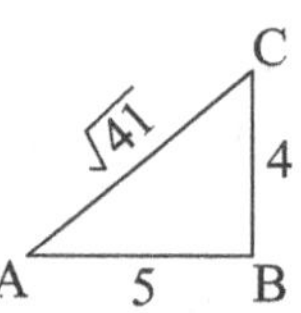

$\because\ 4 \cot \theta = 5, \cot \theta = \frac{5}{4} = \frac{AB}{BC}$

पाइथागोरस प्रमेंय से,

$AC^2 = BC^2 + AB^2$

$AC^2 = 4^2 + 5^2$

$AC^2 = 16 + 25$

$AC^2 = 41$

$AC = \sqrt{41}$

$\sin \theta = \frac{4}{\sqrt{41}}, \cos \theta = \frac{5}{\sqrt{41}}$

$$\frac{5 \times \frac{4}{\sqrt{41}} + 3 \times \frac{5}{\sqrt{41}}}{5 \times \frac{4}{\sqrt{41}} - 3 \times \frac{5}{\sqrt{41}}} = \frac{20 + 15}{20 - 15} = \frac{35}{5} = 7$$

88. (c) दी गयी संख्याओं का अनुपात $= 7x : 11x$

प्रत्येक संख्या में 6 जोड़ने पर

$\frac{7x + 6}{11x + 6} = \frac{5}{7}$

$49x + 42 = 55x + 30$

$6x = 12$

$x = 2$

$\because$ सख्याएं $7 \times 2 = 14, 11 \times 2 = 22$ हैं

$\therefore$ बड़ी संख्या $= 22$.

89. (c) जिस प्रकार $31 \times 23 = 713$

उसी प्रकार $310 \times .023 = 7.13$

91. (b) $3 : 4 :: 9 : x$

चौथा अनुपातिक →

$3 \times x = 4 \times 9$

$x = \frac{4 \times 9}{3} = 12$

92. (b) $6x^2 + 2kx + k = 0$

$\because\ ax^2 + bx + c = 0$

$a = 6, b = 2k, c = k$

$\because\ b^2 - 4ac < 0$

$= (2k)^2 - 4 \times 6 \times k < 0 = 4k^2 - 24k < 0$

$4k(k - 6) < 0$

$\because$ समी. का कोई हल नहीं है

$\therefore\ 0 < k < 6$

95. (b) $\frac{1}{6} - x = \frac{1}{13}$

$x = \frac{1}{6} - \frac{1}{13} = \frac{13 - 6}{78} = \frac{7}{78}$

98. (b) अकादमी B से, तीनों सालों में जिला स्तर पर हुए खिलाड़ियों का चयन $= 1 + 5 + 2 = 8$.

100.(c)

1	8	27	64	? (125)	216
↓	↓	↓	↓	↓	↓
1^3	2^3	3^3	4^3	5^3	6^3

RRB ग्रुप D 2018 सॉल्वड पेपर-15

दिनांक : 18 सितंबर 2018, शिफ्ट-3

1. जेलेना और जेडन की वर्तमान आयु का योग 70 वर्ष है। पांच वर्ष पहले, जेडन की आयु जेलेना की आयु की दोगुनी थी। जेडन की वर्तमान आयु कितनी है?
   (a) 43 वर्ष (b) 45 वर्ष
   (c) 41 वर्ष (d) 47 वर्ष

2. ₹1000 की धनराशि को तारा, तमन्ना, टीला के बीच 4 : 5 : 6 के अनुपात मे वितरित किया जाता है। तारा और टीना की राशियों के बीच अंतर कितना है?
   (a) ₹ 250 (b) ₹ 133.33
   (c) ₹ 150 (d) ₹ 234

3. ईका-एल्युमिनियम को आधुनिक आवर्त सारणी में ____ धातु के रूप में नामित किया गया था ।
   (a) स्कैंडियम (b) गैलियम
   (c) जर्मेनियम (d) एल्युमिनियम

4. निम्नलिखित में से किस तत्व में उच्च आयनीकरण ऊर्जा है?
   (a) Ar (b) Kr
   (c) Ne (d) He

5. ₹ 2,735 का 4 वर्ष के लिए 5% वार्षिक साधारण ब्याज की दर से अर्जित ब्याज होगा:
   (a) ₹ 543.50 (b) ₹ 547
   (c) ₹ 502.50 (d) ₹ 273.50

6. 'चेरियल चित्रकला की एक शैली है, जो हाल ही में सुर्खियों में रही। यह किस राज्य से संबंधित है?
   (a) मध्य-प्रदेश (b) आंध-प्रदेश
   (c) तेलंगाना (d) कर्नाटक

7. यदि 1 kg मिश्र धातु में 32% कॉपर, 40% जिंक और शेष निकिल है तो मिश्र धातु में कॉपर की मात्र कितनी होगी?
   (a) 280 g (b) 400 g
   (c) 240 g (d) 320 g

8. काला अजार के लिए उत्तरदायी जीवों की उत्पत्ति का कारण है-
   (a) अधोमुखी युग्मक विखंडन
   (b) गुणक विखंडन
   (c) अनुप्रस्थ युग्मक विखंडन
   (d) रेखीय युग्मक विखंडन

9. ____ एक जटिल स्थायी ऊतक है।
   (a) जाइलम (b) पैरेन्काइमा
   (c) स्क्लेरेनकाइमा (d) कोलेनकाइमा

10. दो संख्याओं का गुणनफल 1.728 है। यदि उनमें से एक संख्या 6.4 है, तो दूसरी संख्या होगी-
    (a) 2.7 (b) 0.27
    (c) 27 (d) 0.027

11. यदि $a+\frac{1}{a}=8$, तो $a^3+\frac{1}{a^3}=?$
    (a) 488 (b) 480
    (c) 512 (d) 536

12. दिए गए कथनों और निष्कर्षों को ध्यानपूर्वक पढ़ें और चुनें कि कौन से निष्कर्ष तार्किक रूप से कथन का अनुसरण करते हैं।

    कथन :
    I. सभी रिंग गोल होती हैं।
    II. सभी गोल वस्तुएं होती है ।

    निष्कर्ष :
    I. सभी रिंग वस्तुएं हैं।
    II. सभी गोल वस्तुएं होती हैं।

    (a) दोनों निष्कर्ष अनुसरण करते हैं।
    (b) कोई निष्कर्ष अनुसरण नहीं करता है
    (c) केवल निष्कर्ष I अनुसरण करता है।
    (d) केवल निष्कर्ष II अनुसरण करता है।

13. गांधी सागर बांध किस राज्य में स्थित है?
    (a) मध्य प्रदेश
    (b) महाराष्ट्र
    (c) उत्तर प्रदेश
    (d) पश्चिम बंगाल

14. यदि 2 पुरुष या 3 महिलाएँ किसी कार्य को 30 दिन में पूरा कर सकती हैं तो 6 पुरुष और 1 महिला उसी कार्य को कितने दिन में पूरा करने में सक्षम होंगे?
    (a) 4 दिन (b) 6 दिन
    (c) 5 दिन (d) 9 दिन

15. एक स्पोर्टस काम्प्लेक्स हाउस द्वारा विभिन्न सुविधाओं के लिए लिया जाने वाला मासिक शुल्क इस प्रकार है: जिम के लिए ₹ 500, स्विमिंग पूल के लिए ₹ 1,500 और टेनिस कोर्ट के लिए ₹ 2,000 इन सुविधाओं का उपयोग करने वाले उपभोक्ताओं की सूची नीचे दी गयी है। जिम का उपयोग करने वाले उपभोक्ताओं से वे प्रतिमाह कितना कमाते हैं?

सुविधाएँ	उपभोक्ताओं की संख्या
जिम	300
स्विमिंग पूल	200
टेनिस कोर्ट	100

(a) ₹ 1,50,000 (b) ₹ 15,000
(c) ₹ 25,000 (d) ₹ 50,000

16. जब MN रेखा पर दर्पण रखा जाता है, तो निम्न आकृति के लिए दर्पण प्रतिबिम्ब चुनें।

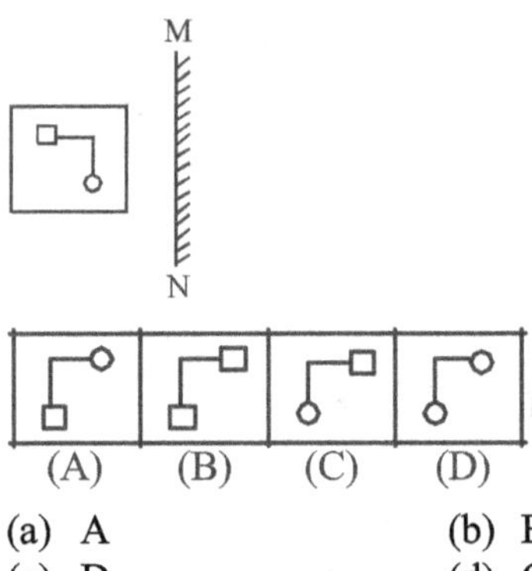

(a) A (b) B
(c) D (d) C

17. निम्नलिखित श्रृंखला का अगला अंक ज्ञात करें।
19, 24, 22, 27, 25, ?
(a) 30 (b) 18
(c) 23 (d) 32

18. निम्नलिखित श्रेणी में अगला पद क्या होगा?
2A, 4G, 8M, _______.
(a) 16R (b) 64S
(c) 16S (d) 64R

19. अगस्त 2017 मे भारत के उपराष्ट्रपति वेंकैया नायडू ने निम्नलिखित में से कौन सा पोर्टल आधिकारिक तौर पर लॉन्च किया था?
(a) राष्ट्रीय गणित प्रतिभा खोज
(b) राष्ट्रीय खेल प्रतिभा खोज
(c) राष्ट्रीय कंप्यूटर प्रतिभा खोज
(d) राष्ट्रीय विज्ञान प्रतिभा खोज

20. निम्नलिखित में से कौन-सी संख्या अपरिमेय संख्या नहीं है?
(a) $\sqrt{5428}$ (b) $\sqrt{6084}$
(c) π (d) $\sqrt{7652}$

21. त्वरण की विमा _____ होती है।
(a) $L^1M^0T^{-2}$ (b) $L^1M^1T^2$
(c) $L^1M^2T^{-2}$ (d) $L^1M^0T^2$

22. आपको एक प्रश्न और दो कथन दिये गये हैं। निर्णय कीजिए कि कौन से कथन प्रश्न का उत्तर देने के लिए आवश्यक/पर्याप्त है।

प्रश्न :

लाली की भतीजी मिल्का है नीचे दिए गए कथनों के आधार पर, क्या हम लाली की वर्तमान आयु ज्ञात कर सकते हैं?

कथन :

I. उनकी आयु का माध्य 28 है
II. लाली का जन्म 1976 में हुआ था।

(a) कथन I और II दोनों पर्याप्त नहीं हैं।
(b) कथन I और II दोनों एकसाथ पर्याप्त हैं।
(c) केवल कथन I पर्याप्त है।
(d) केवल कथन II पर्याप्त है

23. दिए गए कथन पर विचार करें और निर्णय ले कि दी गयी अवधारणाओं में से कौन-सी कथन में अंतर्निहित है।

कथन :

आजकल डॉक्टर रात के खाने मे चावल के सेवन का सुझाव देते हैं।

अवधारणा :

I. देर रात के भोजन से शरीर में अधिक टॉक्सिन का निर्माण होता है क्योंकि भोजन लबे समय तक अपाचित रहता है।
II. चावल जल्दी पच जाते हैं।

(a) न तो I और न ही II अंतर्निहित है।
(b) केवल I अंतर्निहित है।
(c) केवल II अंतर्निहित है।
(d) I और II दोनों ही अंतर्निहित हैं।

24. $\{1.1 \times 0.1 \times 0.01\} = ?$
(a) 0.0011 (b) 1.1
(c) 0.011 (d) 0.11

25. विषम को चुनें।

L / Γ	M / W	U / ∩	V / V
(A)	(B)	(C)	(D)

(a) A (b) B
(c) C (d) D

26. जैविक खेती के संवर्धन के लिए किस राज्य सरकार ने शून्य बजट प्राकृतिक कृषि (ZBNF) योजना की शुरुआत की?
(a) आंध्र प्रदेश (b) उत्तर प्रदेश
(c) हिमाचल प्रदेश (d) अरुणाचल प्रदेश

27. किसी समकोण त्रिभुज की दो सलग्न भुजाएं 1.5 cm और 2 cm लंबी हैं । इसके परिवृत्त का क्षेत्रफल होगा:
(a) $1.75\pi\ cm^2$ (b) $1.25\pi\ cm^2$
(c) $1.5625\pi\ cm^2$ (d) $1.5\pi\ cm^2$

28. निम्नलिखित कथन के साथ बिंदु I व II के रूप में दो धारणाएँ दी गयी है । कथन और निम्नलिखित धारणा पर विचार करें और निर्णय करें कि कौन-सी धारणा कथन से सदर्भ में प्रबल है।
कथन :
क्या बिना खेल गतिविधियों में शामिल हुए लगातार काम करने के कारण जैक कुंठित बन जाएगा?
धारणाएँ :
I. हां, एक स्वस्थ और समग्र विकास के लिए शारीरिक विकास समान रूप से महत्वपूर्ण है।
II. नहीं, काम करने से पैसे मिलते है, और पैसा कुछ भी खरीद सकता है, जो आनंद दे।
(a) केवल धारणा I प्रबल है।
(b) केवल धारणा II प्रबल है।
(c) I और II दोनों ही धारणाएं प्रबल नहीं हैं।
(d) I और II दोनों ही धारणाएं प्रबल हैं।

29. दिए गए प्रश्न को पढ़ें और निर्णय करें कि निम्नलिखित में से कौन सा कथन प्रश्न का उत्तर देने के लिए पर्याप्त है।
प्रश्न : बॉक्स में पिरामिडों की संख्या कितनी है??
कथन :
I. बॉक्स में कुछ पीले, लाल और नीले रंग के पिरामिड रखे हैं।
II. बॉक्स में 6 पीले और 7 लाल रंग के पिरामिड और कुछ नीले रंग के पिरामिड रखे हैं।
(a) I और II दोनों ही पर्याप्त नहीं हैं।
(b) केवल II पर्याप्त है।
(c) केवल I पर्याप्त है।
(d) I और II दोनों ही पर्याप्त हैं।

30. निम्नलिखित कथन के साथ बिंदु I व II के रूप में दो धारणाएँ दी गयी हैं। कथन और निम्नलिखित धारणाओं पर विचार करें और निर्णय करें कि कौन-सी धारणा कथन में अतर्निहित है।
कथन :
मानव स्वास्थ्य के लिए हमारे पर्यावरण के प्रमुख तत्वों की सुरक्षा महत्वपूर्ण है।
धारणाएँ :
I. हमारे स्वास्थ्य के लिए स्वस्थ्य हवा में सांस लेना, पेय जल की प्रचुर आपूर्ति होना और वस्तुओं के हानिकारक प्रभावों के विरुद्ध सुरक्षा मौलिक है।
II. जीवाश्म ईंधन के व्यापक घरेलू और औद्योगिक दहन के कारण बड़ी मात्रा में धुआं और सल्फर के ऑक्साइड उत्सर्जित होने से वायु प्रदूषण एक बड़ी समस्या के रूप में उभर रहा है।
(a) I और II दोनों ही धारणाएं अंतर्निहित नहीं हैं।
(b) केवल धारणा I अंतर्निहित है।
(c) केवल धारणा II अंतर्निहित है ।
(d) I और II दोनों ही धारणाएं अंतर्निहित हैं।

31. द्रव्यमान की वस्तु को 4 m स्थानांतरित करने के लिए कितना बल लगाना होगा?
(a) 15 N (b) 240 N
(c) 200 N (d) 60 N

32. $18 \times 16 - \frac{3445}{13} = ?$
(a) 25 (b) 21
(c) 27 (d) 23

33. तीसरे आवर्त में मौजूद तत्वों में ______ कक्षाएं हैं।
(a) K होता है लेकिन L और M नहीं
(b) K, L, M और N
(c) K, L और M
(d) K और L लेकिन M नहीं

34. शशि. मनोज की बहन है। शशि के पिता के पिता मनोज से कैसे संबंधित हैं?
(a) पिता (b) चाचा
(c) भाई (d) दादा

35. x और y दो पाइप क्रमशः 24 घंटे और 32 घंटे में एक टैंक को भर सकते हैं यदि दोनों पाइप एक साथ खुले हों, तो पहली पाइप को किस समय बंद कर देना चाहिए जिससे टैंक भरने में केवल 16 घंटे ही लगे?
(a) 18 घंटे बाद (b) 10 घंटे बाद
(c) 15 घंटे बाद (d) 12 घंटे बाद

36. रेगिस्तानी पौधों की बाह्य त्वचा पर मोम जैसे पदार्थ की परत पायी जाती है, यह पदार्थ है–
(a) सेल्युलोस (b) कलिग्निन
(c) पक्टिन (d) क्यूटिन

37. स्थितिज ऊर्जा किसके बराबर होती है?
(a) m(–g)h (b) mgh
(c) Fs (d) $\frac{1}{2}mv^2$

38. उस भारतीय सुपर कम्प्यूटर का नाम क्या है, जो विश्व में चौथा सबसे तेज सुपर कंप्यूटर है और मौसम और जलवायु अनुसंधान संबंधी कार्यों में सक्षम है?
(a) सहस्र टी. (b) एच.पी. अपोलो
(c) आदित्य (d) प्रत्युष

39. 2018 में, नेशनल बैंक फॉर एग्रीकल्चर एंड रूरल डेवलपमेंट (नाबार्ड) ने जलवायु परिवर्तन के लिए अपना पहला केंद्र शुरू किया है।, यह किस शहर में प्रारभ किया गया है?
(a) बेंगलुरू (b) कोलकाता
(c) चंडीगढ़ (d) लखनऊ

40. $338 \div (169 \div 13 + 13) + (85 - 23 \times 5) \times (114 \div 19)$ का मान क्या है?
(a) 193 (b) –167
(c) 258 (d) –102

41. एक घर में, एक महीने के दौरान 150 यूनिट की ऊर्जा का प्रयोग किया गया है। जूल में इस ऊर्जा की मात्रा क्या होगी?
(a) 9×10^8 J (b) 5.4×10^8 J
(c) 5×10^8 J (d) 10×10^{85} J

42. ब्रिटिश सरकार ने कुख्यात रोलेट अधिनियम कब पारित किया था? इस अधिनियम में बिना मुकदमे के राजनीतिक नजरबन्दी की अनुमति दी गई थी।
(a) 1921 (b) 1920
(c) 1919 (d) 1922

43. दिये गए कथनों और निष्कर्षों को ध्यानपूर्वक पढ़ें और उनके आधार पर तय करें कि कौन-से निष्कर्ष कथनों का तार्किक रूप से अनुसरण करते हैं?
कथन :
सभी सुअर गंदे होते हैं
सभी गंदे कीचड़युक्त होते हैं
निष्कर्ष :
1. कुछ कीचड़युक्त सुअर हैं
2. कुछ कीचड़युक्त गंदे हैं
(a) केवल निष्कर्ष 2 अनुसरण करता है
(b) दोनो निष्कर्ष अनुसरण करते हैं
(c) केवल निष्कर्ष 1 अनुसरण करता है
(d) कोई भी निष्कर्ष अनुसरण नहीं करता है

44. निम्न चित्र में कितने आयत हैं?
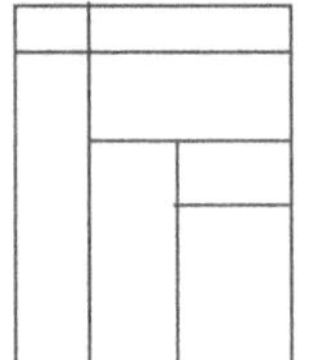
(a) 21 (b) 15
(c) 16 (d) 17

45. पिता की आयु पुत्र की आयु की चार गुनी है 20 वर्षो में उसकी आयु उसके पुत्र की आयु की केवल दोगुनी होगी। उनकी आयु ज्ञात कीजिए।
(a) 36 वर्ष, 9 वर्ष (b) 44 वर्ष, 11 वर्ष
(c) 40 वर्ष, 10 वर्ष (d) 60 वर्ष, 15 वर्ष

46. धारा के विपरीत 75 km की दूरी तय करने के लिए नाविक को 12 घंटे का समय लगता है जबकि धारा की दिशा में उतनी दूरी तय करने में उसे केवल 7.5 घंटे का समय लगता है। धारा की गति कितनी है?
(a) 6.625 km/h (b) 6.25 km/h
(c) 8.125 km/h (d) 1.875 km/h

47. 2017 में निम्नलिखित में से किस खिलाड़ी को पद्म श्री से सम्मानित किया गया था?
(a) दीपिका कुमारी (b) गीता फोगट
(c) साक्षी मलिक (d) बबिता कुमारी

48. निम्न कथन में कौन-सी अवधारणाएं अंतर्निहित हैं
कथन: विमला ने अपने पति को याद दिलाते हुए कहा, "मुझे उम्मीद है कि आपने रेनकोट ले लिया है।"
अवधारणा:
I. वर्षा हो सकती है।
II. विमला अपने पति के स्वास्थ्य के प्रति सावधान है।
(a) केवल अवधारणा I अंतर्निहित है।
(b) न तो I और न ही II अंतर्निहित है।
(c) केवल अवधारणा II अंतर्निहित है।
(d) I और II दोनों ही अंतर्निहित है।

49. 'निति' आयोग के पदेन अध्यक्ष के रूप में कौन कार्य करता है?
(a) भारत के उप-राष्ट्रपति (b) भारत के प्रधानमंत्री
(c) भारत के गृहमंत्री (d) भारत के राष्ट्रपति

50. विषम को चुनें।

$\frac{T}{20}$	$\frac{X}{23}$	$\frac{O}{15}$	$\frac{L}{12}$
(A)	(B)	(C)	(D)

(a) B (b) D
(c) C (d) A

51. आंकड़ों 9, 5, 8, 2, 6, 15, 12, 18 के (माध्य-माध्यिका) का मान क्या है?
(a) 1.175 (b) 1.125
(c) 1.375 (d) 0.725

52. यदि PEARL को QFBSM लिखा जाता है, तो SUIT को कैसे लिखा जायेगा?
(a) TVJU (b) TVJV
(c) TVJT (d) TWJU

53. दिया गया पाई चार्ट दिसम्बर 2017 तक भारत के विभिन्न बैंकों द्वारा गैर-निष्पादन संपत्ति (NPA) के बारे में जानकारी देता है।

F 5%
E 20%
A 30%
D 5%
C 15%
B 25%

यदि सभी बैंकों के अंतर्गत कुल NPA ₹300 लाख करोड़ है तो दिसम्बर 2017 तक बैंक "A" का NPA कितना (₹ लाख करोड़ में) होगा?
(a) 110 (b) 90
(c) 60 (d) 70

54. दो सतहों के बीच सतह की अनियमितताओं के परिणामस्वरूप _______ होता है।
(a) घर्षण (b) आवेग
(c) तनाव (d) बलाघूर्ण

55. समान जन्मतिथि वाले सात बच्चों का जन्म सात क्रमिक वर्षों में हुआ था। सबसे बड़े तीन बच्चों की आयु का योग 63 वर्ष है। सबसे छोटे तीन बच्चों की आयु का योग कितने वर्ष होगा?
(a) 57 (b) 54
(c) 51 (d) 60

56. _______ भारत का पहला शहर है जिसने अपने यहाँ के वाहनों पर उनके द्वारा उपयोग किये जाने वाले ईंधन के आधार पर रंगीन होलोग्रामयुक्त स्टीकर चिपकाने की व्यवस्था की है।
(a) चेन्नई (b) हैदराबाद
(c) बेंगलुरू (d) दिल्ली

57. एक कबड्डी टीम द्वारा कुछ मैचों की एक श्रृंखला में प्राप्त किये गये अंक निम्नलिखित है:
14, 2, 7, 27, 15, 5, 17, 8, 10, 24, 48, 10, 8, 7, 18, 28 टीम द्वारा प्राप्त अंकों की माध्यिका ज्ञात कीजिए।
(a) 11 (b) 12
(c) 16 (d) 15

58. विषम की पहचान करें:

A	B	C	D
L12	N14	P17	R18

(a) B (b) A
(c) D (d) C

59. कौन-से राज्य में भारत के पहले "विलेज ऑफ बुक्स" का उद्घाटन किया गया और उसे सार्वजनिक रूप से पढ़ने के लिए खोल दिया गया है?
(a) बिहार (b) महाराष्ट्र
(c) केरल (d) गुजरात

60. निम्नलिखित प्रश्न आकृतियों की श्रृंखला में प्रश्न चिह्न (?) को कौन-सी उत्तर आकृति प्रतिस्थापित करेगी?

प्रश्न आकृतियाँ:

?

उत्तर आकृतियाँ:

A B C D

(a) A (b) D
(c) C (d) B

61. ऊर्जा उत्पादन के दौरान जब हमारी मांसपेशियों की कोशिकाओं में ऑक्सीजन की कमी होती है, तो 6-कार्बन अणु _____ कार्बन अणु में परिवर्तित हो जाता है।
(a) 5 (b) 3
(c) 3 (d) 1

62. फीफा विश्व कप 2018 में गोल्डन ग्लोव अवॉर्ड किसने जीता?
(a) रूई पेट्रीसियो (b) थिबॉउट कॉर्टिइस
(c) ह्यूगो लॉरिस (d) फर्नांडो मुस्लेरा

63. जिस परमाणु की वाह्य कक्षा में इलेक्ट्रॉनों की संख्या पूर्ण होती है, उसकी संयोजकता _______ होती है।
(a) एक (b) सात
(c) आठ (d) शून्य

64. 324 से पूर्णतः विभाज्य पांच अंकों की सबसे बड़ी संख्या ज्ञात कीजिए।
(a) 99798 (b) 99796
(c) 99790 (d) 99792

65. निम्नलिखित में से कौन-सा तत्व अधिक एलेक्ट्रोनेगेटिव होता है?
(a) Al (b) Cl
(c) S (d) P

66. प्रश्न चित्र में दी गयी दोनों आकृतियों से कौन-सी उत्तर आकृति बनायी गयी है?

प्रश्न चित्र:

उत्तर आकृतियाँ:

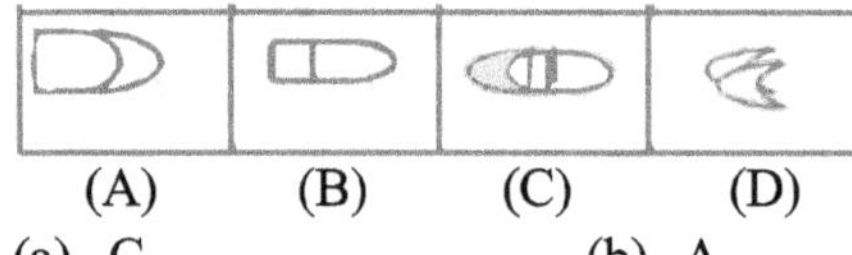

(a) C (b) A
(c) D (d) B

67. सोडियम से क्लोरीन की ओर जाने पर परमाणु आकार _______।
(a) बढ़ता है
(b) घटता है
(c) पहले बढ़ता है और फिर घटता है
(d) समान रहता है

68. पाइप A पाइप B की अपेक्षा एक चौथाई समय में टंकी को भरता है। पाइप A की तुलना में पाइप C उसे भरने में तीन गुना समय लेता है। यदि तीनों पाइप एक साथ खोले जाते हैं तो वे 24 घंटे में एक टंकी को भर सकते हैं। यदि पाइप C को चालू न किया जाए तो खाली टंकी को भरने में कितने घंटे लगेंगे?
(a) 30.2 (b) 28.4
(c) 30.6 (d) 30.4

69. कैल्शियम हाइड्राक्साइड के विलयन से जब कार्बन डाइ ऑक्साइड गुजरती है तो बनने वाले अवक्षेप का रंग कैसा होता है?
(a) स्लेटी (b) काला
(c) नीला (d) सफेद

70. कौन-सा विकल्प निम्न प्रश्न चित्र के साथ निकटतम समानता रखता है?

प्रश्न चित्र:

विकल्प चित्र:

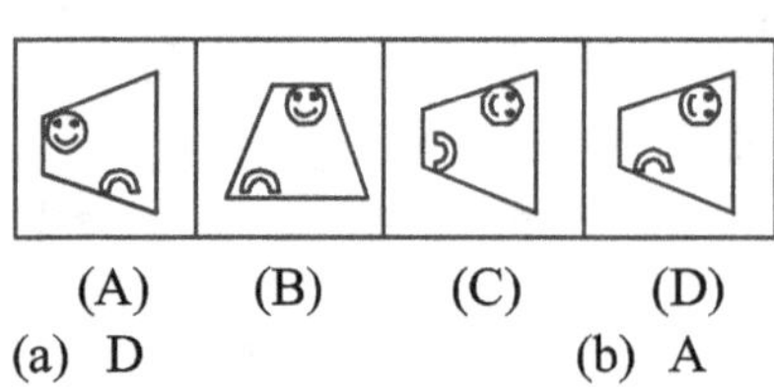

(a) D (b) A
(c) C (d) B

71. निम्नलिखित में से कौन सी बॉलिवुड अभिनेत्री ने मार्च 2017 में अंतर्राष्ट्रीय फिल्म महोत्सव और ऑस्ट्रेलिया पुरस्कार (IFFAA) में सर्वश्रेष्ठ अभिनेत्री का पुरस्कार जीता?
(a) आलिया भट्ट (b) ऐश्वर्या राय
(c) प्रियंका चोपड़ा (d) विद्या बालन

72. निम्नलिखित समीकरण को हल कीजिए?
$2^{2x+3} - 17 = 9(2^x - 2)$
(a) 3, 0 (b) –1, –2
(c) –3, 0 (d) 0, 2

73. निम्न में से कौन-सा संतृप्त हाइड्रोकार्बन है?
(a) CH_2 (b) C_2H_6
(c) C_2H_2 (d) C_2H_4

74. अगस्त, 2017 में भारत के 45 वें मुख्य न्यायाधीश के रूप में निम्नलिखित में से किसने शपथ ली थी?
(a) जस्टिस चेलमेश्वर (b) रंजन गोगोई
(c) जगदीश सिंह खेहर (d) दीपक मिश्रा

75. अकेले फाइटर एयरक्राफ्ट उड़ाने वाली पहली भारतीय महिला कौन बनी?
(a) अवनी चौटाला (b) अवनी चतुर्वेदी
(c) अवनी चैटर्जी (d) अवनी चौधरी

76. दंत चिकित्सक अवतल दर्पण का उपयोग करते हैं क्योंकि इसपर निर्मित प्रतिबिम्ब _______ होता है।
(a) वास्तविक और बड़ा
(b) आभासी लेकिन धुँधला
(c) वास्तविक लेकिन उल्टा
(d) आभासी और बड़ा

77. यदि 10 N और 5 N के दो बल एक वस्तु एक ही दिशा में लगाये जाते हैं, तो वस्तु पर कार्यरत कुल बल कितना होगा?
(a) 10 N (b) 25 N
(c) 15 N (d) 50 N

78. निम्नलिखित में से कौन-सा वेन आरेख नीचे दिये गये वर्गों के बीच संबंध को सही ढंग से दर्शाता है?
A. सितार B. हार्प
C. वाद्ययंत्र

(a) 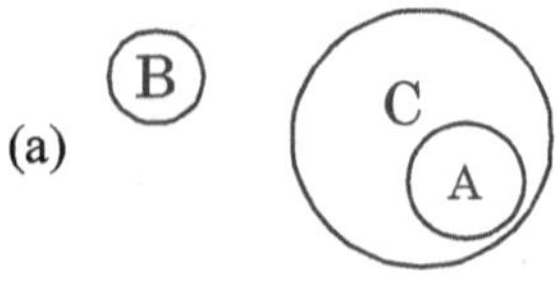

(b) 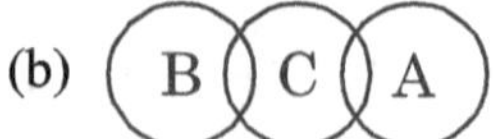

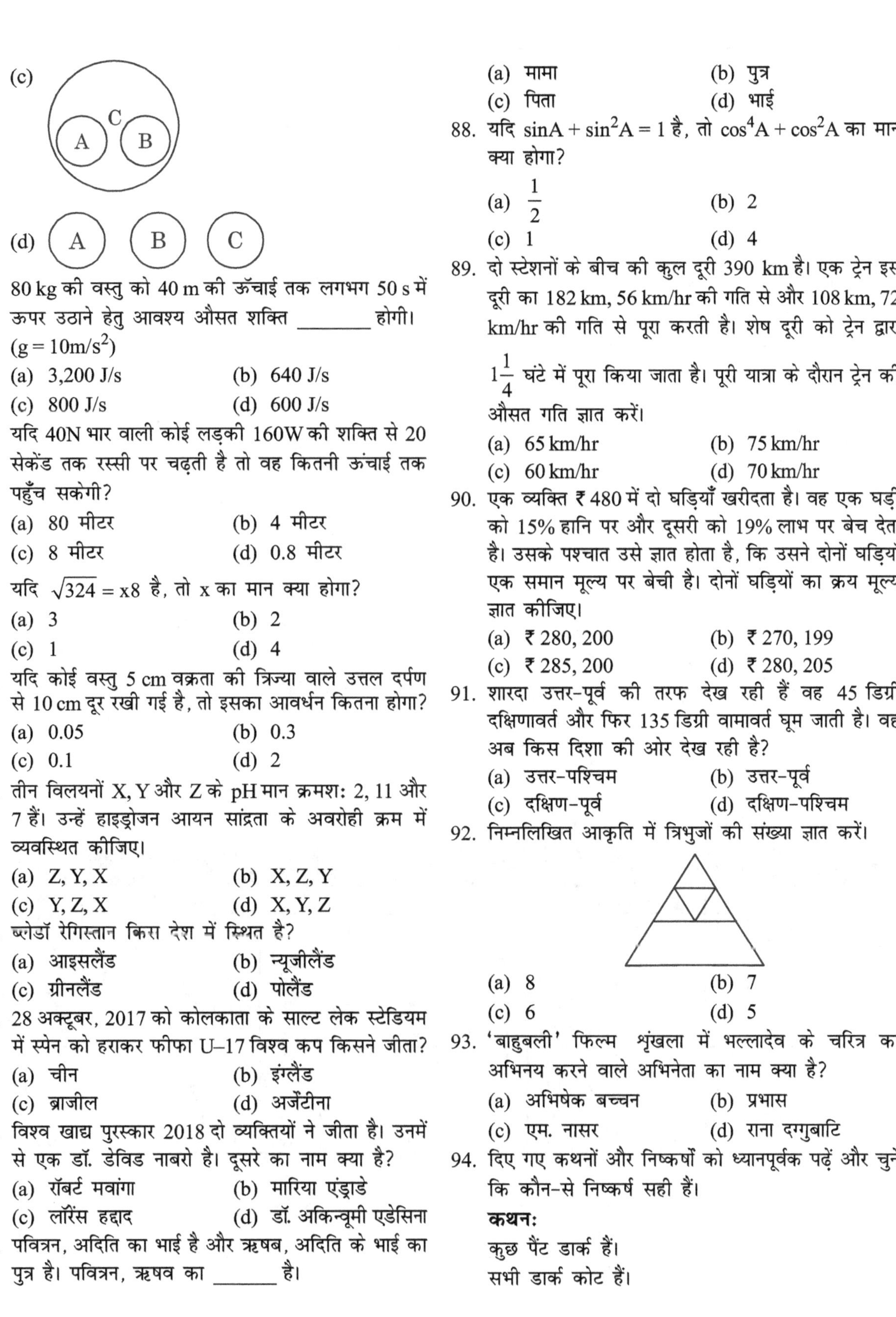

(c) C, A, B

(d) A B C

79. 80 kg की वस्तु को 40 m की ऊँचाई तक लगभग 50 s में ऊपर उठाने हेतु आवश्य औसत शक्ति ________ होगी। $(g = 10m/s^2)$

(a) 3,200 J/s (b) 640 J/s
(c) 800 J/s (d) 600 J/s

80. यदि 40N भार वाली कोई लड़की 160W की शक्ति से 20 सेकेंड तक रस्सी पर चढ़ती है तो वह कितनी ऊंचाई तक पहुँच सकेगी?

(a) 80 मीटर (b) 4 मीटर
(c) 8 मीटर (d) 0.8 मीटर

81. यदि $\sqrt{324} = x8$ है, तो x का मान क्या होगा?

(a) 3 (b) 2
(c) 1 (d) 4

82. यदि कोई वस्तु 5 cm वक्रता की त्रिज्या वाले उत्तल दर्पण से 10 cm दूर रखी गई है, तो इसका आवर्धन कितना होगा?

(a) 0.05 (b) 0.3
(c) 0.1 (d) 2

83. तीन विलयनों X, Y और Z के pH मान क्रमशः 2, 11 और 7 हैं। उन्हें हाइड्रोजन आयन सांद्रता के अवरोही क्रम में व्यवस्थित कीजिए।

(a) Z, Y, X (b) X, Z, Y
(c) Y, Z, X (d) X, Y, Z

84. ब्लोंडॉ रेगिस्तान किस देश में स्थित है?

(a) आइसलैंड (b) न्यूजीलैंड
(c) ग्रीनलैंड (d) पोलैंड

85. 28 अक्टूबर, 2017 को कोलकाता के साल्ट लेक स्टेडियम में स्पेन को हराकर फीफा U–17 विश्व कप किसने जीता?

(a) चीन (b) इंग्लैंड
(c) ब्राजील (d) अर्जेंटीना

86. विश्व खाद्य पुरस्कार 2018 दो व्यक्तियों ने जीता है। उनमें से एक डॉ. डेविड नाबरो है। दूसरे का नाम क्या है?

(a) रॉबर्ट मवांगा (b) मारिया एंड्राडे
(c) लॉरेंस हद्दाद (d) डॉ. अकिन्वूमी एडेसिना

87. पवित्रन, अदिति का भाई है और ऋषब, अदिति के भाई का पुत्र है। पवित्रन, ऋषव का ______ है।

(a) मामा (b) पुत्र
(c) पिता (d) भाई

88. यदि $\sin A + \sin^2 A = 1$ है, तो $\cos^4 A + \cos^2 A$ का मान क्या होगा?

(a) $\frac{1}{2}$ (b) 2
(c) 1 (d) 4

89. दो स्टेशनों के बीच की कुल दूरी 390 km है। एक ट्रेन इस दूरी का 182 km, 56 km/hr की गति से और 108 km, 72 km/hr की गति से पूरा करती है। शेष दूरी को ट्रेन द्वारा $1\frac{1}{4}$ घंटे में पूरा किया जाता है। पूरी यात्रा के दौरान ट्रेन की औसत गति ज्ञात करें।

(a) 65 km/hr (b) 75 km/hr
(c) 60 km/hr (d) 70 km/hr

90. एक व्यक्ति ₹ 480 में दो घड़ियाँ खरीदता है। वह एक घड़ी को 15% हानि पर और दूसरी को 19% लाभ पर बेच देता है। उसके पश्चात उसे ज्ञात होता है, कि उसने दोनों घड़ियाँ एक समान मूल्य पर बेची है। दोनों घड़ियों का क्रय मूल्य ज्ञात कीजिए।

(a) ₹ 280, 200 (b) ₹ 270, 199
(c) ₹ 285, 200 (d) ₹ 280, 205

91. शारदा उत्तर-पूर्व की तरफ देख रही हैं वह 45 डिग्री दक्षिणावर्त और फिर 135 डिग्री वामावर्त घूम जाती है। वह अब किस दिशा की ओर देख रही है?

(a) उत्तर–पश्चिम (b) उत्तर–पूर्व
(c) दक्षिण–पूर्व (d) दक्षिण–पश्चिम

92. निम्नलिखित आकृति में त्रिभुजों की संख्या ज्ञात करें।

(a) 8 (b) 7
(c) 6 (d) 5

93. 'बाहुबली' फिल्म शृंखला में भल्लादेव के चरित्र का अभिनय करने वाले अभिनेता का नाम क्या है?

(a) अभिषेक बच्चन (b) प्रभास
(c) एम. नासर (d) राना दग्गुबाटि

94. दिए गए कथनों और निष्कर्षों को ध्यानपूर्वक पढ़ें और चुनें कि कौन-से निष्कर्ष सही हैं।

कथनः

कुछ पैंट डार्क हैं।

सभी डार्क कोट हैं।

निष्कर्ष:

1. कुछ पैंट कोट हैं।
2. सभी कोट पैंट हैं।

(a) दोनों निष्कर्ष सही है।
(b) दोनों निष्कर्ष गलत हैं।
(c) केवल निष्कर्ष 2 सही है।
(d) केवल निष्कर्ष 1 सही है।

95. प्रोटीन की जानकारी प्रदान करने वाले डीएनए के भाग को _____ कहा जाता है।
(a) क्रोमोजोम (b) केन्द्रक
(c) नाभिक (d) जीन

96. भारत में अंग्रेजों द्वारा निर्मित पहला किला कौन-सा था?
(a) फोर्ट सेंट जॉर्ज (b) फोर्ट सेंट लुइस
(c) फोर्ट सेंट एंग्लो (d) फोर्ट सेंट पीटर

97. कार्बन परमाणु के बारे में ${}^{12}_{6}C$ से क्या निष्कर्ष निकाला जा सकता है?
(a) इसमें 12 न्यूट्रॉन और 6 इलेक्ट्रॉन हैं।
(b) इसमें 12 प्रोटॉन और 6 न्यूट्रॉन हैं।
(c) इसमें 6 प्रोटॉन और 12 न्यूट्रॉन हैं।
(d) इसमें 6 न्यूट्रॉन और 6 प्रोटॉन हैं।

98. निम्नलिखित प्रश्न आकृतियों की श्रृंखला में प्रश्न चिह्न (?) को कौन-सी उत्तर आकृति प्रतिस्थापित करेगी?

प्रश्न आकृतियाँ:

/▼/	ΩΩ	±	\▶\	*±*	±Λ±	?
±Λ±	*±*	*±*	Ω^{Ω}	ΩΩ	/▲/	

उत्तर आकृतियाँ:

±	Ω^{Ω}	*±*	Ω^{Ω}	Ω^{Ω}	*±*	Ω^{Ω}	*±*
/▼/	*±*	\▼\	±	\◀\	±Λ±	\◀\	±
A		B		C		D	

(a) A (b) B
(c) C (d) D

99. सही विकल्प चुनकर निम्न श्रृंखला को पूरा कीजिए।
1, 8, 9, 6 4, _______, ______, 49, 512, _____, _____
(a) 25,216,81,1000
(b) 25,36,81,100
(c) 125,36,729,100
(d) 125,216,729,100

100. यदि 'L' के लिए '+' है, 'M' के लिए '–' है, 'N' के लिए '×' है और 'P' के लिए '÷' का उपयोग किया जाता है, तो 11N8L6P2M10 का मान कितना होगा?
(a) 85 (b) 90
(c) 80 (d) 81

उत्तरमाला

1	(b)	11	(a)	21	(a)	31	(*)	41	(b)	51	(*)	61	(c)	71	(a)	81	(c)	91	(a)
2	(b)	12	(a)	22	(d)	32	(d)	42	(c)	52	(a)	62	(b)	72	(c)	82	(b)	92	(c)
3	(b)	13	(a)	23	(c)	33	(c)	43	(b)	53	(b)	63	(d)	73	(b)	83	(b)	93	(d)
4	(d)	14	(d)	24	(a)	34	(d)	44	(b)	54	(a)	64	(d)	74	(d)	84	(d)	94	(a)
5	(b)	15	(a)	25	(d)	35	(d)	45	(c)	55	(c)	65	(b)	75	(b)	85	(b)	95	(d)
6	(c)	16	(d)	26	(a)	36	(d)	46	(d)	56	(d)	66	(b)	76	(d)	86	(c)	96	(a)
7	(d)	17	(a)	27	(c)	37	(b)	47	(c)	57	(b)	67	(b)	77	(c)	87	(c)	97	(d)
8	(a)	18	(c)	28	(a)	38	(d)	48	(d)	58	(d)	68	(d)	78	(c)	88	(c)	98	(d)
9	(a)	19	(b)	29	(a)	39	(d)	49	(b)	59	(b)	69	(d)	79	(b)	89	(a)	99	(a)
10	(b)	20	(b)	30	(b)	40	(b)	50	(a)	60	(a)	70	(c)	80	(c)	90	(a)	100	(d)

संकेत एवं हल

1. (b) 5 वर्ष पहले की आयु
जेलेना जेडन
x 2x
अब, वर्तमान
x + 5 2x + 5
$x + 5 + 2x + 5 = 70$
$3x + 10 = 70$
$3x = 60$
$x = 20$
जेडन की वर्तमान आयु = 2x + 5
40 + 5 = 45 वर्ष

2. (b) तारा तमन्ना टीना
4 : 5 : 6
$$\Rightarrow \frac{1000}{15} \times 2 = 133.33$$

5. (b) $SI = \frac{P \times r \times t}{100}$
$$= \frac{2735 \times 5 \times 4}{100} = ₹ 547$$

7. (d) 1 kg = 1000g
∴ कॉपर = 1000 × 32% = 320 g

10. (b) पहली संख्या = 6.4
दूसरी संख्या = x
$\therefore x \times 6.4 = 1.728$
$$x = \frac{1.728}{6.4} = 0.27$$

11. (a) $a^3 + \frac{1}{a^3} = \left(a + \frac{1}{a}\right)^3 - 3\left(a + \frac{1}{a}\right)$
$= (8)^3 - 3 \times 8 = 512 - 24 = 488$

12. (a)
वस्तुए
गोल
रिंग

अतः दोनों निष्कर्ष अनुसरण करते है।

14. (d) $2M = 3W$
$\therefore 6M = 9W$
अब $(6M + 1W) \times d = 3W \times 30$
$\Rightarrow (9W + 1W) \times d = 3W \times 30$
$\Rightarrow 10W \times d = 3W \times 30$
$\therefore d = 9$

15. (a) जिम के लिए = ₹ 500/ व्यक्ति
जिम करने वाले उपभोक्ताओं की संख्या = 300
∴ कुल आय = 300 × 500 = ₹ 1,50,000

17. (a) 19, 24, 22, 27, 25, [30]
+5 −2 +5 −2 +5

18. (c) 2A, 4G, 8M, [16S]
+6 +6 +6
×2 ×2 ×2

20. (b) 6084 एक पूर्ण वर्ग संख्या है, इसलिए यह एक परिमेय संख्या है।

24. (a) $1.1 \times 0.1 \times 0.01 = \frac{11}{10} \times \frac{1}{10} \times \frac{1}{100}$
$$= \frac{11}{10000} = 0.0011$$

25. (d) विकल्प D को छोड़कर अन्य सभी में अक्षरों का जल प्रतिबिम्ब बन रहा है।

27. (c)
A
1.5cm
B 2cm C

$AC = \sqrt{(2)^2 + (1.5)^2} = \sqrt{4 + 2.25}$
$= \sqrt{6.25} = 2.5$ cm
∴ परिवृत्त की त्रिज्या $= \frac{AC}{2} = \frac{2.5}{2}$
परिवृत्त का क्षेत्रफल $= \pi r^2$

$= \pi \times \left(\frac{2.5}{2}\right)^2 = 1.5625\pi \text{ cm}^2$

32. (d) $18 \times 16 - \frac{3445}{13} = 288 - 265 = 23$

35. (d) $X \rightarrow 24h$, $Y \rightarrow 32h$; 4, 3 ; 96 unit

X को बंद किया यानि Y पूरे समय तक चला

$\therefore$ शेष काम $= (96 - 16 \times 3)$ unit $= 48$ unit

इसलिए X को जितना समय 48 unit भरने में लगा उतने समय में बंद कर देना चाहिए।

$\therefore \frac{48}{4} = 12\text{hr.}$

40. (b) $338 \div (169 \div 13 + 13) + (85 - 23 \times 5) \times (114 \div 19)$

$= 338 \div (13 + 13) + (85 - 115) \times 6$

$= 338 \div 26 - 30 \times 6$

$= 13 - 180 = -167$

41. (b) 1 महीने में 150 kwh ऊर्जा प्रयोग हुआ।

$\because \; 1 \text{ kwh} = 3.6 \times 10^6 \text{ J}$

$\therefore 150 \text{ kwh} = 150 \times 3.6 \times 10^6 \text{ J}$

$= 5.4 \times 10^8 \text{ J}$

43. (b)

अत: दोनों निष्कर्ष अनुसरण करता है।

45. (c) पुत्र की वर्तमान आयु = x वर्ष

पिता की वर्तमान आयु = 4x

अब 20 वर्ष बाद

$(x + 20) \times 2 = (4x + 20)$

$\Rightarrow 2x + 40 = 4x + 20 \Rightarrow 2x = 20$

$\therefore x = 10$

$\therefore$ पुत्र = x = 10 वर्ष

पिता = 4x = 4 × 10 = 40 वर्ष

46. (d) धारा के विपरीत चाल $= \frac{75}{12}$ km/h

धारा के दिशा में चाल $= \frac{75}{7.5}$ km/h

$\therefore$ धारा की गति $= \frac{\left(\frac{75}{7.5} - \frac{75}{12}\right)}{2}$

$= \frac{48}{2 \times 12}$ km/h $= 1.875$ km/h

48. (d) कथन से स्पष्ट है कि वर्षा हो सकती है और विमला को अपने पति की स्वास्थ्य के प्रति सावधान है। अत: अवधारणा I और II दोनों अंतर्निहित है।

50. (a) विकल्प B को छोड़कर अन्य सभी अक्षर और उस अक्षर कोड का अनुपात है।

51. (*) बढ़ते क्रम में सजाने पर

2,5,6,8,9,12,15,18

अब, माध्य $= \frac{2+5+6+8+9+12+15+18}{8}$

$= \frac{75}{8}$

माध्यिका $= \frac{8+9}{2} = \frac{17}{2}$

$\therefore$ माध्य - माध्यिका $= \frac{75}{8} - \frac{17}{2}$

$= \frac{75-68}{8} = \frac{7}{8} = 0.875$

52. (a) जिस प्रकार,

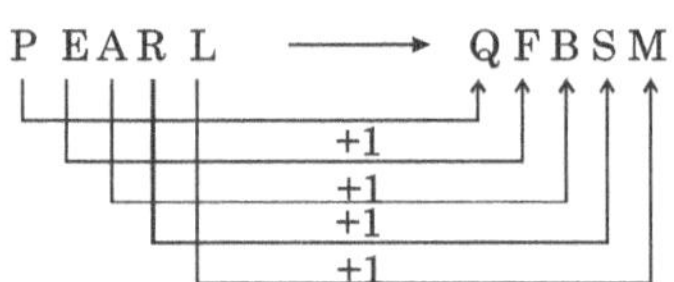

इसी प्रकार, SUIT → TVJU

53. (b) A का NPA = 30%

$\therefore$ A का NPA = 300 × 30% = 90

55. (c) सातों बच्चों की आयु = x, (x + 1), (x + 2), (x + 3), (x + 4), (x + 5), (x + 6)

अब $(x + 4) + (x + 5) + (x + 6) = 63$

$\Rightarrow \; 3x + 15 = 63$

$\therefore \; 3x = 48$

Now $x + (x + 1) + (x + 2) = 3x + 3$

$= 48 + 3 = 51$

57. (b) बढ़ते क्रम में सजाने पर

2, 5, 7, 7, 8, 8, 10, 10, 14, 15, 17, 18, 24, 27, 28, 48

अब माध्यिका $= \frac{10+14}{2} = \frac{24}{2} = 12$

58. (d) विकल्प C को छोड़कर अन्य सभी में अक्षर और उसके अक्षर कोड है।

64. (d) 324)99999(308

972

×2799

2592

×207

$\therefore$ संख्या = 99999 – 207 = 99792

68. (d)

		A	B	C
समय	=	1 :	4 :	3
कार्य क्षमता	=	12 :	3 :	4

अब, कुल कार्य = [24 × (12 + 3 + 4)]unit

C को छोड़कर लगा समय $= \frac{24 \times 19}{15}$

$= \frac{152}{5} = 30.4$

72. (c) $2^{2x+3} - 17 = 9(2^x - 2)$

$\Rightarrow (2^x)^2 \times 2^3 - 17 = 9(2^x - 2)$

अब, 2x = y (माना)

$\Rightarrow y^2 \times 8 - 17 = 9(y - 2)$

$\Rightarrow 8y^2 - 9y + 1 = 0$

$\Rightarrow 8y^2 - 8y - y + 1 = 0$

$\Rightarrow 8y(y - 1) - 1(y - 1) = 0$

$y - 1 = 0$ या $8y - 1 = 0$

$y = 1$ या $y = \frac{1}{8}$

जब $y = 1$ तब

$2^x = 1 \quad \Rightarrow \quad 2^x = 2^\circ$

$\therefore x = 0$

जब $x = \frac{1}{8}$ तब

$2^x = \frac{1}{8} \quad \Rightarrow 2^x = \frac{1}{2^3}$

$\Rightarrow 2^x = 2^{-3}$

$\therefore x = -3$

$\therefore x = -3, 0$

77. (c) कुल बल = 10N + 5N = 15N

81. (c) $\sqrt{324} = x8 \quad \Rightarrow \quad 18 = x8$

$\therefore x = 1$

83. (b) कम pH वाले हाइड्रोजन आयन की सांद्रता अधिक होती है।

$\therefore$ X, Z, Y

88. (c) $\sin A + \sin^2 A = 1$

$\Rightarrow \sin A = 1 - \sin^2 A$

$\Rightarrow \sin A = \cos^2 A$

$\therefore \cos^4 A = \sin^2 A$

अब, $\cos^4 A + \cos^2 A = \sin^2 A + \cos^2 A = 1$

89. (a) औसत चाल $= \frac{\text{कुल दूरी}}{\text{कुल समय}}$

$= \frac{390\text{km}}{\frac{182}{56}h + \frac{108}{72}h + \frac{5}{4}h}$

$= \frac{390}{\frac{13}{4} + \frac{3}{2} + \frac{5}{4}}$ km / h

$= \frac{390 \times 4}{24}$ km / h = 65 km/h

90. (a) पहले घड़ी का CP = ₹ P_1

दूसरे घड़ी का CP = ₹ P_2

अब, $P_1 \times 85\% = P_2 \times 119\%$

$P_1 : P_2 = 7 : 5$

$P_1 = \frac{480}{12} \times 7 =$ ₹ 280

$P_2 = \frac{480}{12} \times 5 =$ ₹ 200

92. (c)

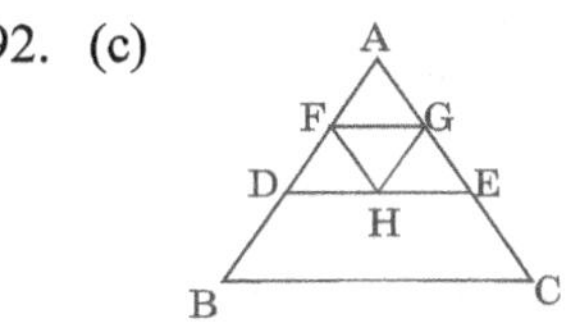

AFG, ADE, ABC, DFH, FGH, GHE

कुल 6 त्रिभुज हैं।

94. (d)

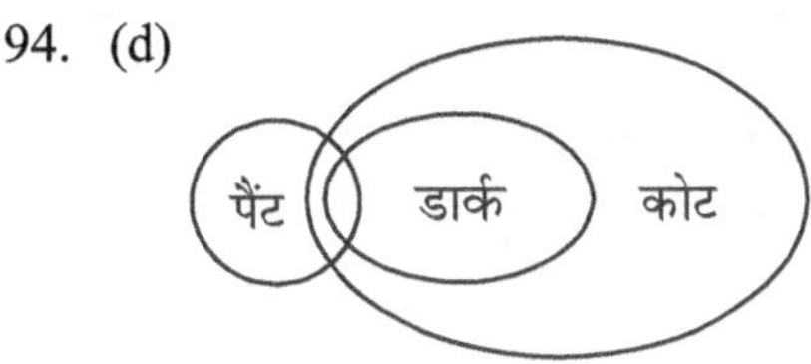

दोनों निष्कर्ष सही है।

100. (d) 11N8L6P2M10

$= 11 \times 8 + 6 \div 2 - 10$

$= 88 + 3 - 10 = 91 - 10 = 81$

RRB ग्रुप D 2018 सॉल्वड पेपर-16

दिनांक : 17 सितंबर 2018

1. दिए गए परिपथ में __________ का प्रवाह वामावर्त होता है।
   (a) प्रतिरोध (b) वोल्टेज
   (c) इलेक्ट्रॉनों (d) धारा

2. किसी शहर में 'अरोग्य 2017' की मेजबानी की थी, जो आयुष और कल्याण क्षेत्र पर पहली अंतर्राष्ट्रीय प्रदर्शनी और सम्मेलन था।
   (a) ऋषिकेश (b) उदयपुर
   (c) नोएडा (d) नई दिल्ली

3. किसी विस्फोट के कारण समुद्र के तल पर बनने वाली लहरें __________ होती हैं।
   (a) अनुप्रस्थ और अनुदैर्ध्य दोनों
   (b) स्थिर
   (c) अनुदैर्ध्य
   (d) अनुप्रस्थ

4. विंध्याशक्ति __________ वंश के संस्थापक थे?
   (a) पांडव (b) काकतीय
   (c) चोल (d) वाकाटक

5. अधिक अंतरकोशीय प्रसार के लिए __________ कोशिकायें विरल रूप में संरचित होती हैं।
   (a) फ्लोएम (b) कोलेनकाइमा
   (c) स्क्लेरेनकाइमा (d) पैरेनकाइमा

6. तत्व __________ का परमाणु सबसे बड़ा और __________ का परमाणु सबसे छोटा होता है।
   (a) Li और O (b) H और O
   (c) O और F (d) Li और H

7. 70 किग्रा. के भार को उठाने के लिए 9800 जूल की ऊर्जा का प्रयोग किया गया। भार को __________ की ऊँचाई तक उठाया गया।
   (a) 140 मी. (b) −140 मी.
   (c) 14 मी. (d) −14 मी.

8. उस व्यक्ति को चुनें जो एक समान समूह से संबंधित न हो।
   (a) इंदिरा गांधी
   (b) अरविंद केजरीवाल
   (c) विक्रम साराभाई
   (d) लालू प्रसाद यादव

9. दिए गए कथन और निष्कर्ष को ध्यान से पढ़ें और उस निष्कर्ष का चयन करें जो कथन का तर्कसंगत रूप से अनुसरण करता है।
   कथन : सभी जीवों में, पेंगुइन सबसे मित्रतापूर्ण हैं।
   निष्कर्ष:
   I. अन्य कोई जीव मित्रतापूर्ण नहीं है।
   II. पेंगुइन को मनुष्य द्वारा बहुत पसंद किया जाता है।
   (a) न तो I न ही II अनुसरण करता है।
   (b) केवल निष्कर्ष II अनुसरण करता है।
   (c) केवल निष्कर्ष I अनुसरण करता है।
   (d) दोनों निष्कर्ष अनुसरण करते हैं।

10. कुछ काम को पूरा करने के लिए A और B द्वारा आवश्यक दिनों का अनुपात 3 : 5 हैं। उन्हें काम पूरा करने के लिए $5\frac{5}{8}$ दिनों की आवश्यकता है। A अकेले इस काम को दोगुना कितने दिनों में पूरा कर सकता है?
    (a) 15 दिन (b) 18 दिन
    (c) 30 दिन (d) 9 दिन

11. उन बिंदुओं का अनुपात ज्ञात कीजिए जहाँ रेखा 3x + 2y = 17, बिंदुओं (2, 5) और (5, 2) से निर्मित रेखा खंड को विभाजित करती है।
    (a) 3 : 4 (b) 1 : 2
    (c) 1 : 3 (d) 2 : 5

12. दिया गया पाई चार्ट दिसम्बर 2017 तक भारत के विभिन्न बैंकों द्वारा संसाधित गैर–निष्पादन संपत्ति (NPA) के बारे में जानकारी देता है।
    यदि सभी बैंकों के अंतर्गत कुल NPA ₹ 300 लाख करोड़ हैं तो दिसम्बर 2017 तक बैंक "D" के अंतर्गत NPA कितना (₹ लाख करोड़ में) है?

    (a) 10 (b) 15
    (c) 20 (d) 5

13. निम्नलिखित में से कौन–सा इस समूह से संबंधित नहीं है?

A	B	C	D
E1	J2	O3	T5

(a) A (b) D
(c) B (d) C

14. कौन–सा वेन आरेख निम्न के बीच के संबंध को सही तरह से दर्शाता है?

(A) बटन (B) पेन
(C) कमीज़

(a)
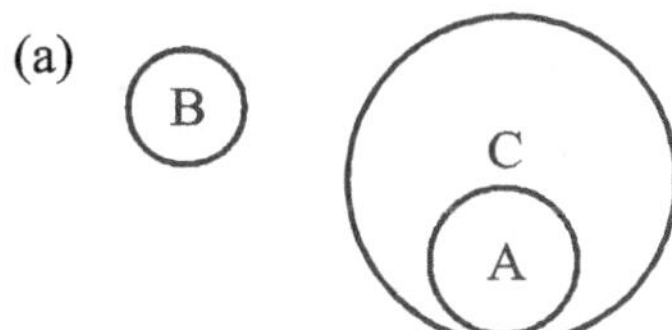

(b) B C A

(c)
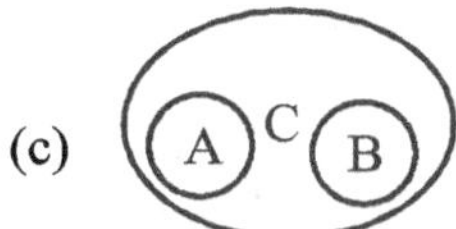

(d) A

C

15. 2018 में दृष्टिबाधितों के लिए आयोजित नेशनल 'ए' चेस चैंपियनशिप का 13वां संस्करण किसने जीता?
(a) सौंदर्य कुमार प्रधान (b) अश्विन मकवाना
(c) चारुदत्त जाधव (d) किशन गांगुली

16. निम्नलिखित कथन के साथ बिंदु I व II के रूप में दो धारणाएँ दी गयी हैं। कथन और निम्नलिखित धारणाओं पर विचार करें और निर्णय लें कि कौन सी धारणा इस कथन में अंतर्निहित है?

कथन : ऐसे कई महान लोग है जिन्होंने हमारे देश की स्वतंत्रता के लिए अपने प्राणों की आहूति दी है।

धारणाएँ

I. स्वतंत्रता के लिए किसी को बलिदान देना होगा।
II. हम एक बार जीते हैं और एक ही बार मरते हैं।

(a) केवल धारणा I अंतर्निहित है।
(b) धारणा I और II दोनों ही अंतर्निहित नहीं हैं।
(c) धारणा I और II दोनों ही अंतर्निहित हैं।
(d) केवल धारणा II अंतर्निहित है।

17. किसी संख्या का 35%, 91 है, तो वह संख्या बताइए?
(a) 245 (b) 260
(c) 252 (d) 266

18. 25 ग्राम में सल्फ्यूरिक अम्ल के कितने मोल होते हैं?
(a) 0.255 (b) 255
(c) 0.025 (d) 25

19. निम्नलिखित शब्दों के लिए सबसे उपयुक्त वेन आरेख चुनें।
टीवी, कैमरा, ट्रेन

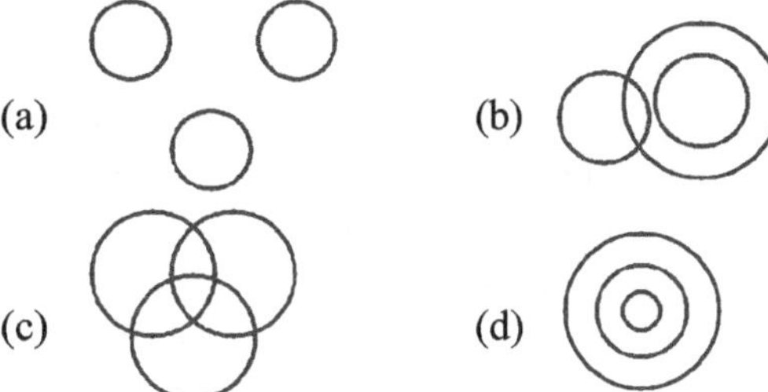

20. नीचे दर्शायी गई तीन सीधी रेखाओं द्वारा निर्मित त्रिभुज का क्षेत्रफल ज्ञात कीजिए-
(i) $x + y = 0$; (ii) $3x = 5y$; और (iii) $y = 3x - 12$
(a) 12 इकाई (b) 16 इकाई
(c) 20 इकाई (d) 15 इकाई

21. शांत जल में एक नाव को अपने गंतव्य स्थान तक पहुंचने और वहां से अपने प्रारंभिक स्थान पर वापस आने में कुल 15 घंटे लगते हैं। उसी यात्रा के लिए नदी में प्रवाह होने पर 16 घंटे की आवश्यकता होती है। नाव और नदी की गति के बीच का अंतर 15 km/hr है। नदी के प्रवाह की गति ज्ञात कीजिए।
(a) 6 km/hr (b) 10 km/hr
(c) 5 km/hr (d) 4 km/hr

22. X अपने दोस्त Z को एक तस्वीर दिखाता है और कहता है, "यह मेरी पत्नी की बेटी के पति का बेटा है।" तस्वीर वाला व्यक्ति कौन है?
(a) ससुर (b) पोता
(c) पोती (d) अंकल

23. अलग–अलग समय पर दो पाइप किसी टंकी को भरने में क्रमशः 5 घंटे और 8 घंटे का समय लेते हैं जबकि एक अन्य तीसरा पाइप उसे 3.2 घंटे में खाली कर सकता है। पूरी तरह से खाली टंकी में तीनों पाइप एकसाथ खोलने पर टंकी को पूरा भरने में कितन समय लगेगा?
(a) 3 दिन 8 घंटे
(b) 9 घंटे 48 मिनट
(c) 6 घंटे 12 मिनट
(d) 3 दिन 3 घंटे 36 मिनट

24. किस भारतीय को 2017 के कार्नेगी मेडल ऑफ फिलैनट्रॉफी से सम्मानित किया गया?
(a) अनिल अंबानी (b) अजीम प्रेमजी
(c) नेस वाडिया (d) रतन टाटा

25. ऑक्सीजन के सापेक्ष क्लोरीन की संयोजकता है ________ ।

(a) 4 (b) 2

(c) 7 (d) 5

26. ________, कार्क सेल में मौजूद एक रसायन है जो उनमें गैसों और पानी के प्रवेश को रोकता है।

(a) काइटिन (b) क्यूटिन

(c) सैफरेनिन (d) सुबेरिन

27. 8वें वार्षिक वैश्विक उद्यमिता शिखर सम्मेलन (GES-2017) का आयोजन कौन से शहर में किया गया?

(a) बेंगलुरु (b) मैसूर

(c) चेन्नई (d) हैदराबाद

28. पुरुषों के हॉकी विश्व कप 2018 के लिए निम्नलिखित में से कौन सी कंपनी आधिकारिक भागीदार है?

(a) पश्चिम बंगाल माइनिंग कॉरपोरेशन

(b) ओडिशा माइनिंग कॉरपोरेशन

(c) महाराष्ट्र माइनिंग कॉरपोरेशन

(d) गुजरात माइनिंग कॉरपोरेशन

29. निम्न शृंखला में प्रश्न चिन्ह (?) को प्रतिस्थापित करने वाले विकल्प का चयन करें।

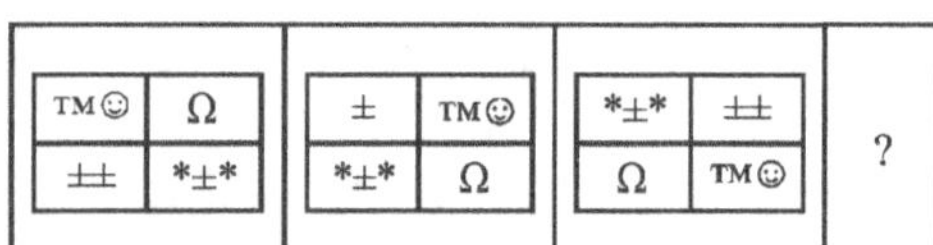

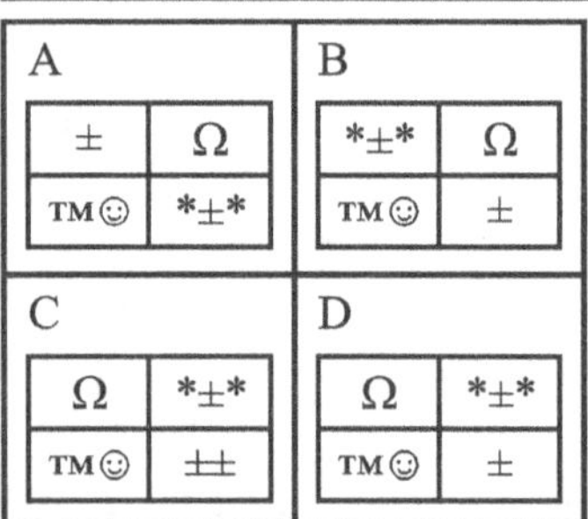

(a) C (b) D

(c) B (d) A

30. यदि p : 18 : : 5 : 3 हो, तो p का मान क्या होगा?

(a) 50 (b) 60

(c) 25 (d) 30

31. निम्न में से किस संगठन ने स्पेन के कोंगेलैडोस डी नवारा के साथ मिलकर ₹ 325 की लागत से एक खाद्य प्रसंस्करण इकाई पंजाब के लुधियाना में स्थापित करने के एक साझा उपक्रम की ओर कदम बढ़ाये हैं?

(a) NALCO (b) IFFCO

(c) SBI (d) NABARD

32. 2018 का 14वां हॉकी विश्व कप भारत में कहाँ आयोजित किया जाएगा?

(a) झांसी (b) पटना

(c) मुंबई (d) भुवनेश्वर

33. किस भारतीय को पहली बार मिस ट्रांसक्वीन इंडिया 2017 का ताज पहनाया गया?

(a) लोईलोई

(b) लायतीसिया रवीना

(c) नीताशा बिस्वास

(d) रागसिया

34. एक आदमी अपने कार्यालय तक पहुंचने के लिए रेलगाड़ी और कार से यात्रा करता है। यदि वह कार द्वारा 10 किमी. की दूरी तय करता है और शेष यात्रा रेलगाड़ी से करता है, तो वह अपने ऑफिस t घंटे में पहुंचता है। यदि वह इसके बिल्कुल विपरीत करता है, तो वह ऑफिस (t + 0.5) घंटे में पहुंचता है। यदि रेलगाड़ी और कार की गति क्रमश: 50 km/h और 40 km/h है, तो अपने ऑफिस तक पहुँचने के लिए वह कितनी दूरी तय करता है।

(a) 80 किमी. (b) 140 किमी.

(c) 100 किमी. (d) 120 किमी.

35. निम्न ग्राफ में बंदगोभी की 12 महीनों के मूल्य दर्शाये गए हैं इनके मूल्यों की माध्यिका क्या है?

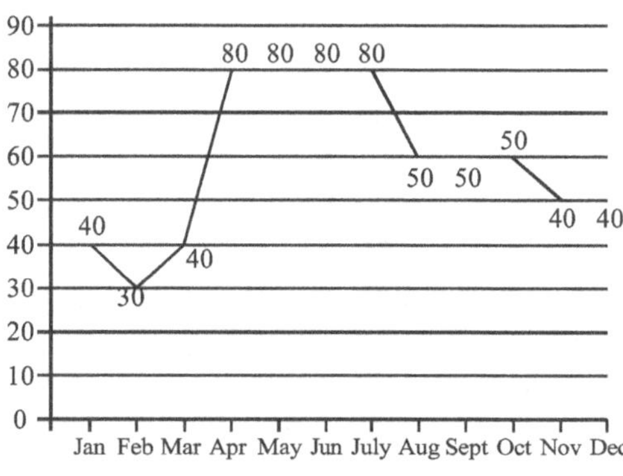

(a) 60 (b) 40

(c) 50 (d) 55

36. दिए गए कथन को सत्य मानिए भले ही वह सामान्यत: ज्ञात तथ्यों से भिन्न प्रतीत हो और उसके आधार पर निर्णय कीजिए कि दिए गए निष्कर्षों में से कौन से निष्कर्ष तर्कसंगत रूप से कथन का अनुसरण करते हैं।

कथन : सुंदरता, देखने वाले की आंखों में होती हैं।

निष्कर्ष:

I. कुछ लोगों को कुछ लोग सुंदर दिखते हैं।

II. कुल लोगों को कुछ लोग सुंदर नहीं दिखते हैं।

(a) दोनों निष्कर्ष I और II अनुसरण करते हैं।
(b) केवल निष्कर्ष II अनुसरण करता है।
(c) दोनों निष्कर्ष I और II अनुसरण नहीं करते हैं।
(d) केवल निष्कर्ष I अनुसरण करता है।

37. कौन सा विकल्प चित्र, प्रश्न चित्र के साथ निकटतम समानता रखता है?

प्रश्न चित्र :

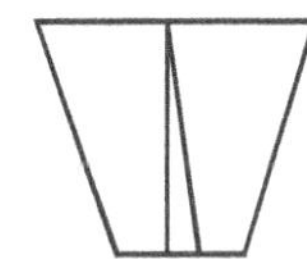

विकल्प चित्र :

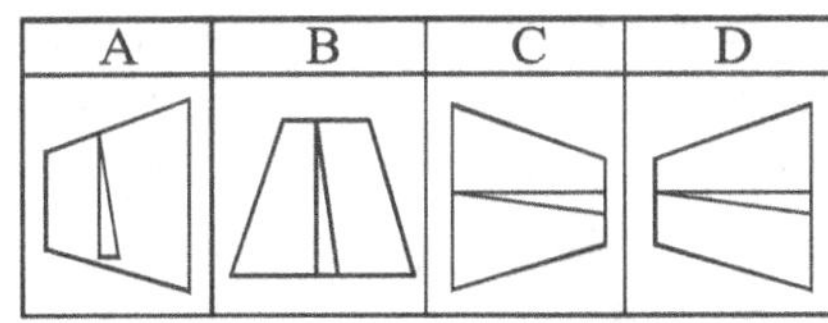

(a) C (b) A
(c) D (d) B

38. $\frac{2^8-1}{\left(\sqrt{2}\right)^{12}}=?$

(a) $\frac{223}{64}$ (b) $\frac{196}{65}$
(c) $\frac{127}{32}$ (d) $\frac{255}{64}$

39. निम्नलिखित में से कौन सी संख्या 4 से पूर्णतः विभाजित है?

(a) 4187290 (b) 6542176
(c) 5632654 (d) 7253566

40. ताला, दरवाजे से संबंधित है, उसी तरह से पासवर्ड ________ से संबंधित है।

(a) गेट
(b) कंप्यूटर
(c) वेरीफाई
(d) वाइल्डकार्ड लेटर्स

41. दिए गए प्रश्न को पढ़ें और निर्णय करें कि निम्नलिखित में से कौन सी जानकारी प्रश्न का उत्तर देने के लिए पर्याप्त है।

प्रश्न :

θ का मान क्या है?

जानकारी :

1.

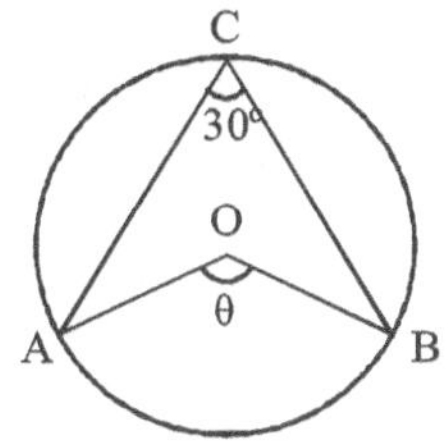

2. $0 < \theta < 90^\circ$

(a) केवल 2 पर्याप्त है।
(b) या तो 1 अथवा 2 पर्याप्त है।
(c) 1 और 2 दोनों ही पर्याप्त नहीं है।
(d) केवल 1 पर्याप्त है।

42. परमाणु क्रमांक 57 वाला तत्व संबंध रखता है-

(a) f-ब्लॉक से (b) s-ब्लॉक से
(c) d-ब्लॉक से (d) p-ब्लॉक से

43. परमाणु के भीतर न्यूट्रॉन द्वारा प्रोटान पर आरोपित बल कहलाता है-

(a) विद्युत-स्थैतिक बल (b) नाभिकीय बल
(c) गुरुत्वाकर्षण बल (d) ज्वारीय बल

44. विषम को चुनें

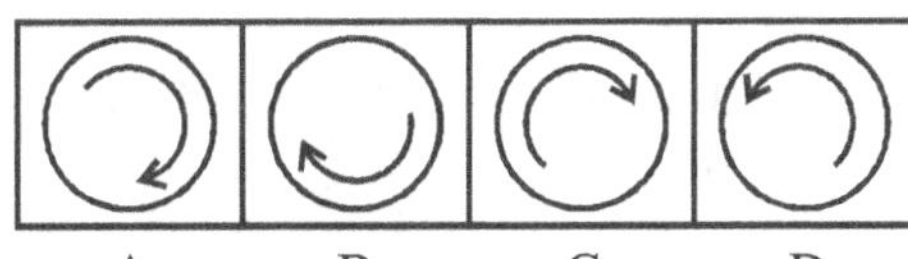

A B C D

(a) B (b) C
(c) D (d) A

45. बैंगलोर मेट्रो रेल कॉर्पोरेशन लिमिटेड (BMRCL) ने कनप्पा अग्रहारा में एक स्टेशन के निर्माण के लिए किस कंपनी के साथ एक समझौता ज्ञापन पर हस्ताक्षर किए हैं?

(a) विप्रो (b) इंफोसिस
(c) याहू (d) गूगल

46. अगस्त 2018 के अनुसार, भारत का रक्षामंत्री कौन है?

(a) सुषमा स्वराज (b) नितिन गडकरी
(c) राजनाथ सिंह (d) निर्मला सीतारमण

47. 556 गोल हरे और सिकुड़े पीले बीजों के हाइब्रिड क्रॉस में ______ बीज गोल और पीले होते हैं।

(a) 315 (b) 101
(c) 108 (d) 32

48. कॉनराड संगमा ने मेघालय के 12वें मुख्यमंत्री के रूप शपथ ग्रहण की है। वह कौन से लोकसभा निर्वाचन-क्षेत्र से जुड़े हुए हैं?

(a) मैरांग (b) जोवाई
(c) तुरा (d) राजबाला

49. किसी वस्तु का चंद्रमा पर भार = (________ × इसका पृथ्वी पर भार)
(a) 6 (b) $\frac{1}{6}$
(c) $\frac{1}{5}$ (d) 5

50. शाम के 6.51 P.M. पर घड़ी में घंटे की सुई और मिनट की सुई के बीच बने दो कोणों में से छोटे कोण की माप क्या होगी?
(a) 101° (b) 101.5°
(c) 100° (d) 100.5°

51. यदि $\sin\theta - \cos\theta = 0$ है, तो $\sin^4\theta + \cos^4\theta + \tan^2\theta$ का मान क्या होगा?
(a) $\frac{3}{2}$ (b) $\frac{5}{4}$
(c) $\frac{7}{4}$ (d) 2

52. वह कौन सी भिन्न है जिसे $\frac{1}{2}$ में से घटाने पर शेष $\frac{3}{4}$ प्राप्त होता है?
(a) $-\frac{1}{3}$ (b) $-\frac{1}{4}$
(c) $\frac{1}{3}$ (d) $\frac{1}{4}$

53. बेकिंग पाउडर _______ और ______ का मिश्रण है।
(a) सोडियम कार्बोनेट, टार्टेरिक अम्ल
(b) सोडियम हाइड्रोजन कार्बोनेट, मैलिक अम्ल
(c) सोडियम हाइड्रोजन कार्बोनेट, टार्टेरिक अम्ल
(d) सोडियम हाइड्रोजन कार्बोनेट, सल्फ्यूरिक अम्ल

54. जब MN रेखा पर दर्पण रखा जाता है तो निम्न आकृति के लिए दर्पण प्रतिबिम्ब चुनें।

M

N

A B C D

(a) A (b) D
(c) B (d) C

55. कार्य करने की दर ________ कहलाती है
(a) शक्ति (b) ऊर्जा
(c) बल (d) वेग

56. समूह _________ में निष्क्रिय गैसें होती हैं।
(a) 18 (b) 7
(c) 17 (d) 1

57. किसी माध्यम से एक कण 2.5 सेकंड में 40 कंपन पूर्ण करता है तो तरंग की आवृत्ति ________ होगी।
(a) 50 Hz (b) 25 Hz
(c) 16 Hz (d) 8 Hz

58. किसी वस्तु पर 12 प्रतिशत लाभ को जोड़ने पर विक्रय-मूल्य 616 था। यदि उस वस्तु को 462 में बेच दिया जाए तो हानि प्रतिशत क्या होगा?
(a) 16 (b) 18
(c) 12 (d) 14

59. 120 किग्रा. द्रव्यमान की बंदूक में से 0.04 किग्रा. द्रव्यमान की गोली दागी जाती है। यदि गोली की बंदूक के मुख से निकलने की गति 90 m/s है, तो बंदूक की प्रतिघाती गति कितनी होगी?
(a) 3×10^2 m/s (b) 0.3 m/s
(c) 3×10^{-2} m/s (d) 3×10^{-3} m/s

60. A, B, C के पास क्रमश: 152, 171 और 266 कंचे हैं। वे इन कंचों को इस प्रकार विभाजित करने का फैसला करते हैं कि सभी के हिस्से में कंचों की संख्या बराबर हो। इसके अलावा, वे कंचों का आदान-प्रदान नहीं कर सकते। किए जा सकने वाले हिस्सों की न्यूनतम संभव संख्या ज्ञात कीजिए।
(a) 31 (b) 23
(c) 196 (d) 49

61. निम्न शृंखला का अगला पद ज्ञात करें।
2R, 9U, 16X, __________.
(a) 22B (b) 23A
(c) 20A (d) 23B

62. 36 और 144 के म.स. के आधे का मान क्या होगा?
(a) 18 (b) 144
(c) 36 (d) 72

63. 0.02 तथा 0.002 के बीच अंतर ज्ञात करें
(a) 0.018 (b) 1.8
(c) 0.0018 (d) 0.18

64. निम्नलिखित में से किस राजा ने कोणार्क के सूर्य मंदिर का निर्माण करवाया था?
(a) कुदेपसिरि (b) महामेघ वाहन
(c) नरसिम्हादेव प्रथम (d) वक्रदेव

65. दिए गए कथन और निष्कर्ष को ध्यान से पढ़ें और उस निष्कर्ष का चयन करें जो कथन का तर्कसंगत रूप से अनुसरण करता है।

कथन : सभी तरल पदार्थ स्पष्ट हैं।
सभी स्पष्ट रसायन हैं।

निष्कर्ष:
I. कुछ रसायन तरल पदार्थ हैं।
II. कुछ स्पष्ट तरल पदार्थ हैं।

(a) केवल निष्कर्ष I अनुसरण करता है।
(b) कोई भी निष्कर्ष अनुसरण नहीं करता है।
(c) सभी निष्कर्ष अनुसरण करते हैं।
(d) केवल निष्कर्ष II अनुसरण करता है।

66. दिए गए आरेख में, TU ∥ PS है और बिंदु Q और R, PS पर स्थित हैं। साथ ही, $\angle PQT = x^o$, $\angle RQT = (x-50)^o$ तथा $\angle TUR = (x+25)^o$ हैं। $\angle URS$ की माप क्या है?

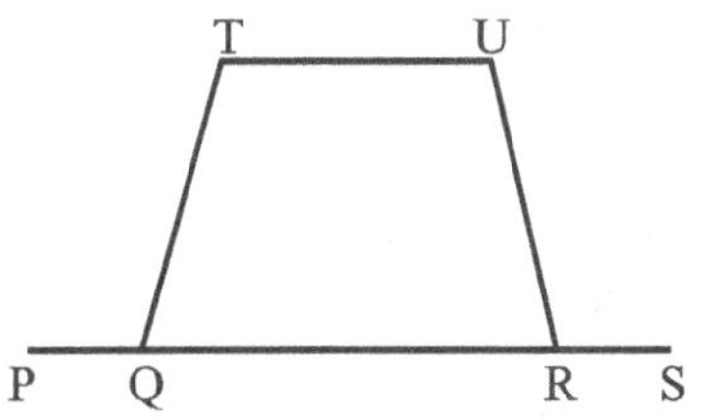

(a) 130°
(b) 115°
(c) 140°
(d) 135°

67. दिए गए कथनों पर विचार करें और निर्णय लें कि निम्नलिखित अवधारणाओं में से कौन सी कथन में अंतर्निहित है।

कथन : आजकल लोग जानते हैं कि मंत्रों का जप करने से तनाव और चिंता से छुटकारा मिलता है।

निष्कर्ष:
I. तनाव और चिंता आधुनिक युग के खतरे हैं जिनका सामना अधिकतर लोग करते हैं।
II. लोग वैकल्पिक चिकित्सा की तलाश में है।

(a) केवल II अंतर्निहित है।
(b) न तो I और न ही II अंतर्निहित है।
(c) I और II दोनों ही अंतर्निहित हैं।
(d) केवल I अंतर्निहित है।

68. नीचे दिए गए विकल्पों में से उस पैटर्न का चयन करें जो निम्न चित्र के जैसा दिखता है।

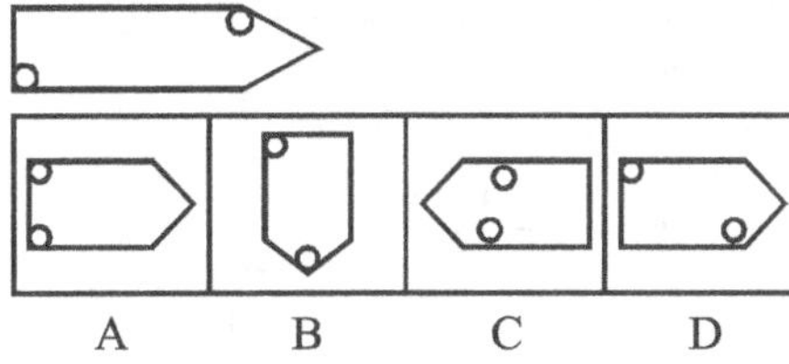

(a) A
(b) D
(c) C
(d) B

69. यदि AGE को EKI के रूप में कोड किया जाता है, तो PACE को कैसे कोड किया जाएगा?

(a) TFGI
(b) TBGI
(c) TDGI
(d) TEGI

70. निम्नलिखित शृंखला का अगला पद ज्ञात करें–
4, B, 6, C, 5, D, 7, E, ?

(a) 6
(b) 10
(c) 12
(d) 9

71. निम्नलिखित में से कौन सा पुरस्कार 'द इंग्लिश पेशेंट' ने जीता है?

(a) लेखन के लिए वारविक पुरस्कार
(b) अंतर्राष्ट्रीय रूबरी बुक पुरस्कार
(c) गोल्डन मैन बुकर पुरस्कार
(d) पुलित्जर पुरस्कार

72. कार्य शून्य होने की स्थिति में विस्थापन और लगाए जाने वाले बल के बीच का कोण ________ होता है।

(a) 90°
(b) 120°
(c) 0°
(d) 45°

73. पौधों में साबित होने वाला यह हार्मोन जिसके कारण उसका तना सूरज की रोशनी की ओर झुकता है, कहलाता है–

(a) जिबरेलिन
(b) साइटोकाइनिन
(c) एस्कॉर्बिक एसिड
(d) ऑक्सिन

74. एक शेल के विस्फोट के बाद, कई टुकड़े अलग-अलग दिशाओं में उड़ जाते हैं। इस स्थिति में क्या संरक्षित रहता है?

(a) बल
(b) स्थितिज ऊर्जा
(c) कार्य
(d) संवेग

75. पहाड़ से गिर रहे किसी पिंड में होती है–

(a) केवल गतिज ऊर्जा
(b) गतिज ऊर्जा और स्थिति ऊर्जा दोनों
(c) केवल घर्षण बल
(d) केवल स्थितिज ऊर्जा

76. $[\{161+(19-2)+1)\}-3]=?$

(a) 174
(b) 172
(c) 171
(d) 176

77. नीचे दी गयी किस परमाणु संख्या वाले तत्व के रासायनिक गुण मैग्नीशियम के समान होते हैं?

(a) 13
(b) 11
(c) 4
(d) 19

78. भारतीय क्रिकेट के इतिहास में एक टी-20 मैच में पांच विकेट लेने वाले पहले भारतीय गेंदबाज कौन हैं?
(a) रवींद्र जडेजा (b) आर. अश्विन
(c) ईशांत शर्मा (d) युजवेंद्र चहल

79. निम्नलिखित में से कौन सी नदी तिब्बत से होकर बहती है और वहां यारलंग त्संगपो नदी के रूप में जानी जाती है।
(a) ब्यास (b) ब्रह्मपुत्र
(c) सतलुज (d) गंगा

80. निम्न प्रश्न चित्रों की श्रृंखला में अगला उत्तर चित्र कौन सा आएगा?
प्रश्न चित्र :

उत्तर चित्र :

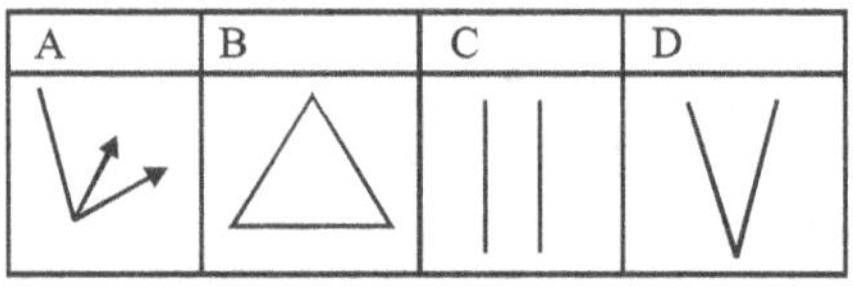

(a) D (b) B
(c) C (d) A

81. X और Y की वर्तमान आयु का अनुपात 3 : 4 है। पाँच साल पहले, इनकी आयु का अनुपात 5 : 7 था तो Y की वर्तमान आयु क्या है?
(a) 30 वर्ष (b) 50 वर्ष
(c) 40 वर्ष (d) 60 वर्ष

82. वर्तमान में संस्कृति मंत्री कौन है?
(a) रवि शंकर प्रसाद (b) महेश वर्मा
(c) मनोहर पर्रीकर (d) हर्षवर्धन

83. अंतर्राष्ट्रीय क्रिकेट परिषद (ICC) के अध्यक्ष के रूप में दोबारा किसे निर्वाचित किया गया है?
(a) श्रीनिवासन (b) शशांक मनोहर
(c) राजीव शुक्ला (d) अनुराग ठाकुर

84. जायकवाड़ी (चरण-1) जलविद्युत परियोजना किस नदी पर बनायी गयी है?
(a) गंगा (b) सिंधु
(c) कावेरी (d) गोदावरी

85. एक छोटे स्तर के साबुन के व्यवसाय में निम्नलिखित व्यय होते हैं, विपणन पर 10%, कर्मचारियों के वेतन पर 65% और कच्चे माल पर 25%।
यदि कंपनी कुल 65,000 के वेतन का भुगतान करती है, तो उसका विपणन व्यय कितना है?
(a) 25,000 (b) 20,000
(c) 10,000 (d) 40,000

86. यदि $\cot^4\theta + \cot^2\theta = 3.6$ तो $\operatorname{cosec}^4\theta - \operatorname{cosec}^2\theta = ?$
(a) 3.6 (b) 0.6
(c) 2.4 (d) 1.8

87. 2,000 के भारतीय बैंक नोट पर छपा मंगलायान क्या दर्शाता है?
(a) अंतरिक्ष में भारत का पहला उद्यम
(b) भारतीय आर्थिक विकास
(c) भारत का तकनीकी विकास
(d) भारतीय अंतरिक्ष यान शक्ति

88. दो संख्याओं का योग 9 है। उनके व्युत्पन्नों का योग $\frac{1}{2}$ है। इन संख्याओं में से एक है-
(a) 2 (b) 5
(c) 4 (d) 6

89. दिए गए कथन और निष्कर्ष को ध्यान से पढ़ें और उस निष्कर्ष का चयन करें जो कथन का तर्कसंगत रूप से अनुसरण करता है।
कथन : कुछ स्कूटर वाहन हैं।
सभी वाहन तेज़ होते हैं।
निष्कर्ष:
I. कुछ स्कूटर तेज होते हैं।
II. सभी तेज़ वाहन होते हैं।
(a) दोनों निष्कर्ष अनुसरण करते हैं।
(b) कोई निष्कर्ष अनुसरण नहीं करता है।
(c) केवल निष्कर्ष I अनुसरण करता है।
(d) केवल निष्कर्ष II अनुसरण करता है।

90. एक शॉपिंग मॉल में किसी वस्तु की लागत में 10% की वृद्धि की गई और फिर इसे 10% कम कर दिया गया था। कुल प्रतिशत वृद्धि या कमी कितनी है?
(a) 1% वृद्धि (b) 1.5% वृद्धि
(c) 1% कमी (d) 1.5% कमी

91. निम्नलिखित श्रृंखला का अगला अक्षर ज्ञात करें।
S, A, H, N, S, ?
(a) Y (b) W
(c) T (d) Q

92. दी गयी प्रश्न आकृति श्रृंखला में अगली उत्तर आकृति कौन सी आएगी?
प्रश्न आकृतियां :

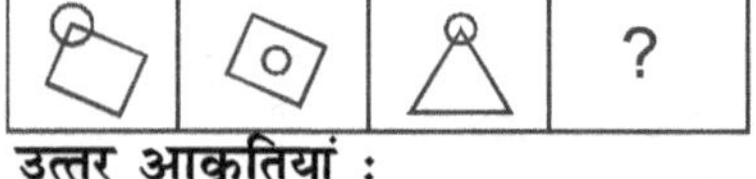

उत्तर आकृतियां :

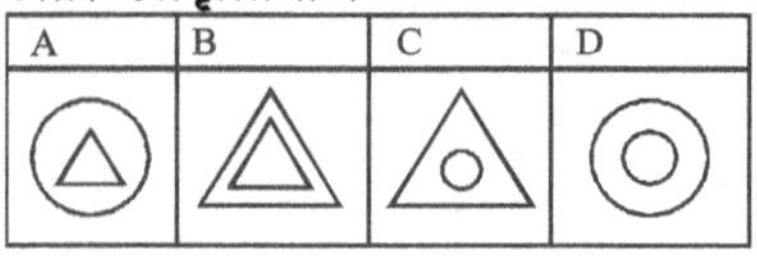

(a) A (b) D
(c) B (d) C

93. X और Y दो वॉल्व क्रमशः 30 घंटे और 20 घंटे में एक टैंक को भर सकते हैं। टैंक को भरने के लिए दोनों वॉल्व खोले जाते हैं, परंतु जब टैंक 1/3 भाग तक भर जाता है, तो वॉल्व बंद कर दिया जाता है। पर टैंक में लीक हो जाने के कारण दोनों वॉल्वों द्वारा भरे गए पानी के 1/3 हिस्से का रिसाव हो जाता है। रिसाव को तुरंत बंद कर दिया जाता है और दोनों वॉल्वों को फिर से खोल दिया जाता हैं। टैंक भरने के लिए कुल समय कितना लगेगा?
(a) 12 घंटे (b) 16 घंटे
(c) 10 घंटे (d) 14 घंटे

94. साधारण नमक के विलयन के निर्माण के लिए सोडियम हाइड्रॉक्साइड ________ के साथ अभिक्रिया करता है।
(a) कार्बन डाइऑक्साइड गैस
(b) सोडियम क्लोराइड विलयन
(c) हाइड्रोक्लोरिक अम्ल
(d) ऑक्सीजन गैस

95. निम्न चित्र में कितने त्रिभुज हैं?

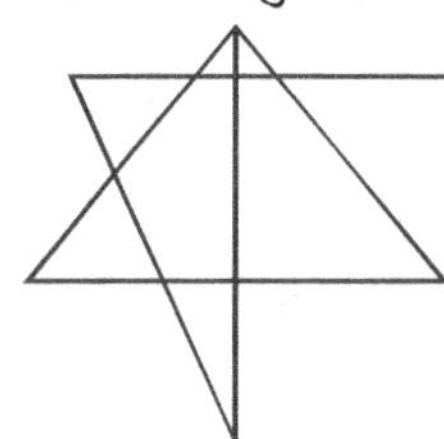

(a) 6 (b) 7
(c) 8 (d) 11

96. नर जनन कोशिकाओं का उत्पादन ______ में होता है।
(a) वृषण (b) अंडकोश
(c) प्रोस्ट्रेट (d) शुक्र वाहिका

97. सुनील और मनोहर कैरम खेल रहे हैं। अगर सुनील उत्तर-पूर्व की ओर देखता है, तो उसका प्रतिद्वंदी मनोहर किस दिशा में देखेगा?
(a) दक्षिण-पश्चिम (b) उत्तर-पश्चिम
(c) दक्षिण-पूर्व (d) उत्तर-पूर्व

98. विकल्पों में से उस संख्या का चयन कीजिए जो गणितीय तर्क के आधार पर अन्य संख्याओं से भिन्न है?
(a) 369 (b) 427
(c) 571 (d) 462

99. कीटोन के साथ समाप्त होने वाली हाइड्रोकार्बन शृंखला के अंत में लगाया जाने वाला प्रत्यय है-
(a) अल (-al) (b) ओन (-one)
(c) ओइक (-oic) (d) ऑल (-ol)

100. इनलेट पाइप A एक खाली जलाशय को 32 घंटे में भर सकती है, जबकि निकास पाइप B इस भरे हुए जलाशय को 40 घंटे में खाली कर सकती है। जलाशय खाली होने की स्थिति में दोनों पाइपों को एक साथ खोल दिया जाता है, लेकिन निकास पाइप को तब बंद कर दिया जाता है, जब जलाश एक-तिहाई भर गया था। जलाशय को पूरा भरने में कुल कितने घंटे लग जायेंगे?
(a) 80 (b) 120
(c) 62 (d) 128

उत्तरमाला

1	(c)	11	(b)	21	(c)	31	(b)	41	(d)	51	(a)	61	(b)	71	(c)	81	(c)	91	(b)
2	(d)	12	(b)	22	(b)	32	(d)	42	(c)	52	(b)	62	(a)	72	(b)	82	(a)	92	(d)
3	(c)	13	(b)	23	(a)	33	(d)	43	(c)	53	(c)	63	(a)	73	(d)	83	(a)	93	(*)
4	(c)	14	(a)	24	(d)	34	(d)	44	(c)	54	(c)	64	(c)	74	(d)	84	(d)	94	(c)
5	(d)	15	(d)	25	(c)	35	(c)	45	(b)	55	(a)	65	(a)	75	(d)	85	(c)	95	(d)
6	(a)	16	(a)	26	(d)	36	(b)	46	(c)	56	(a)	66	(c)	76	(d)	86	(a)	96	(a)
7	(c)	17	(b)	27	(b)	37	(b)	47	(b)	57	(d)	67	(b)	77	(a)	87	(c)	97	(a)
8	(a)	18	(c)	28	(d)	38	(d)	48	(a)	58	(a)	68	(d)	78	(b)	88	(d)	98	(d)
9	(c)	19	(d)	29	(c)	39	(c)	49	(b)	59	(a)	69	(d)	79	(b)	89	(c)	99	(a)
10	(b)	20	(a)	30	(d)	40	(c)	50	(a)	60	(a)	70	(a)	80	(b)	90	(c)	100	(*)

संकेत एवं हल

2. (d) आयुष और स्वास्थ्य क्षेत्र पर पहली अंतर्राष्ट्रीय प्रदर्शनी व सम्मेलन 'आरोग्य-2017' का आयोजन 4 से 7 दिसम्बर, 2017 को विज्ञान भवन, नई दिल्ली में किया गया।

3. (c) जब किसी माध्यम के कण तरंग की गति की दिशा के समांतर कंपन करते हैं तो उस तरंग को अनुदैर्ध्य तरंग कहते हैं। किसी विस्फोट के फलस्वरूप समुद्र के तल पर बनने वाली तरंगें अनुदैर्ध्य तरंग का उदाहरण है।

5. (d) पैरेनकाइमा एक सरल ऊतक है। इसकी कोशिकाएं समव्यासीय प्रकार की होती हैं। इनकी भित्ति पतली होती है जो सेल्यूलोज की बनी होती हैं। ये कोशिकाएं अधिक अंतरकोशीय प्रसार के लिए विरल रूप में संरचित होती हैं।

10. (b) माना A और B क्रमशः कार्य को 3x तथा 5x दिनों में पूरा कर सकते हैं।

$$\therefore \quad \frac{1}{3x}+\frac{1}{5x}=\frac{1}{5\frac{5}{8}}$$

$$\Rightarrow \frac{8}{15x}=\frac{8}{45} \quad \Rightarrow x=3$$

A द्वारा लगने वाला समय = 3 × 3 = 9 दिन

अतः कार्य का दोगुना पूरे करने में लगने वाला समय = 18 दिन

11. (b) माना अनुपात K : 1 है।

$$\therefore \quad O\left(\frac{5K+2}{K+1},\frac{2K+5}{K+1}\right)$$

– 3x + 2y =17

K

(2, 5) O (5, 2)

$$\Rightarrow \quad 3\left(\frac{5k+2}{k+1}\right)+2\left(\frac{2k+5}{k+1}\right)=17$$

$$\Rightarrow \quad 15k+6+4k+10=17k+17$$

$$\Rightarrow \quad k=\frac{1}{2} \text{ या } 1:2$$

12. (b) बैंक D के अंतर्गत NPA = 5% of 300.

= ₹15 लाख करोड़

13. (b)

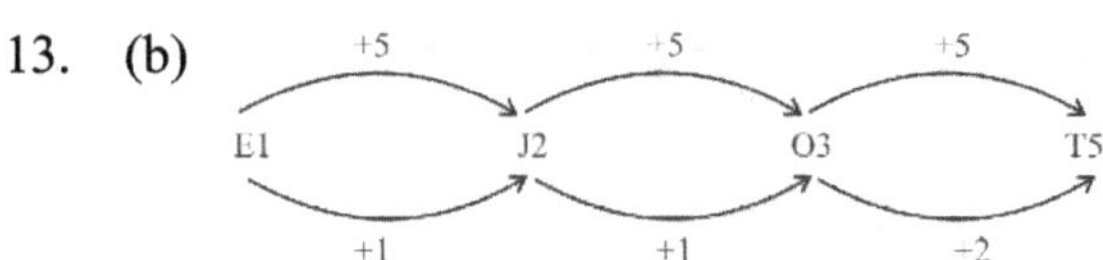

14. (a)

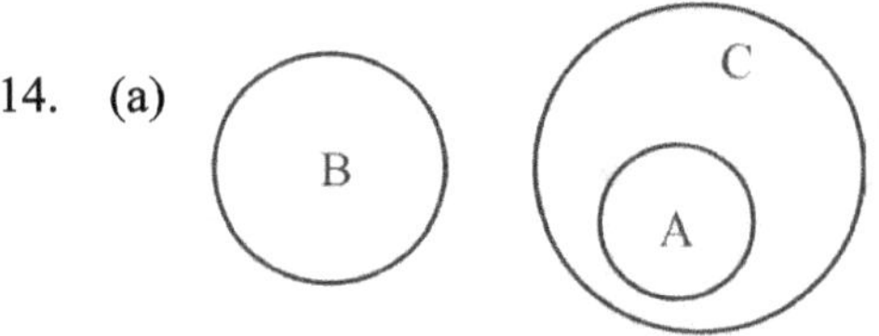

15. (d) दृष्टिबाधित राष्ट्रीय 'ए' शतरंज चैम्पियनशिप, 2018 का खिताब कर्नाटक के किशन गांगुली ने जीता। इस प्रतियोगिता का यह 13वां संस्करण था। गांगुली का यह पांचवां राष्ट्रीय खिताब है।

17. (b) माना संख्या x है।

$$\therefore \quad 35\,\%\text{ of } x = 91$$

$$\Rightarrow \quad x=\frac{91\times100}{35}=260$$

20. (a) $$\Delta=\frac{1}{2}\begin{vmatrix}0 & 0 & 1\\ 3 & -3 & 1\\ 5 & 3 & 1\end{vmatrix}$$

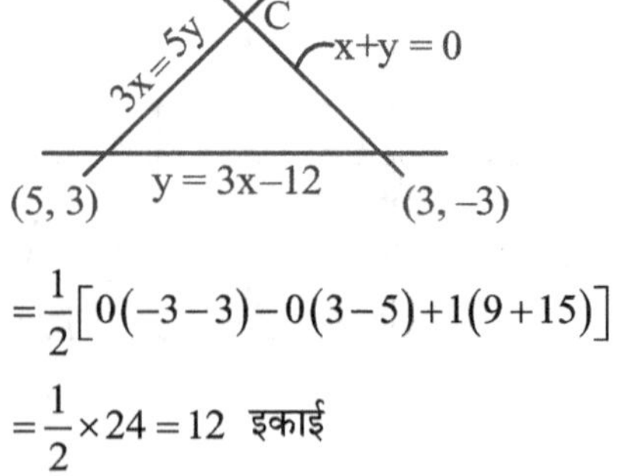

$$=\frac{1}{2}\left[0(-3-3)-0(3-5)+1(9+15)\right]$$

$$=\frac{1}{2}\times24=12 \text{ इकाई}$$

21. (c) माना नाव की गति x km/hr तथा प्रवाह की गति y km/hr है।

अत: दूरी = 15x

$$\Rightarrow \frac{15x}{2(x+y)}+\frac{15x}{2(x-y)}=16$$

x – y = 15 [दिया गया है]

हल करने पर x = 20 तथा y = 5 km/hr.

22. (b) तस्वीर वाला व्यक्ति पोता है।

23. (a) लगने वाला समय $= \frac{1}{5}+\frac{1}{8}-\frac{1}{3.2}$

$$\Rightarrow \frac{1}{5}+\frac{1}{8}-\frac{5}{16}=\frac{16+10-25}{80}=\frac{1}{80}$$

= 80 घंटे = 3 दिन 8 घंटे।

26. (d) सुबेरिन, कॉर्क सेल में मौजूद एक रसायन है जिसका प्रमुख कार्य गैसों और पानी के आवागमन में बाधा डालना है। सुबेरिन पेरिडर्म (कॉर्क) की फ्लोएम परत में पाया जाता है।

30. (d) $P=\frac{18\times5}{3}=30$

31. (b) उर्वरक कंपनी इंडियन फर्टिलाइजर को-ऑपरेटिव (इफको) ने स्पेन की कंपनी कोंगेलैडोज के साथ मिलकर संयुक्त रूप से लुधियाना (पंजाब) में ₹325 करोड़ की लागत से एक नया उपक्रम लगाने की योजना बनाई है।

32. (d) 14वां पुरुष हॉकी विश्वकप का आयोजन भुवनेश्वर, ओड़िसा में 28 नवंबर से 16 दिसम्बर, 2018 के दौरान किया गया था। इस प्रतियोगिता का वर्ष 2018 का खिताब बेल्जियम ने नीदरलैंड को हराकर जीता था।

34. (d) माना दूरी = x किमी.

$$\text{समय}=\frac{\text{दूरी}}{\text{चाल}}$$

$$\frac{10}{40}+\frac{(x-10)}{50}=+ \quad ...(i)$$

$$\frac{10}{50}+\frac{(x-10)}{40}=++0.5 \quad ...(ii)$$

समी. (i) तथा समी. (ii) से

$$\frac{10}{40}+\frac{(x-10)}{50}+0.5=\frac{10}{50}+\frac{x-10}{40}$$

$$\frac{10-x-10}{50}+\frac{x-10-10}{40}=\frac{1}{2}$$

$$\frac{80-4x+5x-100}{200}=\frac{1}{2}$$

x – 20 = 100

x = 120 किमी.

35. (c) आरोही क्रम में रखने पर,

30, 40, 40, 40, 40, 50, 50, 50, 80, 80, 80, 80

$$\text{माध्यिका} = \frac{\left(\frac{n}{2}\right)\text{वाँ पद}+\left(\frac{n+2}{2}\right)\text{वाँ पद}}{2}$$

$$=\frac{\frac{(12)}{2}\text{वाँ पद}+\left(\frac{14}{2}\right)\text{वाँ पद}}{2}$$

$$=\frac{50+50}{2}=50$$

38. (d) $\frac{2^8-1}{\left(\sqrt{2}\right)^{12}}=\frac{2^8-1}{2^6}=\frac{256-1}{64}=\frac{255}{64}$

39. (b) कोई संख्या 4 से तभी विभाजित होगी जब संख्या के आखिरी 2 अंक 4 से विभाजित हो-

$6542176 \Rightarrow \frac{76}{4}=19$

विकल्प (b) 4 से विभाजित होगी।

41. (d) $\theta = 2\times30° = 60°$

अत: केवल 1 पर्याप्त है।

42. (c) d-ब्लॉक के तत्व आवर्त सारणी के मध्य में आते हैं। इस ब्लॉक के तत्वों को संक्रमण तत्व भी कहते है। परमाणु क्रमांक 57 वाला तत्व d-ब्लॉक से संबंध रखता है।

43. (c) किसी परमाणु के अंदर न्यूट्रॉन द्वारा प्रोटान पर आरोपित बल नाभिकीय बल कहलाता है। यह बल प्रकृति में सबसे अधिक प्रबल है। इसकी परास बहुत कम लगभग 10^{-14} मीटर होती है।

44. (c) A, B, C दक्षिणावर्त है।

49. (b) चन्द्रमा का द्रव्यमान पृथ्वी का $\frac{1}{100}$ वां भाग होता है, जिसके परिणामस्वरूप चन्द्रमा पर गुरुत्वाकर्षण बल 1/6 होता है। इसी कारण से किसी वस्तु का चन्द्रमा पर भार पृथ्वी पर उसके भार का 1/6 गुणा होता है।

50\. (a) 51 मिनट में घंटे की सुई द्वारा बनाया गया कोण

$= \frac{30}{60} \times 51 = 25.5°$

$\Rightarrow \quad 180° + 25.5° = 205.5°$ मिनट की सुई द्वारा बनाया गया कोण $= \frac{360}{60} \times 51 = 30$

अत: 6 : 51 P.M. पर बनाया गया कोण

$= 306 - 205.5 = 100.5$

51\. (a) $\sin\phi - \cos\phi = 0 \Rightarrow \sin\phi = \cos\phi$

$\Rightarrow \tan\phi = 1 \qquad \Rightarrow \phi = 45°$

$\sin^4\phi + \cos^4\phi + \tan^2\phi$

$= \left(\frac{1}{\sqrt{2}}\right)^4 + \left(\frac{1}{\sqrt{2}}\right)^4 + 1$

$= \frac{1}{4} + \frac{1}{4} + 1 = \frac{3}{2}$

52\. (b) $\frac{1}{2} - x = \frac{3}{4} \Rightarrow x = \frac{1}{2} - \frac{3}{4} = \frac{-1}{4}$

53\. (c) बेकिंग पाउडर, सोडियम हाइड्रोजन कार्बोनेट और टार्टेरिक अम्ल का मिश्रण है। इसका उपयोग बेकरी आइटम के साइज और टेक्चर को बदलने में किया जाता है।

54\. (c) सही विकल्प (b) है।

55\. (a) कार्य करने की दर शक्ति कहलाती है। शक्ति का एस आई मात्रक वाट (W) है जो 1 जूल प्रति सेकेण्ड के बराबर होती है।

56\. (a) निष्क्रीय गैसें साधारण परिस्थितियों में रंगहीन, गंधहीन तथा स्वादहीन गैसें हैं। निष्क्रीय गैसें आवर्त सारणी के 18वें स्तंभ में मिलती हैं। इसमें 6 गैसें सम्मिलित हैं : हीलियम (He), नियॉन (Ne), आर्गन (Ar), क्रिप्टोन (Kr), जीनॉन (Xe) और रेडॉन (Rn)।

58\. (a) माना क्रय मूल्य x है।

$\Rightarrow \quad x + \frac{12x}{100} = 616$

$\Rightarrow \quad x = \frac{100 \times 616}{112} = 550$

हानि $= (550 - 462) = 88$

हानि % $= \frac{88 \times 100}{550} = 16\%$

60\. (a) 152, 171 और 266 का महत्तम समापवर्तक = 19

$152 = 19 \times 8,\ 171 = 19 \times 9,\ 266 = 19 \times 14$

न्यूनतम संभव संख्या $= 8 + 9 + 14 = 31$

61\. (b)

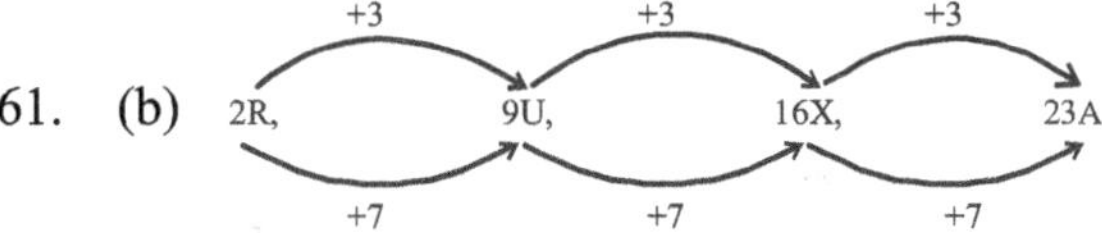

62\. (a) 36 और 144 का म.स. = 36, आधा = 18

63\. (a) 0.02 - 0.002 = 0.018

64\. (c) कोणार्क के सूर्य मंदिर का निर्माण गंग वंश के प्रतापी शासक नरसिह्मदेव प्रथम ने एक विजय स्मारक के रूप में करवाया था। यह उड़ीसा राज्य के पुरी जिले में चंद्रभागा नदी के तट पर स्थित है।

66\. (c) $\angle PQT + \angle RQT = 180°$ (रैखिक युग्म)

$\Rightarrow \quad x + x - 50 = 180° \Rightarrow x = 115°$

$\angle TUR = 115 + 25 = 140° = \angle URS$

68\. (d) सही विकल्प है।

69\. (d) A G E E K I

+4 +4 +4

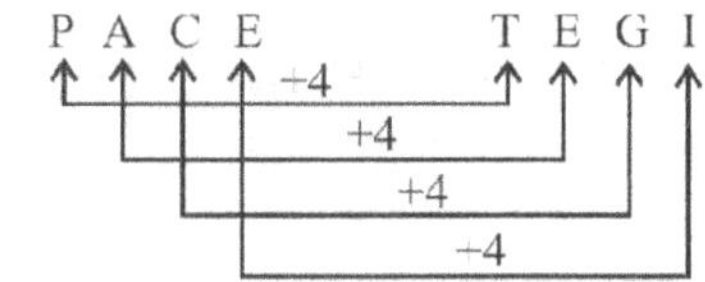

70\. (a) 4 , B , 6 , C , 5 , D , 7 , E , 6 F 8

+1 +1 +1 +1

+1 +1 +1 +1

73\. (d) ऑक्सिन एक ऐसा हार्मोन है जो पौधों के विकास के लिए आवश्यक है। इसकी खोज डार्विन ने 1880 ई. में की थी। इस हार्मोन की उपस्थिति के कारण ही पौधे का तना सूरज की रोशनी की ओर झुकता है।

74\. (d) किसी वस्तु के द्रव्यमान तथा वेग के गुणनफल को वस्तु का संवेग कहते हैं। इसका मात्रक किग्रा-मीटर/सेकेण्ड या न्यूटन-सेकेण्ड है। जब एक शेल के विस्फोट के परिणामस्वरूप शेल के टुकड़े अलग-अलग दिशाओं में बिखर जाते हैं तो इस स्थिति में संवेग संरक्षित रहता है।

76. (d) (161+17+1) – 3 = 179 – 3 = 176

79. (b) ब्रह्मपुत्र नदी का उद्गम तिब्बत के दक्षिण में स्थित मानसरोवर के निकट चेमायुंग दुंग नामक स्थान से हुआ है। यह भारत, तिब्बत तथा बांग्लादेश में बहती है। तिब्बत में इस नदी को त्सांग-पो के नाम से तथा बांग्लादेश में जमुना के नाम से जानी जाती है।

80. (b) सभी चित्र 3 रेखाओं से बने है।

81. (c) माना X की वर्तमान आयु 3x तथा Y की वर्तमान आयु 4x वर्ष है।

$$\frac{3x-5}{4x-5}=\frac{5}{7} \Rightarrow 21x-35=20x-25 \Rightarrow x=10$$

Y की आयु = 4 × 10 = 40 वर्ष

84. (d) जायकवाड़ी जलविद्युत परियोजना का निर्माण गोदावरी नदी पर किया गया है। गोदावरी दक्षिण भारत की प्रमुख नदी है। इसका उद्गम पश्चिमी घाट में स्थित त्र्यंबक पहाड़ी से हुआ है।

85. (c) माना कुल व्यय = x

x का 65% = 65000 ⇒ x = 1,00,000

विपणन = 1,00,000 का 10% = ₹10000

86. (a) $\cot^4\theta + \cot^2\theta = 3.6$

$\Rightarrow \cot^2\theta\,(\cot^2\theta+1) = 3.6$

$\Rightarrow (\text{cosec}^2\theta - 1)(\text{cosec}^2\theta) = 3.6$

$\Rightarrow \text{cosec}^4\theta - \text{cosec}^2\theta = 3.6$

88. (d) $x + y = 9$ और $\frac{1}{x}+\frac{1}{y}=\frac{1}{2}$

$\Rightarrow \frac{x+y}{xy}=\frac{1}{2} \Rightarrow xy = 18$

$\Rightarrow x(9-x) = 18$

$\Rightarrow 9x - x^2 = 18$

$\Rightarrow x^2 - 9x + 18 = 0$

$\Rightarrow x = 3, 6.$

89. (c) केवल निष्कर्ष 1 अनुसरण करता है।

90. (c) माना लागत ₹100 है।

नया मूल्य = 100 + 10 = ₹110

घटित मूल्य = 110 का 10% = ₹11

कुल मूल्य = 110 – 11 = ₹ 99, 1% कमी

91. (b)

$S \xrightarrow{+8} A \xrightarrow{+7} H \xrightarrow{+6} N \xrightarrow{+5} S \xrightarrow{+4} W$

92. (d) सही विकल्प (C) है।

93. (*)

टैंक की क्षमता 60; X 30, Y 20; क्षमता: 2 A की क्षमता, $\frac{3}{5}$ B की क्षमता, कुल क्षमता

$$= \left(\frac{60}{3}\right)\times\frac{1}{5} = 4 \text{ घंटे}$$

$\frac{1}{3}$ भाग भरने में लगा समय = 4 घण्टे

भरे हुए भाग का $\frac{1}{3}$ रिसाव के बाद

$$=\left(\frac{60}{3}\right)\times\frac{1}{3}=\frac{60}{9}$$

कुल खाली भाग $=\frac{60}{9}+60\times\frac{2}{3}=\frac{140}{3}$

खाली भाग को भरने में लगा समय

$$=\left(\frac{140}{3}\right)\times\frac{1}{5}=9.33 \text{ घंटे}$$

कुल समय = 4 + 9.33 = 13.33 घण्टे

94. (c) हाइड्रोक्लोरिक अम्ल एक अकार्बनिक अम्ल है। यह हाइड्रोजन और क्लोरीन का प्रमुख यौगिक है। साधारण नमक के विलयन के निर्माण के लिए सोडियम हाइड्रॉक्साइड हाइड्रोक्लोरिक अम्ल के साथ अभिक्रिया करता है।

95. (d) दिए गए चित्र में कुल 11 त्रिभुज है।

96. (a) नर जनन कोशिकाओं का उत्पादन वृषण (वीर्यकोष) में होता है। वृषण शुक्राणु उत्पादन करने वाले अंगों का युग्म है जो नर प्रजनन प्रणाली में भाग लेते हैं।

97. (a) उसका प्रतिद्वंदी दक्षिण-पश्चिम दिशा में देखेगा।

98. (d) (1), (2), (3) विषम संख्याएँ हैं।

100. (*)

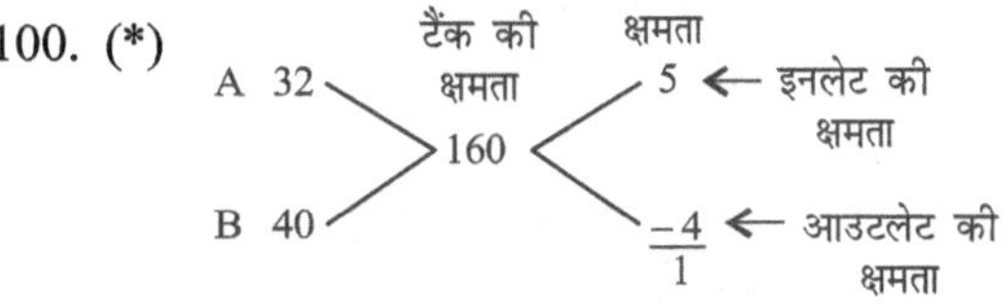

$$\text{कुल समय} = \frac{160}{3}+\left(160\times\frac{2}{3}\right)\times\frac{1}{5} = 74.66$$

RRB ग्रुप D 2018 सॉल्वड पेपर-17

दिनांक : 19 सितंबर 2018

1. प्रोटीन संश्लेषण में क्षार इवेंट से एक _______ का निर्माण होता है।
   (a) RNA प्रति
   (b) DNA प्रति
   (c) mRNA प्रति
   (d) DNA और RNA प्रति

2. एक लंबवृत्तीय शंकु की ऊँचाई और तिरछी ऊँचाई क्रमशः $3\sqrt{23}$ cm और 16 cm है। π का मान लगभग $\frac{22}{7}$ मानते हुए, उक्त शंकु के वक्र-पृष्ठ का क्षेत्रफल ज्ञात कीजिए।
   (a) 372 cm^2 (b) 328 cm^2
   (c) 352 cm^2 (d) 339 cm^2

3. 'शक्ति' को किस रूप में व्याख्यायित किया जाता है?
   (a) ऊर्जा स्थानांतरण में किया गया कार्य
   (b) कार्य करने की दर अथवा ऊर्जा स्थानांतरण की दर
   (c) एक मिनट में किया गया कार्य
   (d) भार बढ़ाने के लिए आरोपित बल

4. विश्व बैंक का मुख्यालय किस देश में स्थित है?
   (a) इंग्लैंड (b) रूस
   (c) यू.एस.ए. (d) जापान

5. निम्नलिखित में से कौन-सा एक सरल स्थायी ऊतक नहीं है?
   (a) कॉलेनकाइमा (b) जाइलम
   (c) केंबियम (d) शीर्षस्थ विभज्योतक

6. एक वस्तु अपनी स्थिर अवस्था से चलना आरम्भ करती है। यह 2 सेकंड में 5 m/s की गति प्राप्त कर लेती है। इसका त्वरण क्या होगा?
   (a) 2.5 m/s^2 (b) 2 m/s^2
   (c) 1 m/s^2 (d) 0.4 m/s^2

7. भारत _______ का सबसे बड़ा उत्पादक, उपभोक्ता और आयातक है।
   (a) चीनी (b) जूट
   (c) दाल (d) नमक

8. 14, 42 और 77 का लघुत्तम समापवर्तक है:
   (a) 462 (b) 308
   (c) 154 (d) 168

9. $-15 - (-18 - 35 \div 5) = ?$
   (a) – 2 (b) 6
   (c) 10 (d) – 14

10. निम्नलिखित कथनों और निष्कर्षों पर विचार कीजिए और तय कीजिए कि कौन-से निष्कर्ष तार्किक रूप से कथनों का अनुसरण करते हैं।
    कथन:
    - सभी चट्टानें खनिज हैं।
    - सभी खनिज अयस्क हैं।

    निष्कर्ष:
    1. सभी चट्टानें अयस्क हैं।
    2. सभी खनिज चट्टानें हैं।

    (a) केवल निष्कर्ष 2 अनुसरण करता है।
    (b) दोनों निष्कर्ष अनुसरण करते हैं।
    (c) कोई निष्कर्ष अनुसरण नहीं करता है।
    (d) केवल निष्कर्ष 1 अनुसरण करता है।

11. जब एक धातु पानी के साथ अभिक्रिया करती है तो कौन-सी गैस निकलती है?
    (a) ऑक्सीजन (b) नाइट्रोजन
    (c) क्लोरीन (d) हाइड्रोजन

12. भारत का प्रथम वायसराय कौन था?
    (a) लॉर्ड कैनिंग (b) लॉर्ड वेलेज़ली
    (c) रोबर्ट क्लाइव (d) विलियम बैंटिक

13. नीचे दी गई श्रृंखला का अगला पद ज्ञात कीजिए।
    3B, 9F, 27J, ?
    (a) 80N (b) 81L
    (c) 81N (d) 80L

14. अगली आकृति कौन-सी होगी?

Ω ± □ *	* Ω ± □	□ * Ω ±	?

A	B	C	D
□ * Ω ±	□* * Ω	□ Ω ±	± □ * Ω

    (a) B (b) D
    (c) A (d) C

15. काजीपेट, जिसकी आबादी 4000 है, को प्रति दिन प्रति व्यक्ति 9 लीटर पानी की आवश्यकता होती है। इसके पास 15 m × 8 m × 6 m माप वाला एक घनाभाकार टैंक है। यदि पानी से पूरा भरा हुआ है तो इस टैंक का पानी कितने दिन तक चलेगा?
(a) 20 दिन (b) 25 दिन
(c) 30 दिन (d) 10 दिन

16. 2017 में संपन्न हुए मणिपुर विधानसभा चुनाव में किस पार्टी ने सर्वाधिक सीटें जीती?
(a) भारतीय राष्ट्रीय कांग्रेस (b) लोक जनशक्ति पार्टी
(c) आम आदमी पार्टी (d) भारतीय जनता पार्टी

17. ₹4500 पर 8% वार्षिक ब्याज की दर से 3 वर्ष में साधारण ब्याज और चक्रवृद्धि ब्याज के बीच का अंतर कितना होगा?
(a) ₹87.70 (b) ₹87.50
(c) ₹88.70 (d) ₹85.70

18. विसरण के बारे में निम्नलिखित में से क्या सही नहीं है?
(a) गैसों के विसरण की दर ठोस और द्रव की तुलना में अधिक होती है।
(b) विसरण केवल तभी संभव है जब पदार्थ के कण लगातार गतिमान अवस्था में हों।
(c) गैसों के विसरण की दर उनके आयतन पर निर्भर करती है।
(d) विसरण में कण उच्च सांद्रता से निम्न सांद्रता की ओर गति करते हैं।

19. भारत का सबसे नया पर्वत कौन-सा है?
(a) माउंट आबू (b) सतपुड़ा
(c) अनामुडी (d) हिमालय

20. नीना सुबह सूर्य की विपरीत दिशा में साइकिल चलाना शुरू करती है। फिर वह बायीं ओर मुड़ती है और 1 किमी. की दूरी तय करने के बाद फिर से बायीं ओर मुड़ती है। अब वह किस दिशा के सम्मुख चल रही है?
(a) उत्तर (b) दक्षिण
(c) पश्चिम (d) पूर्व

21. उस पद का चयन करें जो तीसरे शब्द से ठीक उसी तरह संबंधित है जिस प्रकार दूसरा पद पहले पद से संबंधित है।
कलाई : घड़ी :: उँगली :
(a) अंगूठी (b) नाखून
(c) जोड़ (d) अंगूठा

22. $66 \div [67 - \{43 - (17 - 117 \div 9 \times 4)\}] = ?$
(a) 11 (b) –11
(c) 6 (d) –6

23. निम्नलिखित भिन्न में से किसमें $\frac{5}{16}$ जोड़ने पर 1 प्राप्त होगा?
(a) $\frac{11}{32}$ (b) $\frac{22}{32}$
(c) $\frac{6}{8}$ (d) $\frac{13}{2}$

24. एक सम बहुभुज के आंतरिक और बाह्य कोणों का अनुपात 4 : 1 है। बहुभुज में भुजाओं की संख्या कितनी है?
(a) 6 (b) 8
(c) 12 (d) 10

25. यदि शृंखला $x_1, x_2, x_3 \ldots\ldots\ldots x_n$ का अंकगणितीय माध्य 1 है, तो $\frac{x_1}{k}, \frac{x_2}{k}, \frac{x_3}{k} \ldots\ldots \frac{x_n}{k}$ $(k > 0)$ का अंकगणितीय माध्य होगा:
(a) k (b) $\frac{2}{k}$
(c) $\frac{1}{k}$ (d) $2k$

26. $119 \div [22 - \{90 \div (23 - 105 \div \overline{7 \times 3})\}] = ?$
(a) 12 (b) 7
(c) 3 (d) 4

27. जिन पदार्थों की गंध अम्लीय या क्षारीय माध्यम में बदल जाती हैं, उन्हें ________ कहा जाता है।
(a) प्राकृतिक सूचक
(b) घ्राण (ऑलफेक्ट्री)सूचक
(c) संश्लेषित (सिंथेटिक) सूचक
(d) अम्ल-क्षार सूचक

28. दी गई आकृति में कितने त्रिभुज हैं?

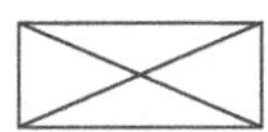

(a) 7 (b) 6
(c) 4 (d) 8

29. 'अणु' शब्द किसने प्रतिपादित किया?
(a) ई. रदरफोर्ड (b) जे. जे. थॉमसन
(c) डेमोक्रिटस (d) जॉन डॉल्टन

30. ऐसे पूर्व खिलाड़ी जिन्होंने बीते वर्षों में खेलों में देश के लिए गौरवपूर्ण प्रदर्शन किया है परंतु वर्तमान में गरीबी की स्थितियों में जीवन व्यतीत कर रहे है, की सहायता के लिए 1982 में ________ की स्थापना की गयी?

(a) खिलाड़ियों के लिए राष्ट्रीय संवर्धन योजना
(b) खिलाड़ियों के लिए राष्ट्रीय पेंशन योजना
(c) खिलाड़ियों के लिए राष्ट्रीय कल्याण क्लब
(d) खिलाड़ियों के लिए राष्ट्रीय कल्याण निधि

31. नीचे दी गयी श्रृंखला का अगला पद ज्ञात कीजिए।
33, 38, 48, 53, ?
(a) 58 (b) 54
(c) 60 (d) 63

32. एक कंपनी एक कार्यक्रम की व्यवस्था करने की योजना बनाती है। यह अपने कार्यक्रम के कुल अपेक्षित व्यय को पांच व्यापक खंडों में विभाजित करती है। जिनका वितरण निम्न है:

व्यय खंड	**कर्मचारियों का** %
1	30
2	20
3	10
4	20
5	20

यदि कंपनी ने तीसरे खंड पर ₹5000 खर्च किये हैं, तो पाँचवें खंड पर इसका खर्चा कितना होगा?
(a) ₹10,000 (b) ₹15,000
(c) ₹1,000 (d) ₹5,000

33. किसी भी स्थान पर रुके बिना, सुनील 80 km/hr घंटे की औसत गति से एक निश्चित दूरी तय करता है। रुक-रुक कर, वह 60 km/hr की औसत गति से दूरी पूरी करता है। वह प्रति घंटा कितने मिनट रुकता है?
(a) 20 मिनट (b) 25 मिनट
(c) 10 मिनट (d) 15 मिनट

34. टंगस्टन का गलनांक ________ है।
(a) 3,083 °C (b) 3,830 °C
(c) 3,380 °C (d) 3,308 °C

35. 7 जून 1984 को गुरुवार था। 7 जून 1983 को कौन-सा दिन था?
(a) मंगलवार (b) बुधवार
(c) रविवार (d) सोमवार

36. यदि α और β द्विघातीय समीकरण $(5+\sqrt{2})x^2 - (4+\sqrt{5})x + (8+2\sqrt{5}) = 0$ के मूल हैं, तो $\frac{2\alpha\beta}{\alpha+\beta}$ का मान कितना होगा?
(a) 2 (b) 4
(c) 8 (d) 7

37. प्राय: ख़बरों में रहने वाली आन-सान-सू-की का संबंध किस देश से है?
(a) बांग्लादेश (b) म्यांमार
(c) भूटान (d) ईरान

38. एक ट्यूब किसी टैंक को 15 घंटे में भर सकती है। तली में रिसाव होने के कारण, यह 20 घंटे में भरता है। यदि टैंक पूरा भरा हुआ हो तो रिसाव के कारण यह कितने समय में खाली हो जाएगा?
(a) 20 घंटे (b) 32 घंटे
(c) 60 घंटे (d) 40 घंटे

39. यदि संख्या x 4738, 9 से विभाज्य है, तो x का मान क्या होगा?
(a) 7 (b) 6
(c) 5 (d) 4

40. बल और विस्थापन का गुणनफल कहलाता है:
(a) त्वरण (b) भार
(c) कार्य (d) संवेग

41. 27 जून 2017 को एकदिवसीय अंतर्राष्ट्रीय क्रिकेट मैचों में सबसे ज्यादा विकेट लेने वाली पहली भारतीय महिला खिलाड़ी बन गयी ....।
(a) सोनी यादव (b) मानसी जोशी
(c) झूलन गोस्वामी (d) देविका वैद्य

42. निम्नलिखित में से कौन-सा पैटर्न नीचे दिए गए चित्र के पैटर्न की तरह दिखता है?

A	B	C	D

(a) C (b) B
(c) D (d) A

43. 108900 का वर्गमूल क्या है?
(a) 270 (b) 370
(c) 230 (d) 330

44. विषम की पहचान करें:

A	B	C	D
S18	U20	Y25	W22

(a) A (b) B
(c) D (d) C

45. निम्न चित्र में कितने वृत्त-खंड हैं?

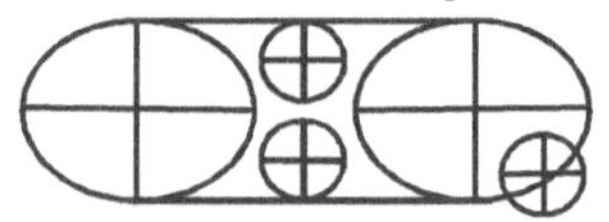

(a) 32 (b) 20
(c) 16 (d) 24

46. दक्षिण एशियाई खेल परिषद (SASC) का गठन वर्ष _______ में हुआ था।
 (a) 1975 (b) 1979
 (c) 1983 (d) 1987

47. आई.सी.आई.सी.आई. बैंक के/की वर्तमान सी.ई.ओ. कौन है?
 (a) इंद्र नूयी (b) चंदा कोचर
 (c) अरुंधती भट्टाचार्य (d) के.वी. कामत

48. निम्नलिखित धातुओं में से कौन-सी कक्षीय तापमान पर द्रव अवस्था में होती है?
 (a) पारा (b) टंगस्टन
 (c) लेड (d) ब्रोमिन

49. यदि $10 \sin^4 \alpha + 15 \cos^4 \alpha = 6$ हो, तो $27 \operatorname{cosec}^6 \alpha + 8 \sec^6 \alpha$ का मान ज्ञात करें।
 (a) 50 (b) 125
 (c) 250 (d) 75

50. भारत सरकार के आयकर विभाग द्वारा आय घोषणा योजना वर्ष _______ में शुरू की गई थी।
 (a) 2016 (b) 2014
 (c) 2013 (d) 2015

51. भारतीय फिल्म निर्देशक 'गुरु दत्त' का वास्तविक नाम क्या था?
 (a) वसंत कुमार शिवशंकर पादुकोण
 (b) वसंत पादुकोण
 (c) शंभुनाथ पादुकोण
 (d) प्रभाकर पादुकोण

52. दो व्यक्ति कुलदीप और आगरकर अलग-अलग काम करते हुए क्रमश: 8 और 12 घंटे में एक खेत में लगी फसल को काट सकते हैं। वे एक-एक घंटे की कार्य अवधि में वैकल्पिक रूप से काम करते हैं जिसमें कुलदीप 9 a.m. से कार्य आरंभ करता है तो कटाई कब खत्म हो जाएगी?
 (a) 7.30 pm (b) 4.30 pm
 (c) 5.30 pm (d) 6.30 pm

53. ललिता एक फैशन बुटीक शुरू करने की योजना बना रही है और वह शुरूआती लागत के रूप में ₹20,000 निर्धारित करती है। नीचे दी गई तालिका के आधार पर ज्ञात कीजिए कि उसके द्वारा किये जाने वाले अन्य खर्चों के लिए कितनी धनराशि बच जाएगी?

व्यय	व्यय का %
बिना सिले हुए कपड़े	50
सिलाई में सहायक उपकरण	20

 (a) ₹3,000 (b) ₹12,000
 (c) ₹6,000 (d) ₹4,000

54. एक त्रिभुज ABC में, D, E और F क्रमश: तीन भुजाओं BC, CA और AB के मध्य बिंदु हैं। BE और DF एक दूसरे को X पर काटती है। DE और CF एक दूसरे को Y पर काटती हैं। XY = ?
 (a) $\frac{1}{3}$BC (b) $\frac{2}{3}$BC
 (c) $\frac{1}{2}$BC (d) $\frac{1}{4}$BC

55. सूरज अपने बेटे अर्जुन से तीन गुना बड़ा है। 8 साल बाद, वह अर्जुन की आयु से ढाई गुना बड़ा होगा। अगले और 8 साल बाद, वह अर्जुन की आयु से _______ गुना बड़ा होगा।
 (a) $2\frac{1}{2}$ (b) 3
 (c) $2\frac{3}{4}$ (d) 2

56. निम्नलिखित कथन और निष्कर्षों पर विचार कीजिए और तय कीजिए कि कौन-से निष्कर्ष तार्किक रूप से कथन का अनुसरण करते है।

कथन:

सभी मोबाइल ब्रांडों में से सैमसंग की बिक्री सबसे अधिक है।

निष्कर्ष:

I. अन्य मोबाइल ब्रांडों का मार्केट शेयर प्रचलित है।
II. कोई अन्य मोबाइल ब्रांड लोकप्रिय नहीं है।
 (a) केवल निष्कर्ष I अनुसरण करता है।
 (b) केवल निष्कर्ष II अनुसरण करता है।
 (c) दोनों निष्कर्ष अनुसरण करते हैं।
 (d) न तो निष्कर्ष I और न ही II अनुसरण करते हैं।

57. 'KIT' शब्द की पार्श्व दर्पण छवि क्या है?

KIT	TIꓘ	ꓕIK	ꓕIꓘ
A	B	C	D

 (a) C (b) A
 (c) D (d) B

58. जलियावाला बाग़ सामूहिक हत्याकांड किस वर्ष हुआ?
 (a) 1981
 (b) 1920
 (c) 1919
 (d) 1891

59. 75वें गोल्डन ग्लोब अवॉर्ड्स में निम्नलिखित में से किसे 'सेसिल बी. डेमिल' पुरस्कार से सम्मानित किया गया था?
(a) ओपरा विनफ्रे (b) गोल्डी हॉन
(c) ऑड्रे हेपब्रन (d) मदर टेरेसा

60. एक 1 kg की वस्तु 30 m की ऊँचाई से भूमि पर गिराई जाती है। गुरुत्व-बल द्वारा किया गया कार्य _______ होगा। (मान लीजिए g = 10 m/s है)
(a) 30 J (b) 10 J
(c) 0.33 J (d) 300 J

61. C, E और F की माँ है। F का विवाह Z से हुआ है। C का Z से क्या संबंध है?
(a) सास (b) माँ
(c) दामाद (d) बहू

62. निम्नलिखित में से कौन सा उच्च तापमान पर आसानी से ऑक्सीकृत (जलता) नहीं होता है?
(a) कुचालक (b) सुचालक
(c) अर्ध-चालक (d) मिश्रधातु

63. हिमांशी ने एक टी-शर्ट, इसके अंकित मूल्य से 20% छूट पर खरीदी। परंतु इसे अंकित मूल्य पर बेच दिया। पूरे लेनदेन में लाभ या हानि प्रतिशत क्या है?
(a) 25% हानि (b) 25% लाभ
(c) 15% लाभ (d) 15% हानि

64. एक 400 kg के बंदूक से यदि कोई गोली 0.25 ms^{-1} से प्रतिक्षेपित किया जाता है तो संवेग की गणना कीजिए।
(a) 100 kg ms^{-1} (b) 200 kg ms^{-1}
(c) 300 kg ms^{-1} (d) 400 kg ms^{-1}

65. चित्र में दर्शायी गयी आकृति का निर्माण करने के लिए निम्नलिखित में से कौन-सी आकृतियों का संयोजन किया गया है?

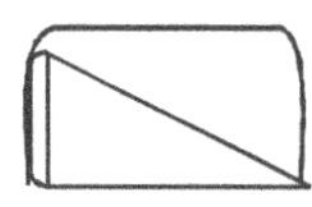

A	B	C	D

(a) A और B
(b) D और A
(c) B और C
(d) C और D

66. कॉपर के एक अणु में कितने परमाणु होते हैं?
(a) 6.022×10^{24} (b) 6.022×10^{23}
(c) 6.022×10^{25} (d) 6.022×10^{22}

67. यांत्रिक ऊर्जा :
(a) यांत्रिक कार्य के दौरान उत्पन्न ऊर्जा है।
(b) किसी वस्तु की गतिज ऊर्जा और स्थितिज ऊर्जा का योग है।
(c) कार्य करने की दर के बराबर होती है।
(d) किसी वस्तु की गति के दौरान अवशोषित ऊर्जा होती है।

68. 19 जनवरी 2018 को किसे भारत के मुख्य चुनाव आयुक्त के रूप में नियुक्त किया गया?
(a) ओम प्रकाश रावत (b) सुनील रावर
(c) अशोक लवासा (d) सुनील अरोड़ा

69. दिए गए विकल्प चित्रों में से LIGHT के पार्श्व दर्पण प्रतिबिंब का चयन करें।

विकल्प चित्र:

LIGHT	THGIL (दर्पण)	LIGHT (उल्टा)	LIGHT (दर्पण, उल्टा)
A	B	C	D

(a) D (b) C
(c) B (d) A

70. एक 10 kg की वस्तु 5 m/s की गति से गतिमान है। वस्तु की गतिज ऊर्जा _______ होगी।
(a) 2 J (b) 50 J
(c) 125 J (d) 25 J

71. नीचे दी गयी श्रृंखला का अगला पद ज्ञात कीजिए।
T, A, S, B, R, C, ?
(a) T (b) U
(c) Q (d) S

72. निम्नलिखित प्रश्नों और कथनों पर विचार करें और तय करें कि प्रश्न का उत्तर देने के लिए कौन-से कथन पर्याप्त हैं। छह बक्सों का कुल भार क्या है? प्रत्येक बक्से का भार बराबर है।

कथन:
1. प्रत्येक बक्से का एक-तिहाई भार 2 kg है।
2. चार बक्सों का कुल भार दो बक्सों के कुल भार से 12 kg अधिक है।

(a) केवल कथन 1 पर्याप्त है।
(b) या तो कथन 1 या 2 पर्याप्त हैं।
(c) न ही कथन 1 और न ही 2 पर्याप्त हैं।
(d) केवल कथन 2 पर्याप्त है।

73. निम्नलिखित में से कौन-सा तत्व मेंडलीव की आवर्त सारणी में एक निश्चित स्थान नहीं पा सका?
(a) हाइड्रोजन (b) सल्फर
(c) ऑक्सीजन (d) नाइट्रोजन

74. दिए गए प्रश्न के संबंध में निम्नलिखित में से कौन-सा तर्क मजबूत है?
क्या सरकार द्वारा सब्जियों के स्थानीय बाजारों में पॉलिथिन बैग का उपयोग प्रतिबंधित कर देना चाहिए?
तर्क:
I. हां, इससे पर्यावरण को अधिक हानि होती है। लोग सब्जियां खरीदने के लिए अपने बैग ला सकते हैं।
II. नहीं, यह सुविधाजनक है।
(a) केवल तर्क II मजबूत है।
(b) तर्क I और II दोनों ही मजबूत हैं।
(c) न तो तर्क I और न ही तर्क II मजबूत हैं।
(d) केवल तर्क I मजबूत है।

75. भारतीय संविधान के अनुसार, संविधान संशोधन विधेयक संसद के किस सदन में पारित होता है?
(a) दोनों, ऊपरी और निचले सदन एक साथ
(b) उच्च सदन
(c) निचला सदन
(d) दोनों, ऊपरी और निचले सदन अलग से

76. यदि 200 पुरुष किसी भवन का निर्माण 1024 दिन में कर सकते हैं तो उसी भवन का निर्माण 256 दिन में करने के लिए कितने पुरुषों की आवश्यकता होगी?
(a) 800 (b) 650
(c) 1400 (d) 1200

77. निम्नलिखित में से कौन-सा प्रकाश संश्लेषण के लिए आवश्यक नहीं है?
(a) ऑक्सीजन
(b) क्लोरोफिल
(c) सूर्य का प्रकाश
(d) कार्बन डाई आक्साइड

78. नीचे दी गयी उत्तर आकृतियों के पैटर्न का अध्ययन करें और तय करें कि अगली आकृति कौन-सी होगी?

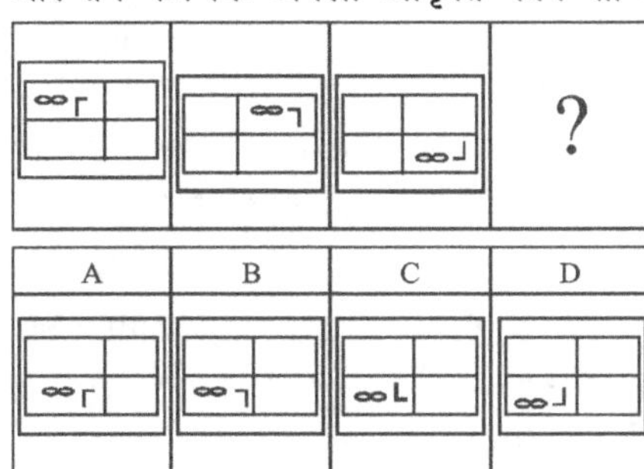

(a) A (b) C
(c) D (d) B

79. दिए गए कथन पर विचार कीजिए और तय कीजिए कि निम्नलिखित में से कौन-सी धारणाएं कथन में अंतर्निहित हैं।
कथन:
लाफ्टर थेरेपी उत्तम वैकल्पिक चिकित्सा है।
धारणाएं:
I. हंसना सामान्य और सार्वभौमिक क्रिया है।
II. हंसने से हमारे शरीर में हैप्पी हार्मोंस स्रावित होते हैं जो प्रतिरक्षा तंत्र को मजबूत करते हैं।
(a) केवल धारणा II अंतर्निहित है।
(b) न तो धारणा I और न ही II अंतर्निहित हैं।
(c) केवल धारणा I अंतर्निहित है।
(d) I और II दोनों ही धारणाएं अंतर्निहित हैं।

80. दिए गए कथनों को सही मानिए। भले ही वे सामान्यतः ज्ञात तथ्यों से भिन्न प्रतीत होते हों और उनके आधार पर निर्णय लीजिये कि दिए गए निष्कर्षों में से कौन-से निष्कर्ष तर्कसंगत रूप से कथनों का अनुसरण करते हैं।
कथन:
कुछ नींबू लाल हैं।
कुछ चुकंदर नींबू हैं।
निष्कर्ष:
1. कुछ नींबू चुकंदर हैं।
2. चुकंदर लाल है।
(a) केवल 2 अनुसरण करता है।
(b) दोनों ही 1 और 2 अनुसरण नहीं करते हैं।
(c) या 1 या 2 अनुसरण करता है।
(d) केवल 1 अनुसरण करता है।

81. एक वस्तु को एक अवतल दर्पण के सामने उसके फोकस बिंदु और वक्रता केंद्र के बीच स्थित एक बिंदु पर रखा गया है। निर्मित होने वाली छवि होगी:
(a) आभासी और सीधी
(b) वास्तविक और उल्टी
(c) आभासी और उल्टी
(d) वास्तविक और सीधी

82. $x=\frac{\sqrt{6}-1}{\sqrt{6}+1}$ और $y=\frac{\sqrt{6}+1}{\sqrt{6}-1}$ है; तो $\frac{(3x^2+5xy+3y^2)}{(3x^2-5xy+3y^2)}$ = ज्ञात करें?
(a) $\frac{563}{313}$ (b) $\frac{553}{313}$
(c) $\frac{663}{313}$ (d) $\frac{563}{303}$

83. निम्नलिखित में से कौन-सी पूर्वधारणाएं नीचे दिए गए कथन में निहित हैं?
क्षेत्रीय बिक्री प्रबंधक ने अपने सहयोगी से कहा, "मैं इस वर्ष की रिपोर्ट को शीर्ष प्रबंधन के सामने प्रस्तुत करने की उत्सुकता से प्रतीक्षा कर रहा हूँ"।
पूर्वधारणा:
I. उस क्षेत्र में कंपनी ने कुछ नये अधिग्रहण किए हैं।
II. प्रबंधक के पास महत्वपूर्ण जानकारी है जो शीर्ष प्रबंधन पर एक प्रभाव डालती है।
(a) पूर्वधारणा I और II दोनों ही अंतर्निहित हैं।
(b) केवल पूर्वधारणा II अंतर्निहित है।
(c) केवल पूर्वधारणा I अंतर्निहित है।
(d) न तो पूर्वधारणा I और न ही पूर्वधारणा II अंतर्निहित हैं।

84. एक निश्चित कोड में, TEAM को WHDP के रूप में लिखा जाता है। उसी कोड में COINS को कैसे लिखा जाएगा?
(a) FRLQV (b) FRLBZ
(c) RVJQL (d) QJPTU

85. Viacom 18 मीडिया प्रा. लिमिटेड ने अपने हिंदी मूवी चैनल 'रिश्ते सिनेप्लेक्स' को ______ में लॉन्च किया।
(a) अक्टूबर 2015 (b) मार्च 2017
(c) अप्रैल 2014 (d) मई 2016

86. मुक्त रूप से गिरना केवल ______ में संभव है।
(a) वायु (b) समुद्र
(c) वातावरण (d) निर्वात

87. Apple ने वर्ष _____ में iPad को मल्टीमीडिया डिवाइस के रूप में पेश किया।
(a) 2009 (b) 2008
(c) 2010 (d) 2011

88. तरुण, मानव, नीतू, हेमा और प्रिया एक पंक्ति में खड़े हैं। इस आधार पर निम्न प्रश्न का उत्तर देने के लिए निम्नलिखित कथनों में से कौन-सा पर्याप्त है?
इन पांच में से कौन बीच में खड़ा है?
कथन:
1. नीतू सबसे लंबी है।
2. तरुण मानव की तुलना में लंबा है।
3. हेमा उन सभी में सबसे छोटी है।
4. मानव प्रिया से लंबा है।
(a) कथन 1 और 3 पर्याप्त हैं।
(b) केवल कथन 1, 2 और 3 पर्याप्त हैं।
(c) कथन 1, 2, 3 और 4 पर्याप्त हैं।
(d) उपरोक्त में से कोई भी कथन पर्याप्त नहीं है।

89. 85% वेतन खर्च करने के बाद, आलोक प्रति माह ₹1,200 बचाता है। उसका मासिक वेतन कितना है?
(a) ₹12,000 (b) ₹8,000
(c) ₹10,000 (d) ₹8,500

90. यदि '+' को '–' के रूप में और '×' को '+' के रूप में लिखा जाता है, तो $((25+30)\times 5)\times 10$ का मान क्या होगा?
(a) 1 (b) 0
(c) 0.1 (d) – 0.1

91. वह प्रक्रिया, जिसमें धातु अपने आसपास के तत्वों जैसे - अम्ल, नमी आदि से प्रभावित होती है, कहलाती है–
(a) संक्षारण (b) ऑक्सीकरण
(c) विकृतगंधिका (d) क्षरण

92. विषम की पहचान करें:
A. फूल B. खरपतवार
C. पत्ते D. तना
(a) D (b) C
(c) A (d) B

93. 'भारतीय मूल के व्यक्तियों (PIO) का पहला संसदीय सम्मेलन' ______ को आयोजित किया गया था।
(a) 9 जनवरी, 2018 (b) 11 जुलाई, 2014
(c) 2 अप्रैल, 2017 (d) 19 जनवरी, 2016

94. शीर्षों (4, 1), (1,1), (3, 5) द्वारा निर्मित त्रिभुज होगा:
(a) समद्विबाहु और समकोण त्रिभुज
(b) विषम बाहु त्रिभुज
(c) समकोण परंतु समद्विबाहु त्रिभुज नहीं
(d) समद्विबाहु परंतु समकोण नहीं

95. यदि एक निश्चित भाषा में 'MAT' का कोड KYR है, तो उसी भाषा में 'HIS' को कैसे लिखा जाएगा?
(a) FGT (b) FGR
(c) FGH (d) FGQ

96. लैंगिक प्रजनन के दौरान जब दो अलग-अलग जीवाणु कोशिकाएं संयोजित होती हैं, तो वे ______ का निर्माण करती हैं।
(a) युग्मनज (b) कली
(c) फल (d) बीजाणु

97. निम्नलिखित में से कौन-सा क्रिकेटर द्वारा प्रतिपादित पाँच जगत वर्गीकरण का भाग नहीं है
(a) प्रोटिस्टा (b) कवक
(c) प्रोटोजोआ (d) एनीमेलिआ

98. कौन-सा वेन आरेख नीचे दिये गए समूहों के बीच संबंध को सही ढंग से दर्शाता है?

A. गाजर B. गोभी
C. सब्जियाँ

(a)

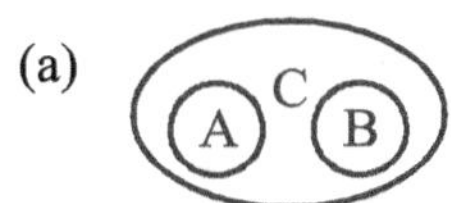

(b) B C A

(c) A B C

(d) B C A

99. ऑक्टेट्स का न्यूलैंड्स सिद्धांत केवल ________ तक लागू होता था।
(a) कैल्शियम
(b) क्लोरीन
(c) सल्फर
(d) पोटैशियम

100. दिसंबर 2017 में, राष्ट्रीय डिजाइन पुरस्कार से किसे सम्मानित किया गया था?
(a) जी. सतीश रेड्डी
(b) जी. गणेश रेड्डी
(c) जी. शांति रेड्डी
(d) जी. शंकर रेड्डी

उत्तरमाला

1	(c)	11	(d)	21	(a)	31	(d)	41	(c)	51	(a)	61	(a)	71	(c)	81	(b)	91	(a)
2	(c)	12	(a)	22	(d)	32	(a)	42	(a)	52	(d)	62	(d)	72	(b)	82	(a)	92	(d)
3	(b)	13	(c)	23	(b)	33	(d)	43	(d)	53	(c)	63	(b)	73	(a)	83	(a)	93	(a)
4	(c)	14	(b)	24	(d)	34	(c)	44	(d)	54	(d)	64	(a)	74	(d)	84	(a)	94	(b)
5	(b)	15	(a)	25	(c)	35	(a)	45	(b)	55	(*)	65	(a)	75	(d)	85	(d)	95	(d)
6	(a)	16	(a)	26	(b)	36	(b)	46	(c)	56	(a)	66	(b)	76	(a)	86	(d)	96	(a)
7	(c)	17	(c)	27	(b)	37	(b)	47	(b)	57	(d)	67	(b)	77	(a)	87	(c)	97	(c)
8	(a)	18	(c)	28	(d)	38	(c)	48	(a)	58	(c)	68	(a)	78	(b)	88	(c)	98	(a)
9	(c)	19	(d)	29	(c)	39	(c)	49	(c)	59	(a)	69	(c)	79	(d)	89	(b)	99	(a)
10	(d)	20	(d)	30	(d)	40	(c)	50	(a)	60	(d)	70	(c)	80	(b)	90	(d)	100	(a)

संकेत एवं हल

2. (c) $h = 3\sqrt{23}$ cm , $l = 16$ cm

∴ वक्र-पृष्ठ का क्षेत्रफल $= \pi \times r \times l$

$$= \frac{22}{7} \times \sqrt{(16)^2 - (3\sqrt{23})^2} \times 16$$

$$= \frac{22}{7} \times \sqrt{256 - 207} \times 16$$

$$= \frac{22}{7} \times 7 \times 16 = 352 \text{ cm}^2$$

8. (a) $14 = 2 \times 7$
$42 = 2 \times 3 \times 7$
$77 = 7 \times 11$

∴ लघुत्तम समापवर्तक $= 2 \times 3 \times 7 \times 11 = 462$

9. (c) $-15 - (-18 - 7) = -15 - (-25)$
$= -15 + 25 = 10$

10. (d)

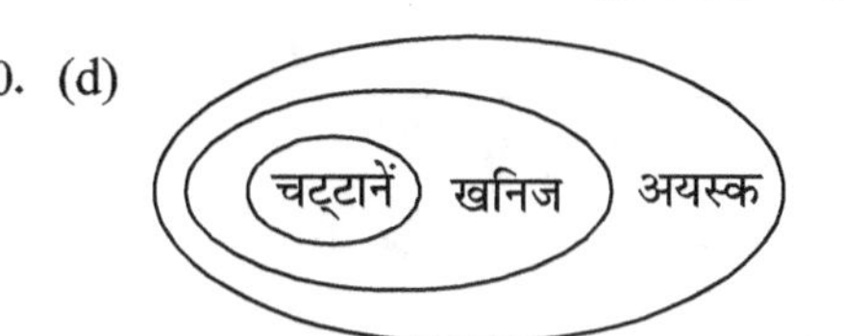

अत: केवल निष्कर्ष 1 अनुसरण करता है।

13. (c)

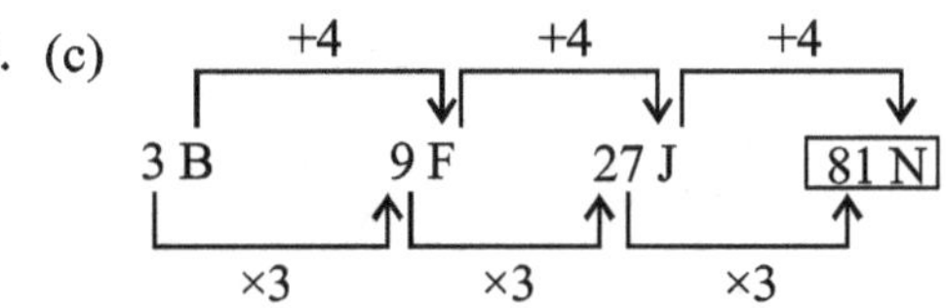

15. (a) प्रति दिन, प्रति व्यक्ति → $9l$
प्रति दिन, 4000 व्यक्ति → 4000×9
$= 36000\ l = 36\ m^3$
टैंक का आयतन $= 15 \times 8 \times 6 = 720\ m^3$
∴ टैंक का पानी $\frac{720}{36} = 20$ दिन तक चलेगा

17. (c) p = ₹ 4500; r = 8%; t = 3 वर्ष
$$CI \sim SI = P\left(\frac{r}{100}\right)^2\left(3+\frac{r}{100}\right)$$
$$= 4500\left(\frac{8}{100}\right)^2\left(3+\frac{8}{100}\right) = \frac{45\times64\times308}{10000}$$
$CI \sim SI = 88.704$

20. (d)
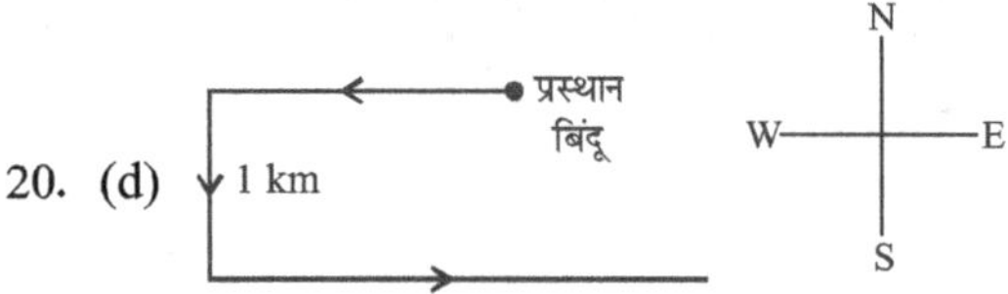

अत: नीना पूर्व दिशा के सम्मुख चल रही है।

21. (a) घड़ी कलाई में पहनी जाती है। उसी प्रकार अंगूठी उँगली में पहनी जाती है।

22. (d) $66 \div [67 - \{43 - (17 - 13 \times 4)\}]$
$= 66 \div [67 - \{43 - (17 - 52)\}]$
$= 66 \div [67 - \{43 + 35\}]$
$= 66 \div [67 - 78] = 66 \div (-11) = -6$

23. (b) $x + \frac{5}{16} = 1 \Rightarrow x = 1 - \frac{5}{16} = \frac{11}{16} = \frac{22}{32}$

24. (d) $\frac{\text{आंतरिक कोण}}{\text{बाह्य कोण}} = \frac{\frac{(2n-4)\times90}{n}}{\frac{360}{n}} = \frac{4}{1}$
$$\Rightarrow \frac{(2n-4)\times90}{n}\times\frac{n}{360} = \frac{4}{1}$$
$2n - 4 = 16$
$n - 2 = 8 \Rightarrow n = 10$

25. (c) $\frac{x_1 + x_2 + \ldots\ldots\ldots + \times n}{n} = 1$
अत: $\frac{\frac{x_1}{k}+\frac{x_2}{k}+\ldots\ldots+\frac{x_n}{k}}{n}$
$$= \frac{1}{k}\frac{(x_1 + x_2 + \ldots\ldots + x_n)}{n} = \frac{1}{k}\times1 = \frac{1}{k}$$

26. (b) $119 \div [22 - \{90 \div (23 - 105 \div 21)\}]$
$= 119 \div [22 - \{90 \div (23 - 5)\}]$
$= 119 \div [22 - \{90 \div 18\}]$
$= 119 \div [22 - 5] = 119 \div 17 = 7$

31. (d) 33 → 38 → 48 → 53 → [63]
+5, +10, +5, +10

32. (a) पाँचवे खंड पर खर्चा $= \frac{5000\times20}{10}$ = ₹10,000

33. (d) प्रति घंटा वह रुकता है $= \frac{80-60}{80}hr = \frac{1}{4}hr$
$= \frac{1}{4}\times60$ मिनट = 15 मिनट

35. (a) 1984 एक लीप वर्ष है। अत: 1984 में दो विषम दिन होंगे।
⇒ 7 जून 1983 = गुरुवार – दो दिन = मंगलवार

36. (b) $\alpha+\beta = \frac{4+\sqrt{5}}{5+\sqrt{2}}, \alpha\beta = \frac{8+2\sqrt{5}}{5+\sqrt{2}}$
$$\Rightarrow \frac{2\alpha\beta}{\alpha+\beta} = \frac{2(8+2\sqrt{5})}{5+\sqrt{2}}\times\frac{5+\sqrt{2}}{4+\sqrt{5}}$$
$$= \frac{2(8+2\sqrt{5})}{4+\sqrt{5}} = \frac{4(4+\sqrt{5})}{4+\sqrt{5}} = 4$$

38. (c) यदि टैंक रिसाव के कारण x घंटे में खाली होगा तो,
$\frac{15\times x}{x-15} = 20$
$15x = 20x - 300$
⇒ x = 60 घंटे

39. (c) कोई संख्या 9 से विभाज्य है यदि उसके अंकों का योग 9 से विभाज्य है
$x + 4 + 7 + 3 + 8 = 22 + x$
22 + x, 9 से तभी विभाज्य होगा जब x का मान 5 होगा।

43. (d) $108900 = 3 \times 3 \times 11 \times 11 \times 10 \times 10$
∴ $\sqrt{108900} = 3\times11\times10 = 330$

44. (d) वर्णमाला क्रम में-
S – 19, U – 21, W – 23, Y – 25
यहाँ, S (19 – 1) = S18
U (21 – 1) = U20
W (23 – 1) = W22
Y (25 – 1) = Y 24
अत: C → Y 25 विषम है।

49. (c) $10\sin^4\alpha + 15\cos^4\alpha = 6$

$10(1-\cos^2\alpha)^2 + 15\cos^4\alpha = 6$

$10(1+\cos^4\alpha - 2\cos^2\alpha) + 15\cos^4\alpha = 6$

$\Rightarrow \; 25\cos^4\alpha - 20\cos^2\alpha + 4 = 0$

$$\cos^2\alpha = \frac{20 \pm \sqrt{400-4(25)(4)}}{50} = \frac{2}{5}$$

$\Rightarrow \; \cos\alpha = \sqrt{\frac{2}{5}}$

$\therefore \; \sec\alpha = \frac{\sqrt{5}}{\sqrt{2}}$

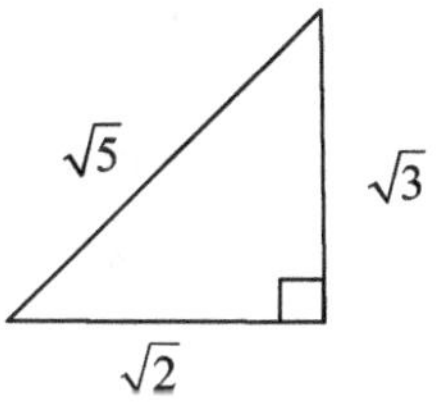

$\operatorname{cosec}\alpha = \frac{\sqrt{5}}{\sqrt{3}}$

$27\operatorname{cosec}^6\alpha + 8\sec^6\alpha$

$$= 27\left(\frac{\sqrt{5}}{\sqrt{3}}\right)^6 + 8\left(\frac{\sqrt{5}}{2}\right)^6$$

$= 5^3 + 5^3 = 125 + 125 = 250$

52. (d) पहले दो घंटों का काम $= \frac{1}{8} + \frac{1}{12} = \frac{5}{24}$

इस प्रकार अगले 8 घंटों का काम $= \frac{5 \times 4}{24} = \frac{5}{6}$

शेष काम $= 1 - \frac{5}{6} = \frac{1}{6}$

9 वे घंटे का काम $= \frac{1}{8}$

शेष काम $= \frac{1}{6} - \frac{1}{8} = \frac{1}{24}$

$\frac{1}{24}$ काम करने में लगा समय $= \frac{1}{24} \times 12$

$= \frac{1}{2}$ घंटे = 30 मिनट

अत: कताई खत्म होने में 9 घंटे 30 मिनट लगते हैं। तो यह 6.30 pm को खत्म होगा।

53. (c) अन्य खर्चों के लिए बची धनराशि

$= 30\%$ of $20,000 = \frac{30}{100} \times 20000 = ₹6,000$

54. (d)

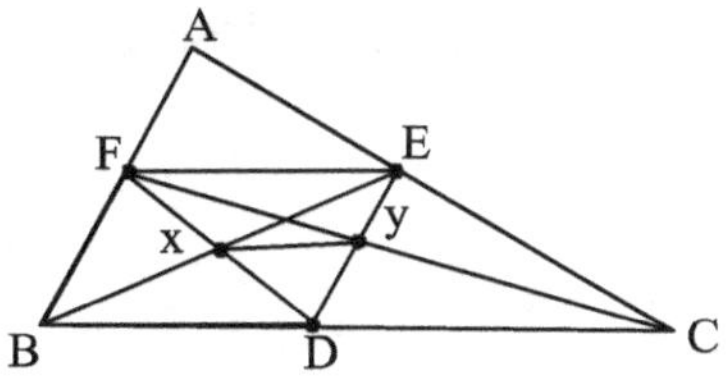

ΔABC में, $EF = \frac{1}{2}BC$

ΔEFD में, $XY = \frac{1}{2}EF$

$\therefore \quad XY = \frac{1}{2}\left(\frac{1}{2}BC\right) = \frac{1}{4}BC$

55. (*) $S = 3A$

$5 + 8 = \frac{5}{2}(A+8)$

$(3A+8) = \frac{5}{2}(A+8)$

$6A + 16 = 5A + 40$

$A = 24$

$S = 3 \times 24 = 72$

अगले और 8 वर्ष बाद = 16 वर्ष बाद

$A = 24 + 16 = 40$

$S = 72 + 16 = 88$

$\therefore \frac{S}{A} = \frac{88}{40} = 2\frac{1}{5}$

61. (a)

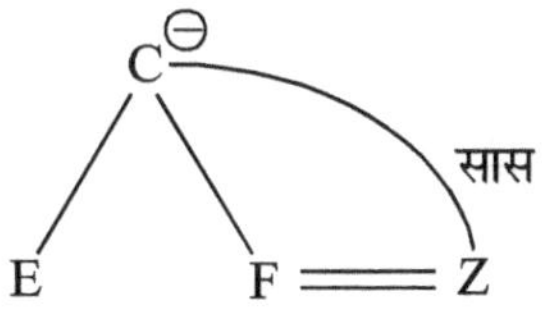

63. (b) यदि अंकित मूल्य = 100

तो लागत मूल्य = 80

अत: विक्रय मूल्य = 100

लाभ प्रतिशत $= \frac{100-80}{80} \times 100$

$= \frac{1}{4} \times 100 = 25\%$ लाभ

71. (c)

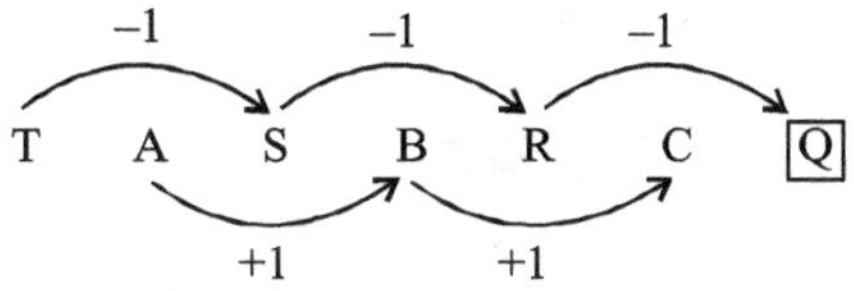

72. (b) एक बक्से का भार = x kg

कथन 1: $\frac{1}{3}x = 2 \;\Rightarrow\; x = 6$ kg

छह बक्सों का कुल भार $6 \times 6 = 36$ kg

कथन 2: $4x = 2x + 12$

$2x = 12 \;\Rightarrow\; x = 6$

छह बक्सों का कुल भार $= 6 \times 6 = 36$ kg

अत: या तो कथन 1 या 2 पर्याप्त है।

76. (a) $m_1 = 200; d_1 = 1024; d_2 = 256; m_2 = ?$

$m_1 \times d_1 = m_2 \times d_2$

$200 \times 1024 = m_2 \times 256$

$\frac{200 \times 1024}{256} m_2$

$800 = m_2$

80. (b) नींबू, लाल, चुकंदर

दोनों ही निष्कर्ष अनुसरण नहीं करते।

82. (a) $x = \frac{\sqrt{6}-1}{\sqrt{6}+1} \times \frac{\sqrt{6}-1}{\sqrt{6}-1} = \frac{7-2\sqrt{6}}{5}$

उसी प्रकार, $y = \frac{7+2\sqrt{6}}{5}$

$x^2 = \frac{(7-2\sqrt{6})^2}{25} = \frac{49+24-28\sqrt{6}}{25}$

$= \frac{73-28\sqrt{6}}{25}$

$y^2 = \frac{(7+2\sqrt{6})^2}{25} = \frac{49+24+28\sqrt{6}}{25}$

$= \frac{73+28\sqrt{6}}{25}$

$$\frac{3\left(\frac{73-28\sqrt{6}}{25}\right)+5+3\left(\frac{73+28\sqrt{6}}{25}\right)}{3\left(\frac{73-28\sqrt{6}}{25}\right)-5+3\left(\frac{73+28\sqrt{6}}{25}\right)}$$

$= \frac{438+125}{438-125} = \frac{563}{313}$

84. (a) T E A M

+3 +3 +3 +3

W H D P

अतः C O I N S

+3 +3 +3 +3 +3

F R L Q V

88. (c) कथन 1 : नीतू........

कथन 2 : तरुण > मानव

कथन 3 : .... हेमा

कथन 4 : मानव > प्रिया

चारों कथनों के आधार पर -

नीतू > तरुण > मानव > प्रिया > हेमा

अतः मानव बीच में खड़ा है।

⇒ कथन 1, 2, 3 और 4 पर्याप्त है।

89. (b) 15% of x = 1200 ⇒ बचत

$x = \frac{1200 \times 100}{15} = 8000$

अतः मासिक वेतन ₹8000 है।

90. (d) $+ \rightarrow -$

$\times \rightarrow \div$

$((25 + 30) \times 5 \times 10 = ((25 - 30) \div 5) \div 10$

$= (-5 \div 5) \div 10 = (-1) \div 10 = -0.1$

92. (d) फूल, पत्ते और तना पेड़ या पौधे के भाग हैं। जबकि खरपतवार एक अवांछित पौधा है जो अनचाहे स्थान पर उगता है।

94. (b) A (4, 1), B (1, 1), C (3, 5)

$AB = \sqrt{(4-1)^2 + (1-1)^2} = 3$

$BC = \sqrt{(1-3)^2 + (1-J)^2} = \sqrt{4+16}$

$= \sqrt{20} = 2\sqrt{5}$

$AC = \sqrt{(4-3)^2 + (1+5)^2} = \sqrt{1+16} = \sqrt{17}$

अतः यह विषम बाहु त्रिभुज है।

95. (d) M A T

−2 −2 −2

K Y R

अतः H I S

−2 −2 −2

F G Q

98. (a) गाजर और गोभी दोनों सब्जियाँ हैं।

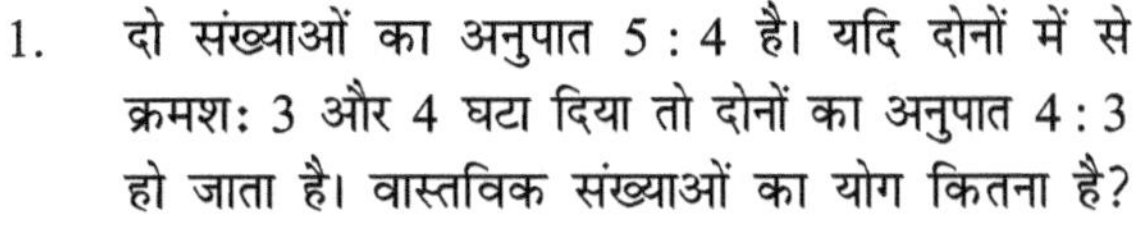

RRB ग्रुप D 2018 सॉल्वड पेपर-18

दिनांक : 1 दिसंबर 2018

1. दो संख्याओं का अनुपात 5 : 4 है। यदि दोनों में से क्रमश: 3 और 4 घटा दिया तो दोनों का अनुपात 4 : 3 हो जाता है। वास्तविक संख्याओं का योग कितना है?
(a) 56 (b) 72
(c) 63 (d) 84

2. दिए गए चित्र में कितने त्रिभुज हैं?

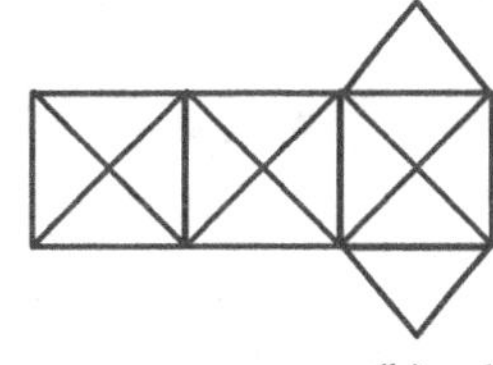

(a) 24 (b) 16
(c) 32 (d) 30

3. 2018 में विश्व स्वास्थ्य संगठन (डब्ल्यूएचओ) द्वारा प्रतिष्ठित परिवार स्वास्थ्य फाउंडेशन पुरस्कार से सम्मानित किया जाने वाला पहला भारतीय कौन हैं?
(a) डॉ. विनोद पॉल
(b) श्री विवेक देवरॉय
(c) प्रो. रमेश चंद
(d) श्री वी. के. सारस्वत

4. राम अकेला एक काम को 24 दिन में पूरा करता है जबकि श्याम अकेला उसी काम को 30 दिन में पूरा करता है। यदि वे 4 दिन मिलकर काम करते हैं तो कुल कार्य का कितने प्रतिशत बाकी बचेगा?
(a) 70 % (b) 30 %
(c) 25 % (d) 75 %

5. निम्नलिखित में से किस क्षेत्र में उत्कृष्टता हेतु गौरवमय ऑस्कर अवार्ड प्रदान किया जाता है?
(a) खेलकूद (b) समाज कार्य
(c) राजनीति (d) सिनेमा

6. एक उम्मीदवार ने परीक्षा में 82 % अंक प्राप्त किए जिनके अधिकतम अंक 650 थे। उसने .... अंक प्राप्त किए।
(a) 574 (b) 492
(c) 546 (d) 533

7. हॉकी चैंपियंस ट्रॉफी, 2018 का 37वां संस्करण किस देश ने जीता है?
(a) इंडिया (b) ऑस्ट्रेलिया
(c) पाकिस्तान (d) बांग्लादेश

8. 1 से 17 समूह से संबंधित तत्व .... कहे जाते हैं।
(a) संक्रमण (b) सामान्य तत्व
(c) आंतरिक संक्रमण तत्व (d) उत्कृष्ट

9. फ्लू गैस डीसल्फराईजेशन की आपूर्ति और संस्थान के लिए एनटीपीसी (NTPC) की ओर से बीएचईएल (BHEL) को कितने करोड़ का आर्डर प्राप्त हुआ?
(a) 555 करोड़ (b) 666 करोड़
(c) 650 करोड़ (d) 560 करोड़

10. 38 और 57 का लघुत्तम समापवर्तक है:
(a) 95 (b) 76
(c) 152 (d) 114

11. निम्न में से किस शैवाल में डिप्लोनटिक जीवन चक्र दिखाई देता है? यह सामान्य विशेषता आवृतबीजी में भी दिखाई देती है।
(a) पोलीसिफोनिया (b) फोकस
(c) एक्टोकार्पस (d) स्पाइरोगाइरा

12. कथन और निम्नलिखित धारणाओं पर विचार करें। निर्णय लें कि कथन में कौन-सी धारणा निहित है।

कथन: कई मानसिक बीमारियों के लिए पालन स्थल भय और फोबिया हैं।

धारणाएं:

I. भय और फोबिया बाहरी परिस्थितियों के आधार पर विकसित होते हैं। हम अपने दैनिक जीवन में सामना करते हैं।

II. मनुष्य उन चीजों से भी डरते हैं जिसे वे पूरी तरह से नहीं जानते हैं।

(a) केवल I निहित है।
(b) I और II दोनों निहित हैं।
(c) न तो I और न ही II निहित हैं।
(d) केवल II निहित है।

13. दिये गये चित्रों में से विषम को चुनें :

(a) A (b) D
(c) C (d) B

14. वस्तु की गति एक समान होती है जब इसका वेग .... होता है।
(a) न्यूनतम (b) अधिकतम
(c) स्थिर (d) नियतांक

15. दक्षिणी गोवा के समुद्र तटों में .... सबसे पुराना, सबसे बड़ा और सबसे शानदार है।
(a) मोर्जिम (b) कोल्वा
(c) कंडोलिम (d) बागा

16. Y, V का साला है। Y के पिता के केवल दो (बच्चे R और Y) हैं। R, V की .... है।
(a) पत्नी (b) पुत्र
(c) पिता (d) साला

17. समीकरण $Al_2O_3 + NaOH + H_2O \rightarrow NaAl(OH)_4$ में, प्रतिक्रिया को संतुलित करने के लिए उत्पाद के कितने मोल आवश्यक हैं?
(a) 1 (b) 2
(c) 4 (d) 3

18. एक कथन के अनुसरण में दो तर्क दिए गए हैं। निर्णय लें कि कथन के संबंध में कौन-सा/ से तर्क सशक्त हैं।
कथन: क्या 18 वर्ष से कम आयु के छात्रों को हुक्का धूम्रपान केंन्द्र में जाने से मना कर दिया जाना चाहिए?
तर्क:
I. नहीं, यह उनके मस्ती करने के अधिकार के विरुद्ध है।
II. हां, इससे विद्यार्थियों को बुरी संगत और चाल-चलन में जाने से रोकने में मदद मिलेगी।
(a) न तो I और न ही II सशक्त हैं।
(b) केवल II सशक्त है।
(c) या तो I या II सशक्त हैं।
(d) केवल I सशक्त है।

19. निम्न में से कौन सही दर्पण सूत्र है?
(a) $\frac{1}{f}=\frac{1}{v}+\frac{1}{-u}$ (b) $\frac{1}{f}=\frac{1}{v}+\frac{1}{u}$
(c) $\frac{1}{f}=\frac{1}{-v}+\frac{1}{u}$ (d) $\frac{1}{v}=\frac{1}{f}+\frac{1}{u}$

20. एक निश्चित कोड में, यदि DAM, 524 के रूप में लिखा गया है, तो POUR कैसे लिखा जाएगा?
(a) 7629 (b) 7619
(c) 7628 (d) 7329

21. वैगन, कोच और लोकोमोटिवों की निगरानी कर सिस्टम को प्रभावी और पारदर्शी सुनिश्चित करने के लिए भारतीय रेलवे द्वारा किस तकनीक का उपयोग किया जाता है?
(a) व्हाट्सएप लाइव लोकेशन
(b) वाई-फाई प्रौद्योगिकी
(c) रेडियो-आवृत्ति पहचान टैग
(d) एक्सप्रेस वाई-फाई

22. 2018 में त्रिपुरा विधानसभा चुनावों के बाद कौन-सा राजनीतिक दल सत्ता में आया था?
(a) सी. पी. एम. (b) कांग्रेस
(c) सी. पी. आई. (d) बी. जे. पी.

23. उस विकल्प का चयन करें जो तीसरे शब्द से उसी प्रकार संबंधित है, जैसा कि दूसरा शब्द पहले शब्द से है।
मकान : ईंटें :: पत्ता : ?
(a) पुष्प (b) क्लोरोफिल
(c) तना (d) प्रकोष्ठ

24. मनुष्यों में, इस पर कार्य करने के लिए अग्निरोधी एंजाइमों के लिए भोजन को .... रूप में रूपांतरित किया जाना चाहिए।
(a) क्षारीय (b) अम्लीय
(c) उदासीन (d) इनमें से कोई नहीं

25. $\frac{2}{3}$ को एक भिन्न में जोड़ने पर $\frac{3}{4}$ प्राप्त होता है। भिन्न है:
(a) $\frac{1}{24}$ (b) $\frac{1}{6}$
(c) $\frac{1}{18}$ (d) $\frac{1}{12}$

26. भारतीय संविधान का अनुच्छेद 35A, किस राज्य हेतु विशेष प्रावधानों का विवरण प्रदान करता है?
(a) जम्मू और कश्मीर (b) तमिलनाडु
(c) असम (d) हिमाचल प्रदेश

27. $1.5 + 1.505 + 1.055 + 1.5505 = ?$
(a) 5.6015 (b) 6.015
(c) 5.6105 (d) 6.1

28. सही विकल्प चुनकर शृंखला को पूरा करें।
P32S, Q16R, R8Q ?
(a) P4S (b) S2S
(c) S4P (d) P2S

29. इस शृंखला में '?' के स्थान पर क्या आएगा?
69, 55, 26, ?, 4
(a) 8 (b) 14
(c) 12 (d) 13

30. PRATHAM एक NGO (गैर सरकारी संगठन) है जो इस क्षेत्र में काम करता है:
(a) तकनीकी (b) कृषि
(c) स्कूल शिक्षा और अधिगम (d) स्वास्थ्य

31. एक .... परिपथ में, विद्युत प्रवाह के लिए एक से अधिक मार्ग होते हैं।
(a) श्रेणी
(b) चालक या सुचालक
(c) समांतर
(d) पूर्ण

32. यदि $\sec\theta + \tan\theta = x$ हो तो $\sec\theta$ का मान क्या होगा?
(a) $\frac{(1+x^2)}{2x}$ (b) $x(1+x)$
(c) $1+x^2$ (d) $\frac{(1-x^2)}{2x}$

33. 'मुँह' का 'मानव' से उसी प्रकार संबंध है जैसे 'चोंच' का निम्नलिखित से है:
(a) 'हाथी' (b) 'जानवर'
(c) 'पंछी' (d) 'दरियाई घोड़ा'

34. एवोगाद्रो स्थिरांक (NA) का मान क्या होता है?
(a) 3.145×10^{20} (b) 9.023×10^{-12}
(c) 6.220×10^{23} (d) 6.022×10^{23}

35. उस विकल्प का चयन करें जो तीसरे शब्द से उसी प्रकार संबंधित है, जैसा कि दूसरे शब्द का पहले शब्द से है।
पृथ्वी: सूर्य : : चांद .... :
(a) सितारे (b) आकाशगंगा
(c) ग्रह (d) बुध

36. निम्नलिखित प्रश्न नीचे दिए गए आरेख पर आधारित है जो चार छात्रों को एक प्लाट के एक वर्गाकार टुकड़े के चार कोनों पर खड़े दिखाते हुए दिखाता है, जैसा कि नीचे दिखाया गया है:

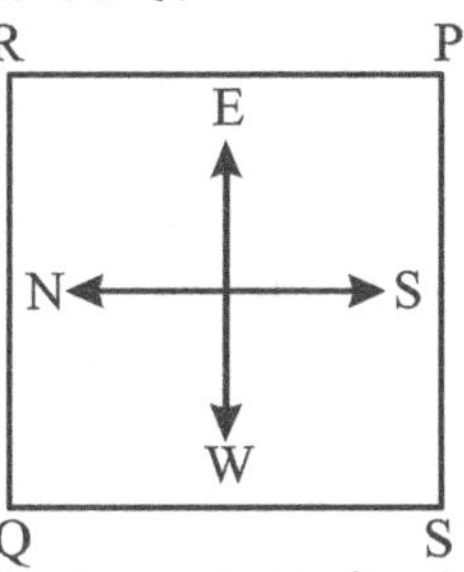

Q और S अपनी मूल स्थिति से वर्ग की लंबाई से डेढ़ गुना लंबाई में क्रमशः दक्षिणावर्त और वामावर्त दिशा में स्थित हो जाते हैं। निम्नलिखित में से कौन-सा कथन सत्य है?
(a) S, P और R के बीच मध्यबिंदु पर है, और मूल रूप से R के कब्जे वाले कोने पर अब Q है।
(b) Q, P और R के बीच मध्यबिंदु पर है, और मूल रूप से P के कब्जे वाले कोने पर अब S है।
(c) Q और S दोनों P और R के मध्य बिंदु पर हैं।
(d) Q और S दोनों P और S के मध्य बिंदु पर हैं।

37. स्पाइरोगाइरा .... द्वारा प्रजनन करता है।
(a) बहु विखंडन (b) मुकुलन
(c) विखंडन (d) खंडन (फ्रैग्मेंटेशन)

38. द्विबीजपत्री पौधों में एक सामान्य भ्रूण कोष में नाभिक की व्यवस्था .... होती है।
(a) 3 + 2 + 3 (b) 2 + 3 + 3
(c) 3 + 3 + 2 (d) 2 + 4 + 2

39. दिए गए कथन व निष्कर्षों को ध्यानपूर्वक पढ़ें और चुनें कि कौन-से निष्कर्ष तार्किक रूप से कथन का अनुसरण करते हैं।
कथन: विकास ने पुस्तकालयाध्यक्ष से पूछा, "मुझे फ्रेंच पुस्तकें कहां मिल सकती हैं"?
निष्कर्ष:
I. विकास फ्रेंच में रूचि रखता है।
II. विकास एक पुस्तकालय में है।
(a) निष्कर्ष I व II दोनों अनुसरण नहीं करते हैं।
(b) दोनों निष्कर्ष अनुसरण करते हैं।
(c) केवल निष्कर्ष I अनुसरण करता है।
(d) केवल निष्कर्ष II अनुसरण करता है।

40. साहित्य और शिक्षा श्रेणी में 2018 का पद्म भूषण किसने जीता?

(a) वेद प्रकाश नंदा
(b) रामचंद्रन नागास्वामी
(c) लक्ष्मण पाई
(d) अरविंद पारिख

41. हाल ही में चुनाव हारने से पहले 20 वर्षों से माणिक सरकार ने त्रिपुरा सरकार के मुख्यमंत्री के रूप में नेतृत्व किया था। माणिक सरकार ने किस पार्टी का प्रतिनिधित्व किया था?
(a) तृणमूल कांग्रेस (b) बीजेपी
(c) त्रिपुरा राष्ट्रीय कांग्रेस (d) सीपीएम

42. X, V का दामाद है। Z, V का पुत्र है। Z, X का .... है?
(a) चचेरा भाई (b) भाई
(c) पिता (d) साला

43. यदि एक विशेष कोड में, MONKEY को XDJMNL लिखा जाता है, तो TIGER को इस कोड में क्या लिखा जाएगा?
(a) QDFHS (b) SSFHS
(c) UJJFS (d) SHFFQ

44. निम्नलिखित में से कौन-सा कथन गलत है?
(a) एक समतल दर्पण पर गठित छवि दर्पण के पीछे समान दूरी पर है जितनी वह वस्तु दर्पण के सामने हैं।
(b) एक समतल दर्पण द्वारा बनाई गई छवि की प्रकृति वास्तविक और सीधी है।
(c) एक समतल दर्पण द्वारा बनाई गई छवि का आकार वस्तु के बराबर है।
(d) एक समतल दर्पण पर गठित छवि वस्तु के संबंध में सचमुच उलटी (या किनारे उलट) है।

45. उस आकृति की पहचान करें जो निम्नलिखित समूह से संबंधित नहीं है।

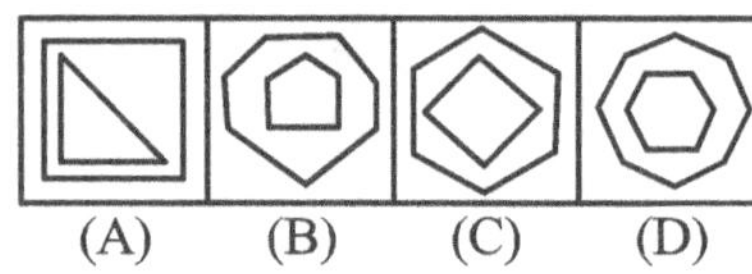

(a) D (b) B
(c) A (d) C

46. निम्नलिखित में से कौन-सी मात्रा में समान इकाइयां हैं?
(a) कार्य और ऊर्जा (b) बल और ऊर्जा
(c) बल और भार (d) कार्य और बल

47. श्रृंखला में अगली संख्या ज्ञात कीजिए।
4, 9, 20, 43, 90, ?
(a) 180 (b) 185
(c) 200 (d) 190

48. पाइप A प्रवेशिका पाइप है जो एक खाली टंकी को 69 घंटों में भर सकता है। पाइप B भरी हुई टंकी को 46 घंटों में खाली कर सकता है। भरी हुई टंकी में एक-एक घंटे के लिए दोनों पाइपों को क्रम से खोला और बंद किया गया। शुरूआत पाइप B से की गई। टंकी को खाली होने में कितना समय लगेगा?
(a) 11 दिन 12 घंटे (b) 11 दिन 13 घंटे
(c) 11 दिन 10 घंटे (d) 11 दिन 7 घंटे

49. त्रिकोण PQR त्रिकोण ABC के समान है। त्रिकोण PQR का क्षेत्रफल 576 cm^2 है और त्रिकोण ABC का क्षेत्रफल 324 cm^2 है। यदि त्रिकोण PQR की सबसे बड़ी भुजा 72 है तो त्रिकोण ABC की सबसे बड़ी भुजा कितनी है?
(a) 52 सेंटीमीटर (b) 48 सेंटीमीटर
(c) 54 सेंटीमीटर (d) 72 सेंटीमीटर

50. किसी राशि को एक वर्ष के लिए 10 % प्रति वर्ष छमाही चक्रवृद्धि ब्याज पर निवेशित करने पर परिपक्वता अवधि पर ₹11,025 प्राप्त होते हैं। निवेशित राशि (₹ में) थी।
(a) 10,250 (b) 10,500
(c) 9,600 (d) 10,000

51. **दिशा निर्देश:** इस प्रश्न में कथन के बाद दो निष्कर्ष I और II की तरह क्रमांकित किए गए हैं। दिए गए कथन को सत्य मानें, भले ही वे आमतौर पर ज्ञात तथ्यों से भिन्न हो फिर तय करें कि दिए गए निष्कर्ष में से कौन-सा निष्कर्ष कथन का तर्कसंगत रूप से अनुसरण करता है।

कथन:
सभी G, I हैं।
कुछ I, D हैं।
सभी D, T हैं।

निष्कर्ष:
I. कम-से-कम कुछ T, I हैं।
II. सभी T के G होने की संभावना हैं।

(a) निष्कर्ष I और II दोनों अनुसरण करते हैं।
(b) या तो निष्कर्ष I या फिर निष्कर्ष II अनुसरण करते हैं।
(c) न तो निष्कर्ष I और न ही निष्कर्ष II अनुसरण करते हैं।
(d) केवल निष्कर्ष I अनुसरण करता है।

52. चंद्रमा पर किसी वस्तु का भार पृथ्वी पर उसके भार का .... है।
(a) 1/7 (b) 1/4
(c) 1/5 (d) 1/6

53. रंगपो शहर .... में स्थित है।
(a) नागालैंड (b) त्रिपुरा
(c) सिक्किम (d) मणिपुर

54. दिए गए कथन पर विचार कर निर्णय लें कि कौन-से निष्कर्ष तार्किक रूप से इन कथनों का पालन करते हैं।
कथन:
तीन बहनें राधा, सुधा एवं मूर्ति की आयु का अनुपात 6 : 2 : 1 है।
निष्कर्ष:
I. राधा, सुधा और मूर्ति एक ही माता-पिता की संतान है।
II. राधा तीनों में से सबसे बड़ी है।
(a) केवल निष्कर्ष (II) पालन करता है।
(b) केवल निष्कर्ष (I) पालन करता है।
(c) दोनों निष्कर्ष (I) और (II) पालन करते है।
(d) न तो निष्कर्ष (I) और न ही निष्कर्ष (II) पालन करता है।

55. संख्या $2^{11} \times 3^5 \times 7^5$ के कितने गुणनखंड होंगे?
(a) 432 (b) 336
(c) 504 (d) 180

56. कौन-सा पैटर्न नीचे दिये गये चित्र के समान दिखता है?

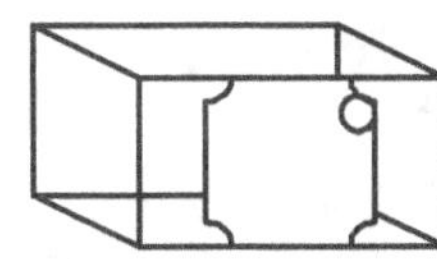

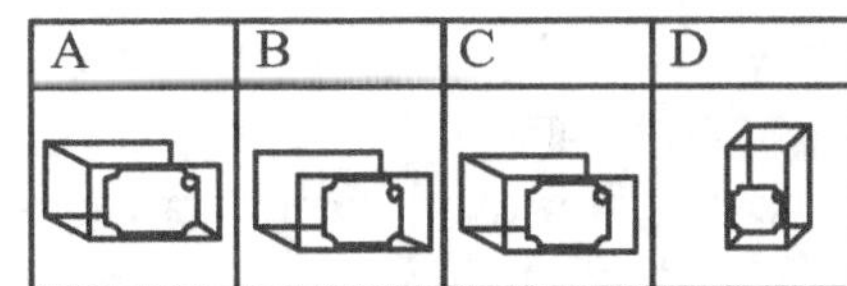

(a) A (b) C
(c) B (d) D

57. दी गई आकृतियों में अन्यों से भिन्न आकृति का चयन करें।

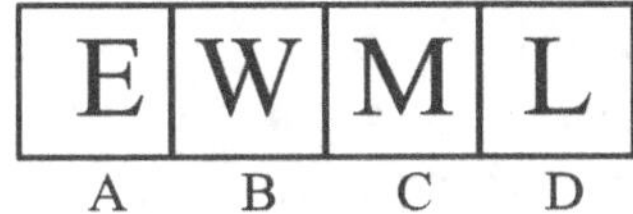

A B C D

(a) B (b) C
(c) D (d) A

58. निम्नलिखित श्रृंखला में अगला शब्द बताएं।
C B, FE, IH ....
(a) LK (b) KL
(c) LM (d) LN

59. ₹1330 को दो व्यक्तियों के मध्य 12 : 23 अनुपात में बांटा गया। कम राशि प्राप्त करने वाले व्यक्ति को ₹........ मिले ?
(a) 494 (b) 444
(c) 456 (d) 468

60. $\frac{3}{7}$ और इससे छोटी एक संख्या के बीच अंतर $\frac{1}{6}$ है। दूसरी संख्या है:
(a) $\frac{11}{42}$ (b) $\frac{5}{21}$
(c) $\frac{3}{14}$ (d) $\frac{2}{1}$

61. एल्युमीनियम ऑक्साइड का आण्विक सूत्र....... है।
(a) AlO_3 (b) Al_2O_3
(c) Al_3O_2 (d) AlO

62. जब हम ब्लैकबोर्ड पर किसी चॉक से लिखते हैं तो यह ऐसा किस बल के कारण कर पाते हैं?
(a) घर्षण बल (b) क्षेत्रीय बल
(c) पेशीय बल (d) संपर्क बल

63. खेलों इंडिया स्कूल गेम्स (KISG) का पहला उद्घाटन संस्करण 31 जनवरी से 8 फरवरी, 2018 को इंदिरा गांधी इंडोर स्टेडियम में आयोजित किया गया था। इसका उद्घाटन किसने किया?
(a) सचिन तेंदुलकर
(b) प्रधानमंत्री नरेंद्र मोदी
(c) राष्ट्रपति राम नाथ कोविंद
(d) राज्यवर्धन सिंह राठौर

64. निम्नलिखित हल करें
$\sqrt{(9+6\sqrt{2})(9-6\sqrt{2})} = ?$
(a) 2 (b) 4
(c) 3 (d) 1

65. यदि $2x^2 + 7x - 4 = 0$ के मूल α और β है, तो वह समीकरण कौन-सी होगी जिसके मूल α^2 और β^2 है:
(a) $4x^2 + 65x + 16 = 0$
(b) $4x^2 - 65x + 16 = 0$
(c) $4x^2 - 65x - 16 = 0$
(d) $4x^2 + 65x - 16 = 0$

66. दिए गए प्रश्न को पढ़ें और निर्णय लें कि निम्नलिखित में से कौन-सा कथन प्रश्न का उत्तर देने के लिए पर्याप्त है?
प्रश्न: N, R और S के बीच कतार के सबसे दूर अंत में कौन खड़ा है?
कथन:
1. S बीच में है और N कांउटर पर है।
2. S, N और R से बड़ा है।
(a) कथन 1 और 2 दोनों पर्याप्त हैं।
(b) कथन 1 और 2 दोनों अपर्याप्त हैं।
(c) केवल कथन 2 पर्याप्त है।
(d) केवल कथन 1 पर्याप्त है।

67. 06 : 06 : 06 पर घड़ी की घंटे तथा मिनट की सुई के बीच प्रतिवर्त कोण कितना होगा?
(a) 212.95° (b) 213.75°
(c) 213.65° (d) 213. 55°

68. एक (cuboid) घनाभ की कितनी भुजा (edges) होती है?
(a) 4 (b) 12
(c) 6 (d) 8

69. किसी इलेक्ट्रान की त्रिज्या इसके .... के व्युत्क्रमानुपाती होती है।
(a) वेग के वर्ग (b) घनत्व
(c) घनत्व के वर्ग (d) वेग

70. 112 और 84 का महत्तम समापवर्तक है:
(a) 42 (b) 28
(c) 14 (d) 21

71. किसी तत्व के .... के रासायनिक गुण समान लेकिन परमाणु द्रव्यमान अलग-अलग होते हैं।
(a) समभारिकों (b) अपरूपों
(c) समस्थानिकों (d) एकनामों

72. जर्मनी में किसी परमाणु का पहला संयत विखंडन .... में किया गया था।
(a) 1928 (b) 1938
(c) 1920 (d) 1925

73. पौधों में कौन-सी धातु पाई जाती है?
(a) Fe (b) Al
(c) Cr (d) Mg

74. ईश्वर चंद्र विद्यासागर ने ब्रिटिश सरकार से .... में विधवा पुनर्विवाह को वैध बनवाया था।
(a) 1856 (b) 1876
(c) 1855 (d) 1886

75. किसी समांतर चतुर्भुज की ऊँचाई उसके आधार का $\frac{1}{3}$ है। यदि समांतर चतुर्भुज का क्षेत्रफल 243 सेंटीमीटर^2 है तो उसकी ऊँचाई सेंटीमीटर में कितनी है?
(a) 6 (b) 7
(c) 9 (d) 8

76. एक ही द्रव्यमान की दो गेंदें अलग-अलग वेग से बढ़ रही हैं। खुद का रोकने के लिए कौन-सी गेंद को अधिक बल की आवश्यकता होगी?
(a) गेंद एक ही समय में खुद ही रुक जाएगी।
(b) कम वेग के साथ चलने वाली गेंद को अधिक बल की आवश्यकता होगी।
(c) चूँकि दोनों के समान द्रव्यमान है, इसलिए उन्हें समान बल की आवश्यकता होगी।
(d) अधिक वेग के साथ चलने वाली गेंद को अधिक बल की आरवश्यकता होगी।

77. 84 km/h की रफ्तार से चलने वाली एक व्यक्ति ड्राइविंग कर 1 मिनट पहले कार्यालय पहुंचती है जबकि 72 km/h की रफ्तार से ड्राइविंग कर वह 3 मिनट देर से पहुंचती है। वास्तव में उसने कितनी दूरी (किलोमीटर में) तय की है?
(a) 25. 85 (b) 33.6
(c) 30.8 (d) 36.4

78. कोशिकाओं की खोज सबसे पहले .... द्वारा की गई।
(a) श्लीडेन
(b) रोबर्ट ब्राउन
(c) विरशॉ
(d) रोबर्ट हुक

79. दिए गए कथन को पढ़ें और सही विकल्प का चयन करें।
कथन 1: पानी का PH मान 7 होता है, जिससे यह उदासीन हो जाता है।
कथन 2: सभी उदासीन पदार्थ नीले लिटमस को लाल रंग में बदल देते हैं।
(a) 1 सही और 2 गलत है।
(b) 1 और 2 दोनों गलत हैं।
(c) 1 गलत और 2 सही है।
(d) 1 और 2 दोनों सही है।

80. निम्नलिखित तालिका ओलंपिक में पिछले पांच वर्षों के दौरान देशों द्वारा जीते पदकों की संख्या दिखाती है। पांच साल में देश 'Z' द्वारा जीते गए पदकों की कुल संख्या क्या है?

देश	2012	2013	2014	2015	2016
X	2	3	4	2	7
Y	5	2	3	5	6
Z	12	2	1	5	13
T	6	1	9	2	7

(a) 31 (b) 33
(c) 32 (d) 30

81. एक गेंद 5 N का बल लगाने से एक सीधी रेखा में 10 m की दूरी तय करती है। यदि किया गया कार्य 50 J हो तो बल और गति की दिशा के बीच का कोण कितना होगा?
(a) 30° (b) 60°
(c) 0° (d) 90°

82. रानी रामपाल निम्नलिखित में से किस भारतीय खेल टीम की कप्तान है?
(a) हॉकी (b) फुटबॉल
(c) क्रिकेट (d) कबड्डी

83. कपू आरक्षण विधेयक किस राज्य से जुड़ा हुआ है?
(a) आंध्र प्रदेश (b) तमिलनाडु
(c) कर्नाटक (d) मणिपुर

84. नीचे दिए गए चित्र में कितने त्रिकोण मौजूद है?

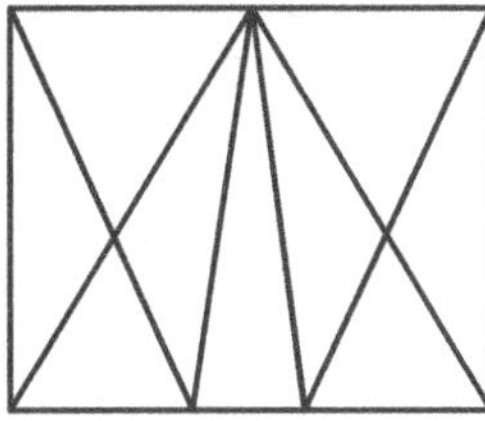

(a) 18 (b) 20
(c) 19 (d) 16

85. त्रिकोण की भुजाओं का अनुपात 4:5:6 है और परिधि 105 m है। सबसे बड़ी भुजा के विपरित बिंदु के उसी ओर लंबवत दूरी (मीटर में) कितनी है?
(a) $\frac{35\sqrt{7}}{11}$ (b) $\frac{35\sqrt{7}}{4}$
(c) $\frac{35\sqrt{7}}{6}$ (d) $\frac{35\sqrt{7}}{3}$

86. 80 km/h की रफ्तार से यात्रा करने वाली एक ट्रेन 9 सेकेंड में पोस्ट और 27 सेकेंड में प्लेटफॉर्म को पार करती है। प्लेटफार्म की लंबाई कितनी है?
(a) 480 m (b) 400 m
(c) 540 m (d) 500 m

87. दिए गए कथन पर विचार कर निर्णय लें कि कौन-से निष्कर्ष तार्किक रूप से इन कथनों का पालन करते हैं।
कथन: कुछ वेन कारें हैं। सभी कारें साइकिल हैं।
निष्कर्ष:
1. कुछ वेन साइकिलें हैं।
2. कोई कार वेन नहीं है।
(a) दोनों (1) और (2) अनुसरण करते हैं।
(b) केवल (2) अनुसरण करता है।
(c) या तो (1) और या (2) अनुसरण करता है।
(d) केवल (1) अनुसरण करता है।

88. यदि $\cos 3x = 4\cos^3 x - 3\cos x$ है, तो sec 135° =
(a) – cosec 45° (b) sec45°
(c) cosec 45° (d) – cos 45°

89. सुबह 03 : 03 बजे की घंटे की सुई और मिनट की सुई के बीच बनने वाला कोण (छोटा) क्या होगा?
(a) 86.725° (b) 73.50°
(c) 73.725° (d) 86.675°

90. आपको नीचे एक कथन और दो निष्कर्ष दिए गए हैं। इनमें पहचान करे कि कौन-सा (से) निष्कर्ष प्रश्न के उत्तर के लिए आवश्यक/पर्याप्त है/हैं।,
कथन : त्रिभुज ΔABC का क्षेत्रफल बताएं।

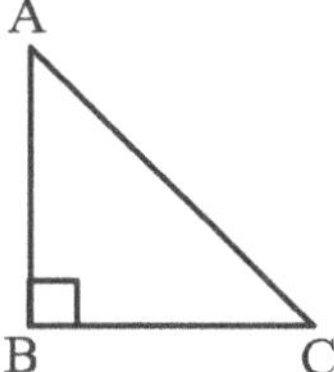

निष्कर्ष: 1. AC = 5 cm
2. AB = 4 cm
(a) या तो 1 या 2 पर्याप्त है।
(b) केवल 2 पर्याप्त है।
(c) केवल 1 पर्याप्त है।
(d) दोनों 1 एवं 2 आवश्यक हैं।

91. .... में सिकंदर महान से पराजित होने तक फारस ने उत्तरी भारत में प्रभुत्व बनाए रखा था।
(a) 327 ईसा पूर्व (b) 723 ईसा पूर्व
(c) 237 ईसा पूर्व (d) 732 ईसा पूर्व

92. विंध्या पूर्व दिशा की ओर चल रही थी। यदि संजय विंध्या की विपरीत दिशा में चल रहा था, तो संजय किस दिशा की ओर चल रहा था?
(a) उत्तर (b) दक्षिण
(c) पश्चिम (d) पूर्व

93. आपको एक प्रश्न और दो कथन दिए गए हैं। प्रश्न का उत्तर देने के लिए कौन-से कथन आवश्यक/पर्याप्त है, पहचानें।

प्रश्नः लतीका के पास 4 अलग-अलग रंगों की 5 साड़ी हैं। पता लगाएं कि उसके पास कितनी नीली साड़ी है?

कथनः

1. 2 लाल साड़ी है।
2. 2 कुछ शिफॉन है और कुछ कपास है।

(a) अकेले कथन 1 पर्याप्त है।
(b) अकेले कथन 2 पर्याप्त है।
(c) दोनों कथन 1 और 2 अपर्याप्त हैं।
(d) कथन 1 और 2 एक साथ आवश्यक है।

94. यदि वेग को तीन गुना कर दिया जाए तो:

(a) संवेग 4 गुना और गतिज ऊर्जा 2 गुना बढ़ जाएगी।
(b) संवेग 9 गुना और गतिज ऊर्जा 3 गुना बढ़ जाएगी।
(c) संवेग 3 गुना और गतिज ऊर्जा 6 गुना बढ़ जाएगी।
(d) संवेग 3 गुना और गतिज ऊर्जा 9 गुना बढ़ जाएगी।

95. नवंबर 2017 में भारत के लिए संयुक्त राष्ट्र पर्यावरण सद्भावना राजदूत के रूप में किसको नियुक्त किया गया था?

(a) ट्विंकल खन्ना (b) माधुरी दिक्षित
(c) दीया मिर्जा (d) शिल्पा शेट्टी

96. अगर $\sqrt{0.0361x} = 1.9$ फिर x = ?

(a) 1 (b) 100
(c) 10 (d) 1000

97. निम्नलिखित में से कौन कार्बन यौगिकों का एक क्रियात्मक समूह नहीं है?

(a) एल्कोहॉल (b) एल्डिहाइड
(c) कार्बोक्सिलिक अम्ल (d) कार्बोनिक अम्ल

98. हाल ही में एक लड़ाकू विमान उड़ाने वाली दूसरी महिला पायलट कौन है?

(a) मोहना सिंह (b) अंजलि गुप्ता
(c) भावना कंथ (d) अवनी चतुर्वेदी

99. निम्नलिखित में से किस भक्ति संत ने अद्वैत दर्शन का प्रचार किया?

(a) शंकराचार्य (b) रामानुज
(c) माधवाचार्य (d) त्यागराज

100. दिए गए आरेख में रिक्त स्थान को भरने के लिए आवश्यक रंगों की न्यूनतम संख्या क्या है जिसमें किसी भी दो आसन्न रिक्त स्थान एक ही रंग वाले नहीं होने चाहिए?

(a) 6 (b) 5
(c) 4 (d) 3

उत्तरमाला

1	(c)	11	(b)	21	(c)	31	(c)	41	(d)	51	(a)	61	(b)	71	(c)	81	(c)	91	(a)
2	(d)	12	(c)	22	(d)	32	(a)	42	(d)	52	(d)	62	(a)	72	(b)	82	(a)	92	(c)
3	(a)	13	(b)	23	(d)	33	(c)	43	(a)	53	(c)	63	(b)	73	(d)	83	(a)	93	(c)
4	(a)	14	(d)	24	(*)	34	(d)	44	(b)	54	(c)	64	(c)	74	(a)	84	(b)	94	(d)
5	(d)	15	(b)	25	(d)	35	(c)	45	(c)	55	(c)	65	(b)	75	(c)	85	(b)	95	(c)
6	(d)	16	(a)	26	(a)	36	(c)	46	(c)	56	(d)	66	(d)	76	(d)	86	(b)	96	(b)
7	(b)	17	(b)	27	(c)	37	(d)	47	(b)	57	(c)	67	(d)	77	(b)	87	(d)	97	(d)
8	(b)	18	(b)	28	(c)	38	(a)	48	(d)	58	(a)	68	(b)	78	(d)	88	(a)	98	(c)
9	(d)	19	(a)	29	(d)	39	(b)	49	(c)	59	(c)	69	(*)	79	(a)	89	(b)	99	(*)
10	(d)	20	(a)	30	(c)	40	(a)	50	(d)	60	(a)	70	(b)	80	(b)	90	(d)	100	(d)

संकेत एवं हल

1. (c) माना दोनों संख्याएं क्रमशः 5x और 4x हैं। दोनों संख्याओं में से 3 और 4 घटाने पर

$\frac{5x-3}{4x-4}=\frac{4}{3}$

$15x-9=16x-16$

$x=7$

$\therefore$ संख्याएं $5 \times 7 = 35$ तथा

$4 \times 7 = 28$ हैं,

$\therefore$ संख्याओं का योग $= 35 + 28 = 63$

4. (a)

राम → 24 कुल काम क्षमता 5

120

श्याम → 30 4

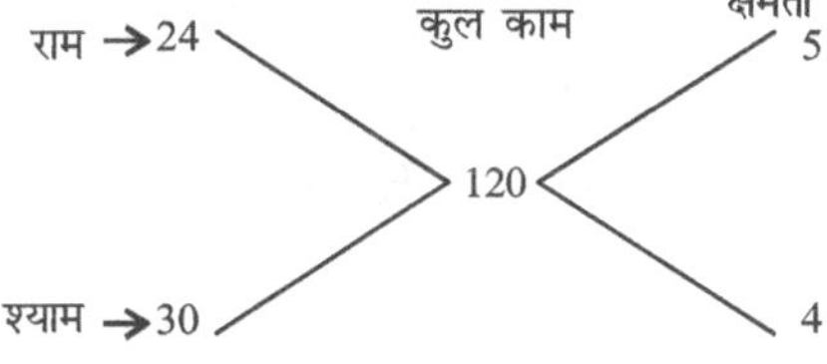

बचा काम $= 120 - 4 \times (5 + 4)$

$= 120 - 4 \times 9 = 120 - 36 = 84$

बचा काम % में $= \frac{84}{120} \times 100 = 70\%$

6. (d) परीक्षा में छात्र द्वारा प्राप्त अंक

$= 650 \times \frac{82}{100} = 533$

10. (d) $38 = 2 \times 19$

$57 = 3 \times 19$

$\therefore$ अभीष्ट लघुत्तम समापवर्तक $= 2 \times 3 \times 19 = 114$

20. (a) जिस प्रकार,

अंग्रेजी वर्णमाला के क्रम में स्थान

D	A	M
↓	↓	↓
04	01	1③
+1	+1	+1
=5	=2	4

उसी प्रकार,

P	O	U	R
↓	↓	↓	↓
1⑥	1⑤	2①	1⑧
+1	+1	+1	+1
=7	=6	=2	=9

$\therefore$ POUR को कोड भाषा में 7629 लिखा जायेगा।

23. (d) जिस प्रकार ईटों से मकान बनते हैं, उसी प्रकार प्रकोष्ठ से पत्ता बनता है।

25. (d) प्रश्नानुसार, $\frac{2}{3} + x = \frac{3}{4}$,

$x = \frac{3}{4} - \frac{2}{3} = \frac{9-8}{12} = \frac{1}{12}$

$\therefore$ भिन्न $= \frac{1}{12}$

27. (c) $1.5 + 1.505 + 1.055 + 1.5505 = 5.6105$

28. (c)

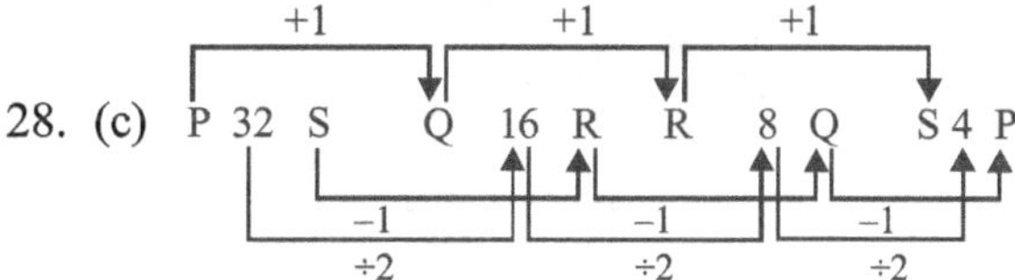

29. (d)

6×9+1 5×5+1 2×6+1 1×3+1

69 55 26 ? 4

13

32. (a) $\sec\theta + \tan\theta = x$

$(\sec\theta + \tan\theta)^2 = x^2$

$\sec^2\theta + \tan^2\theta + 2\sec\theta\tan\theta = x^2$

$\sec^2\theta + \sec^2\theta - 1 + 2\sec\theta\tan\theta = x^2$

$2\sec^2\theta + 2\sec\theta\tan\theta = 1 + x^2$

$\sec\theta(\sec\theta + \tan\theta) = \frac{1+x^2}{2}$

$\sec\theta\, x = \frac{1+x^2}{2}$

$\sec\theta = \frac{1+x^2}{2x}$

33. (c) जिस प्रकार मानव भोजन के लिये मुँह का प्रयोग करता है, उसी प्रकार पंछी भोजन के लिये चोंच का प्रयोग करते हैं।

42. (d) चित्रानुसार, Z, X का साला है।

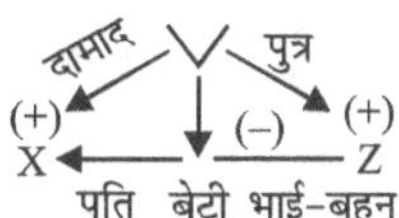

43. (a) जिस प्रकार

उसी प्रकार

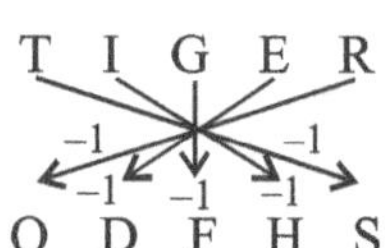

47. (b) 4 9 20 43 90 [185]

×2+1 ×2+2 ×2+3 ×2+4 ×2+5

48. (a) पहले दो घंटे में खाली किया गया भाग

$= \frac{1}{69} - \frac{1}{46} = -\frac{1}{138}$

∴ भरी हुई टंकी को खाली करने में लगा समय

$= 2 \times 138 = 276$ घंटे $= \frac{276}{24}$ दिन

= 11 दिन 12 घंटे

49. (c) त्रिकोण PQR त्रिकोण ABC के समान है।

यदि PQ त्रिकोण PQR और AB त्रिकोण की सबसे बड़ी भुजा है, तो-

$$\frac{ar(PQR)}{ar(ABC)} = \left(\frac{PQ}{AB}\right)^2$$

$$\frac{576}{324} = \frac{(72)^2}{AB^2}$$

$$\Rightarrow AB^2 = \frac{(72)^2 \times 324}{576}$$

$$AB = \frac{72 \times 18}{24} = 54$$

अत: त्रिकोण ABC की सबसे बड़ी भुजा 54 सेंटीमीटर लंबी है।

50. (d) दर $(r) = \frac{10}{2}\% = 5\%$

समय $(t) = 2$

$$A = P\left(1 + \frac{r}{100}\right)^t$$

$$11025 = P\left(1 + \frac{5}{100}\right)^2$$

$$11025 = P\left(\frac{21}{20}\right)^2$$

$$\Rightarrow P = \frac{11025 \times 20 \times 20}{21 \times 21}$$

$= 25 \times 20 \times 20 = 10,000$

अत: निवेशित राशि ₹10,000 है।

51. (a) प्रश्नानुसार,

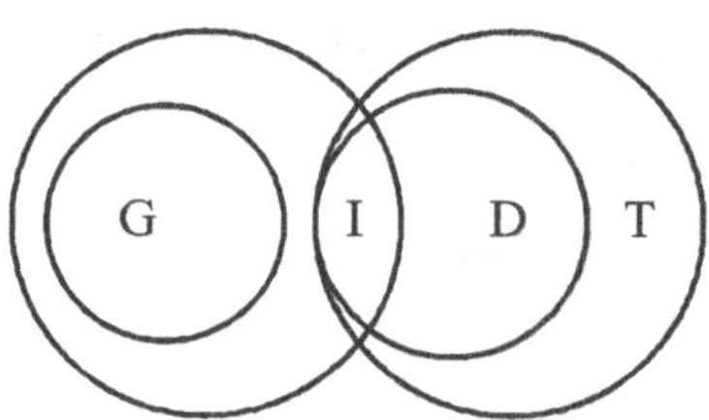

कम-से-कम कुछ T, I हैं तथा सभी T के G होने की संभावना है। इसलिये दोनों निष्कर्ष कथन का अनुसरण करते हैं।

54. (c) कथनानुसार,

राधा, सुधा और मूर्ति की आयु का अनुपात-

राधा	सुधा	मूर्ति
6x	2x	x

चूंकि वे तानों भाई-बहन हैं, इसलिये वे तीनों एक ही माता-पिता की संतानें होंगी तथा कथन से स्पष्ट है कि राधा तीनों में सबसे बड़ी है। इसलिये दोनों निष्कर्ष I और II कथन का पालन करते हैं।

55. (a) गुणनखंडों की संख्या $= (11 + 1)(5 + 1)(5 + 1)$

$= 12 \times 6 \times 6 = 432$

57. (c) आकृति D के अलावा सभी आकृतियों में चार रेखाएँ हैं।

58. (a) C B F E I H L K

–1 –1 –1 –1

59. (c) कम राशि प्राप्त करने वाला व्यक्ति

$= \frac{12}{12+23} \times 1330 = \frac{12}{35} \times 1330 =$ ₹456

60. (a) यदि दूसरी संख्या x है, तो-

$$\frac{3}{7} - x = \frac{1}{6}$$

$$\Rightarrow x = \frac{3}{7} - \frac{1}{6} = \frac{18-7}{42} = \frac{11}{42}$$

64. (c) $\sqrt{(9+6\sqrt{2})(9-6\sqrt{2})} = \sqrt{(9)^2 - (6\sqrt{2})^2}$

$= \sqrt{81-72} = \sqrt{9} = 3$

65. (b) $2x^2 + 7x - 4 = 0$ के मूल α और β हैं-

$\alpha + \beta = -\frac{7}{2}$ और $\alpha\beta = -\frac{4}{2} = -2$

$\therefore (\alpha + \beta)^2 = \alpha^2 + \beta^2 + 2\alpha\beta$

$\frac{49}{4} = \alpha^2 + \beta^2 - 4$

$\Rightarrow \alpha^2 + \beta^2 = \frac{49+16}{4} = \frac{65}{4} = -\frac{b}{a}$

और $\alpha^2\beta^2 = (\alpha\beta)^2 = 4 = 4 \times \frac{4}{4} = \frac{16}{4} = \frac{c}{a}$

अतः समीकरण जिसके मूल α^2 और β^2 हैं।

$4x^2 - 65x + 16 = 0$

67. (d) $06:06:06 = 6 + \frac{6}{60} + \frac{6}{3600}$ घंटे

$= \frac{3661}{600}$ घंटे

घंटे की सुई द्वारा 12 घंटे में बनाया गया कोण $= 360^\circ$

$\therefore \frac{3661}{600}$ घंटे में बनाया गया कोण

$= \frac{360}{12} \times \frac{3661}{600} = 183.05$

$06:06 = 6 + \frac{6}{60}$ मिनट $= \frac{61}{10}$ मिनट

मिनट की सुई द्वारा 60 मिनट में बनाया गया कोण $= 360^\circ$

$\therefore \frac{61}{10}$ मिनट में बनाया गया कोण

$= \frac{360}{60} \times \frac{61}{10} = 36.6^\circ$

इनके बीच का कोण $= 183.05° - 36.6°$

$= 146.45^\circ$

अतः प्रतिवर्त कोण $= 360 - 146.45 = 213.55^\circ$

70. (b) $112 = 2 \times 2 \times 2 \times 2 \times 7$

$84 = 2 \times 2 \times 3 \times 7$

महत्तम समापवर्तक $= 2 \times 2 \times 7 = 28$

75. (c)

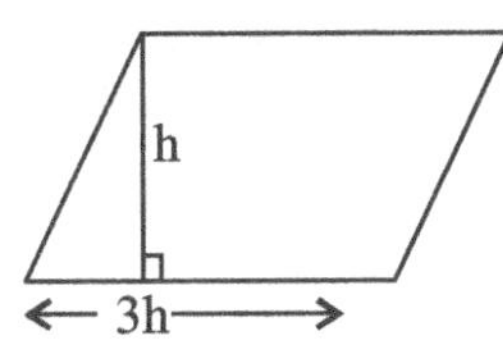

क्षेत्रफल = ऊंचाई × आधार

$243 = h \times 3h \Rightarrow h^2 = \frac{243}{3} = 81$

$h = 9$ सेंटीमीटर

77. (b) माना कि वास्तव में उसने D किलोमीटर की दूरी 5 km/h से तय की।

प्रश्नानुसार, $\frac{D}{S} - \frac{D}{84} = \frac{1}{60}$ ...(1)

$\frac{D}{72} - \frac{D}{S} = \frac{3}{60}$ ...(2)

(1) + (2)

$\frac{D}{72} - \frac{D}{84} = \frac{4}{60}$

$D\left[\frac{84-72}{84 \times 72}\right] = \frac{4}{60}$

$\Rightarrow D = \frac{4 \times 84 \times 72}{60 \times 12}$

$\therefore D = 33.6\text{km}$

80. (b) पाँच साल में देश 'Z' द्वारा जीते गए पदकों की कुल संख्या = 12+ 2 + 1 + 5 + 13 = 33

85. (b) प्रश्नानुसार, 4x + 5x + 6x = 105

15x = 105

$\Rightarrow x = 7$

अर्ध परिधि $= S = \frac{105}{2}$

क्षेत्रफल $= \sqrt{S(S-a)(S-b)(S-c)} = \frac{1}{2} \times 42 \times h$

$\sqrt{\frac{105}{2}\left(\frac{105}{2} - 42\right)\left(\frac{105}{2} - 28\right)\left(\frac{105}{2} - 35\right)}$

$= 21 \times h$

$\sqrt{\frac{105}{2} \times \frac{21}{2} \times \frac{49}{2} \times \frac{35}{2}} = 21 \times h$

$\frac{7 \times 21 \times 5 \times \sqrt{7}}{4} = 21 \times h$

$\Rightarrow h = \frac{35\sqrt{7}}{4}$

86. (b) ट्रेन पोस्ट को 9 सेकेंड में पार करती है।
अतः ट्रेन की लंबाई = रफ्तार × समय

$= 80 \times \frac{5}{18} \times 9 = \frac{200}{9} \times 9 = 200 \text{ m}$

ट्रेन प्लेटफार्म को 27 सेकेंड में पार करती है।
अतः ट्रेन की लंबाई + प्लेटफार्म की लंबाई = रफ्तार × समय

$200 + x = \frac{200}{9} \times 27$

$200 + x = 200 \times 3$

$\Rightarrow x = 600 - 200 = 400$

∴ प्लेटफार्म की लंबाई 400 m है।

87. (d)

वेन कार साइकिल

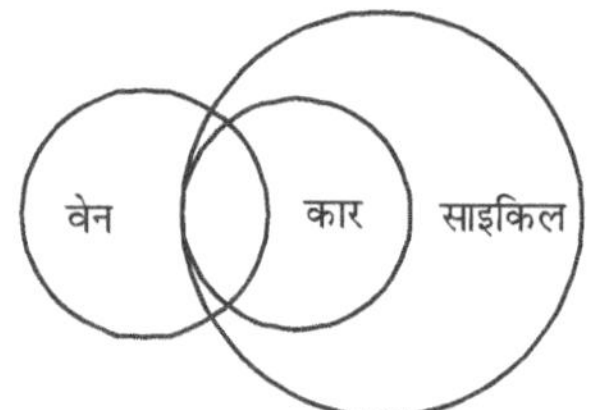

अतः केवल (1) अनुसरण करता है।

88. (a) माना $x = 45°$

$\cos 3x = 4\cos^3 x - 3\cos x$

$\therefore \cos 135° = 4\cos^3(45°) - 3\cos 45°$

$= 4\left(\frac{1}{\sqrt{2}}\right)^3 - 3\left(\frac{1}{\sqrt{2}}\right)$

$= \frac{4}{2\sqrt{2}} - \frac{3}{\sqrt{2}} = -\frac{1}{\sqrt{2}}$

$\Rightarrow \sec 135° = -\sqrt{2} = -\operatorname{cosec} 45°$

89. (b) $03:03 = 3\frac{3}{60}$ घंटे $= \frac{61}{20}$ घंटे

∵ घंटे की सुई 12 घंटे में कोण बनाती है = 360°

∴ घंटे की सुई $\frac{61}{20}$ घंटे में कोण बनाती है

$= \frac{360}{12} \times \frac{61}{20} = 91.5°$

∵ मिनट की सुई 60 मिनट में कोण बनाती है = 360°

∴ मिनट की सुई 3 मिनट में कोण बनाती है

$= \frac{360}{60} \times 3 = 18°$

इनके बीच का कोण = 91.5 – 18 = 73.5°

90. (d) 1) AC = 5 cm
2) AB = 4 cm

$\therefore BC = \sqrt{(AC)^2 - (AB)^2} = \sqrt{25 - 16} = 3$

त्रिभुज ABC का क्षेत्रफल $= \frac{1}{2} \times 3 \times 4 = 6 \text{ cm}^2$

अतः दोनों 1 एवं 2 आवश्यक हैं।

92. (c)

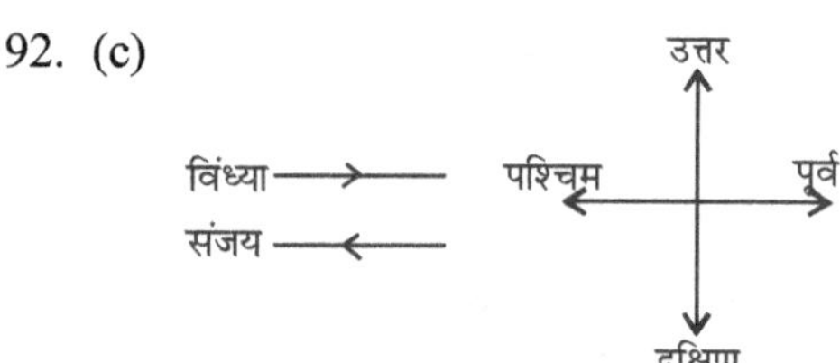

अतः संजय पश्चिम दिशा की ओर चल रहा है।

96. (b) $\sqrt{0.0361x} = 1.9$

$0.0361x = 1.9 \times 1.9$

$x = \frac{1.9 \times 1.9}{0.0361} = \frac{3.61}{0.0361}$

$\Rightarrow x = 100$

RRB ग्रुप D 2018 सॉल्वड पेपर-19

दिनांक : 25 सितंबर 2018

1. संपीडनों का निर्माण उस स्थान पर होता है जहाँ वायु दाब है:

   (a) शून्य (b) उच्च
   (c) कम (d) अनंत

2. यदि किसी को एक परीक्षा उत्तीर्ण करने के लिए 34% अंक प्राप्त करने की आवश्यकता है, तो 45 में से उत्तीर्णांक होंगे:

   (a) 14.7 (b) 14.9
   (c) 15.6 (d) 15.3

3. जस्टिस .... मणिपुर उच्च न्यायालय की पहली महिला मुख्य न्यायाधीश बनी।

   (a) इंदु मल्होत्रा (b) रंजना प्रकाश
   (c) अभिलाषा कुमारी (d) देसाई रूमा पाल

4. यदि किसी तत्व के नाभिक में 12 प्रोटॉन हैं, तो यह समूह .... से संबंधित होता है।

   (a) 2 (b) 6
   (c) 8 (d) 4

5. निम्नलिखित में से कौन-सा समूह से संबंधित नहीं है?

   A. कंबल B. तकिया
   C. मच्छर D. गद्दा

   (a) D (b) A
   (c) C (d) B

6. 2018 में इंडिया-आसियान कॉमेमोरेटिव समिट कहाँ हुयी?

   (a) कोलंबो (b) काठमांडू
   (c) नई दिल्ली (d) मुंबई

7. यदि TAILOR को 019258 के रूप में लिखा जाता है, तो CUT के लिए कोड क्या है?

   (a) 321 (b) 310
   (c) 301 (d) 320

8. पाइप A और B टैंक को एक साथ 2.4 घंटों में भर सकते हैं। पाइप A की तुलना में पाइप B को टैंक भरने में 2 घंटे अधिक लगते हैं, यदि वे अकेले काम कर रहे हों। एक और पाइप C टैंक को 5 घंटे में खाली कर सकता है। यदि पाइप A और C काम कर रहे हैं तो टैंक को भरने के लिए कितने घंटे की आवश्यकता होगी?

   (a) 13 (b) 16.4
   (c) 9.4 (d) 20

9. निम्नलिखित तालिका में एक कंपनी की तीन क्षेत्रों में 5 वर्ष की बिक्री का विवरण दिया गया है। आंकड़े लाख रुपये में हैं।

	क्षेत्र 1	क्षेत्र 2	क्षेत्र 3
वर्ष 1	20	10	10
वर्ष 2	40	20	25
वर्ष 3	40	40	20
वर्ष 4	30	30	40
वर्ष 5	20	10	35

   वर्ष 1 से वर्ष 5 की बिक्री में कितने प्रतिशत का अंतर है?

   (a) 60.5 (b) 61.5
   (c) 59 (d) 62.5

10. एक लड़का 4 kg के स्कूल बैग को 30 s तक पकड़ता है, उसके द्वारा किए गए कार्य की मात्रा जूल में .... होगी।

   (a) 39.2 (b) 40
   (c) 4 (d) शून्य

11. निम्नलिखित में से कौन-सा समुद्रीय बंदरगाह कच्छ की खाड़ी में है?

   (a) कांडला (b) वेरावल
   (c) दाहेज (d) जाफ़राबाद

12. नीचे दी गई आकृति में कितने त्रिभुज हैं?

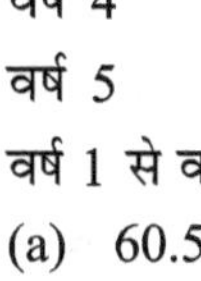

   (a) 14 (b) 17
   (c) 20 (d) 13

13. मीकू एक दूध की दुकान चलाती है। यहाँ उसके व्यय का विवरण दिया गया है। वह आय का 80% खरीद पर, 20% दुकान के किराये और बिजली बिल पर खर्च करती

है। प्रति माह वह ₹13,000 किराये और बिजली बिल पर खर्च करती है। खरीद पर उसका व्यय कितना है?

(a) ₹52,000 (b) ₹40,000
(c) ₹20,000 (d) ₹50,000

14. $\frac{3}{4}, \frac{6}{7}, \frac{9}{14}$ और $\frac{12}{25}$ का म. स. ज्ञात कीजिए।

(a) $\frac{6}{175}$ (b) $\frac{3}{140}$
(c) $\frac{3}{700}$ (d) $\frac{3}{100}$

15. नीचे के कथन और उसके बाद दिए गए निष्कर्षों पर विचार करें।

कथन को सत्य माने और दोनों निष्कर्षों पर विचार करते हुए निर्णय लें कि कौन-सा निष्कर्ष सामान्य संदेह से परे तार्किक रूप से कथन की सूचना का अनुपालन करता है।

कथन:

कढ़ाई के लिए बहुत धैर्य की आवश्यकता होती है।

निष्कर्ष:

I. कढ़ाई उनके लिए एक शौक है, जिन्हें अधिक अवकाश प्राप्त होता है।

II. जटिलता एक सौंदर्य भावना पैदा करती है।

(a) केवल निष्कर्ष I कथन के अनुरूप सही है।
(b) दोनों निष्कर्ष कथनों के अनुरूप सही हैं।
(c) ना तो I और ना ही II कथन के अनुरूप सही है।
(d) केवल निष्कर्ष II कथन के अनुरूप सही है।

16. शशांक एक व्यावसायिक कंपनी चलाता है जिसमें वह अपनी आय का 20% कंपनी चलाने के लिए परिवर्तित लागत पर व्यय करता है। नीचे दी गई तालिका में कंपनी के पांच वर्षों की आय का विवरण दिया गया है।

वर्ष	वार्षिक आय (लाखों ₹ में)
2012	12.5
2013	13
2014	13
2015	12.5
2016	14

परिवर्तित लागत पर शशांक अपनी फार्म का प्रबंधन करने के लिए प्रतिवर्ष औसतन कितना खर्च करता है?

(a) ₹2 लाख (b) ₹2.6 लाख
(c) ₹3 लाख (d) ₹2.5 लाख

17. धोनी ने स्टीमर द्वारा 120 km, रेलगाड़ी द्वारा 450 km और घोड़े पर 60km की यात्रा तय की। अपनी यात्रा पूरी करने में उसे 13 घंटे 30 मिनट लग गए। यदि रेलगाड़ी की चाल (km/hr में) घोड़े से 3 गुना और स्टीमर से 1.5 गुना है, तो रेलगाड़ी की चाल है:

(a) 20 km/hr (b) 40 km/hr
(c) 70 km/hr (d) 60 km/hr

18. एक महल निजी संग्रहालय का प्रबंधन करता है। नीचे दी गई तालिका इसमें एक सप्ताह के आगंतुकों की सूची दर्शाता है।

दिन	**आगंतुकों की संख्या**
सोमवार	30
मंगलवार	35
बुधवार	40
गुरुवार	35
शुक्रवार	40
शनिवार	55
रविवार	45

एक सप्ताह के औसत आगंतुकों की संख्या कितनी है?

(a) 40 (b) 50
(c) 43 (d) 34

19. भारत का अपना पहला आधुनिक जलमार्ग विकसित करने में सहायता के लिए विश्व बैंक द्वारा कितनी ऋण राशि स्वीकृत की गयी थी?

(a) \$ 575 मिलियन
(b) \$ 475 मिलियन
(c) \$ 375 मिलियन
(d) \$ 275 मिलियन

20. एक शंकु की सतह का क्षेत्रफल $144\pi\, cm^2$ है जबकि उसकी तिरछी ऊँचाई 13 cm है। इस शंकु को एक ठोस गोले का रूप दिया गया। गोले की त्रिज्या होगी:

(a) $8\sqrt[3]{15}$ cm
(b) $2\sqrt[3]{36}$ cm
(c) 5 cm
(d) $\sqrt[3]{180}$ cm

21. M शेल में अधिकतम कितने इलेक्ट्रॉनों को समायोजित किया जा सकता है?

(a) 8 (b) 32
(c) 2 (d) 18

22. निम्नलिखित में से कौन-सी विकल्प आकृति प्रश्न आकृति से निकटतम समानता दर्शाती है?

प्रश्न आकृति :

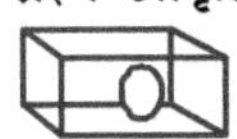

उत्तर आकृतियाँ :

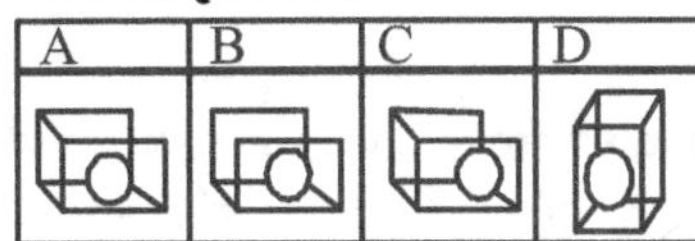

(a) A (b) D
(c) B (d) C

23. भारतीय रिजर्व बैंक (RBI) ने 30 जून 2018 के वर्षांत के लिए केंद्र सरकार को कितना लाभांश देने का फैसला किया है?
(a) ₹50,000 करोड़ (b) ₹25,000 करोड़
(c) ₹10,000 करोड़ (d) ₹5,000 करोड़

24. ओलंपिक 2020 के लिए शुभंकर का नाम क्या है?
(a) मिराइतोवा (b) सोहोरंग
(c) वेन्लोक (d) विनिसियस

25. किसी रॉकेट का प्रक्षेपण न्यूटन के किस नियम पर आधारित होता है?
(a) गति का प्रथम नियम
(b) गति का तृतीय नियम
(c) गति का प्रथम और द्वितीय नियम
(d) गति का द्वितीय नियम

26. सुमति, लता और गीता को अपने बेटे की चाची की जुड़वां बेटियों के रूप में परिचय कराती है। लड़कियां सुमति की .... हैं।
(a) भतीजी (b) भतीजे
(c) दोस्त (d) चचेरी बहनें

27. आधुनिक आवर्त सारणी में परमाणु संख्या 58 से 71 वाले तत्वों को कहा जाता है:
(a) अक्रिय गैसें (b) लैंथोनोइड्स
(c) एक्टिनाइड्स (d) हैलोजन

28. $-\frac{1}{5}\{-44-(-96)\div(-6)\}=?$
(a) – 10.5 (b) – 12
(c) 10.5 (d) 12

29. यदि किसी ईंट के $\frac{3}{5}$ भाग का वजन $\frac{9}{10}$ kg. है, तो उस ईंट के $\frac{8}{15}$ भाग का वजन होगा:
(a) $\frac{20}{21}$ kg (b) $\frac{16}{45}$ kg
(c) $\frac{5}{6}$ kg (d) $\frac{4}{5}$ kg

30. 4 वर्षों के लिए 7.25% के प्रतिवर्ष के साधारण ब्याज की दर से किसी धनराशि का निवेश किया गया था। यदि इसी राशि को 6 वर्षों के लिए निवेश किया गया है, तो अर्जित ब्याज की राशि ₹435 अधिक होती। शुरूआत में कितनी धनराशि का निवेश किया गया था?
(a) ₹3500 (b) ₹3250
(c) ₹3000 (d) ₹3750

31. अगर LIMP को 1291316 लिखा गया है, तो DINNER का कोड होगा:
(a) 491313518 (b) 491515518
(c) 491414518 (d) 491415518

32. कॉपर ऑक्साइड (CuO) और कार्बन मोनोक्साइड (CO) अभिक्रिया में अपचयन अभिकारक है:
(a) Cu (b) CuO
(c) CO_2 (d) CO

33. घनत्व निम्नलिखित में से किसका अनुपात है?
(a) आयतन / द्रव्यमान
(b) द्रव्यमान × आयतन
(c) द्रव्यमान / आयतन
(d) द्रव्यमान + आयतन

34. फरवरी 2017 में .... को पश्चिम बंगाल का 21वां जिला घोषित किया गया।
(a) बीरभूम (b) हावड़ा
(c) कालिम्पोंग (d) नादिया

35. निम्नलिखित में से किस उपनिषद में 'वसुधैवकुटुम्बकम' शब्द का उल्लेख किया गया है?
(a) छांदोग्य उपनिषद
(b) बृहदारण्यका उपनिषद
(c) महा उपनिषद
(d) कठोपनिषद

36. संगमरमर चिप्स पर तनु हाइड्रोक्लोरिक एसिड की क्या क्रिया होती है?
(a) $CaCO_3 + 2HCl \rightarrow CaCl_2 + H_2CO_3$
(b) $CaCO_3 + 2HCl \rightarrow CaCl_2 + H_2O + Cl + O_2$
(c) $CaCO_3 + 2HCl \rightarrow CaCl_2 + H_2 + CO_3$
(d) $CaCO_3 + 2HCl \rightarrow CaCl_2 + H_2O + CO_2$

37. RISE का क्षैतिज दर्पण प्रतिबिम्ब निम्नलिखित में से कौन-सा है?

RISE	ƎSIЯ	ꓤISE	ƎSIꓤ
A	B	C	D

(a) A (b) D
(c) B (d) C

38. बंदूक से 12 g की गोली दागी जाती है। गोली को बैरल से बाहर निकलने में 0.06 s लगते हैं तथा उसकी गति 600 m/s है। बंदूक द्वारा गोली पर आरोपित बल कितना होगा?
(a) 1000 N (b) 360 N
(c) 1200 N (d) 900 N

39. 2017 में, राष्ट्रीय क्रिकेट अकादमी (NCA) के नए चीफ ऑपरेटिंग ऑफिसर (COO) के रूप में प्रभारी पद किसने संभाला था?
(a) तूफान घोष (b) कपिल देव
(c) दिलीप सरदेसाई (d) सबा करीम

40. 1958 में कार्लोवी फिल्म महोत्सव में किस मूवी के लिए नरगिस को सर्वश्रेष्ठ अभिनेत्री का पुरस्कार दिया गया?
(a) मदर इंडिया (b) चोरी चोरी
(c) दीदार (d) आवारा

41. यदि "+" को "–" माना जाये और "×" को "÷" माना जाये तो ((75 + 60) × 5) × 10 का मान क्या होगा?
(a) 0 (b) 0. 3
(c) 3 (d) – 0. 3

42. निम्नलिखित में से कौन-सी विकल्प आकृति प्रश्न आकृति से निकटतम समानता दर्शाती है?

प्रश्न आकृति :

उत्तर आकृतियाँ :

A	B	C	D

(a) C (b) B
(c) A (d) D

43. ऊर्जा के वे स्रोत जो प्रकृति में बहुत लंबे समय तक जमा हुए हैं और जिनके खत्म हो जाने पर उन्हें जल्दी से बदला नहीं जा सकता है:
(a) ऊर्जा के गैर नवीकरणीय स्रोत
(b) ऊर्जा के अच्छे स्रोत
(c) ऊर्जा का नवीकरणीय स्रोत
(d) सौर ऊर्जा

44. 9 cm भुजा वाली वर्गाकार प्लेट के प्रत्येक कोने पर से 2.25 cm^2 के वर्ग काटे जाते हैं और शेष प्लेट को घनाभ (cuboid) बनाने के लिए, कट के साथ मोड़ दिया जाता है। तो ऊपर से खुले घनाभ का आयतन .... cm^3 होगा।
(a) 57 (b) 60
(c) 48 (d) 54

45. 112, 168 और 196 का म. स. है:
(a) 7 (b) 28
(c) 14 (d) 4

46. निम्नलिखित में से किसने वर्ष 2017 में भारतीय क्रिकेट टीम के प्रमुख कोच के पद से इस्तीफा दे दिया था?
(a) कपिल देव (b) राहुल द्रविड़
(c) अनिल कुंबले (d) रवि शास्त्री

47. अंकलेश्वर, एक प्रसिद्ध पेट्रोलियम स्थल है, जो .... राज्य में स्थित है।
(a) गुजरात (b) भोपाल
(c) बिहार (d) उत्तरप्रदेश

48. सबसे उचित विकल्प चुनें।
संवेग में .... होता है।
(a) परिमाण
(b) दिशा
(c) कोई दिशा नहीं
(d) परिमाण और दिशा

49. बॉलीवुड की किस हस्ती ने यू. के. में 2018 के 'राजनीतिक और सार्वजनिक जीवन पुरस्कार' में आजीवन उपलब्धि पुरस्कार जीता है?
(a) शत्रुघ्न सिन्हा (b) सलमान खान
(c) शाहरूख खान (d) दिलीप कुमार

50. निम्नलिखित वर्गों में से किस वर्ग के प्राणी गर्म रक्त वाले होते हैं?
(a) पक्षी (b) मीन
(c) उभयचर (d) सरीसृप

51. विद्युतीय विगलन निम्नलिखित में से किस पर आधारित होता है?
    (a) धारा के शीतलन प्रभाव
    (b) धारा के चुंबकीय प्रभाव
    (c) विद्युत चुंबकीय प्रेरण
    (d) धारा के उष्मीय प्रभाव

52. यदि 24-कैरेट सोना 100% शुद्ध सोना है, तो 22 कैरेट सोने में शुद्ध सोने का प्रतिशत है:
    (a) $\frac{200}{3}$ (b) $\frac{150}{3}$
    (c) $\frac{275}{3}$ (d) $\frac{200}{4}$

53. किसी गोलाकार दर्पण की फोकस दूरी .... होती है।
    (a) इसकी वक्रता त्रिज्या की तिगुनी
    (b) इसकी वक्रता त्रिज्या के समान
    (c) इसकी वक्रता त्रिज्या की दोगुनी
    (d) इसकी वक्रता त्रिज्या की आधी

54. $-30 \div (96 \div 4^2 \times 8 \div 16) \times 7 - 2 = ?$
    (a) –2 (b) –50
    (c) –72 (d) –68

55. जब सोडियम बाइकार्बोनेट को pH पेपर की पट्टी पर रखा जाता है तो पट्टी का रंग ....।
    (a) नीला हो जाता है
    (b) हरा हो जाता है
    (c) पीला हो जाता है
    (d) परिवर्तित नहीं होता है

56. A, B और C के पास 2 : 5 : 7 के अनुपात में रुपये हैं। यदि B के पास A से ₹90 अधिक है, तो C के पास कितने रुपए हैं?
    (a) ₹126 (b) ₹210
    (c) ₹630 (d) ₹315

57. नीचे दी गई संख्या श्रृंखला को पूरा करें।
    10, 19, 18, 27 ....
    (a) 26 (b) 37
    (c) 35 (d) 36

58. प्रश्न आकृति में दिए गए आकारों से कौन-सी उत्तर आकृति बनती है?

प्रश्न आकृति:

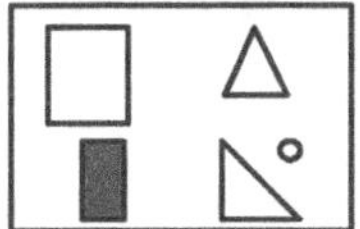

उत्तर आकृति:

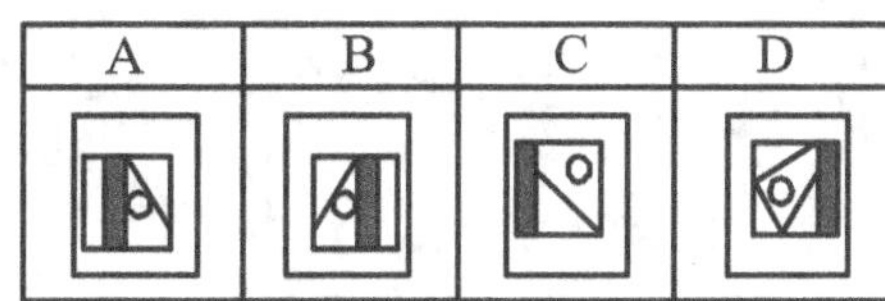

(a) B (b) C
(c) A (d) D

59. तीन संख्याओं का माध्य 16 है, आंकड़ों का परास 12 है। सबसे बड़ी संख्या और बीच की संख्या के बीच का अंतर, बीच की संख्या और सबसे छोटी संख्या के बीच के अंतर का तीन गुना है। तीनों संख्याओं में से सबसे बड़ी संख्या क्या है?
    (a) 23 (b) 21
    (c) 24 (d) 22

60. प्रजातियों में .... जीवित रहने का लाभ प्रदान कर सकता है अथवा केवल आनुवांशिक क्रम में योगदान प्रदान कर सकता है।
    (a) परिवर्तन (b) उर्वरीकरण
    (c) प्रजातीकरण (d) परागण

61. किसी गर्म भट्टी से उत्सर्जित विकिरण होता है:
    (a) पराबैंगनी (b) X-किरणें
    (c) माइक्रोवेव (d) अवरक्त

62. नीचे दर्शायी गई चित्रों की श्रृंखला में '?' के स्थान पर कौन-सा विकल्प उपयुक्त होगा?

प्रश्न आकृति :

©©	☺©©	®®	?

उत्तर आकृति :

A	B	C	D
®☺	☺®®	©®	®®☺

(a) A (b) C
(c) D (d) B

63. अजंता के चित्र क्या चित्रित करते हैं?
    (a) महाभारत (b) रासलीला
    (c) राष्ट्रकूट कहानियां (d) जातक कथाएं

64. कौन-सा विकल्प चित्र प्रश्न चित्र के साथ निकटतम समानता रखता है?

प्रश्न चित्र:

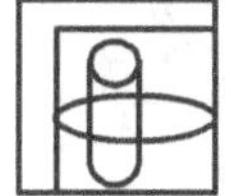

विकल्प चित्रः

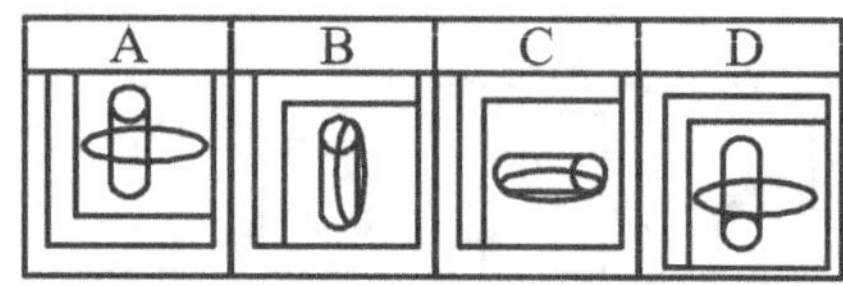

(a) D (b) C
(c) B (d) A

65. पाचन के दौरान, पित्त की भूमिका .... होती है।
(a) वसा का उत्सर्जन
(b) वसा का पायसीकरण
(c) वसा का पाचन
(d) वसा का अवशोषण

66. ब्रिटिश पार्लियामेंट हाउस में निम्न में से किसे ग्लोबल डाइवर्सिटी अवार्ड-2017 से नवाजा गया?
(a) आमिर खान (b) रणबीर कपूर
(c) सलमान खान (d) अक्षय कुमार

67. भ्रूण अपना पोषण माता के रक्त से, एक विशेष ऊतक द्वारा लेता है, जिसे कहते हैं ....
(a) गर्भाशय (b) गर्भाशय ग्रीवा
(c) अंडाशय (d) नाल

68. 2018 में, किस भारतीय राज्य की सरकार ने पर्यटन उद्योग को बढ़ाने के लिए दक्षिण कोरिया के साथ समझौता ज्ञापन पर हस्ताक्षर किए हैं?
(a) उत्तर प्रदेश (b) राजस्थान
(c) केरल (d) उत्तराखंड

69. कथन पर विचार करते हुए तय करें की दी गयी कौन-सी अवधारणा कथन में निहित हैं?

कथनः

बच्चों को पाठ याद कराने के लिए गीत श्रेष्ठ माध्यम हैं।

अवधारणाः

I. गीत बच्चों को पसंद होते हैं और वे गीत सुनकर खुश होते हैं।
II. गीत बच्चों की याददाशत को बढ़ाते हैं।
(a) केवल अवधारणा I अंतर्निहित है।
(b) केवल अवधारणा II अंतर्निहित है।
(c) कोई भी अवधारणा अंतर्निहित नहीं है।
(d) दोनों अवधारणायें अंतर्निहित हैं।

70. .... चार कोष्ठीय हृदय युक्त गर्म रक्त वाले प्राणी हैं।
(a) उभयचर (b) मछली
(c) स्तनधारी (d) सरीसृप

71. एक वृत्त का व्यास AD और चाप AB है। यदि AD = 34 cm और AB = 30 cm है, तो वृत्त के केंद्र से AB की दूरी कितनी है?
(a) 15 cm (b) 4 cm
(c) 17 cm (d) 8 cm

72. इस श्रृंखला का अगला पद क्या है?
3G3R, 6F6S, 12E12T, ?
(a) 24A24U (b) 24D24U
(c) 24B24U (d) 24C24U

73. नीचे दी गई संख्या श्रृंखला में अगली संख्या क्या होगी?
310, 260, 210, ...
(a) 200 (b) 170
(c) 160 (d) 190

74. प्रौद्योगिकी क्षेत्र भारत में महिला रोजगार का .... सबसे बड़ा नियोक्ता क्षेत्र है।
(a) तीसरा (b) पहला
(c) चौथा (d) दूसरा

75. $240 \div 8 \times 512 \div 4 + \frac{1}{2}$ का $\{1800 \div (11 \times 24 \div 8 \times 3 - 69)^2\}$
उपरोक्त को हल कीजिए।
(a) 3841 (b) 3672
(c) 2846 (d) 2480

76. टीना और लीला एक पार्क में सैर शुरू करती हैं जिसका प्रवेश पूर्व दिशा की ओर है। प्रवेश करने के बाद, लीला दायीं ओर मुड़कर चलना शुरू करती है, फिर दो बार और दायीं ओर मुड़ती है। प्रवेश करने के बाद टीना सीधे चलती है और बायीं ओर मुड़ती है। अब वे दोनों किस दिशा की ओर चल रही हैं?
(a) दक्षिण (b) पश्चिम
(c) पूर्व (d) उत्तर

77. निम्नलिखित में से विषम का पता लगायें।

A	B	C	D
12L	2B	5E	15P

(a) B (b) C
(c) D (d) A

78. इस प्रश्न में एक कथन और उसके बाद I और II के रूप में अंकित दो तर्क दिए हैं। आपको निर्णय लेना है कि कौन-सा तर्क कथन के संदर्भ में सशक्त है?

कथन:

क्या वायु प्रदूषण कें बारे में लोगों को शिक्षित करने के लिए स्थानीय सरकारी निकायों द्वारा जागरुकता कार्यक्रम आयोजित किए जाने चाहिए?

तर्क:

I. हां, उन्हें लोगों को अधिक पेड़ लगाने और हरित क्षेत्र को बढ़ाने के लिए संगठित किया जाना चाहिए।

II. हां, प्रत्येक महीने बेचे जाने वाले वाहनों की संख्या पर नियंत्रण होना चाहिए।

(a) सिर्फ तर्क II ही सशक्त है।
(b) I और II दोनों ही तर्क सशक्त हैं।
(c) सिर्फ तर्क I ही सशक्त है।
(d) ना तो I और ना ही II सशक्त है।

79. एक कार्य को 25 दिनों में पूरा करने में 15 पुरुष और 6 महिलाएं या 9 पुरुष और 8 महिलाओं की आवश्यकता होती है। यदि उस कार्य को 15 दिनों में पूरा करना हो और पुरुषों की संख्या 19 हो, तो कितनी महिलाओं की आवश्यकता होगी?

(a) 10 (b) 14
(c) 12 (d) 13

80. लीमय 4 दिनों में एक बार सब्जियां खरीदता है। अगर वह गुरुवार को सब्जियां खरीदता है, तो वह अगले हफ्ते सब्जियां कब खरीदेगा?

(a) बुधवार, रविवार
(b) रविवार, शनिवार
(c) सोमवार, शुक्रवार
(d) मंगलवार, शनिवार

81. यदि समीकरण $x^2 - 6x + q = 0$ के मूलों के अंतर का वर्ग 24 है, तो q का मान ज्ञात कीजिए।

(a) 4 (b) –7
(c) 3 (d) 8

82. 121 को पहली .... विषम संख्याओं के योग के रूप में दर्शाया जा सकता है।

(a) 5 (b) 7
(c) 11 (d) 9

83. निम्नलिखित में से कौन-सी धातु शीतल जल के साथ उग्र रूप से अभिक्रिया करती है?

(a) सोडियम (b) लोहा
(c) जस्ता (d) एल्युमीनियम

84. दीपा कर्माकर किस खेल से संबंधित हैं?

(a) जिम्नास्टिक (b) हॉकी
(c) स्वीमिंग (d) बैडमिंटन

85. हैरी, यहूदी से पन्द्रह वर्ष छोटा है। आज से तेरह वर्ष बाद यहूदी की उम्र हैरी की वर्तमान उम्र की दोगुनी होगी। हैरी की वर्तमान उम्र क्या है?

(a) 4 वर्ष (b) 3 वर्ष
(c) 1 वर्ष (d) 2 वर्ष

86. 10 : 14 pm पर घंटे की सूई और मिनट की सूई द्वारा निर्मित कोण होगा:

(a) 140° (b) 144°
(c) 137° (d) 147°

87. असंतृप्त कार्बन यौगिक अत्यधिक काले धुएँ के साथ . ... ज्वाला प्रदान करते हुए ऑक्सीजन में जलते हैं।

(a) पीली (b) नीली
(c) लाल (d) कत्थई

88. अजीत और भद्री एक काम को ₹56 में करने के लिए सहमत होते हैं। अजीत अकेला कार्य को 7 दिनों में पूरा कर सकता है जबकि भद्री इसे 8 दिनों में पूरा कर सकता है। यदि वे अरूण की सहायता से काम को 3 दिनों में समाप्त कर सकते हैं, तो अरूण को .... मिलेंगे।

(a) ₹20 (b) ₹15
(c) ₹11 (d) ₹25

89. पार्श्वनाथ जो एक क्षत्रिय और बनारस के राजा अश्वसेन का पुत्र था, वह .... जैन तीर्थकर बना।

(a) द्वितीय (b) प्रथम
(c) चौबीसवाँ (d) तेईसवाँ

90. पूनम 28 km की दूरी तय करती है और पाती है कि उसकी यात्रा का $\frac{5}{7}$ भाग अभी भी तय किया जाना बाकी है। उसकी यात्रा की कुल दूरी कितनी है?

(a) 98 km (b) 92 km
(c) 97 km (d) 96 km

91. अगर MINT को 3940 लिखा गया है, तो TALE का कोड होगा:

(a) 0126 (b) 0226
(c) 0125 (d) 0225

92. कौन–सा वेन आरेख दिए गए वर्गों के बीच संबंध को दर्शाते हैं?

A. तीखा B. मिठाई

C. टॉफी

(a) 

(b) 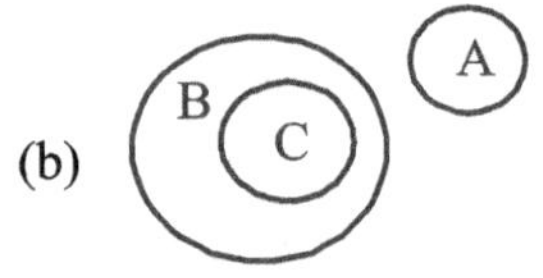

(c) 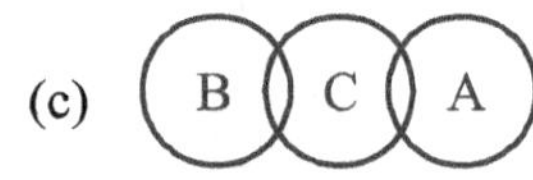

(d) 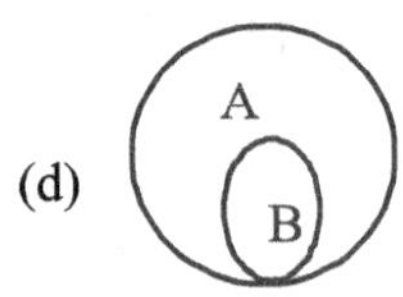

93. यदि समीकरणों $6x - 11y + 11 = 0$ और $15x + ky - 9 = 0$ का कोई हल संभव नहीं है, तो k का मान होगा:

(a) –22 (b) 27.5

(c) –27.5 (d) 22

94. यदि FROCK को एक कोड के रूप में 61815311 लिखा जाता है, तो LIKE के लिए कोड क्या होगा?

(a) 129125 (b) 129116

(c) 129115 (d) 129117

95. दिए गए एक कथन के बाद दो तर्क दिए गए हैं। यह तय करें कि कौन–सा तर्क कथन के संबंध में सशक्त है।

कथन:

बच्चों को घर पर पालतू जानवरों को रखने के लिए प्रोत्साहित किया जाना चाहिए।

तर्क:

I. हां, पालतू पशु घर के लोगों के साथ घुल–मिल जाते हैं, और बच्चे साझा करना और देखभाल करना सीखते हैं।

II. नहीं, घर पर पालतू जानवरों को रखना सभी के लिए व्यवहार्य नहीं है, क्योंकि उन्हें बहुत देखभाल करने की आवश्यकता होती है।

(a) न तो तर्क I और न ही II सही हैं।

(b) केवल तर्क II सही है।

(c) केवल तर्क I सही है।

(d) I और II दोनों तर्क सही हैं।

96. यदि समीकरण $x^2 - 2x + 1 = 0$ की मूल α और β हैं तो वह समीकरण कौन–सा है, जिसके मूल α^2 और β^2 होंगे?

(a) $x^2 + 2x - 1 = 0$ (b) $x^2 - 2x - 1 = 0$

(c) $x^2 + 2x + 1 = 0$ (d) $x^2 - 2x + 1 = 0$

97. गतिज ऊर्जा को व्यक्त किया जाता है।

(a) $\frac{1}{2}mv^2$ द्वारा (b) Mgh द्वारा

(c) $\frac{1}{2}mv^{-2}$ द्वारा (d) $\frac{1}{2}mv$ द्वारा

98. चाकू कट से संबंधित है उसी तरह से चाबी किससे संबंधित है?

(a) धातु से (b) टूल से

(c) दरवाजे से (d) ओपन से

99. भारत के प्रधानमंत्री द्वारा स्वतंत्रता दिवस पर हर साल भारत का ध्वज कहाँ फहराया जाता है?

(a) लाल किला

(b) रायसिना रोड

(c) कुतुब मीनार

(d) इंडिया गेट

100. एक वस्तु 4 s में 15 m दूरी तय करती है और अगले चरण में 2 s में 15 m दूरी तय करती है। वस्तु की औसत गति क्या होगी?

(a) 5.0 m (b) $5.0\ s^{-1}$

(c) $5.0\ ms^{-1}$ (d) $6.0\ ms^{-1}$

उत्तरमाला

1	(b)	11	(a)	21	(d)	31	(c)	41	(b)	51	(d)	61	(d)	71	(d)	81	(c)	91	(c)
2	(d)	12	(c)	22	(b)	32	(d)	42	(a)	52	(c)	62	(d)	72	(b)	82	(c)	92	(b)
3	(c)	13	(a)	23	(a)	33	(c)	43	(a)	53	(d)	63	(d)	73	(c)	83	(a)	93	(c)
4	(a)	14	(c)	24	(a)	34	(c)	44	(d)	54	(c)	64	(d)	74	(d)	84	(a)	94	(c)
5	(c)	15	(d)	25	(b)	35	(c)	45	(b)	55	(d)	65	(b)	75	(a)	85	(d)	95	(c)
6	(c)	16	(b)	26	(a)	36	(d)	46	(c)	56	(b)	66	(c)	76	(a)	86	(c)	96	(d)
7	(b)	17	(d)	27	(b)	37	(d)	47	(a)	57	(a)	67	(d)	77	(c)	87	(a)	97	(a)
8	(d)	18	(a)	28	(d)	38	(c)	48	(d)	58	(*)	68	(a)	78	(b)	88	(c)	98	(d)
9	(d)	19	(c)	29	(d)	39	(a)	49	(a)	59	(a)	69	(d)	79	(c)	89	(d)	99	(a)
10	(d)	20	(*)	30	(c)	40	(a)	50	(a)	60	(a)	70	(c)	80	(c)	90	(a)	100	(c)

संकेत एवं हल

2. (d) 45 में से उत्तीर्णांक = $\frac{45 \times 34}{100} = 15.3$

5. (c) मच्छर

7. (b)

T A I L O R C U T

↓ ↓ ↓ ↓ ↓ ↓ ↓ ↓ ↓

20 1 9 12 15 18 3 21 20

8. (d) माना पाइप A टैंक को x घंटे में भरता है।

तब पाइप B उसी टैंक को $x+2$ घंटे में भरता है।

$$\frac{(x)(x+2)}{x+x+2} = 2.4 = \frac{24}{10} = \frac{12}{5}$$

$$\frac{x^2+2x}{2x+2} = \frac{12}{5}$$

$5x^2 + 10x = 24x + 24$

$5x^2 - 14x - 24 = 0$

$x = 4, -1.2$

-1.2 अमान्य है।

A द्वारा टैंक को भरने में लिया गया समय

= 4 घंटे

C द्वारा टैंक को खाली करने में लिया गया समय

= 5 घंटे

A तथा C दोनों के द्वारा टैंक को भरने में लिया गया समय = $\frac{4 \times 5}{5-4}$ = 20 घंटे

9. (d) वर्ष 1 में बिक्री = $20 + 10 + 10 = 40$

वर्ष 5 में बिक्री = $20 + 10 + 35 = 65$

% अंतर = $\frac{65-40}{40} \times 100$

$= \frac{25}{40} \times 100 = 62.5\%$

13. (a) माना कुल व्यय = ₹ x

किराये और बिजली बिल पर खर्च

$= \frac{x \times 20}{100} = 13{,}000$

कुल व्यय $x = 65{,}000$

खरीद पर व्यय = $\frac{65{,}000 \times 80}{100}$ = ₹ 52,000

14. (c) $\left(\frac{3}{4}, \frac{6}{7}, \frac{9}{14}, \frac{12}{25}\right)$ का म.स.

$= \frac{(3, 6, 9, 12) \text{ का म. स.}}{(4, 7, 14, 25) \text{ का ल. स.}} = \frac{3}{700}$

16. (b) फर्म का औसत आय

$= \frac{12.5 + 13 + 13 + 12.5 + 14}{5} = 13$

प्रबंधन पर खर्च = $\frac{13 \times 20}{100}$ = ₹ 2.6 लाख

17. (d) रेलगाड़ी : घोड़ा : स्टीमर

चाल ⇒ 3 : 1 : 2

$$\text{समय} = \frac{\text{दूरी}}{\text{चाल}}$$

$$13.5 = \frac{450}{3x} + \frac{60}{x} + \frac{120}{2x}$$

$$13.5 = \frac{150}{3x} + \frac{60}{x} + \frac{60}{x}$$

$$13.5 = \frac{270}{x}$$

$$x = 20$$

रेलगाड़ी की चाल = $3x = 3 \times 20 = 60$ km/hr

18. (a) एक सप्ताह के औसत आगंतुकों की संख्या

$$= \frac{30 + 35 + 40 + 35 + 40 + 55 + 45}{7}$$

$$= \frac{280}{7} = 40$$

20. (*) शंकु का क्षे० $= \pi r\ell + \pi r^2 = 144\pi$

$$13r + r^2 = 144$$

$$r^2 + 13r - 144 = 0$$

$r = 7.14$ r

$$h = \sqrt{\ell^2 - r^2} = \sqrt{13^2 - (7.197)^2} = 10.86$$

शंकु का आयतन = गोले का आयतन

$$\frac{1}{3}\pi r^2 h = \frac{4}{3}\pi R^3$$

$$R^3 = \frac{r^2 h}{4}$$

$$R^3 = \frac{(7.147)^2 \times 10.86}{4}$$

R = 8.216 cm.

26. (a)

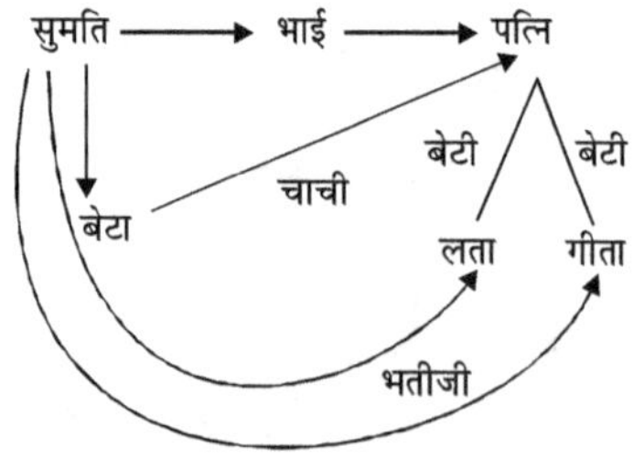

सुमति ⟶ भाई ⟶ पत्नि

सुमति ↓ बेटा; बेटा — चाची — पत्नि; पत्नि — बेटी — लता, पत्नि — बेटी — गीता; सुमति — भतीजी → लता, गीता

28. (d)

$$-\frac{1}{5}\{-44 - (-96) \div (-6)\}$$

$$= -\frac{1}{5}\{-44 - 16)\} = -\frac{1}{5}(-60) = 12$$

29. (d) माना ईंट का वजन $= x$

$$x \cdot \frac{3}{5} = \frac{9}{10} \Rightarrow x = \frac{3}{2}$$

तब, $\frac{3}{2} \times \frac{8}{15} = \frac{4}{5}$

30. (c)

$$SI = \frac{P \times R \times T}{100}$$

$$435 = \frac{P \times 7.25 \times (6-4)}{100}$$

$$P = \frac{435 \times 100}{2 \times 7.25}$$

P = ₹ 3000

31. (c)

L	I	M	P		D	I	N	N	E	R
↓	↓	↓	↓		↓	↓	↓	↓	↓	↓
12	9	13	16		4	9	14	14	5	18

41. (b) + ⟷ –, × ⟷ ÷

$((75 + 60) \times 5 \times 10)$

$= ((75 - 60) \div 5) \div 10$

$= (15 \div 5) \div 10 = 3 \div 10 = 0.3$

45. (b) $112 = 2 \times 2 \times 2 \times 2 \times 7$

$168 = 2 \times 2 \times 2 \times 3 \times 7$

$196 = 2 \times 2 \times 7 \times 7$

म०स० $= 2 \times 2 \times 7 = 28$

52. (c) 22 केरेट सोने की शुद्धता %

$$= \frac{100}{24} \times 22 = \frac{275}{3}$$

54. (c) $-30 \div (96 \div 4^2 \times 8 \div 16) \times 7 - 2$

$$= -30 \div \left(\frac{96}{16} \times \frac{8}{16}\right) \times 7 - 2$$

$$= -30 \div 3 \times 7 - 2 = -\frac{30 \times 7}{3} - 2$$

$$= -70 - 2 = -72$$

56. (b) A : B : C

2 : 5 : 7

$(5x - 2x) = 90$

$3x = 90 \Rightarrow x = 30$

C के पास $7x = 7 \times 30 =$ ₹ 210

57. (a) 10 19 18 27 26

(10 → 18: +8; 19 → 27: +8; 18 → 26: +8)

59. (a) माना संख्याएं A, B और C हैं

$$\frac{A+B+C}{3}=16$$

$A+B+C=48$ ...(1)

$C-A=12$ ...(2)

$C-B=3(B-A)$

$C-B=3B-3A$

$3A+C=4B$

$$B=\frac{3A+C}{4}$$

$$A+\frac{3A+C}{4}+C=48$$

$4A+3A+C+4C=192$

$7A+5C=192$ ...(3)

$C-A=12$ ...(2)

$7C-7A=84$

समी० (2) + समी० (3)

$12C=276$

$C=23$ सबसे बड़ी संख्या

71. (d) $AD=34$ cm

$AB=30$ cm

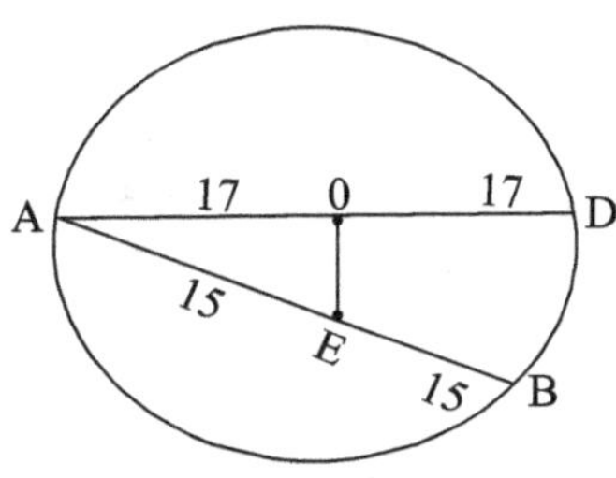

$$OE=\sqrt{OA^2-AE^2}=\sqrt{17^2-15^2}$$

$$=\sqrt{289-225}=\sqrt{64}=8\text{ cm}$$

वृत्त के केंद्र से AB की दूरी = 8 cm.

72. (b)

3	G	3	R
×2↓	−1↓	×2↓	+1↓
6	F	6	S
×2↓	−1↓	×2↓	+1↓
12	E	12	T
×2↓	−1↓	×2↓	+1↓
24	D	24	U

73. (c) 310 → 260 → 210 → 160

−50, −50, −50

75. (a) $240\div8\times512\div4+$

$$\frac{1}{2}\text{ of }\{1800\div(11\times24\div8\times3-69\}^2$$

$$=\frac{240}{8}\times\frac{512}{4}+\frac{1}{2}\times\left\{1800\div\left(\frac{11\times24}{8}\times3-69\right)^2\right\}$$

$$=3840+\frac{1}{2}\left\{1800\div(99-69)^2\right\}$$

$$=3840+\frac{1}{2}\left\{\frac{1800}{900}\right\}=3840+1=3841$$

76. (a)

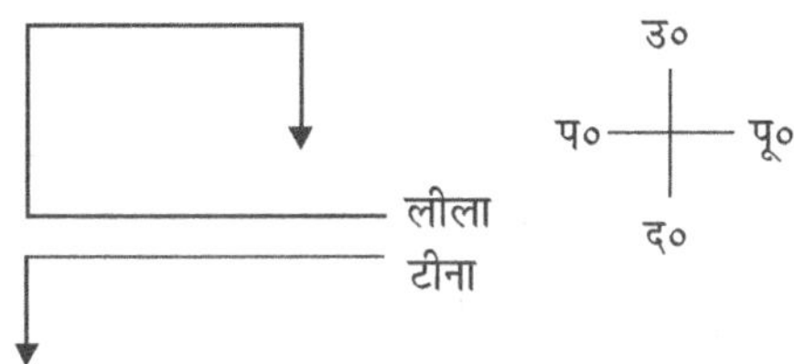

दोनों दक्षिण दिशा की ओर चल रही हैं।

77. (c)

L	B	E	P	
↓	↓	↓	↓	
12	2	5	16	→ 15
			X	

अंग्रेजी वर्णमाला का अंकीय क्रमांक

79. (c) $P_1T_1=P_2T_2$

$(15M+6F)\times25=(9M+8F)\times25$

$15M-9M=8F-6F$

$6M=2F$

$\Rightarrow\ 3M=1F$

$$1M=\frac{1}{3}F$$

उसी काम को 15 दिनों में पूरा करने के लिए माना x महिलाओं की आवश्यकता पड़ती है।

$(15M+6F)\times25=(19M+xF)\times15$

$(15M+6F)\times5=(19M+xF)\times3$

$$\left(15\left(\frac{1}{3}\right)F+6F\right)\times5=\left(19\times\frac{1}{3}F+xF\right)\times3$$

$$11\times5=\left(\frac{19}{3}+x\right)3$$

$55=19+3x$

$x = \frac{36}{3} = 12$

12 महिलाओं की आवश्यकता होगी

80. (c) गुरुवार + 4 दिन = सोमवार
सोमवार + 4 दिन = शुक्रवार
लीमय सोमवार और शुक्रवार को सब्जियां खरीदता है।

81. (c) $x^2 - 6x + q = 0$
मूलों का योग $= \alpha + \beta = 6$
मूलों का गुणनफल $= \alpha\beta = q$
$(\alpha - \beta)^2 = (\alpha + \beta)^2 - 4\alpha\beta$
$24 = 6^2 - 4q$
$24 = 36 - 4q$
$q = \frac{12}{4} = 3$

82. (c) पहली 11 विषम संख्याओं का योग
$1 + 3 + 5 + 7 + 9 + 11 + 13 + 15 + 17 + 19 + 21 = 121$

85. (d) हैरी = यहूदी − 15
2 (हैरी + 13) = (यहूदी + 13)
2 (हैरी + 13) = (हैरी + 15 + 13)
2 हैरी + 26 = हैरी + 28
हैरी = 2 वर्ष

86. (c) 10 : 14

मिनट $= \left[\left(5 \times \text{घंटा} - \left(\frac{\text{कोण}}{6}\right)\right)\right] \times \frac{12}{11}$

$\frac{11 \times 14}{12} = \left[5 \times 10 - \left(\frac{\text{कोण}}{6}\right)\right]$

$\frac{\text{कोण}}{6} = 50 - \frac{11 \times 14}{12}$

कोण $= \left(50 - \frac{11 \times 14}{12}\right) \times 6 = 223$

कोण $= 360 - 223 = 137°$

88. (c)

	क्षमता		रुपये
अजीत →	7		24
भद्री →	8	168	21
→	3		56

अजीत + भद्री + अरुण

अरुण की क्षमता या अरुण को दिया गया हिस्सा
= 56 − (24 + 21) = 56 − 45 = ₹11

90. (a) माना कुल दूरी = x किमी

तय की गयी दूरी $= \left(1 - \frac{5}{7}\right)x = \frac{2}{7}x$

$\frac{2}{7}x = 28$

$x = \frac{28 \times 7}{2} = 98$ किमी

91. (c)

M	I	N	T		T	A	L	E
↓	↓	↓	↓		↓	↓	↓	↓
1[3]	[9]	1[4]	2[0]		2[0]	[1]	1[2]	[5]

93. (c) समीकरण

$6x - 11y + 11 = 0$ ...(i)

$15x - ky - 9 = 0$ ...(ii)

कोई हल संभव नहीं होने की शर्त

$\frac{6}{15} = \frac{-11}{k} \neq \frac{11}{-9}$

$k = \frac{15 \times (-11)}{6} = -27.5$

94. (c)

F	R	O	C	K		L	I	K	E
↓	↓	↓	↓	↓		↓	↓	↓	↓
6	18	15	3	11		12	9	11	5

96. (d) $x^2 - 2x + 1 = 0$ यदि $ax^2 + bx + c = 0$

तब, $\alpha + \beta = \frac{-b}{a} = \frac{-(-2)}{1} = 2$

$\alpha\beta = \frac{c}{a} = \frac{1}{1} = 1$

$(\alpha - \beta)^2 = (\alpha + \beta)^2 - 4\alpha \times \beta$
$= 2^2 - 4 \times 1 = 4 - 4 = 0$

$\alpha - \beta = 0 \Rightarrow \alpha = \beta$

यदि, $\alpha + \beta = 2$
$\alpha = \beta = 1$
$\alpha^2 + \beta^2 = 2$

और, $\alpha^2\beta^2 = 1$

समीकरण, $x^2 - (\alpha^2 + \beta^2)x + (\alpha^2\beta^2)$
$= x^2 - 2x + 1$

100. (c) औसत गति $= \frac{\text{कुल दूरी}}{\text{कुल समय}}$

$= \frac{15 + 15}{4 + 2} = \frac{30}{6} = 5 \text{ ms}^{-1}$

RRB ग्रुप D 2018 सॉल्वड पेपर-20

दिनांक : 14 दिसंबर 2018

1. नीचे दी गई आकृतियों में से निम्नांकित आकृति के सही जल-प्रतिबिंब का चयन करें।
   FAMILY
   (a) ꟻ∀WIΓ⅄ (b) Ⅎ∀WIꓶ⅄
   (c) ꟻ∀MIΓ⅄ (d) ꟻ∀WIΓ⅄
2. .... ने तर्क दिया था कि सभी ग्रह सूर्य के कक्ष में हैं, न कि पृथ्वी की, उस समय की मान्यता के विपरीत था।
   (a) ग्रेगोर मेंडेल
   (b) गैलीलियो गैलिली
   (c) आइजैक न्यूटन
   (d) जोहान वोल्फगैंग डॉबेराइनर
3. 195 और 273 का म.स. क्या होगा?
   (a) 65 (b) 3
   (c) 13 (d) 39
4. उस विकल्प का चयन करें जो तीसरे पद से उसी प्रकार संबंधित है, जैसे दूसरा पद पहले से संबंधित है।
   बंदूक : शस्त्रागार :: अन्न : ?
   (a) चिड़ियाघर (b) मछली
   (c) चिड़ियाँ (d) अन्नागार
5. सतपुरा रेंज में माउंट धूपगढ़ सबसे ऊंची चोटी है, जो .... में स्थित है।
   (a) मध्य प्रदेश (b) महाराष्ट्र
   (c) गुजरात (d) छत्तीसगढ़
6. तीव तत्व A, B और C डॉबेराइनर का त्रिक बनाते हैं यदि तत्व A का परमाणु द्रव्यमान 7 और तत्व C का परमाणु द्रव्यमान 39 है, तो तत्व B का परमाणु द्रव्यमान क्या होगा?
   (a) 46 (b) 23
   (c) 32 (d) 22
7. दिए गए कथन पर विचार करें और निर्णय लें कि दिए गए पूर्वधारणा में से कौन-सा कथन अंतर्निहित है?
   कथनः टेलीविजन सही ढंग से इडियट (मूर्ख) बॉक्स कहा जाता है
   पूर्वधारणाः
   I. जो लोग टेलीविजन देखते हैं वे मूर्ख हैं।
   II. जो लोग टेलीविजन नहीं देखते हैं वे बुद्धिमान हैं।
   (a) केवल पूर्वधारणा II अंतर्निहित है।
   (b) केवल पूर्वधारणा I अंतर्निहित है।
   (c) दोनों पूर्वधारणाएं अंतनिर्हित हैं।
   (d) कोई भी पूर्वधारणा अंतर्निहित नहीं है।
8. उस संख्या का चयन करें, जिसका तीसरी संख्या से उसी प्रकार संबंध है, जैसा कि दूसरे नंबर का पहले नंबर से है।
   53 : 59 :: 61 : ___
   (a) 67 (b) 66
   (c) 62 (d) 58
9. 2017 की फिल्म 'पिंक' में मुख्य अभिनेता की भूमिका किसने निभाई?
   (a) अनुपम खेर (b) अभिषेक बच्चन
   (c) अमिताभ बच्चन (d) अक्षय कुमार
10. निम्न कथन पर विचार करें, और यह बताएं कि कौन-सा पूर्वानुमान कथन में अंतर्निहित है?
    कथनः अक्सर पिज्जा खाने से व्यक्ति का स्वास्थ्य प्रभावित होता है।
    पूर्वानुमानः
    I. अधिकांशतः पिज्जा में बहुत से संतृप्त वसा और लवण होते हैं, जो विभिन्न स्वास्थ्य समस्याओं का कारण बनते हैं।
    II. काफी हद तक, पिज्जा के अतिरक्षण से रक्त कोलेस्ट्रॉल के स्तर में तेज वृद्धि होती है।
    (a) केवल I अंतर्निहित है।
    (b) केवल II अंतर्निहित है।
    (c) I और दोनों II अंतर्निहित हैं।
    (d) न तो I और न ही II अंतर्निहित हैं।
11. 25°C पर एक रिक्त बर्तन में ईथेन और हाइड्रोजन के समान द्रव्यमान को मिलाया जाता है। हाइड्रोजन द्वारा जोर लगाए गए कुल दबाव का अंश क्या है?
    (a) 1: 2 (b) 15 : 16
    (c) 1 : 1 (d) 1 : 16
12. एल.के. आडवाणी, निम्नलिखित में से किस क्षेत्र में उनके योगदान हेतु लोकप्रिय हैं?
    (a) संगीत
    (b) खेलकूद

(c) राजनीति
(d) सामाजिक सक्रियतावाद

13. 18 m ऊंचे एक प्लेटफॉर्म के शीर्ष से टावर का उन्नयन कोण 30^0 है। यदि टावर की ऊँचाई 78m हैं, तो प्लेटफार्म से टावर की दूरी कितनी है?

(a) 60 m (b) $20\sqrt{3}$ m
(c) $60\sqrt{3}$ m (d) $70\sqrt{3}$ m

14. उस विकल्प की पहचान करें जो तीसरी आकृति से उसी प्रकार संबंधित है, जिस प्रकार दूसरी आकृति पहली आकृति से संबंधित है।

प्रश्न आकृतिः

उत्तर आकृतिः

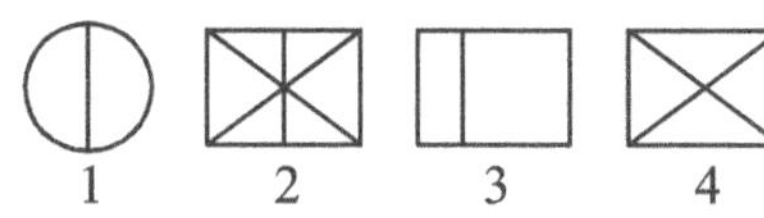

(a) 4 (b) 1
(c) 3 (d) 2

15. उत्तर प्रदेश में ...... कांच की चूड़ियों के काम के लिए प्रसिद्ध है।

(a) मुरादाबाद (b) फिरोजाबाद
(c) शिकोहाबाद (d) गाजियाबाद

16. नीचे दिए गये आरेखों के आधार पर निम्नलिखित प्रश्न का उत्तर दें:

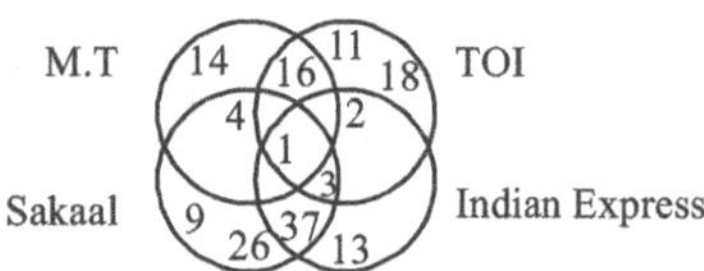

संख्याएं ग्राहकों की संख्या को दर्शाती हैं और वृत्त एक समाचार-पत्र को दर्शाते हैं।

प्रश्नः

कितने लोग केवल सकाल अखबार खरीदते हैं?

(a) 76 (b) 80
(c) 35 (d) 72

17. नेल्सन मंडेला की जीवनी का शीर्षक क्या है?

(a) मदीबा
(b) मंडेला
(c) माय लोन वाक टू फ्रीडम
(d) लॉन्ग वाक टू फ्रीडम

18. नीचे वेन आरेख 100 कॉलेज के छात्रों के एक समूह द्वारा बताई गई खेल प्राथमिकताओं को दर्शाता है। ये छात्र नीचे दिए गए तीन में से एक खेल खेलते हैं और उनमें से 5 सभी तीन खेल खेलते हैं। ये तीन खेल हैं: फुटबॉल (A) टेनिस (B) और क्रिकेट (C)। आरेख के आधार पर कितने छात्र केवल टेनिस और फुटबॉल खेलना पसंद करते हैं।

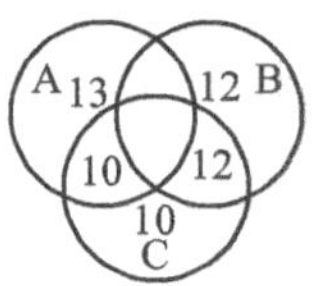

(a) 35 (b) 37
(c) 34 (d) 38

19. एक काल्पनिक भाषा में अंक 0,1,2,3,4,5,6,7,8 और 9 को a, b, c, d, e, f, g, h, i और j प्रतिस्थापित किया जाता है।

$(hi \div e) + (ad - f) \times g$ का मान है।

(a) 28 (b) –16
(c) 14 (d) –5

20. एक कार के मूल्य का वार्षिक मूल्यह्रास 10% है। 4 वर्ष बाद कार के मूल्य में कितने प्रतिशत की गिरावट आ जाएगी?

(a) 38.24 (b) 32.56
(c) 34.39 (d) 40.12

21. उत्तर आकृतियों का कौन-सा पैटर्न दिए गए पैटर्न से बहुत मिलता-जुलता है?

उत्तर आकृतिः

A	B	C	D

(a) A (b) D
(c) C (d) B

22. 1452058 में दो 5 के स्थानीय मानों का अंतर क्या है?

(a) 0 (b) 51950
(c) 49950 (d) 49050

23. भारतीय अंतरिक्ष अनुसंधान संगठन (इसरो) ने अमरनाथ तीर्थस्थल के मार्ग में तीर्थयात्रियों को सेवा प्रदान करने के लिए 12,700 फीट की ऊंचाई पर एक टेलीमेडिसिन केन्द्र स्थापित करने के लिए किस राज्य सरकार के साथ हाथ मिलाया है।
(a) हिमाचल प्रदेश (b) सिक्किम
(c) जम्मू व कश्मीर (d) उत्तराखंड

24. सिलिकॉन हाइड्रोजन के साथ वह यौगिक बनता है जिसमें .... परमाणुओं की शृंखला होती है।
(a) 6 या 7 (b) 7 या 8
(c) 8 या 9 (d) 5 या 6

25. सकीरा और ब्रियान क्रमश: Y और X की ओर बिंदु X और Y से रवाना होते हैं और एक ही रूट में यात्रा करते हैं। रास्ते में एक-दूसरे से मिलने के बाद सकीरा को अपने गंतव्य तक पहुंचने के लिए 7.5 घंटे लगते हैं जबकि ब्रियान को अपने गंतव्य तक पहुंचने के लिए 2.7 घंटे लगते हैं। वे अपनी यात्रा शुरू करने के कितने घंटे बाद मिले?
(a) 4.5 (b) 5.25
(c) 4.8 (d) 6

26. एक वस्तु का भार 98 N है। पृथ्वी पर इसका द्रव्यमान कितना होगा? (दिया गया है $g = 9.38\ ms^{-2}$)
(a) 98 kg (b) 100 kg
(c) 10 N (d) 10 kg

27. 15 परीक्षणों में सुवीर द्वारा प्राप्त अंक 29 है। रूचिरा अब तक औसत 27 बनाई हुई है, लेकिन अब तक केवल 11 टेस्ट दिए हैं। सुवीर के प्रदर्शन से मेल खाने के लिए रूचिरा को शेष चार टेस्ट में औसतन कितना स्कोर करना पड़ता है?
(a) 35 (b) 36
(c) 34.5 (d) 35.5

28. यदि 'दक्षिण-पूर्व' को 'पूर्व' कहा जाता है, 'उत्तर-पश्चिम' को 'पश्चिम' कहा जाता है, 'दक्षिण-पश्चिम' को 'दक्षिण' कहा जाता है। इसी तरह, 'उत्तर' को क्या कहा जाएगा?
(a) दक्षिण-पश्चिम (b) उत्तर
(c) दक्षिण (d) उत्तर-पश्चिम

29. मौर्य काल के साहित्यिक स्रोतों में इंडिका और .... शामिल हैं।
(a) अर्थशास्त्र (b) सिक्के
(c) स्तंभ शिलालेख (d) चट्टानी शिलालेख

30. त्वरण का प्रतिरोध करने की पिंड की प्रवृत्ति को .... कहा जाता है।
(a) जड़त्व (b) बल
(c) ऊर्जा (d) संवेग

31. .... द्वारा प्रजनन के लिए अधिक विविधता की अनुमति दी जाती है।
(a) वनस्पति प्रचार (b) उत्तक संवर्धन
(c) यौन प्रजनन (d) अलैंगिक प्रजनन

32. समुद्र तल पर वायुमंडलीय दबाव.... वातावरण है।
(a) 0.1 (b) 1
(c) 0.001 (d) 0

33. एक हौज में तीन पाइप हैं। पाइप X और पाइप Y हौज भरते हैं और पाइप Z हौज खाली करता है। पाइप X हौज को अकेले 15 घंटे में भर सकता है। उसी हौज को पाइप Y अकेले 12 घंटे में भर सकता है। पाइप Z हौज को अकेले 20 घंटे में पूरी तरह खाली कर सकता है। यदि सभी पाइपों को एक ही समय में खोल दिया जाता है तो खाली हौज को भरने में कितना समय लगेगा?
(a) 10 घंटे (b) 12 घंटे
(c) 6 घंटे (d) 8 घंटे

34. 42 cm लंबे एक खोखले सिलेंडर का बाहरी व्यास 16 cm और आंतरिक व्यास 12 cm है। यदि सिलेंडर की सामग्री 10 g/cm^3 भार की है। खोखले या खाली सिलेंडर का भार कितना है? $(\pi = \frac{22}{7})$
(a) 36.960 kg (b) 36960 kg
(c) 32.960 kg (d) 32960 kg

35. भारत ...... के साथ स्थलीय सीमा साझा नहीं करता है।
(a) चीन (b) अफगानिस्तान
(c) बांग्लादेश (d) श्रीलंका

36. कौन-सी योजना का लक्ष्य सौर ऊर्जा द्वारा संचालित पाइप से जल आपूर्ति गांवों को प्रदान करता है?
(a) स्वजल योजना (b) गंगाजल योजना
(c) शुद्ध पानी योजना (d) भूजल योजना

37. नीचे दिए चार विकल्पों में से तीन किसी विशेष तरीके से संबंधित हैं। उस विकल्प का चयन करें जो दूसरों से भिन्न या बेमेल हैं।
(a) Kitten (b) Larva
(c) Lamb (d) Cat

38. एक छोटे नगर की जनसंख्या 12,000 है। यदि जनसंख्या वर्ष-दर-वर्ष 15% बढ़ती है, तो दो वर्ष में उस नगर की जनसंख्या कितनी होगी?
(a) 15,620 (b) 14,760
(c) 15,870 (d) 16,870

39. यदि दो वस्तुएं, जिनके द्रव्यमान 'm' और '9m' हैं, बराबर गतिज ऊर्जा के साथ गतिमान हैं, तो उनके रेखीय संवेग का अनुपात ज्ञात कीजिए।

(a) 1 : 3 (b) 9 : 1
(c) 1 : 9 (d) 3 : 1

40. CO_2 के 20 g को मोल में कैसे व्यक्त करेंगे? (परमाणु द्रव्यमान C = 12, O = 16)
(a) 2 मोल (b) 1 मोल
(c) 4 मोल (d) ½ मोल

41. इस शृंखला में अगला शब्द बताएँ।
ZKC, XPE, VUG, ________.
(a) TYJ (b) TZJ
(c) TYI (d) TZI

42. यदि एक त्रिभुज के दो शीर्ष (–3, 1) और (0, –2) हैं और केंद्रक मूल बिन्दु हैं, फिर तीसरा शीर्ष (α, β) हैं। $(2\alpha - \beta)$ का मान क्या है?
(a) 3 (b) 6
(c) 4 (d) 5

43. 5 के रूप में दिये गये समीकरण का परिणाम प्राप्त करने के लिए, '?' के स्थान पर गणितीय चिह्न प्रविष्ट करें:
((100 ? 120) ? 5) ? 10 = 5
(a) +, ÷, × (b) –, ×, ÷
(c) –, +, + (d) –, ÷, ÷

44. निम्न में से कौन संवहनी पादप हैं?
(a) चारा (b) स्पाइरोगाइरा
(c) यूलोथ्रिक्स (d) मार्सीलिया

45. सूरज ने अपनी साइकिल को उत्तर की दिशा में चलाया। फिर वह दाई ओर मुड़ा और 2 km की दूरी तय की। फिर, वह दाई ओर मुड़ा और 4 km की दूरी तय की। उन्होंने खुद को अपने शुरूआती बिन्दु से 2 km पूर्व में पाया। उत्तर दिशा में वह साइकिल से कितनी दूर तक गया?
(a) 6 km (b) 8 km
(c) 4 km (d) 2 km

46. वरुण के इकलौते भाई का पिता मनोज है। वरुण का मनोज से क्या संबंध है?
(a) चाचा/मामा/मौसा
(b) भाई
(c) चचेरा/ममेरा/फुफेरा भाई-बहन
(d) बेटा

47. नीचे तालिका में चार वर्षों में चार विद्यालयों का उत्तीर्ण प्रतिशत दर्शाया गया है।

विद्यालय का नाम	2012-13	2013-14	2014-15	2015-16
PQR	27%	31%	45%	67%
ABC	61%	65%	50%	78%
DEF	95%	86%	80%	70%
XYZ	92%	82%	78%	71%

किस विद्यालय का प्रतिशत क्रमानुसार (धीरे-धीरे) बढ़ रहा है?
(a) XYZ (b) ABC
(c) PQR (d) DEF

48. न्यूटन की गति का दूसरा नियम:
(a) जड़त्व के नियम से भी जाना जाता है।
(b) ऊर्जा संरक्षण के नियम से भी जाना जाता है।
(c) दो परस्पर प्रभाव डालने वाली वस्तुओं के बलों के बीच संबंधों का वर्णन करता है।
(d) त्वरण के प्रभावों को समझने में सहायक है।

49. एक लड़के द्वारा गुरुत्वाकर्षण के विरुद्ध किए गए उस कार्य की मात्रा कितनी है, जिसमें वह 3 kg वजन वाली साइकिल को समतल सड़क पर 10 मीटर की दूरी तक ले जाता है? ($g = 9.8 m/sec^2$)
(a) 30 J (b) 0.3 J
(c) 300 J (d) 0 J

50. जीवों में भिन्नता से ...... होता है।
(a) जीव की उत्तरजीविता
(b) उत्पत्ति का जटिल रूप
(c) विविधता की उत्पत्ति और विकास
(d) सबसे वांछनीय गुणों का चयन

51. निम्न में से कौन सबसे कम सक्रिय है?
(a) सीसा (b) चाँदी
(c) सोडियम (d) पोटैशियम

52. ब्रिटिश प्रधानमंत्री थेरेसा मेह ने नए ब्रेक्सिट सचिव के रूप में किसे नियुक्त किया?
(a) एलीनोर लाइंग (b) जॉर्ज हावर्थ
(c) हीदी अलेक्जेंडर (d) डोमिनिक राव

53. किसी संख्या के घनमूल की इकाई के स्थान पर उपस्थित अंक इसकी संख्या की इकाई के स्थान पर उपस्थित अंक के बराबर है। यह इकाई के स्थान पर कितने भिन्न-भिन्न अंकों के मामलों में उचित है?
(a) 2 (b) 6
(c) 1 (d) 4

54. एक योजना में ₹200 एक वर्ष के लिए निवेश किए गए, जो 10% वार्षिक साधारण ब्याज प्रदान करती है। एक अन्य योजना में और ₹200 एक वर्ष के लिए निवेश किए गए, जो 10% अर्द्ध-वार्षिक तौर पर चक्रवृद्धि ब्याज प्रदान करती है। दूसरी योजना के तहत अर्जित ब्याज कितना अधिक होगा?
(a) कोई अंतर नहीं (b) ₹1
(c) 25 पैसे (d) 50 पैसे

55. .... में, 71 वर्षीय राम नाथ कोविंद भारत के 14वें राष्ट्रपति के रूप में चुने गये हैं।
(a) अगस्त 2017 (b) मार्च 2017
(c) जुलाई 2017 (d) जून 2017

56. चांदी पर .... कोटिंग संक्षारण का उदाहरण है।
(a) काले (b) भूरे
(c) नीले (d) हरे

57. यथा मार्च 2018, तेलंगाना में कौन-सा राजनीतिक दल सत्ता में था?
(a) टीडीपी (b) कांग्रेस
(c) टीआरएस (d) बीजेपी

58. निम्न प्रश्न पढ़ें और निर्णय लें कि निम्न में से कौन-सा कथन प्रश्न का उत्तर देने के लिए पर्याप्त है।
प्रश्न: यदि खेत में 100 भेड़ें हैं तो भूरे रंग की मादा भेड़ों की संख्या कितनी है?
कथन:
1. भूरे रंग की 10 नर भेड़ें हैं।
2. 25% भेड़ें भूरी हैं।
(a) 2 अकेला पर्याप्त है जबकि 1 अकेले पर्याप्त नहीं है।
(b) दोनों कथन अकेले पर्याप्त हैं।
(c) अकेला 1 पर्याप्त है जबकि अकेले 2 पर्याप्त नहीं हैं।
(d) दोनों 1 और 2 एक साथ पर्याप्त हैं।

59. जब कोई अम्ल किसी धातु कार्बोनेट या धातु हाइड्रोजन कार्बोनेट के साथ अभिक्रिया करता है, तो तद्नुसार लवण, कार्बन डाइऑक्साइड गैस और पानी बनाता है। इस रासायनिक अभिक्रिया के लिए निम्नलिखित में से कौन-सा समीकरण सही है?
(a) $Na_2CO_{3(s)} + HCI(aq) \rightarrow NaCI_{(aq)} + H_2O(I) + CO_{2(g)}$
(b) $Na_2CO_{3(s)} + 2HCI(aq) \rightarrow 2NaCI_{(aq)} + H_2O(I) + CO_{2(g)}$
(c) $Na_2CO_{3(s)} + HCI(aq) \rightarrow 2NaCI_{(aq)} + H_2O(I) + 2CO_{2(g)} + H_2O_{(I)}$
(d) $Na_2CO_{3(s)} + 2HCI(aq) \rightarrow 2NaCI_{(aq)} + 2CO_{2(g)}$

60. तत्वों का वर्गीकरण क्यों महत्वपूर्ण है?
(a) उनके इलेक्ट्रॉनिक अभिविन्यास को जानने के लिए।
(b) तत्वों के कार्यों को जानने के लिए।
(c) तत्वों के गुणों का सुविधाजनक ढंग से अध्ययन करने के लिए।
(d) उनके परमाणु क्रमांक को जानने के लिए।

61. A और B 36 दिनों में एक कार्य पूरा कर सकते हैं। हालांकि A को कार्य पूरा होने से कुछ दिन पहले छोड़ना पड़ा और इसलिए कार्य पूरा करने में 54 दिनों का समय लगा। यदि A अकेले किसी कार्य को 48 दिनों में पूरा कर सकता है तो कार्य खत्म होने से कितने दिन पहले A ने छुट्टी ली?
(a) 28 (b) 25
(c) 24 (d) 30

62. दिए गए कथनों को पढ़ें और निर्णय करें कि कौन-सी पूर्वधारणा कथन में अंतर्निहित है?
कथन: कुत्ते आमतौर पर रात में अधिक देर तक नहीं सोते हैं।
I. कुत्ते छोटी झपकियाँ लेते हैं।
II. कुत्ते दिन में सोते हैं।
(a) I और II दोनों पूर्वधारणाएं अंतर्निहित हैं।
(b) केवल पूर्वधारणा I अंतर्निहित है।
(c) न तो पूर्वधारणा I और न पूर्वधारणा II अंतर्निहित हैं।
(d) केवल पूर्वधारणा II अंतर्निहित हैं।

63. निम्नलिखित आकृति की दर्पण छवि चुनें।

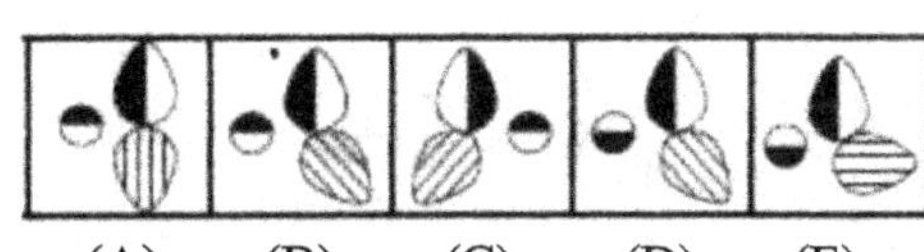

(A) (B) (C) (D) (E)
(a) E (b) A
(c) D (d) B

64. गणितीय ऑपरेटरों के अनुक्रम का चयन करें, जिसे अनुक्रमिक रूप से दी गई शृंखला के रिक्त स्थान में व्यवस्थित किया जाता है तो शृंखला पूरी तरह से पूर्ण हो जाएगी।
2_5_2_6_11
(a) + − + = (b) − + = +
(c) + − − + (d) + + + −

65. वह आकृति ढूंढें, जो निम्नलिखित समरूपता में प्रश्नचिह्न को प्रतिस्थापित करेगा।

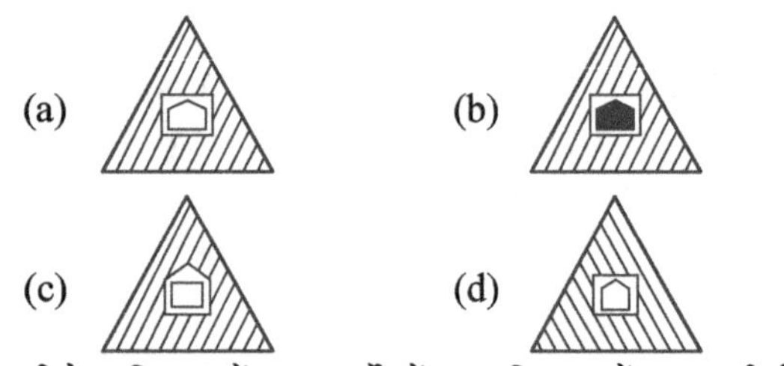

66. नीचे तालिका में चार वर्षों में चार विद्यालयों का उत्तीर्ण प्रतिशत दर्शाया गया है।

विद्यालय का नाम	2012-13	2013-14	2014-15	2015-16
PQR	27%	31%	45%	67%
ABC	61%	65%	50%	78%
DEF	95%	86%	80%	70%
XYZ	92%	82%	78%	71%

किस वर्ष सभी विद्यालयों का उत्तीर्ण प्रतिशत परिणाम 60% से ऊपर रहा?

(a) 2012-13 (b) 2013-14
(c) 2014-15 (d) 2015-16

67. निम्नलिखित में से कौन-सा भारतीय स्क्वैश खिलाड़ी पीएसए महिला रैंकिंग के शीर्ष 10 में शामिल होने वाली पहली भारतीय खिलाड़ी बन गयी है?

(a) जोशना चिनप्पा
(b) जेनेट विधि
(c) दीपिका पल्लीकल कार्तिक
(d) अपर्णा पोपट

68. श्री X सुश्री Y से कहते हैं, "आपके पिता की पत्नी की बहन मेरी मौसी है"। श्री X का सुश्री Y से क्या संबंध है?

(a) पुत्र
(b) पिता
(c) चचेरा/ममेरा/फुफेरा-भाई-बहन
(d) साला/बहनोई

69. 33489 का वर्गमूल क्या है?

(a) 163 (b) 167
(c) 179 (d) 183

70. निम्नलिखित श्रेणी में अगला पद क्या होगा?
11KI, 15OM, ______?

(a) 19SQ (b) 19ST
(c) 19QT (d) 19QS

71. यदि 7364x, 11 से भाज्य है, तो x का मान क्या होगा?

(a) 5 (b) 7
(c) 4 (d) 6

72. यदि एक दुकानदार एक वस्तु ₹4,420 में बेचकर 30% लाभ कमाता है, तो उस वस्तु का लागत मूल्य क्या है?

(a) ₹2500 (b) ₹3400
(c) ₹3300 (d) ₹3600

73. AIDS (एड्स) का पूरा नाम क्या है?

(a) एड्वांसमेंट इन डेवलपिंग सिंड्रोम
(b) ऑल इम्यून डाउन सिंड्रोम
(c) एक्वायर्ड इम्यून डेफीशियंसी सिंड्रोम
(d) एक्टिव इम्यून डिवाइड सिग्नल

74. महाकाव्य रामायण किसने लिखा?

(a) चाणक्य (b) बाल्मीकि
(c) द्रोणाचार्य (d) चित्रगुप्त

75. निम्नलिखित कथन पर विचार करें और निर्णय करें कि कौन-सी धारणा कथन में अंतर्निहित है?

कथन: वज़न कम करने वाले एक संस्थान का विज्ञापन कहता है, "तीन सत्रों में अपना वज़न 5 kg कम करें।"

धारणा:

I. यदि आप वजन घटाने के कार्यक्रम में शामिल होते हैं तो छह सत्रों में आपका वजन 10 kg कम हो जाएगा।

II. संस्थान वजन घटाने के कार्यक्रमों से संबंधित है।

(a) केवल धारणा II अंतर्निहित है।
(b) या तो धारणा I या धारणा II अंतर्निहित हैं।
(c) केवल धारणा I अंतर्निहित है।
(d) न तो धारणा I और न धारणा II अंतर्निहित हैं।

76. दो पाइप क्रमशः 1.8 घण्टे में एक खाली टैंक भर सकते हैं। जबकि तीसरा पाइप x घंटे में भरे टैंक को खाली कर सकता है। यदि सभी तीन पाइप एक साथ खोले जाते हैं तो एक खाली टैंक पूरी तरह से 2.25 घंटों में भर जाता है। x का मान ज्ञात करें।

(a) 8 (b) 7.5
(c) 6.5 (d) 9

77. न्यू वर्ल्ड वेल्थ रिपोर्ट के अनुसार, भारत को सबसे धनी देशों की सूची में .... स्थान दिया गया था। जिसके अनुसार 2017 में भारत की परिसंपत्ति 8,230 अरब डॉलर थी।

(a) छठा (b) दसवां
(c) पांचवा (d) सातवां

78. एक अवतल दर्पण में C पर समान आकार का वास्तविक, उल्टा प्रतिबिंब प्राप्त करने के लिए उस वस्तु को कहां रखा जाना चाहिए?

(a) फोकस और दर्पण के पोल के बीच में
(b) C पर
(c) अनंत पर
(d) फोकस पर

79. 14 kg द्रव्यमान की एक वस्तु को भूमि से एक निश्चित ऊंचाई पर रखा गया है। यदि वस्तु की स्थितिज ऊर्जा 560 J है, तो भूमि के संदर्भ में वस्तु की ऊँचाई ज्ञात कीजिए। (मान लीजिए $g = 100ms^{-2}$)
(a) 3 m (b) 5 m
(c) 4 m (d) 4.5 m

80. निम्नलिखित सादृश्य को पूरा करें।
ROAD : URDG :: LANE : ?
(a) OQDH (b) ODHQ
(c) DOQH (d) ODQH

81. बहुपद $x^3 - x^2 + 2$ में कितने वास्तविक मूल हैं?
(a) 2 (b) 3
(c) 1 (d) 0

82. $x^3 + 3x^2 + 3x + 1$ को द्विघात करणी में दर्शाएं।
(a) $(x+1)^{\frac{2}{3}}$ (b) $(x+1)^{\frac{3}{2}}$
(c) $\sqrt{(x+1)^6}$ (d) $\sqrt{(x+1)^3}$

83. वह लघुत्तम संख्या कौन-सी है जिसे 16, 24, 30 और 48 से विभाजित किए जाने पर प्रत्येक मामले में शेष 11 रहता है।
(a) 499 (b) 465
(c) 495 (d) 491

84. कथन को पढ़ें और दी गई जानकारी से निर्णय कीजिए कि कौन-सा निष्कर्ष कथन का तार्किक रूप से अनुसरण करता है?
कथन: ''पैदल यात्री क्रॉसिग कुछ फीट दूर है इसे इस्तेमाल करना सुरक्षित है,'' एक माँ ने अपने बच्चे से कहा।
निष्कर्ष :
I. पैदल चलने वालों को सुरक्षा के लिए पैदल यात्री क्रॉसिग का उपयोग करना चाहिए।
II. सभी बच्चों को पता है कि पैदल यात्री क्रॉसिंग क्या है।
(a) केवल निष्कर्ष II अनुसरण करता है।
(b) दोनों I और II अनुसरण करते हैं।
(c) न तो I और न ही II अनुसरण करते हैं।
(d) केवल निष्कर्ष I अनुसरण करता है।

85. कालबेलिया .... में एक लोकप्रिय नृत्य रूप है।
(a) गुजरात (b) राजस्थान
(c) मणिपुर (d) मेघालय

86. तनों और जड़ों के ...... पोषक तत्वों और पानी को भी संग्रहित करते हैं।
(a) दृढ़ ऊतक (b) मृदूतक
(c) जाइलम (d) स्थूलकोण ऊतक

87. इंडियन इंस्टीटयूट ऑफ टेक्नोलॉजी (IIT) मद्रास के कंप्यूटर वैज्ञानिकों ने परियोजना शक्ति के तहत छह उद्योग-मानक वाले पहले माइक्रोप्रोसेसर का निर्माण किया है। 300 चिप्स के शुरूआती बैच का क्या नाम रखा गया था?
(a) INDIANINTEL (b) RISECREEK
(c) RENDCART (d) ROSECRT

88. 2018 राष्ट्रमंडल खेलों में भारत ने कितने स्वर्ण पदक जीते?
(a) 26 (b) 20
(c) 19 (d) 14

89. निम्नलिखित में से कौन-सा विकल्प इसके बराबर है?
$$\left\{\frac{(1+\tan^2\theta)\cot\theta}{\operatorname{cosec}^2\theta}\right\}$$
(a) $\tan\theta$ (b) $\sin\theta$
(c) $\cos\theta$ (d) $\cot\theta$

90. निम्नलिखित में से कौन-सा एक अच्छे उष्मारोधी का उदाहरण है?
(a) एल्युमीनियम (b) तांबा
(c) कांच (d) इस्पात

91. दो ट्रेनें, एक 157 m लंबी और अन्य 123 m लंबी, विपरीत दिशाओं में 7.2 सेकेंड में एक-दूसरे को पार कर रही हैं। हर घंटे दो ट्रेनों की संयुक्त गति होगी?
(a) 70 km (b) 105 km
(c) 140 km (d) 280 km

92. जब एक घड़ी में समय 7.20 होता है, तो मिनट की सुई और घंटे की सुई के बीच कितने अंश का छोटा कोण बनता है?
(a) 120° (b) 130°
(c) 75° (d) 100°

93. फ्रांस ने कितने फीफा (FIFA) विश्व कप खिताब जीते हैं?
(a) 2 (b) 3
(c) 5 (d) 1

94. दो संख्याओं का लघुत्तम समापवर्तक और महत्तम समापवर्तक क्रमशः 90 और 9 हैं और उन संख्याओं में से एक 18 है। दूसरी संख्या क्या है?
(a) 9 (b) 30
(c) 36 (d) 45

95. मान लीजिये दिये गये कथन सही है, जबकि यह सामान्य ज्ञात तथ्यों से भिन्न प्रतीत हो और निर्णय कीजिए कि कौन-सा निष्कर्ष कथन का पूरी तरह से अनुसरण करता है।
कथन: बॉस ने सचिन को उसके सहकर्मियों की उपस्थिति में अपमानित किया है।
निष्कर्ष:
I. बॉस को सचिन पसंद नहीं है।
II. सचिन अपने सहकर्मियों के बीच लोकप्रिय नहीं था।
(a) केवल निष्कर्ष I अनुसरण करता है।
(b) या तो निष्कर्ष I अथवा II अनुसरण करते हैं।
(c) केवल निष्कर्ष II अनुसरण करता है।
(d) न निष्कर्ष I व न II अनुसरण करते हैं।

96. ..... बाजीराव द्वितीय के दत्तक पुत्र कौन थे, जो उनकी पेंशन और पदवी से वंचित कर दिये गये थे?
(a) बहादुर शाह जफ़र (b) मंगल पांडे
(c) तात्या टोपे (d) नाना साहब

97. ध्वनि तरंग का आयाम क्या निर्धारित करता है?
(a) पिच (b) प्रबलता
(c) आयाम (d) आवृति

98. एक विशिष्ट परीक्षा में 200 छात्र उपस्थित हुए। गणित में 80 छात्र अनुत्तीर्ण थे। भौतिकी में 160 छात्र उत्तीर्ण हुए। रसायन विज्ञान में 30 छात्र अनुत्तीर्ण थे।
गणित और भौतिकी में 30 छात्र अनुत्तीर्ण थे। गणित और रसायन विज्ञान में 15 छात्र अनुत्तीर्ण थे। भौतिकी और रसायन विज्ञान में 10 छात्र अनुत्तीर्ण थे। 100 छात्र सभी तीन विषयों में उत्तीर्ण हुए। कितने छात्र केवल एक विषय में अनुत्तीर्ण थे?
(a) 55 (b) 80
(c) 45 (d) 30

99. 1kWh = ______J.
(a) 36000 (b) 360000
(c) 36000000 (d) 3600000

100. $54 \div 6 + 3 \times 3 = ?$
(a) 15 (b) 5
(c) 18 (d) 36

उत्तरमाला

1	(d)	11	(b)	21	(b)	31	(c)	41	(d)	51	(b)	61	(c)	71	(a)	81	(c)	91	(c)
2	(b)	12	(c)	22	(c)	32	(b)	42	(d)	52	(d)	62	(a)	72	(b)	82	(c)	92	(d)
3	(d)	13	(c)	23	(c)	33	(a)	43	(c)	53	(b)	63	(d)	73	(c)	83	(d)	93	(a)
4	(d)	14	(d)	24	(b)	34	(a)	44	(d)	54	(d)	64	(a)	74	(b)	84	(d)	94	(d)
5	(a)	15	(b)	25	(a)	35	(d)	45	(c)	55	(c)	65	(a)	75	(a)	85	(b)	95	(d)
6	(b)	16	(c)	26	(d)	36	(a)	46	(d)	56	(a)	66	(d)	76	(d)	86	(b)	96	(d)
7	(d)	17	(c)	27	(c)	37	(d)	47	(c)	57	(c)	67	(c)	77	(a)	87	(b)	97	(b)
8	(a)	18	(d)	28	(d)	38	(c)	48	(a)	58	(a)	68	(c)	78	(b)	88	(a)	98	(a)
9	(c)	19	(b)	29	(a)	39	(a)	49	(d)	59	(b)	69	(d)	79	(c)	89	(a)	99	(d)
10	(c)	20	(c)	30	(a)	40	(d)	50	(c)	60	(c)	70	(a)	80	(d)	90	(c)	100	(c)

संकेत एवं हल

1. (d) FAMILY
Ⅎ∀WIΓ⅄

2. (b) गैलीलियो गैलिली इटली के एक महान वैज्ञानिक थे। 4 अप्रैल, 1597 को गैलीलियो ने एक दूरबीन का अविष्कार किया। 1632 ई. में गैलीलियो ने अपने शोध में सूर्य को ब्रह्मांड का केन्द्र बताया।

3. (d) $195 = 13 \times 3 \times 5$
$273 = 13 \times 3 \times 7$
अत: 195 और 273 का म.स. $= 13 \times 3 = 39$

4. (d) जिस प्रकार बंदूक शस्त्रागार से संबंधित है। उसी प्रकार अन्न अन्नागार से संबंधित है।

5. (a) सतपुड़ा पर्वत श्रेणी पश्चिम से पूर्व की ओर नर्मदा एवं ताप्ती नदी घाटियों के बीच मध्य प्रदेश राज्य में

विस्तृत है। इस श्रेणी की सर्वोच्च चोटी धूपगढ़ है जिसकी ऊँचाई 1350 मीटर है।

6. (b) डॉबेराइनर त्रिक से B का परमाणु द्रव्यमान

$= \frac{(A+C)}{2}$ का परमाणु द्रव्यमान

$= \left(\frac{7+39}{2}\right) = 23$

7. (d) दिए गए कथन से कोई भी पूर्वधारणा अंतर्निहित नहीं है।

8. (a) जिस प्रकार, $53 + 6 = 59$
उसी प्रकार, $61 + 6 = 67$

10. (c) दिए गए कथन से पूर्वानुमान I और II दोनों अंतर्निहित हैं।

11. (b) माना Xg दोनों गैसों में मिलाया जाता है।

ईथेन का मोल $= \frac{x}{30}$

हाइड्रोजन का मोल $= \frac{x}{2}$

हाइड्रोजन का मोल घर्षण

$= \left(\frac{X}{2}\right), \left(\frac{X}{2} + \frac{X}{30}\right) = \frac{15}{16}$

अत: हाइड्रोजन द्वारा जोर लगाए गए कुल दबाव का अंश $\frac{15}{16}$ है।

12. (c) लालकृष्ण आडवाणी एक वरिष्ठ राजनीतिज्ञ हैं, जो राष्ट्रीय राजनीतिक दल 'भारतीय जनता पार्टी' (बीजेपी) से संबंध रखते हैं। ये सन् 1980 से 1986 तक बीजेपी के महासचिव तथा 1986 से 1991 तक अध्यक्ष पद पर रहे। इनको 29 जून 2002 को उपप्रधानमंत्री पद के लिए चुना गया था।

13. (c)

A, 78 M, E, 30°, D, 18 M, B, C

माना AB तथा CD क्रमशः टॉवर तथा प्लेटफार्म हैं।
तो $AB = 78$ m
$CD = 18$ m
और $\angle ADE = 30°$
तो $AE = AB - CD = 78 - 18 = 60$ m

ΔAED से $\tan 30° = \frac{AE}{DE}$

$\frac{1}{\sqrt{3}} = \frac{60}{DE}$

$\therefore DE = 60\sqrt{3}$m

14. (d) आकृति के अंदर तीन सीधी रेखाएँ बन जाती हैं, जो आकृति के केन्द्र बिन्दु से गुजरती हैं।

15. (b) फिरोजाबाद उत्तर प्रदेश का एक जिला मुख्यालय है। इस शहर को चूड़ियों के काम के लिए प्रसिद्धि प्राप्त है। इसका प्राचीन नाम चंद्रवार नगर है।

16. (c) केवल सकाल अखबार खरीदने वालों की संख्या $= 26 + 9 = 35$

17. (c) दक्षिण अफ्रीका के पहले अश्वेत राष्ट्रपति नेल्सन मंडेला की जीवनी का शीर्षक 'लॉन्ग वाक टू फ्रीडम' है। इसे वर्ष 1995 में प्रकाशित किया गया था।

18. (d) $100 = 13 + 12 + 10 + 10 + 12 + n(A \cap B)$
$n(A \cap B) = 100 - 57 = 43$
केवल फुटबॉल तथा टेनिस खेलने वालों की संख्या $= 43 - 5 = 38$

19. (b)

a	b	c	d	e	f	g	h	i	j
0	1	2	3	4	5	6	7	8	9

$(hi \div e) + (ad - f) \times g$
$(7 \times 8 \div 4) + (0 \times 3 - 5) \times 6$
$14 - 30 = -16$

20. (c) माना कि कार का मूल्य ₹100 है, तो
4 वर्ष बाद कार का मूल्य

$100 \times \left(1 - \frac{10}{1000}\right)^4 = 100 \times (0.9)^4$

मूल्य में प्रतिशत गिरावट
$= 100 - 65.61 = 34.39\%$

21. (b) प्रश्न आकृति को घड़ी की दिशा में 90° घुमाने से उत्तर आकृति (D) को प्राप्त किया जा सकता है।

22. (c) 5 के स्थानीय मानों का अंतर
$= 50000 - 50 = 49950$

26. (d) पृथ्वी पर वस्तु का द्रव्यमान
$= \frac{98}{g} = \frac{98}{9.8} = 10$kg

27. (c) सुवीर के कुल अंक $= 15 \times 29 = 435$
11 टेस्ट में रूचिरा के कुल अंक $= 27 \times 11 = 297$

अंकों का अंतर $= 435 - 297 = 138$

रूचिरा का वांछित औसत $= \frac{138}{4} = 34.5$

28. (d)

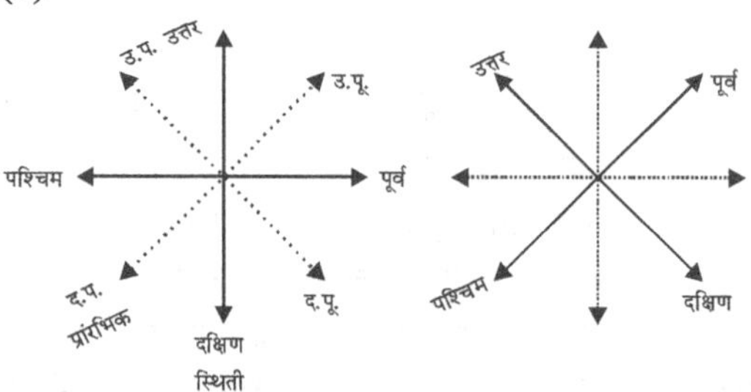

29. (a) मौर्य के साहित्यिक स्रोतों में कौटिल्य का अर्थशास्त्र और मेगस्थनीज की इंडिका शामिल है। कौटिल्य का अर्थशास्त्र मौर्यकाल की आर्थिक और राजनीतिक स्थिति को वर्णित करता है जबकि मेगस्थनीज की इंडिका मौर्य साम्राज्य के प्रशासन, जाति प्रणाली और भारत में गुलामी का ना होना दर्शाती है।

33. (a) 1 घंटे में भरा गया हौज $= \frac{1}{15} + \frac{1}{12} - \frac{1}{20}$

$= \frac{4+5-3}{60} = \frac{6}{60} = \frac{1}{10}$

टंकी को भरने में लगा समय = 10 घंटे

34. (a) खोखले सिलेंडर का भार

$= \pi(8^2 - 6^2) \times 42 \times 10$

$= \frac{22}{7}(64-36) \times 42 \times 10$

$= 36960$ gram $= 36.96$ kg

38. (c) दो वर्ष बाद नगर की जनसंख्या

$= 12000 \times \left(1 + \frac{15}{100}\right)^2$

$= 12000 \times (1.15)^2 = 15870$

39. (a) माना कि वस्तु की गति क्रमशः V_1 तथा V_2 है, तो वस्तु का गतिज ऊर्जा

$\frac{1}{2}m \times V_1^2 = \frac{1}{2}m \times V_2^2$

$V_1 = 3V_2$

$\therefore \frac{V_1}{V_2} = \frac{3}{1}$

40. (d) CO_2 का भार $= 12 + 2 \times 16 = 44$ g = 1 मोल

$\therefore 20g\ CO_2 = = \frac{20}{44} \approx \frac{1}{2}$ मोल

41. (d)

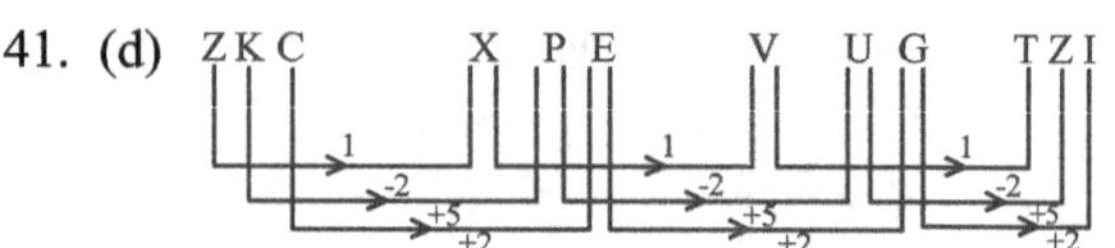

42. (d) त्रिभुज का केन्द्रक $(x, y) = (0, 0)$

$0 = \frac{-3+0+\alpha}{3} \Rightarrow \alpha = 3$

तथा $0 = \frac{1-2+\beta}{3} \Rightarrow \beta = 1$

$(2\alpha - \beta) = 2 + 3 - 1 = 5$

43. (c) $((110 - 120) + 5) + 10 = 5$

$(-10 + 5) + 10 = 5$

$-5 + 10 = 5 \Rightarrow 5 = 5$

45. (c)

2 km

4 km 4 km

प्रारंभिक बिन्दु अंतिम बिन्दु

अतः सूरज अपने प्रारंभिक बिंदु से उत्तर दिशा 4 km चला,

46. (d) वरुण के पिता का नाम मनोज है। अतः वरुण मनोज का बेटा है।

47. (c) विद्यालय PQR का पास प्रतिशत प्रतिवर्ष बढ़ रहा है।

49. (d) जैसा कि लड़का साइकिल को एक समतल पर चला रहा है। इसलिए लड़के द्वारा गुरुत्वाकर्षण के विरुद्ध किया गया कार्य = O

50. (c) सभी जीव किसी-न-किसी प्रकार से भिन्न हैं। जैसे- कोई आवास के आधार पर, कोई आकार के आधार पर तो कोई जीवनकाल के आधार पर, कोई ऊर्जा ग्रहण करने की विधि के आधार पर जीवों में भिन्नता दिखाई देती है। इसी भिन्नता से विविधता की उत्पत्ति और विकास होता है।

53. (b)

संख्या इकाई का अंक	**संख्या के घन का इकाई का अंक**
0	0
1	1
2	8
3	7
4	4
5	5
6	6
7	3
8	2
9	9

अतः भिन्न-भिन्न अंकों की संख्या = 6

54. (d) पहली योजना में प्राप्त ब्याज $= \frac{200 \times 10 \times 1}{100} = 20$

दूसरी योजना में प्राप्त ब्याज

$= 200\left(1+\frac{5}{100}\right)^2 - 200$

$= 220.5 - 200 = 20.5$

ब्याज में अंतर $= 20.5 - 20.0 =$ ₹0.50 = 50 पैसे

58. (a) कथन (2) से

भूरे रंग की भेड़ों की संख्या $= 100 \times \frac{25}{100} = 25$

कथन (1) उत्तर देने के लिए पर्याप्त नहीं है।

60. (c) तत्वों के गुणों का सुविधाजनक रूप से अध्ययन करने के लिए तत्वों का वर्गीकरण किया गया। आधुनिक आवर्त सारणी में कुल ज्ञात 117 तत्व हैं, जिन्हें 18 वर्ग तथा 7 आवर्तों में वर्गीकृत किया गया है।

61. (c) माना कि B कार्य को x दिनों में समाप्त करता है। A तथा B द्वारा एक दिन में किया गया कार्य

$\frac{1}{48} + \frac{1}{x} = \frac{1}{36}$

$x = \frac{48 \times 36}{48 - 36} = 144$ दिन

पुनः माना कि A, n दिनों तक कार्य किया, तो

$n\left(\frac{1}{48} + \frac{1}{144}\right) + (54 - n)\left(\frac{1}{144}\right) = 1$

$\Rightarrow \quad 3n = 90 \quad \Rightarrow \quad n = 30$

अत: A कार्य समाप्त होने से 24 दिन पहले छोड़ा। यहाँ 54 – 30=24

64. (a) $2 + 5 - 2 + 6 = 11$

$5 + 6 = 11$

$11 = 11$

65. (a) यहाँ आकृतियों का क्रम उल्टा हो रहा है। सबसे अंदर की आकृति सबसे बाहर तथा सबसे बाहर की आकृति सबसे अंदर हो रही है।

66. (d) वर्ष 2015 - 16 में सभी विद्यार्थियों का पास 60% प्रतिशत से ऊपर रहा है।

68. (c) Y तथा X की माँ बहनें हैं अत: X, Y का चचेरा / ममेरा / फुफेरा भाई है।

69. (d) $(180 + 3)^2 = 32400 + 9 + 1080 = 33489$

$\therefore 183 = \sqrt{33489}$

70. (a) 11 K I 15 O M 19 S Q

(+4, +4 ; +4, +4, +4)

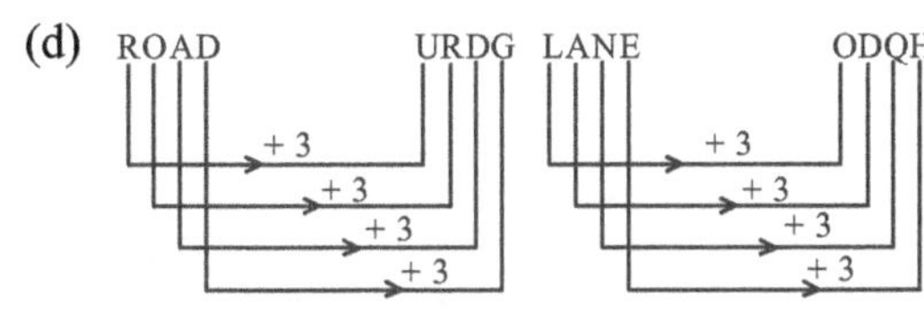

71. (a) 11 से भाज्य होने के लिए

$(x + 6 + 7) - (3 + 4) = 11$

$x + 6 = 11$

$x = 5$

72. (b) वस्तु का लागत मूल्य $= 4420 \times \frac{100}{(100 + 30)}$

$= 4420 \times \frac{100}{130} =$ ₹3400

73. (c) उपार्जित प्रतिरक्षी अपूर्णता सहलक्षण (Acquired immune deficiency syndrome) एड्स का विषाणु जनित संक्रामक रोग है जो मानव की प्राकृतिक प्रतिरक्षण क्षमता को समाप्त कर देता है।

76. (d) जब तीनों पाईप, एक साथ खोले जाए तो 1 घंटे में भरा गया टैंक

$= \frac{1}{1.8} + \frac{1}{3} - \frac{1}{x} = \frac{1}{2.25}$

$= \frac{2}{9} + \frac{1}{3} - \frac{4}{9} = \frac{1}{x}$

$= \frac{4}{9} = \frac{1}{x}$

$x = 9$ घंटे

78. (b) जब किसी गोलीय दर्पण का अंतर धंसा हुआ भाग परावर्तक का कार्य करता है तथा इसके उभरे हुए भाग पर रजत परत का लेप लगा रहा है तो इसे अवतल दर्पण कहा जाता है। अवतल दर्पण के फोकस बिन्दु के सापेक्ष वस्तु का प्रतिबिम्ब आभासी, सीधा और बड़ा बनेगा।

79. (c) स्थितिज ऊर्जा = mgh

$560 = 14 \times 10 \times h$

$\therefore h = 4m$

80. (d) ROAD → URDG (+3, +3, +3, +3) ; LANE → ODQH (+3, +3, +3, +3)

81. (c) $P(x) = x^3 - x^2 + 2$

$P(-1) = (-1)^3 - (-1)^2 + 2 = -1 - 1 + 2 = 0$

$\therefore$ (x + 1) P(x) का गुणक है।
अब, $P(x) = x^2(x + 1) - 2x(x + 1) + 2(x + 1)$
$= (x + 1)(x^2 - 2x + 2)$
अब, $x^2 - 2x + 2$ के लिए
$D = b^2 - 4ac$
$= (-2)^2 - 4 \times 2 \times 1 = -4 < 0$
$\therefore \left(x^2 - 2x + 2\right)$ के दोनों मूल्य अवास्तविक होंगे।
अतः बहुपद का केवल एक वास्तविक मूल है।

82. (c) $x^3 + 3x^2 + 3x + 1$
$(x)^3 + (1)^3 + 3x^2 1 + 3(1)^2x = (x + 1)^3$
$= \{(x+1)^6\}^{\frac{1}{2}} = \sqrt{(x+1)^6}$

83. (d) $16 = 2 \times 2 \times 2 \times 2$
$24 = 2 \times 2 \times 2 \times 3$
$30 = 2 \times 3 \times 5$
$48 = 2 \times 2 \times 2 \times 2 \times 3$
ल.स. $= 2 \times 2 \times 2 \times 2 \times 3 \times 5$
शेष = 240
अतः दिये गये विकल्पों में वांछित संख्या
$= 240 \times 2 + 11 = 491$

86. (b) मृदूतक (Parenchyma) सरल ऊतक या समांगी ऊतक का ही एक प्रकार है। ये समान व्यास वाली जीवित कोशिकाओं का बना होता है। इसकी कोशिका भित्ती पतली होती है जो हेमीसेलूलोज और सेल्यूलोज की बनी होती है। तनों और जड़ों में पाए जाने वाले मृदूतक पोषक तत्वों और पानी का संग्रहण करते हैं।

89. (a) $\dfrac{(1+\tan^2\theta)\cdot\cot\theta}{\operatorname{cosec}^2\theta} = \dfrac{\sec^2\theta\cdot\cot\theta}{\operatorname{cosec}^2\theta}$

$\dfrac{\cot^2\theta}{\cot\theta} = \dfrac{1}{\cot\theta} = \tan\theta$

91. (c) दोनों ट्रेनों की सापेक्ष चाल
$= \dfrac{157+123}{7.2} = 38.89\,\text{m/sec.}$
$= 38.89 \times \dfrac{18}{5} = 140\,\text{km/hrs.}$
अतः दोनों ट्रेनें एक घंटे में 140 km चलेंगी।

92. (d) 7 : 20 = 7.33 घंटा
7.33 घंटों में सुई द्वारा बना कोण
$= 7.33 \times 30° = 220°$
20 मिनट में मिनट की सुई द्वारा बना कोण
$= 20 \times 6 = 120°$
दोनों सुइयों के बीच का कोण
$= 220° - 120° = 100°$

94. (d) दोनों संख्याओं का गुणनफल = ल.स. × म.स.
दूसरी संख्या $= \dfrac{90 \times 9}{18} = 45$

96. (d) नाना साहब 1857 के भारतीय स्वतंत्रता संग्राम के प्रमुख शिल्पकारों में से एक थे। जिन्होंने कानपुर में अंग्रेजों के विरुद्ध विद्रोहियों का नेतृत्व किया था। बाजीराव द्वितीय ने सन् 1827 ई. में नाना साहब को गोद लिया था।

97. (b) ध्वनि तरंग एक प्रकार की ऊर्जा है, जो अनुदैर्ध्य प्रकृति की होती है। ये तरंगें ठोस, द्रव और गैस तीनों माध्यमों में संचरित होती हैं। ध्वनि तरंग का आयाम ध्वनि की प्रबलता को निर्धारित करता है।

98. (a) तीनों विषयों में अनुत्तीर्ण छात्रों की संख्या
संख्या $= (200 - 100) - 80 - (200 - 160) - 30 + 30 + 15 + 10 = 5$
केवल एक विषय में अनुत्तीर्णो की संख्या
$= 80 - 30 - 15 + 30 - 15 - 10 + 40 - 30 - 10 + 15 = 55$

99. (d) 1 kwh = 1000 w
= 1000 × 3600 w sec.
= 3600000 w. sec.
= 3600000 joule.

100. (c) $54 \div 6 + 3 \times 3$
$9 + 3 \times 3$
$9 + 9 = 18.$

www.ingramcontent.com/pod-product-compliance
Lightning Source LLC
LaVergne TN
LVHW080054160726
843469LV00047B/1809

* 9 7 8 9 3 8 8 9 1 9 3 9 5 *